Heloísa Corrêa Meneses
Tiago Nunes da Silva
Viviane Ramone Tavares
Wendel de Brito Lemos Teixeira
Coordenadores

Anuário da OAB Uberlândia 2022/2023

Marco Teórico
Editora

A editora Marco Teórico considera a publicação de um livro como a mais nobre forma de intercâmbio cognitivo, associada à oportunidade de expor o resultado da criação intelectual de profissionais das mais diversas áreas. Por isso, concentra esforços para oportunizar, a autores selecionados, o mais amplo acesso ao mercado literário, estimulando iniciativas e conteúdos que fomentam o desenvolvimento do potencial criativo e promovem a evolução do saber técnico e científico. Tudo isso, com o escopo de disponibilizar à humanidade as conquistas obtidas por aqueles cuja principal ferramenta é o **CONHECIMENTO!**

Heloísa Corrêa Meneses
Tiago Nunes da Silva
Viviane Ramone Tavares
Wendel de Brito Lemos Teixeira
Coordenadores

Anuário da OAB Uberlândia 2022/2023

Prefácio de:
Humberto Theodoro Júnior

Adriana Couto Ladeira
Aline Mireli Oliveira Luz
Ana Carolina Soares Teixeira
Ana Paula Bougleux A. Resende
Ana Vitória D'Assumpção Guzman
Antônio Chaves Neto
Ana Laíssa Fernandes Peixoto
Arthur dos Santos Souza
Bruno Ferreira de Oliveira
Bruno Leonardo Verona
Bruno Nogueira Santos
Camila Barbosa de Paiva
Carolina Oliveira Faleiros
Damiane Muniz Coutinho
Daniel M. A. Casella
Danielle de Oliveira Duarte
Danilo Verri Bispo
Dennys Rosa Goulart
Emanoel Messias Dias da Silveira
Fernanda Azevedo D'Avila
Fernanda Rodrigues Teixeira
Fernando Rodrigues Dias
Flávia Resende Branco
Flávio Junio Neres Muniz
Gabriel O. de Aguiar Borges
Gabriel Xavier Pimenta
Heloísa Corrêa Meneses
Hiago Valverde Mattos
Ianna Menezes Cabanelas
Iohana Sousa Martins
Isabela Prudente Marques
Jéssica Santos Conceição
Jorge Vinícius Salatino de Souza
José Custódio De Moura Neto
José Henrique de Oliveira Couto
Kênia Abadia Souza Ribeiro
Lara Barbosa Franco Neves
Layner Souza da Cruz
Letícia Preti Faccio
Lucas Ferreira de Castro Alves
Luciana Franco de Melo
Michel Evangelista Luz
Monique Soares Salgado
Neiron B. do Nascimento Junior
Paulo César da Silva Filho
Pedro de Assis Vieira Filho
Rafael Galati Santos Pereira
Reginaldo Rodrigues Melo
Renata Andrade Vilela
Renata Cardoso Fernandes
Rodolfo Hernandes Quaggio
Rodrigo Gama Croches
Rosália de Fátima Ferreira Melo
Sarah Carolina de Sales Gobo
Shirley Câmara Leão
Tales Calaza
Vanilda Honória dos Santos
Vitor Costa Silva
Vitor Figueiredo Freitas
Viviane Ramone Tavares
Yasmin da Silva
Yuri Resende Naves

Marco Teórico
Editora

ANUÁRIO DA OAB/UBERLÂNDIA 2022/2023

Apoio Etiene Luiza Ferreira Pleti

Coordenação, edição e revisão Heloísa Corrêa Meneses
Tiago Nunes da Silva
Viviane Ramone Tavares
Wendel de Brito Lemos Teixeira

Capa Equipe Marco Teórico

Diagramação Equipe Marco Teórico

Editora Marco Teórico
CNPJ/MF nº 41.239.994/0001-80
Avenida dos Ferreiras, 475, casa 631, Uberlândia – MG
CEP 38.406-136
www.marcoteorico.com.br

Fechamento da edição: 09/2022.

Dados Internacionais de Catalogação na Publicação (CIP)

A636
2023

Anuário da OAB Uberlândia 2022/2023 / Heloísa Corrêa Meneses; Tiago Nunes da Silva; Viviane Ramone Tavares; Wendel de Brito Lemos Teixeira [Coordenadores]. Uberlândia: Marco Teórico, 2023.
574 p.

Inclui bibliografia.
Obra coletiva. Vários autores.
ISBN: 978-65-85313-16-2

1. Anuário. 2. Uberlândia. 3. OAB. I. Meneses, Heloísa Corrêa. II. Silva, Tiago Nunes da; III. Ramone Tavares, Viviane; IV. Teixeira, Wendel de Brito Lemos.

CDU: 340/CDD: 340.07

Catalogação na fonte

Conselho Editorial

Editora Marco Teórico

http://marcoteorico.com.br/conselho-editorial

Michel Canuto de Sena

Doutor com ênfase em *bullying* entre crianças e adolescentes: a questão dos direitos humanos e dos conflitos escolares (UFMS). Mestre com linha de pesquisa na Lei nº 11.196/05 - financiamento de pesquisas pela Universidade Federal de Mato Grosso do Sul – UFMS.

Philipe Anatole Gonçalves Tolentino

Mestre em Direitos Humanos pela Universidade Federal de Goiás. Advogado e Assessor Jurídico da Defensoria Pública do Estado de Goiás – DPE/GO.

Rafhaella Cardoso

Doutora em Direito Penal pela Faculdade de Direito da Universidade de São Paulo - USP. Mestre em Direito Público pela Universidade Federal de Uberlândia - UFU. Advogada.

Rosiris Cerizze

Mestre em Direito Empresarial pela Faculdade de Direito Milton Campos/MG. Mestre em Tributação Internacional pela Universidade de Lausanne – UNIL, Suíça. Advogada

Tales Calaza

Mestrando em Direito pela UFMG. Advogado.

Tiago Nunes

Doutor e Mestre em Direito pela Universidade de Marília-UNIMAR. Professor de Direito Administrativo na Faculdade ESAMC/Uberlândia.

Viviane Ramone Tavares

Mestranda em Compliance pela AMBRA University. Advogada.

Wendel de Brito Lemos Teixeira

Mestre em Direito Público pela Universidade Federal de Uberlândia Professor da Pós-graduação de Direito Processual Civil da PUC-MG (Uberlândia). Advogado.

Sobre os autores

Coordenadores

Heloísa Corrêa Meneses

Advogada e Professora. Mestre em Direito pela UNINOVE - SP. Pós-graduada em Direito Societário e Contratos Empresariais pela UFU-MG e Pós-graduada em Direito Processual Civil pela Faculdade Damásio de Jesus. Graduada em Direito pela UFU-MG. Editora na Revista Prisma Jurídico ISSN (1983-9286). Membro do Conselho Editorial da Ed. Marco Teórico e da Comissão de Direito Previdenciário e Direito na Escola da Subseção de Uberlândia-MG. Diretoria Científica Adjunta do Instituto Brasileiro de Direito Previdenciário (IBDP) E-mail: heloisa@galatiecorrea.com.br

Tiago Nunes da Silva

Doutor e Mestre em Direito pela Universidade de Marília – Unimar. Pós-graduado em Direito Público. Ex-Procurador Geral da Câmara Municipal de Uberlândia 20/21. Professor na Pós-Graduação da PUC MINAS – Unidade Uberlândia. Professor na Faculdade ESAMC. Advogado. Vice-Presidente da Comissão de Direito Administrativo OAB-Uberlândia. Coordenador da Escola Superior de Advocacia – ESA – OAB-Uberlândia. Advogado. Consultor em Direito Público. E-mail: adv.tiagonunes@yahoo.com.br

Viviane Ramone Tavares

Advogada. Mestranda em *Compliance*. Especialista em Direito Processual Civil, Direito Civil Constitucional, Direito Contratual e Responsabilidade Civil. Membra da ABEP. CMO da I2AI, Membra da AB2L. Coordenadora do comitê de sistema de justiça da RGB. Presidente da Comissão de Processo Civil da OAB Uberlândia. Integrante da comissão de direito e inteligência artificial da OAB MG. Integrante da comissão de processo civil da OAB MG. E-mail: vivianeramone@yahoo.com.br

Wendel de Brito Lemos Teixeira

Mestre em Direito pela UFU, Professor da Pós-graduação de Direito Processual Civil da PUC-MG (Uberlândia), Advogado. Email: wendel@attiebritoebastos.adv.br

Adriana Couto Ladeira

Advogada inscrita na OAB/MG sob o nº 50.785, graduada pela PUC MG em 1988, especialista em Processo Civil e Empresarial, mestre em Educação de Ensino Superior, delegada de Polícia aposentada, professora de Direito Civil, Processo Civil e Filosofia do Direito de 1997 a 2000 (UFU e UNITRI), atualmente Certificada em Mediação pelo Tribunal de Justiça de MG e membra da Comissão de Mediação e Conciliação da OAB Uberlândia. E-mail: adriana.c.ladeira@hotmail.com

Aline Mireli de Oliveira

Advogada. Pós-graduanda em Direito Previdenciário pela Faculdade Legale. Graduada em Direito pela Faculdade Pitágoras de Uberlândia-MG. E-mail: alinemireli.advogada@outlook.com

Ana Carolina Soares Teixeira

Advogada no escritório Cury Dib Sociedade de Advogados com atuação em Direito Tributário e Societário. Especialista em Direito Tributário pelo Instituto Brasileiro de Estudos Tributários - IBET. Graduada em Direito pela Universidade Federal de Uberlândia. E-mail: anacarolsote@gmail.com

Ana Paula Bougleux Andrade Resende

Advogada atuante na área de Privacidade e Proteção de Dados, sócia do escritório Guzmán, Finoto e Bougleux Advogados. Mestranda em Direito pela Universidade Estadual Paulista "Júlio de Mesquita Filho" (UNESP/Franca). Pós-graduada em Direito Digital pela Faculdade CERS. Integrante da Comissão de Privacidade de Proteção de Dados, da OAB/Uberlândia. E-mail: apbougleux@gmail.com

Ana Vitória D'Assumpção Guzman

Advogada atuante na área de Privacidade e Proteção de Dados, sócia do escritório Guzmán, Finoto e Bougleux Advogados. Pós-graduada em Direito Digital e Compliance pela Faculdade Damásio. Bacharel em Direito pela Faculdade ESAMC. Vice-presidente da Comissão de Privacidade de Proteção de Dados, da OAB/Uberlândia. E-mail: anaguzman.adv@gmail.com

Antônio Chaves Neto

Pós-Graduação strictu sensu – Mestrado em Ensino Superior (Centro Universitário do Triângulo); MBA em Gestão Empresarial pela FGV – Fundação Getúlio Vargas; Pós-Graduação lato sensu - Especialização em Direito Empresarial (Centro Universitário do Triângulo e PUC-SP). Professor Universitário em Direito Empresarial desde 1998; Presidente da Comissão de Planejamento Patrimonial e Sucessório da 13ª Subseção da OAB/MG; Exerceu o cargo/função de: Assessor Jurídico na Secretaria de Desenvolvimento Econômico e Turismo da Prefeitura Municipal de Uberlândia, Presidente da Comissão de Direito Empresarial na 13ª Subseção da OAB/MG e Membro do Conselho de Ética e Disciplina da 13ª Subseção da OAB/MG; Advogado sócio-fundador na empresa Chaves Neto Advogados Associados desde 1995; Sócio diretor franqueado da Studio Agro (Grupo Studio), pela empresa Chaves Neto Serviços e Negócios Ltda. E-mail: antonio@chavesneto.com.br

Ana Laíssa Fernandes Peixoto

Advogada atuante na área de tecnologia, direito digital, propriedade intelectual, privacidade e proteção de dados, contratos, contencioso e direito do trabalho. Tem pós-graduação em Direito Corporativo e Compliance pela Escola Paulista de Direito, curso de extensão em Privacidade e Proteção de Dados pelo Data Privacy Brasil, curso de extensão em Compliance e Anticorrupção pela LEC e curso de tecnologia, negócios e inovação pela Innovation Experience com imersão em Israel. É professora e palestrante de temas relacionados à eficiência jurídica, inovação, análise de dados, agilidade e tecnologia no âmbito jurídico. É membra da comissão de Advocacia Corporativa da OAB Uberlândia. E-mail: analaissa.fernandesp@gmail.com

Arthur dos Santos Souza

Graduado em Direito pela Universidade Federal de Uberlândia (UFU). Pós-Graduando em Direito Tributário pelo Instituto Brasileiro de Estudos Tributários (IBET). Sócio da Banca Cerizze Soluções Jurídicas Empresariais, com atuação voltada ao consultivo tributário. E-mail: arthur.souza@cerizze.com

Bruno Ferreira de Oliveira

Graduado em Letras e Direito. Pós-Graduado em Direito Eleitoral e Direito Civil com ênfase em Processo Civil. Mestrando em Direito na Universidade de Brasília (UNB). Membro da Associação Brasileira de Direito Eleitoral e Político (ABRADEP). Professor de Direito Eleitoral e Legislação Específica para concursos públicos. Pesquisador de Direito

Eleitoral. Escritor de Livros Jurídicos. E-mail: brunof.oliveira@gmail.com

Bruno Leonardo Verona

Advogado desde 2001, especialista em Direito Financeiro e Societário, Especialista em LGPD pela Fundação Getúlio Vargas, Data Protection Officer pela EXIN Privacy - Data Protection Foundation da Holanda, Certificado DPO PMG Academy, Conferencista e Palestrante em Direito da Inovação e Modelos Inovadores de Negócios. E-mail: bruno@brunoverona.com.br

Bruno Nogueira Santos

Graduado em Direito. Advogado. Pós-graduando em Direito do Agronegócios. E-mail: bnogueiras@outlook.com

Camila Barbosa de Paiva

Advogada inscrita na OAB/MG sob o n° 146.161, mestre em Direito pela Universidade Federal de Uberlândia (UFU), graduada em Direito também pela UFU, especialista em Direito de Famílias e Sucessões e em Direito Constitucional, Vice-Presidente da Comissão de Diversidade Sexual e de Gênero da OAB Uberlândia, Membro da Comissão de Direito Sistêmico. E-mail: advcamilapaiva@gmail.com

Carolina Oliveira Faleiros

Advogada inscrita na OAB/MG sob o n° 122.740, Consteladora Sistêmica, Especialista em Alienação Parental, Vice-Presidente da Comissão de Direito Sistêmico, Membro da Comissão de Direito das Famílias, Membro do IBDFAM. E-mail: carolina@faleirosadvocacia.com.br

Damiane Muniz Coutinho

Graduada em Direito pela Universidade Federal de Uberlândia (UFU). Pós-Graduanda em Direito Tributário pelo Instituto Brasileiro de Estudos Tributários (IBET). Sócia da Banca Cerizze Soluções Jurídicas Empresariais, com atuação voltada ao contencioso tributário administrativo e judicial. E-mail: damiane.muniz@cerizze.com

Daniel M. A. Casella

Advogado e sócio head da área de Direito Público do Escritório Romano Donadel Advogados. Presidente da Comissão de Direito Eleitoral da OAB/Uberlândia.

Academicamente, é graduado e Mestre em Direito. Professor de Graduação e de Pós-Graduação em Direito Constitucional e Administrativo. Área de atuação profissional: direito administrativo, regulatório e eleitoral prestando assessoria e consultoria a empresas de porte nacional e internacional. E-mail: daniel.casella@romanodonadel.com.br

Danielle de Oliveira Duarte

Advogada, Especialista em Direito Tributário e Direito Imobiliário pela Faculdade Cândido Mendes /MG. danielleoduarte@yahoo.com.br

Danilo Verri Bispo

Advogado, Pós-Graduado em Direito Processual Civil pela Faculdade Damásio de Jesus e Pós-Graduado em Direito Previdenciário pela Universidade Cândido Mendes. E-mail: drbispoadv@gmail.com

Dennys Rosa Goulart

Bacharel em Direito, pela Universidade Federal de Uberlândia. Especializando em Direito Tributário, pelo Instituto Brasileiro de Estudos Tributários (IBET). Advogado tributário em Companhia do setor de Telecomunicações. E-mail: dennys-goulart@hotmail.com

Emanoel Messias Dias da Silveira

Advogado com atuação no âmbito do Direito Eleitoral e Processual Civil, professor honorário da ESA/PE, atualmente assessor jurídico do Sindicato dos Servidores Públicos de Palmares - SINSEMPAL. E-mail: emanoelsilveira@hotmail.com

Fernanda Azevedo D'Avila

Advogada inscrita na OAB/MG sob o n° 104.506. Mediadora. Especialista em Filosofia do Direito e Direito Público. Consteladora Sistêmica. Presidente da Comissão de Direito Sistêmico da OAB de Uberlândia/MG e Membro da Comissão de Direito das Famílias. E-mail: fernandadavila@adv.oabmg.org.br

Fernanda Rodrigues Teixeira

Advogada. Especialista em Direito Tributário pelo Instituto Brasileiro de Estudos Tributários (IBET). E-mail: teixeira.fernandarodrigues@gmail.com.

Fernando Rodrigues Dias

Graduado em Direito. Pós-Graduado em Direito Empresarial. Pós-graduado em Direito do Trabalho. Advogado. E-mail: f.dias@sodru.com

Flávia Resende Branco

Bacharel em Direito pela UFU, pós-graduada em Direito Processual Civil pela UFU, Advogada da AMEAS - Associação Municipal de Assistência Social Educação e Saúde e Vice-Presidente da Comissão de Direito do Terceiro Setor da Subseção de Uberlândia - MG. E-mail: flavia@fbrancoadvocacia.com.br

Flávio Junio Neres Muniz

Mestre em História Social pela Universidade Federal de Uberlândia (UFU). Bacharel e Licenciado em História. Bacharelando em Direito pela Faculdade de Direito Prof. Jacy de Assis da UFU. Membro da Comissão de Promoção da Igualdade Racial da OAB 13ª Subseção-Uberlândia/MG. É professor, pesquisador e consultor educacional. E-mail: proflaviomuniz@gmail.com

Gabriel Oliveira de Aguiar Borges

Doutorando em Direito pela Universidade Presbiteriana Mackenzie. Mestre e Bacharel em Direito pela Universidade Federal de Uberlândia (UFU). Professor do Centro Universitário do Triângulo. Presidente da Comissão de Integridade e Compliance da 13ª Subseção da OAB/MG. Julgador da 4ª Turma do Tribunal de Ética e Disciplina da OAB/MG. E-mail: gabrieloab@outlook.com

Gabriel Xavier Pimenta

Advogado. Pós-graduando em Direito Tributário pelo Instituto Brasileiro de Estudos Tributários (IBET). Membro da Comissão de Direito Tributário da 13ª Subseção da OAB/MG. E-mail: gabriel.xavier@cerizze.com

Heloísa Corrêa Meneses

Advogada e Professora. Mestre em Direito pela UNINOVE - SP. Pós-graduada em Direito Societário e Contratos Empresariais pela UFU-MG e Pós-graduada em Direito Processual Civil pela Faculdade Damásio de Jesus. Graduada em Direito pela UFU-MG. Editora na Revista Prisma Jurídico ISSN (1983-9286). Membro do Conselho Editorial da Ed. Marco Teórico e da Comissão de Direito Previdenciário e Direito na Escola da Subseção de

Uberlândia-MG. Diretoria Científica Adjunta do Instituto Brasileiro de Direito Previdenciário (IBDP) E-mail: heloisa@galatiecorrea.com.br

Hiago Valverde Mattos

Advogado. Pela Cers, concluiu Especialização em Direito Processual Civil. Membro da Comissão de Direito Processual Civil. E-mail: contato@valverdefonseca.adv.br

Ianna Menezes Cabanelas

Bacharel e Mestre em Direito Processual pela PUC-Minas. CEO & Founder na empresa Íris - Jurídico Descomplicado. Head de Inovação e Legal Designer no Portugal Vilela Advogados. Consultora em Legal Design. Contato: iannamcabanelas.adv@gmail.com.

Iohana Sousa Martins

Pós-graduanda em Direito Civil pela Pontifícia Universidade Católica de Minas Gerais (PUC Minas). Pós-graduanda em Planejamento Familiar e Sucessório pela faculdade Legale. Advogada atuante em direito das famílias e sucessões, com enfoque em soluções preventivas de conflitos familiares e sucessórios. E-mail: iohanamartinsadv@gmail.com

Isabela Prudente Marques

Graduada em Direito pela Universidade Federal de Uberlândia (UFU). Especialista em Direito Tributário pelo Instituto Brasileiro de Estudos Tributários (IBET). Legal Master em Direito Tributário pelo Insper. Sócia da Banca Cerizze Soluções Jurídicas Empresariais, com atuação estratégica em contencioso administrativo e judicial. E-mail: isabela.prudente@cerizze.com

Jéssica Santos Conceição

Advogada. Especialista em Direito do Trabalho e Previdenciário pela Faculdade Pitágoras. Bacharela em Direito pela Faculdade Politécnica de Uberlândia-MG. Graduanda em Ciências Contábeis pela Faculdade Estácio. E-mail: jessicasantos.adv1@gmail.com

Jorge Vinícius Salatino de Souza

Doutorando em Direito Tributário pela Pontifícia Universidade Católica de São Paulo - PUC/SP. Mestre em Direito Tributário pelo Instituto Brasileiro de Estudos Tributários - IBET. Professor Seminarista do IBET, em Curso de Graduação e Pós-Graduação. Advogado. jorgeviniciussouza@gmail.com

José Custódio De Moura Neto

Bacharel em Direito pela Faculdade Pitágoras de Uberlândia-MG, Pós-graduado em Direito Público com Ênfase em Gestão Pública, Presidente da Comissão de Direito Administrativo da 13º Subseção da OAB Uberlândia/MG, Auditor do Tribunal de Justiça Desportiva de Uberlândia-MG e Advogado Pleno no escritório Sousa Oliveira Advogados Associados. E-mail: josecustodio.advogado@gmail.com

José Henrique de Oliveira Couto

Mestrando em direito pela Universidade Federal de Uberlândia. Graduado em direito pela UFU. Foi bolsista pelo Opice Blum Academy. Foi editor de qualidade da Revista Dizer. Membro do CIED e da comissão de direito e tecnologia da OAB de Uberlândia. Autor de "Resumo de teoria geral do direito empresarial, empresa e empresário" e "Do contrato liberal ao contrato eletrônico existencial e a tutela da pessoa humana: análise à luz da clickwrap". Advogado. E-mail: henrrique_jose2000@hotmail.com

Kênia Abadia Souza Ribeiro

Formada em Direito, Pós-graduada em Direito do Trabalho e Processo do Trabalho pela Universidade Federal de Uberlândia, Advogada do Grupo Integração, com experiência em direito do trabalho, consultivo civil e previdenciário, membro da Diretoria Regional do SERT/MG - Sindicato das Empresas de Rádio e Televisão de Uberlândia e membro da comissão de negociações coletivas. *Compliance officer* do Grupo Integração. E-mail: ksouzaadv@gmail.com

Lara Barbosa Franco Neves

Advogada com atuação na área de direito eleitoral e membro da Comissão de Direito Eleitoral da OAB/Uberlândia. E-mail: larabarbosafranconeves@gmail.com

Layner Souza da Cruz

Bacharel em Direito pela Faculdade Politécnica de Uberlândia, FPU. Advogada. Especialista em Direito e Agronegócio pela Faculdade Metropolitana do Estado de São Paulo. Pós-Graduanda em LGPD – Lei Geral de Proteção de Dados Pessoais pela Faculdade Legale do Estado de São Paulo. Conhecimento no curso Avançado de Fashion Law do Estado de São Paulo. E-mail: layner.souzacruz@hotmail.com

Letícia Preti Faccio

Mestranda em Direito pela FDRP/USP. Bacharel em Direito pela Universidade Federal de Uberlândia (UFU). Advogada. Pesquisadora do Laboratório de Direitos Humanos (LabDH/ UFU). Vice-Presidente da Comissão de Integridade e Compliance da 13ª Subseção da OAB/MG. E-mail: leticiapfaccio@gmail.com.

Lucas Ferreira de Castro Alves

Advogado, pós-graduando em Direito Tributário, pelo Instituto Brasileiro de Estudos Tributários (IBET). E-mail: lcastroalves.adv@gmail.com

Lucas Tadeu Silva Caetano de Oliveira

Advogado, presidente da comissão OAB/JOVEM, lucasoliveiratsc@gmail.com

Luciana Franco de Melo

Especialista em Direito Empresarial pela Fundação Getúlio Vargas (FGV) - Rio de Janeiro. Proprietária do escritório de advocacia Franco Melo Soluções Jurídicas, desenvolvendo atividades profissionais como advogada, com ênfase em Planejamento Sucessório. E-mail: lucianafranco.oabmg@gmail.com

Michel Evangelista Luz

Advogado. Mestre em Direito pela Universidade Federal de Uberlândia, com financiamento pela Coordenação de Aperfeiçoamento de Pessoal de Nível Superior (CAPES). Pós-Graduado em Direito do Trabalho e Processo do Trabalho pela Faculdade Damásio. Graduado em Direito pela Faculdade Pitágoras de Uberlândia. E-mail: michelluzadv@hotmail.com

Monique Soares Salgado

Bacharel em Direito, pela Uniminas em Uberlândia - MG, Bacharel em Contabilidade, pela Fundação Instituto de Pesquisas Contábeis, Atuariais e Financeiras - FIPECAFI, Especializando em Direito Tributário e em Tributação no Agronegócio, pelo Instituto Brasileiro de Estudos Tributários (IBET), Sócia-fundadora do escritório Monique Salgado Advocacia Individual, Presidente da Comissão de Direito Tributário da 13ª Subseção da OAB – MG. E-mail: moniquesalgado.adv@gmail.com

Neiron Bueno do Nascimento Junior

Bacharel em Direito pela UNIUBE, Contabilista especializado em Terceiro Setor, Advogado Presidente da Comissão de Direitos do Terceiro Setor da Subseção de Uberlândia - MG. E-mail: neironbueno@hotmail.com

Paulo César da Silva Filho

Advogado. Mestrando em Direito Tributário pela Fundação Getúlio Vargas (FGV). Legal Master em Direito Tributário pelo INSPER. Especialista em Ciências Penais e Segurança Pública pelo Instituto Rogério Greco. Especialista em Direito Tributário pelo Instituto Brasileiro de Estudos Tributários (IBET). Secretário da Comissão de Direito Tributário da 13ª Subseção da OAB/MG. E-mail: paulo.filho@cerizze.com

Pedro de Assis Vieira Filho

Graduado em Direito pela Universidade Federal de Uberlândia. Especialista em Direito Tributário pelo IBET. Especialista em Direito Empresarial pelo Damásio Educacional. Master of Business Administration de Contabilidade e Gestão Tributária pela Universidade Federal de Uberlândia. Extensão em Tributação Internacional pelo IBDT e Direito Societário pela FGV. Advogado com atuação em direito empresarial, societário e tributário. E-mail: pedrovieira.advg@gmail.com

Rafael Galati Santos Pereira

Advogado e Professor de Direito Previdenciário. Pós-graduado em Direito Previdenciário pela Faculdade Inesp, Brasil. Pós-graduado em Direito Previdenciário pela Universidade de Anhanguera Uniderp. Pós-graduado em Ciências Criminais pela Universidade Gama Filho. Graduado em Direito no Centro Universitário do Triângulo - Unitri. Secretário da Comissão de Direito Previdenciário. E-mail: rafael@galatiecorrea.com.br

Reginaldo Rodrigues Melo

Advogado. Especialista em Direito Falimentar e Recuperação Judicial, *Compliance* Trabalhista, Direito do Trabalho e Processual do Trabalho, MBA em Logística Empresarial pela Fundação Getúlio Vargas, Administrador de Empresas. Email: reginaldo@rmadve.com.br

Renata Andrade Vilela

Bacharel em Direito pela Faculdade de Direito da Universidade Federal de Uberlândia -

UFU, Especialista em Direito Tributário pelo Instituto Brasileiro de Estudos Tributários - IBET, Advogada em Uberlândia/MG. renata@andradevilela.com.br

Renata Cardoso Fernandes

Advogada inscrita na OAB/MG sob o nº 161.179, graduada pela Universidade Federal de Uberlândia em 2015, pós-graduada em Processo e Direito do Trabalho pela Estácio de Sá. Advogada colaborativa capacitada pelo Instituto Brasileiro em Práticas Colaborativas (IBPC) e regularmente inscrita no referido instituto e membra da Comissão de Mediação e Conciliação da OAB Uberlândia. E-mail: rcardosofernandes@gmail.com

Rodolfo Hernandes Quaggio

Formado em Direito pela Universidade Federal de Uberlândia, Advogado na Zup Innovation, com experiência em tecnologia, contratos, direito do trabalho e direito societário, membro da Comissão de Advocacia Corporativa da 13ª Subseção da OAB/MG. rodolfoquaggio.adv@gmail.com

Rodrigo Gama Croches

Bacharel em Direito, Licenciado em Letras - Língua e Literatura Francesa e Mestre em Direito pela Universidade Federal de Uberlândia (UFU), Pós-graduado em Direito Previdenciário pela Universidade Gama Filho (UGF) e em Direito Homoafetivo e de Gênero pela Universidade Santa Cecília (Unisanta). Professor na Universidade do Estado de Minas Gerais (UEMG). E-mail: rodrigocroches@yahoo.com.br

Rosália de Fátima Ferreira Melo

Bacharel em Direito pela Faculdade de Direito Pitágoras, Pós-graduada em Direito do Trabalho e Previdenciário pela Faculdade Pitágoras, Pós-graduanda em Prática de Direito Previdenciário pela Faculdade Centro de Estudos Avançados e Tecnologia. Advogada. E-mail:rosaliafmelo@hotmail.com

Sarah Carolina de Sales Gobo

Advogada, pós-graduanda em Lei Geral de Proteção de Dados (LGPD) pela Faculdade Legale Educacional (Ead) e Advocacia Cível pela Escola Superior de Advocacia (ESA)/FMP - sarahgobo28@gmail.com

Shirley Câmara Leão

Procuradora Municipal, Presidente da Comissão de Direitos Humanos da OAB Uberlândia (2022), Membro da Comissão Estadual de Fiscalização da atividade Profissional da Advocacia, Pós-graduada em Ciências Criminais, pela Faculdade Pitágoras, Pós-graduada em Ciências Penais e Segurança Pública pelo Instituto Rogério Greco, Advogada Criminalista e Membro das comissões OAB mulher, Direito Público, Assuntos Penitenciários, Direito Penal e Processual Penal da Subseção de Uberlândia -MG. E-mail: sleaoadv@yahoo.com.br

Tales Calaza

Mestrando em Direito pela UFMG. Presidente da Comissão de Direito, Inovação e Tecnologia da 13ª Subseção da OAB. Advogado Head de Propriedade Intelectual, Responsabilidade Civil e Direito Digital no Rocha Advogados. Fundador e Host do Podcast Café Jurídico. Fundador do Calaza *Legal Studio*. Pós-graduado em Processo Civil, em Direito do Consumidor na Era Digital e em Direito Digital. Extensão em Direito Contratual pela *Harvard University*. Autor de obras jurídicas e palestrante. *Legal designer*. E-mail: talescalaza@gmail.com

Vanilda Honória dos Santos

Doutoranda em Teoria e História do Direito pelo PPGD do Centro de Ciências Jurídicas da Universidade Federal de Santa Catarina (UFSC). Mestre em Filosofia pela Universidade Federal de Uberlândia (UFU). Graduada em Direito e Filosofia (UFU). Membro da Comissão de Promoção da Igualdade Racial da OAB 13ª Subseção-Uberlândia/MG. Consultora da Comissão Estadual da Verdade da Escravidão Negra da OAB-RJ. Membro do Instituto dos Advogados Brasileiros/IAB. Assessora no MPF- Procuradoria da República Triângulo Noroeste. E-mail: vanydireito@gmail.com

Vitor Costa Silva

Advogado. Pelo IBMEC/Damásio concluiu as Especializações em Processo Civil e em Direito Civil e Empresarial. Preceptor no Centro Universitário do Triângulo, com atuação junto ao Núcleo de Prática Jurídica. Membro da Comissão de Direito Empresarial. E-mail: cvitorsilvaadv@gmail.com

Vitor Figueiredo Freitas

Vitor Figueiredo Freitas, Pós Graduado em Direito Tributário, Vice presidente da comissão de Direito Tributário de Uberlândia/SP, Membro da Comissão Estadual de Direito

Previdenciário de Minas Gerais, membro da Comissão de Direito Previdenciário de Ribeirão Preto/SP. E-mail: vitorffreitas@hotmail.com

Viviane Ramone Tavares

Advogada. Mestranda em Compliance. Especialista em Direito Processual Civil, Direito Civil Constitucional, Direito Contratual e Responsabilidade Civil. Membra da ABEP. CMO da I2AI, Membra da AB2L. Coordenadora do comitê de sistema de justiça da RGB. Presidente da Comissão de Processo Civil da OAB Uberlândia. Integrante da comissão de direito e inteligência artificial da OAB MG. Integrante da comissão de processo civil da OAB MG. E-mail: vivianeramone@yahoo.com.br

Yasmin da Silva

Advogada, Sócia e Head de Contratos e Proteção de Dados em escritório consultivo para Empresas de Tecnologia, Inovação e Investimentos. Graduada em Direito pela Uniban | Anhanguera. Pós Graduanda em Direito Digital e Proteção de Dados pela EBRADI. E-mail: yasmin@silvaschutz.com

Yuri Resende Naves

advogado, professor de ciências sociais e direito, membro da comissão de direito na escola, graduado em direito e formação pedagógica em ciências sociais, pós-graduação em ciências da religião e pós -graduação em direito penal e processo penal E-mail adv.yurin@gmail.com

"Ser advogado é prestar atenção a tudo e a todos ao seu redor. É agir com tato e com diplomacia. É não perder a calma, mesmo em momentos difíceis. É exercitar a escrita e a oratória. É possuir a capacidade de persuasão de maneira agradável e precisa, não de maneira irritante. É ter excelente relação interpessoal. É saber lidar com diferentes situações.".

— **Heráclito Fontoura Sobral Pinto**

Nota introdutória dos coordenadores

Prezados leitores,

É com grande satisfação e orgulho que apresentamos o Anuário da OAB UBERLÂNDIA, uma iniciativa dedicada a incentivar e promover a produção acadêmica e intelectual dos advogados que integram nossas comissões temáticas e demonstrar à sociedade a excelência e capacitação de nossos membros.

Este Anuário representa um marco no compromisso da OAB UBERLÂNDIA em fomentar o debate e a reflexão sobre questões jurídicas relevantes, em constante evolução e que afetam diretamente a sociedade brasileira. Os temas abordados nesta edição abrangem uma ampla gama de áreas do Direito e revelam o talento e o conhecimento de nossos colegas em suas respectivas especialidades.

Os artigos apresentados contemplam uma diversidade de temas, incluindo reflexões sobre decisões recentes do STF e suas implicações no sistema tributário brasileiro; análises críticas acerca de direitos fundamentais; inovações e desafios no âmbito do Direito do Trabalho; questões relativas à ética e gestão na atividade advocatícia; bem como discussões sobre o uso da tecnologia e *marketing* no setor jurídico.

Os temas abordam ainda o direito à proteção de dados pessoais nas relações de consumo; a contribuição do design de sistemas de gestão de conflitos para uma justiça digital coparticipativa; a invisibilidade do assédio moral no serviço público; o direito de não ser esquecido e a reparação da escravidão; direito e sustentabilidade sob a ótica do direito da moda; a importância da assessoria jurídica para o terceiro setor; análise do caráter hediondo do crime de tráfico ilícito de drogas; participação do advogado na mediação de conflitos e seus efeitos práticos; advocacia sistêmica e a proteção aos animais domésticos no ordenamento jurídico brasileiro.

Ao reunir tais contribuições em um único volume, esperamos não apenas estimular o desenvolvimento profissional de nossos colegas advogados, mas também oferecer à sociedade um material de consulta de alta qualidade e relevância, demonstrando o compromisso da OAB UBERLÂNDIA com a excelência e o aprimoramento constante da advocacia.

Agradecemos a todos os Autores que compartilharam seus conhecimentos e experiências neste Anuário e aos membros das comissões temáticas que se dedicaram à sua organização. Esperamos que esta publicação possa servir de inspiração e referência para futuras edições e que continue a enriquecer o debate e a reflexão no campo do Direito.

Boa leitura!

Coordenadores

Heloisa Corrêa Meneses

Tiago Nunes da Silva

Viviane Ramone Tavares

Wendel de Brito Lemos Teixeira

Prefácio

Na história da civilização, muito tempo faz que a lei deixou de era a única e exclusiva fonte do direito. É notório, no meio científico voltado para a ordem jurídica, um consenso sobre a função da doutrina e da jurisprudência no campo das fontes do direito, seja no que diz com a elaboração das normas jurídicas e sua interpretação, seja na formação complementar de normas concretas na solução dos litígios, que na prática se tornam precedentes vinculantes.

O relevante papel da doutrina como fonte do direito fica evidente ao se verificar a constante utilização das teses desenvolvidas pelos estudiosos para a solução das ações levadas ao Poder Judiciário.

De igual forma, não se discute a importância da jurisprudência para o direito contemporâneo. Os tribunais vêm, cada vez mais, interpretando o ordenamento de forma a dar maior efetividade aos direitos humanos, mais especificamente, à dignidade da pessoa humana, o que exige algo maior do que a simples aplicação da lei.

Assim, a doutrina e a jurisprudência, enquanto componentes da dimensão do realismo jurídico e interagindo com o direito positivo e o direito natural, participam da produção das normas e da própria ciência jurídica. Tal manifestação é que, afinal, nos permite retirar "do campo da doutrina ou da própria jurisprudência hipóteses e casos práticos que demonstram a aplicabilidade na esfera do direito do jus-humanismo normativo, enquanto teoria que se define por entender o direito como 'síntese do conhecimento humano juridicamente manifestado'".[1]

Aos intérpretes e aplicadores do direito cabe, em nosso tempo, uma missão que não se opõe à dos legisladores, mas que a esta se integra, num aspecto que PERELMAN qualifica como complementar indispensável e que consiste numa tarefa não

---

1 MATSUSHITA, Thiago L. O jus-humanismo normativo – expressão do princípio absoluto da proporcionalidade. Tese (Doutorado em Direito) – Pontifícia Universidade Católica de São Paulo, 2012, p. 257.

apenas jurídica, "mas também política, a de harmonizar a ordem jurídica de origem legislativa com as ideias dominantes sobre o que é justo e equitativo em dado meio. É por essa razão que a aplicação do direito, a passagem da regra abstrata ao caso concreto, não é um simples processo dedutivo, mas uma adaptação constante dos dispositivos legais aos valores em conflito nas controvérsias jurídicas"[2].

Os advogados de Uberlândia, incentivados pelos gestores da OAB local, vêm demonstrando, através de estudos e publicações sucessivas, que, entre eles, não há somente profissionais da postulação em juízo, mas também pesquisadores e mestres na arte doutrinária jurídica.

A coletânea que ora é dada à publicidade sob o título "Anuário 2022" é uma eloquente demonstração dessa missão doutrinária patrocinada pela 13ª Subseção da OAB de Minas Gerais, sob a coordenação elogiável dos Professores Wendel de Brito, Viviane Ramone e Tiago Nunes.

Reuniram-se nada menos que três dezenas de ensaios elaborados dentro de boa técnica jurídica acadêmica, em torno de temas e problemas de extrema atualidade, e que desafiam a atenção de todos, e principalmente daqueles que militam nas contendas forenses.

Para evidenciar o teor e a relevância da múltipla matéria abordada, destacam-se temas como (1) aspectos empresariais dos escritórios de advocacia; (2) o direito tributário e as despesas de software no campo do imposto de renda; (3) a previdência social e o benefício da prestação continuada ao idoso; (4) o ITBI e a jurisprudência do STF; (5) a participação do advogado na mediação; (6) a fixação de honorários advocatícios por equidade; (7) problemas de constitucionalidade da pensão por morte; (8) aposentadoria e planejamento previdenciário; (9) execução contra Fazenda Pública e efetividade; (10) entidades beneficientes formadoras de aprendizes e tributação; (11) Adam Smith, economia e teoria da tributação ótima; (12) proteção de dados e relações de consumo; (13) o instituto das Federações Partidárias; (14) a escravidão e o direito de não ser esquecida; (15) a recuperação judicial e produtor rural; (16) *marketing* jurídico, desafios; (17) prática do trabalho híbrido; (18) práticas de gestão das sociedades de advogados; (19) o advogado como ajudante; (20) a assessoria jurídica e o terceiro setor; (21) o assédio moral no serviço público ; (22) a

---

2 PERELMAN, Chaïm. *Lógica jurídica: Nova retórica.* São Paulo: Martins Fontes, 2. ed., 2004, p. 116.

gestão de conflitos e a construção de uma justiça digital comparticipativa; (23) o direito da moda; (24) o crime de apropriação indébita e o ICMS; (25) a proteção dos animais domésticos; (26) o planejamento sucessório; (27) problemas de *compliance* e riscos de violação de direitos humanos; (28) não-cumulatividade do ICMS e creditamento na transferência de mercadorias entre estabelecimentos do mesmo contribuinte; (29) as dimensões da garantia do acesso à justiça.

Vê-se, pois, que o universo temático foi o mais amplo possível, desde o direito constitucional, o direito tributário e previdenciário, o direito empresarial, o direito de sucessões, o direito penal, o direito do consumidor, até os processuais civil, administrativo e penal.

É digno de destaque o especial enfoque dado, em vários artigos, aos problemas jurídicos próprios do exercício profissional da advocacia, como é natural em vista da origem do Anuário.

Merecem, enfim, os advogados-doutrinadores de Uberlândia, os melhores elogios e cumprimentos, pela rica e moderna obra coletiva muito bem organizada, do ponto de vista tecno-jurídico. Leitura que se recomenda tanto ao meio universitário como aos militantes da vida forense.

HUMBERTO THEODORO JÚNIOR

Dezembro/2022.

Sumário

REFLEXOS DO JULGAMENTO DO TEMA 796/STF SOBRE A IMUNIDADE INCONDICIONADA DO ITBI NA INTEGRALIZAÇÃO DE CAPITAL

I

Arthur dos Santos Souza
Damiane Muniz Coutinho
Isabela Prudente Marques

RESUMO:

A tese fixada pelo julgamento do RE nº 796.376 diz respeito ao alcance da imunidade do ITBI na integralização de capital social em relação ao valor que excede as quotas que devem ser quitadas. Ocorre que, na fundamentação do voto vencedor, o Ministro Alexandre de Moraes distinguiu duas diferentes hipóteses de imunidade previstas no art. 156, § 2º, I, de modo que a condicionante relacionada à atividade preponderante não seria aplicável à primeira hipótese, ou seja, à incorporação de bens imóveis em integralização de capital social. Diante disso, o presente artigo visa a análise do alcance da decisão proferida quanto a essa última discussão, especialmente, partindo da análise da existência ou não de efeito vinculante da fundamentação dos acórdãos proferidos em repercussão geral, sob a luz do disposto no Código de Processo Civil/2015, artigo 927, III, que determina a observância obrigatória pelos Juízos e Tribunais dos acórdãos proferidos em julgamento de recursos repetitivos. Para tanto, será utilizada a metodologia de pesquisa bibliográfica e documental, com o fito de verificar os entendimentos doutrinários sobre o tema, bem como as normas que lhe são aplicáveis.

PALAVRAS-CHAVE:

ITBI; tema 796/STF; integralização de capital social; reflexos do julgamento; observância tese firmada.

1. INTRODUÇÃO

Como bem se sabe, o ato oneroso de transferência de bens imóveis e/ou direito reais sobre imóveis se sujeita à incidência do Imposto sobre a Transferência de Bens Imóveis (ITBI), nos termos do que dispõe a Constituição Federal (CF/88), artigo 156, II[1]. Contudo, constitucionalmente foi assegurada imunidade do imposto quando a transmissão desses bens e direitos ocorre na incorporação do patrimônio da pessoa jurídica, na realização de capital social:

> Art. 156. Compete aos Municípios instituir impostos sobre: [...]
> II - transmissão "inter vivos", a qualquer título, por ato oneroso, de bens imóveis, por natureza ou acessão física, e de direitos reais sobre imóveis, exceto os de garantia, bem como cessão de direitos a sua aquisição; [...]
> § 2° O imposto previsto no inciso II:
> I - não incide sobre a transmissão de bens ou direitos incorporados ao patrimônio de pessoa jurídica em realização de capital, nem sobre a transmissão de bens ou direitos decorrente de fusão, incorporação, cisão ou extinção de pessoa jurídica, salvo se, nesses casos, a atividade preponderante do adquirente for a compra e venda desses bens ou direitos, locação de bens imóveis ou arrendamento mercantil; [...] (BRASIL, 1988).

Como dispõe o próprio artigo citado, a competência para instituir, arrecadar e fiscalizar o imposto foi outorgada pela Constituição da República aos entes municipais. Ainda por expressa previsão constitucional, coube ao Código Tributário Nacional, como lei complementar, instrumento de mitigação de conflitos de

1 "Art. 156. Compete aos Municípios instituir impostos sobre: [...] II - transmissão "inter vivos", a qualquer título, por ato oneroso, de bens imóveis, por natureza ou acessão física, e de direitos reais sobre imóveis, exceto os de garantia, bem como cessão de direitos a sua aquisição; [...] § 2° O imposto previsto no inciso II: I – NÃO incide sobre a transmissão de bens ou direitos incorporados ao patrimônio de pessoa jurídica em realização de capital, nem sobre a transmissão de bens ou direitos decorrente de fusão, incorporação, cisão ou extinção de pessoa jurídica, salvo se, nesses casos, a atividade preponderante do adquirente for a compra e venda desses bens ou direitos, locação de bens imóveis ou arrendamento mercantil;" (BRASIL, ano).

competência entre os Entes federados, estabelecer os critérios objetivos para a sua exigência (artigo 146, I2) (BRASIL, 1988).

Por essa razão, o Código Tributário Nacional - CTN (nos artigos 35 a 42) normatizou as hipóteses de incidência do ITBI, tendo lá estabelecido, também, os critérios para fruição da imunidade prevista constitucionalmente no já citado artigo 156, § 2º, I. O artigo 36, I, assim estabelece:

> Art. 36. Ressalvado o disposto no artigo seguinte, o imposto NÃO incide sobre a transmissão dos bens ou direitos referidos no artigo anterior:
> I - quando efetuada para sua incorporação ao patrimônio de pessoa jurídica em pagamento de capital nela subscrito; [...]

Escorados nas previsões constitucional e legal citadas, os contribuintes historicamente pleiteiam administrativamente, perante as Prefeituras locais, uma declaração expressa de não incidência do ITBI sobre atos de integralização de imóveis em realização de capital social de pessoas jurídicas, tanto na constituição quanto na realização de aumento de capital. Essa declaração é imprescindível para viabilizar a efetiva transferência da propriedade dos bens imóveis, mediante registro da alienação junto ao Cartório de Registro de Imóveis, uma vez que, para o registro, os Cartórios de Registro de Imóveis exigem[3] o recolhimento do imposto ou a declaração expressa da sua dispensabilidade.

Via de regra, esses requerimentos sempre foram deferidos, de pleno, sem nenhuma análise formal acerca da atividade da empresa. Nos dois ou três anos seguintes ao ato de incorporação, as Prefeituras realizavam uma investigação acerca da atividade preponderante da pessoa jurídica, para fins de validar a declaração concedida ou lançar auto de infração para cobrança do ITBI inicialmente desonerado, tendo em vista a condicionante contida no artigo 374 do CTN.

---

2 "Art. 146. Cabe à lei complementar: I - dispor sobre conflitos de competência, em matéria tributária, entre a União, os Estados, o Distrito Federal e os Municípios; [...]" (BRASIL, ano).

3 Recentemente, julgando o Tema 1124 (ARE 1294969), o STF reafirmou a jurisprudência dominante e firmou, então, o entendimento de que "O fato gerador do imposto sobre transmissão inter vivos de bens imóveis (ITBI) somente ocorre com a efetiva transferência da propriedade imobiliária, que se dá mediante o registro". O tema ainda não transitou em julgado, mas ao menos por ora, não há que se falar em recolhimento prévio de ITBI, o qual somente é devido após a efetiva transferência, com registro em cartório.

4 "Art. 37. O disposto no artigo anterior não se aplica quando a pessoa jurídica adquirente

Recentemente, no entanto, essa dinâmica entre contribuintes e Fisco sofreu direto impacto, tendo em vista o julgamento do Tema 796 pelo Supremo Tribunal Federal, em 08/2020, pelo qual fixou-se o entendimento de que a imunidade do ITBI no caso de integralização de imóvel em realização de capital não alcança o valor dos bens que exceder o limite do capital social a ser integralizado.

É que com o julgamento do Tema, pelo menos dois grandes movimentos foram iniciados:

i. o primeiro diz respeito aos Fiscos municipais que, em sua maioria, entenderam que o STF teria concedido autorização para exigência do ITBI quando o contribuinte exerce o direito de integralizar, em realização do capital social, imóvel à valor contábil histórico, de modo que, a partir de então, os pedidos de reconhecimento de imunidade passaram a ser concedidos apenas parcialmente, com exigência de ITBI sobre a diferença entre o valor de mercado do bem e o valor constante da declaração dos bens integralizados;

ii. o segundo diz respeito aos próprios contribuintes, que a partir de interpretação da norma imunizante realizada pelo redator do acórdão vencedor, Ministro Alexandre de Moraes, constando expressamente o entendimento de que a imunidade é incondicionada, passaram a acionar o Poder Judiciário para, independentemente do ramo de atuação, terem assegurado o direito de integralizar imóvel em realização de capital com a imunidade do ITBI (BRASIL, 2020).

A partir desses reflexos gerados pelo julgamento do STF, propõe-se a realização

tenha como atividade preponderante a venda ou locação de propriedade imobiliária ou a cessão de direitos relativos à sua aquisição. § 1º Considera-se caracterizada a atividade preponderante referida neste artigo quando mais de 50% (cinqüenta por cento) da receita operacional da pessoa jurídica adquirente, nos 2 (dois) anos anteriores e nos 2 (dois) anos subseqüentes à aquisição, decorrer de transações mencionadas neste artigo. § 2º Se a pessoa jurídica adquirente iniciar suas atividades após a aquisição, ou menos de 2 (dois) anos antes dela, apurar-se-á a preponderância referida no parágrafo anterior levando em conta os 3 (três) primeiros anos seguintes à data da aquisição. § 3º Verificada a preponderância referida neste artigo, tornar-se-á devido o imposto, nos termos da lei vigente à data da aquisição, sobre o valor do bem ou direito nessa data. § 4º O disposto neste artigo não se aplica à transmissão de bens ou direitos, quando realizada em conjunto com a da totalidade do patrimônio da pessoa jurídica alienante" (BRASIL, ano).

de pesquisa bibliográfica e documental para análise gramatical da norma imunizante, dos fundamentos jurídicos constantes do voto condutor do entendimento firmado pelo STF, do sistema de precedentes vinculantes contido no Código de Processo Civil 2015 e da atual jurisprudência sobre a aplicação da imunidade incondicionada. A finalidade disso é avaliar se o julgamento do Tema 796/STF vincula os juízes e os Tribunais à aplicação do entendimento de que a imunidade é incondicionada na integralização de bens, na realização de capital social.

2. O JULGAMENTO PELO SUPREMO TRIBUNAL FEDERAL E O VOTO DO MINISTRO ALEXANDRE DE MORAES

Em agosto de 2020, o STF proferiu acórdão no âmbito do Recurso Extraordinário nº 796.376/SC, pelo qual fixou a seguinte tese de repercussão geral (Tema 796): "A imunidade em relação ao ITBI, prevista no inciso I do § 2º do art. 156 da Constituição Federal, não alcança o valor dos bens que exceder o limite do capital social a ser integralizado" (BRASIL, 2020).

No caso concreto analisado, uma pessoa jurídica com objeto social de participação no capital social de outras sociedades promoveu a integralização do seu capital social, no valor de R$ 24.000,00, mediante a incorporação de 17 imóveis com valor total de R$ 802.724,00. O entendimento fiscal foi de que a imunidade prevista no artigo 156, I, § 2º da CF/88 apenas abrangeria o montante do capital social a ser integralizado, sendo devido o ITBI quanto ao valor remanescente.

No seu voto, o ministro Marco Aurélio, relator do caso e voto vencido no Tribunal, ressaltou que, não obstante normalmente a contrapartida dos sócios ser materializada na figura do capital social, também é possível que as sociedades empresárias formem reserva de capital (artigo 182, §1º, a5 da Lei nº 6.404/1976), a qual compõe conta distinta dentro do patrimônio líquido, tendo sido o que ocorreu no caso em julgamento.

Dessa forma, para o Ministro Relator, como ambas as situações representam

---

5 "Patrimônio Líquido Art. 182. A conta do capital social discriminará o montante subscrito e, por dedução, a parcela ainda não realizada. § 1º Serão classificadas como reservas de capital as contas que registrarem: a) a contribuição do subscritor de ações que ultrapassar o valor nominal e a parte do preço de emissão das ações sem valor nominal que ultrapassar a importância destinada à formação do capital social, inclusive nos casos de conversão em ações de debêntures ou partes beneficiárias; [...]'

investimento na sociedade empresária, elas devem receber tratamento idêntico, de modo que a imunidade tributária englobaria o valor dos imóveis incorporados a título de reserva de capital.

No voto divergente, o qual se consagrou vencedor[6], o ministro Alexandre de Moraes entendeu que incide o ITBI sobre o valor dos imóveis, superando o capital subscrito a ser integralizado, uma vez que o objeto da imunidade seria, justamente, a integralização do capital social, isso é, a quitação das quotas subscritas pelos sócios, na sua exata medida.

Fundamentando o seu entendimento, o Ministro Alexandre de Moraes foi além e estabeleceu importantes premissas acerca da imunidade tributária do ITBI prevista no artigo 156, § 2º, I da CF/88, com expressivos impactos na interpretação e aplicação da referida norma.

Nos termos do voto vencedor, o dispositivo constitucional prevê duas hipóteses fáticas distintas que ensejam a imunidade tributária, quais sejam: a) a transmissão de bens ou direitos incorporados ao patrimônio de pessoa jurídica em realização de capital; e b) a transmissão de bens ou direitos decorrente de fusão, incorporação, cisão ou extinção de pessoa jurídica.

Consequentemente, a condicionante relativa à atividade preponderante do adquirente, prevista na parte final do dispositivo, somente seria aplicável à segunda hipótese, acerca da qual a expressão "nesses casos" estaria fazendo referência. Nesse ponto, cumpre transcrever o texto normativo com os destaques pertinentes à intepretação gramatical que distingue as duas hipóteses:

> Art. 156. Compete aos Municípios instituir impostos sobre: [...]
> § 2º O imposto previsto no inciso II:
> I - não incide sobre a transmissão de bens ou direitos incorporados ao patrimônio de pessoa jurídica em realização de capital *[primeira hipótese]*, nem sobre a transmissão de bens ou direitos decorrente de fusão, incorporação, cisão ou extinção de pessoa jurídica *[segunda hipótese]*, salvo se, **nesses casos** *[referência à segunda hipótese]*, a atividade preponderante do adquirente for a compra e venda desses bens ou direitos, locação de bens imóveis ou arrendamento mercantil; (destaques nossos)

Sendo assim, o Ministro concluiu que a incorporação de bens ao patrimônio da

---

6 Restaram vencidos os Ministros Marco Aurélio (Relator), Edson Fachin, Ricardo Lewandowski e Carmen Lúcia.

pessoa jurídica em realização de capital é uma hipótese distinta das operações societárias de incorporação, fusão, cisão e extinção de pessoas jurídicas, sendo que, apenas para essa última hipótese, é que a imunidade seria condicionada à ausência de atividade preponderantemente imobiliária pela adquirente.

Isso quer dizer que, a partir de uma interpretação gramatical, confirmada pelo Supremo Tribunal Federal pelo voto vencedor, verifica-se que o legislador constituinte estabeleceu:

i. a imunidade incondicionada em sua parte primeira, incidente na transmissão de bens ou direitos incorporados ao patrimônio da pessoa jurídica em realização de capital;
ii. a imunidade condicionada na segunda parte, separada pelo advérbio "nem", aplicável nos casos em que ausente atividade preponderante do adquirente relativa à compra e venda de bens imóveis, locação de imóveis ou arrendamento mercantil.

Essa premissa foi utilizada como fundamento para concluir que a imunidade da primeira norma, apesar de ser incondicionada, somente abrange o valor integralizado no capital social, não englobando a chamada reserva de capital. Fato é que, ainda hoje, a aplicação da norma imunizante é objeto de enorme divergência jurídica, tanto na doutrina quanto na jurisprudência.

Dessa forma, o voto vencedor intensificou os debates sobre questão incidental à controvérsia julgada, isso é, se os municípios poderiam condicionar a aplicação da imunidade dos casos de integralização do capital social à ausência de atividade preponderantemente imobiliária, bem como se os fundamentos utilizados no voto vencedor seriam de observância obrigatória aos demais órgãos do Poder Judiciário, uma vez julgado na sistemática de recursos repetitivos[7].

3. O IMPACTO DA DECISÃO PROFERIDA NO JULGAMENTO DO RE Nº 796.376/SC À LUZ DO SISTEMA DE PRECEDENTES VINCULANTES DO CÓDIGO DE PROCESSO CIVIL DE 2015

É sabido que, com o advento do Código de Processo Civil de 2015, o sistema de

7 "Art. 927. Os juízes e os tribunais observarão: III - os acórdãos em incidente de assunção de competência ou de resolução de demandas repetitivas e em julgamento de recursos extraordinário e especial repetitivos;

precedentes vinculantes ganhou ainda mais força, homenageando princípios constitucionais e processuais basilares, como os da celeridade processual e da segurança jurídica. Isso ocorre, porque tal sistema garante maior uniformidade nas decisões judiciais e, ainda, maior celeridade, ao passo que determina a aplicação do entendimento fixado pelos tribunais superiores a todos os processos em trâmite, vedando, inclusive, a admissão de Recursos Especiais ou Extraordinários que contrariem o entendimento já fixado repetitivamente.

Assim, levando em consideração o alcance das decisões proferidas pelo STF e STJ sob essa sistemática, é de suma importância que estejam bem estabelecidos os parâmetros para a sua aplicabilidade aos demais processos judiciais que versarem sobre a mesma temática. Para iniciarmos a análise sobre esse assunto, inicialmente, é necessário o exame dos elementos essenciais de toda decisão judicial, conforme prescreve o artigo 489 do CPC/15:

> Art. 489. São elementos essenciais da sentença:
> I - o relatório, que conterá os nomes das partes, a identificação do caso, com a suma do pedido e da contestação, e o registro das principais ocorrências havidas no andamento do processo;
> II - os fundamentos, em que o juiz analisará as questões de fato e de direito;
> III - o dispositivo, em que o juiz resolverá as questões principais que as partes lhe submeterem.
> § 1º Não se considera fundamentada qualquer decisão judicial, seja ela interlocutória, sentença ou acórdão, que:
> I - se limitar à indicação, à reprodução ou à paráfrase de ato normativo, sem explicar sua relação com a causa ou a questão decidida;
> II - empregar conceitos jurídicos indeterminados, sem explicar o motivo concreto de sua incidência no caso;
> III - invocar motivos que se prestariam a justificar qualquer outra decisão;
> IV - não enfrentar todos os argumentos deduzidos no processo capazes de, em tese, infirmar a conclusão adotada pelo julgador;
> V - se limitar a invocar precedente ou enunciado de súmula, sem identificar seus fundamentos determinantes nem demonstrar que o caso sob julgamento se ajusta àqueles fundamentos;
> VI - deixar de seguir enunciado de súmula, jurisprudência ou precedente invocado pela parte, sem demonstrar a existência de distinção no caso em julgamento ou a superação do entendimento.
> § 2º No caso de colisão entre normas, o juiz deve justificar o objeto e os critérios

gerais da ponderação efetuada, enunciando as razões que autorizam a interferência na norma afastada e as premissas fáticas que fundamentam a conclusão.
§ 3º A decisão judicial deve ser interpretada a partir da conjugação de todos os seus elementos e em conformidade com o princípio da boa-fé

Da leitura do dispositivo acima transcrito, é possível concluir que: a) apesar de no caput constar menção apenas à sentença, o relatório, a fundamentação e o dispositivo devem compor toda e qualquer decisão judicial e b) o §3º não deixa dúvidas acerca do fato de que, todos os elementos, conjuntamente, compõem a decisão judicial e devem ser conjugados para a sua correta interpretação.

Nesse sentido, inclusive, é o entendimento do STF, conforme se pode verificar da análise da ementa do acórdão proferido no julgamento do REsp nº 1.653.151/SP:

> RECURSO ESPECIAL. PROCESSUAL CIVIL. APLICAÇÃO DO CPC/73. AÇÃO DECLARATÓRIA DE INEXIGIBILIDADE DE OBRIGAÇÃO CAMBIÁRIA CUMULADA COM COMPENSAÇÃO POR DANOS MORAIS. CUMPRIMENTO DE SENTENÇA. RESPONSABILIDADE SOLIDÁRIA. CONDENAÇÃO. **EXTENSÃO DA COISA JULGADA. INTERPRETAÇÃO CONJUNTA DO DISPOSITIVO COM A FUNDAMENTAÇÃO DA SENTENÇA CONDENATÓRIA**. [...] 2. Para interpretar uma sentença, não basta a leitura de seu dispositivo. **O dispositivo deve ser interpretado de forma integrada com a fundamentação, que lhe dá o sentido e o alcance.** [...] 4. Recurso espec"ial não provido (STJ - REsp: 1653151 SP 2016/0302097-9, Relator: Ministra NANCY ANDRIGHI, Data de Julgamento: 06/06/2017, T3 - TERCEIRA TURMA, Data de Publicação: DJe 12/06/2017) (grifos nossos)

Isso quer dizer que, apesar do fato de que é na parte dispositiva que é traduzido o entendimento acerca do tema, todos os elementos da decisão judicial são integrantes da prestação jurisdicional realizada e, a partir desse entendimento, deve ser feita a análise do alcance das decisões proferidas na sistemática do julgamento de demandas repetitivas.

Nesse sentido, para fins didáticos, cumpre aqui a transcrição, com os destaques pertinentes, dos dispositivos do CPC/15 que determinam a necessidade de observância dos julgados repetitivos do STF e STJ:

> Art. 332. Nas causas que dispensem a fase instrutória, o juiz, independentemente da citação do réu, **julgará liminarmente improcedente o pedido que contrariar:** [...]
> II - **acórdão** proferido pelo Supremo Tribunal Federal ou pelo Superior Tribunal de Justiça em julgamento de recursos repetitivos;
> Art. 496. Está sujeita ao duplo grau de jurisdição, não produzindo efeito senão depois

de confirmada pelo tribunal, a sentença: [...]

§ 4º Também não se aplica o disposto neste artigo quando a sentença estiver fundada em: [...]

II - **acórdão** proferido pelo Supremo Tribunal Federal ou pelo Superior Tribunal de Justiça em julgamento de recursos repetitivos;

Art. 927. **Os juízes e os tribunais observarão:** [...]

III - os **acórdãos** em incidente de assunção de competência ou de resolução de demandas repetitivas e em julgamento de recursos extraordinário e especial repetitivos;

Art. 932. Incumbe ao relator: [...]

IV - **negar provimento a recurso que for contrário a:** [...]

b) **acórdão** proferido pelo Supremo Tribunal Federal ou pelo Superior Tribunal de Justiça em julgamento de recursos repetitivos; [...]

V - depois de facultada a apresentação de contrarrazões, dar provimento ao recurso se a decisão recorrida for contrária a: [...]

b) **acórdão** proferido pelo Supremo Tribunal Federal ou pelo Superior Tribunal de Justiça em julgamento de recursos repetitivos;

Art. 988. Caberá reclamação da parte interessada ou do Ministério Público para: [...]

IV – **garantir a observância de acórdão** proferido em julgamento de incidente de resolução de demandas repetitivas ou de incidente de assunção de competência;

Art. 1.030. Recebida a petição do recurso pela secretaria do tribunal, o recorrido será intimado para apresentar contrarrazões no prazo de 15 (quinze) dias, findo o qual os autos serão conclusos ao presidente ou ao vice-presidente do tribunal recorrido, que deverá:

I – **negar seguimento**:

a) a recurso extraordinário que discuta questão constitucional à qual o Supremo Tribunal Federal não tenha reconhecido a existência de repercussão geral ou a recurso extraordinário interposto contra acórdão que esteja em conformidade com **entendimento** do Supremo Tribunal Federal exarado no regime de repercussão geral;

b) a recurso extraordinário ou a recurso especial interposto contra acórdão que esteja em conformidade com **entendimento** do Supremo Tribunal Federal ou do Superior Tribunal de Justiça, respectivamente, exarado no regime de julgamento de recursos repetitivos;

II – encaminhar o processo ao órgão julgador para realização do juízo de retratação, **se o acórdão recorrido divergir do entendimento** do Supremo Tribunal Federal ou do Superior Tribunal de Justiça exarado, conforme o caso, nos regimes de repercussão geral ou de recursos repetitivos;

Art. 1.040. Publicado o **acórdão paradigma**:

I - o presidente ou o vice-presidente do tribunal de origem negará seguimento aos recursos especiais ou extraordinários sobrestados na origem, se o acórdão recorrido coincidir com a **orientação** do tribunal superior;

II - o órgão que proferiu o acórdão recorrido, na origem, reexaminará o processo de competência originária, a remessa necessária ou o recurso anteriormente julgado, se o acórdão recorrido contrariar a **orientação** do tribunal superior;

III - os processos suspensos em primeiro e segundo graus de jurisdição retomarão o curso para julgamento e aplicação da tese firmada pelo tribunal superior;

A partir da leitura dos dispositivos legais acima transcritos, fica claro o fato de que, em todas as oportunidades possíveis, o CPC/15 evidenciou a necessidade de observância do **acórdão, entendimento ou orientação** do STF e STJ na sistemática de recursos repetitivos. Em momento algum, o Código de Processo Civil menciona que a observância seria apenas ao que restou firmado no dispositivo da decisão, mas a toda a orientação/entendimento que se pode extrair do acórdão proferido pelo STF ou pelo STJ no julgamento dos recursos repetitivos.

Pela interpretação sistemática dos referidos dispositivos, não há fundamento que sustente entendimento diverso que não o de que todos os elementos do acórdão são parte integrante do julgado e, portanto, também são dotados de força vinculante perante o Poder Judiciário.

Isso ocorre, porque os fundamentos e a conclusão da decisão proferida são partes indissociáveis do mesmo precedente, de modo que somente pela leitura dos fundamentos é que se pode extrair as razões de decidir do julgador. Tanto assim o é que, conforme se pode verificar da leitura do artigo 1.040 do CPC/15, somente a partir da publicação do inteiro teor do acórdão é que se faz possível a atribuição dos efeitos do precedente vinculante fixado.

Assim, consoante ao entendimento esposado por Fredie Didier Jr.[8], os fundamentos dessas decisões devem servir de norte para o estabelecimento de limites quanto aos demais casos postos à apreciação do Poder Judiciário.

Aqui, importa destacar o conceito de *ratio decidendi*, fundamental para a presente discussão e, para tanto, citam-se as palavras de Monique de Ribeiro de

---

8 DIDIER JÚNIOR, Fredie. Curso de direito processual civil: teoria da prova, direito probatório, ações probatórias, decisão, precedente, coisa julgada e antecipação dos efeitos da tutela; Salvador: Ed. Jus Podivm, 2015. p. 442

Carvalho Gomes[9]:

> A *ratio decidendi* está na fundamentação, porém não se confunde propriamente com ela: **é com base nessa *ratio* que o julgador concluirá sua decisão acerca da questão concreta posta sob seu crivo.** Compõe-se dos fatos considerados relevantes na causa e para a tomada da decisão pelo julgador. **Torna-se norma geral quando, embora originada de uma situação concreta, a tese jurídica passa a ser aplicada como fundamento para a decisão de outros casos específicos que guardem semelhança fática**.

Entende-se, portanto, que a *ratio decidendi*, por se constituir nas razões que sustentam a tese jurídica fixada, por óbvio, possui força vinculante perante o poder judiciário em razão do sistema de precedentes. O entendimento contrário, ou seja, a conclusão de que apenas a tese firmada seria dotada de força vinculante, ao passo que os seus fundamentos seriam passíveis de discussão, não encontra qualquer suporte lógico-interpretativo, uma vez que a conclusão adotada pelo Tribunal Superior somente é válida se as razões que sustentam tal conclusão também o forem.

Se no julgamento do RE nº 796.376/SC a maioria dos membros do STF endossou o voto exarado pelo Ministro Alexandre de Moraes, redator do acórdão, sem quaisquer ressalvas, então, o referido entendimento foi igualmente ratificado na sua integralidade, inclusive com todas as conclusões adotadas no decorrer da fundamentação do voto.

Isso quer dizer que, se a maioria dos membros do STF já se posicionou de forma favorável ao referido voto, não há fundamento para apontar a necessidade de realização de um novo julgamento para que seja, novamente, fixado o entendimento recentemente firmado no sentido de que a imunidade prevista na primeira parte do artigo 156, §2º da Constituição Federal é incondicionada. O entendimento em sentido contrário representa um retrocesso no que se refere aos avanços trazidos pela sistemática de precedentes estabelecida pelo CPC/15, que foi instituída com o objetivo de minimizar litígios e conferir maior estabilidade às decisões judiciais e segurança à prestação jurisdicional.

Sendo assim, conclui-se que os juízes e tribunais, em observância aos diversos dispositivos do CPC/15 que estabelecem o sistema de precedentes vinculantes

---

9 GOMES, Monique Ribeiro de Carvalho. O dever de fundamentação das decisões judiciais no sistema de precedentes vinculantes e o CPC/2015. *In*: PINHEIRO, Armando Castelar *et al.* (coords.). Tópicos em Direito e Economia - Tópicos em direito e economia. Rio de Janeiro: FGV Direito Rio, 2021.

(notadamente, o artigo 927, III), possuem o poder-dever de aplicação do entendimento exarado na fundamentação do voto do Ministro Alexandre de Moraes quanto à imunidade do ITBI na integralização de imóveis para realização de capital no RE nº 796.376/SC, independentemente da atividade desempenhada pela pessoa jurídica.

4. ATUAL JURISPRUDÊNCIA SOBRE O TEMA E IMPACTOS ECONÔMICOS

O ITBI é um dos três impostos de competência dos municípios e constitui, portanto, uma das principais fontes das suas receitas próprias. A importância do ITBI para a arrecadação municipal nos últimos anos vem aumentando em razão do recente aquecimento do mercado imobiliário e, no município de Uberlândia/MG, a arrecadação desse imposto superou a do IPTU no ano de 2021[10].

Historicamente, o Tribunal de Justiça de Minas Gerais já tinha um entendimento consolidado sobre a necessidade de se comprovar a ausência de atividade preponderantemente imobiliária para incidência da imunidade tributária na incorporação de imóveis em integralização do capital social:

> EMENTA: AGRAVO DE INSTRUMENTO. AÇÃO DECLARATÓRIA DE INEXISTÊNCIA DE RELAÇÃO JURÍDICA. TUTELA DE URGÊNCIA. ITBI. IMUNIDADE. ART. 156, § 2º, I, DA CF/88 - ART. 37, §1º, DO CTN. SOCIEDADE. INTEGRALIZAÇÃO DO CAPITAL SOCIAL. BENS IMÓVEIS. PROVA DE QUE NÃO EXERCE ATIVIDADE PREPONDERANTE DE COMPRA, VENDA OU LOCAÇÃO DE IMÓVEIS. AUSÊNCIA. DECISÃO MANTIDA. RECURSO NÃO PROVIDO.
> - A imunidade tributária ao pagamento de ITBI nas operações de cessão imobiliária para fins de integralização de capital social somente se caracteriza quando constatado que a pessoa jurídica constituída não exerce preponderantemente as atividades de compra e venda, locação ou arrendamento mercantil de bens imóveis, nos termos do art. 156, § 2º, I, da CF/88 bem como do art. 37, §1º, do CTN.
> - Deve ser mantida a decisão que indefere o pedido de tutela de urgência da empresa constituída por núcleo familiar e que integraliza o seu capital social exclusivamente

10 PREFEITURA DE UBERLÂNDIA/MG. Portal da transparência. Disponível em https://www.uberlandia.mg.gov.br/portal-da-transparencia/receitas/. Acesso em: 20 jul 2022.

> com bens imóveis, almejando a imunidade do ITBI, por ausência de probabilidade do direto, quando ausente a prova de que não exerce, preponderantemente, atividade de compra e venda ou locação de bens imóveis ou arrendamento mercantil.
> - Recurso não provido. (TJMG - Agravo de Instrumento-Cv 1.0188.16.011095-6/001, Relator(a): Des.(a) Corrêa Junior, 6ª CÂMARA CÍVEL, julgamento em 21/11/2017, publicação da súmula em 01/12/2017)[11] (BRASIL, 2017).

Entretanto, com o entendimento exarado pelo STF no âmbito do RE 796.376, esperava-se um aprofundamento sobre a natureza (in)condicional da imunidade em questão, notadamente sob uma perspectiva de interpretação gramatical do texto constitucional.

Além do aspecto material dessa controvérsia, também se esperava que os Tribunais adotassem o posicionamento consagrado vencedor no Supremo em razão da sistemática dos precedentes vinculantes. Não obstante, verifica-se que o Tribunal de Justiça de Minas Gerais – "TJ/MG" vem mantendo o seu posicionamento histórico e reafirmando a suposta natureza condicionada da imunidade tributária do ITBI:

> AGRAVO DE INSTRUMENTO. MANDADO DE SEGURANÇA. LIMINAR. ISENÇÃO DO PAGAMENTO DO ITBI. BENS INCORPORADOS AO PATRIMÔNIO DA PESSOA JURÍDICA EM REALIZAÇÃO DE CAPITAL. ATIVIDADE PREPONDERANTE. IMUNIDADE. INAPLICABILIDADE. RECURSO DESPROVIDO. Tanto a Constituição da República (artigo 156 II, e §2º, I) quanto o Código Tributário Nacional (artigos 36 e 37) dispõem que a concessão da imunidade em relação ao ITBI da transmissão de bens e direitos incorporados ao patrimônio de pessoa jurídica em realização de capital depende da verificação da não preponderância das atividades de compra, venda, locação ou arrendamento mercantil de imóveis da pessoa jurídica adquirente (TJMG - Agravo de Instrumento-Cv 1.0000.22.092600-0/001, Relator(a): Des.(a) Edilson Olímpio Fernandes, 6ª CÂMARA CÍVEL, julgamento em 05/07/2022, publicação da súmula em 11/07/2022) (BRASIL, 2022).

No caso acima citado, provocado a se manifestar sobre o julgamento do STF, o Ministro Relator entendeu que a tese de repercussão geral fixada dizia respeito à aplicação da imunidade em relação ao valor que exceder o capital social a ser subscrito, não tendo relação com o alcance da condição estabelecida no texto

11 Nesse mesmo sentido, foram proferidos acórdãos no âmbito do Agravo de Instrumento 1.0188.15.012239-1/001, com julgamento em 23/08/2016 e Agravo de Instrumento 1.0000.18.040889-0/001, com julgamento em 09/10/2018.

constitucional:

> Por fim, conquanto a parte agravante cite a decisão do colendo SUPREMO TRIBUNAL FEDERAL nos autos do RE 796.376/SC, registro que o tema 796 de repercussão geral dizia respeito ao alcance da imunidade tributária do ITBI, prevista no artigo 156, § 2º, I, da Constituição, sobre imóveis incorporados ao patrimônio de pessoa jurídica, quando o valor total desses bens excederem o limite do capital social a ser integralizado, tendo sido fixada a tese segundo a qual 'a imunidade em relação ao ITBI, prevista no inciso I do § 2º do art. 156 da Constituição Federal, não alcança o valor dos bens que exceder o limite do capital social a ser integralizado', a qual não diz respeito ao alcance da imunidade condicionada prevista no artigo 156, da CF.

Em que pese a contemporaneidade da temática, verifica-se que o TJ/MG já se manifestou neste mesmo sentido em outras oportunidades, a teor da Apelação Cível nº 1.0000.22.001938-4/001, julgada em 12/04/2022, o que aponta para a contrariedade a sistemática de precedentes vinculantes, por inobservância do entendimento proferido em acórdão julgado pelo STF na sistemática de recursos repetitivos.

5. CONCLUSÃO

Apesar da clareza do voto condutor do RE nº 796.376/SC no que concerne ao entendimento de que a imunidade do ITBI na integralização de bens imóveis no capital social é incondicionada, ou seja, independe da atividade desenvolvida pela pessoa jurídica, parte da jurisprudência se escusa da aplicação do precedente, sob o entendimento de que haveria obrigatoriedade de observância apenas da tese firmada e não dos fundamentos que a sustentam.

Em igual sentido, grande parte dos municípios também vêm se recusando a observar a imunidade incondicionada, o que tem importado no significativo aumento da litigiosidade dos casos, frente à necessidade de os contribuintes, especialmente aqueles que desenvolvem preponderantemente atividade imobiliária, de ingressar com medidas judiciais para resguardar o seu direito constitucional à imunidade incondicionada.

Visto isso, o que se verifica é que, não obstante o sistema de precedentes ter sido pensado e criado justamente com o intuito de reduzir a litigiosidade, os dispositivos legais do Código de Processo Civil têm sido interpretados de maneira dissonante com o próprio sistema de precedentes. Isso culminará na necessidade de novo pronunciamento dos tribunais superiores, seja do STF acerca da imunidade incondicionada do ITBI na integralização de imóveis ao capital social, seja do STJ acerca da necessidade ou não da observância dos fundamentos do voto condutor de acórdão em regime de recursos repetitivos.

REFERÊNCIAS

DIDIER JR, Fredie. **Curso de direito processual civil:** teoria da prova, direito probatório, ações probatórias, decisão, precedente, coisa julgada e antecipação dos efeitos da tutela. Salvador: Editora Jus Podivm, 2015.

GOMES, Monique Ribeiro de Carvalho. O dever de fundamentação das decisões judiciais no sistema de precedentes vinculantes e o CPC/2015. In: **Tópicos em Direito e Economia**. PINHEIRO, Armando Castelar; MARISTRELLO, Antônio José Porto; SAMPAIO, Patrícia Regina Pinheiro (org.). Rio de Janeiro: FGV Direito Rio, 2021.

BRASIL. **Constituição da República Federativa do Brasil de 1988**. Brasília/DF: Presidência da República, 1988. Disponível em: <http://www.planalto.gov.br/ccivil_03/constituicao/constituicao.htm>. Acesso em: 29 jul. 2022.

BRASIL. **Lei nº 13.105, de 16 de março de 2015:** Código de Processo Civil. Brasília/DF: Presidência da República, 1988. Disponível em: <http://www.planalto.gov.br/ccivil_03/_ato2015-2018/2015/lei/l13105.htm>. Acesso em: 29 jul. 2022.

BRASIL. Superior Tribunal de Justiça (Terceira Turma). **Recurso Especial, REsp 1653151/SP**. Relatora: Ministra Nancy Andrighi. Julgamento: 06/06/2017. DJe, 12/06/2017.

BRASIL. Supremo Tribunal Federal (Pleno). **Recurso Extraordinário, RE 796376**. Relator: Marco Aurélio, Relator para Acórdão: Alexandre de Moraes. Julgamento: 05/08/2020, DJe, 25/08/2020.

MINAS GERAIS. Tribunal de Justiça do Estado de Minas Gerais (Sexta Câmara Cível). **Agravo de Instrumento 1.0000.22.092600-0/001**. Relator: Des. Edilson Olímpio Fernandes. Julgamento: 05/07/2022. DJe: 11/07/2022.

MINAS GERAIS. Tribunal de Justiça do Estado de Minas Gerais (Sexta Câmara Cível). **Agravo de Instrumento 1.0188.16.011095-6/001**. Relator: Des. Corrêa Junior. Julgamento: 21/11/2017. DJe: 01/12/2017.

SOUZA, Arthur dos Santos Souza; COUTINHO, Damiane Muniz; MARQUES, Isabela Prudente. Reflexos do julgamento do tema 796/STF sobre a imunidade incondicionada do ITBI na integralização de capital. *In:* MENESES, Heloísa Corrêa; SILVA, Tiago Nunes da; RAMONE TAVARES, Viviane; TEIXEIRA, Wendel de Brito Lemos (Coords.). **Anuário da OAB Uberlândia 2022/2023.** Uberlândia: Marco Teórico, 2023. pp. 41-57.

ADAM SMITH, ECONOMIA, TEORIA DA TRIBUTAÇÃO ÓTIMA E AS SUAS POSSÍVEIS RELAÇÕES COM O SISTEMA TRIBUTÁRIO BRASILEIRO

2

Lucas Ferreira de Castro Alves

RESUMO:

Este artigo tem como objetivo dar notoriedade às importantes análises de Adam Smith sobre como deve funcionar um sistema tributário coeso, justo, eficiente e minimamente predatório. Levanta-se no presente ensaio o questionamento de como se chegar o mais próximo possível de um sistema "ideal" ou "ótimo", identificando também os problemas enfrentados pelo sistema tributário brasileiro nesse caminho, apresentando um paralelo entre a Teoria da Tributação Ótima e o seu caráter de aplicabilidade no sistema nacional, em busca de soluções.

PALAVRAS-CHAVE:

Tributação-ótima; Adam Smith; Sistema tributário.

1. INTRODUÇÃO

Inicialmente, antes de realizar qualquer abordagem sobre a Teoria da Tributação

Ótima, necessário se faz reconhecer que, em decorrência das intricadas relações de cunho econômico e social, ainda mais em um início de século tão fervilhante como este, inexistem tributações ou modelos tributários absolutamente perfeitos.

Dito isso, tornam-se compreensíveis os motivos pelos quais diversos pensamentos díspares oriundos de incontáveis interesses e ideologias fazem parte dos debates cotidianos sobre qual seria o melhor modelo a se adotar no Brasil, haja vista que tanto o Direito quanto a Economia fazem parte do campo das Ciências Sociais, o terreno mais fértil possível para esse tipo de embate.

A despeito dos contratempos costumeiros mencionados alhures, no decorrer dos séculos, muitos pensadores e acadêmicos dedicaram grande parte das suas vidas na busca pelo desenvolvimento de diretivas que orientem os sistemas de tributação das nações em direção ao que pode se entender como desejável ou ótimo, surgindo daí o nome "Tributação Ótima". Vale ressaltar que o extenso e profundo trabalho elaborado por esses indivíduos deixou como legado uma imensidade de materiais, que podem servir de balizamento na elaboração de políticas de cunho tributário.

Nos estudos tributários, essa idealização sobre o que seria ideal ou ótimo ganhou de Frank P. Ramsey, importantíssimo economista britânico, a nomenclatura de "Optimal Tax" ou "Optimal Taxation Theory", ideia refinada, posteriormente, por Nicholas Stern e Joseph Eugene Stiglitz, que é praticamente esquecida ou ignorada pela maioria dos economistas e juristas do nosso país.

O intuito deste breve ensaio é trazer à luz uma das obras mais proeminentes sobre o assunto, "A Riqueza das Nações" de Adam Smith, tecendo uma relação de aplicabilidade entre a Teoria da Tributação Ótima e o sistema tributário nacional, com o objetivo de produzir conhecimento e apresentar algumas compreensões e opiniões pessoais do autor para todos aqueles que manifestem interesse e/ou operem no meio tributário, além de visar servir como incentivo às forças competentes, para que reformem de imediato o sistema tributário brasileiro, já carente de mudanças.

2. O SISTEMA TRIBUTÁRIO NACIONAL E OS SEUS CONTRATEMPOS

Na miríade de problemas, destacam-se dois, no que tange à tributação no país, um de caráter prático e outro de caráter intelectual. O primeiro é, simplesmente, a realidade quanto ao sistema tributário brasileiro, que vai na contramão das principais diretivas mencionadas nos mais renomados estudos sobre a Teoria da

Tributação Ótima pelo planeta. Logo, com supedâneo em ensaios escritos nos últimos trezentos anos, ficará claro que o sistema nacional tributa de maneira ruinosa, ineficiente e, em muitos momentos, mal executada, tornando-se um dos principais motivos da desordem social e econômica no Brasil.

O segundo empecilho se trata do fato de que, para além do precário estado do sistema tributário nacional, estudos aprofundados sobre políticas de tributação permanecem estranhamente raros no Brasil. A despeito de uma vasta insatisfação por parte da população e dos operadores do Direito, os estudiosos da área parcamente debatem ou produzem material que aborde, de maneira aprofundada, esses problemas, tampouco apresentam alternativas justas e concretas sobre a resolução deles.

A primeira conclusão que se pode ter a partir dos estudos mais avançados sobre a teoria aqui discutida é a de que nenhum modelo pode, nem deve ser aplicado de maneira indiscriminada em qualquer nação. Cada país tem o seu conjunto de singularidades, características e especialidades, seja no âmbito jurídico, econômico, político ou social. Entretanto, é possível delimitar regras e diretivas, que podem ser utilizadas de maneira quase que unânime, em todos os casos.

3. ADAM SMITH: SUA OBRA, IDEIAS E APLICABILIDADE NO SISTEMA NACIONAL

Publicada no ano de 1776, a obra "A Riqueza das Nações" do autor escocês Adam Smith se prontificou a tratar de uma vasta coletânea de questões de imensa relevância, no que tange à saúde econômica dos países. O último volume dessa obra versa sobre a receita dos países e, na segunda parte do seu segundo capítulo, a tributação ganha a sua análise aprofundada.

Uma característica notável da obra é o fato de que há mais de trezentos anos, ela já trazia no seu conteúdo alguns regramentos, ainda que primitivos, que, na atualidade, são considerados pilares indispensáveis para a manutenção de um sistema tributário saudável. Dentre esses regramentos, alguns chegaram a ser adotados pelo sistema tributário brasileiro, mas jamais foram utilizados na prática. Talvez isso tenha se dado em decorrência do afastamento entre as disciplinas causado pelo estudo tributário brasileiro nos últimos anos, bem como entre a teoria e a prática.

No recorte no qual Smith discorre sobre os tributos, o autor traz quatro normas fundamentais que devem ser aplicadas em todos eles. A primeira e mais importante, ainda amplamente discutida nos dias de hoje, é a que apresenta a ideia de que é imperioso que se tribute na justa medida das habilidades de cada indivíduo. Isso significa que o tributo deve ser aplicado de maneira correspondente à receita do Estado do qual ele se utiliza.

Pela impossibilidade de se mensurar as habilidades de cada indivíduo, restou compreendido que a tributação menor ou maior sobre cada um precisaria ser delimitada de maneira quantitativa, conforme as rendas auferidas, o patrimônio que tem e os gastos que efetua.

O autor traz dentro dessa primeira máxima, a ideia de que ela é a responsável por determinar a igualdade ou a desigualdade da tributação. Logo, essa se faz inegavelmente importante para que exista equidade econômica e social em uma comunidade. Partindo dessa regra, os mais diversos estudos ao redor do planeta sobre a teoria aqui discutida chegaram a um acordo praticamente unânime de que, para que um sistema tributário seja justo, necessário se faz que ele seja progressivo. Esse não é o caso do Brasil, o que, realmente, é uma "pedra no sapato" da economia nacional.

A segunda norma determina, de maneira severa, que a tributação jamais deve ser arbitrária, mas certa. Possivelmente, não é tão fácil para um economista compreender que inexistem certezas no Direito, como é para um jurista. Portanto, busca-se pelas disposições normativas, a vedação da tributação indevidamente estendida, de modo a impedir que o Estado se exceda em decorrência dos seus interesses no que diz respeito à arrecadação.

A despeito de existirem na Constituição Pátria diversas regras que têm por objetivo assegurar os direitos do contribuinte, o Estado nem sempre as acata e, em diversos momentos, o poder judiciário se mostra conivente e até mesmo alinhado com tais condutas arbitrárias. Muito se discute sobre a reserva legal e, em outros momentos, sobre tipicidade cerrada, mas a realidade é que, no judiciário e nos órgãos administrativos, permeiam-se as mais diversas interpretações arbitrárias do fisco.

Em decorrência do que foi citado acima, muito tem se falado sobre a elaboração e a aplicação de um princípio constitucional que crie um perímetro na subjetividade infiltrada nas decisões de cunho tributário, demandando que as limitações aos direitos fundamentais sejam fortemente justificadas, como se fosse uma espécie de *In dubio pro reo*, em que se troca o réu pelo contribuinte.

Vale ressaltar que, sobre o segundo regramento, a obra alerta de que, ao desrespeitá-lo, gera-se o que o autor chamou de "corrupção e insolência". Isso é exatamente o que ocorre no Brasil, uma vez que, em decorrência da corrupção e insolência do Estado, esse sorve, de maneira indiscriminada e obscura, pelas interpretações extensivas bizarras, a propriedade do contribuinte. Já o contribuinte, sentindo-se sufocado, adota também condutas insolentes e corruptas, com o intuito de evadir-se e/ou burlar o sistema tributário.

Conforme os ensinamentos do autor, essa opacidade, dúvida e incerteza sobre os tributos, que atualmente pode-se compreender como insegurança jurídica, característica notória do sistema nacional, pode ser até mais danosa do que as consequências decorrentes da violação da primeira regra.

Indo adiante, a terceira regra ensina que o tributo deve ser pago no momento mais oportuno para o contribuinte. A normalidade nesse país é a de reduzir ao máximo o esforço por parte do fisco, delegando ao contribuinte uma miríade de deveres. Dentre esses deveres, incluem-se até mesmo certas substituições tributárias complexas que apressam em demasia o momento do pagamento e, não obstante, ainda impedem o ressarcimento de valores pagos a mais nos casos em que a base de cálculo ficta é maior do que a base de cálculo da operação concreta.

Por fim, a quarta e última regra versa que é necessário que se subtraia o mínimo possível da propriedade do contribuinte e que se direcione o máximo disso para o Estado. A partir desse raciocínio, o autor elucida quatro cenários, nos quais o que foi retirado do contribuinte não é devidamente direcionado ao Estado.

O primeiro cenário aborda o número de servidores vitais à tributação e às suas remunerações. Caso seja necessário um grande número deles para tributar e as suas remunerações sejam demasiadamente altas, o gasto estatal irá em rota de colisão com grande parte da propriedade subtraída do contribuinte, de modo que a subtração da propriedade feita dessa maneira perde o sentido.

Qualquer semelhança desse cenário com o que ocorre no Brasil não é mera coincidência, visto que os quadros de servidores do fisco são exageradamente vastos, ao passo que as horas de trabalho dessas equipes, especialmente aquelas que gozam da possibilidade de trabalhar fora das repartições, como é o caso dos auditores, são demasiadamente reduzidas. Em suma, o país padece de uma ineficiência, acompanhada de um alto gasto com remunerações muito acima do normal.

Essas medidas supracitadas soam como uma medida basilar de gestão, em que o Estado tem a necessidade de reduzir seus quadros, aumentar a eficiência, remover maus servidores e só depois terá a possibilidade de diminuir tributos. Inclusive, esses saneamentos não servem apenas para os servidores do fisco, mas se pode compreender como algo a ser feito em todas as esferas do serviço público brasileiro.

Quanto à elaboração da obra, o autor sequer menciona o desastre da corrupção no exemplo acima citado, entretanto, com razoável conhecimento sobre o Brasil, é possível compreender que esse é um dos grandes males do qual ele padece. Frédéric Bastiat abordou acerca da corrupção na sua obra "A Lei", publicada em 1850, na qual afirmou que, por ser o Estado composto de indivíduos com seus mais diversos interesses, em algum momento esses se utilizariam do poder a eles atribuído para saciar interesses próprios, caso tal atribuição não fosse devidamente limitada.

A otimização do controle de gastos encaminharia o sistema para um cenário no qual esses gastos são bem aproveitados, reduzindo desvios e, por consequência, gerando a diminuição dos tributos.

Outro cenário trazido pelo autor é a consequência costumeira das duras tributações que é a de desmotivar comportamentos, como o resfriamento da economia. Se os tributos são monstruosamente severos, eles frustram os negócios, o que se desenrola em menor quantidade de vagas de emprego e a drástica redução do mercado consumidor. Inexistindo consumo, perde-se o motivo para que exista produção e, inexistindo a produção, os preços inevitavelmente sobem. Questões de cunho econômico são tão complexas e delicadas que pequenas escolhas, medidas ou mudanças, por efeito borboleta, podem gerar resultados paradisíacos ou infernais.

Não obstante, tributações demasiadamente invasivas geram grandes contratempos na aquisição de equipamentos e materiais, de forma que o desempenho da indústria seja sufocado. Isso significa que os tributos severos minguam na produção, o que, por consequência, afeta a própria arrecadação de tributos.

Essa é uma serpente de *Ouroboros*[1], fadada a se engolir inteira pelo próprio rabo, caso esse cenário paradoxal não seja tratado com a devida delicadeza. Tal delicadeza inexiste no Brasil, que se encontra economicamente combalido a mais tempo do que conseguimos recordar.

O próximo cenário trazido pelo autor, em que a tributação pode afetar a saúde econômica da nação, concerne às penas draconianas para quem ousar descumprir com suas obrigações fiscais, outra coisa que ocorre diuturnamente no país. É curioso

1 *Ouroboros* é um símbolo místico que representa o conceito da eternidade, pela figura de uma serpente (ou dragão), que morde a própria cauda.

mencionar todos esses cenários trazidos por Adam Smith em contraponto com o funcionamento do sistema tributário do Brasil, haja vista que mais parece que, por alguma ironia do destino, as governanças insistem em elaborar sistemas que vão na contramão de tudo o que ele ensina. É como se utilizassem a sua obra como um manual de instruções às avessas.

Inúmeros debates acerca da confiscatoriedade das multas que são evitáveis ocorrem diariamente no país. É pouquíssimo provável que uma multa exorbitantemente alta seja o fator determinante para que o contribuinte respeite ou não a disposição normativa. Em primeiro lugar, as multas não deveriam ser tão desgovernadas. Apenas nos casos em que há a existência do dolo é que as multas deveriam se elevar e, ainda assim, de maneira parcimoniosa.

Até o presente momento, ainda permeiam no sistema tributário multas extremamente altas, como é o caso das que são empregadas sobre o valor da operação ao invés de sobre o tributo devido, chocando-se com as incontáveis jurisprudências do Supremo Tribunal Federal que reconhecem o valor do tributo devido como um teto, do qual o valor da multa não deve ultrapassar.

Em "A Riqueza das Nações", fica clara a ideia de que a penalidade ou a multa deve manter uma relação de proporcionalidade com o que Adam Smith chama de "tentação" do descumprimento das obrigações. Tendo em vista que o sistema tributário brasileiro padece de diversas bizarrices, algumas inclusive citadas nesse ensaio, percebe-se que, no Brasil, a tentação de descumprir com as obrigações tributárias é imensa.

A péssima destinação dos tributos arrecadados é outro fator que contribui diretamente para essa tentação mencionada anteriormente, sendo assim, nada mais justo do que chegar à conclusão de que, antes de estudar a possibilidade de lançar duras penas sobre o contribuinte, o Estado deve, em primeiro lugar, sanar as suas diversas mazelas.

O último cenário trazido pelo autor é o relacionado às excessivas atividades fiscalizatórias atiradas sobre o contribuinte, que apesar de não se tratarem de gastos *per se*, geram um estado de descontentamento e incômodo no cidadão, que se assemelha com o desconforto causado pelas efetivas despesas.

No Brasil, para além do fato das atividades fiscalizatórias serem, na maioria dos casos, exageradamente extensas, morosas e demandarem papeladas que muitas vezes nada tem a ver com o objeto em questão, ainda existe o descontentamento gigante decorrente das obrigações acessórias infindáveis.

Tais obrigações podem até não dar gênese às despesas tributárias, mas, sem sombra de dúvidas, geram gastos administrativos, desperdício de tempo hábil, entre outros fatores. Tudo isso influencia negativamente na eficiência do sistema com todos os contribuintes.

4. DISPOSIÇÕES FINAIS

Em conclusão, compreende-se que o sistema tributário nacional, apesar da existência de uma gama infindável de materiais que surgiram ao longo de pelo menos três séculos de estudo da economia moderna, ainda padece de diversos problemas que, talvez por falta de empenho nos estudos aprofundados ou por conflito de interesses, insistem em permanecer na cola do contribuinte, assombrando-o por tempo indeterminado.

Vale ressaltar que, conforme os ensinamentos de Ricardo Lobo Torres, ainda que o Brasil possua fortes inclinações à utopia fiscal, nada mais sensato do que admitir que um sistema tributário 100% ideal é impossível, existindo apenas em uma utopia fantástica. Logo, faz-se necessário que se equilibrem os fatores da equidade e eficiência, de modo a se criar um sistema tributário coerente e justo, que atenda às necessidades e objetivos da nação.

A Teoria da Tributação ótima vem justamente com esse objetivo, sugerindo mudanças com base na identificação das falhas e distorções no modelo em que o país está inserido, de forma a metamorfoseá-lo em algo mais coeso, eficiente e justo.

Dito isso, faz-se mister afirmar que uma grande mudança no cenário econômico e social deste amado, porém sofrido país, inevitavelmente, passa por uma reforma profunda no seu sistema tributário. A obra de Adam Smith aqui mencionada é uma dentre as várias que podem ser utilizadas para balizar essa reforma, na tentativa de sanar os inúmeros problemas no assunto aqui tratado, mas a grande questão é: é real o interesse dos governos que esses problemas sejam sanados? A responsabilidade de escolher as pessoas certas para isso reside nas mãos do povo brasileiro.

REFERÊNCIAS

BASTIAT, Frédéric. **A Lei**. Barueri: Faro Editorial, 2016.

RAMSEY, Frank Plumpton. A Contribution to the Theory of Taxation. **The Economic Journal**, v. 37, n. 145, 1927.

SMITH, Adam. **A Riqueza das Nações**: uma investigação sobre a natureza e as causas da riqueza das nações. 3. ed. Rio de Janeiro: Nova Fronteira, 2017.

STERN, Nicholas. Optimal Taxation. *In*: EATWELL, John; MILGATE, Murray; NEWMAN, Peter (Org.). **The new palgrave dictionary of economics**. Londres: MacMillan, 1987. v. 3

STIGLITZ, J. E. **Economics of the public Sector**. New York: Norton & Company, 2000.

SMITH, Adam. A riqueza das nações. São Paulo: Editora Nova Cultural Ltda., 1996.

TORRES, Ricardo Lobo. **Curso de Direito Financeiro e Tributário**. Rio de Janeiro: Renovar, 2010.

ALVES, Lucas Ferreira de Castro. Adam Smith, economia, Teoria da Tributação Ótima e as suas possíveis relações com o Sistema Tributário Brasileiro. *In*: MENESES, Heloísa Corrêa; SILVA, Tiago Nunes da; RAMONE TAVARES, Viviane; TEIXEIRA, Wendel de Brito Lemos (Coords.). **Anuário da OAB Uberlândia 2022/2023.** Uberlândia: Marco Teórico, 2023. pp. 59-67.

INADIMPLÊNCIA DO CONTRIBUINTE DE FATO OU AUSÊNCIA DE TRANSLAÇÃO DO ÔNUS FISCAL COMO CAUSAS EXCLUDENTES DA TIPICIDADE DO CRIME DE APROPRIAÇÃO INDÉBITA DE ICMS

3

Paulo César da Silva Filho
Gabriel Xavier Pimenta

Resumo:

Compõe o âmago deste estudo a análise dos elementos necessários à caracterização do crime de apropriação indébita fiscal, previsto no artigo 2º, inciso II, da Lei n. 8.137/1990, especificamente em relação ao ICMS. Entrementes, busca-se apurar se o inadimplemento do contribuinte de fato ou a ausência de translação fiscal configuram causas excludentes da tipicidade do crime de apropriação indébita de ICMS. Para o desenvolvimento do mister em testilha, os tributos são distinguidos em função da possibilidade de repercussão encargo econômico, são elencados os elementos estruturais do crime, decompõe-se o tipo penal estatuído no artigo 2º, inciso II, da Lei n. 8.137/1990, com o fito de identificar os seus componentes, e são relacionadas as causas excludentes da tipicidade do crime em comento. Executa-se todo este escrito com o emprego de pesquisa legislativa, jurisprudencial e bibliográfica. Com isso, depreende-se que, para a caracterização do crime de apropriação indébita tributária, estatuído no artigo 2º, inciso II, da Lei n. 8.137/1990, é imprescindível a demonstração de que o sujeito passivo tenha: a) transferido o encargo econômico-financeiro e b) o contribuinte de fato tenha-lhe efetivamente consignado o valor atinente ao tributo.

PALAVRAS-CHAVE:

ICMS; Crimes contra a ordem tributária; Apropriação indébita fiscal; Inadimplência do contribuinte de fato; Causa excludente da culpabilidade.

1. INTRODUÇÃO

Com o julgamento do recurso extraordinário (RE) n. 574.706/PR[1], o Pretório Excelso decidiu, em brevíssimo relato, que a parcela atinente ao ICMS não deve se sujeitar à incidência da contribuição ao Programa de Integração Social (PIS) e à contribuição para o financiamento da Seguridade Social (COFINS). Para fundamentar esse entendimento, a Corte Constitucional considerou que o imposto estadual se afigura tão somente como uma receita transitória nos cofres dos contribuintes, que repassam tais valores ao ente tributante, e, em decorrência disso, não pode ser compreendida como faturamento ou receita bruta, que é, nos termos das Leis n. 9.715/1998 e n. 10.833/2003, a base de cálculo das referidas contribuições[2].

Como uma espécie de consectário da referida posição jurisprudencial, houve o fortalecimento da tese que defendia que o artigo 2º, inciso II, da Lei n. 8.137/1990, não tinha por desiderato punir a mera inadimplência tributária, uma vez que, no caso no ICMS, não existiria apenas a ausência de recolhimento, mas uma verdadeira apropriação dos valores cobrados do adquirente ou tomador, contribuinte de fato, a título do aludido tributo[3].

1 BRASIL. Supremo Tribunal Federal. Recurso extraordinário n. 574.706/PR. Relatora: Ministra Carmen Lúcia. Disponível em: https://portal.stf.jus.br/processos/detalhe.asp?incidente=258 5258. Acesso em: 08 jul. 2022.

2 ROSA, Viviane Lemes da. Reflexões sobre o Recurso Extraordinário n. 574.706/PR. Revista Direito Tributário Atual, São Paulo, n. 42, ano 37. p. 450-469, 2º sem. 2019. Disponível em: https://ibdt.org.br/RDTA/reflexoes-sobre-o-recurso-extraordinario-n-574-706-pr/. Acesso em: 08 jul. 2022.

3 EISELE, Andreas. **O novo tipo objetivo da apropriação indébita tributária.** Disponível em: https://site.mppr.mp.br/arquivos/File/Planejamento_Estrategico/Ordem_Tributaria/O_no

Diante dessa conjuntura, o Supremo Tribunal Federal, no julgamento do recurso em *habeas corpus* (RHC) n. 163.334/SC, assentou que o contribuinte que deixar de recolher aos cofres públicos o valor do ICMS cobrado do adquirente ou tomador e, por consectário, apropriar-se do importe do tributo, realizará o tipo penal do artigo 2º, inciso II, da Lei n. 8.137/1990.

Entrementes, denota-se pertinente destacar que, para consubstanciar a decisão proferida, o Pretório Excelso expressamente assinalou, citando o julgamento do RE n. 574.706/PR, que os comerciantes e os prestadores são meros depositários do ingresso de caixa atinente ao valor do tributo e, em decorrência disso, caso haja a apropriação deste montante, haverá a caracterização do tipo penal em comento, conforme é franqueado observar pela leitura do voto condutor, proferido pelo Ministro Luís Roberto Barroso.

Ainda no julgamento do aludido RHC n. 163.334/SC, a Corte Suprema impôs uma interpretação restritiva do tipo penal, delimitando que somente será considerada criminosa a inadimplência costumeira, que configurar uma espécie de modus operandi do contribuinte, bem como definindo que a caracterização do tipo penal em comento, dependerá da comprovação do dolo de apropriação, o qual deverá ser apurado pela análise de circunstâncias fáticas objetivas.

Além de todos os comedimentos estabelecidos no referido julgamento, revela-se pertinente destacar questão basilar assentada pelo Supremo Tribunal Federal sobre a configuração do crime de apropriação indébita dos tributos indiretos, notadamente do ICMS, e que atine à própria essência da sistemática do imposto estadual em questão, qual seja, a necessidade de comprovação da repercussão do encargo econômico do tributo em questão e do adimplemento da operação ou prestação pelo adquirente ou tomador.

2. DISTINÇÃO DOS TRIBUTOS EM FUNÇÃO DA POSSIBILIDADE DE REPERCUSSÃO DO ENCARGO ECONÔMICO-FINANCEIRO

Dentre as diversas classificações das espécies tributárias, para a finalidade deste estudo, sobressai aquela que utiliza como fator que discrimine a possibilidade de repercussão do encargo econômico-financeiro. Em suma, para essa divisão, as

vo_tipo_objetivo_da_apropriacao_indebita_tributaria.docx. Acesso em: 08 jul. 2022.

exações podem ser divididas em diretas ou indiretas.

Com esteio nas lições do professor Ricardo Alexandre (2021, p. 124), os tributos diretos são aqueles em que a pessoa definida em lei como sujeito passivo é a mesma que sofre o impacto econômico-financeiro do tributo[4].

Por seu turno, ainda em vista dos ensinamentos do aludido professor (ALEXANDRE, 2021, p. 123)[5], os tributos indiretos são aqueles que permitem a transferência do seu ônus financeiro para uma pessoa distinta daquela designada pela legislação de regência como sujeito passivo.

Essa característica dos tributos indiretos recebe o nome de translação, ou repercussão, que, conforme leciona o saudoso professor Aliomar Baleeiro (2012, p. 153), cinge-se ao fenômeno pelo qual o contribuinte paga o imposto, mas se liberta do sacrifício, transferindo-o a terceiros, no todo ou em parte[6].

Dissertando sobre o ônus econômico dos tributos indiretos, o ilustre e saudoso professor Alfredo Augusto Becker[7] brilhantemente assevera que ele:

> [...] poderá ser repercutido, no todo ou em parte, sobre outras pessoas, segundo as condições de fato que regem o fenômeno da repercussão econômica do tributo. Por sua vez, estas segundas pessoas sofreram a repercussão total ou parcial do ônus do tributo precederão de modo a poder repercuti-lo no todo ou em parte. E assim sucessivamente. Na trajetória da repercussão econômica do tributo haverá uma pessoa que ficará impossibilitada de repercutir este ônus econômico sobre outra ou haverá muitas pessoas que estarão impossibilitadas de repercutis a totalidade do ônus tributário. Esta parcela do ônus econômico tributário (ou a sua totalidade) que é suportada definitivamente por uma pessoa é a incidência econômica do tributo (BECKER, 2013, p. 569).

Para que seja exequível a transferência da carga fiscal, faz-se mister a existência de dois sujeitos distintos, a saber: o denominado contribuinte de direito, que é aquele eleito como sujeito passivo pela legislação de regência, e o chamado

---

4 ALEXANDRE, Ricardo. **Direito tributário.** 15. ed. Salvador: Editora JusPodivm, 2021.

5 ALEXANDRE, Ricardo. **Direito tributário.** 15. ed. Salvador: Editora JusPodivm, 2021.

6 BALEEIRO, Aliomar de Andrade. **Uma introdução à ciência das finanças.** 13 ed. Rio de Janeiro: Forense, 2015.

7 BECKER, Alfredo Augusto. **Teoria geral do direito tributário.** 6. ed. São Paulo: Noeses, 2013.

contribuinte de fato, que é quem efetivamente suporta o ônus fiscal, muito embora a lei não o designasse para tanto.

Com base em tais considerações, é permitido consignar que a translação do ônus tributário, ou a repercussão econômica do tributo, cinge-se à transferência pelo contribuinte de direito para o contribuinte de fato da carga fiscal, que deverá ser tolerada.

Entrementes, cumpre esclarecer que, conforme ensina o professor Ricardo Alexandre (2021, p. 124)[8], para que o tributo seja classificado como indireto, ele deve ter sido tecnicamente concebido como apto à transferência do ônus financeiro, posto que, na ótica econômica, a translação é cabível em praticamente todas as exações.

Além disso, deve-se consignar que, em decorrência dessa característica intrínseca aos tributos indiretos, o chamado contribuinte de direito figura como uma espécie de cobrador a serviço do Fisco, porquanto compete a ele receber o importe atinente à mercadoria ou ao serviço, que lhe pertence, bem como aos impostos incidentes na operação ou prestação, que são de titularidade do ente tributante e a ele deve ser repassado.

Feitas essas considerações, deve-se consignar que o ICMS é uma exação que se afigura como um tributo indireto, sendo autorizada a transferência do seu ônus econômico-financeiro do contribuinte ao adquirente da mercadoria ou ao tomador do serviço.

Deveras, todas as suas estruturas constitucional e legal do ICMS permitem que o sujeito passivo (alienante ou prestador), ocupando a posição de contribuinte de direito, repasse para terceira pessoa, no caso o adquirente ou o tomador, que figura como contribuinte de fato, o encargo fiscal da exação. Dessa forma, este último impacta o imposto estadual, uma vez que aquele embute o valor da exação do preço do produto ou serviço e, por ato seguinte, carreia o importe recebido ao erário.

3. ELEMENTOS ESTRUTURAIS DO CRIME

Por acreditar que o conceito formal e material de crime são insuficientes à apreciação dos elementos estruturais do crime, conforme asseverado pelo professor

8 ALEXANDRE, Ricardo. **Direito tributário.** 15. edição. Salvador: Editora JusPodivm, 2021.

Cezar Roberto Bitencourt (2020)[9], adota-se, em consonância com a doutrina brasileira majoritária, o conceito analítico de crime.

Ainda com esteio nos ensinamentos do professor Cezar Roberto Bitencourt (2020)[10], tem-se que o conceito analítico de crime impõe que, para a configuração do fato criminoso, é necessária a perpetração de uma ação típica, antijurídica e culpável.

Conforme leciona o professor Rogério Greco (2017)[11], a antijuridicidade que compõe o conceito analítico de crime se cinge à relação de antagonismo estabelecida entre a conduta perpetrada pelo agente e o ordenamento jurídico vigente.

Noutro norte, no que atine à culpabilidade da ação, ainda com base nas lições do professor Rogério Greco (2017)[12], ela diz respeito à reprovabilidade da conduta ilícita, que é integrada pela imputabilidade do agente, a potencial consciência sobre a ilicitude do fato e a exigibilidade de conduta diversa.

Por derradeiro, de acordo com o professor Rogério Greco (2017)[13], o fato típico é composto pela conduta comissiva ou omissiva e dolosa ou culposa do agente, resultado, nexo de causalidade da conduta com o resultado, podendo ser material ou normativo, e a tipicidade, formal e conglobante.

Tratando da tipicidade formal, ou legal, o professor Cleber Masson (2019)[14] ensina que ela se atine *à operação pela qual se analisa se o fato praticado pelo agente encontra correspondência em uma conduta prevista em lei como crime ou contravenção penal.*

---

9 BITENCOURT, Cezar Roberto. **Tratado de direito penal.** 26. ed. São Paulo: Saraiva Educação, 2020. v. 1

10 BITENCOURT, Cezar Roberto. **Tratado de direito penal.** 26. ed. São Paulo: Saraiva Educação, 2020. v. 1

11 GRECO, Rogério. **Curso de Direito Penal: parte geral.** 19. ed. Rio de Janeiro: Impetus, 2017.

12 GRECO, Rogério. **Curso de Direito Penal: parte geral.** 19. ed. Rio de Janeiro: Impetus, 2017.

13 GRECO, Rogério. **Curso de Direito Penal: parte geral.** 19. ed. Rio de Janeiro: Impetus, 2017.

14 MASSON, Cleber. **Direito Penal:** parte geral (arts. 1º a 120). 13. ed. Rio de Janeiro: Forense, 2019. v. 1

Por seu turno, ao descrever a tipicidade conglobante, o referido professor[15], brilhantemente, assevera que:

> O nome 'conglobante' deriva da necessidade de que a conduta seja contrária ao ordenamento jurídico em geral, conglobado, e não apenas ao Direito Penal. Não basta a violação da lei penal. Exige-se a ofensa a todo o ordenamento jurídico. Em suma, para a aferição da tipicidade reclama-se a presença da antinormatividade.
> Assim, ou o fato praticado pelo agente, contrário à lei penal, desrespeita todo o ordenamento normativo, e há tipicidade, ou, ainda que em desconformidade com a lei penal, esteja em consonância com a ordem normativa, e ausente estará a tipicidade (MASSON, 2019).

Com vistas a tais considerações, depreende-se que a configuração do fato como típico dar-se-á com a aferição da presença cumulativa das tipicidades formal e conglobante, porquanto, conforme brilhantemente assevera o professor Rogério Greco[16]: "[...] para que se possa falar em tipicidade penal é preciso haver a fusão da tipicidade formal ou legal com a tipicidade conglobante (que é formada pela antinormatividade e pela tipicidade material). Só assim o fato poderá ser considerado penalmente típico (GRECO, 2017).

Diante do exposto, franqueia-se referenciar a tipicidade formal como a adequação do fato cometido à descrição que dele se faz na lei penal, ou seja, a perfeita subsunção da conduta perpetrada pelo agente ao modelo estabelecido abstratamente na lei penal. Por sua vez, a tipicidade conglobante se refere ao fato de a conduta ser antinormativa, não se tratando de ação imposta ou fomentada pelo Estado, bem como materialmente típica, entendida como aquela que ofende bens salvaguardados pelo Direito Penal.

4. CONFIGURAÇÃO DO CRIME DE APROPRIAÇÃO INDÉBITO TRIBUTÁRIA

Preliminarmente, revela-se pertinente e imprescindível ao desenvolvimento deste estudo, a transcrição das disposições do artigo 2º, inciso II, da Lei n.

---

15 MASSON, Cleber. **Direito Penal:** parte geral (arts. 1º a 120). 13. ed. Rio de Janeiro: Forense, 2019. v. 1

16 GRECO, Rogério. **Curso de Direito Penal:** parte geral, volume I [livro eletrônico]. 19ª edição. Rio de Janeiro: Impetus, 2017.

8.137/1990, que estatui o crime de apropriação indébita tributária:

> Artigo 2º. Constitui crime da mesma natureza:
> [...]
> II – deixar de recolher, no prazo legal, valor de tributo ou de contribuição social, descontado ou cobrado, na qualidade de sujeito passivo de obrigação e que deveria recolher aos cofres públicos; (BRASIL, 1990).

Com vistas ao teor do dispositivo legal em comento, deve-se promover, doravante, a decomposição do tipo penal, com o desiderato de identificar os seus elementos, vale dizer, o agente, o objeto e a conduta típica, o que se faz com esteio nos fundamentos utilizados pelo Ministro Luís Roberto Barroso no julgamento do RHC n. 163.334/SC17.

No que concerne ao agente do delito, verifica-se que ele se cinge àquele que figura como sujeito passivo da obrigação tributária (crime próprio), identificado pela análise dos termos do artigo 121 do Código Tributário Nacional (CTN), uma vez que o referido artigo 2º, inciso II, da Lei n. 8.137/1990, trata-se de norma em branco homogênea heterovitelina.

Por seu turno, ainda com a leitura do dispositivo legal em comento, verifica-se o objeto do delito em estudo se refere ao valor do tributo ou à contribuição social que deixou de ser recolhido pelo agente em favor dos cofres públicos.

Por derradeiro, percebe-se que a conduta tipificada se afigura como mista, sendo composta por uma comissão, a saber, o desconto ou cobrança do valor da exação devida, bem como de uma omissão, que consiste na ausência de recolhimento ao erário do importe que foi cobrado ou descontado.

5. HIPÓTESE DE EXCLUSÃO DA TIPICIDADE

Feita a decomposição do tipo penal e, por consectário, identificados os seus elementos, assume relevância para o desenvolvimento deste trabalho o último componente examinado, vale dizer, a conduta tipificada.

Antes de expor a situação que enseja a exclusão da tipicidade do crime em

---

17 BRASIL. Supremo Tribunal Federal. Recurso em habeas corpus n. 163.334/SC. Relator: Ministro Luís Roberto Barroso. Disponível em: https://portal.stf.jus.br/processos/detalhe.asp?incidente= 5562955. Acesso em: 08 jul. 2022.

comento, faz-se mister lembrar que, consoante exposto adrede, os tributos indiretos são aqueles em que as suas estruturas constitucional e legal permitem que o sujeito passivo (contribuinte de direito) repasse o encargo econômico-financeiro a um terceiro, chamado de contribuinte de fato.

Em decorrência dessa conjuntura dos tributos indiretos, o denominado contribuinte de direito figura, na hipótese de translação do ônus fiscal, tão somente como o sujeito responsável por receber e repassar o importe atinente ao tributo ao erário.

Justamente em função desse contexto é que o crime tipificado no artigo 2º, inciso II, da Lei n. 8.137/1990, teve a sua constitucionalidade declarada pelo Pretório Excelso, uma vez que, havendo o trânsito contábil dos valores referentes aos tributos cobrados ou descontados, a retenção por parte do contribuinte de direito afigurar-se-á na apropriação indevida de montante de terceiro, fugindo à hipótese de penalização do mero inadimplemento.

Com base em tais considerações, depreende-se que somente haverá a configuração do tipo penal em estudo na hipótese de o contribuinte de direito, cumulativamente, transladar o ônus econômico-financeiro da exação, receber o importe atinente ao tributo do contribuinte de fato e, dolosamente, deixar de repassá-lo ao ente tributante.

Deveras, considerando que para caracterização da infração penal é necessário que o contribuinte de direito não tenha repassado o ICMS ao estado, percebe-se ser condição *sine qua non* a demonstração de que o contribuinte tenha recebido o montante equivalente ao ICMS, uma vez que somente é possível "repassar" aquilo que se efetivamente recebeu.

Em decorrência dessa conjuntura, dessume-se que, no caso de o contribuinte de fato não ter translado o ônus econômico-financeiro ou não ter recebido ou descontado os valores atinentes ao tributo, a conduta de não recolher a exação ao erário carecerá de tipicidade e, por consectário, não deverá ser perseguida pelo Direito Penal.

Além de fugir à lógica jurídica, revelar-se-ia absurda a conjuntura em que se exige do contribuinte de direito que, para não ser acusado de um delito, abstenha-se de seu patrimônio, assuma a responsabilidade que a legislação de regência lhe autorizou a repassar a terceiro e, por consectário, promova o recolhimento da exação que competia ao contribuinte de fato.

Com o desiderato de corroborar os argumentos aventados, urge transcrever pertinente excerto do voto condutor do julgamento do RHC n. 163.334/SC, proferido pelo ilustre Ministro Luís Roberto Barroso, que expressamente assevera que o crime estará afastado caso não seja demonstrado que não houve a translação do ônus fiscal ao contribuinte de fato ou o contribuinte de direito não recebeu do adquirente ou tomador o valor do tributo:

> 18. A conduta típica é mista, composta de uma ação, consistente na cobrança ou desconto do valor do tributo devido, seguida de uma omissão, o "deixar de recolher" o valor cobrado ou descontado. **Por consequência, estará afastado o crime se o sujeito passivo demonstrar que, por qualquer razão, não recebeu efetivamente do adquirente o valor do tributo ou não lhe transferiu o encargo econômico do tributo.**
> 19. A propósito, justamente por exigir que a omissão se refira ao valor de tributo descontado ou cobrado de terceiro é que esta Corte, consignando não se tratar de mera inadimplência tributária, reconheceu a constitucionalidade do tipo penal (ARE 999425 RG, Rel. Min. Ricardo Lewandowski, j. 02.03.2017)[18] (grifo dos autores)

Em vista do teor do voto proferido, dessume-se que, para a caracterização do crime de apropriação indébita tributária, estatuído no artigo 2º, inciso II, da Lei n. 8.137/1990, além da contumácia e do dolo de apropriação, é imprescindível a demonstração de que o sujeito passivo tenha: a) transferido o encargo econômico-financeiro e b) o contribuinte de fato lhe tenha, efetivamente, consignado o valor atinente ao tributo.

De mais a mais, cumpre esclarecer que é irrelevante para o caso em tela o fato de o Supremo Tribunal Federal, no seio do RE n. 1.003.758/RO19, ter reconhecido que o inadimplemento do contribuinte de fato não afasta a incidência do ICMS, pois a hipótese de incidência da exação é a circulação de mercadorias ou prestação de serviços, não o pagamento do adquirente ou tomador. Isso ocorre, porque, no caso tratado no referido julgamento, a Corte Suprema se prestou a analisar a configuração do fato jurídico tributário, ao passo que, na espécie, está tratando-se de infração criminal, cujo regramento se revela totalmente distinto da seara fiscal.

18 BRASIL. Supremo Tribunal Federal. Recurso em habeas corpus n. 163.334/SC. Relator: Ministro Luís Roberto Barroso. Disponível em: https://portal.stf.jus.br/processos/detalhe.asp?incidente= 5562955. Acesso em: 08 jul. 2022.

19 BRASIL. Supremo Tribunal Federal. Recurso extraordinário n. 1.003.758/RO. Relator: Ministro Alexandre de Moraes. Disponível em: https://portal.stf.jus.br/processos/detalhe.asp?inci dente=5069260. Acesso em: 08 jul. 2022.

Com efeito, uma coisa é a análise dos elementos necessários à formação do liame obrigacional fiscal e, por sua vez, outra conjuntura absolutamente distinta, é aquela que verifica os elementos necessários à configuração de determinado tipo penal.

Outrossim, denota-se relevante assinalar que cabe ao Ministério Público, como titular da ação penal, perquirir a presença de todos os requisitos necessários à configuração do delito em comento, sobretudo a existência de recebimento, por parte do contribuinte de direito, dos valores cobrados ou o desconto do referido importe do contribuinte de fato.

Deveras, considerando que a denúncia por crimes de apropriação indébito fiscal se dá com a apresentação de representação fiscal para fins penais, deve o Parquet exigir que o Fisco levante as informações contábeis necessárias à comprovação de que o contribuinte de direito efetivamente recebeu ou reteve os valores atinentes ao tributo.

6. CONCLUSÃO

Consoante exposto adrede, os tributos indiretos são aqueles em que as suas estruturas constitucional e legal permitem que o sujeito passivo (contribuinte de direito) repasse o encargo econômico-financeiro a terceiro, chamado, nesse caso, de contribuinte de fato.

Em decorrência dessa conjuntura dos tributos indiretos, o denominado contribuinte de direito figura, na hipótese de translação do ônus fiscal, tão somente como o sujeito responsável por receber e repassar o importe atinente ao tributo ao erário.

Em função desse contexto, o crime tipificado no artigo 2º, inciso II, da Lei n. 8.137/1990, teve a sua constitucionalidade declarada pelo Pretório Excelso, uma vez que, havendo o trânsito contábil dos valores referentes aos tributos cobrados ou descontados, a retenção por parte do contribuinte de direito afigurar-se-á como uma apropriação indevida de montante de terceiro, fugindo à hipótese de penalização do mero inadimplemento.

Além disso, consoante asseverado outrora, o conceito analítico de crime impõe que, para a configuração do fato criminoso, é necessária a perpetração de uma ação típica, antijurídica e culpável.

No que concerne à configuração do fato como típico, demonstramos que ela dar-se-á com a aferição da presença cumulativa das tipicidades: a) formal, entendida como adequação do fato cometido à descrição que dele se faz na lei penal e b) conglobante, referente ao fato de a conduta ser antinormativa, bem como materialmente típica.

No delito tipificado no artigo 2º, inciso II, da Lei n. 8.137/1990, tem-se uma conduta mista, sendo composta de uma comissão, a saber, o desconto ou cobrança do valor da exação devida, bem como de uma omissão, que consiste na ausência de recolhimento ao erário do importe cobrado ou descontado.

Dada a conduta tipificada, é franqueado depreender que somente haverá a configuração do tipo penal em estudo na hipótese de o contribuinte de direito, cumulativamente, transladar o ônus econômico-financeiro da exação, receber o importe atinente ao tributo do contribuinte de fato e, dolosamente, deixar de repassá-lo ao ente tributante.

Deveras, considerando que para caracterização da infração penal é necessário que o contribuinte de direito não tenha repassado o ICMS ao estado, percebe-se ser condição *sine qua non* a demonstração de que o contribuinte tenha recebido o montante equivalente ao ICMS, uma vez que somente é possível "repassar" aquilo que se efetivamente recebeu.

Além disso, considerando que a denúncia por crimes de apropriação indébito fiscal se dá com a apresentação de representação fiscal para fins penais, deve o Parquet exigir que o Fisco levante as informações contábeis necessárias à comprovação de que o contribuinte de direito, efetivamente, recebeu ou reteve os valores atinentes ao tributo.

Por derradeiro, depreende-se que, no caso de o contribuinte de fato não ter translado o ônus econômico-financeiro ou não ter recebido ou descontado os valores atinentes ao tributo, a conduta de não recolher a exação ao erário carecerá de tipicidade e, por consectário, não deverá ser perseguida pelo Direito Penal.

REFERÊNCIAS BIBLIOGRÁFICAS

ALEXANDRE, Ricardo. **Direito tributário**. 15. ed. Salvador: JusPodivm, 2021.

BALEEIRO, Aliomar de Andrade. **Uma introdução à ciência das finanças**. 13. ed. Rio de Janeiro: Forense, 2015.

BECKER, Alfredo Augusto. **Teoria geral do direito tributário**. 6. ed. São Paulo:

Noeses, 2013.

BITENCOURT, Cezar Roberto. **Tratado de direito penal**. 26. ed. São Paulo: Saraiva Educação, 2020. v. 1

BRASIL. Supremo Tribunal Federal. **Recurso em habeas corpus n. 163.334/SC**. Relator: Ministro Luís Roberto Barroso. Disponível em: https://portal.stf.jus.br/processos/detalhe.asp?incidente=5562955. Acesso em: 08 jul. 2022.

BRASIL. Supremo Tribunal Federal. **Recurso extraordinário n. 574.706/PR**. Relatora: Ministra Carmen Lúcia. Disponível em: https://portal.stf.jus.br/processos/detalhe.asp?incidente=2585258. Acesso em: 08 jul. 2022.

BRASIL. Supremo Tribunal Federal. **Recurso extraordinário n. 1.003.758/RO**. Relator: Ministro Alexandre de Moraes. Disponível em: https://portal.stf.jus.br/processos/detalhe.asp?incidente=5069260. Acesso em: 08 jul. 2022.

EISELE, Andreas. **O novo tipo objetivo da apropriação indébita tributária**. Disponível em: https://site.mppr.mp.br/arquivos/File/Planejamento_Estrategico/Ordem_Tributaria/O_novo_tipo_objetivo_da_apropriacao_indebita_tributaria.docx. Acesso em: 08 jul. 2022.

GRECO, Rogério. **Curso de Direito Penal**: parte geral. 19. ed. Rio de Janeiro: Impetus, 2017. v. 1

MASSON, Cleber. **Direito Penal**: parte geral (arts. 1º a 120). 13. ed. Rio de Janeiro: Forense, 2019. v. 1

ROSA, Viviane Lemes da. Reflexões sobre o Recurso Extraordinário n. 574.706/PR. **Revista Direito Tributário Atual**, São Paulo, n. 42. ano 37, p. 450-469, 2º sem. 2019. Disponível em: https://ibdt.org.br/RDTA/reflexoes-sobre-o-recurso-extraordinario-n-574-706-pr/. Acesso em: 08 jul. 2022.

PIMENTA, Gabriel Xavier; SILVA FILHO, Paulo César da. Inadimplência do contribuinte de fato ou ausência de translação do ônus fiscal como causas excludentes da tipicidade do crime de apropriação indébita de ICMS. *In:* MENESES, Heloísa Corrêa; SILVA, Tiago Nunes da; RAMONE TAVARES, Viviane; TEIXEIRA, Wendel de Brito Lemos (Coords.). **Anuário da OAB Uberlândia 2022/2023.** Uberlândia: Marco Teórico, 2023. pp. 69-81.

OS DESAFIOS TRIBUTÁRIOS DAS ENTIDADES BENEFICENTES FORMADORAS DE APRENDIZES

4

Fernanda Rodrigues Teixeira
Paulo César da Silva Filho

Resumo:

Este estudo se trata uma análise crítica sobre o posicionamento da Receita Federal do Brasil e do Conselho Administrativo de Recursos Fiscais acerca da atividade de intermediação da contratação de aprendizes, exercida por entidades beneficentes de assistência social, bem como do novel artigo 3º, inciso V, da Lei Complementar nº. 187/2021 que, por ter vedado a transferência dos benefícios da imunidade tributária a terceiros, tem gerado diversos debates. Por uma análise sistemática e teleológica da legislação, concluiu-se que a atividade de intermediação da contratação de aprendizes é uma etapa essencial no processo de aprendizagem e não se confunde com a mera cessão de mão de obra, bem como que o legislador pretendeu com o artigo 3º, inciso V, da Lei Complementar nº. 187/2021, ao assegurar a igualdade de competitividade entre as entidades e outras empresas, bem como a reversibilidade das imunidades tributárias para as finalidades assistencialistas das instituições beneficentes.

Palavras-chave:

Tributário. Entidade beneficente. Aprendiz.

1. INTRODUÇÃO

Infelizmente, é comum que o Estado não tenha condições de atender a comunidade carente em todas as suas demandas sociais, seja em razão da falta de verba, capacidade técnica, estrutura física, dentre tantas outras necessidades à promoção da atividade assistencial.

Disso se denota a importância das entidades beneficentes de assistência social, definida como pessoa jurídica de direito privado, sem fins lucrativos, que presta serviço nas áreas de assistência social, de saúde e de educação. Em outras palavras, trata-se de instituições que fazem as vezes do Estado, atendendo às demandas assistenciais da comunidade, atuando no exercício de atividades de notório interesse público.

Deveras, justamente por isso, às entidades beneficentes de assistência social foi conferida imunidade tributária, de modo a impedir a incidência de impostos sobre o patrimônio, renda ou serviços dessas entidades, bem como a cobrança de contribuições para a seguridade social.

Ocorre que, a despeito da clareza dos dispositivos constitucionais que instituem a imunidade tributária para tais entidades, a recente Lei Complementar nº. 187/2021 tem sido objeto de controvérsia, ao elencar situações e requisitos que colocam em xeque a fruição desse benefício fiscal.

Desse modo, o presente artigo não pretende exaurir o tema, mas expor e analisar, sistematicamente e teleologicamente, os relevantes pontos da legislação e jurisprudência sobre o tema, especialmente sob a ótica da Receita Federal do Brasil (RFB) e do Conselho Administrativo de Recursos Fiscais (CARF).

2. PANORAMA LEGAL E JURISPRUDENCIAL

A imunidade tributária consiste na delimitação constitucional à competência tributária, entendida como o poder que detêm os entes políticos para editar leis que instituam tributos.

Como bem aduz Paulo de Barros Carvalho, a imunidade pode ser entendida como:

> a classe finita e imediatamente determinável de normas jurídicas, contidas no texto da Constituição da República, e que estabelecem, de modo expresso, a incompetência das pessoas políticas de direito constitucional interno para expedir regras

instituidoras de tributos que alcancem situações específicas e suficientemente caracterizadas[1].

As imunidades possuem sede exclusiva no texto constitucional. Como é a Carta Magna que confere a competência tributária aos entes políticos, somente uma norma de mesma hierarquia poderia estabelecer as imunidades. Todavia, ainda que caiba apenas à Constituição Federal fixá-las, é possível a regulamentação das imunidades por lei complementar, nos termos do artigo 146, inciso II[2], da Lei Fundamental.

Nesse passo, há duas previsões de imunidade para entidades beneficentes de assistência social, definidas pelo artigo 3º[3] da Lei nº 8.742/1993, cujos objetivos estejam de acordo com aqueles previstos no artigo 203[4] da Constituição Federal.

A primeira, prevista no artigo 150, VI, "c" [5], da Constituição Federal, diz respeito à instituição de impostos sobre patrimônio, renda ou serviços dessas entidades. A segunda, prevista no artigo 195, § 7º[6], da Carta Magna, concerne às contribuições

---

1 CARVALHO, Paulo de Barros. **Curso de Direito Tributário**. São Paulo: Saraiva, 2005, p. 137.

2 "Art. 146. Cabe à lei complementar: [...] II - regular as limitações constitucionais ao poder de tributar;"

3 "Art. 3º. Consideram-se entidades e organizações de assistência social aquelas sem fins lucrativos que, isolada ou cumulativamente, prestam atendimento e assessoramento aos beneficiários abrangidos por esta Lei, bem como as que atuam na defesa e garantia de direitos" (coloque a referência).

4 "Art. 203. A assistência social será prestada a quem dela necessitar, independentemente de contribuição à seguridade social, e tem por objetivos: I - a proteção à família, à maternidade, à infância, à adolescência e à velhice; II - o amparo às crianças e adolescentes carentes; III - a promoção da integração ao mercado de trabalho; IV - a habilitação e reabilitação das pessoas portadoras de deficiência e a promoção de sua integração à vida comunitária; V - a garantia de um salário mínimo de benefício mensal à pessoa portadora de deficiência e ao idoso que comprovem não possuir meios de prover à própria manutenção ou de tê-la provida por sua família, conforme dispuser a lei. VI - a redução da vulnerabilidade socioeconômica de famílias em situação de pobreza ou de extrema pobreza".

5 "Art. 150. Sem prejuízo de outras garantias asseguradas ao contribuinte, é vedado à União, aos Estados, ao Distrito Federal e aos Municípios: VI - instituir impostos sobre: c) patrimônio, renda ou serviços dos partidos políticos, inclusive suas fundações, das entidades sindicais dos trabalhadores, das instituições de educação e de assistência social, sem fins lucrativos, atendidos os requisitos da lei;"

6 "Art. 195. A seguridade social será financiada por toda a sociedade, de forma direta e indireta,

para a seguridade social, abrangendo aquelas previstas nos incisos I a IV, bem como as contribuições porventura instituídas no exercício da competência residual previsto no § 4º da mesma norma.

A imunidade sobre as contribuições para a seguridade social é classificada como condicionada, uma vez que o texto constitucional faz remissão expressa às exigências estabelecidas pela lei. Logo, a entidade beneficente de assistência social apenas fará jus à imunidade tributária, caso cumpra com os requisitos estabelecidos na legislação infraconstitucional.

Tais requisitos, por sua vez, foram instituídos pela Lei nº 12.101/2009, que dispunha sobre a Certificação das Entidades Beneficentes de Assistência Social (CEBAS), conferida pelos Ministérios de cada área de atuação.

Ocorre que, já há muito tempo, sobrevinha controvérsia acerca da capacidade de legislação ordinária, tal como a Lei nº 12.101/2009, ao dispor sobre os requisitos para o uso e gozo da imunidade, especialmente quando confrontado o conteúdo do artigo 146, II, da Carta Magna, que exige lei complementar para a disciplina das limitações ao poder de tributar.

Em decorrência disso, foi julgada pelo STF a Ação Direta de Inconstitucionalidade ("ADI") nº 4.480/DF [7], na qual se pugnava pela declaração de

---

nos termos da lei, mediante recursos provenientes dos orçamentos da União, dos Estados, do Distrito Federal e dos Municípios, e das seguintes contribuições sociais: I - do empregador, da empresa e da entidade a ela equiparada na forma da lei, incidentes sobre: a) a folha de salários e demais rendimentos do trabalho pagos ou creditados, a qualquer título, à pessoa física que lhe preste serviço, mesmo sem vínculo empregatício; b) a receita ou o faturamento; c) o lucro; [...] § 7º São isentas de contribuição para a seguridade social as entidades beneficentes de assistência social que atendam às exigências estabelecidas em lei"

7 "EMENTA: Ação direta de inconstitucionalidade. 2. Direito Tributário. 3. Artigos 1º; 13, parágrafos e incisos; 14, §§ 1º e 2º; 18, §§ 1º, 2º e 3º; 29 e seus incisos; 30; 31 e 32, § 1º, da Lei 12.101/2009, com a nova redação dada pela Lei 12.868/2013, que dispõe sobre a certificação das entidades beneficentes de assistência social e regula os procedimentos de isenção de contribuições para a seguridade social. 4. Revogação do § 2º do art. 13 por legislação superveniente. Perda de objeto. 5. Regulamentação do § 7º do artigo 195 da Constituição Federal. 6. Entidades beneficentes de assistência social. Modo de atuação. Necessidade de lei complementar. Aspectos meramente procedimentais. Regramento por lei ordinária. 7. Precedentes. ADIs 2.028, 2.036, 2.621 e 2.228, bem como o RE-RG 566.622 (tema 32 da repercussão geral). 8. Ação direta de inconstitucionalidade parcialmente conhecida e, nessa parte, julgada parcialmente procedente para declarar a inconstitucionalidade do art. 13, III, § 1º, I e II, § 3º, § 4º, I e II, e §§ 5º, 6º e 7º; art. 14, §§ 1º e 2º; art. 18, caput; art. 31; e art. 32, § 1º, da

inconstitucionalidade de diversos dispositivos da Lei nº 12.101/2009, em razão dos seus vícios formais e materiais.

Em acórdão publicado em 15 de março de 2020, o STF julgou parcialmente procedente a ADI para declarar a inconstitucionalidade do art. 13, III, § 1º, I e II, § 3º, § 4º, I e II, e §§ 5º, 6º e 7º; art. 14, §§ 1º e 2º; art. 18, caput; art. 31; e art. 32, § 1º, da Lei nº. 12.101/2009, com a nova redação dada pela Lei nº 12.868/2013.

Sob o aspecto formal, o Ministro Relator Gilmar Mendes reiterou no seu voto, o posicionamento de julgamentos anteriores, no sentido de que os "lindes da imunidade" deveriam ser disciplinados por lei complementar, ao passo em que as normas reguladoras da constituição e funcionamento da entidade imune poderiam ser estabelecidas pela lei ordinária. No que tange ao aspecto material, restou consignado no voto que os dispositivos impugnados violavam o texto constitucional, uma vez que: a) descaracterizavam a imunidade; b) restringiam o conceito de assistência social; c) impunham obrigação de prestação de serviços gratuitos para a imunidade das entidades beneficentes e d) condicionavam a imunidade não a partir da observância dos requisitos, mas, da certificação do seu cumprimento, dando à certificação natureza de ato constitutivo - e não declaratório - da imunidade.

Em decorrência do referido julgamento e objetivando dar cabo à controvérsia, foi editada pelo Congresso Nacional a Lei Complementar nº 187, de 16 de dezembro de 2021, que revogou a Lei nº 12.101/2009 e instituiu novos requisitos para a concessão do CEBAS.

Dentre os diversos requisitos instituídos pela Lei Complementar nº 187/2021, para a fruição da imunidade de que trata o § 7º do artigo 195 da Constituição Federal, um em especial toca diretamente às entidades beneficentes que se dedicam a aprendizagem profissional, que é o inciso V do artigo 3º:

> Art. 3º Farão jus à imunidade de que trata o § 7º do art. 195 da Constituição Federal as entidades beneficentes que atuem nas áreas da saúde, da educação e da assistência social, certificadas nos termos desta Lei Complementar, e que atendam, cumulativamente, aos seguintes requisitos:
>
> [...]
>
> V - não distribuam a seus conselheiros, associados, instituidores ou benfeitores seus

Lei 12.101/2009, com a nova redação dada pela Lei 12.868/2013 (STF – ADI: 4480 DF, Relator: Ministro Gilmar Mendes, Data de Julgamento: 27/03/2020, Tribunal Pleno, Data de Publicação: 15/04/2020)"

> resultados, dividendos, bonificações, participações ou parcelas do seu patrimônio, sob qualquer forma ou pretexto, e, na hipótese de prestação de serviços a terceiros, públicos ou privados, com ou sem cessão de mão de obra, não transfiram a esses terceiros os benefícios relativos à imunidade prevista no § 7º do art. 195 da Constituição Federal.

Conforme se pode verificar, a segunda parte do referido dispositivo determina ser vedada a transferência dos benefícios relativos à imunidade a terceiros na hipótese de prestação de serviços, seja ela com ou sem cessão de mão de obra.

Além dessa imposição legal de vedação de transferência dos benefícios relativos à imunidade a terceiros, a Receita Federal do Brasil (RFB) e o Conselho Administrativos de Recursos Fiscais (CARF) têm se valido do Parecer/CJ nº 3.272/2004 do Ministério da Previdência Social, para impor condições adicionais às entidades beneficentes de aprendizagem para a fruição da imunidade tributária.

De acordo com esse Parecer, a atividade de intermediação realizada pela entidade beneficente de assistência social configura cessão de mão de obra e, por consequência, não pode ser vista como atividade assistencial de promoção ao mercado de trabalho. Nesse sentido:

> Somente poderão ser apropriados como assistenciais, conforme o caso, os gastos despendidos na formação profissional desenvolvida pela entidade, caso tenha sido direcionada a pessoas carentes. A cessão de mão-de-obra feita posteriormente somente pode ser tida como atividade voltada para a obtenção de receita, portanto alheia à atividade assistencial da entidade[8].

O entendimento perfilhado gira em torno do argumento de que a aplicação da imunidade tributária, nesses casos, beneficiaria a empresa tomadora de serviços, que teria ao seu dispor mão de obra a preços inferiores e não o público-alvo da assistência social, que são os aprendizes.

A exceção ficaria à cargo da hipótese na qual a cessão onerosa de mão de obra cumprisse dois critérios, a saber: a) caráter acidental da cessão onerosa de mão de obra em face das atividades desenvolvidas pela entidade beneficente e b) mínima representatividade quantitativa de empregados cedidos em relação ao número de

8 BRASIL. Ministério da Previdência Social. **Parecer CJ nº. 3.272/2004**. Disponível em: https://pesquisa.in.gov.br/imprensa/servlet/INPDFViewer?jornal=1&pagina=27&data=21/07/2004&captchafield=firstAccess. Acesso em 15 jul. 2022.

empregados da entidade beneficente. Sobre a questão, reflete o Parecer:

> Em outras palavras, a entidade beneficente somente pode realizar a cessão de mão-de-obra em situações pontuais, em que os empregados cedidos tenham função dentro de suas próprias atividades - que devem ser assistenciais - mas estejam ociosos por motivos alheios à vontade da instituição. Se um ou alguns empregados são contratados, primordialmente, para prestarem serviços a terceiros, a entidade não pode ser considerada beneficente de assistência social, pois esta atividade não será acidental[9].

Com base nas premissas fixadas no Parecer/CJ nº 3.272/2004, a RFB manifestou, na Solução de Consulta Cosit nº 144/2019, o entendimento de que "a imunidade de contribuições previdenciárias incidentes sobre a remuneração prevista no § 7º do art. 195 da Constituição Federal não se estende ao salário do aprendiz reembolsado por terceiro tomador do seu serviço"[10].

Na aludida Solução de Consulta à RFB, argumenta-se que o processo de aprendizagem é envolto em três etapas: a) a formação teórica, que pode ser feita pela entidade beneficente; b) a formação prática, pela empresa que recebe o aprendiz e c) a contratação do aprendiz, que pode se dar diretamente pela empresa ou por intermédio da entidade beneficente. Contudo, alega-se que a classificação como atividade de assistência social, nos termos do artigo 18, § 2º, II, da Lei nº 12.101/2009, até então vigente, diz respeito tão somente à formação teórica. Por consequência, o ato de empregar o aprendiz e colocá-lo na empresa não estabelece a atividade como de assistência social. Nesse sentido:

> O que a Lei 12.101/2009 determina é que uma entidade sem fins lucrativos pode oferecer o curso de aprendizagem (passo 1) e será vista como de assistência social por isso. Contudo, não afirma o mesmo em relação ao terceiro passo (contratação do aprendiz). Vale dizer: não há lei estabelecendo como de assistência social a entidade que emprega o menos aprendiz para ceder a empresa que precisa preencher sua cota

9 BRASIL. Ministério da Previdência Social. **Parecer CJ nº. 3.272/2004**. Disponível em: https://pesquisa.in.gov.br/imprensa/servlet/INPDFViewer?jornal=1&pagina=27&data=21/07/2004&captchafield=firstAccess. Acesso em 15 jul. 2022.

10 BRASIL. Receita Federal do Brasil. **Solução de Consulta Cosit nº. 144, de 28 de março de 2019**. Disponível em: http://normas.receita.fazenda.gov.br/sijut2consulta/link.action?visao=anotado&idAto=99831. Acesso em: 15 jul. /2022.

de contratação de aprendizes[11].

Além disso, a RFB alega na Solução de Consulta, que a inexistência de contribuição previdenciária sobre a remuneração do aprendiz beneficiaria a empresa tomadora de serviços, que teria o trabalho prestado a custos menores.

Cumpre ressaltar que a Solução de Consulta Cosit nº 144/2019 não faz distinção entre a caracterização ou não do instituto da cessão de mão de obra. Para a RFB, "independentemente de haver cessão de mão de obra ou não, o fato é que a intermediação promove uma indevida extensão da imunidade"[12], o que não poderia ser admitido.

A despeito desse entendimento restritivo, a RFB encampa as exceções consignadas no Parecer/CJ nº 3.272/2004, admitindo que a entidade beneficente faça jus à imunidade tributária na contratação de aprendizes, quando cumprido dois requisitos cumulativos, quais sejam: a) caráter acidental da cessão onerosa de mão de obra e b) mínima representatividade quantitativa de empregados cedidos em relação ao número de empregados da entidade.

Não suficiente, a Solução de Consulta chama atenção ao dispor que a aplicação equivocada da imunidade tributária em relação à remuneração dos aprendizes macularia a fruição da imunidade de forma geral, isso é, uma eventual aplicação indevida da imunidade em relação as contribuições incidentes sobre a remuneração dos jovens aprendizes implicaria o descumprimento das exigências legais e, por consequência, geraria a perda do direito da entidade fruir a imunidade em relação a todos os tributos a que faz jus:

> Assim, entendido que essa atividade (contratação de aprendizes para cessão a empresas) não se enquadra no conceito de assistência social e, considerando que não existe imunidade parcial, coloca-se em xeque a imunidade da entidade como um todo que contratar diretamente aprendizes para prestarem serviços em outras

---

11 BRASIL. Receita Federal do Brasil. **Solução de Consulta Cosit nº. 144, de 28 de março de 2019**. Disponível em: http://normas.receita.fazenda.gov.br/sijut2consulta/link.action? visao=anotado &idAto=99831. Acesso em: 15 jul. /2022.

12 BRASIL. Receita Federal do Brasil. **Solução de Consulta Cosit nº. 144, de 28 de março de 2019**. Disponível em: http://normas.receita.fazenda.gov.br/sijut2consulta/link.action? visao=anotado &idAto=99831. Acesso em: 15 jul. /2022.

empresas[13].

Cumpre salientar que o entendimento exarado pela RFB tem sido perfilhado pelo Conselho Administrativo de Recursos Fiscais (CARF). Isso é o que se observa no Acórdão nº. 2201-009.255/2021, proferido pela 2ª Seção deste Conselho:

> ASSUNTO: CONTRIBUIÇÕES SOCIAIS PREVIDENCIÁRIAS
> Período de apuração: 01/01/2011 a 31/12/2014
> ENTIDADE BENEFICENTE DE ASSISTÊNCIA SOCIAL. PROGRAMA DE APRENDIZAGEM. FORMAÇÃO TÉCNICO PROFISSIONAL METÓDICA. CONTRATAÇÃO DE APRENDIZES. REEMBOLSO. IMUNIDADE. CESSÃO DE MÃO DE OBRA. CARACTERIZAÇÃO.
> A imunidade de contribuições previdenciárias incidentes sobre a remuneração prevista no § 7º do art. 195 da Constituição Federal não se estende ao salário do aprendiz reembolsado por terceiro tomador de seu serviço.
> Não faz jus à imunidade tributária e entidade que realiza cessão de mão de obra para terceiros em caráter não acidental[14].

Trata-se do julgamento de um recurso voluntário, no qual se discutia a existência de crédito tributário envolvendo contribuições sociais incidentes sobre remunerações pagas por entidade filantrópica de assistência social aos seus segurados, por ela utilizados na prestação de serviços a outras empresas.

Fazendo menção ao Parecer/CJ nº 3.272/2004 e à Solução de Consulta Cosit nº 144/2019, a decisão administrativa negou provimento ao recurso voluntário interposto, sob o fundamento de que estaria caracterizada a cessão de mão de obra expressiva e habitual, o que teria o condão de retirar o objetivo de assistência social previsto na norma constitucional de imunidade, porquanto descumpridos os requisitos capazes de manter o benefício tributário.

Além disso, reiterou-se o argumento exarado pelo Parecer/CJ nº 3.272/2004, no sentido de que a contratação do aprendiz por terceiros não estaria abrangida pela imunidade, uma vez que o beneficiário direto seria o tomador de serviços e não o

---

13 BRASIL. Receita Federal do Brasil. **Solução de Consulta Cosit nº. 144, de 28 de março de 2019**. Disponível em: http://normas.receita.fazenda.gov.br/sijut2consulta/link.action? visao=anotado &idAto=99831. Acesso em: 15 jul. /2022.

14 CARF. Recurso Voluntário. Processo nº. 10140.721589/2015-27. Acórdão nº. 2201-009.255. Relator: Daniel Melo Mendes Bezerra. Data da Sessão: 04/10/2021.

público-alvo da assistência social, em um injustificado privilégio tributário.

Em resumo, vê-se que as alterações trazidas pela Lei Complementar nº 187/2021 e o entendimento atual da RFB e do CARF sobre o tema, podem ser extremamente prejudiciais às entidades beneficentes de assistência social que se dedicam a promoção de programas de aprendizagem, uma vez que as suas atividades podem ser equiparadas à cessão de mão de obra, presumindo-se a transferência do benefício fiscal às empresas contratantes.

3. ANÁLISE CRÍTICA

Como dito, o estudo do panorama legal e jurisprudencial sobre o tema permite observar a existência de controvérsia quanto aos requisitos necessários à concessão da imunidade tributária às entidades beneficentes de assistência social.

Diante disso, passa-se a tecer uma análise crítica sobre a atual legislação e jurisprudência sobre o tema, especialmente quando confrontada com os dispositivos constitucionais e infraconstitucionais que tratam sobre as atividades desenvolvidas pelas entidades beneficentes de aprendizagem.

3.1. Natureza da intermediação realizada pelas entidades beneficentes de assistência social

Tal como analisado nos tópicos anteriores, as decisões da RFB e do CARF se pautam no argumento de que a intermediação da contratação de aprendizes configura o instituto da cessão onerosa mão de obra, atividade essa que não poderia ser considerada de assistência social, pelo fato que não faz jus à imunidade prevista no artigo 195, § 7º, da Constituição Federal.

Ao contrário do que argumentam a RFB e o CARF, as atividades de intermediação da contratação dos aprendizes não configura cessão onerosa de mão de obra, mas uma das etapas de aprendizagem profissional, tida como política pública do Estado.

Nos termos do artigo 227[15] da Carta Magna, é dever do Estado assegurar ao

15 "Art. 227. É dever da família, da sociedade e do Estado assegurar à criança, ao adolescente e ao jovem, com absoluta prioridade, o direito à vida, à saúde, à alimentação, à educação, ao lazer, à profissionalização, à cultura, à dignidade, ao respeito, à liberdade e à convivência

adolescente e ao jovem o direito à profissionalização. Para tanto, o Estado tem a obrigação de promover programas assistenciais, admitida a participação de entidades não governamentais.

Tais programas assistenciais, por sua vez, devem respeitar os objetos elencados nos incisos do artigo 203[16] da Lei Fundamental, dentre eles a promoção de integração ao mercado de trabalho.

Com vistas a dar concretude ao direito fundamental à profissionalização, foi criado o Programa de Aprendizagem Profissional, ação estatal complexa e procedimentalizada pela Lei nº 10.097/2000 e pelo Decreto nº 9.579/2018 e diversas outras normas ligadas à assistência social, educação, direitos de vulneráveis, entre outras.

Objetivando incentivar as empresas privadas a auxiliarem no processo de formação técnico-profissional do aprendiz, a Lei nº 10.097/2000 deu nova redação a diversos artigos da CLT, instituindo cotas para a contratação de aprendizes, bem como a sua matrícula nos cursos dos Serviços Nacionais de Aprendizagem[17] ou de entidades sem fins lucrativos, que tenham por objetivo a assistência ao adolescente e à educação profissional[18].

---

familiar e comunitária, além de colocá-los a salvo de toda forma de negligência, discriminação, exploração, violência, crueldade e opressão. § 1º O Estado promoverá programas de assistência integral à saúde da criança, do adolescente e do jovem, admitida a participação de entidades não governamentais, mediante políticas específicas e obedecendo aos seguintes preceitos: II - criação de programas de prevenção e atendimento especializado para as pessoas portadoras de deficiência física, sensorial ou mental, bem como de integração social do adolescente e do jovem portador de deficiência, mediante o treinamento para o trabalho e a convivência, e a facilitação do acesso aos bens e serviços coletivos, com a eliminação de obstáculos arquitetônicos e de todas as formas de discriminação"

16 "Art. 203. A assistência social será prestada a quem dela necessitar, independentemente de contribuição à seguridade social, e tem por objetivos: III - a promoção da integração ao mercado de trabalho"

17 "Art. 429. Os estabelecimentos de qualquer natureza são obrigados a empregar e matricular nos cursos dos Serviços Nacionais de Aprendizagem número de aprendizes equivalente a cinco por cento, no mínimo, e quinze por cento, no máximo, dos trabalhadores existentes em cada estabelecimento, cujas funções demandem formação profissional"

18 "Art. 430. Na hipótese de os Serviços Nacionais de Aprendizagem não oferecerem cursos ou vagas suficientes para atender à demanda dos estabelecimentos, esta poderá ser suprida por outras entidades qualificadas em formação técnico-profissional metódica, a saber: II – entidades sem fins lucrativos, que tenham por objetivo a assistência ao adolescente e à educação

O próprio artigo 29 da Lei Complementar nº 187/2021, quando trata da Certificação de Entidade Beneficente de Assistência Social (CEBAS), define um rol de áreas nas quais a entidade poderá atuar, dentre elas os programas de aprendizagem de adolescentes, jovens ou de pessoas com deficiência, prestados com a finalidade de promover a sua integração ao mundo do trabalho.

> Art. 29. A certificação ou sua renovação será concedida às entidades beneficentes com atuação na área de assistência social abrangidas pela Lei nº 8.742, de 7 de dezembro de 1993, que executem:
> III - programas de aprendizagem de adolescentes, de jovens ou de pessoas com deficiência, prestados com a finalidade de promover a sua integração ao mundo do trabalho nos termos da Lei nº 8.742, de 7 de dezembro de 1993, e do inciso II do caput do art. 430 da Consolidação das Leis do Trabalho (CLT), aprovada pelo Decreto-Lei nº 5.452, de 1º de maio de 1943, ou da legislação que lhe for superveniente, observadas as ações protetivas previstas na Lei nº 8.069, de 13 de julho de 1990 (Estatuto da Criança e do Adolescente);

Observa-se que, a todo momento, a política pública de aprendizagem profissional adota como objetivo principal a integração do aprendiz ao mercado de trabalho. Por óbvio, tal promoção não se dá apenas com as instruções teóricas, mas, sobretudo, com os ensinamentos práticos.

Ratificando tal entendimento, a legislação trabalhista traz a previsão não só de cotas de contratação de aprendizes por empresas privadas, mas também a possibilidade de que essa contratação se dê por intermédio das entidades beneficentes de assistência social[19].

Tais pontos evidenciam o caráter especial da intermediação na contratação de aprendizes. Se tal intermediação fosse considerada uma pura e simples cessão de mão de obra, certamente o legislador não teria se dado ao trabalho de criar norma específica para o cumprimento da política pública voltada à satisfação do direito à profissionalização, mas empregariam as normas que tratam da terceirização (Lei nº 6.019/1974).

A própria Solução de Consulta Cosit nº 144/2019 admite que o processo de

---

profissional, registradas no Conselho Municipal dos Direitos da Criança e do Adolescente"

19 "Art. 431. A contratação do aprendiz poderá ser efetivada pela empresa onde se realizará a aprendizagem ou pelas entidades mencionadas nos incisos II e III do art. 430, caso em que não gera vínculo de emprego com a empresa tomadora dos serviços"

aprendizagem é composto por diversas etapas, sendo elas:

> 1) a realização do curso em sua vertente teórica (que pode ser oferecido por entidade sem fins lucrativos); 2) a experiência prática da formação técnico-profissional metódica a que está submetido (obrigação da empresa que recebe o aprendiz); e 3) a contratação do aprendiz (que pode se dar diretamente pela empresa ou por intermédio da entidade sem fins lucrativos). No entanto, de forma completamente equivocada, a RFB sustenta o entendimento de que apenas o curso de aprendizagem (passo 1) pode ser visto como atividade de assistência social, como se as demais etapas pudessem ser, efetivamente, segregadas do processo de aprendizagem.

Pelo contrário, o programa de aprendizagem deve ser visto como um todo único e indivisível, até mesmo porque as lições práticas e teóricas são dadas simultaneamente, a teor do que prescreve o artigo 57, § 2º, inciso I, do Decreto nº 9.579/2018.

> Art. 57. A contratação do aprendiz deverá ser efetivada diretamente pelo estabelecimento que se obrigue ao cumprimento da cota de aprendizagem ou, supletivamente, pelas entidades sem fins lucrativos a que se refere o inciso III do caput do art. 50.
> [...]
> § 2º A contratação de aprendiz por intermédio de entidade sem fins lucrativos, para fins do cumprimento da obrigação prevista no caput do art. 51, somente deverá ser formalizada após a celebração de contrato entre o estabelecimento e a entidade sem fins lucrativos, no qual, entre outras obrigações recíprocas, serão estabelecidas as seguintes:
> I - a entidade sem fins lucrativos, simultaneamente ao desenvolvimento do programa de aprendizagem, assumirá a condição de empregador, com todos os ônus dela decorrentes, e assinará a Carteira de Trabalho e Previdência Social do aprendiz, na qual anotará, no espaço destinado às anotações gerais, a informação de que o contrato de trabalho específico decorrerá de contrato firmado com determinado estabelecimento para fins do cumprimento de sua cota de aprendizagem;

Logo, configura-se como atividade de assistência social todo o conjunto de procedimentos voltados à inclusão do aprendiz ao mercado de trabalho. A atividade de intermediação da contratação, realizada pela entidade beneficente, é medida necessária ao cumprimento da política pública definida pelo Estado, pelo que jamais poderia ser caracterizada como cessão de mão de obra, atividade essa meramente mercantil.

Para que não restem dúvidas sobre a natureza assistencial da atividade de intermediação da contratação de jovens, ressalta-se o teor do artigo 68 do Estatuto da

Criança e do Adolescente (Lei nº 8.069/1990).

> Art. 68. O programa social que tenha por base o trabalho educativo, sob responsabilidade de entidade governamental ou não-governamental sem fins lucrativos, deverá assegurar ao adolescente que dele participe condições de capacitação para o exercício de atividade regular remunerada.
>
> § 1º Entende-se por trabalho educativo a atividade laboral em que as exigências pedagógicas relativas ao desenvolvimento pessoal e social do educando prevalecem sobre o aspecto produtivo.
>
> § 2º A remuneração que o adolescente recebe pelo trabalho efetuado ou a participação na venda dos produtos de seu trabalho não desfigura o caráter educativo.

De acordo com o referido dispositivo legal, o trabalho do aprendiz tem caráter educativo, prevalecendo o aspecto pedagógico do trabalho sobre o aspecto produtivo. Em outras palavras, a contratação de aprendizes não é vista como um trabalho em si, mas como uma atividade educacional voltada à profissionalização do aprendiz.

Tal definição, por si só, já seria capaz de diferir o trabalho exercido pelo aprendiz da cessão de mão de obra. Enquanto na primeira situação o trabalho é visto como um meio para um fim (a formação técnico-profissional do aprendiz), na segunda situação, o trabalho é visto como um fim em si mesmo, observado tão somente o aspecto produtivo da relação.

Para além disso, o artigo 428 da CLT confirma a natureza especial do trabalho exercido pelo aprendiz, deixando claro não se tratar de relação convencional, pelo que jamais poderia ser confundida com a cessão de mão de obra.

Resta indene de dúvidas que a aprendizagem profissional é uma política pública, que objetiva a concretização do direito constitucional à profissionalização. Justamente pelo seu caráter puramente educacional, o trabalho exercido pelo aprendiz não tem o condão de configurar cessão de mão de obra.

A atividade de intermediação na contratação de aprendizes, exercida por entidades beneficentes, integra essa política pública como etapa necessária à formação técnico-profissional do aprendiz, pois sem a prática, a teoria de nada adiantaria.

Desse modo, a etapa de intermediação se encontra abarcada pelo "programa de aprendizagem" indicado no artigo 29, inciso II, da Lei Complementar nº 187/2021, pelo que deve ser vista como atividade de assistência social e, por consequência, passível de utilização da imunidade prevista no artigo 195, § 7º, da Constituição Federal.

3.2. Importância da imunidade tributária para o desenvolvimento da atividade-fim

Outrossim, a vedação à transferência dos benefícios da imunidade tributária à terceiros, prevista no artigo 3º, inciso V, da Lei Complementar nº 187/2021, não tem o condão de impedir o gozo da imunidade pelas entidades beneficentes na atividade de intermediação na contratação de aprendizes. É necessário fazer uma interpretação teleológica desse dispositivo.

Como se pode notar, a impossibilidade de transferência do benefício da imunidade a terceiros se dá em qualquer hipótese de prestação de serviço e não apenas naquelas situações em que teoricamente se tem cessão de mão de obra.

Com efeito, o que o legislador buscou com o referido dispositivo é preservar uma igualdade de competitividade entre as entidades beneficentes que gozam de imunidade e outras entidades que não fazem jus a mesma benesse, quando ambas estiverem no mercado prestando serviços de forma concorrente.

Nesse sentido, pelo comando legal, quando as entidades beneficentes se lançarem no mercado para prestar serviços em concorrência com outras empresas, elas devem necessariamente ofertar os seus serviços em par de igualdade, isso é, sem transferir para o preço dos serviços os benefícios da imunidade prevista no § 7º do artigo 195 da Constituição Federal (PIS, COFINS, CSLL, INSS Patronal).

Isso não quer dizer que a entidade beneficente esteja obrigada a ofertar os seus serviços nos mesmos preços praticados pelas empresas concorrentes, mas que a diferença não seja correspondente aos benefícios da imunidade.

Tal sistemática criada pelo legislador se demonstra sagaz, pois ao obrigar as entidades beneficentes a não transferir os benefícios da imunidade para os tomadores de serviço, automaticamente colocando-os como um pseudo custo da prestação de serviço, a um só tempo se garante a conservação de dois interesses, quais sejam: a) a livre concorrência preservando a neutralidade tributária e a competitividade entre as entidades e as demais empresas do mercado e b) assegura-se a reversibilidade das imunidades tributárias para as finalidades sociais da instituição beneficente, uma vez que, por não estarem obrigadas a recolherem os tributos, ficarão com os referidos recursos nos seus cofres.

Frisa-se que a própria Lei Complementar nº 187/2021, no seu artigo 30[20], reconhece a importância da geração de recursos pelas entidades beneficentes, com vistas a tornar possível o fomento da sua atividade assistencialista.

Isso não poderia ser diferente. Como muito bem salientado por Lima e Reis[21], a concessão da imunidade tributária das contribuições incidentes sobre as receitas auferidas por entidades beneficentes de assistência social é condição *sine qua non* à manutenção de sua existência. Ao impedir o gozo da imunidade sobre a receita auferida pela intermediação na contratação de aprendizes, o Estado dá cabo à capacidade da entidade beneficente de se autossustentar e, por consequência, de atender à comunidade carente.

Portanto, a conservação da imunidade prevista no § 7º do artigo 195 da Constituição Federal à entidade beneficente na etapa de intermediação é medida essencial para promoção e perenidade do "programa de aprendizagem", que, em essência, não se confunde com uma mera cessão de mão de obra.

4. CONCLUSÕES

Conforme visto, a Receita Federal do Brasil (RFB) e o Conselho Administrativos de Recursos Fiscais (CARF) têm se valido de uma interpretação literal do disposto no artigo 3º, inciso V, da Lei Complementar nº 187/2021, acompanhada das conclusões emitidas no Parecer/CJ nº 3.272/2004 do Ministério da Previdência Social, para impor condições adicionais às entidades beneficentes de aprendizagem para fruição da imunidade tributária.

Para esses órgãos, a atividade de intermediação realizada pela entidade beneficente de assistência social configura cessão de mão de obra e não pode ser vista como atividade assistencial de promoção ao mercado de trabalho, sob pena de beneficiar a empresa tomadora de serviços, que teria ao seu dispor mão de obra a preços

20 "Art. 30. As entidades beneficentes de assistência social poderão desenvolver atividades que gerem recursos, inclusive por meio de filiais, com ou sem cessão de mão de obra, de modo a contribuir com as finalidades previstas no art. 2º desta Lei Complementar, registradas segregadamente em sua contabilidade e destacadas em suas Notas Explicativas"

21 LIMA, Renata; REIS, Guilherme. **Cebas e a constitucionalidade da atividade-meio para as entidades beneficentes, 10 de junho 2022**. Disponível em: https://www.conjur.com.br/2022-jun-10/lima-reis-cebas-atividade-meio. Acesso em: 15 jul. /2022.

inferiores e não o público-alvo da assistência social.

Entretanto, aqueles que perfilham do referido entendimento se esquecem que a extração de normas jurídicas do texto legal demanda uma análise sistemática e teleológica do sistema jurídico.

Isso ocorre, porque existem diferentes dispositivos legais que permitem extrair a conclusão de que a intermediação da contratação de aprendizes constitui atividade intrínseca ao "processo de aprendizagem", definida no artigo 29, III, da Lei Complementar nº 187/2021 como área de atuação de assistência social e, portanto, que faz jus à imunidade tributária prevista no art. 195, § 7º, da Constituição Federal.

Além disso, da interpretação teleológica do artigo 3º, inciso V, da Lei Complementar nº 187/2021, extrai-se que a intenção do legislador jamais foi impedir o gozo da imunidade tributária nas atividades de intermediação de aprendizes, mas: a) assegurar a livre concorrência preservando a neutralidade tributária e a competitividade e b) assegurar a reversibilidade das imunidades tributárias para as finalidades assistencialistas da instituição beneficente.

Deveras, a conservação da imunidade prevista no § 7º do artigo 195 da Constituição Federal à entidade beneficente na etapa de intermediação é medida essencial para promoção e perenidade do "programa de aprendizagem".

Portanto, a interpretação da novel legislação complementar que regula os procedimentos referentes à imunidade de contribuições à seguridade social não deve ocorrer, de modo a restringir o alcance desse benefício constitucional.

Há que se observar todo o ordenamento jurídico, a fim de captar a real intenção do legislador: conceder a imunidade tributária às entidades como forma de fomentar a formação profissional da comunidade carente, abarcando, por conseguinte, todo o iter dessa atividade, desde a formação teórica até a formação prática.

REFERÊNCIAS

BRASIL. Ministério da Previdência Social. **Parecer CJ nº. 3.272/2004**. Disponível em: https://pesquisa.in.gov.br/imprensa/servlet/INPDFViewer?jornal=1&pagina=27&data=21/07/2004&captchafield=firstAccess. Acesso em: 15 jul. 2022.

BRASIL. Receita Federal do Brasil. **Solução de Consulta Cosit nº. 144, de 28 de março de 2019**. Disponível em: http://normas.receita.fazenda.gov.br/sijut2consulta/link.action?visao=anotado&idAto=99831Acesso em: 15 jul.

2022.

CARVALHO, Paulo de Barros. **Curso de Direito Tributário**. São Paulo: Saraiva, 2005.

LIMA, Renata; REIS, Guilherme. **Cebas e a constitucionalidade da atividade-meio para as entidades beneficentes**. 2022. Disponível em: **Erro! A referência de hiperlink não é válida.**2022-jun-10/lima-reis-cebas-atividade-meio. Acesso em: 15 jul. 2022.

SILVA FILHO; Paulo César da; TEIXEIRA, Fernanda Rodrigues. Os desafios tributários das entidades beneficentes formadoras de aprendizes. *In:* MENESES, Heloísa Corrêa; SILVA, Tiago Nunes da; RAMONE TAVARES, Viviane; TEIXEIRA, Wendel de Brito Lemos (Coords.). **Anuário da OAB Uberlândia 2022/2023.** Uberlândia: Marco Teórico, 2023. pp. 83-100.

A NÃO-CUMULATIVIDADE DO ICMS E OS IMPACTOS DA DECISÃO DO STF NO AGRAVO EM RECURSO EXTRAORDINÁRIO Nº 1.255.885/MS (TEMA 1.099) E NA AÇÃO DECLARATÓRIA DE CONSTITUCIONALIDADE Nº 49 NO CREDITAMENTO DO IMPOSTO NA TRANSFERÊNCIA DE MERCADORIAS ENTRE ESTABELECIMENTOS DO MESMO CONTRIBUINTE

5

Dennys Rosa Goulart
Monique Soares Salgado

Resumo:

O presente trabalho tem por escopo analisar a ausência de impacto, na sistemática da não-cumulatividade do ICMS, das decisões do Supremo Tribunal Federal proferidas no bojo do Agravo em Recurso Extraordinário nº 1.255.885 (Tema 1.099 da

RG) e na Ação Declaratória de Constitucionalidade nº 49 (ADC 49), a qual reconheceu que a transferência de mercadorias entre estabelecimentos do mesmo contribuinte, mesmo que no âmbito interestadual, não fica sujeita à incidência do ICMS. Nesse sentido, constata-se, após análise da regra matriz do ICMS, que a Corte Suprema decidiu acertadamente, haja vista que a transferência de mercadorias não constitui hipótese de incidência do imposto estadual, posto tratar-se de mera circulação física da mercadoria. A metodologia utilizada foi a de estudo de caso, notadamente, as decisões reiteradas dos tribunais superiores. Ao final, após análise detida do princípio da não-cumulatividade e das decisões proferidas pelo Supremo Tribunal Federal no ARE 1.255.885/MS e na ADC 49, conclui-se que se espera que o STF, ao julgar os Embargos de Declaração opostos na ADC 49, reconheça o direito de contribuinte do imposto manter o crédito do imposto decorrente do princípio da não-cumulatividade, haja vista que a transferência de mercadorias, mesmo não estando sujeita à tributação pelo ICMS, não constitui hipótese de não incidência, apta a afastar o creditamento do imposto.

PALAVRAS-CHAVE:

ICMS. Não-cumulatividade. Transferência. Não incidência.

1. INTRODUÇÃO

O imposto sobre operações relativas à circulação de mercadorias e sobre prestações de serviços de transporte interestadual e intermunicipal e de comunicação (ICMS), cuja competência tributária foi atribuída aos Estados e ao Distrito Federal (art. 155, inc. II, da Constituição Federal de 1988 - CF/88[1]), constitui-se, sem dúvidas, como a maior fonte de receita tributária dos Estados Federados e do Distrito Federal[2].

Assim, conquanto de um lado os Estados e o Distrito Federal estejam ávidos para

---

1 CF/88: "Art. 155. Compete aos Estados e ao Distrito Federal instituir impostos sobre: [...] II - operações relativas à circulação de mercadorias e sobre prestações de serviços de transporte interestadual e intermunicipal e de comunicação, ainda que as operações e as prestações se iniciem no exterior;"

2 "A título de exemplo, em relatório emitido pela Secretaria da Fazenda e Planejamento do Estado de São Paulo, há indicação de que, entre o período de janeiro a junho de 2022, o

arrecadar o tributo e garantir a manutenção do alto nível arrecadatório de ICMS (e para lograr tal objetivo, não raras vezes provocam excessos e verdadeiras distorções no sistema tributário), de outro, os contribuintes anseiam conter a sanha arrecadatória dos Estados e do Distrito Federal, de forma a lhes garantir sofrer a tributação nos exatos limites previstos na legislação. Isso ocorre, sobretudo, em respeito aos estritos limites da regra de competência tributária insculpida na Constituição Federal, recorrendo, com mais frequência do que desejado, ao Poder Judiciário.

Nesse diapasão, verifica-se que as questões elementares à respeito da própria configuração da competência tributária relativa ao ICMS ainda ocupa, com relativa frequência, a pauta do Supremo Tribunal Federal (STF), com questões atinentes ao conceito de mercadorias (a exemplo da Ação Direita de Inconstitucionalidade nº 5.659) e relativas à caracterização operações de circulação de mercadorias (como exemplo do Agravo em Recurso Extraordinário nº 1.255.885/MS – Tema 1.099 – e Ação Declaratória de Constitucionalidade nº 49), sendo exatamente essa última problemática o objeto do presente estudo.

Com efeito, o presente trabalho buscará identificar os verdadeiros esquadros da caracterização de operações de circulação de mercadorias, especificadamente a não incidência do imposto nas transferência de mercadorias entre estabelecimentos do mesmo contribuinte, ainda que localizados em Unidades Federadas distintas, sobretudo considerando a acertada decisão proferida pelo STF no bojo do Agravo em Recurso Extraordinário nº 1.255.885/MS (ARE 1.255.885/MS), tema nº 1.099 da Repercussão Geral, e na Ação Declaratória de Constitucionalidade nº 49 (ADC 49), bem como identificando os possíveis efeitos que referidos julgados terão na sistemática da não cumulatividade do imposto, elemento intrínseco e indissociável da figura do ICMS.

Para tanto, inicialmente, far-se-á uma breve incursão no texto constitucional para identificar as notas características do ICMS, de forma a propiciar a devida limitação do objeto do presente estudo bem como estabelecer as premissas, sempre extraídas do Texto Constitucional, necessárias. Como ato contínuo, analisar-se-á detidamente a regra-matriz de incidência do ICMS-Mercadorias, momento em que será possível identificar a ausência de fato jurídico, apto a ensejar a incidência do

ICMS correspondeu a 80,17% do total da Receita Tributária arrecada pelo Estado no período" imposto, na ocorrência de transferência de mercadorias entre estabelecimentos do mesmo contribuinte. Na sequência, é dado enfoque na não-cumulatividade do ICMS, identificando a sua natureza jurídica, as suas características e as hipóteses de exceção. Mais adiante, focar-se-á nas decisões proferidas pelo STF no ARE 1.255.885/MS e na ADC 49, concluindo-se, ao final, pela impossibilidade de afastamento do princípio da não-cumulatividade na hipótese de transferência de mercadorias entre estabelecimentos do mesmo contribuinte.

2. A HIPÓTESE DE INCIDÊNCIA DO ICMS-MERCADORIAS E A AUSÊNCIA DE FATO JURÍDICO TRIBUTÁRIO NA TRANSFERÊNCIA DE MERCADORIA ENTRE ESTABELECIMENTOS DO MESMO CONTRIBUINTE

Antes de adentrar à hipótese de incidência do ICMS-Mercadorias, é importante pincelar o conceito de Mercadoria, para Roque Carrazza, que ressalta: "mercadoria, para fins de tributação do ICMS, é o que a lei comercial considera mercadoria"[3]. Em outras palavras, o direito tributário não tem o propósito de conceituar ou definir, mas de utilizar outros ramos do direito para determinar a hipótese de incidência.

Desse modo, para esse autor, "toda mercadoria é bem corpóreo (bem material), mas nem todo bem móvel corpóreo é mercadoria. Apenas o bem corpóreo móvel preordenado à prática de operações mercantis é que assume a qualidade de mercadoria"[4].

Considerando o conceito de Mercadoria estabelecido acima, bem como a base normativa, extrai-se desses relevos a hipótese e consequente normativo para incidência do ICMS, de forma didática:

a) Hipótese

Critério Material: Realizar operações de circulação de mercadorias

Critério Espacial: Território dos Estados e Distrito Federal

Critério Temporal: Saída da mercadoria do estabelecimento do contribuinte

b) Consequente

Critério Pessoal

---

3 CARRAZZA, Roque Antonio. **ICMS**. 18. ed. São Paulo: Malheiros, 2020. p. 58

4 CARRAZZA, Roque Antonio. **ICMS**. 18. ed. São Paulo: Malheiros, 2020. p. 58

Sujeito Ativo: Estado ou Distrito Federal

Sujeito Passivo: Pessoa Jurídica que realizar operações de circulação de mercadorias

Critério Objetivo

Base de Cálculo: Valor da operação

Alíquota: Percentual previsto na legislação do Sujeito Ativo

Entende-se, assim, por "mercadoria", todo bem destinado à prática da mercancia, em que é observada respectiva transferência de titularidade e com intuito lucrativo. Um bem não é mercadoria pela sua própria natureza, mas pela destinação que lhe é dada. Um pedaço de madeira, por exemplo, será mercadoria se apresentado ao comércio para venda ou consumo de terceiro, mas assim não será se, porventura, for utilizado pelo próprio fabricante nas suas dependências ou para uso e consumo próprio, que poderia ser classificado como imobilizado ou, ainda, como bens de uso e consumo.

Noutros termos, a mercancia é justamente a operação mercantil de circulação jurídica das mercadorias entre os agentes econômicos, pela transmissão de titularidade, feita no circuito mercantil, que realiza a transferência de titularidade da mercadoria, sempre com a finalidade de alcançar os consumidores finais.

Destarte, não é na simples saída física do produto do estabelecimento que se encontra o fato jurídico gerador do ICMS, mas na operação mercantil de transmissão da titularidade (venda, doação, troca, dação em pagamento, dentre outros aspectos), como precisamente determinado pelo legislador constituinte. Nesses mesmos termos é a doutrina de Roque Antônio Carrazza, no sentido de que: "ICMS deve ter por hipótese de incidência a operação jurídica que, praticada por comerciante, industrial ou produtor, acarrete circulação de mercadoria, isto é, transmissão de titularidade[5]".

Ainda nas palavras de José Eduardo Soares de Melo, tem-se:

> As transferências de quaisquer espécies de coisas corpóreas, inclusive de mercadorias, entre estabelecimentos da mesma empresa, não podem constituir fatos geradores de ICMS, apesar de haver sido consagrada a autonomia dos estabelecimentos, nos termos do DL-406/68 (art. 6º, §2º). (...) A mudança de sede, filial, etc, de um local

5 CARRAZZA, Roque Antonio. **ICMS**. 18. ed. São Paulo: Malheiros, 2020. p. 58

para o outro (ambos do mesmo contribuinte), não constitui fato imponível do ICMS, embora represente saída de bens (produtos acabados, matérias-primas, materiais de embalagem, secundários, ativo fixo, semi-elaborados, etc.), na trilha esposada pela CT (Consultoria Tributária) da fazenda paulista [...][6].

Arnaldo Wald, mencionado por José Eduardo Soares de Melo, ratifica esse posicionamento:

> Não se deve confundir nem identificar a circulação econômica com a saída física, o transporte dentro da mesma empresa mediante a remessa de armazém a filiam ou de um para outro estabelecimento da firma, como a transferência de bens para terceiros, pois somente ocorre a circulação quando a mercadoria é transferida, passando de um patrimônio para outro, qualquer que seja a motivação jurídica[7].

Portanto, é elementar o entendimento de que não existe, frisa-se, negócio, ou operação, consigo mesmo, devido ao fato de que a relação jurídica que enseja a possibilidade de incidência do ICMS envolve, sempre e obrigatoriamente, a participação de, no mínimo, duas pessoas distintas, realizada dentro do circuito de circulação de mercadorias com fluxo destinado a alcançar o consumidor final.

3. A NÃO-CUMULATIVIDADE DO ICMS

Aduz o art. 155, §2°, inciso I, da Magna Carta, que o ICMS será não-cumulativo, compensando-se o imposto devido em cada operação relativa à circulação de mercadorias ou prestação de serviços com o imposto cobrado (*rectius*, devido) nas operações anteriores, *verbis*:

> Art. 155. (...)
> § 2° O imposto previsto no inciso II atenderá ao seguinte:
> I – será não-cumulativo, compensando-se o que for devido em cada operação relativa à circulação de mercadorias ou prestação de serviços com o montante cobrado nas anteriores pelo mesmo ou outro Estado ou pelo Distrito Federal;

Com efeito, o dispositivo acima contém uma das principais notas características do imposto em comento, uma vez que, em decorrência de imperativo de cunho

---

6 MELO, Jose Eduardo Soares. **ICMS** - Teoria e Prática. 12. ed. São Paulo: Dialética, 2012. p. 22

7 MELO, Jose Eduardo Soares. **ICMS** - Teoria e Prática. 12. ed. São Paulo: Dialética, 2012. p. 30

constitucional consubstanciado no termo "será", identifica-se que o ICMS deve ser não-cumulativo. Nesse ponto, calha consignar que, justamente por se tratar de um imperativo constitucional, qualquer disposição em sentido diverso somente pode ser concebida se prevista no mesmo nível hierárquico, ou seja, no altiplano constitucional, como é o caso das previsões contidas no inciso II, do §2º, do art. 155, da CF/88.

Sobre o tema, não há dúvidas que, ao prever que o ICMS será não-cumulativo, a Constituição Federal previu determinação que visa justamente evitar o fenômeno da cumulatividade tributária. Assim, para compreensão da não-cumulatividade prevista constitucionalmente para o ICMS, é forçoso se identificar o que é a cumulatividade que o Texto Maior visou evitar. Para tanto, é esclarecedor o escólio de André Mendes Moreira[8]:

> Quando se fala em cumulação de tributos, há três realidade possíveis e distintas, a saber:
> exigência de dois ou mais tributos sobre o mesmo fato, que pode consistir em:
> (a.1) bitributação; ou
> (a.2) bis in idem;
> (b) inclusão de tributos na base de cálculo de outras exações, majorando artificialmente a riqueza tributável;
> (c) incidência do tributo em dois mais estádios da cadeia produtiva.

A par do esclarecimento do que se tem por cumulatividade de tributos, verifica-se que a não-cumulatividade do ICMS, tal qual prevista no Texto Magno, visa evitar, justamente, o efeito das múltiplas incidências do ICMS sobre o ciclo econômico da mercadoria. Isso quer dizer que a não-cumulatividade prevista no texto constitucional para o ICMS, não busca impedir a múltipla incidência do imposto, mas, pelo contrário, a pressupõe e, em razão disso, estabelece o mecanismo de abatimento do imposto, justamente para que o efeito decorrente da múltipla incidência do tributo (efeito em "cascata" ou tributo sobre tributo) não se verifique.

Assim, o ICMS incidirá tantas vezes quantas ocorrer a circulação de mercadorias. Contudo, a não-cumulatividade prevista no Texto Magno tem condão de viabilizar que o sujeito passivo do ICMS não seja onerado economicamente pela carga tributária do imposto (que visa alcança apenas o adquirente final), mantendo-se, dessa

8 MOREIRA, André Mendes. **A não-cumulatividade dos tributos**. 4. ed. São Paulo: Noeses, 2020. p. 59.

forma, a neutralidade fiscal.

Para alcançar a não cumulatividade, o Texto Constitucional prevê o sistema de abatimento do imposto, outorgando ao sujeito passivo o direito subjetivo de compensar o valor de ICMS apurado em decorrência da circulação de mercadoria com o valor do imposto cobrado nas operações ou prestações anteriores, ainda que a cobrança anterior tenha sido realizada por outro Estado. Explicitando a atuação do princípio da não-cumulatividade no ICMS, esclarece Carrazza[9]:

> Portanto, o ICMS incidente (crédito fiscal) sobre as aquisições de bens ou serviços pode ser contraposto ao montante deste tributo decorrente (débito fiscal) das operações ou prestações seguintes, com o quê o ônus fiscal será suportado apenas pelo consumidor final.
>
> Reitere-se que, por força do princípio da não cumulatividade, o montante de imposto devido, ao invés de ser pago somente em moeda, o é também em créditos (representados pelo ICMS incidente nas operações ou prestações anteriores). Aliás, é o próprio contribuinte que, de regra, realiza os cálculos que o levarão a fruir deste direito constitucional.
>
> Daí que o ICMS tem duas moedas de pagamento: (i) a moeda corrente (atualmente o Real) e (ii) os créditos provenientes de operações ou prestações anteriormente realizadas, alcançadas ou alcançáveis por esta figura exacional.
>
> Também não é preciso obter uma autorização - legislativa, administrativa ou judicial para, mediante compensação, utilizar estes créditos como moeda de pagamento do ICMS, já que tal direito brota da própria Constituição: é, pois, um direito ex vi constitutionis, impossível de ser anulado por normas infraconstitucionais.
>
> Assim, no ICMS a compensação assume conotação toda própria em face da autorização constitucional dada a o contribuinte para, independentemente de qualquer autorização, legislativa ou fazendária, apurar o montante do tributo devido e efetuar o precitado encontro de contas.

Constata-se, dessa forma, que graças ao princípio da não-cumulatividade, a incidência do imposto pode se dar por toda a cadeia mercantil, sem, porém, atuar negativamente e de forma artificial no preço da mercadoria como ocorreria se imposto incidisse em "cascata", mantendo, portando, o caráter de imposto sobre o consumo que a exação carrega. Mediante a aplicação da técnica de abatimento eleita pelo constituinte para atendimento da não-cumulatividade, a carga tributária

9 CARRAZZA, Roque Antonio. **ICMS**. 18. ed. São Paulo: Malheiros, 2020. p. 410

correspondente ao ICMS não sofrerá alteração em decorrência da quantidade de cadeias de circulação percorridas pela mercadoria, alcançando-se, assim, a neutralidade fiscal.

Ao prever, portanto, que o ICMS será não cumulativo, com o consequente impedimento de incidência do imposto em "cascata", a não-cumulativa propicia um ambiente mercadológico descentralizado, posto que que os agentes de mercado não precisam se concentrar para evitar grandes cadeias de circulação de mercadoria (o que, em ambiente de tributo cumulativo seria necessário para se evitar o aumento do preço da mercadoria, que seria majorado pelo imposto incidente a cada circulação - imposto sobre imposto).

Outrossim, ao propiciar um ambiente de negócios descentralizado, permitindo que as mercadorias sigam a cadeia produtiva determinada pelo próprio mercado, torna-se latente a possibilidade de melhor distribuição da receita de arrecadação do ICMS entre os Estados Federados e o Distrito Federal, posto que com uma cadeia de circulação envolvendo diversos agentes em localidades diferentes, a cada circulação da mercadoria o Estado de origem (princípio da origem adotado no nosso sistema nas operações nacionais – art. 11, inc. I, a, da Lei Complementar nº 87/1996[10]) se beneficiaria do montante de ICMS devido na respectiva operação, o que, ao fim e ao cabo, favorece e reforça o pacto federativo. Nas palavras de Carrazza[11]:

> Portanto, o princípio da não-cumulatividade garante ao contribuinte o pleno aproveitamento dos créditos de ICMS e tem o escopo de evitar que a carga econômica do tributo (i) distorça as formações dos preços das mercadorias ou dos serviços de transporte transmunicipal e de comunicação e (ii) afete a competitividade das empresas. Daí dizer-se que o ICMS é um tributo neutro (princípio da neutralidade). Melhor explicitando: graças a esta característica, que lhe é imprimida pelo princípio da não cumulatividade, o ônus econômico do imposto é sempre o mesmo, pouco importando o número de operações realizadas com a mercadoria ou de etapas para a prestação do serviço de transporte interestadual e intermunicipal e de comunicação.
> [...]
> A sistemática também reforça os princípios federativo e da autonomia municipal. O

10 "Art. 11. O local da operação ou da prestação, para os efeitos da cobrança do imposto e definição do estabelecimento responsável, é: I - tratando-se de mercadoria ou bem: a) o do estabelecimento onde se encontre, no momento da ocorrência do fato gerador"

11 CARRAZZA, Roque Antonio. **ICMS**. 18. ed. São Paulo: Malheiros, 2020. p. 366-367

princípio federativo, pois permite, nas operações e prestações interestaduais, que a carga econômica do tributo seja distribuída entre os Estados-membros e o Distrito Federal quando em seus territórios ocorrerem os fatos imponíveis do ICMS. E o princípio da autonomia municipal, porque garante aos Municípios em cujos territórios se derem os fatos imponíveis do tributo a participação no produto da sua arrecadação (cf. art. 158, inc. IV, da CF).

No mais, em que pese a não-cumulatividade se tratar de característica existente desde o antigo ICM (Imposto sobre Circulação de Mercadorias), bem como por haver muito a se saber sobre a sua forma de atuação (abatimento), não há consenso na doutrina sobre sua natureza jurídica normativa: se concerne ao princípio ou à regra.

Em que pese a questão relativa à natureza normativa (se de princípio ou regra) da não-cumulatividade do ICMS possa, prima facie, ter ares de irrelevância, haja vista que, em qualquer caso, não haveria dúvidas sobre a forma de atendimento do comando constitucional da não-cumulatividade (que será efetivado mediante a técnica de compensação do imposto devido em cada operação com o imposto cobrado nas operações anteriores), entendemos que tal questão tem aptidão de implicar relevantemente nas conclusões relativas às discussões e problemáticas que circundam o ICMS, sobretudo naquelas em que o direito ao creditamento do imposto esteja envolvido. É pelo crédito do imposto e a sua utilização como moeda de pagamento (abatimento) que a não-cumulatividade se realiza.

Relativamente à diferenciação entre princípio e regra, tem-se que, em matéria jurídica, os princípios são normas de altíssimo conteúdo axiológico, que permeiam o sistema jurídico como valores a serem alcançados, tratando-se, como há muito preceituado por Alexy, como mandamentos de otimização, configurando-se, portanto, diretrizes eleitas pelo sistema jurídico, às quais o legislador busca alcançar editando normas que buscam concretizá-los, cabendo ao intérprete e ao aplicador do direito respeitá-las na análise e na aplicação das leis. Assim, pode-se dizer que princípios são normas jurídicas, explicitas ou implícitas, decorrentes de valores eleitos pelo sistema jurídico positivo, prevendo, portanto, os valores e objetivos do respectivo sistema jurídico.

As regras jurídicas, por seu turno, correspondem às normas jurídicas de baixo conteúdo axiológico, que se destinam, precipuamente, a regular unicamente as situações por ela previstas no seu antecedente, traçando a consequência jurídica (dever-ser) daquele fato em específico, caso ocorra no mundo fenomênico, não tendo, portanto, o condão de permear todo os sistema ou microssistema jurídico do ordenamento, justamente pelo seu baixo ou nenhum valor axiológico. Nas palavras de André Mendes Moreira[12]:

> Os princípios, podemos concluir, são axiológicos. Fundam-se em valores maiores, orientando a elaboração e a interpretação das regras. Estas são normas prescritoras de condutas (obrigatórias, permitidas ou proibidas) e impositivas de sanção em caso de seu descumprimento. As regras orientam o agir do homem; os princípios são invocados para evitar que, em casos concretos, a aplicação da regra se torna desarrazoada, desproporcional ou injusta.

Nessa toada, entendemos que a análise da natureza jurídica da não-cumulatividade, se princípio ou regra, pode implicar a solução de questão de grande relevo em matérias de ICMS, tal como os efeitos no creditamento do ICMS nas situações de transferência interestadual de mercadorias entre estabelecimentos do mesmo contribuinte, após o julgamento pelo Supremo Tribunal Federal na Ação Declaratória de Constitucionalidade nº 49 e no Agravo em Recurso Extraordinário nº 1.255.885 (Tema 1.099 da RG).

Sobre essa questão, a não-cumulatividade prevista constitucionalmente se trata de vero princípio tributário, haja vista que a não-cumulatividade não carrega uma regra em si mesma, mas condensa diversos valores e funções. Tal como a neutralidade fiscal, a distribuição de receitas tributárias entre os entes políticos, com consequente favorecimento do pacto federativo, há o auxílio na livre concorrência e defesa do consumidor, ao permitir a autuação descentralizada dos agentes de mercado, que influencia, sobejamente, na manutenção de um mercado nacional integrado e na livre circulação de bens, permitindo que os agentes econômicos responsáveis pela circulação das mercadorias realizem transações em todo o território nacional, sem que o ICMS reflita negativamente nas questões mercadológicas. Somam-se, ainda, os acachapantes argumentos de André Mendes Moreira[13] na defesa da não-cumulatividade como princípio, demonstrando o carácter principiológico da norma:

> Quando o comando 'abatendo-se o montante cobrado nas operações anteriores' foi

12 MOREIRA, André Mendes. **A não-cumulatividade dos tributos**. 4. ed. São Paulo: Noeses, 2020. p. 119-120

13 MOREIRA, André Mendes. **A não-cumulatividade dos tributos**. 4. ed. São Paulo: Noeses, 2020. p. 120-121

constitucionalizado, a Lei Maior passou a efundir mais do que uma simples regra de apuração do quantum devido. Plasmou-se na Carta um verdadeiro princípio, dado que a não-cumulatividade possui diversas funções, perseguindo:

a translação jurídica do ônus tributário ao contribuinte de facto, não onerando os agentes produtivos;

a neutralidade fiscal, de modo que o número de etapas de circulação da mercadoria não influa na tributação sobre ela incidente;

o desenvolvimento da sociedade, pois a experiência mundial denota que a tributação cumulativa sobre o consumo gera pobreza, pois encarece a circulação de riquezas;

a conquista de mercados internacionais, permitindo-se a efetiva desoneração tributária dos bens e serviços exportados (impraticável no regime cumulativo de tributação);

a isonomia entre produtos nacionais e estrangeiros, pois a não-cumulatividade possibilita a cobrança, na importação, de tributo em montante idêntico ao suportado pelo produtor nacional.

Os nobres fins da não-cumulatividade denotam o seu cariz de princípio, que se exterioriza por meio da regra de abatimento do imposto pago nas operações anteriores. A não-cumulatividade é, portanto, o princípio constitucional tributário que mais se aproxima de uma regra, pois parte de valores superiores (neutralidade tributária, v.g.) para, então, prescrever uma conduta (abatimento do montante cobrado nas operações anteriores) que permitirá o alcance das finalidades propostas.

Nessa perspectiva, considerando ser a não-cumulatividade não apenas uma das principais características do ICMS, mas também um verdadeiro princípio relativo a esse imposto, portanto, um vetor de interpretação das questões afetas à exação, tem-se que, em que pese inexistir norma de aplicabilidade absoluta (isso é, que prevaleça em todo e qualquer caso), nos termos propostos pela Constituição Federal, a impossibilidade de aplicação da técnica de abatimento do imposto implica ferir de morte o princípio da não-cumulatividade do ICMS, retirando, portanto, uma das vigas mestras de tributação previstas no texto constitucional.

A não cumulatividade tem origem na evolução cultural, social, economia e jurídica do povo. Sendo essencial, a sua supressão do texto constitucional inevitavelmente causaria um sério e enorme abalo em toda a estrutura sobre a qual foi organizado o Estado. Constituindo-se num sistema operacional destinado a minimizar o impacto do tributo sobre os preços dos bens e serviços de transporte e de comunicações, a sua eliminação os tornaria artificialmente mais onerosos. Caso fosse suprimida, a cumulatividade tributária geraria um custo artificial indesejável aos preços dos produtos e serviços comercializados. Esses preços estariam totalmente desvinculados da realidade, da produção e da comercialização. Isso oneraria o custo de vida da população e encareceria o processo produtivo e comercial, reduzindo os investimentos empresariais, em face do aumento de custos ocasionado por esse artificialismo tributário oriundo da cumulatividade[14].

Sendo assim, a interpretação das hipóteses esculpidas no art. 155, §2º, inc. II, da CF, que geram a anulação do crédito relativo às operações anteriores e a impossibilidade de geração de crédito do imposto para a operação seguinte, devem ser realizadas de forma restritiva, de modo a privilegiar a interpretação que, efetivamente, permita se atender ao postulado da não-cumulatividade. Assim reza o dispositivo de exceção:

> Art. 155. [...]
> § 2º O imposto previsto no inciso II atenderá ao seguinte:
> [...]
> II - a isenção ou não-incidência, salvo determinação em contrário da legislação:
> a) não implicará crédito para compensação com o montante devido nas operações ou prestações seguintes;
> b) acarretará a anulação do crédito relativo às operações anteriores;

Com efeito, o art. 155, §2º, inc., II, da CF/88, ao prever que a ocorrência de isenção ou não incidência consubstanciam hipóteses de exceção à regra geral da não-cumulatividade, implicam a necessidade de o intérprete investigar o que efetivamente significam, no mundo jurídico, tais situações.

Relativamente à isenção, são de extrema valia os ensinamentos de Paulo de Barros Carvalho[15], para quem

> Guardando a sua autonomia normativa, a regra de isenção investe contra um ou mais dos critérios da norma-padrão de incidência, mutilando-os, parcialmente. É óbvio que não pode haver supressão total do critério, porquanto equivaleria a destruir a regra-matriz, inutilizando-a como norma válida no sistema. O que o preceito de isenção faz é subtrair parcela do campo de abrangência do critério do antecedente ou

14 MELO, José Eduardo Soares de. **ICMS**: teoria e prática. 15. ed. Porto Alegra: Livraria do Advogado Editora, 2020. p. 262

15 CARVALHO, Paulo de Barros. **Curso de direito tributário**. 31. ed. São Paulo: Noeses, 2021. p. 572-573

> do consequente.
>
> [...]
>
> E assim por diante, sempre o mesmo fenômeno: o encontro de duas normas jurídicas, sendo uma a regra-matriz de incidência tributária e outra a regra de isenção, com seu caráter supressor da área de abrangência de qualquer dos critérios da hipótese ou da consequência da primeira (regra-matriz).

Verifica-se, portanto, que a isenção tem por pressuposto a existência de uma regra matriz de incidência apta a, em tese, capturar o evento ocorrido no mundo fático, juridicizando-o. Porém, em decorrência da regra de estrutura isentiva, que ataca (mutila) um dos critérios da regra-matriz de incidência, não haverá estabelecimento de relação jurídica, seja porque a regra de isenção atinge um dos elementos da hipótese de incidência, impedindo a subsunção do fato à norma, seja porque ataca um dos elementos do consequente normativo, impossibilitando o estabelecimento do liame obrigacional, inexistindo, em qualquer dos casos, relação jurídica obrigacional tributária.

Ainda sob o manto das lições de Paulo de Barros Carvalho[16], por hipóteses de não incidência, tem-se que

> Da observação do direito positivo brasileiro, verificamos as seguintes causas de não-incidências, por ordem crescente de abstração:
>
> (i) ausência do fato jurídico tributário;
>
> (ii) inexistência da regra-matriz de incidência tributária, a qual, conquanto autorizada constitucionalmente, não foi produzida pelo legislador ordinário;
>
> (iii) falta de previsão constitucional que atribua competência para a tributação de determinado acontecimento;
>
> (iv) incompetência para a tributação de situações específicas, por expressa determinação na Carta Magna (imunidade tributária).

Verifica-se, pela lição acima, que a não-incidência, para fins jurídicos, portanto, para que possa ser enquadrada como aquela autorizadora do afastamento do princípio da não-cumulatividade, ex vi do art. 155, §2º, inc. II, da CF/88, é relativa a determinado evento juridicamente relevante, que passa à margem da incidência do imposto. Isso quer dizer que, para que determinada situação se enquadre como uma

16 Carvalho, Paulo de Barros. **Direito tributário**: linguagem e método. 5. ed. São Paulo: Noeses, 2013. p. 736

hipótese de não-incidência, deve constituir-se como um fato jurídico não tributário.

Assim, por derradeiro, verifica-se que a não-cumulatividade do ICMS, consistente no direito subjetivo, constitucionalmente outorgado ao sujeito passivo, de apuração de crédito imposto para fins de abatimento do crédito sobre o valor do débito gerado, além de ser viga mestra da exação em comento, somente pode ser afastada na hipótese de configuração de isenção ou não incidência. Dessa forma, não havendo configuração das causas de exceção, é aplicável por completo o princípio da não-cumulatividade e o mecanismo de abatimento a ele inerente.

4. A DECISÃO DO STF NA ADC 49 E NO ARE 1.255.885 (TEMA 1.099 DA RG) E A NÃO AFETAÇÃO AO CREDITAMENTO DO IMPOSTO

Apesar da discussão acerca da transferência de mercadorias entre estabelecimentos do mesmo contribuinte ser anterior à própria Lei Complementar 87/1996, inclusive com entendimento pacífico no âmbito do Superior Tribunal de Justiça (STJ), expresso na Súmula nº 166, consubstanciado na ementa "Simples deslocamento de mercadorias para outro estabelecimento: não constitui fato gerador do ICMS", tal entendimento jamais foi admitido pelos Estados.

A despeito da publicação da mencionada Súmula do STJ ter ocorrido em 14/08/1996 e, não obstante, diversos outros posicionamentos (não vinculantes) do STF sobre o tema, a Suprema Corte reapreciou a matéria e reafirmou o entendimento, agora sob a égide dos Recursos Repetitivos, de que a transferência de mercadorias entre estabelecimentos de um mesmo titular não é fato gerador do ICMS. Tal aspecto foi analisado no Agravo em Recurso extraordinário nº 1.255.885 (Tema 1.099 da RG), à luz dos arts. 150, I e 155, II, da Constituição Federal, que versou sobre a incidência do ICMS sobre o deslocamento de mercadorias entre estabelecimentos localizados em estados distintos com fundamento no Código Tributário do Estado de Mato Grosso do Sul e no art. 12 da Lei Complementar 87/1996, tendo em vista a inexistência de ato mercantil ou transferência de propriedade.

A tese firmada em referido julgamento foi: "Não incide ICMS no deslocamento de bens de um estabelecimento para outro do mesmo contribuinte localizados em estados distintos, visto não haver a transferência da titularidade ou a realização de ato de mercancia".

Outrossim, estava pendente de apreciação pela Suprema Corte, a ADC 49, cujo trâmite teve início em 2017, ajuizada pelo Estado do Rio Grande do Norte, visando discutir a mesma matéria, que calhou com o seguinte entendimento, ainda em curso para julgamento dos Embargos Declaratórios e Modulação de Efeitos:

> Ementa: DIREITO CONSTITUCIONAL E TRIBUTÁRIO. AÇÃO DECLARATÓRIA DE CONSTITUCIONALIDADE. ICMS. DESLOCAMENTO FÍSICO DE BENS DE UM ESTABELECIMENTO PARA OUTRO DE MESMA TITULARIDADE. INEXISTÊNCIA DE FATO GERADOR. PRECEDENTES DA CORTE. NECESSIDADE DE OPERAÇÃO JURÍDICA COM TRAMITAÇÃO DE POSSE E PROPRIDADE DE BENS. AÇÃO JULGADA IMPROCEDENTE. 1. Enquanto o diploma em análise dispõe que incide o ICMS na saída de mercadoria para estabelecimento localizado em outro Estado, pertencente ao mesmo titular, o Judiciário possui entendimento no sentido de não incidência, situação esta que exemplifica, de pronto, evidente insegurança jurídica na seara tributária. Estão cumpridas, portanto, as exigências previstas pela Lei n. 9.868/1999 para processamento e julgamento da presente ADC. 2. O deslocamento de mercadorias entre estabelecimentos do mesmo titular não configura fato gerador da incidência de ICMS, ainda que se trate de circulação interestadual. Precedentes. 3. A hipótese de incidência do tributo é a operação jurídica praticada por comerciante que acarrete circulação de mercadoria e transmissão de sua titularidade ao consumidor final. 4. Ação declaratória julgada improcedente, declarando a inconstitucionalidade dos artigos 11, §3º, II, 12, I, no trecho "ainda que para outro estabelecimento do mesmo titular", e 13, §4º, da Lei Complementar Federal n. 87, de 13 de setembro de 1996.

É interessante notar que a decisão proferida pela Suprema Corte no controle concentrado trouxe clareza para outro aspecto que ainda não estava hialino no ordenamento jurídico: a manutenção ou estorno de créditos quando da transferência.

Nesse sentido, cabe destacar que, quando não há incidência ou isenção, existe a obrigação de estorno de créditos, nos termos acima explicitados. Porém, ocorre que, no presente caso, o que ficou determinado é que as transferências de mercadorias entre estabelecimentos do mesmo contribuinte constituem um "nada jurídico" e que, portanto, não produzem nenhum efeito tributário, seja para incidência ou mesmo para ocorrência de estorno. Em outras palavras, o judiciário se manifestou no sentido que as transferências não são parte, ou não existem, como operação na cadeia da não-cumulatividade.

Em síntese, as referidas ações judiciais reiteraram o entendimento mais que pacífico do STJ e já externalizado em outros arestos do próprio STF, evidenciando, ainda, uma perspectiva ainda não apresentada, mantendo os créditos advindos das entradas de mercadorias na hipótese de transferência de mercadorias entre estabelecimentos do mesmo contribuinte, para que, na ocorrência real de operação de mercancia, seja preservada a não-cumulatividade do ICMS.

5. CONCLUSÕES

Conforme analisado no presente estudo, constatou-se que o STF, ao proferir as decisões no ARE 1.255.885/MS e na ADC 49, decidiu, de maneira correta, privilegiando a segurança jurídica e a jurisprudência já consolidada na Corte, bem como no Superior Tribunal de Justiça, atender à regra-matriz do ICMS.

Verificou-se, outrossim, que a não-cumulatividade do ICMS tem natureza jurídica de princípio e, como tal, além de consistir em um mandamento de otimização, influencia na interpretação das demais normas tributárias, sobretudo aquelas que, de qualquer forma, influenciem na neutralidade do ICMS e a sua característica de onerar economicamente apenas o consumidor final (contribuinte de fato), propiciando, portanto, um mercado integralizado.

Ademais, constatou-se que as hipóteses de exceção ao princípio da não-cumulatividade são (e apenas podem ser) aquelas previstas no seio do Texto Magno, consistindo, unicamente, nas situações de isenção ou não incidência, conforme previsto no art. 155, §2º, inc. II, não cabendo, nesse ponto, qualquer tipo de interpretação extensiva relativamente aos conceitos de isenção ou não-incidência, devendo o intérprete buscar uma efetiva significação jurídica dos termos.

Por fim, verificou-se que a transferência de mercadorias entre estabelecimentos do mesmo contribuinte não constitui situação apta a gerar a incidência do imposto, haja vista que não há circulação jurídica das mercadorias, razão pela qual não há que se falar em fato jurídico tributário.

Outrossim, não obstante a transferência de mercadorias entre estabelecimentos do mesmo contribuinte não constituir fato gerador do ICMS, tal situação também não se enquadra nos conceitos de isenção e de não-incidência. Com efeito, não obstante não haver incidência do imposto sobre a transferência de mercadorias entre estabelecimentos do mesmo contribuinte, esse fato não apenas não se constitui como fato jurídico tributário, mas se trata, em verdade, de um aspecto completamente estranho no mundo jurídico. Isso quer dizer que a transferência de mercadorias entre estabelecimentos do mesmo contribuinte não constitui fato jurídico em geral (trata-se de um nada jurídico), não podendo, portanto, produzir qualquer efeito jurídico, seja para fins de cobrança do imposto, seja para fins de creditamento do imposto.

Dessa forma, espera-se que o Supremo Tribunal Federal, ao realizar o julgamento dos Embargos de Declaração opostos na ADC 49, reconheça e confirme que a circunstância de não haver incidência do ICMS na transferência de mercadorias entre estabelecimentos do mesmo contribuinte não constitui hipótese de não-incidência tal qual prevista no art. 155, §2º, inc. II, da CF/88, apta a excepcionar a aplicação do princípio da não-cumulatividade. Deve, desse modo, ser garantido ao sujeito passivo, a utilização do crédito do imposto relativamente ao imposto devido nas operações anteriores, bem como na geração de créditos para as operações futuras.

REFERÊNCIAS

BRASIL. Congresso Nacional. Código Tributário Nacional. **Lei nº 5.172, de 25 de outubro de 1966**. Disponível em: http://www.planalto.gov.br/ccivil_03/leis/l5172.htm. Acesso em: 30 jun. 22.

BRASIL. **Lei Complementar nº 87, de 13 de setembro de 1996**. Dispõe sobre o imposto dos Estados e do Distrito Federal sobre operações relativas à circulação de mercadorias e sobre prestações de serviços de transporte interestadual e intermunicipal e de comunicação, e dá outras providências. Casa Civil. Subchefia para Assuntos Jurídicos. Disponível em: http://www.planalto.gov.br/ccivil_03/leis/lcp/lcp87.htm. Acesso em: 30 jun. 2022.

BRASIL. Superior Tribunal de Justiça. **Súmula nº 166**. DJ de 23 de agosto 1996. Disponível em: https://www.stj.jus.br/docs_internet/revista/eletronica/stj-revista-sumulas-2010_12_capSumula166.pdf. Acesso em: 28 jun. 2022.

CARRAZZA, Roque Antonio. **ICMS**. 18. ed. São Paulo: Malheiros, 2020.

CARVALHO, Paulo de Barros. **Curso de direito tributário**. 31. ed. São Paulo: Noeses, 2021.

CARVALHO, Paulo de Barros. **Direito tributário**: linguagem e método. 5. ed. São Paulo: Noeses, 2013.

MELO, José Eduardo Soares de. **ICMS**: teoria e prática. 15. ed. Porto Alegra: Livraria do Advogado Editora, 2020.

MOREIRA, André Mendes. **A não-cumulatividade dos tributos**. 4. ed. São Paulo: Noeses, 2020.

GOULART, Dennys Rosa; SALGADO, Monique Soares. A não-cumulatividade do ICMS e os impactos da decisão do STF no agravo em recurso extraordinário nº 1.255.885/ms (tema 1.099) e na ação declaratória de constitucionalidade nº 49 no creditamento do imposto na transferência de mercadorias entre estabelecimentos do mesmo contribuinte. *In:* MENESES, Heloísa Corrêa; SILVA, Tiago Nunes da; RAMONE TAVARES, Viviane; TEIXEIRA, Wendel de Brito Lemos (Coords.). **Anuário da OAB Uberlândia 2022/2023.** Uberlândia: Marco Teórico, 2023. pp. 101-119.

A DEDUTIBILIDADE DAS DESPESAS COM LICENÇAS DE *SOFTWARE* DA BASE DE CÁLCULO DO IMPOSTO DE RENDA DAS PESSOAS JURÍDICAS SUJEITAS AO REGIME DO LUCRO REAL

6

Danielle de Oliveira Duarte
Jorge Vinícius Salatino de Souza
Renata Andrade Vilela

Resumo:

Atualmente, não é possível imaginar uma empresa que não tenha a necessidade de utilizar pelo menos um *software* no desenvolvimento das suas atividades, sejam elas operacionais ou administrativas. Os *softwares* são sistemas que gerenciam informações, permitem a comunicação, recebem e executam instruções de programas que prestam a execução de tarefas específicas do usuário. As transações envolvendo os *softwares* são realizadas mediante a celebração de contratos de licença de *software*, cuja contraprestação paga pela sua utilização é caracterizada como royalty. Com relação ao imposto de renda, vale lembrar que esse tem como critério material, a aquisição da disponibilidade de renda ou de proventos de qualquer natureza e que existem três tipos de regime tributário para a apuração do imposto de renda. Com relação ao lucro real, ele é caracterizado pela apuração de todas as receitas menos as despesas e custos, encontrando-se o lucro líquido (contábil/societário), para sobre esse realizar os devidos ajustes, procedendo-se as adições, exclusões e compensações. A dedutibilidade das despesas tem como objetivo impedir a tributação sobre o patrimônio e garantir que somente a renda auferida pela pessoa jurídica será tributada. Nesse sentido, a limitação legal à dedutibilidade de royalties pagos aos sócios ou dirigentes de empresas e aos seus parentes ou dependentes, mesmo quando são imprescindíveis para a realização das atividades empresariais, caracteriza tributação indevida do patrimônio da pessoa jurídica.

PALAVRAS-CHAVE:

Licença de *software*. Base de cálculo do imposto de renda. Dedutibilidade. Lucro real.

1. INTRODUÇÃO

O desenvolvimento tecnológico, especialmente aquele proporcionado pela rede mundial de computadores (internet), tem implementado profunda alteração na dinâmica das relações humanas e na forma como a atividade empresarial é desenvolvida.

Os negócios cada vez mais utilizam *softwares*, explorando as vantagens, os benefícios e as utilidades que esses bens imateriais podem proporcionar, sendo essa ferramenta um fator determinante em diversos negócios.

Tendo em vista esse cenário, é objeto do presente trabalho a análise da dedutibilidade dos valores pagos por pessoas jurídicas em razão utilização de *softwares* da base de cálculo do imposto de renda pessoa jurídica.

Como ferramenta apta a permitir a solução do problema proposto, será utilizado como método e como sistema de referência o Construtivismo Lógico-Semântico, sendo o objeto tomado a partir da concepção epistemológica da Filosofia da Linguagem, e amarradas lógica e semanticamente às proposições para a construção das conclusões1.

De posse dos instrumentos necessários, partiremos à construção da solução do

1 "A expressão 'Constructivismo Lógico-Semântico' é empregada em dois sentidos: (i) para se reportar à Escola Epistemológica do Direito da qual somos adeptos, fundada nas lições dos professores PAULO DE BARROS CARVALHO e LOURIVAL VILANOVA e que vem, a cada dia ganhando mais e mais seguidores no âmbito jurídico (ii) e ao método utilizado por

problema de pesquisa iniciando pela definição do conceito de *software* e a apresentação das suas diversas espécies, a partir dos critérios adotados no trabalho.

Na sequência, seguiremos com o desenvolvimento do trabalho apresentando as diversas formas e espécies de exploração de *software*, destacando aquela que é utilizada para viabilizar a utilização, sem a transferência da titularidade.

Passaremos, posteriormente, ao estudo da contraprestação paga nos contratos de cessão de direito de uso de *software*, os royalties, definindo o seu conceito a partir das disposições normativas, de maneira a delimitar o seu âmbito de alcance.

Com vistas a finalizar o estabelecimento das premissas necessárias à conclusão do trabalho, será estabelecida a regra-matriz de incidência do imposto sobre a renda das pessoas jurídicas e, enfim, apresentada a forma de determinação da base de cálculo nos diferentes regimes de tributação.

De posse das bases indispensáveis, será possível concluir que a contraprestação paga pela utilização de *softwares* são royalties e que são dedutíveis da base de cálculo do imposto sobre a renda das pessoas jurídicas optantes pelo regime do lucro real.

2. A DEFINIÇÃO DO CONCEITO DE *SOFTWARE* E AS SUAS ESPÉCIES

Os computadores[2] são unidades formadas por duas espécies de estruturas: o hardware e o *software*. O hardware é a unidade física, composta pelos elementos palpáveis, por aquele conjunto único que detém a aptidão de compreender a linguagem do *software*, sendo hábil a execução dos comandos que por esses são emanados,

esta Escola que pode ser empregado no conhecimento de qualquer objeto. A proposta metodológica da Escola do Constructivismo Lógico-Semântico é estudar o direito dentro de uma concepção epistemológica bem demarcada, a Filosofia da Linguagem (uma das vertentes da filosofia do conhecimento) e a partir deste referencial, amarrar lógica e semanticamente suas proposições para construção de seu objeto (que se constitui em uma das infinitas possibilidades de se enxergar o direito" (CARVALHO, Aurora Tomazini de. Curso de Teoria Geral do Direito: constructivismo lógico-semântico. 2. ed. São Paulo: Noeses, 2016, p. 100).

2 Computador aqui é utilizado em sentido amplo, para significar qualquer unidade física que se presta a alcançar a finalidade desejada por um usuário por intermédio do funcionamento de software-aplicativo, podendo alcançar desde os telefones, relógios, dentre outros, até os computadores, em sentido estrito.

a partir da intervenção humana.

Bill Gattes[3], ao definir *software*, afirma que "*its is a comprehensive set of rules a machine can be given to "instruct" it how to perform particular tasks*"[4], ou seja, como produto do intelecto humano, é um grupo de instruções que, se dadas especificamente a um computador, permite-o calcular a solução para um determinado problema[5].

A partir do conjunto de instruções levadas ao computador por ato do programador, será possível que ele as interprete e realize o desejado, de modo que sempre que repetida a mesma ordem, a máquina executará a mesma ação, da mesma forma, viabilizando a solução do idêntico problema, sempre que a mensagem for levada à máquina.

A Organização para a Cooperação Econômica e Desenvolvimento (OECD - The Organisation for Economic Co-operation and Development), no seu "*Model Tax Convention on Income and on Capital*"[6], de 21 de novembro de 2017, definiu e especificou o *software* nos seguintes termos:

Software may be described as a program, or series of programs, containing instructions for a computer required either for the operational processes of the computer itself (operational software) or for the accomplishment of other tasks (application software). It can be transferred through a variety of media, for example in writing or electronically, on a magnetic tape or disk, or on a laser disk or CD-ROM. It may be standardised with a wide range of applications or be tailor-made for single users. It can be transferred as an integral part of computer hardware or in an independent form

---

3 GATES, Bill. **The Road Ahead.** Person Editora, 1995. p. 63

4 Tradução livre: é um conjunto de ordens que podem ser compreendidas pela máquina como uma instrução sobre o modo de realizar determinada função.

5 Arnoldo Wald conceitua software como "conjunto de programas e procedimentos que permitem o processamento de dados do computador e comandam para seu funcionamento, segundo os objetivos do usuário" (WALD, Arnoldo. Da natureza jurídica do software. **Revista de Informação Legislativa**, Brasília, v. 22, n. 87, jul./set., 1985. Disponível em: http://www2.senado.leg.br/bdsf/item/id/181635. Acesso em: 20 maio 2020).

6 OECD. **Model Tax Convention on Income and on Capital:** Condensed Version 2017. OECD Publishing. 2017. p. 218. Disponível em: http://dx.doi.org/10.1787/mtc_cond-2017-en. Acesso em: 20 maio 2022.

available for use on a variety of hardware. [7]

Assim como fez o respeitado organismo internacional, é possível distinguir como espécies de *software*, os programas operacionais, que são sistemas que gerenciam o funcionamento da máquina, permitem a sua comunicação geral, gerindo a entrada e a saída de dados, além de alocar recursos físicos (especialmente sua memória). Eles permitem que as unidades de processamento recebam e executem as instruções de programas aplicativos que, por sua vez, são aqueles que se prestam à execução de tarefas específicas, que visam solucionar os problemas do usuário.

É possível dividir, ainda, conforme o fez a jurisprudência do Supremo Tribunal Federal [8] durante muito tempo, naqueles que se prestam para atender às

---

7 *Software* pode ser descrito como um programa, ou série de programas, contendo instruções para um computador necessárias para os processos operacionais do próprio computador (software operacional) ou para a realização de outras tarefas (software de aplicativo). Pode ser transferido através de uma variedade de meios, por exemplo, por escrito ou eletronicamente, em uma fita ou disco magnético, ou em um disco laser ou CD-ROM. Pode ser padronizado com uma ampla gama de aplicações ou ser feito sob medida para usuários únicos. Ele pode ser transferido como parte integrante do hardware do computador ou de forma independente, disponível para uso em uma variedade de hardware.

8 "EMENTA: Ação direta de inconstitucionalidade. Direito Tributário. Lei nº 6.763/75-MG e Lei Complementar Federal nº 87/96. Operações com programa de computador (software). Critério objetivo. Subitem 1.05 da lista anexa à LC nº 116/03. Incidência do ISS. Aquisição por meio físico ou por meio eletrônico (download, streaming etc). Distinção entre software sob encomenda ou padronizado. Irrelevância. Contrato de licenciamento de uso de programas de computador. Relevância do trabalho humano desenvolvido. Contrato complexo ou híbrido. Dicotomia entre obrigação de dar e obrigação de fazer. Insuficiência. Modulação dos efeitos da decisão. 1. A tradicional distinção entre software de prateleira (padronizado) e por encomenda (personalizado) não é mais suficiente para a definição da competência para a tributação dos negócios jurídicos que envolvam programas de computador em suas diversas modalidades. Diversos precedentes da Corte têm superado a velha dicotomia entre obrigação de fazer e obrigação de dar, notadamente nos contratos tidos por complexos (v.g. leasing financeiro, contratos de franquia). 2. A Corte tem tradicionalmente resolvido as indefinições entre ISS e do ICMS com base em critério objetivo: incide apenas o primeiro se o serviço está definido por lei complementar como tributável por tal imposto, ainda que sua prestação envolva a utilização ou o fornecimento de bens, ressalvadas as exceções previstas na lei; ou incide apenas o segundo se a operação de circulação de mercadorias envolver serviço não definido por aquela lei complementar. 3. O legislador complementar, amparado especialmente nos arts. 146, I, e 156, III, da Constituição Federal, buscou dirimir conflitos de competência em matéria tributária envolvendo softwares. E o fez não se valendo daquele critério que a Corte vinha adotando. Ele elencou, no subitem 1.05 da lista de serviços tributáveis pelo ISS anexa

necessidades do público em geral, mesmo que não quantificado o número de consumidores potenciais, ainda que de um setor ou segmento específico de atividade econômica, nominado *software*-produto; ou o que é produzido conforme as especificidades informadas pelo adquirente, buscando atender um tipo específico de máquina (hardware) e um tipo específico de problema ou necessidade, denominado *software* por encomenda.

Apesar de conhecida a superação jurisprudencial da classificação dos *softwares* em produto e por encomenda, continuaremos a utilizá-la, posto que é útil a finalidade do presente trabalho acadêmico.

Assim, independentemente da espécie de *software* a que estamos nos referindo, é possível ter em vista que eles se prestam sempre à satisfação das necessidades do próprio desenvolvedor e de pessoas interessadas na sua utilização ou aquisição e, nessa segunda hipótese, são postos no mercado para, mediante a realização de diversos negócios jurídicos, ser explorados economicamente.

à LC nº 116/03, o licenciamento e a cessão de direito de uso de programas de computação. É certo, ademais, que, conforme a Lei nº 9.609/98, o uso de programa de computador no País é objeto de contrato de licença. 4. Associa-se a esse critério objetivo a noção de que software é produto do engenho humano, é criação intelectual. Ou seja, faz-se imprescindível a existência de esforço humano direcionado para a construção de um programa de computador (obrigação de fazer), não podendo isso ser desconsiderado em qualquer tipo de software. A obrigação de fazer também se encontra presente nos demais serviços prestados ao usuário, como, v.g., o help desk e a disponibilização de manuais, atualizações e outras funcionalidades previstas no contrato de licenciamento. 5. Igualmente há prestação de serviço no modelo denominado Software-as-a-Service (SaaS), o qual se caracteriza pelo acesso do consumidor a aplicativos disponibilizados pelo fornecedor na rede mundial de computadores, ou seja, o aplicativo utilizado pelo consumidor não é armazenado no disco rígido do computador do usuário, permanecendo online em tempo integral, daí por que se diz que o aplicativo está localizado na nuvem, circunstância atrativa da incidência do ISS. 6. Ação direta julgada parcialmente prejudicada, nos termos da fundamentação, e, quanto à parte subsistente, julgada procedente, dando-se ao art. 5º da Lei nº 6.763/75 e ao art. 1º, I e II, do Decreto nº 43.080/02, ambos do Estado de Minas Gerais, bem como ao art. 2º da Lei Complementar Federal nº 87/96, interpretação conforme à Constituição Federal, excluindo-se das hipóteses de incidência do ICMS o licenciamento ou a cessão de direito de uso de programas de computador, tal como previsto no subitem 1.05 da lista de serviços anexa à Lei Complementar nº 116/03. 7. Modulam-se os efeitos da decisão nos termos da ata do julgamento" (BRASIL. **ADI 5659 / MG**. Relator: Ministro Dias Tóffoli. Brasília, 29/10/2020).

3. DAS FORMAS DE EXPLORAÇÃO DO *SOFTWARE*

Como bem imaterial[9], o *software* é objeto de direito real, de forma que o seu desenvolvimento e exploração econômica é mediado por negócios jurídicos de distintas espécies, entre os quais é possível destacar o contrato de cessão e o contrato de licença, quando se tratar de *software*-produto, e contrato de prestação de serviços, na hipótese de o objeto ser *software* sob encomenda.

Tratando-se de *software* sob encomenda, sendo resultado da prestação de serviços contratada ao desenvolvedor, o tomador será, em regra, titular do direito de propriedade sobre esse objeto desde a sua origem, nos termos do "caput", do art. 4º, da Lei 9.609/1998[10].

No que diz respeito ao *software*-produto, objeto da maioria dos negócios jurídicos realizados, o direito de propriedade sobre a obra é do seu desenvolvedor, que poderá transferir a terceiros algumas das prerrogativas desse direito real, de modo perpétuo ou temporário, ou mesmo a sua titularidade.

Diante das particularidades e limitações do presente trabalho e tendo em vista o maior volume de sua ocorrência, serão tratados os negócios jurídicos possíveis em razão das transações com *software*-produto.

Os negócios que têm o *software*-produto como objeto, distintamente daqueles outros que dizem respeito ao *software* sob encomenda, são realizados depois do seu desenvolvimento, ou seja, o desenvolvedor (pessoa física ou jurídica) já é detentor da titularidade da sua propriedade, sendo sua a prerrogativa de usar, gozar, dispor e

---

9 Apesar da crença inabalável que possuímos quanto à existência dos bens a partir da linguagem que os constituem como tais, não podemos desconsiderar que a doutrina civilista define os bens imateriais como aqueles que não possui existência física.

10 "Art. 4º Salvo estipulação em contrário, pertencerão exclusivamente ao empregador, contratante de serviços ou órgão público, os direitos relativos ao programa de computador, desenvolvido e elaborado durante a vigência de contrato ou de vínculo estatutário, expressamente destinado à pesquisa e desenvolvimento, ou em que a atividade do empregado, contratado de serviço ou servidor seja prevista, ou ainda, que decorra da própria natureza dos encargos concernentes a esses vínculos" (BRASIL. Lei 9.609/1998. Dispõe sobre a proteção da propriedade intelectual de programa de computador, sua comercialização no País, e dá outras providências. Disponível em: http://www.planalto.gov.br/ccivil_03/leis/L9609.htm#:~:text=LEI%20N%C2%BA%209.609%20%2C%20DE%2019,Pa%C3%ADs%2C%20e%20d%C3%A1%20outras%20provid%C3%AAncias. Acesso em: 20 jul 2022.).

reaver o bem daquele que injustamente o possua ou detenha.

Caso o titular da propriedade sobre o *software* pretenda transferir a titularidade do domínio que detém, deverá realizar contrato de cessão de direitos, hipótese em que o adquirente poderá explorá-lo economicamente.

Poderá o desenvolvedor também, quando não pretender transferir a propriedade, firmar contrato de licença de *software*, sendo esse o negócio jurídico em que o criador e titular do domínio autoriza outrem, nomeado licenciado, a utilizá-lo ou explorá-lo economicamente[11-12].

O capítulo IV, da Lei 9.609/98, evidencia a existência de três espécies de contrato de licença de *software*, quais sejam, contrato de licença de uso, de comercialização e de transferência de tecnologia.

Licença de uso (ou licença e uso; licença para uso) é uma das formas mais importantes de contrato, correspondendo à grande parte da comercialização de *software* na atualidade, já que por intermédio desse, os titulares de direitos sobre o programa de computador fazem a comercialização com público em geral. Trata-se, como nos ensina Maria Ângela Lopes Paulino Padilha[13], da espécie em que "concede-se a

---

11 Apresentando classificação diversa da utilizada no presente artigo, Tarcisio Teixeira nos ensina que "[...] o contrato de licenciamento é em verdade aquele em que o particular faz com a criadora/detentora dos direitos de exploração do programa de computador (seja pessoa física ou jurídica), ou com a rede de distribuição autorizada, para que possa utilizar o programa de computador em sua casa ou no trabalho, permitindo a comercialização do software em larga escala." (TEIXEIRA, Tarcísio; ATIHE, Lucas. Contratos de software: apontamentos sobre suas espécies. em Revista dos Tribunais, Fev/2017 DTR\2017\15, vol. 976/2017, p. 113 - 141).

12 "[...] a criadora do software transfere total o parcialmente, a outra pessoa (ou empresa) direito sobre sua criação, mediante a remuneração convencionada, podendo, pois, fazer uso que do ajuste lhe resultar" (BITTAR, Carlos Alberto. **Contratos comerciais.** 6. ed. Rio de Janeiro: Forense Universitária, 2010, 107) e "A cessão e licença são figuras contratuais que não se confundem: na primeira, tem-se a transferência, sempre em caráter exclusivo e não temporário, de parcela ou de todos os direitos patrimoniais do autor em favor do cessionário; na segunda é conferida uma autorização para o licenciado utilize ou explore o bem imaterial. Desta feita, quando se realiza uma cessão de software, os direitos patrimoniais sobre o programa de computador, especificados no contrato, são transmitidos exclusiva e definitivamente ao cessionário" (PADILHA, Maria Ângela Lopes Paulino. **Tributação de Software.** São Paulo: Noeses, 2020, p. 103).

13 PADILHA, Maria Ângela Lopes Paulino. **Tributação de Software.** São Paulo: Noeses, 2020, p. 111

autorização em favor do usuário para utilizar o programa sob determinadas condições".

O contrato de licença de comercialização[14], por seu turno, é aquele que permite pessoa diversa do criador e titular do domínio do programa de computador[15], a exploração econômica, mediante a concessão de licenças de uso, de comercialização ou mesmo de transferência de tecnologia.

Por fim, o contrato de licença de transferência de tecnologia é o que permite ao licenciado acesso ao código-fonte, de modo a realizar modificações no formato original do *software*.

Qualquer das espécies de contrato de licença impõe a criação de uma relação jurídica entre criador do *software* e o licenciado, possuindo esse o dever de pagar determinada quantia correspondente à contraprestação pela exploração do direito do autor[16].

4. OS *ROYALTIES* E A DEFINIÇÃO DA LEI 4.506/64

O *software*, como fruto do intelecto humano, possui no Direito uma previsão específica na Lei de *Software* (Lei 9.609/1998), sendo eventuais omissões sanadas pela Lei dos Direitos Autorais (Lei 9.610/1998) e, evidentemente, pelas disposições contidas no Código Civil.

Qualquer das espécies de contrato, seja de cessão ou de licença, impõe a criação

---

14 "Corriqueiramente denominada de contratos de distribuição de programas, ou de forma imprópria de contratos de 'revenda' de programas, a licença de direitos de comercialização assume, na maioria das vezes, as seguintes características: o fornecedor, para manter a proteção da propriedade, obriga o distribuidor 'revendedor' a empregar certos padrões de licença de uso; o fornecedor é quem dá a garantia ao usuário final e determina a política de preços, descontos etc.; o fornecedor é quem presta os serviços de manutenção e suporte ou treina distribuidores para fornecer o que se chama de suporte de primeiro nível, ou seja, o atendimento imediato para resolver problemas que não requeiram acesso ao código-fonte; e o distribuidor recebe treinamento para comercialização do produto" (PADILHA, Maria Ângela Lopes Paulino. **Tributação de Software.** São Paulo: Noeses, 2020, p. 107).

15 Este trabalho emprega "programa de computador" e "*software*" como sinônimos.

16 "[...] direito de autor é o direito que o criador de obra intelectual tem de gozar dos produtos resultantes da reprodução, da execução ou da representação de suas criações" (AFONSO, Otávio. Direito Autoral: conceitos essenciais. Barueri: Manole, 2009, p. 10.)

de uma relação jurídica entre criador do *software* e o terceiro com quem estabelece relação, possuindo esse o dever de pagar determinada quantia correspondente à contraprestação pela titularidade do bem ou pela exploração do direito do autor[17].

Nos contratos de licença de *software*, quando o criador do programa de computador é pessoa física, a doutrina não hesita em afirmar tratar-se de contraprestação paga em razão da utilização de direito do autor. Todavia, quando a contraprestação é paga a pessoa jurídica, a certeza não persiste.

A dúvida quanto a pessoa jurídica tem origem na relação existente entre a Lei de Direitos Autorais (Lei 9.610/1998) e a Lei do *Software* (Lei 9.609/1998), isso porque a primeira aponta como autor, no seu art. 11, "a pessoa física criadora de obra literária, artística ou científica". Ocorre, contudo, que devemos nos atentarmos ao fato de que somente será aplicada a Lei de Direitos Autorais, aos contratos de licença naquilo em que for compatível com a Lei do *Software*.

A Lei 9.609/1998 aponta para a viabilidade da pessoa jurídica ser titular de direitos autorais pela criação do *software* quando por exemplo, no inciso I, do §1º, do art. 3º, faculta que a pessoa jurídica seja indicada como autor do programa de computador quando do registro no órgão competente[18].

O mesmo entendimento pode ser extraído quando o art. 4º do diploma dos *softwares* anuncia que

> pertencerão exclusivamente ao empregador, contratante de serviços ou órgão público, os direitos relativos ao programa de computador, desenvolvido e elaborado durante a vigência de contrato ou de vínculo estatutário, expressamente destinado à pesquisa e desenvolvimento, ou em que a atividade do empregado, contratado de serviço ou servidor seja prevista, ou ainda, que decorra da própria natureza dos encargos concernentes a esses vínculos.

Visto sob o ângulo que se apresenta, o *software* resultado do esforço da pessoa jurídica é produto da conjugação de esforços individuais das pessoas naturais que a

---

17 Idem.

18 "Art. 3º Os programas de computador poderão, a critério do titular, ser registrados em órgão ou entidade a ser designado por ato do Poder Executivo, por iniciativa do Ministério responsável pela política de ciência e tecnologia. § 1º O pedido de registro estabelecido neste artigo deverá conter, pelo menos, as seguintes informações: I - os dados referentes ao autor do programa de computador e ao titular, se distinto do autor, sejam pessoas físicas ou **jurídicas"** (grifo nosso)

compõem, sejam sócios ou empregados e receberá a mesma proteção garantida às obras coletivas definido pela alínea "h", do inciso VIII, do artigo 5º, combinado com o parágrafo único, do artigo 11, todos da Lei de Direitos Autorais[19-20].

Diante do exposto é que, apesar de ser por natureza fruto do intelecto das pessoas, *softwares*, outras obras são consideradas pelo Direito como criadas por pessoas jurídicas, razão pela qual podem perceber frutos de direitos autorais, em razão de firmar contratos de cessão e de licença.

É nesses termos que a contraprestação paga ao criador, pessoa física ou jurídica, em razão de contrato de licença de *software* deve ser considerada remuneração, pela exploração de direito do autor.

Ganha importância a qualificação dada a esta contraprestação pela alínea "d", do artigo 22, da Lei 4.506/64[21], ao classificar como "royalties", os rendimentos obtidos pela exploração de direitos autorais, exceto quando auferidos pelo autor ou criador do bem ou da obra.

O citado dispositivo, no intuito de excluir os rendimentos auferidos em razão da exploração de direitos autorais do regime jurídico-tributário dos royalties, nega-lhes tal natureza, o que de fato não é possível.

O royalty é uma palavra de origem inglesa[22], usada comumente para designar a

---

19 "Art. 5º Para os efeitos desta Lei, considera-se: [...] h) coletiva - a criada por iniciativa, organização e responsabilidade de uma pessoa física ou jurídica, que a publica sob seu nome ou marca e que é constituída pela participação de diferentes autores, cujas contribuições se fundem numa criação autônoma;"

20 "Art. 11. Autor é a pessoa física criadora de obra literária, artística ou científica.

Parágrafo único. A proteção concedida ao autor poderá aplicar-se às pessoas jurídicas nos casos previstos nesta Lei" (Grifo Nosso))

21 "Art. 22. Serão classificados como 'royalties' os rendimentos de qualquer espécie decorrentes do uso, fruição, exploração de direitos, tais como: [...] d) exploração de direitos autorais, salvo quando percebidos pelo autor ou criador do bem ou obra"

22 Fernando Facury Scaff explica que: "Essa palavra, de origem inglesa, designa aquilo que pertence ao Rei. Pode-se afirmar que tem origem no período em que o Estado era essencialmente patrimonial, e que todos os bens nele existentes pertenciam ao soberano. Aliás, royalty não é propriamente o direito de receber uma participação na exploração, era a própria afirmação da soberania, do dominium sobre as riquezas minerais. Quando o Rei abria mão de explorar o bem, recebia o rayalty em face dessa renúncia de seu pleno direito sobre aquela propriedade." (SCAFF, Fernando Facury. **Royalties do petróleo, minério e energia:** aspectos

contraprestação paga pela utilização de invenção, marca, direitos autorais ou ainda minério, inclusive petróleo.

Segundo Fernando Facury Scaff[23]:

> O que caracteriza o termo royalty, em sentido amplo, é o fato de ser um pagamento pelo uso do bem de outrem que se insere no processo produtivo do usuário. Assim ocorre com o direito de autor - suas ideias são materializadas em livros e remuneradas pelas editoras. Isso também ocorre com o direito de invenção ou marca - fruível por quem adquire tal bem imaterial e o incorpora ao processo produtivo, pagando uma quantia ao titular daquele direito.

O *software*, em qualquer das hipóteses dos contratos expostos, insere-se no processo produtivo do usuário, sendo a contraprestação paga pela sua utilização, na hipótese de contrato de licença, aquisição ou de cessão, caracterizada como royalty.

O citado dispositivo da Lei n. 4.506/64, ao negar serem os royalties os rendimentos obtidos pelo autor ou criador em razão da exploração dos direitos sobre a obra intelectual, em verdade, pretende negar a aplicação do regime jurídico próprio dessa espécie de renda, quando percebido pelo titular original do direito.

O legislador seria mais técnico se tivesse afirmado que, apesar de serem royalties, quando percebido diretamente pelo autor ou criador da obra, não lhe seria aplicado o regime jurídico dessa espécie de renda.

5. MATRIZ DO IMPOSTO SOBRE A RENDA DA PESSOA JURÍDICA - IRPJ

A compreensão da feição mais íntima de um tributo parte, necessariamente, da constituição da norma jurídica que o introduz no sistema, regra matriz de incidência tributária[24], advindo tal construção do contato do intérprete com os enunciados de direito positivo.

O imposto sobre a renda da pessoa jurídica - IRPJ possui balizas enunciadas no

---

constitucionais, financeiros e tributários. São Paulo: Editora Revista dos Tribunais, 2014. p. 87).

23 SCAFF, Fernando Facury. **Royalties do petróleo, minério e energia**: aspectos constitucionais, financeiros e tributários. São Paulo: Editora Revista dos Tribunais, 2014.

24 A regra-matriz de incidência tributária é tomada no sentido de norma que institui o tributo.

"caput", inciso III e §2º do art. 153, da Constituição Federal; normas gerais nos artigos 43 a 45 do Código Tributário Nacional e principais veículos introdutores ordinários nas leis 4.506/64, 8.981/95 e 9.430/96[25].

Com os olhos postos sobre os dispositivos citados, é possível a constituição da regra matriz de incidência tributária - RMIT - do IRPJ[26], determinando a hipótese normativa composta pelos critérios material, temporal e espacial; e o consequente, pelos seus critérios subjetivo e quantitativo.

A aquisição da disponibilidade de renda ou de proventos de qualquer natureza é o critério material do antecedente normativo, sendo entendido o vocábulo "aquisição" no sentido de obter, conseguir, passar a ter; e "disponibilidade" como a qualidade do que se pode usar livremente, pode dispor livremente, conforme enunciado do art. 43 do CTN[27].

O local da aquisição de disponibilidade da renda, caracterizador do critério espacial, contrariando o que parece a vista rasa, não se limita ao território nacional e extrapola os seus limites, conforme ficou estabelecido a partir do advento da lei

---

25 Parte-se do pressuposto de que toda norma jurídica é um conjunto de proposições estruturadas que têm origem em enunciados postos como parte do sistema de direito positivo.

26 "[...] é firmado nessa base empírica que se justifica a designação 'norma tributária em sentido estrito' àquele a que assinala o núcleo do impacto jurídico da exação. E este comando, exatamente por constituir o âmbito de incidência do tributo, é também denominado 'norma padrão' ou 'regra matriz de incidência tributária'. [...] Efetuadas as devidas abstrações lógicas, identificaremos, no descritor da norma, um critério material (comportamento de uma pessoa, representado por um verbo pessoal e de predicação incompleta, seguido pelo complemento), condicionado no tempo (critério temporal) e no espaço (critério espacial). Já na consequência, observaremos um critério pessoal (sujeito ativo e sujeito passivo) e um critério quantitativo (base de cálculo e alíquota)" (CARVALHO, Paulo de Barros. **Direito tributário**: linguagem e método. 7. ed. São Paulo: Noeses, 2018, p. 629).

27 "Art. 43. O imposto, de competência da União, sobre a renda e proventos de qualquer natureza tem como fato gerador a aquisição da disponibilidade econômica ou jurídica: I - de renda, assim entendido o produto do capital, do trabalho ou da combinação de ambos; II - de proventos de qualquer natureza, assim entendidos os acréscimos patrimoniais não compreendidos no inciso anterior. §1º A incidência do imposto independe da denominação da receita ou do rendimento, da localização, condição jurídica ou nacionalidade da fonte, da origem e da forma de percepção §2º Na hipótese de receita ou de rendimento oriundos do exterior, a lei estabelecerá as condições e o momento em que se dará sua disponibilidade, para fins de incidência do imposto referido neste artigo"

9.249/95[28].

A entrada em vigor da referida lei é marco da adoção do critério territorial para além das fronteiras do Estado Brasileiro, sendo acolhidos dois sistemas para determinar o local em que se considera ocorrida a hipótese de incidência: a) critério objetivo: toda disponibilidade de renda auferida no país está sujeita ao IRPJ, não importando a nacionalidade, a sede, a residência, ou mesmo o domicílio daquele que a auferiu; b) critério subjetivo: toda pessoa jurídica com domicílio no Brasil será nele tributada pela renda auferida em qualquer lugar, ainda que fora das fronteiras do território nacional.

O critério temporal, correspondente ao momento ao qual se considera ocorrido o fato descrito na hipótese, é aquele em que há aquisição da disponibilidade de renda, sendo especificamente o termo final do período de apuração, o que corresponde no regime de apuração trimestral ao dia final de cada trimestre e no de apuração anual ao fim do ano, o que será posto com mais detalhes quando tratarmos da enunciação da base de cálculo.

Quanto aos sujeitos da relação jurídica, temos de um lado a União[29], como sujeito ativo, e de outro lado aquele que percebeu renda, tendo sobre ela disponibilidade, como sujeito passivo. Especificamente no IRPJ, o sujeito passivo será a pessoa jurídica que ao final de cada período de apuração aufere lucro real, presumido ou arbitrado[30].

Finalmente, o critério quantitativo tem na renda (lucro real), a sua base de cálculo e as alíquotas determinadas pela legislação infraconstitucional, em conformidade com as normas e valores constitucionais. O artigo 44 do Código Tributário

28 São exemplos os seguintes dispositivos da lei 9.249/95: “Art. 18. O ganho de capital auferido por residente ou domiciliado no exterior será apurado e tributado de acordo com as regras aplicáveis aos residentes no País. [...] Art. 25. Os lucros, rendimentos e ganhos de capital auferidos no exterior serão computados na determinação do lucro real das pessoas jurídicas correspondente ao balanço levantado em 31 de dezembro de cada ano”.

29 Considerada a União como sujeito ativo do imposto sobre a renda mesmo naquelas hipóteses descritas nos artigos 157 e 158 da Constituição Federal, em que a receita do referido tributo pertence aos Municípios, Estados e Distrito Federal.

30 Convém observar que há entidades e pessoas físicas que são equiparadas às pessoas jurídicas. É o que ocorre com as filiais, sucursais, agências e representações no país de pessoas jurídicas com sede no exterior, os comitentes domiciliados no exterior, sociedades em conta de participação, as empresas individuais e as pessoas físicas que promovem incorporação imobiliária.

Nacional, ao enunciar que a base de cálculo "é o montante, real, arbitrado ou presumido, da renda ou dos proventos tributáveis", permite a sua determinação por diferentes métodos.

6. ENUNCIAÇÃO DA BASE DE CÁLCULO DO IRPJ - REGIME DE TRIBUTAÇÃO PELO LUCRO PRESUMIDO, REAL E LÍQUIDO

O Código Tributário Nacional, norma geral em matéria tributária que, segundo os preceitos do art. 146 da Constituição Federal tem como objeto a determinação da base de cálculo dos impostos, permitiu a determinação deste critério da regra-matriz do IRPJ por três formas distintas de enunciação: arbitrada, presumida e real.

O regime de arbitramento da base imponível é limitado às hipóteses expressamente previstas em lei[31], sendo cabível quando a pessoa jurídica, por ação ou

31 O artigo 47 da Lei 8.981/95 apresenta as hipóteses em que o lucro será arbitrado: "Art. 47. O lucro da pessoa jurídica será arbitrado quando: I - o contribuinte, obrigado à tributação com base no lucro real ou submetido ao regime de tributação de que trata o Decreto-Lei nº 2.397, de 1987, não mantiver escrituração na forma das leis comerciais e fiscais, ou deixar de elaborar as demonstrações financeiras exigidas pela legislação fiscal; II - a escrituração a que estiver obrigado o contribuinte revelar evidentes indícios de fraude ou contiver vícios, erros ou deficiências que a tornem imprestável para: a) identificar a efetiva movimentação financeira, inclusive bancária; ou b) determinar o lucro real. III - o contribuinte deixar de apresentar à autoridade tributária os livros e documentos da escrituração comercial e fiscal, ou o livro Caixa, na hipótese de que trata o art. 45, parágrafo único; IV - o contribuinte optar indevidamente pela tributação com base no lucro presumido; V - o comissário ou representante da pessoa jurídica estrangeira deixar de cumprir o disposto no § 1º do art. 76 da Lei nº 3.470, de 28 de novembro de 1958; VI - (Revogado pela Lei nº 9.718, de 1998); VII - o contribuinte não mantiver, em boa ordem e segundo as normas contábeis recomendadas, livro Razão ou fichas utilizados para resumir e totalizar, por conta ou subconta, os lançamentos efetuados no Diário; VIII - o contribuinte não escriturar ou deixar de apresentar à autoridade tributária os livros ou registros auxiliares de que trata o § 2o do art. 177 da Lei no 6.404, de 15 de dezembro de 1976, e § 2º do art. 8º do Decreto-Lei nº 1.598, de 1977. VIII – o contribuinte não escriturar ou deixar de apresentar à autoridade tributária os livros ou registros auxiliares de que trata o § 2o do art. 177 da Lei no 6.404, de 15 de dezembro de 1976, e § 2o do art. 8o do Decreto-Lei no 1.598, de 26 de dezembro de 1977. § 1º Quando conhecida a receita bruta, o contribuinte poderá efetuar o pagamento do Imposto de Renda correspondente com base nas regras previstas nesta seção. § 2º Na hipótese do parágrafo anterior: a) a apuração do Imposto de Renda com base no lucro arbitrado abrangerá todo o ano-calendário, assegurada a tributação com base no lucro real relativa aos meses não submetidos ao arbitramento, se a pessoa jurídica dispuser de escrituração exigida pela legislação comercial e fiscal que

omissão, torna impossível a apuração do lucro real ou presumido, o que evidencia seu caráter subsidiário[32]. A forma utilizada para o arbitramento é variável, em razão de ser ou não conhecida a receita bruta da pessoa jurídica.

A determinação da base de cálculo por presunção ocorre com a adoção de um percentual fixo de lucro sobre a totalidade do faturamento do período de apuração, variando o percentual da alíquota incidente sobre o lucro presumido de acordo com a atividade desenvolvida pelo sujeito passivo. Gabriela Bittencourt afirma tratar-se de "regime de tributação criado pelo legislador infraconstitucional com base no princípio da praticabilidade, com objetivo de simplificar a apuração da base de cálculo do imposto sobre a renda"[33-34].

O regime do lucro real é o que permite ao contribuinte computar as entradas e saídas em período de tempo para verificar a renda efetivamente percebida para apuração do valor tributo.

Nesse regime de enunciação da base de cálculo, toma-se como evento o lucro

---

demonstre o lucro real dos períodos não abrangido por aquela modalidade de tributação, observado o disposto no § 5º do art. 37; b) o imposto apurado com base no lucro real, na forma da alínea anterior, terá por vencimento o último dia útil do mês subseqüente ao de encerramento do referido período".

32 O arbitramento do lucro da pessoa jurídica, portanto, nada mais é do que uma fora excepcional de apuração da base de cálculo do imposto sobre a renda que, caso não fosse prevista em lei, deixaria um vácuo abriria grande vantagem para aquela pessoa jurídica que se recusasse a permitir que seu lucro real ou presumido fosse apurado, uma vez que, por impossibilidade desse conhecer a base de cálculo, não poderia haver a tributação pelo imposto sobre a renda. O arbitramento do lucro da pessoa jurídica assegura, assim, os princípios da isonomia e da capacidade contributiva, além da generalidade e da universalidade e, por consequência, da progressividade (MURPHY, Célia Maria de Souza. **O imposto sobre a renda à luz da constituição**. São Paulo: Noeses, 2020. p. 215)

33 BITTENCOURT, Gabriela. O IRPJ nas permutas imobiliárias realizadas por pessoas jurídicas optantes pelo regime do lucro presumido. São Paulo: Noeses, 2019, p. 107.

34 "O princípio da praticabilidade é aquele que informa a produção da norma abstrata e geral, permitindo que o legislador faça uso de padronizações, presunções, pauta de valores, com o objetivo de facilitar a aplicação da norma, sem precisar aprofundar as investigações pertinentes ao fato concreto (fato real). Contudo, para que a aplicação desse princípio se perfaça de forma correta, é imprescindível que seja aberta a possibilidade de o interessado provar (administrativa ou judicialmente) que o padrão adotado por presunção não é compatível com a realidade" (QUEIROZ, Luís Cesar Souza de. **Imposto sobre a renda**: requisitos para uma tributação constitucional. 2. ed. Rio de Janeiro: LMJ Mundo Jurídico, 2016. p. 241).

líquido determinado de acordo com as regras contábeis e pelo direito societário; para a partir dele determinar o lucro real (base de cálculo do IRPJ), como esclarece Hugo de Brito Machado Segundo[35]:

> Embora o nome lucro real indique uma qualidade de verdadeiro, de existente, trata-se efetivamente de lucro contábil (societário) ajustado pela legislação tributária. Ao contrário do que ocorre na apuração do lucro presumido, que toma um percentual da receita bruta (ajustada) como presunção de renda, a apuração do lucro real parte do lucro apurado nas demonstrações contábeis, mas dele se diferencia em razão dos ajustes obrigados ou permitidos pela lei específica. Assim, como será comentado a seguir, a contabilidade é fundamental para a apuração do lucro real, ainda que ele não seja idêntico ao lucro contábil (societário).

Assim é que a constituição do lucro real acontece, tomando-se o lucro líquido (contábil/societário) para sobre esse realizar os devidos ajustes, procedendo-se as adições, exclusões e compensações.

As adições ocorrem pelo acréscimo de despesas que haviam sido consideradas quando da apuração do lucro líquido e que, segundo as disposições da legislação do IRPJ, não são consideradas dedutíveis para a formação da base de cálculo do imposto sujeito à apuração pelo lucro real ou, ainda, pela adição de receitas sujeitas à tributação, que não são controladas pela contabilidade.

As exclusões, que implicam a redução do montante correspondente à base de cálculo, consistem na operação de reversão de receitas consideradas no registro contábil, mas que são desconsideradas para a formação da base imponível (lucro real), ou redução de valores controlados fora da contabilidade.

Já as compensações[36], como pondera Célia Maria de Souza Murphy[37], "são exclusões específicas e dizem respeito somente à permissão para abater, do lucro

---

35 FERNANDES, Edison Carlos. **Imposto sobre a Renda Da Pessoa Jurídica - IRPJ e Contribuição Social sobre o Lucro Líquido CSLL**: de Acordo com a Lei N° 12.973, de 2014. São Paulo: Atlas, 2015, p. 65

36 "Compensação: basicamente, trata-se do aproveitamento de saldos negativos (prejuízos) apurados em períodos anteriores" (FERNANDES, Edison Carlos. **Imposto sobre a Renda Da Pessoa Jurídica - IRPJ e Contribuição Social sobre o Lucro Líquido CSLL**: de Acordo com a Lei N° 12.973, de 2014. São Paulo: Atlas, 2015, p. 65).

37 MURPHY, Célia Maria de Souza. **O imposto sobre a renda à luz da constituição**. São Paulo: Noeses, 2020, p. 199

tributável, prejuízos fiscais de períodos de apuração posteriores".

Urge ponderar, ainda, que as despesas consideradas para fins de determinação do lucro real podem ser divididas em totalmente dedutíveis, de dedutibilidade limitada, ou não dedutíveis. As despesas dedutíveis são aquelas consideradas para a determinação do lucro contábil e que no momento da enunciação do lucro real são aceitas para fins de apuração da base do IRPJ; as que possuem dedutibilidade limitada são aquelas que sofreram ajustes sendo a diferença objeto de adição ao lucro líquido; finalmente, as não dedutíveis são aquelas integralmente desconsideradas na apuração, de modo que seu quantum será acrescido totalmente ao valor apurado como lucro líquido[38].

Oportuno exemplo de limitação à dedutibilidade de despesas é aquela que impede a dedução de royalties pagos a sócios ou dirigentes de empresas e aos seus parentes ou dependentes, mesmo quando necessárias para que o contribuinte mantenha a posse, uso ou fruição do bem ou direito que produz o rendimento (art. 71, "a" e parágrafo único, "d" da Lei no 4.506/64[39]).

A limitação à dedutibilidade de despesas, apesar de presente na legislação, não está imune às críticas. Paulo Ayres Barreto[40], por exemplo, pondera que todas as

---

38 Esclarecedoras são as explicações apresentadas por Edson Carlos Fernandes: "a) Despesas dedutíveis: são aquelas que reduziram o lucro contábil e são aceitas, pela legislação tributária, como legítimas para reduzir, da mesma forma, o lucro sujeito à apuração do imposto sobre a renda (lucro real) – por exemplo, custo das mercadorias vendidas e salário dos empregados da linha de produção. b) Despesas com dedutibilidade limitada: são aquelas que reduziram o lucro contábil, mas que, para reduzir, da mesma forma, o lucro sujeito à apuração do imposto sobre a renda (lucro real), devem obedecer um limite determinado pela legislação tributária – por exemplo, distribuição de amostras grátis e controle fiscal dos preços de transferência nas operações de importação. c) Despesas não dedutíveis ou indedutíveis: são aquelas que reduziram o lucro contábil, porém não são aceitas pela legislação tributária como re- dução do lucro tributável (lucro real) – por exemplo, multas punitivas e brindes" (FERNANDES, Edison Carlos. **Imposto sobre a Renda Da Pessoa Jurídica - IRPJ e Contribuição Social sobre o Lucro Líquido CSLL**: de Acordo com a Lei N° 12.973, de 2014. São Paulo: Atlas, 2015, p. 67).

39 "Art. 71. A dedução de despesas com aluguéis ou 'royalties' para efeito de apuração de rendimento líquido ou do lucro real sujeito ao impôsto de renda, será admitida: a) quando necessárias para que o contribuinte mantenha a posse, uso ou fruição do bem ou direito que produz o rendimento; [...] Parágrafo único. Não são dedutíveis: [...] d) os "royalties" pagos a sócios ou dirigentes de empresas, e a seus parentes ou dependentes;".

40 BARRETO, Paulo Ayres. **Imposto de Renda e preços de transferência**. São Paulo: Dialética,

despesas devem ser consideradas sendo que as "vedações infraconstitucionais à apropriação de custos e despesas desnaturam o conceito constitucional de renda, permitindo a incidência do imposto à míngua de acréscimo patrimonial".

A pessoa jurídica como ente criado a partir da reunião de um patrimônio empenhado da realização de um objetivo, realizará despesas dedutíveis quando, nas palavras de Luiz Cesar Souza de Queiroz[41], "os fatos-decréscimos estejam ligados ao processo do alcançamento da finalidade ou do objetivo social", arrematando, na sequência, que são "excluídos do conjunto de fatos-decréscimos que necessariamente informam o conceito renda e proventos de qualquer natureza todos aqueles fatos que são estranhos ou contrários ao processo de consecução do objetivo social".

Desse modo, devemos considerar que toda despesa relacionada a finalidade para a qual a pessoa jurídica foi constituída deverá ser deduzida quando da constituição do lucro real, base de cálculo que permitirá, juntamente com a alíquota, a determinação do quanto de IRPJ será devido.

7. CONCLUSÃO

As pessoas jurídicas em geral e as exploradoras de atividade econômica, em particular, têm aumentado o seu investimento em tecnologia, razão pela qual ganha destaque as despesas com *softwares* das mais diversas espécies.

Assim, a exploração de quaisquer atividades econômicas, em tempos de hiperconectividade, passa pelo pagamento de grande quantidade de dinheiro em razão de contrato de licença de utilização de *softwares*, sem os quais seria inviável o desenvolvimento da empresa.

No âmbito da tributação sobre a renda, fundada no sistema jurídico pátrio na regra-matriz de incidência do imposto sobre a renda das pessoas jurídicas, especialmente aquelas que submetidas ao regime do lucro real, a dedutibilidade das despesas tem como objetivo impedir a tributação sobre o patrimônio e garantir que somente a renda auferida pela pessoa jurídica será tributada.

Nesse sentido, não há dúvida de que os dispêndios com licença de uso e

---

2001, p. 93.

41 QUEIROZ, Luís Cesar Souza de. **Imposto sobre a renda:** requisitos para uma tributação constitucional. 2. ed. Rio de Janeiro: LMJ Mundo Jurídico, 2016.

exploração de *software* são imprescindíveis para a realização das atividades empresariais, de forma que a legislação deve permitir a dedutibilidade ampla, garantindo que somente a renda efetivamente auferida pela pessoa jurídica seja tributada, levando, necessariamente, a redução da quantia a ser entregue em contraprestação.

A existência de qualquer restrição a essa dedutibilidade está em desacordo com a competência prevista na Constituição Federal, que determina, expressamente, no art. 153, a tributação da renda e não do patrimônio.

É nesse sentido que, conforme fundamentos apresentados, as despesas com licença de uso e exploração de *software*, que para nós possui inegável natureza de royalty, há que ser considerada como despesa dedutível, sem nenhuma restrição, como é possível concluir.

REFERÊNCIAS

AFONSO, Otávio. **Direito Autoral**: conceitos essenciais. Barueri: Manole, 2009.

AMARAL, Francisco. **Direito Civil**: Introdução. 6. ed. Rio de Janeiro: Renovar, 2006.

BARRETO, Paulo Ayres. **Imposto de Renda e preços de transferência**. São Paulo: Dialética, 2001.

BITTENCOURT, Gabriela. **O IRPJ nas permutas imobiliárias realizadas por pessoas jurídicas optantes pelo regime do lucro presumido**. São Paulo: Noeses, 2019.

CARVALHO, Aurora Tomazini de. **Curso de Teoria Geral do Direito**: o Constructivismo Lógico-Semântico. 6. ed. São Paulo: Noeses, 2019.

CARVALHO, Paulo de Barros. **Direito tributário**: linguagem e método. 7. ed. São Paulo: Noeses, 2018.

FERNANDES, Edison Carlos. **Imposto sobre a Renda Da Pessoa Jurídica - IRPJ e Contribuição Social sobre o Lucro Líquido CSLL**: de Acordo com a Lei N° 12.973, de 2014. São Paulo: Atlas, 2015.

GAMA, Tácio Lacerda. **Competência Tributária**: fundamentos para uma teoria da nulidade. São Paulo: Noeses, 2020.

GATES, Bill. **The Road Ahead**. Apple Books.

LOTUFO, Renan. **Código civil comentado**: parte geral (arts. 1° e 232). São Paulo: Saraiva, 2003. v. 1.

MURPHY, Célia Maria de Souza. **O imposto sobre a renda à luz da constituição.** São Paulo: Noeses, 2020.

OECD. **Model Tax Convention on Income and on Capital**: Condensed Version 2017. OECD Publishing. 2017. p. 218. Disponível em: http://dx.doi.org/10.1787/mtc_cond-2017-en. Acesso em: 22 jun 2022.

PADILHA, Maria Ângela Lopes Paulino. **Tributação de *Software*.** São Paulo: Noeses, 2020.

QUEIROZ, Luís Cesar Souza de. **Imposto sobre a renda: requisitos para uma tributação constitucional.** 2. ed. Rio de Janeiro: LMJ Mundo Jurídico, 2016.

SCAFF, Fernando Facury. **Royalties do petróleo, minério e energia: aspectos constitucionais, financeiros e tributários.** São Paulo: Editora Revista dos Tribunais, 2014.

TEIXEIRA, Tarcísio; ATIHE, Lucas. Contratos de *software*: apontamentos sobre suas espécies. **Revista dos Tribunais**, v. 976, 2017.

WALD, Arnoldo. Da natureza jurídica do *software*. **Revista de Informação Legislativa**, Brasília, v. 22, n. 87, jul./set., 1985. Disponível em: http://www2.senado.leg.br/bdsf/item/id/181635. Acesso em: 20 maio 2022.

DUARTE, Danielle de Oliveira; SOUZA, Jorge Vinícius Salatino de; VILELA, Renata Andrade. A dedutibilidade das despesas com licenças de *software* da base de cálculo do imposto de renda das pessoas jurídicas sujeitas ao regime do lucro real. *In:* MENESES, Heloísa Corrêa; SILVA, Tiago Nunes da; RAMONE TAVARES, Viviane; TEIXEIRA, Wendel de Brito Lemos (Coords.). **Anuário da OAB Uberlândia 2022/2023.** Uberlândia: Marco Teórico, 2023. pp. 121-141.

A EFETIVAÇÃO DO DIREITO FUNDAMENTAL AO BENEFÍCIO DE PRESTAÇÃO CONTINUADA AO IDOSO DE 60 ANOS DE IDADE

7

Michel Evangelista Luz
Danilo Verri Bispo
Vitor Figueiredo Freitas

RESUMO:

O presente artigo aborda a efetivação do direito constitucional referente à assistência social no Brasil, em especial a possibilidade jurídica e social à concessão do benefício de prestação continuada ao idoso de 60 anos de idade. Nesse sentido, o que se pretende demonstrar é que existe uma interpretação mais adequada para a concessão do benefício assistencial com a relativização do critério de idade, levando-se em consideração o diálogo das fontes e os princípios, tendo como base a teoria da decisão judicial no sistema jurídico brasileiro. Para tanto, foi utilizado o método de abordagem dialético, com revisão bibliográfica e análise jurisprudencial.

PALAVRAS-CHAVE:

Idoso. Benefício Assistencial. Diálogo das Fontes.

1. INTRODUÇÃO

Este trabalho pretende lançar uma pequena contribuição sobre a interpretação da Assistência Social como elemento fundamental em uma sociedade que o Direito Previdenciário assume o papel central na efetivação dos direitos sociais, principalmente como garantidor de um mínimo existencial somos diuturnamente lembrados das mazelas sociais frente à acumulação de capital e recursos, bem como a assistência social como ponto essencial para o desenvolvimento econômico e social dos excluídos dos modos de produção.

Considerando a constitucionalização do tema, bem como a evolução histórica, pode-se observar que há o movimento para maior de inclusão da população no cenário econômico, notadamente pela concessão de um mínimo existencial. Seguindo a tendência de expansão da proteção social, o presente trabalho trará luz sobre os critérios de concessão do Benefício de Prestação Continuada (BPC), sendo esse o principal benefício assistencial em nível nacional.

Dando efetividade ao Princípio da Proteção Social, é necessário se discutir a maior flexibilização dos critérios de concessão da Assistência Social. Nesse diapasão, o presente estudo busca fomentar um diálogo sobre a alteração do critério etário de concessão, atualmente, fixado em 65 anos de idade, para o patamar apontado na Lei 10.471/03 no seu Art. 1º, estipulando como idade mínima, 60 anos de idade.

2. UM BREVE HISTÓRICO SOBRE A ASSISTÊNCIA SOCIAL NO BRASIL

A assistência social pode ser compreendida como um conjunto de políticas e ações que visam proporcional um mínimo existencial para os indivíduos, que não conseguem prover a si mesmo, sendo assim, tem que ser mantido ao abrigo do Estado, tendo como finalidade mitigar os riscos sociais no exercício de proteção, conforme os preceitos constitucionais.

No que toca à Assistência Social no Brasil, houve tamanha relevância que todo o Capítulo II do Título VII, indo do Art. 193 a 204, trata, exclusivamente, da Seguridade Social, sendo que para muitos estudiosos os Direitos da Seguridade Social estão entre as cláusulas pétreas por serem garantidores da ordem social e da dignidade da pessoa humana.

Sobre a Proteção Social, Amado leciona:

> Ainda haverá a Proteção Social Básica, que se destina a famílias e indivíduos que se

encontram em situação de risco pessoal e social, por ocorrência de abandono, maus tratos físicos e/ou psíquicos, abuso sexual, uso de substâncias psicoativas, cumprimento de medida socioeducativas, situação de rua, situação de trabalho infantil, entre outras situações de violação dos direitos[1].

A Constituição Federal de 1988 é um indubitavelmente o marco essencial no processo de reconhecimento da assistência social, principalmente na efetivação dos direitos dos desvalidos socialmente. Logo, a dignidade da pessoa humana, compreendida como qualidade inerente a cada ser humano, implica um complexo de direitos e deveres fundamentais capaz de assegurar as condições existenciais mínimas para a vida em sociedade[2].

Por outro lado, a Assistência social é um dos três pilares da seguridade, somando os planos sociais de Saúde e de Previdência Social, eles compõem o escopo das políticas públicas de proteção aos expostos na sociedade, nos termos preceituado no bojo da constituição:

> Art. 194. A seguridade social compreende um conjunto integrado de ações de iniciativa dos Poderes Públicos e da sociedade, destinadas a assegurar os direitos relativos à saúde, à previdência e à assistência social.
> Parágrafo único. Compete ao Poder Público, nos termos da lei, organizar a seguridade social, com base nos seguintes objetivos:
> I - universalidade da cobertura e do atendimento;
> II - uniformidade e equivalência dos benefícios e serviços às populações urbanas e rurais;
> III - seletividade e distributividade na prestação dos benefícios e serviços;
> IV - irredutibilidade do valor dos benefícios;
> V - eqüidade na forma de participação no custeio; VI - diversidade da base de financiamento; (Revogado)
> VI - diversidade da base de financiamento, identificando-se, em rubricas contábeis específicas para cada área, as receitas e as despesas vinculadas a ações de saúde, previdência e assistência social, preservado o caráter contributivo da previdência social;

---

1 AMADO, Frederico. **Curso de direito e processo previdenciário**. 8. ed. Salvador: Ed. Juspodivm, 2016.

2 SARLET, Ingo Wolfgang. **A dignidade da pessoa humana e direitos fundamentais na Constituição Federal de1988**. 10. ed. Porto Alegre: Livraria do Advogado, 2015, p. 70 - 71

(Redação dada pela Emenda Constitucional nº 103, de 2019)

VII - caráter democrático e descentralizado da administração, mediante gestão quadripartite, com participação dos trabalhadores, dos empregadores, dos aposentados e do Governo nos órgãos colegiados. (Redação dada pela Emenda Constitucional nº 20, de 1998)

No Direito Previdenciário, há que se salientar uma intrínseca relação de sujeição dos socialmente expostos, tal qual as pessoas com deficiência, idades avançadas, visando, assim, dar um mínimo necessário ao alcançar a igualdade de direitos.

Dentre as coberturas da Assistência Social, o presente trabalho focará o Benefício de Prestação Continuada (BPC), sendo esse um direito constitucional regulamentados pelos Decretos n. 6.214/07 e 6.548. Para que tenha acesso ao benefício necessário, faz-se mister alguns critérios, os quais serão delineados no correr desse artigo.

Sobre o conceito do BPC e a sua natureza jurídica do instituto, o Site GOV BR aduz:

> O Benefício de Prestação Continuada – BPC, previsto na Lei Orgânica da Assistência Social – LOAS, é a garantia de um salário-mínimo por mês ao idoso com idade igual ou superior a 65 anos ou à pessoa com deficiência de qualquer idade. No caso da pessoa com deficiência, esta condição tem de ser capaz de lhe causar impedimentos de natureza física, mental, intelectual ou sensorial de longo prazo (com efeitos por pelo menos 2 anos), que a impossibilite de participar de forma plena e efetiva na sociedade, em igualdade de condições com as demais pessoas[3].

A assistência social tem vínculo emergencial e assistencial, marco que predomina para a solidariedade, ao qual se frisa ser majoritariamente mantida pelo Estado, mas a organização social tem papel relevante para o desenvolvimento dos direitos relacionados à saúde, previdência e assistência social.

Sobre o princípio da solidariedade, Bradbury leciona:

> Desta forma, o Princípio Constitucional da Solidariedade, previsto no art. 3°, I, da CF/1988, além de ser um dos objetivos da República Federativa do Brasil, é o fundamento das ações da seguridade social, tendo em vista que todos contribuem para o sistema a fim de propiciada que os cidadãos possam viver com dignidade, um

3 BRASIL. **Cidadania. 2022.** Disponível em:https://www.gov.br/cidadania/pt-br/acoes-e-programas/assistencia-social/beneficios-assistenciais/beneficio-assistencial-ao-idoso-e-a-pessoa-com-deficiencia-bpc. Acesso em: 01 jul. 2022.

atributo da personalidade inerente a todos ser humano, na clássica visão de Kant[4], que deve ser não somente respeitada, mas, sobretudo, propiciada pelo Estado[5].

Diferentemente dos direitos inerentes à Previdência Social no qual a fruição depende da contribuição para o sistema por parte do segurado, a assistência social e a saúde são direito de todos, independendo da qualidade de segurado. Exemplificando o caso do acesso à medicação na rede pública, não há que se pagar qualquer taxa ou contribuição para acesso ao serviço.

Sobre a organização da seguridade social, um marco essencial é a promulgação da LOAS - Lei Orgânica de Assistência Social Lei nº 8.742/93, que torna "A assistência social um dever do Estado e um direito do cidadão".

Nessa esfera de proteção dos necessitados, o presente trabalho terá como objeto o BPC, tendo como requisitos a idade, ou a deficiência física, bem como que a renda mensal per capita familiar seja inferior a ¼ (um quarto) do salário-mínimo vigente e, para tanto, calcula-se a renda como família o conjunto de pessoas elencadas no Art. 16 da Lei 8.213/91, desde que todos os membros vivam sob o mesmo teto.

Apesar dos critérios legais serem bastante cristalinos, há que se salientar que a jurisprudência tem sido ativa na flexibilidade dos fatores de concessão do BPC, principalmente sobre o critério de renda:

> AGRAVO DE INSTRUMENTO. PREVIDENCIÁRIO. BENEFÍCIO ASSISTÊNCIAL. CONCESSÃO. ANTECIPAÇÃO DE TUTELA. REQUISITO ECONÔMICO. RENDA PER CAPITA SUPERIOR A 1/4 DO SALÁRIO-MÍNIMO. CRITÉRIO INCONSTITUCIONAL.
> PROBABILIDADE DO DIREITO. CONCESSÃO. Afigura-se arbitrário o indeferimento de benefício assistencial de pessoa incapaz com base tão somente no fato da renda per capita da família superar o equivalente a ¼ do salário mínimo. Demonstrada a probabilidade do direito almejado tanto em relação à incapacidade do postulante quanto em relação ao requisito socioeconômico, cabível a antecipação de tutela. (TRF-4 - AG: 50369232920164040000 5036923-29.2016.4.04.0000, Relator:

4 KANT, Immanuel. **Fundamentação da Metafísica dos Costumes e Outros Escritos**. Tradução de Leopoldo Holzbach. São Paulo: Martins Claret, 2004.

5 BRADBURY, Leonardo Cacau Santos La. **Curso Prático de Direito e Processo Previdenciário**. Curitiba: Juruá, 2018.

ROGERIO FAVRETO, Data de Julgamento: 29/11/2016, QUINTA TURMA)
PEDIDO DE UNIFORMIZAÇÃO. BENEFÍCIO ASSISTENCIAL. LOAS. RENDA PER CAPITA SUPERIOR A 1/4 DO SALÁRIO-MÍNIMO. CRITÉRIOS NÃO ABSOLUTO. 1) "O critério
objetivo estabelecido no artigo 20, § 3º, da Lei nº 8.742/93, não exclui outros elementos de prova para aferição da condição sócio-econômica do requerente de benefício assistencial e de sua família" (IUJEF n.º 0003394-44.2009.404.7051, Rel. Ana Beatriz Vieira da Luz Palumbo, D.E. 30.07.2012)". 2) Pedido de uniformização conhecido e provido. (TRF-4 - INCIDENTE DE UNIFORMIZAÇÃO JEF: 50087855620114047 201 SC 5008785-56.2011.404.7201, Relator: DANIEL MACHADO DA ROCHA, Data de Julgamento: 30/05/2014, TURMA REGIONAL DE UNIFORMIZAÇÃO DA 4ª REGIÃO)
PROCESSO CIVIL. AGRAVO REGIMENTAL. LEI N. 8.742, DE 1993 (LEI ORGÂNICA DA ASSISTÊNCIA SOCIAL - LOAS). AMPARO SOCIAL. RENDA PER CAPITA SUPERIOR A1/4 DO SALÁRIO-MÍNIMO. POSSIBILIDADE. 1. Quanto ao requisito de necessidade - aqui entendida como estado de miserabilidade ou hipossuficiência financeira - para o idoso e para o deficiente, assim dispõe o § 3º do art. 20 da Lei nº 8.742/93, alterada pela Lei nº 12.435/2011: "Considera-se incapaz de prover a manutenção da pessoa com deficiência ou idosa a família cuja renda mensal per capita seja inferior a ¼ (um quarto) do salário-mínimo". 2. O fato da renda familiar per capita ser superior a ¼ (um quarto) do salário-mínimo não impede que outros fatores sejam considerados para a avaliação das condições de sobrevivência da parte autora e de sua família, fazendo com que a prova da miserabilidade necessária à concessão do benefício assistencial seja mais elástica. 3. Agravo Regimental não provido. (TRF-1 - AI: 00334091120144010000 0033409-11.2014.4.01.0000, Relator: DESEMBARGADOR FEDERAL FRANCISCO NEVES DA CUNHA, Data de Julgamento: 21/09/2016, SEGUNDA TURMA, Data de Publicação: 04/10/2016 e-DJF1).

Os critérios para a aferição de renda sempre foram muito polêmicos doutrinariamente, sofrendo sucessivas mudanças de posicionamento no que toca à aferição, bem como sobre a composição do núcleo familiar.

Sobre o tema, Amado colaciona:

A questão foi finalmente decidida pela Suprema Corte no julgamento dos Recursos Extraordinários 567.985 e 580.963, julgados conjuntamente em 17 e 18 de abril de 2013. Por maioria de votos, o STF pronunciou a inconstitucionalidade material incidental do par 3°, do artigo 20, da Lei 8.742-93, que prevê o critério legal da renda per capita familiar inferior a ¼ do salário-mínimo para a caracterização da miserabilidade[6].

Muitos foram os esforços legislativos recentes para a ampliação do critério de concessão do BPC, amplamente focados na ampliação da renda, sendo em sua integridade infrutíferos, apesar de tais movimentos já terem reduzidos os critérios etários para concessão de 70, para o patamar atual de 65 anos.

Considerando as movimentações sociais, bem como a diversidade dos custeios em relação aos recursos públicos disponíveis, os presentes autores defendem a posição de que a proteção dada pelo BPC deve ser concedida sobre as pessoas que tenham 60 de idade, até mesmo para se buscar coerência no sistema em relação à aposentadoria rural, ao qual se frisa que ambas prescindem de contribuições previdenciárias específicas.

3. O DIÁLOGO DAS FONTES ENTRE O ESTATUTO DO IDOSO E A LEI ORGÂNICA DA ASSISTÊNCIA SOCIAL

A ideia de que as leis devem ser aplicadas de forma isolada umas das outras é afastada pela teoria do diálogo das fontes, segundo a qual o ordenamento jurídico deve ser interpretado de forma unitária.

A teoria surge para fomentar a ideia de que o Direito deve ser interpretado como um todo de forma sistemática e coordenada.

Em outras palavras, a mencionada teoria analisa os reflexos da comunicação do direito na pós-modernidade, demonstrando que a solução dos conflitos entre leis agora é solucionado pelo diálogo entre as fontes heterogêneas, o que quer dizer que para o operador do direito, a mencionada teoria significa a aplicação simultânea, coerente e coordenada das plúrimas fontes legislativas, leis especiais, leis gerais, convenções, dentre outras.

A respeito do assunto, Cláudia Lima Marques assevera,

> Canaris considera que o século XX representou para a ciência do direito certa 'letargia'. Já Karl Larenz destacava, na formação de um pensamento sistemático-abstrato no direito, a grande contribuição da jurisprudência dos interesses do século IX (Begriffsjurisprudenz), em capítulo sobre a pergunta de sistema, que a edição conjunta

6 AMADO, Frederico. **Curso de direito e processo previdenciário**. 8. ed. Salvador: Ed. Juspodivm, 2016.

> de Larenz-Canaris - por sua superação - até mesmo retirou da edição estudantil (Studienausgabe) do livro de 1995. Santi Romano, desde 1918, defendia uma visão concreta do direito com um corpo 'vivo' de normas, uma ordem jurídica seria um fenômeno da vida real. Em 1995, Karl Engish defendeu que a unidade do direito favorece sua interpretação sistemática e coerente das normas. Norberto Bobbio, com sua importante obra *Da estrutura a função,* defendia também 'uma teoria funcionalista do direito', da mesma forma que Theodor Viehweg defendeu uma visão sistemática e histórica do uso da tópica, para solucionar os problemas cada vez mais fragmentários do direito[7].

Segundo a teoria, uma norma jurídica não excluiria a aplicação da outra, como acontece com a adoção dos critérios clássicos para solução dos conflitos de normas (antinomias jurídicas) idealizados por Norberto Bobbio.

Verifica-se, portanto, que a teoria do diálogo das fontes também tem o fito de evitar exclusões impertinentes de normas jurídicas, uma vez que não apenas o excesso de normas pode ser prejudicial para o aplicador da lei. Também se busca que o ordenamento jurídico seja interpretado de forma coerente, evitando distinções injustas.

Nesse aspecto, a teoria do Diálogo das fontes, insere-se nessa tradição sistemática e funcional da ordem jurídica.

Por isso, o Diálogo das fontes também pode atingir normas narrativas, *soft law*, costumes, princípios gerais, pois ao valorar os princípios a teoria de Erick Jayme homenageia a lógica da aplicação das leis descritas por Perelman, em que o Direito tem uma função social a realizar, de tal modo que não pode mais ser concebido sem levar em conta a sociedade que deve reger.

Entretanto, os princípios exigem que algo seja realizado na maior medida possível dentro das possibilidades jurídica e fáticas em análise, que não contêm um mandamento definitivo, mas apenas *prima facie*.

Em contrapartida, as regras exigem que seja feito exatamente aquilo que elas ordenam, ou seja, elas possuem uma delimitação da extensão do seu conteúdo no

---

7 MARQUES, Cláudia Lima. O "diálogo das fontes" como método da nova teoria geral do direito: um tributo à Erick Jayme. *In*: MARQUES, Cláudia Lima, MIRAGEM, Bruno (Coord.). **Diálogo das fontes como método de intepretação e aplicação das leis.** São Paulo: Revista dos Tribunais, 2012. p. 23

âmbito das possibilidades jurídicas e fáticas[8].

No caso específico do presente artigo, observa-se que o critério de concessão do Benefício de Prestação Continuada (BPC-Loas), na sua essência, é a idade do beneficiário, denominado "idoso".

A lei específica, Estatuto do Idoso, (Lei 10.741/03) foi criada para regular os direitos assegurados a pessoa idosa, e, portanto, referido diploma legal assevera: "Art. 1º É instituído o Estatuto do Idoso, destinado a regular os direitos assegurados às pessoas com idade igual ou superior a 60 (sessenta) anos".

Pela lei específica, temos a certeza de que "idoso" é a pessoa que tem "idade igual ou superior a 60 (sessenta) anos".

Ao se observar a Lei Orgânica da Assistência Social, Lei n. 8.742/93, é possível visualizar o art. 20, que elucida:

> O benefício de prestação continuada é a garantia de um salário-mínimo mensal à pessoa com deficiência e **ao idoso com 65 (sessenta e cinco) anos ou mais** que comprovem não possuir meios de prover a própria manutenção nem de tê-la provida por sua família.

É interessante relatar que a Lei Orgânica da Assistência Social foi publicada em 07/12/1993, já o Estatuto do Idoso, foi publicado em 01/10/2003, regulando, especificamente, os direitos do idoso.

Segundo o parágrafo 1º do artigo 1º da Lei de Introdução às Normas do Direito Brasileiro.

> Art.1º. Salvo disposição contrária, a lei começa a vigorar em todo o país quarenta e cinco dias depois de oficialmente publicada.
> §1º. **A lei posterior revoga a anterior** quando expressamente o declare, quando seja com ela incompativel ou **quando regule inteiramente a matéria de que tratava a lei anterior**.

Dessa forma, quanto ao Estatuto do Idoso, por tratar-se de uma lei que regula inteiramente a matéria que tratava a Lei Orgânica da Assistência Social, no seu artigo 20, podemos afirmar que pelas regras do Direito Brasileiro, há patente incoerência legislativa, que deve ser resolvida buscando o melhor interesse do cidadão, tendo em

8 ALEXY, Robert. **Teoria dos direitos fundamentais**. Tradução de Virgílio Afonso da Silva. 5. ed. São Paulo: MartinsFontes, 2006. p. 103

vista que tanto o Estatuto do Idoso quanto a Lei Orgânica da Assistência social, visam proteger e garantir direitos de pessoas hipossuficientes, cada um com o seu enfoque. Porém, não se pode aceitar que a lei geral prevaleça sobre a lei específica, sob pena de ferir norma base do Direito Pátrio.

No caso em análise, utilizando o diálogo das fontes estruturado na funcionalidade das normas, devemos separar os conceitos de idoso buscados pelo legislador, contudo, não podemos deixar de aplicar norma basilar do direito, caracterizado na derrogação implícita da norma frente a afronta ao objeto de norma específica (lei específica derroga a lei geral).

Portanto, uma vez que o conceito de idoso é dado em lei específica, a lei geral (LOAS) que trata de um direito a um benefício social deve adequar-se à lei específica, permitindo que o idoso de 60 anos tenha direito a perceber o salário-mínimo mensal, desde que prove estar inscrito no CadÚnico e que comprove não possuir meios de prover a própria manutenção, nem de tê-la provida por sua família.

Indo um pouco além da derrogação implícita da norma, temos a problemática do desinteresse público, mais especificamente desinteresse da União em resolver essa questão, podendo haver um número imenso de pedidos de revisão de concessão do BPC-Loas na via judicial, causando um efeito cascata nas contas públicas, frente à judicialização do tema.

3. ANÁLISE DA DECISÃO PARADIGMÁTICA DE CONCESSÃO DO BENEFÍCIO DE PRESTAÇÃO CONTINUADA AO IDOSO MAIOR DE 60 ANOS À LUZ DA TEORIA DA DECISÃO JUDICIAL

Diante do que se vem discutindo acerca da aplicação das normas, a nova sistemática contida no Art. 8º, da Lei nº 13.105 de 16 de março de 2015, que dispõe sobre o Novo Código de Processo Civil, incorporou o Art. 5º do Decreto 4.657 de 4 de setembro de 1942, que dispõe acerca da Lei de Introdução às Normas do Direito Brasileiro, preconizando que o juiz, ao aplicar o ordenamento jurídico, atenderá aos fins sociais e às exigências do bem comum, resguardando e promovendo a dignidade da pessoa humana e observando a proporcionalidade, a razoabilidade, a legalidade, a publicidade e a eficiência.

Justamente corroborado na interpretação da destinação da norma aos fins sociais que a ela se destina, a juíza substituta, Dra. Adriana Regina Barni Ritter, da 2ª Vara do Juizado Especial Cível Federal de Criciúma, cristalizou numa emblemática sentença, processo 5003675-67.2011.4.04.7204, o afastamento do rigor etário de 65 anos imposto no *caput do* Art. 34, do Estatuto do Idoso, concedendo o benefício assistencial a uma idosa de 62 anos, reconhecendo de ofício a inconstitucionalidade do referido artigo e primando pela aplicação do art. 1º do referido Estatuto, após a análise de miserabilidade no caso concreto.

No mesmo sentido, é a jurisprudência do TRF4, abaixo transcrita:

> EXECUÇÃO DE SENTENÇA. EMBARGOS. RECONHECIMENTO DE INCONSTITUCIONALIDADE EX OFFICIO. É possível ao juiz, de ofício, deixar de aplicar norma legal, ao argumento da sua inconstitucionalidade, ainda que não haja pedido específico da parte interessada. Também autoriza tal interpretação o disposto no art. 5º da Lei de Introdução ao Código Civil, que assim determina: Na aplicação da lei, o juiz atenderá aos fins sociais a que ela se dirige e às exigências do bem comum. Aliás, estou convicta de que, para fazer valer tal dispositivo no presente caso, ou seja, para se atender efetivamente aos fins sociais a que se destinam as Leis ns. 10.741/2003 e 8.742/93 no tocante ao idoso, é forçoso reconhecer que a autora, sob o aspecto da idade, faz jus ao benefício vindicado. Para o que deve ser declarada a inconstitucionalidade do art. 34 da Lei n. 10.741/2003 e do art. 20, caput, da Lei n. 8.742/93 quanto à idade mínima de 65 anos para fins de benefício assistencial. (TRF4, AC 2001.72.00.004428-2, Segunda Turma, Relator Dirceu de Almeida Soares, publicado em 05/06/2002, grifei).

Todavia, infelizmente, após intensa argumentação dos motivos que levaram ao afastamento do rigor etário para concessão do benéfico assistencial ao idoso maior de 60 anos, tal sentença foi reformada sob o ponto de vista de legalidade estrita, mantendo-se o rigor etário de 65 anos previsto no parágrafo único do Art. 34, sob os seguintes argumentos apontados a seguir.

O argumento de reforma com espeque na legalidade estrita de uma decisão que fora dada pelo viés da interpretação da máxima efetividade, diante do enfrentamento do direito vindicado e da brecha legislativa, que criou um embate entre critérios do que venha a ser idoso, parece muito simplório frente ao direito discutido e proteção social trazida pela legislação assistencial e que foi negada pelo Estado, no caso concreto, o de uma idosa de 62 anos que necessitava de amparo social.

Diante da complexidade do caso e do apelo social, compete ao juiz analisar a concretude do fato e nas suas argumentações, encontrar fundamentos que possam aplicar ou refutar determinada lei ou parte dela, especialmente aquelas apresentadas pela sua inconstitucionalidade.

De toda sorte, diante do caso concreto, a nova sistemática contida no Art. 8º, do Novo Código de Processo Civil, compete ao juiz ao julgar atender aos fins sociais e às exigências do bem comum, resguardando e promovendo a dignidade da pessoa humana, observando a proporcionalidade, a razoabilidade, a legalidade, a publicidade e a eficiência.

Por outro lado, a construção de uma teoria da decisão judicial adequada no Brasil visa combater a discricionariedade e a arbitrariedade dos julgadores, pois no constitucionalismo contemporâneo, os julgadores têm o dever de prestar contas, no sentido de ser necessário explicar e demonstrar que a decisão tomada está centrada na legalidade e constitucionalidade do ordenamento jurídico.

Por essa razão, Lenio Luiz Streck propõe um conjunto mínimo de princípios conformadores do modo de agir da Constituição, sustentados na historicidade da compreensão e no Estado Democrático de Direito, com o intuito de resguardar a coerência e integridade do sistema[9].

O primeiro princípio proposto pelo mencionado autor é a preservação da autonomia do direito. Esse princípio abarca vários padrões interpretativos pelo direito constitucional, denominados de métodos ou princípios, tais como, correção funcional, rigidez do texto constitucional, força normativa da Constituição e máxima efetividade.

Esse princípio visa combater os predadores do Direito que relativizam a coisa julgada, pela aposta na discricionariedade judicial, ativismo e as suas derivações, como o instrumentalismo processual e todas as formas e fórmulas que deslocam o problema da legitimidade da interpretação e aplicação do Direito em favor do protagonismo judicial[10].

Por isso, a validade do direito perante a política, a economia e a moral não podem depender de uma jurisprudencialização do direito, isso é, não é a jurisprudência que garante o indispensável grau de autonomia do direito, mas é a autonomia do direito, sustentada em um denso controle hermenêutico, que assegura as possibilidades de

---

9 STRECK, Lenio Luiz. **Jurisdição constitucional e decisão jurídica.** São Paulo: RT, 2014, p. 329

10 STRECK, Lenio Luiz. **Jurisdição constitucional e decisão jurídica.** São Paulo: RT, 2014, p. 330

a Constituição ter preservada a sua força normativa[1115].

O segundo princípio é o controle hermenêutico da interpretação constitucional. Esse princípio deve ser entendido como a imposição de limites às decisões judiciais ou, em outras palavras, como o enfrentamento do problema da discricionariedade judicial que fragiliza a autonomia do direito.

Por outro lado, o fato de não existir um método que garanta a "correção" do processo interpretativo não constituem salvo-conduto para a atribuição arbitrária de sentidos, tampouco para uma atribuição de sentidos arbitrária.

O terceiro princípio diz respeito ao efetivo respeito à integridade e à coerência do direito. A partir desse princípio, objetiva-se estabelecer efetivas barreiras contra a fragmentação próprias das teorias pragmaticistas, em geral.

A integridade e a coerência englobam princípios construídos ao longo dos anos pela teoria constitucional, tais como o princípio da unidade da Constituição, o princípio da concordância prática entre as normas ou da harmonização, o princípio da eficácia integradora ou do efeito integrador, o princípio integrativo e o princípio da proporcionalidade.

Ao combinar princípios jurídicos com objetivos políticos, os juristas e os intérpretes dispõem de um manancial de possibilidades para a construção e elaboração de respostas coerentes com o direito positivo, o que confere uma blindagem contra discricionariedades[12].

O quarto princípio é o dever fundamental de justificar as decisões. O estrito cumprimento do dever de fundamentar as decisões proporciona, também, a superação de quaisquer resquícios próprios dos paradigmas jurídicos do passado, como a prática da subsunção ou do silogismo-dedutivista, bem a interpretação exclusivamente centrada no princípio da legalidade estrita.

A necessidade de fundamentação impede que as decisões se resumam à citação de enunciados assertóricos, anti-hermenêuticos na origem, por obnubilarem a singularidade dos casos.

Esse princípio, que é um dever fundamental, é complementado por outro

---

11 STRECK, Lenio Luiz. **Jurisdição constitucional e decisão jurídica**, São Paulo: RT, 2014. p. 330

12 Ibidem, p. 335.

igualmente fundamental: o direito de obter uma resposta constitucionalmente adequada à Constituição, isso é, o direito de ter uma resposta baseada em pretensões juridicamente tuteladas[13].

O quinto princípio é o direito fundamental a uma resposta constitucionalmente adequada. Esse princípio se traduz na garantia de que cada cidadão tenha sua causa julgada a partir da Constituição e de que haja condições para aferir se essa resposta está ou não constitucionalmente adequada, tendo uma estrita dependência com o dever de fundamentar as decisões[14].

A decisão paradigmática, apesar de ter sido reformada, observou os princípios que foram elencados por Lenio Luiz Streck, ofertando ao cidadão a resposta jurídica mais adequada frente à interpretação do ordenamento jurídico, pois desconsiderou o requisito etário de 65 anos imposto no *caput do* Art. 34, do Estatuto do Idoso, concedendo o benefício assistencial a uma idosa de 62 anos, reconhecendo de ofício a inconstitucionalidade do referido artigo e primando pela aplicação do art. 1º do referido Estatuto, após a análise de miserabilidade no caso concreto.

4. CONCLUSÃO

Este artigo procurou analisar, sem esgotar o tema e visando trazer reflexões acerca da matéria posta, para que outros possam contribuir e discutir sobre a efetividade da proteção dos direitos de quem realmente necessita, a sistemática incoerente da atividade legiferante em criar benefícios assistenciais díspares, seja ele por ausência de técnica, seja ele por interesses políticos, pois está em flagrante violação à legislação, especialmente no que tange à Constituição Federal de 1988, à Lei nº 8.742 de 1993, à Lei Complementar nº 95 de 1998, à Lei nº 10.741 de 2003 e, por fim, à Lei nº 12.815 de 2013.

Resta evidente, diante das dimensões continentais do Brasil, que a análise da possibilidade de concessão ficará a cargo do juiz e da realidade e necessidade de cada pessoa, que deverá ser analisado no caso concreto, mas sem que isso enseje a criação de benefícios diversificados ou com critérios restritivos à concessão de determinado benefício e permissivos a outros, que violem dispositivos constitucionais.

---

13 Ibidem, p. 339.

14 Ibidem, p. 335.

Assim, na sua criação, o Estatuto do Idoso e a Lei de benefício assistencial do portuário maior de 60 anos violaram critérios, objetivos e na criação de requisitos inconstitucionais o seu objeto principal, que é a criação de um único assunto a ser tratado por lei, evitando que a lei seja contraditória entre os seus próprios artigos e entre outras normas, buscando a sua máxima efetividade, sejam elas constitucionais ou infraconstitucionais.

Diante do exposto, visando abrir discussões, o Art. 34, do Estatuto do Idoso, parecer violar a Lei Complementar nº 95 de 1998 quanto ao objeto em regular matéria assistencial no seu bojo e, ao criar dois critérios distintos de idoso, viola as diretrizes preconizadas no seu artigo Art. 1, 2 e 3º, que são normas com princípios basilares e diretrizes para a proteção social do idoso.

Dessa forma, o Benefício de Prestação Continuada (BPC - LOAS), é devido ao idoso, que pela Lei Específica (Estatuto do Idoso - Lei nº 10.741/03) se caracteriza pela pessoa com idade igual ou superior a 60 anos, de forma que a Lei nº 8.742/93 não pode criar discriminações ou mesmo querer sobrepor-se a Lei específica, sob pena de antinomia e consequente invalidação da lei geral nesse ponto.

Temos, então, que o idoso de 60 anos tem pleno direito legal ao BPC-LOAS regido pela Lei 8.742/91 e consequentes modificações posteriores.

REFERÊNCIAS

ALEXY, Robert. **Teoria dos direitos fundamentais**. Tradução de Virgílio Afonso da Silva. 5. ed. São Paulo: Martins Fontes, 2006.

AMADO, Frederico. **Curso de direito e processo previdenciário**. 8. ed. Salvador: Ed. Juspodivm, 2016.

BRADBURY, Leonardo Cacau Santos La. **Curso Prático de Direito e Processo Previdenciário**. Curitiba: Juruá, 2018.

MARQUES, Cláudia Lima. O "diálogo das fontes" como método da nova teoria geral do direito: um tributo à Erick Jayme. *In*: MARQUES, Cláudia Lima, MIRAGEM, Bruno (Coord.). **Diálogo das fontes como método de intepretação e aplicação das leis**. São Paulo: Revista dos Tribunais, 2012.

KANT, Immanuel. **Fundamentação da Metafísica dos Costumes e Outros Escritos.**

Tradução de Leopoldo Holzbach. São Paulo: Martins Claret, 2004.

SARLET, Ingo Wolfgang. **A dignidade da pessoa humana e direitos fundamentais na Constituição Federal de 1988**. 10. ed. Porto Alegre: Livraria do Advogado, 2015.

STRECK, Lenio Luiz. **Jurisdição constitucional e decisão jurídica**. São Paulo: RT, 2014.

LUZ, Michel Evangelista; BISPO, Danilo Verri; FREITAS, Vitor Figueiredo. A efetivação do direito fundamental ao benefício de prestação continuada ao idoso de 60 anos de idade. *In:* MENESES, Heloísa Corrêa; SILVA, Tiago Nunes da; RAMONE TAVARES, Viviane; TEIXEIRA, Wendel de Brito Lemos (Coords.). **Anuário da OAB Uberlândia 2022/2023.** Uberlândia: Marco Teórico, 2023. pp. 143-158.

A APLICABILIDADE DA REVISIONAL DA VIDA TODA PARA AS APOSENTADORIAS CONCEDIDAS APÓS A VIGÊNCIA DA EC 103/2019

8

Heloísa Corrêa Meneses
Rafael Galati Santos Pereira

RESUMO:

O presente trabalho analisa a reforma da previdência dada pela EC 103/19 e as suas nuances acerca da revisão da aposentadoria no Regime Geral da Previdência Social. Nesse cenário de constantes mudanças, verifica-se o desmonte da solidariedade social. Assim, sob a ótica do (in)constitucionalidade da EC 103/2019 para mitigar a aplicação da tese da revisão da vida toda (Tema 1102 do STF), analisa-se o princípio da contraprestação. Pelo método dedutivo, baseado em análise e revisão bibliográficas, o objetivo deste artigo é promover uma análise e apontar caminhos para a construção de uma jurisprudência sedimentada acerca dessa incompatibilidade com a aplicação dos direitos sociais.

PALAVRA-CHAVE:

Aposentadoria. Revisão da vida toda. Contraprestação. Reforma da Previdência.,

1. INTRODUÇÃO

A noção elementar de "previdência" está profundamente conectada à ideia preservação da vida. No seu núcleo, encontra-se o alvitre humano de poupar os recursos disponíveis, com vistas a preservar-se dos riscos que despontam de um futuro incerto (PORTO, 2018, p. 121). Dessa forma, a doença quando acomete uma pessoa em idade avançada ou a morte de um de seus pares obstam os indivíduos de satisfazerem as suas necessidades de modo autônomo e os recursos amealhados no passado lhes propiciam as condições necessárias a uma vida digna (SERAU JÚNIOR, 2020, p. 22).

As instituições previdenciárias, públicas ou privadas, foram criadas para garantir segurança às pessoas que não têm condições de prover o seu próprio sustento e necessitam de amparo social. Dessa forma, Sérgio Pinto Martins aborda a solidariedade como um postulado fundamental da Seguridade Social e da Previdência Social:

> É uma característica humana, que se verifica no decorrer dos séculos, em que havia uma ajuda genérica ao próximo, ao necessitado.
> [...] A solidariedade consistiria na contribuição da maioria em benefício da minoria. Os ativos sustentam os inativos. [...] Ocorre solidariedade na Seguridade Social quando várias pessoas economizam em conjunto para assegurar benefícios quando as pessoas do grupo necessitarem. As contingências são distribuídas igualmente a todas as pessoas do grupo. Quando uma pessoa é atingida pela contingência, todas as outras continuam contribuindo para a cobertura do necessitado[1].

O escopo da previdência social é proteger os indivíduos diante dos riscos sociais previsíveis ou não e, por consequência, concretizar a justiça social. Ocorre que, com a Reforma da Previdência, instaurada com a promulgação da Emenda Constitucional nº 103 de 2019, muitas questões acerca da proteção social passaram a ser mitigadas, como a possibilidade de aplicar algumas teses revisionais de benefícios.

Dessa forma, questiona-se, tomando por base o princípio da contraprestação, existe a possibilidade da aplicação da tese da revisional da vida toda (Tema 1102 do STF) para os benefícios concedidos após a EC 103/2019? O presente trabalho, pelo método dedutivo, baseado em análise e revisão bibliográficas, tem o intuito de promover uma análise pormenorizada dessa celeuma, como se verá nos capítulos a seguir.

1 MARTINS, Sérgio Pinto, **Direito Da Seguridade Social**. 24. ed. São Paulo - SP: Atlas S.A. 2007.

2. TESE REVISIONAL "REVISÃO DA VIDA TODA"

A Revisional da Vida Toda (Tema 1102 do STF) é uma espécie de revisão de cálculo da Renda Mensal Inicial (RMI) dos benefícios do INSS contabilizando todo o período contributivo do segurado. Em outras palavras, é o cálculo de todos os salários de contribuição da vida do segurado no período de Base de Cálculo (PBC).

Em regra, é uma revisão que afeta principalmente aposentados ou pensionistas que verteram grandes contribuições antes de julho de 1994 (início do Plano Real), pessoas que trabalharam em bancos, grandes empresas, indústrias e que agora têm a chance de incluí-las no cálculo da sua aposentadoria.

Em 1999, surgiu uma lei que alterou a forma de cálculo de benefícios, assim, pessoas que se aposentaram após a Lei nº 9.876/1999 (29/11/1999) passaram a ter a média das 80% maiores contribuições computadas no seu benefício.

Com isso, todas as contribuições antes de 1994 não são mais consideradas para fazer o cálculo da sua aposentadoria, desfavorecendo quem teve maior remuneração antes de 1994 e passou a receber menos após aquele ano ou, ainda, parou de contribuir para o INSS após 1994.

Dessa forma, o objetivo da revisão da vida toda é que todas as contribuições, incluindo as anteriores a 1994, sejam consideradas quando for realizado o cálculo da aposentadoria. Essa é uma ação de exceção, utilizada por quem a regra transitória foi mais prejudicial do que a regra permanente, que permite a utilização de todos os salários.

Dessa forma, ressalta o Tema 1102[2] em repercussão geral:

> Possibilidade de revisão de benefício previdenciário mediante a aplicação da regra definitiva do artigo 29, incisos I e II, da Lei nº 8.213/91, quando mais favorável do que a regra de transição contida no artigo 3º da Lei nº 9.876/99, aos segurados que ingressaram no Regime Geral de Previdência Social antes da publicação da referida Lei nº 9.876/99, ocorrida em 26/11/99.

Ocorre que, para ter direito à revisão do seu benefício, é necessário o

---

2 SUPREMO TRIBUNAL FEDERAL. **Recurso Extraordinário 1276977.** Tema 1102. Disponível em: <.https://portal.stf.jus.br/jurisprudenciaRepercussao/verAndamentoProcesso.asp?incidente =5945131&numeroProcesso=1276977&classeProcesso=RE&numeroTema=1102> Acesso em 22 jun 2022

cumprimento de alguns requisitos. Primeiro, a pessoa deve ser beneficiária de algum benefício do INSS que tenha sido concedido após a Lei 9.876/1999. Além disso, é preciso que o benefício tenha sido concedido até o dia 13/11/2019 (EC 103/2019). Por último, que não tenha passado dez anos da data de início do pagamento do benefício.

É importante salientar, ainda, que antes de entrar com a demanda de revisão da vida toda, é preciso cautela, pois nem todos os casos irá valer à pena fazer a revisão. Ademais, cumpre ressaltar que isso vale para qualquer revisão de benefício, visto que é imprescindível realizar o cálculo de quanto será sua aposentadoria após a revisão, pois uma revisão feita sem uma análise detalhada do caso, pode, inclusive, diminuir o valor do benefício. Além do mais, há casos em que o aumento no valor do benefício é irrisório, não valendo a pena entrar com a demanda judicial.

A realização do cálculo previdenciário também é de extrema importância para saber qual órgão terá competência para julgar, visto que uma ação judicial que tem seu valor de causa inferior a 60 salários mínimos será julgada pelo Juizado Especial Federal e o litigante será beneficiário da justiça gratuita. Já uma ação judicial acima de 60 salários mínimos, será competência da Justiça Federal Comum e pode ser que o segurado, litigante, tenha que arcar com as custas processuais, o que torna essa revisão dispendiosa e sem a real certeza de que será revertida em proveito próprio, visto que a tese pode não ser acolhida pelo Supremo Tribunal Federal.

3. DESDOBRAMENTOS DA REVISÃO DA VIDA TODA NO STF

A tese da revisão da vida toda foi julgada favorável no Superior Tribunal de Justiça (STJ) pelo tema 999 em dezembro de 2019. Diante disso, o INSS interpôs um recurso extraordinário para o STF (RE 1276977), levando a revisão para ser apreciada na última instância, pelo tema 1102.

Em junho de 2021 se iniciou o julgamento no plenário virtual do STF, tendo como relator o Ministro Marco Aurélio de Melo que votou favorável. Nesse sentido, acompanharem o relator no voto, os Ministros Edson Fachin, Carmen Lúcia, Rosa Weber, Ricardo Lewandowski e, por último, Alexandre de Morais.

Por outro lado, seguiram o voto divergente do Ministro Nunes Marques, os Ministros Dias Toffoli, Roberto Barroso, Gilmar Mendes e Luiz Fux.

O cenário permaneceu 5 x 5 por algum tempo, visto que o Ministro Alexandre de Moraes que daria o voto de minerva pediu vista do processo por 8 meses, mas, no dia 25 de fevereiro de 2022 proferiu a sua decisão como favorável à tese revisional, configurando um cenário positivo e vencedor para o segurado do INSS (6x5).

Ocorre que o inesperado aconteceu, no dia 08 de março de 2022, visto como uma manobra política, faltando 30 minutos para encerrar o plenário virtual do Tema 1102 finalizar e ser decretado o trânsito em julgado deste processo, o Ministro Nunes Marques pediu destaque do processo para que fosse julgado novamente, de forma presencial.

O destaque é um pedido permitido pelo Regimento Interno do STF, em especial, a Resolução 642/2019, alterada pelas Resolução 669/2020 e Resolução 675/2020, para que seja submetido ao espaço tradicional de tomada de decisão, devendo levar em consideração a relevância de processo que notoriamente precisa ser amplamente debatido pela sociedade, salientando-se o que expõe o Art.4:

> Não serão julgados em ambiente virtual as listas ou os processos com pedido de destaque feito;
> I – por qualquer ministro;
> II – por qualquer das partes, desde que requeridos até 48 (quarenta e oito) horas antes do início da sessão e deferido pelo relator;
> §1°. Nos casos previstos neste artigo, o relator retirará o processo da pauta de julgamentos eletrônicos e o encaminhará ao órgão colegiado competente para julgamento presencial, com publicação de nova pauta.
> §2°. Nos casos de destaques, previsto neste artigo, o julgamento será reiniciado. (Resolução 642/2019)

O artigo colacionado acima deve ser rigorosamente interpretado o que conduz a lógica da preclusão consumativa do referido pedido de destaque realizado pelo Ministro Nunes Marques. Nesse sentido, ressalta Fernando Rubin:

> A partir da leitura do dispositivo e levando também em conta os princípios consagrados do processo de segurança jurídica e da preclusão, parece-nos que há arbitrariedade na tomada da postura do Ministro que liderou a divergência na matéria. Ocorre que tendo já proferido voto, poderia utilizar o seu prazo regulamentar para eventualmente alterá-lo, mas não para pedir destaque, já que tal medida tão só se mostra lógica em momento de debate que antecede a publicação do voto propriamente dito. Mais: uma leitura da lógica do sistema, como posto, é o de impedir que questões fundamentais de ordem constitucional sejam julgadas em ambiente virtual, facilitando o debate em ambiente democrático presencial. Assim, se o Min. Nunes

> Marques sentiu-se seguro a ponto de apontar voto em ambiente virtual, estaria preclusa a sua possibilidade de requerer a abertura de destaque em momento ulterior. Trata-se de típica hipótese de preclusão consumativa, de que a doutrina do processo há muito defende e aplica (RUBIN, 2022, p. 200-201).

Ocorre que o Ministro Marco Aurélio, então relator e responsável pelo voto favorável, aposentou-se e, no seu lugar, tomou posse o Ministro André Mendonça, antigo membro da AGU, com posicionamento claramente desfavorável ao segurado do INSS. Entretanto, a ADI 5399 validou o voto do ex-Ministro Marco Aurélio. Sendo assim, segundo João Badari, a presente situação configura um limbo previdenciário:

> Aqui passamos a encontrar uma situação de **'limbo previdenciário'**, mas desta forma regimental e não a expressão utilizada em ambiente do trabalho, onde o trabalhador busca retomar suas funções na empresa, após o INSS lhe negar o benefício por incapacidade, porém o médico da empresa não aceita o seu retorno por entender que este está incapaz. Aqui utilizamos a expressão de limbo em seu sentido figurado, onde existe uma indefinição sobre o futuro da ação, por uma questão processual (BADARI, 2022).

Esse cenário afeta a credibilidade e traz insegurança jurídica para as relações além de colocar em xeque a ética, a confiança e a transparência da atividade jurisdicional, visto que paira sobre essa situação um "limbo processual" e, com isso, o processo continua paralisado, uma vez que o novo ministro não votará e o regimento interno não prevê a quem caberá pautar o processo.

Diante dessa situação, três aspectos importantes precisam ser observados e estão sendo discutidos para serem alterados dentro da Resolução 642 do STF. Primeiro, há a contabilização do voto dos ministros aposentados, o que teve decisão favorável segundo a ADI 5399. Os outros dois pontos foram suscitados pelo Ministro Ricardo Lewandowski, visto que após a votação de todos os 11 ministros não haverá possibilidade de voltar atrás, devendo, nesse caso, o destaque ser considerado nulo e ainda, a possibilidade de o ministro desistir do pedido de destaque, haja vista que como demora muito para ser pautado por pauta complexa do STF e com o passar do tempo, fatos supervenientes podem revelar que o destaque deixa de ter sentido, trazendo perda do objeto desse pedido. Essas questões são suscitadas para que haja a observância a princípios da economia, celeridade e, é claro, a segurança jurídica das relações processuais.

Dessa forma, em meados de novembro de 2022, o processo teve movimentação em observância ao disposto pela questão de ordem trazida pela ADI 5399, logo o voto proferido pelo Ministro Marco Aurélio foi mantido e computado como válido e o processo que outrora havia sido encaminhado para o Ministro André Mendonça, sendo lançado como indevido.

Por fim, no dia 1º de dezembro de 2022 o Plenário Físico do Supremo Tribunal Federal (STF) concluiu, o julgamento e por maioria de votos, o colegiado ratificou decisão do plenário virtual e considerou possível a aplicação de regra mais vantajosa à revisão da aposentadoria de segurados que tenham ingressado no Regime Geral de Previdência Social (RGPS) antes da Lei 9.876/1999, que criou o fator previdenciário e alterou a forma de apuração dos salários de contribuição para efeitos do cálculo de benefício.

O INSS efetuou um pedido junto ao STF com fundamento para a suspensão nacional de processos, o que denota procrastinação com argumento sobre a necessidade da lavratura de Acórdão com trânsito em julgado, notadamente é mais uma manobra processual a fim de postergar o direito conquistado, porém, o STF entende que não existe a necessidade de publicação do acórdão das suas decisões para que sejam cumpridas.

Ocorre que mesmo após a decisão favorável, no início de fevereiro de 2023, o INSS solicitou ao STF a suspensão nacional dos processos que envolvem a "revisão da vida toda", alegando que a medida era necessária para o instituto se organizar para cumprir a decisão e também se manifestou sobre a necessidade da lavratura de Acórdão com trânsito em julgado. Em breve análise sobre a situação econômica e política, é notório que se trata de mais uma manobra processual a fim de postergar o direito conquistado, porém, o STF entende que não existe a necessidade de publicação do acórdão das suas decisões para que sejam cumpridas.

Segundo informado pela autarquia, a revisão envolve cerca de 51 milhões de benefícios ativos e inativos e supostamente a feitura dos cálculos e respectivos pagamentos estariam além de suas possibilidades técnicas e operacionais. Entretanto, apesar dos pedidos do INSS, segundo o Ministro Alexandre de Moraes, não é razoável que a orientação estabelecida pelo STF continue sem previsão de cumprimento e considera necessário que o INSS apresente um plano de pagamento completo, informando de que modo e em que prazos se propõe a dar efetividade ao entendimento definido pelo Supremo, antes de se manifestar sobre o requerimento de suspensão dos processos[3].

Ademais, vale ressaltar que esses desdobramentos posteriores a decisão favorável ao tema 1102 do STF não impactam no direito adquirido para os contribuintes que já entraram com a ação ou pretendem ingressar com processo para solicitar a revisão dos seus benefícios.

Em observância ao disposto acima, o Advogado João Badari[4], que estava presente na sessão de julgamento, em seu artigo é categórico:

> Os tribunais superiores entendem que não se exige a publicação do acórdão para que suas decisões em plenário sejam cumpridas, e muito menos a exigência do trânsito em julgado das suas decisões. Portanto, clamamos para que a decisão sobre a Revisão da Vida Toda seja imediatamente aplicada nos processos, com a retirada dos sobrestamentos e as concessões da tutela de evidência, estabelecida pelo artigo 311 do Código de Processo Civil, pois os aposentados aguardaram por longas décadas a justiça consolidada pelo STF no último dia 1 de dezembro, um marco previdenciário e social garantido pela mais alta corte do país.

Neste diapasão, é necessário frisar que o entendimento consolidado é de que os juízes de primeira instância e desembargadores dos Tribunais Regionais Federais devem necessariamente retirar o sobrestamento dos processos e concederem a tutela de evidência aos aposentados que foram lesados em seus cálculos por décadas.

Todavia, será necessário aguardar os próximos desdobramentos para saber de qual ponto o julgamento deverá ser retomado, acompanhar a atuação dos *amicus curie* e torcer para que o princípio da segurança jurídica seja apreciado, para que seja mantida a decisão final pró-segurado.

---

3 ALMEIDA, Edson Sebastião. **Revisão da Vida Toda**: justiças e injustiças em via de mão dupla dos Três Poderes e a absurda manobra processual do INSS com pedido de suspensão ao STF das obrigações de fazer e de pagar. 2023. Disponível em: https://www.gentedeopiniao.com.br/ opiniao/artigo/revisao-da-vida-toda-justicas-e-injusticas-em-via-de-mao-dupla-dos-tres-poderes-e-a-absurda-manobra-processual-do-inss-com-pedido-de-suspensao-ao-stf-das-obrigacoes-de-fazer-e-de-pagar> Acesso em 22 mar 2023.

4 BADARI, João. **"Revisão da vida toda", a espera dos aposentados e a publicação do acórdão.** Publicado em 27/01/2023. Disponível em: https://conjur.com.br. Acesso em: 27/01/2023.

4. A (IN)CONSTITUCIONALIDADE DA NÃO APLICAÇÃO DA REVISIONAL DA VIDA TODA PARA AS APOSENTADORIAS CONCEDIDAS APÓS A VIGÊNCIA DA EC 103/2019

O direito adquirido é substrato constitucional, tendo o seu amparo no inciso XXXVI do artigo 5º da CF/88:

> **Art. 5º** Todos são iguais perante a lei, sem distinção de qualquer natureza, garantindo-se aos brasileiros e aos estrangeiros residentes no País a inviolabilidade do direito à vida, à liberdade, à igualdade, à segurança e à propriedade, nos termos seguintes:
>
> **XXXVI** - a lei não prejudicará o direito adquirido, o ato jurídico perfeito e a coisa julgada;

Cumpre salientar, ainda, que dentro do regramento acerca do direito adquirido é importante ressaltar o que dispõe na Lei de Introdução às Normas do Direito Brasileiro (LINDB), a qual qualifica como direito adquirido, os direitos cujo começo do exercício tenha termo pré-fixo ou condição pré-estabelecida inalterável, a arbítrio de outrem (art. 6º, §2º, Decreto-lei 4.657/42).

Nesse interim, Maria Helena Diniz afirma:

> [...] direito adquirido seria todo direito que é consequência de um fato idôneo para gerá-lo em razão de lei vigorante ao tempo em que tal fato teve lugar, muito embora a ocasião em que ele possa a vir a atuar ou a valer ainda não se tenha apresentado antes da entrada em vigor de uma nova norma relativa ao mesmo assunto (DINIZ, 2010, p. 138).

Para Luiz Roberto Barros, a irretroatividade da lei está condicionada em hipóteses previstas na Constituição, tais quais: a) a proteção da segurança jurídica no domínio das relações sociais, veiculada no art. 5º, XXXVI; b) a proteção da liberdade do indivíduo contra a aplicação retroativa da lei penal, contida no art. 5º, XL e c) a proteção do contribuinte contra a voracidade retroativa do Fisco, constante do art. 150, III, "a" (BARROSO, 2010, p. 57-58).

Ocorre que o direito adquirido do segurado está sendo duplamente violado, primeiro ao ter computado no cálculo de seu salário de benefícios apenas os seus salários de contribuição posteriores à julho de 1994. Em segundo momento, isso acontece, porque, esse direito será devido somente até a Emenda Constitucional nº 103/2019.

A espera e indefinição se tornam ainda mais preocupantes para os aposentados que aguardam justiça, em razão da idade avançada e o passar do tempo que traz a decadência do direito para quem não ajuizou a ação, aguardando a definição do seu julgamento. Esses são idosos que foram lesados nos seus cálculos e hoje enfrentam dificuldades financeiras e de saúde. A decisão poderia lhes trazer a possibilidade de melhor se alimentarem, pagarem o convênio médico e a conta da farmácia.

O escopo da tese da revisão da vida toda é trazer dignidade para quem foi lesado pelo INSS na metodologia de cálculo. Ocorre que quanto mais esse processo se prolonga, mais idosos são prejudicados e, por vezes, até vêm a óbito, sem ver a possibilidade de serem ressarcidos corretamente.

Um exemplo dessa situação é a de um segurado que tenha eventualmente contribuído grande parte da sua vida laboral sobre o teto da Previdência Social, mas ao se aposentar, tenha tido suas maiores contribuições descartadas e o benefício configurado em um salário mínimo. Acaso reconhecida a revisão, a sua aposentadoria será recalculada, de forma a considerar todo o valor que efetivamente contribuiu, mas se esse mesmo segurado se aposentar após novembro de 2019, ele não terá mais direito a ter seu benefício recalculado, configurando a inconstitucionalidade do direito adquirido por essa Emenda Constitucional.

É inconstitucional toda lei que ferir ou prejudicar o direito adquirido do cidadão e de imediato, pode-se inquirir que toda mudança que venha a contrariar a Constituição Federal, a carta magna dos brasileiros, não pode e não deve, de forma alguma, servir como meio a prejudicar quem quer que seja. Tais atos podem ser considerados um atentado a própria formação desse conjunto de leis que servem de regulamentação e manutenção de uma organização social.

As incongruências e as perdas aos contribuintes ocasionadas por alguns pontos da Reforma da Previdência, são consideradas inconstitucionais, pois afrontam os princípios fundamentais, além do princípio que impede o retrocesso social.

Com o tempo, o prazo decadencial também corre e se tem, apenas, um grande vencedor, o INSS, visto que a economia aos cofres públicos, o prazo de dez anos e a impossibilidade de se pleitear um direito adquirido após a EC103/2019, corroboram para a mitigação dos direitos sociais.

Ademais, frisa-se que a inconstitucionalidade também é referente a não observância ao princípio da contraprestação, também chamado de regra da contrapartida ou princípio da retributividade. Assim, é importante destacar que em relação aos princípios que norteiam a Seguridade Social, uma vez que, se houver contribuição, é necessário que haja uma contraprestação.

Logo, a regra da contrapartida, por sua vez, é nitidamente violada, porque o segurado efetua o recolhimento da contribuição previdenciária e não recebe a contraprestação que, no caso, seria devida. Ademais, a aludida regra está explicitamente sintetizada no comando normativo do artigo 195, § 5º da Magna Carta:

> Art. 195. A seguridade social será financiada por toda a sociedade, de forma direta e indireta, nos termos da lei, mediante recursos provenientes dos orçamentos da União, dos Estados, do Distrito Federal e dos Municípios, e das seguintes contribuições sociais (...) § 5º Nenhum benefício ou serviço da seguridade social poderá ser criado, majorado ou estendido sem a correspondente fonte de custeio total.

Corroborando o princípio, o Professor Wagner Balera[5] (2009, p.85), dispõe sobre o tema:

> Temos considerado que essa diretriz, que denominamos regra da contrapartida, desvela a preocupação do legislador constituinte, vedando a criação de benefícios ou serviços sem previsão da fonte de custeio, com o equilíbrio financeiro do sistema de proteção social.

Por fim, ressalta-se mais uma vez o viés protetivo do princípio da contrapartida:

> Esse o ideário e a forma de agir pensada e visivelmente arquitetada pelo legislador constitucional originário, que amoldou em seu bojo uma técnica previdenciária não somente arrecadatória, mas visivelmente apoiada em bases de proteção, devendo todos os seus filtros, princípios e regramentos, como a regra ora perfilhada da contrapartida, encontrar sintonia com esse traçado horizonte[6].

O segurado que contribuiu durante toda a sua vida, adquiriu condições para se

---

5 BALERA, Wagner. **Sistema de Seguridade Social.** 5. ed. São Paulo: LTr, p.85, 2009.

6 OLIVEIRA, Leandro. SALVADOR, Sergio. A **EXTENSÃO DA REGRA CONSTITUCIONAL DA CONTRAPARTIDA NO PLANEJAMENTO SOCIAL DA PROTEÇÃO PREVIDENCIÁRIA.** REVISTA JURÍDICA DIREITO & PAZ. ISSN 2359-5035, p. 79-80. Disponível em: http://www.mpsp.mp.br/portal/page/portal/documentacao_e_ divulgacao/doc_biblioteca/bibli_servicos_produtos/bibli_boletim/bibli_bol_2006/84259394B 8263173E050A8C0DD01630F#:~:text=Logo%2C%20a%20regra%20constitucional%20da,eventual%20majora%C3%A7%C3%A3o%2C%20cria%C3%A7%C3%A3o%20ou%20extens%C3%A3o> Acesso em 25 mar 2023.

aposentar somente após a EC 103/2019 e por essa razão, ainda que tenha vertido altas contribuições antes de julho de 1994 não poderá ter esses valores computados para uma aposentadoria adequada, ferindo explicitamente o princípio da contraprestação configurando a inconstitucionalidade da EC 103/2019.

5. CONSIDERAÇÕES FINAIS

A previdência social é o órgão estatal responsável por proteger os indivíduos e seus dependentes de toda e qualquer espécie de evento que impossibilite a garantia do próprio sustento, no caso de segurado, ou no caso de dependente, que impeça o segurado de continuar a mantê-lo.

A previdência protege a sociedade da degenerescência ao proteger o indivíduo, portanto, a previdência social deve tutelar o indivíduo da melhor forma possível, sempre aprimorando essa tutela, com o auxílio de novos precedentes desenvolvidos pelo Direito Previdenciário.

Dessa forma, cabe ressaltar que sendo constatado o direito do segurado e a sua efetiva vantagem, é importante que ele ingresse com a demanda antes do prazo decadencial, ou seja, antes de 10 anos da data de início do pagamento do seu benefício.

A revisão da vida toda pode ser vantajosa para milhares de aposentados, mas antes de entrar com a revisão, é de suma importância encontrar um advogado especializado em direito previdenciário e realizar um cálculo detalhado para ter certeza de que a revisão aumentará consideravelmente o valor do seu benefício.

Diante desse cenário, essa revisão deveria abarcar a todos que tiveram o seu benefício concedido e/ou direito adquirido à concessão deste na vigência da Lei 9.876/1999 ainda que tenham o seu benefício concedido posteriormente à Emenda Constitucional 103/2019, e os que adquiriram o direito em momento posterior à EC 103/19, pois, os direitos adquiridos não podem ser mitigados com essa reforma da previdência, cabendo, pois, ação direta de inconstitucionalidade para questionar essa celeuma e garantir a proteção social já atingida pela legislação infraconstitucional reguladora dos direitos assegurados pela CF/88, tutelando, efetivamente, os segurados da Previdência Social.

REFERÊNCIAS

ALMEIDA, Edson Sebastião. **Revisão da Vida Toda**: justiças e injustiças em via de mão dupla dos Três Poderes e a absurda manobra processual do INSS com pedido de suspensão ao STF das obrigações de fazer e de pagar. 2023. Disponível em: https://www.gentedeopiniao.com.br/opiniao/artigo/revisao-da-vida-toda-justicas-e-injusticas-em-via-de-mao-dupla-dos-tres-poderes-e-a-absurda-manobra-processual-do-inss-com-pedido-de-suspensao-ao-stf-das-obrigacoes-de-fazer-e-de-pagar> Acesso em 22 mar 2023.

BADARI, João. **"Revisão da vida toda", à espera dos aposentados e a publicação do acórdão.** Publicado em 27/01/2023. Disponível em: https://conjur.com.br. Acesso em: 27/01/2023.

BARROSO, Luís Roberto. **Interpretação e aplicação da Constituição**. 7. ed. São Paulo: Saraiva, 2010.

BADARI, João. **Limbo Previdenciário.** Disponível em: https://www.conjur.com.br/2022-out-13/joao-badari-limbo-previdenciario-stf. Acesso em: 13 out 2022.

BRASIL. **Lei 8212/91**. Disponível em: http://www.planalto.gov.br/ccivil_03/leis/L8213cons.htm. Acesso em: 09 jul 2022.

BRASIL. **Lei 8213/91**. Disponível em: http://www.planalto.gov.br/ccivil_03/leis/L8213cons.htm. Acesso em: 09 jul 2022.

BRASIL. **Constituição da República Federativa do Brasil**. 35. ed. São Paulo: Revista dos Tribunais, 2013.

BASTOS, Alberto. Previdência social e imunização: uma análise da emenda constitucional nº 103/19 à luz da teoria de Roberto Esposito. **Revista Brasileira de Direito Social**, Belo Horizonte, v. 4, n. 2, p. 5-20, 2021. Disponível em: https://rbds.ieprev.com.br/rbds/article/view/149. Acesso em 10 jul. 2022.

CASTRO, Alberto Pereira De Castro; LAZZARI, João Batista**, Manual De Direito Previdenciário**. 11. ed. São José, SC: Editora Conceito Editorial, 2009.

DINIZ, Maria Helena. **Conflito de normas**. São Paulo: Saraiva, 1987.

GODOY, Fabiana Fernandes de. **Manual Prático Da Advocacia Previdenciária**. 2. ed. São Paulo: Leme, 2010.

IBRAHIM, Fábio Zambite, **Desaposentação, Um Caminho para uma Melhor Aposentadoria**. 5. ed. Niterói, RJ: Impetus, 2011.

IBRAHIM, Fábio Zambitte. As reformas previdenciárias de 2015. O que sobrou? *In*: FOLMANN, Melissa; SERAU JUNIOR, Marco Aurélio. BERWANGER, Jane Lúcia Wilhelm. **Previdência em Tempo de Reformas**. Porto Alegre: LexMagister, 2015. p. 47-55

KRAVCHYCHYN, Jefferson Luis, KRAVCHYCHYN, Gisele Lemos, CASTRO, Carlos Alberto Pereira, LAZZARI, João Batista. **Prática Processual Previdenciária**. São José, SC: Conceito Editorial, 2010.

MARTINS, Sérgio Pinto, **Direito Da Seguridade Social**. 24. ed. São Paulo - SP: Atlas S.A. 2007.

MARTINEZ, Wladimir Novaes. **Princípios de Direito Previdenciário**. 4. ed. São Paulo: LTr, 1999.

MASCARENHAS, Júlio César Dos Reis Freitas, **Prática Processual E Administrativa Das Revisões, Pensões, Benefícios E Aposentadorias**. São Paulo, SP: Trade book Editora, 2013.

MARTINS, Sérgio Pinto. **Direito da seguridade social**. 37. ed. São Paulo: Saraiva Educação, 2018. p. 107

NASCIMENTO, Sérgio do. **A perda da qualidade de segurado nos benefícios por incapacidade e de pensão por morte, após a edição da EC 20/98**. Disponível em: http://www.epds.com.br/index.php?link=revista&act=ver&id=16. Acesso em: 09 set. 2013.

NUNES, Jacquelline de Moura. Pensão por morte: alterações introduzidas pela Emenda Constitucional 103/2019. **Revista Ciências Jurídicas Sociais**, v. 10, n. 2, p. 30-50, 2020. Disponível em: http://revistas.ung.br/index.php/cienciasjuridicasesociais/article/view/4467. Acesso em 10 jul. 2022.

OLIVEIRA, Leandro. SALVADOR, Sergio. A **EXTENSÃO DA REGRA CONSTITUCIONAL DA CONTRAPARTIDA NO PLANEJAMENTO SOCIAL DA PROTEÇÃO PREVIDENCIÁRIA.** REVISTA JURÍDICA DIREITO & PAZ. ISSN 2359-5035, p. 79-80. Disponível em: http://www.mpsp.mp.br/portal/page/portal/documentacao_e_divulgacao/doc_biblioteca/bibli_servicos_produtos/bibli_boletim/bibli_bol_2006/84259394B8263173E050A8C0DD01630F#:~:text=Logo%2C%20a%20regra%20constitucional%20da,eventual%20majora%C3%A7%C3%A30%2C%20cria%C3%A7%C3%A30%20ou%20extens%C3%A 30> Acesso em 25 mar 2023.

PORTO, Rafael Vasconcelos. Teoria geral do risco social. **Revista Brasileira de Previdência**, Curitiba, v. 9, n. 2, p. 118-157, jul./dez., 2018.

SANTOS, Taís Rodrigues dos; MARTINEZ, Wladimir Novaes. **Revisão dos Benefícios Previdenciários**. 3. ed. São Paulo: LTr, 2018

SERAU JUNIOR, Marco Aurélio. **Seguridade social e direitos fundamentais**. 4. ed. Curitiba: Juruá, 2020.

SETTE, André Luiz Menezes, **Direito Previdenciário Avançado**. Belo Horizonte, MG: 2004.

SUPREMO TRIBUNAL FEDERAL. **Recurso Extraordinário 1276977**. Tema 1102. Disponível em: <https://portal.stf.jus.br/jurisprudenciaRepercussao/verAndamentoProcesso.asp?incidente=5945131&numeroProcesso=1276977&classeProcesso=RE&numeroTema=1102> Acesso em 22 jun. 2022

SUPREMO TRIBUNAL FEDERAL. **Ação Direita de Inconstitucionalidade nº 5399**. Número Único: 0007529-59.2015.1.00.0000. Origem: São Paulo -SP. Relator: Min. Roberto Barroso. Disponível em: <https://portal.stf.jus.br/processos/ detalhe.asp?incidente=4869682> Acesso em 22 jun. 2022

MENESES, Heloísa Corrêa Meneses; PEREIRA, Rafael Galati Santos. A aplicabilidade da revisional da vida toda para as aposentadorias concedidas após a vigência da ec 103/2019. *In:* MENESES, Heloísa Corrêa; SILVA, Tiago Nunes da; RAMONE TAVARES, Viviane; TEIXEIRA, Wendel de Brito Lemos (Coords.). **Anuário da OAB Uberlândia 2022/2023.** Uberlândia: Marco Teórico, 2023. pp. 159-173.

A (IN) CONSTITUCIONALIDADE DO CÁLCULO DA PENSÃO POR MORTE

9

Rodrigo Gama Croches
Rosália de Fátima Ferreira Melo

Resumo:

O presente artigo, face às alterações legislativas recentes, abarca o estudo da pensão por morte como direito fundamental social e os seus requisitos para a concessão e a manutenção, as formas de cálculo da Renda Mensal Inicial (RMI), as mudanças na legislação que afetaram o valor do benefício e o estudo do princípio da vedação de retrocesso social. O objetivo é identificar se as regras do cálculo da pensão por morte podem ser alteradas sem atingir o núcleo dos direitos fundamentais; pois as regras anteriores à Emenda Constitucional (EC) 103/19 eram mais benéficas, de modo a identificar se essas alterações são constitucionais ou não, face ao princípio da proteção ao retrocesso social. Justifica-se a presente pesquisa ante as indagações no atual contexto de redução do valor do benefício e a garantia de subsistência do núcleo familiar e vida digna, em momento de infortúnio. O problema consiste em constatar se a pensão por morte pode ter a forma de cálculo do benefício alterada, de modo a reduzir substancialmente o valor do benefício, sem que isso implique retrocesso social e, consequentemente, inconstitucionalidade. O método de abordagem foi o indutivo e o método de procedimento o comparativo, por uma documentação indireta, pela pesquisa bibliográfica e documental, com análise de conteúdo. Assim, será abordado o conceito da pensão por morte e os requisitos para concessão e manutenção do benefício, a cronologia histórica da forma de cálculo da RMI e o conceito e aplicação do princípio do retrocesso social.

PALAVRAS-CHAVE:

Pensão por morte. Cálculo da renda mensal inicial. Retrocesso Social. Emenda Constitucional 103/2019. Reforma Previdenciária. Inconstitucionalidade.

1. INTRODUÇÃO

O presente trabalho visa abordar o conceito de pensão por morte e o objetivo deste benefício no sistema jurídico previdenciário, os requisitos para concessão e manutenção do benefício frente às alterações legislativas, bem como as mudanças trazidas pela EC 103/19, que alteraram a forma de cálculo da pensão por morte e impactaram, negativamente, na RMI do benefício, em ofensa aos princípios constitucionais, que visam, consequentemente, a estabilidade dos direitos fundamentais e a dignidade humana.

O objetivo desta pesquisa consiste em verificar se as regras que alteraram o cálculo da pensão por morte atingiram o núcleo protetivo da prestação previdenciária e, por conseguinte, questionar a sua constitucionalidade, face ao princípio da proibição de retrocesso social, pois as regras anteriores à EC 103/19 eram mais benéficas, de modo a garantir melhor proteção social.

Assim, serão analisadas legislação previdenciária, precedente do Tribunal Regional Federal da 5ª Região e os fundamentos jurídicos para aplicação do princípio constitucional da proteção ao retrocesso social no ordenamento jurídico, por pesquisas significativas sobre o tema.

Trata-se de um tema atual e de relevante importância ante o impacto social nas relações previdenciárias e sociais, uma vez que a redução da garantia ao melhor cálculo de benefício impacta a proteção à família e à dignidade humana.

Logo, o problema da presente pesquisa se cinge a identificar se as mudanças trazidas pela EC 103/19 que impactaram o cálculo do benefício da pensão por morte são constitucionais ou não, frente ao princípio constitucional da proteção ao não retrocesso social.

Destarte, num primeiro momento, será abordado o conceito do benefício previdenciário de pensão por morte e o seu *status* constitucional, bem como os seus requisitos para concessão e manutenção frente às alterações legislativas. Na sequência, será apresentado breve contexto da evolução do cálculo da renda mensal pensão por morte no ordenamento jurídico. Por fim, será analisado o princípio da proibição de retrocesso social e a sua aplicação no caso concreto, o seu impacto na análise da constitucionalidade ou não das alterações trazidas pela EC 103/19, no contexto do cálculo da pensão por morte.

Procura-se, com a presente pesquisa, expor fundamentos jurídicos para amparar entendimento sobre o tema que se harmonize com a teoria à proteção dos direitos fundamentais sociais. Para tanto, será empregada uma pesquisa bibliográfica e documental, com utilização do método indutivo, por um estudo dos fundamentos de jurisprudências e legislação de regência em matéria previdenciária e princípios constitucionais.

2. O DIREITO FUNDAMENTAL À PENSÃO POR MORTE E OS SEUS REQUISITOS

A pensão por morte é um benefício previdenciário e se traduz em direito fundamental assegurado no artigo 201, V da Constituição Federal, que garante a cobertura do evento morte do segurado e se destina ao conjunto dos dependentes do segurado que falecer.

O *status* de direito fundamental concede ao cidadão a possibilidade de exigir do Estado ação positiva na concretização e proteção dos direitos fundamentais. Por isso, "Esses direitos fundamentais devem, como valores ou 'decisões objetivas de valores', irradiar-se sobre todo o direito. Com isso, os direitos fundamentais ostentam a sua força não só nas relações entre os cidadãos e o estado, mas também no direito civil"[1].

Numa interpretação sistemática, pode-se perceber que os direitos sociais têm nítido intuito de promover os objetivos constitucionais, de modo a construir uma sociedade livre, justa e solidária, garantindo o desenvolvimento e visando a erradicação da pobreza e da marginalização, bem como a redução das desigualdades sociais, promovendo o bem de todos.

Os benefícios previdenciários, incluída a pensão por morte, são direitos fundamentais sociais com dimensão prestacional, que demandam ação positiva do Estado.

> [...] os direitos fundamentais a prestações são inequivocamente autênticos direitos

1 ALEXY, Robert. **Teoria Discursiva do Direito**. Tradução de Alexandre Travessoni Gomes Trivisonno. Rio de Janeiro: Forense Universitária, 2014. p. 128

> fundamentais, constituindo (justamente em razão disto) direito imediatamente aplicável, nos termos do disposto no art. 5º, § 1º, de nossa Constituição. A exemplo das demais normas constitucionais e independentemente de sua forma de positivação, os direitos fundamentais prestacionais, por menor que seja sua densidade normativa ao nível da Constituição, sempre estarão aptos a gerar um mínimo de efeitos jurídicos, [...], no sentido que inexiste norma constitucional destituída de eficácia e aplicabilidade[2]

Assim, a pensão por morte, observados seus critérios, visa a proteção da família que perdeu o responsável pelo seu sustento, objetivando a dignidade da pessoa humana, que diante da perda do seu provedor familiar, não ficará desprotegido abruptamente ao alvedrio da sorte; quer seja pela morte real ou presumida.

> Necessário destacar que a pensão é devida com morte real ou presumida. Daí por que não há como se cogitar de regras de transição em matéria de pensão por morte: a regra a ser aplicada é a da data do óbito (princípio *tempus regit actum*). Nesse sentido, a Súmula n. 340 do STJ: 'A lei aplicável à concessão de pensão previdenciária por morte é aquela vigente na data do óbito do segurado'[3].

Entender a pensão por morte como direito fundamental é compreender que o Estado deve construir estruturas necessárias e possíveis para garantir o gozo do direito quando ocorrer o evento danoso. Nesse contexto, a Previdência Social foi criada com âmago constitucional, regras e princípios próprios para garantir a base de custeio com universalidade de participação e a cobertura dos riscos sociais com uniformidade e equivalência dos benefícios e serviços.

O benefício tem regras próprias e será devido a partir da data do óbito, desde que requerido dentro do prazo legal, ou a partir do seu requerimento. Ocorre também em caso de morte presumida, a partir da decisão judicial que decretar a morte do segurado, considerando devida pensão provisória desde a declaração de ausência: "Todavia, havendo prova do desaparecimento do segurado em consequência de acidente, desastre ou catástrofe, seus dependentes farão jus à pensão provisória

---

2 SARLET, Ingo Wolfgang. **A eficácia dos direitos fundamentais**: uma teoria geral dos direitos fundamentais na perspectiva constitucional. 11. ed. Porto Alegre: 2012. p. 281

3 CASTRO, Carlos Alberto Pereira; LAZZARI, João Batista. **Manual de Direito Previdenciário**. 23 ed. Rio de Janeiro: Forense, 2020. p. 1.186

independentemente da declaração de ausência"[4].

Cumpre destacar que quando a prestação previdenciária decorrer de óbito, independentemente da data em que for requerido benefício, as regras aplicáveis são aquelas do tempo do fato gerador, ou seja, a morte do segurado, em razão do princípio *tempus regit actum.*

São considerados beneficiários, os dependentes do segurado, conforme dispõe o artigo 16 da Lei 8.213/91. Os dependentes de primeira classe, são cônjuge, a companheira ou companheiro, e o filho não emancipado, menor de 21 anos ou inválido ou que tenha deficiência intelectual ou mental ou deficiência grave. Equipara-se aos filhos, o enteado e o menor tutelado.

Os dependentes de primeira classe, cônjuges, companheiros e filhos têm preferência em relação aos dependentes das demais classes, que são os pais e o irmão não emancipado, de qualquer condição, menor de 21 anos ou inválido ou que tenha deficiência intelectual ou mental ou deficiência grave.

A existência de dependente de qualquer da classe anterior, exclui o direito da classe posterior, conforme prevê o parágrafo primeiro do artigo 16 da Lei n. 8.213/91. Isso significa dizer que, ainda que uma pessoa de outra classe dependa do segurado falecido, a existência de dependente de primeira classe exclui os da segunda e os da segunda exclui os da terceira. A legislação estabeleceu, portanto, uma ordem de preferência entre os dependentes para concessão do benefício.

É possível perceber que, em matéria de pensão por morte, a legislação prevê uma ordem de sucessão, assim como no Direito Civil:

> [...]. Há no Direito Previdenciário, tal como no Direito das Sucessões, uma ordem de vocação entre dependentes para o recebimento de benefício, embora as classes elencadas na Lei de Benefícios não sejam as mesmas indicadas no Código Civil. Inicialmente, devem ser beneficiários os que estão na célula familiar do segurado; depois, não existindo esta, fazem jus os genitores; por fim, seus irmãos ainda menores ou incapazes para prover a sua própria subsistência[5].

Não é demais lembrar que a dependência dos beneficiários de primeira classe é

---

4 IBRAHIM, Fabio Zambitte. **Curso de Direito Previdenciário**. 15. ed. Rio de Janeiro: Impetus, 2010. p. 693

5 CASTRO, Carlos Alberto Pereira; LAZZARI, João Batista. **Manual de Direito Previdenciário**. 23. ed. Rio de Janeiro: Forense, 2020. p. 1194

presumida, e das demais classes devem ser provada, pois, caso contrário, não fará *jus* ao benefício, previsão do §4º do artigo 16 da Lei 8.213/91.

São requisitos essenciais para a concessão da pensão por morte, a morte do segurado, a qualidade de segurado do falecido ao tempo do óbito ou que o segurado já tivesse direito à aposentadoria ou benefício por incapacidade no momento do óbito, ainda que não requerido ou mesmo que não concedido ao tempo do óbito, transferindo ao dependente o direito do segurado, e a existência, ao tempo do fato gerador, de dependentes aptos a se habilitarem como beneficiários.

Como se vê, a pensão por morte é um benefício que não exige carência mínima, conforme previsão do artigo 26, inciso I da Lei n. 8.213/91, que é o número mínimo de contribuições mensais para que o segurado ou seus beneficiários façam *jus* a um benefício, já que a previsão incerta na Lei n. 13.135/15 não tem efeito de exigência de carência, mas apenas redutor do tempo de percepção do benefício.

Nesse sentido:

> No tocante à pensão por morte não podemos confundir carência com duração do benefício. Isso porque, apesar de a norma não prever carência para as pensões por morte, se o óbito ocorrer sem que o segurado tenha vertido 18 (dezoito) contribuições mensais ou se o casamento ou a união estável tiverem sido iniciados em menos de 2 (dois) anos antes do óbito do segurado, a duração será de apenas quatro meses, nos termos do art. 77, V, "b", da Lei n. 8.213/1991. 82)[6]

A Medida Provisória n. 664/14, convertida na Lei n. 13.135/15, que alterou a Lei 8.213/91, introduziu regras no intuito de coibir fraudes, que não raras vezes ocorriam, o que causava enorme prejuízo à Previdência social. Por essa razão, foi definida regra da perda do direito ao benefício da pensão por morte ao cônjuge, o companheiro ou a companheira se comprovada, a qualquer tempo, simulação ou fraude no casamento ou na união estável ou a formalização desses, com o fim exclusivo de constituir benefício previdenciário.

Antes da Lei n. 13.135/15, o benefício de pensão por morte era vitalício para alguns beneficiários, independentemente do número de contribuições vertidas à Previdência Social e do tempo da relação conjugal ou de convivência. Contudo, com a referida Lei, o benefício passou a ter período de duração máxima, de acordo com a

6 CASTRO, Carlos Alberto Pereira; LAZZARI, João Batista. **Manual de Direito Previdenciário**. 23. ed. Rio de Janeiro: Forense, 2020. p. 782

idade e espécie de beneficiário, podendo ser vitalício somente se ao tempo do óbito, o (a) cônjuge ou companheiro (a) já tivesse atingido a idade mínima contemplada na legislação, que, atualmente, é 45 anos.

Outra alteração relevante e inovadora trazida pela referida Lei, refere-se à duração do benefício para cônjuges e companheiros, cuja relação conjugal ou de convivência ao tempo do óbito não superou dois anos na data do óbito e tempo mínimo de 18 contribuições do segurado. Nesses casos, o benefício terá vigência de apenas quatro meses, exceto no caso de doença ou acidente do trabalho ou acidente de qualquer natureza ou se o dependente for portador de deficiência ou invalidez.

Além disso, importantes modificações também ocorreram com a Lei n. 13.846/15. No intuito de dificultar acesso ao benefício e coibir fraudes, passou-se a exigir início de prova material da união estável e dependência econômica contemporâneas aos fatos, produzidas em período não superior a 24 meses anterior à data do óbito e não admitida prova exclusivamente testemunhal, exceto no caso de força maior ou caso fortuito. Além disso, deve-se comprovar a existência da união estável pelo menos dois anos antes do óbito do segurado, exigindo-se apenas duas provas do fato, pois antes eram exigidos três.

A exigência de dependência econômica para conviventes é controversa, já que para os dependentes de primeira classe ela é presumida por expressa disposição legal, ou seja, independe de prova pré-constituída. Assim como o casamento, a relação de convivência tem igual proteção constitucional e não podem ser criadas regras de diferenciação.

É possível constatar que, muito antes da Reforma da Previdência que ocorreu com a EC 103/19, o benefício da pensão por morte já foi alvo de várias reformas, muitas delas no intuito de evitar fraudes e outras com a intenção de dificultar o acesso ao benefício e até extinguir direitos já consolidados. Contudo, a EC 103/19 teve o grave propósito de minorar a renda mensal inicial do benefício e impedir o rateio entre dependentes, como veremos no próximo tópico.

3. CÁLCULO DA RMI DA PENSÃO POR MORTE ANTES E PÓS EC 103/19

Para melhor entender a cronologia histórica do benefício e a forma de cálculo da RMI da pensão por morte, faz-se mister um breve estudo do tema.

É possível verificar que a pensão por morte é um benefício previsto desde a Lei Eloy Chaves de 1923, embora, inicialmente, com nomenclatura apenas de pensão:

> O benefício de Pensão, previsto na legislação desde o início de vigência do Decreto n. 4682, de 24 de junho de 1923, era devido aos herdeiros dos empregados das estradas de ferro em caso de morte (art. 9º, §4º), com o valor 'equivalente a 50% da aposentadoria percebida ou a que tinha direito o pensionista, e de 25% quando o empregado falecido tiver mais de 10 e menos de 30 anos de serviço effectivo" (artigo 28) [...][7].

A Lei Orgânica da Previdência Social (Lei n. 3.807/60) também previa o pagamento de pensão aos dependentes do segurado, com carência de 12 contribuições, cujo benefício era constituído a partir de uma parcela familiar de 50% do valor da aposentadoria que o segurado percebia ou daquela que teria direito se, na data do seu falecimento fosse aposentado, além de tantas parcelas iguais, correspondentes a 10% sobre o valor da mesma aposentadoria, quantos forem os dependentes, até o máximo de 5 dependentes, conforme previsão dos artigos 36[8] e 37[9].

Alterações significativas ocorreram com a edição da Lei n. 8.213/91, que manteve o benefício de pensão, mas alterou a denominação para pensão por morte e passou a garantir benefício mais vantajoso que a legislação anterior. Previa-se parcela relativa à família de 80% do valor da aposentadoria que o segurado percebia ou a que teria direito se estivesse aposentado na data do óbito e mais cota de 10% para cada dependente, até o máximo de duas. No caso de falecimento decorrente de acidente

---

7 GEROMES, Sergio. **Passo a passo do cálculo do benefício previdenciário antes e depois da reforma da previdência.** São Paulo: LUJUR editora, 2020. p. 124

8 "Art. 36. A pensão garantirá aos dependentes do segurado, aposentado ou não, que falecer, após haver realizado 12 (doze) contribuições mensais, uma importância calculada na forma do art. 37". (BRASIL. **Lei 3.087 de 26 de agosto de 1960.** Dispõe sobre a Lei Orgânica da Previdência Social. Disponível em: http://www.planalto.gov.br/ccivil_03/leis/1950-1969/l3807.htm. Acesso em: 26 jun. 2022).

9 "Art. 37. A importância da pensão devida ao conjunto dos dependentes do segurado será constituída de uma parcela familiar, igual a 50% (cinqüenta por cento) do valor da aposentadoria que o segurado percebia ou daquela a que teria direito se na data do seu falecimento fôsse aposentado, e mais tantas parcelas iguais, cada uma, a 10% (dez por cento) do valor da mesma aposentadoria quantos forem os dependentes do segurado, até o máximo de 5 (cinco)" (BRASIL. **Lei 3.087 de 26 de agosto de 1960.** Dispõe sobre a Lei Orgânica da Previdência Social. Disponível em: http://www.planalto.gov.br/ccivil_03/leis/1950-1969/l3807.htm. Acesso em: 26 jun. 2022).

de trabalho, o valor do benefício era de 100% do salário de benefício ou do salário de contribuição.

> [...] a partir da Lei n.8.213/91, era constituída de uma parcela, relativa à família, de 80% do valor da aposentadoria que o segurado recebia ou da que teria direito se estivesse aposentado na data do seu falecimento; mais tantas parcelas de 10% do valor da mesma aposentadoria quantos fossem seus dependentes, até o máximo de duas. Caso o falecimento fosse consequência de acidente do trabalho, o valor era de 100% do salário de benefício ou do salário de contribuição vigente no dia do acidente, o que fosse mais vantajoso[10].

Todavia, o benefício sofreu modificações com o advento da Lei n. 9.032/95, que estabeleceu nova forma de cálculo da pensão por morte, cuja RMI correspondia a 100% do salário de benefício, calculado pela média aritmética simples dos últimos salários de contribuição, observando um lapso temporal não superior a 48 meses imediatamente anteriores ao benefício, excluindo a alíquota mais vantajosa.

> A previsão de benefício de pensão por morte com alíquota mais vantajosa em caso de falecimento decorrente de acidente de trabalho foi extinta pela Lei n. 9.032/1995, que, dando nova redação ao artigo 75 da Lei de Benefício, dispôs que a renda mensal da pensão por morte, observado o artigo 33, deveria corresponder a 100% (cem por cento) do salário de benefício, que, por sua vez era calculado pela média aritmética simples de todos os últimos salários de contribuição dos meses imediatamente anteriores ao afastamento da atividade ou da data da entrada do requerimento, até o máximo de 36 (trinta e seis) meses, apurados em período não superior a 48 (quarenta e oito) meses[11].

Em atenção ao artigo 33 da Lei n. 8.213/91[12], o benefício da pensão por morte

10 CASTRO, Carlos Alberto Pereira; LAZZARI, João Batista. **Manual de Direito Previdenciário**. 14. ed. Florianópolis: Conceito Editorial, 2012, p. 687-688.

11 GEROMES, Sergio. **Passo a passo do cálculo do benefício previdenciário antes e depois da reforma da previdência**. 1 ed. São Paulo: LUJUR editora, 2020, p.125.

12 Art. 33. A renda mensal do benefício de prestação continuada que substituir o salário-de-contribuição ou o rendimento do trabalho do segurado não terá valor inferior ao do salário-mínimo, nem superior ao do limite máximo do salário-de-contribuição, ressalvado o disposto no art. 45 desta Lei (BRASIL. **Lei 8.213 de 24 de julho de 1991**. Dispõe sobre Plano de Benefícios da Previdência Social e dá outras providências. Disponível em: http://www.planalto.gov.br/
ccivil_03/leis/ l8213cons.htm. Acesso em: 26 jun. 2022).

não poderia ser inferior ao salário mínimo, nem superior ao teto da previdência, o que se mantém.

A Lei n. 9.528/97 alterou o artigo 75 da Lei n. 8.213/91 e trouxe novo regramento, estabelecendo que o valor da pensão por morte seria de 100% do valor da aposentadoria que o segurado recebia ou daquela a que teria direito se estivesse aposentado por invalidez na data do seu falecimento, observado parâmetros legais.

Sendo assim, com a nova disposição legal, ficou definido que a pensão por morte teria duas formas de cálculo, no caso de segurado falecido já em gozo de benefício de aposentadoria, o benefício seria igual a 100% do valor da aposentadoria percebida. No caso de segurado que faleceu e não estava aposentado ao tempo do óbito, a pensão seria correspondente a 100% da aposentadoria por invalidez, ou seja, calculava-se o salário de benefício e sobre ele aplicava a alíquota de 100%.

Por sua vez, a forma de cálculo do salário de benefício para os filiados à Previdência Social até a data anterior à sua publicação, passou a ser realizado pela média aritmética simples dos maiores salários de contribuição, correspondentes a 80% de todo o período contributivo decorrido desde a competência julho de 1994. Dessa forma, depois de apurado o salário de benefício seria aplicada sobre ele a alíquota de 100% para chegar ao valor do benefício, respeitado o teto da previdência. Assim, não haveria incidência do fator previdenciário ou do divisor mínimo.

Porém, novas alterações na regra de cálculo da RMI do benefício, dentre outras, foram introduzidas pela EC 103/19 e tiveram o condão de minorar o valor do benefício. De acordo com a EC 103/19, a cota familiar será de 50% do salário de benefício, acrescida de cotas de 10 pontos percentuais por dependente até o máximo de 100%.

Apenas quando houver dependente inválido ou com deficiência de qualquer natureza, será assegurado 100% do salário de benefício e cessada essa condição, o benefício será recalculado.

Por sua vez, o cálculo do salário de benefício também foi alterado pela EC 103/19, prevendo que seu cálculo deverá observar 100% do período contributivo desde julho de 1994 ou desde o início da contribuição, se posterior a julho de 1994. Isso pode não ser favorável, considerando o histórico de contribuições do instituidor da pensão, visto a ampliação da base de cálculo do benefício e a não exclusão dos 20% menores salários de contribuição.

A EC 103/19 reduziu o valor dos benefícios ao alterar a forma de cálculo da renda mensal, pois passou a aplicar alíquota de 60% sobre o salário de benefício, acrescida de dois pontos percentuais para cada ano de contribuição que exceder 20 anos de tempo de contribuição, conforme dispõe o parágrafo 2º do artigo 26.

Sendo assim, a RMI da pensão por morte, para o segurado falecido em gozo de aposentadoria, será calculada pelo percentual de 50% do valor da aposentadoria que o segurado já recebia no momento do óbito, acrescida de 10 pontos percentuais por dependente, até o limite de 100%. Para o segurado que faleceu e não gozava de benefício, a pensão por morte corresponderá a 50% do valor da aposentadoria a que o segurado teria direito se aposentado por incapacidade permanente na data do óbito, antiga aposentadoria por invalidez, acrescida de cotas de 10 pontos percentuais por dependente, até o máximo de 100%.

A referida regra foi muito desfavorável aos dependentes, já que terá a renda familiar reduzida em virtude da alteração do cálculo do salário de benefício e aplicação de alíquota de apenas 60%, e ainda cota familiar de somente 50% sobre o valor apurado. Sobretudo, isso ocorre pela cessação das cotas dos dependentes, que não mais serão revertidas aos demais dependentes, exceto se o número de dependentes remanescentes for superior ou igual a 5.

Nota-se que, de acordo com a cronologia histórica do benefício de pensão por morte, é possível perceber que as últimas alterações trazidas pelo poder constituinte reformador e legislador infraconstitucional foram extremamente maléficas ao conjunto dos dependentes do segurado, com nítido intuito de descontruir a proteção social.

Além disso, sem qualquer diferenciação na fonte custeio, o valor da pensão por morte equivalente a 100% da aposentadoria recebida pelo segurado ou aquela que teria direito somente na hipótese de dependente inválido ou com deficiência, ofende o direito constitucional à isonomia, visto que a proteção social que se busca é a manutenção do provimento familiar e a dignidade humana de todos os beneficiários, sem distinção.

4. O PRINCÍPIO DA PROIBIÇÃO DE RETROCESSO SOCIAL

Os direitos fundamentais sociais visam concretizar a ideia de estado social de direito insculpida na Constituição Federal, a fim de garantir vida digna e proteção social frente aos riscos sociais. É justamente essa a concepção dos benefícios previdenciários, de garantir proteção e dignidade à família em momento de contingência.

Por ser direito assegurado ao indivíduo, a pensão por morte, assim como a previdência social, está no rol de cláusula pétreas constitucionais, que são aquelas que integram o núcleo denso da Constituição, pois também tem o escopo de realizar direito de titularidade individual.

> Para além do exposto, verifica-se que todos os direitos fundamentais consagrados em nossa Constituição (mesmo os que não integram o Título II) são, na verdade e em última análise, direitos de titularidade individual, ainda que alguns sejam de expressão coletiva. É o indivíduo que tem assegurado o direito de voto, assim como é o indivíduo que tem direito à saúde, assistência social, aposentadoria etc[13].

Os direitos assegurados por cláusulas pétreas, "aquela cláusula insuscetível de mudança formal, porque consagra o núcleo irreformável da constituição"[14], têm nítido intuito de dar segurança e estabilidade jurídica, pelo qual o indivíduo pode idealizar e concretizar seus projetos de vida sem medo de mudanças intempéries pelo poder reformador, bem como pelo legislador infraconstitucional, de modo a afetar a estabilidade dos direitos fundamentais e o seu esvaziamento.

Nesse ponto, pode-se defender a aplicação do princípio de proibição de retrocesso social, já que, o que se busca é preservar direitos já conquistados, isso porque "a proibição do retrocesso social é um princípio constitucional, com caráter retrospectivo, na medida em que se propõe a preservar um estado de coisas já conquistado contra sua restrição ou supressão arbitrária"[15].

Assim, a EC 103/19, ao estabelecer cálculo da RMI da pensão por morte mais gravoso do que a regra anterior, que previa percentual de 100% da aposentadoria que o segurado recebia ou do cálculo da aposentadoria por invalidez a que teria direito no momento do óbito, sem qualquer parâmetro atuarial e custeio, viola o

---

13 SARLET, Ingo Wolfgang. **A eficácia dos direitos fundamentais**: uma teoria geral dos direitos fundamentais na perspectiva constitucional. 11. ed. Porto Alegre, 2012. p. 433

14 BULOS, Uadi Lammêgo. **Constituição Federal anotada**. 9 ed. São Paulo: Saraiva, 2009. p. 849

15 DERBLI, Felipe. Proibição de Retrocesso Social: Uma Proposta de Sistematização à luz da Constituição de 1988. *In*: BARROSO, Luís Roberto (Org.). **A reconstrução democrática do direito público no Brasil**. Rio de Janeiro: Renovar, 2007. p. 464

direito e se traduz em verdadeiro retrocesso social.

> O que a EC pretendeu fazer foi suprimir direitos previdenciários construídos ao longo de décadas para a proteção de quem se vê sem sua fonte de subsistência primária, em razão de evento inesperado, ao restabelecer a regulação sobre pensão por morte que havia na Lei Orgânica da Previdência Social - LOPS, Lei n.º 3.807/60, e com regramento sobre renda mensal ainda mais gravoso do que aquele, mesmo depois dela ter sido revogada pela CF e pela Lei n.º 8.213/91. E, o que é ainda mais esdrúxulo do ponto de vista da lógica do processo legislativo, disciplinando inclusive percentuais de cálculo de renda mensal de benefício, questões normalmente deixadas para a legislação complementar e ordinária[16].

A EC 103/19 retrocedeu a antiga e extinta Lei Orgânica da Previdência que datava de 1960, suprimindo garantias já estabelecidas na legislação mais atual sem qualquer critério; visto que o benefício advém de contribuição social específica destinada à previdência social.

Dessa maneira, não se pode ao menos alegar cláusula da reserva do possível, visto que o sistema da previdência social no Brasil é contributivo e tem diversidade da base de custeio com contribuições advindas do segurado e outros atores sociais. Assim, não é crível permitir o esvaziamento de um direito basilar à subsistência da família, que visa, basicamente, garantir existência digna em momento de risco social.

Ademais, os compromissos financeiros familiares não cessam com a morte do segurado. Por isso, é importante garantir, àqueles que já suportaram perda familiar e precisarão se readaptar à nova realidade, renda mais compatível com aquela auferida pelo segurado em vida; visto que muitas vezes a perda do provedor familiar ocorre quando o dependente já não tem mais possibilidade de retornar ao mercado de trabalho ou mesmo quando, por tenra idade não tem sequer possibilidade de auferir renda alguma. Tais mudanças podem permitir uma futura geração de dependentes miseráveis a sobrecarregar o sistema público.

Sarlet, com base nas lições de Canotilho, sobre a proibição de retrocesso social, assevera que após materialização de um direito fundamental em nível

---

16 BRASIL. Tribunal Regional Federal da 5ª Região. 1ª Turma. **Recurso nº 0509761-32.2020.4.08.8500**. Relator: Des. Marcos Antonio Garapa de Carvalho. Publicação: 12/05/2021. Disponível em: https://www.jfse.jus.br/vsix/sis_diversos/_lib/file/doc/Maio/Voto_TR.pdf. Acesso em: 16 jun. 2022.

infraconstitucional, gera-se um direito subjetivo indisponível:

> [...] após sua concretização em nível infraconstitucional, os direitos fundamentais sociais assumem, simultaneamente, a condição de direitos subjetivos a determinadas prestações estatais e de uma garantia institucional, de tal sorte que não se encontram mais na (plena) esfera de disponibilidade do legislador, no sentido de que os direitos adquiridos não mais podem ser reduzidos ou suprimidos, sob pena de flagrante infração ao princípio da proteção da confiança (por sua vez, diretamente deduzido do princípio do Estado de Direito), que, de sua parte, implica a inconstitucionalidade de todas as medidas que inequivocamente venham a ameaçar o padrão de prestações já alcançadas[17].

A Suprema Corte brasileira teve a oportunidade de manifestar-se sobre a proibição de retrocesso social - ARE 639337/SP, entendendo que após a construção e efetivação dos direitos fundamentais sociais, o Estado tem o dever de preservá-los:

> A PROIBIÇÃO DO RETROCESSO SOCIAL COMO OBSTÁCULO CONSTITUCIONAL À FRUSTRAÇÃO E AO INADIMPLEMENTO, PELO PODER PÚBLICO, DE DIREITOS PRESTACIONAIS. - O princípio da proibição do retrocesso impede, em tema de direitos fundamentais de caráter social, que sejam desconstituídas as conquistas já alcançadas pelo cidadão ou pela formação social em que ele vive. - A cláusula que veda o retrocesso em matéria de direitos a prestações positivas do Estado (como o direito à educação, o direito à saúde ou o direito à segurança pública, v.g.) traduz, no processo de efetivação desses direitos fundamentais individuais ou coletivos, obstáculo a que os níveis de concretização de tais prerrogativas, uma vez atingidos, venham a ser ulteriormente reduzidos ou suprimidos pelo Estado. Doutrina. Em conseqüência desse princípio, o Estado, após haver reconhecido os direitos prestacionais, assume o dever não só de torná-los efetivos, mas, também, se obriga, sob pena de transgressão ao texto constitucional, a preservá-los, abstendo-se de frustrar - mediante supressão total ou parcial - os direitos sociais já concretizados[18].

Em razão disso, o Tribunal Regional da 5ª Região, nos autos do processo nº

---

17 SARLET, Ingo Wolfgang. **A eficácia dos direitos fundamentais**: uma teoria geral dos direitos fundamentais na perspectiva constitucional. 11. ed. Porto Alegre: Editora, 2012. p. 449

18 BRASIL. Supremo Tribunal Federal. 2ª Turma. **ARE 639337/São Paulo**. Relator Min. Celso de Mello. Data Publicação:15/09/2011. Disponível em: https://redir.stf.jus.br/ paginadorpub/paginador.jsp?docTP=AC&docID=627428#:~:text=%2D%20O%20princ%C3%ADpio%20da%20proibi%C3%A7%C3%A3o%20do,social%20em%20que%20ele%20vive. Acesso em: 27 jun. 2022.

0509761.32.2020.4.05.8500 reconheceu incidentalmente a inconstitucionalidade do cálculo da pensão por morte após a reforma da previdência, por entender que houve violação ao princípio constitucional de proibição de retrocesso social. Esse princípio já é largamente vislumbrado pela doutrina e pela Suprema Corte em matéria de direitos fundamentais.

5. CONCLUSÃO

Foram apresentados no decorrer do presente estudo, síntese do conceito de pensão por morte, partindo da concepção de seguro e proteção social, e o seu *status* constitucional na vertente de direito fundamental, bem como os requisitos necessários para recebimento do benefício e a sua manutenção.

Ademais, buscou-se apresentar as alterações das regras de cálculos da RMI da pensão por morte e as alterações legislativas que impactaram o cálculo da pensão por morte no decorrer do tempo, bem como a maneira como as recentes mudanças na legislação infraconstitucional e constitucional impactaram negativamente o grau de proteção do benefício, sobretudo o cálculo da RMI, que ocasionou a redução da renda dos beneficiários.

Não se pode olvidar que, o seguro social, como meio de proteção dos segurados e seus dependentes em momento de riso social, busca a proteção da dignidade humana e segurança de vida digna, a fim de concretizar o objetivo maior do Estado Democrático de Direito. É justamente nesse ponto que não se pode permitir alterações normativas, que não só menosprezam um estado de direitos já consolidados, mas que também não se conciliam com a natureza do benefício e os objetivos constitucionais.

É possível constatar que o conjunto de regras infraconstitucionais e posteriormente advindas do poder reformador se traduzem em reducionistas, de modo a descontruir direitos já concretizados ao longo do direito previdenciário. Nesse ponto, o princípio implícito de vedação de retrocesso social visa assegurar a proteção das normas que concretizam e dão eficácia aos direitos fundamentais.

Assim, a inconstitucionalidade da EC 103/2019 no ponto que alterou o cálculo da pensão por morte e impediu a reversibilidade de cotas dos dependentes ao núcleo familiar, reduzindo direitos construídos e consolidados, consiste, exatamente, na inobservância do princípio de vedação de retrocesso social, pois minorou, substancialmente, o valor do benefício, de modo a estabelecer regras ainda mais gravosas que as anteriormente revogadas, afetando o núcleo de estabilidade e segurança do direito social.

Por fim, observa-se que a alteração nas regras para concessão da pensão por morte é inconstitucional e, por isso, devem ser aplicadas as regras de cálculo anteriores às mudanças trazidas pela EC 103/2019, uma vez que representam melhor benefício e, por conseguinte, proporcionam vida com mais dignidade aos dependentes em momento de perda familiar, como já reconhecido incidentalmente por decisão do Tribunal Regional Federal da 5ª Região.

REFERÊNCIAS

ALEXY, Robert. **Teoria Discursiva do Direito**. Tradução de Alexandre Travessoni Gomes Trivisonno. Rio de Janeiro: Forense Universitária, 2014.

BRASIL. [Constituição Federal (1988)]. **Constituição da República Federativa do Brasil.** Brasília: Senado Federal, 1988. Disponível em: http://www.planalto.gov.br/ccivil_03/constituicao/constituicao.htm. Acesso em: 26 maio 2022.

BRASIL. Lei 3.087 de 26 de agosto de 1960. **Dispõe sobre a Lei Orgânica da Previdência Social.** Disponível em: http://www.planalto.gov.br/ccivil_03/leis/1950-1969/l3807.htm. Acesso em: 26 jun. 2022.

BRASIL. **Lei 8.213 de 24 de julho de 1991**. Dispõe sobre Plano de Benefícios da Previdência Social e dá outras providências. Disponível em: http://www.planalto.gov.br/ccivil_03/leis/l8213cons.htm. Acesso em: 26 jun. 2022.

BRASIL. Supremo Tribunal Federal. 2ª Turma. **ARE 693337/São Paulo**. Relator: Min. Celso de Mello. Publicação: 15/09/2011. Disponível em: /https://redir.stf.jus.br/paginadorpub/paginador.jsp?docTP=AC&docID=627428#:~:text=%2D%20O%20princ%C3%ADpio%20da%20proibi%C3%A7%C3%A3o%20do,social%20em%20que%20ele%20vive. Acesso em: 27 jun. 2022.

BRASIL. Tribunal Regional Federal da 5ª Região. 1ª Turma. **Processo nº 0509761-32.2020.4.08.8500**. Relator: Des. Marcos Antonio Garapa de Carvalho. Publicação: 12/05/2021. Disponível em: https://www.jfse.jus.br/vsix/sis_diversos/_lib/

file/doc/Maio/Voto_TR.pdf. Acesso em: 16 jun. 2022.

BULOS, Uadi Lammêgo. **Constituição Federal anotada.** 9. ed. São Paulo: Saraiva, 2009. p. 849

CASTRO, Carlos Alberto Pereira de; LAZZARI, João Batista. **Manual de Direito Previdenciário.** 14. ed. Florianópolis: Conceito Editorial, 2012, p.687-688.

CASTRO, Carlos Alberto Pereira; LAZZARI, João Batista. **Manual de Direito Previdenciário.** 23. ed. Rio de Janeiro: Forense, 2020.

DERBLI, Felipe. Proibição de Retrocesso Social: Uma Proposta de Sistematização à luz da Constituição de 1988. *In*: BARROSO, Luís Roberto (Org.). **A reconstrução democrática do direito público no Brasil.** Rio de Janeiro: Renovar, 2007. p. 433-495.

GEROMES, Sergio. **Passo a passo do cálculo do benefício previdenciário antes e depois da reforma da previdência.** São Paulo: LUJUR, 2020.

IBRAHIM, FABIO ZAMBITTE. **Curso de Direito Previdenciário.** 15. ed. Rio de Janeiro: Impetus, 2010, p. 693

SARLET, Ingo Wolfgang. **A eficácia dos direitos fundamentais**: uma teoria geral dos direitos fundamentais na perspectiva constitucional. 11. ed. Porto Alegre, 2012.

CROCHES, Rodrigo Gama; MELO, Rosália de Fátima Ferreira. A (in) constitucionalidade do cálculo da pensão por morte. *In:* MENESES, Heloísa Corrêa; SILVA, Tiago Nunes da; RAMONE TAVARES, Viviane; TEIXEIRA, Wendel de Brito Lemos (Coords.). **Anuário da OAB Uberlândia 2022/2023.** Uberlândia: Marco Teórico, 2023. pp. 175-191.

A APOSENTADORIA COMO INVESTIMENTO: UMA ANÁLISE SOB A ÓTICA DO PLANEJAMENTO PREVIDENCIÁRIO

10

Michel Evangelista Luz
Jéssica Santos Conceição
Aline Mireli de Oliveira

Resumo:

O princípio da dignidade humana é o alicerce para a efetividade dos direitos sociais inseridos no Estado Democrático de Direito, sendo essencial para a projeção de uma vida livre de mazelas. Nesse contexto, o objetivo do manifesto artigo é desenvolver uma análise do planejamento previdenciário como uma ferramenta eficiente para uma previsão de aposentadoria futura, capaz de minimizar os riscos impostos à sociedade. Para tanto, o presente estudo doutrinário e documental perfaz a análise da aposentadoria no sistema previdenciário brasileiro, delimitando, especificadamente, no que tange à relevância do planejamento previdenciário como ferramenta eficaz para alcance de um investimento financeiro e social em longo prazo, por uma aposentadoria compatível com o padrão de vida almejado, quando a força para o trabalho for exaurida. Por fim, são apresentadas as prováveis diretrizes na solução dos conflitos inerentes ao tema proposto.

Palavras-chave:

Aposentadoria. Investimento. Planejamento Previdenciário.

1. INTRODUÇÃO

No sistema previdenciário brasileiro, os trabalhadores dispõem de uma quantia mensal proporcional à renda auferida pelo seu labor, objetivando uma aposentadoria no futuro. Assim, ao não dispor de forças para continuidade do trabalho, seja em razão da idade ou de doença, o contribuinte pode ser beneficiário de uma aposentadoria então concedida pela autarquia previdenciária. Tal aposentadoria será calculada pelo valor das contribuições realizadas ao longo da sua vida laboral. Em razão disso, surge a seguinte questão: como a aposentadoria pode ser um investimento capaz de minimizar os riscos sociais e de proporcionar a manutenção do padrão de vida do indivíduo no futuro?

Esta pesquisa se justifica devido aos grandes impactos trazidos para a vida do indivíduo quando as forças para o trabalho são sucumbidas e ele fica impossibilitado de auferir uma renda compatível com sua nova realidade, tendo, muitas das vezes, que se contentar com um valor mínimo de aposentadoria, posto que, no decorrer da juvenilidade, sequer avaliou as suas contribuições à previdência com um olhar em longo prazo.

Nesse espeque, considerando os princípios norteadores da previdência social, especialmente, relacionadas à dignidade humana e a vedação do retrocesso social, o tema proposto "A aposentadoria como investimento: uma análise sob a ótica do planejamento previdenciário", busca destacar a relevância do planejamento previdenciário, especialmente pela sua principal característica, que é delinear, de forma preventiva, a consecução do melhor benefício possível.

Urge destacar a etimologia da palavra previdência, que fortemente enfatiza o tema deste artigo, sendo uma palavra derivada do latim "*praevidentia*", que diz respeito ao conhecimento prévio do futuro, ou seja, é necessário ver antes o que virá na sequência, como um meio de se antecipar de algo, tornando-o menos difícil.

No contexto que se apresenta, a previdência se ativa como uma poupança, em que indivíduo deposita contribuições ao longo da sua vida laboral, para, no futuro, ter o benefício de gozo da aposentadoria.

Como se sabe, o objetivo de muitas pessoas é poder usufruir de uma aposentadoria com o máximo de tranquilidade após longos anos labor, no entanto, grande parte desconhece o sistema de previdência no qual está inserido, sendo poucos os que se preocupam, quando jovens, em recolher a contribuição compatível com o almejado para o futuro.

Nesse sentido, como será demonstrado ao longo do desenvolvimento da pesquisa, o planejamento previdenciário se posiciona com uma ferramenta eficaz na projeção da aposentadoria, uma vez que torna possível o gerenciamento das contribuições, de maneira com que o valor da renda mensal inicial do benefício seja mais próximo do esperado, evitando, com isso, surpresas negativas no futuro.

Para tanto, compreende-se como objetivo geral deste artigo o estudo do planejamento previdenciário como ferramenta de obtenção do melhor benefício, enquanto os objetivos específicos se cingem no estudo doutrinário acerca das características gerais dos princípios norteadores da previdência social, especialmente o da dignidade humana, compreender os riscos, as transformações sociais e os impactos deles no histórico das contribuições, bem como abordar a aposentadoria como um investimento financeiro e social em longo prazo.

Para analisar o planejamento previdenciário, ao longo da explanação, foi utilizado o método hipotético dedutivo, enquanto o método de pesquisa está centrado em análises documentais e bibliográficas.

Nessa conjuntura, no primeiro capítulo serão abordadas algumas considerações sobre capitalismo flexível e as principais alterações introduzidas pela reforma do sistema previdenciário brasileiro, especialmente no que diz respeito à garantia do mínimo existencial dentro de um sistema previdenciário altamente volátil, destacando, com isso, a relevância de se buscar alternativas de investimento futuro, quando ainda está em gozo de plena capacidade laboral.

Já no segundo capítulo, haverá uma abordagem a respeito aposentadoria como uma forma de investimento, com explanação sobre as garantias do Estado em conceder o mínimo existencial e a aposentadoria como resultado de longos anos de contribuições.

No terceiro e último capítulo, será expandida a análise a respeito da importância do Planejamento Previdenciário como meio de projeção das contribuições previdenciárias ao longo da vida para a obtenção de uma aposentadoria coerente com o padrão de vida esperado pelo indivíduo quando as limitações da idade lhe sobrevierem, desaguando, por fim, na problemática proposta e nas suas conclusões.

2. CAPITALISMO FLEXÍVEL E REFORMA PREVIDENCIÁRIA

No capitalismo moderno havia uma linearidade em vários aspectos da vida pessoal, pois as conquistas eram cumulativas, os empregos duráveis, em decorrência, principalmente, da atuação dos sindicatos, a aposentadoria era certa, bem como o valor do pecúlio a ser recebido, havendo uma rotina determinada no dia a dia. A luta era por melhores condições de trabalho, havia verdadeiros planos de carreiras nas empresas (hierarquias piramidais), bem como tempo para a família[1].

Entretanto, no novo capitalismo ou no capitalismo flexível, não existe uma rotina bem determinada, a luta é por empregos e, por isso, as mudanças são constantes, a aposentadoria, bem como o valor a ser recebido são incertos, as empresas são organizadas em redes, há uma maior assunção de riscos, seja no aspecto financeiro ou no emocional, e existe uma ausência de tempo para a família[2].

Por essa razão, a relação entre trabalho e família impõe alguns questionamentos sobre a vida adulta, dentre esses questionamentos, destaca-se: como buscar objetivos longos em uma sociedade imediatista?[3]

Assim, frente à mudança de paradigma, planejar e investir se torna uma alternativa viável para se atingir objetivos em longo prazo em uma sociedade imediatista que sofre com constantes metamorfoses.

Por outro lado, frente às promessas constitucionais não adimplidas, o incumprimento dos direitos fundamentais sociais deságua ao menos em três planos: a) institucional, b) sistêmico e c) valorativo[4]:

> Diz-se institucional, considerando o amplo descompasso entre a intensidade de aplicabilidade proporcionada aos direitos fundamentais pelos diferentes atores

---

1 SENNETT, Richard. **A corrosão do caráter:** consequências pessoais do trabalho no novo capitalismo. São Paulo: Record, 2011. p. 13

2 SENNETT, Richard. **A corrosão do caráter:** consequências pessoais do trabalho no novo capitalismo. São Paulo: Record, 2011. p. 13

3 SENNETT, Richard. **A corrosão do caráter:** consequências pessoais do trabalho no novo capitalismo. São Paulo: Record, 2011. p. 27

4 MARTINS, Fernando Rodrigues (org.). Hermenêutica Dialógica, Efetividade dos Direitos Fundamentais Sociais e o Ocaso da Previdência Social: Contributo do Direito Privado das Obrigações à Constituição Federal. In: MARTINS, Fernando Rodrigues. **Direito Privado e Policontexturalidade**: fontes, fundamentos e emancipação. Rio de Janeiro: Lumen Juris, 2018. p. 63

institucionais. [...] Gize-se, no entanto, que os modelos institucionais sobre a aplicação e efetividade dos direitos fundamentais ainda estão em escala de distanciamento ou abismo e não convergência entre as instituições[5].

Logo, se existe um distanciamento e não convergência entre as instituições, a Constituição se torna simbólica, pois, apesar de prever direitos, não há estrutura apta a dar efetividade social a eles.

Em relação ao plano sistêmico, o direito por si só é insuficiente no conhecimento de todas as necessidades e carências da população, o que resulta, consequentemente, em uma alienação normativa, isso é, determinados grupos de pessoas são privados de certos bens humanos básicos, denominados de mínimo existencial.

Já no plano valorativo, o controle popular dos direitos fundamentais sociais apresenta ter melhores condições de exigir uma prestação de contas mais efetiva por parte do Estado.

Em síntese, em termos de efetividade social das normas de direitos fundamentais sociais, o Poder Público é o maior responsável pelo cumprimento das obrigações fundamentais sociais, porém, não é o único.

Todo esse contexto possui como plano de fundo a teoria dos status dos direitos fundamentais.

O *status* passivo ou o *status subiectionis* revela o indivíduo em uma relação de sujeição com o Estado, fato esse que permite duas intepretações. A primeira ocorre no sentido de que existe um dever estatal ao qual o indivíduo está sujeito ou poderia vir a se sujeitar, o que corrobora com a relação de sujeição já mencionada e, a segunda, no sentido de que qualquer alteração nos deveres, proibições ou competência implicaria uma mudança de *status*[6].

Em outras palavras, o indivíduo não possui direitos frente ao Estado, mas

---

5 MARTINS, Fernando Rodrigues (org.). Hermenêutica Dialógica, Efetividade dos Direitos Fundamentais Sociais e o Ocaso da Previdência Social: Contributo do Direito Privado das Obrigações à Constituição Federal. In: MARTINS, Fernando Rodrigues. **Direito Privado e Policontexturalidade**: fontes, fundamentos e emancipação. Rio de Janeiro: Lumen Juris, 2018. p. 64

6 SARLET, Ingo Wolfgang. **A eficácia dos direitos fundamentais**: uma teoria geral dos direitos fundamentais. 13. ed. Porto Alegre: Livraria do Advogado, 2018. p. 256

somente deveres que o vinculam juridicamente por mandamentos e proibições[7].

Entretanto, vale ressaltar que o mencionado *status* passivo fez com que tanto as constituições aprovadas após a Segunda Guerra Mundial, Constituição Italiana de 1947 e a Lei Fundamental da República Federal da Alemanha de 1949, como a Constituição Portuguesa de 1976, Constituição Espanhola de 1978 e a Constituição da República Federativa do Brasil de 1988, centralizassem os direitos fundamentais como limites ao poder, deixando de lado os deveres fundamentais e a responsabilidade comunitária, que faz dos indivíduos seres simultaneamente livres e responsáveis[8].

Importa dizer que o *status* negativo é a expressão do livre desenvolvimento da personalidade frente à vedação da intervenção estatal e de terceiros na esfera privada juridicamente não fundamentada[9]. Já o *status* positivo ou *status civitatis* reconhece ao indivíduo direito a pretensões, ou seja, a capacidade jurídica para exigir prestações positivas do Estado.

Em resumo, visando solucionar certa controvérsia a respeito da classificação, Alexy afirma que o *status* negativo, em sentido amplo, diz respeito às ações negativas do Estado (direito de defesa), que protegem o *status* negativo em sentido estrito, porque ao *status* positivo, em sentido amplo, pertencem os direitos tanto a ações positivas quanto negativas e, ao *status* positivo, em sentido estrito, pertencem somente os direitos às ações positivas[10].

Em outras palavras, no *status* ativo ou *status* da cidadania, o indivíduo passa a ter capacidade para participar da vida política e formação da vontade estatal[11].

Por esse motivo, cabe também ao particular a busca pela concretização de suas

7 SARLET, Ingo Wolfgang. **A eficácia dos direitos fundamentais:** uma teoria geral dos direitos fundamentais. 13. ed. Porto Alegre: Livraria do Advogado, 2018. p. 163

8 NABAIS, José Casalta. **O dever fundamental de pagar impostos:** contributo para a compreensão constitucional do estado fiscal contemporâneo. Coimbra: Almedina, 2012, p. 17 - 18

9 ALEXY, Robert. **Teoria dos direitos fundamentais**. Trad. Virgílio Afonso da Silva. 5.ed. São Paulo: Martins Fontes, 2006, p. 258 - 262

10 ALEXY, Robert. **Teoria dos direitos fundamentais**. Trad. Virgílio Afonso da Silva. 5.ed. São Paulo: Martins Fontes, 2006, p. 263 - 267.

11 ALEXY, Robert. **Teoria dos direitos fundamentais**. Trad. Virgílio Afonso da Silva. 5. ed. São Paulo: Martins Fontes, 2006, p. 267 - 269.

necessidades econômicas e sociais[12], razão pela qual trabalhar o planejamento de consecução de objetivos como forma de investimento passa a ser primordial, especialmente quando a atenção se volta para a seguridade social e as transformações introduzidas no ordenamento jurídico, pela reforma previdenciária (EC 103/19).

A reforma previdenciária é um reflexo do capitalismo flexível, pois frente às metamorfoses sociais, a aposentadoria e o valor a ser recebido são incertos, tanto é verdade, que não há direito adquirido ao regime jurídico previdenciário.

Assim, sem pretensão de esgotar todas as alterações introduzidas no ordenamento jurídico por uma reforma previdenciária, serão apontadas, a seguir, algumas das principais mudanças perpetradas pela reforma.

Levando em consideração as diversas espécies de aposentadoria no Regime Geral de Previdência Social (RGPS), salvo a aposentadoria, sofreram com a majoração do tempo de contribuição e/ou idade, bem como nova fórmula de cálculo do benefício, para fins de concessão do benefício previdenciário.

No Regime Geral de Previdência Social (RGPS), a regra geral de aposentadoria passou a exigir, das mulheres, pelo menos 62 anos de idade e 15 anos de contribuição e, dos homens, 65 anos de idade e 20 anos de contribuição. Assim, a reforma previdenciária estabeleceu uma idade mínima para aposentadoria, além, é claro, do tempo de contribuição.

Para os professores que comprovarem, exclusivamente, tempo de efetivo exercício nas funções de magistério na Educação Infantil, no Ensino Fundamental ou no Ensino Médio, são 25 anos de contribuição e idade mínima de 57 anos, para as mulheres, e de 60 anos para os homens.

Em relação à forma de cálculo do benefício, é preciso destacar que a regra de cálculo das aposentadorias antes da Reforma da Previdência era a média 80% dos maiores salários. Com a reforma, o cálculo das novas aposentadorias passa para a média de 100% dos salários.

Ainda nesse sentido, a reforma introduziu um novo redutor de cálculo dos benefícios de aposentadorias, o que acarreta uma diminuição significativa no valor da Renda Mensal Inicial (RMI), visto que ao atingir a idade e o tempo de contribuição mínimos, os trabalhadores do RGPS poderão se aposentar com 60% da média de

12 MARTINS, Fernando Rodrigues. **Direito Privado e Policontexturalidade**, op cit., p. 70.

todas as contribuições previdenciárias efetuadas desde julho de 1994.

A cada ano a mais de contribuição, além do mínimo exigido, serão acrescidos dois pontos percentuais aos 60%. Assim, para ter direito à aposentadoria no valor de 100% da média de contribuições, pasmem, as mulheres deverão contribuir por 35 anos e os homens, por 40 anos.

Nesse contexto, talvez o ponto mais gritante da reforma previdenciária seja as regras atinentes a concessão da aposentadoria especial, pois com as novas alterações, tornou-se quase impossível obter o mencionado benefício, uma vez que, para a atividade especial de menor risco, passou a ser exigido 25 anos de atividade especial e 60 anos de idade, para a atividade especial de médio risco, são 20 anos de atividade especial e 58 anos de idade, por fim, para atividade especial de maior risco, são 15 anos de atividade especial e 55 anos de idade.

Portanto, não resta dúvida que frente às inúmeras transformações políticas, econômicas e sociais, a busca pela concessão do melhor benefício previdenciário está necessariamente atrelada à procura por novas alternativas no campo do investimento e do planejamento previdenciário.

3. A APOSENTADORIA COMO INVESTIMENTO

A Constituição Federal Brasileira de 1988 dedica o Capítulo II ao tratamento da Seguridade Social, que dispõe um conjunto de iniciativas públicas e da sociedade em geral, com fulcro na garantia dos direitos à saúde, à previdência e à assistência social.

Nesse contexto, a previdência social viabiliza os meios dignos de sobrevivência a todos que se encontram em situação de risco social, pela contribuição social compulsória, advinda de recursos públicos e privados de toda a sociedade, pautados no equilíbrio financeiro e atuarial.

Colaborando com o tema, Bradbury[13] explana:

> [...] a Seguridade Social representa um rol de direitos sociais de segunda geração ou dimensão, relacionados à saúde, assistência e previdência social, assegurados no art. 6º da CF/88, que visam garantir o mínimo existencial aos cidadãos para que possam viver com dignidade, a fim de que tenham condições materiais para, efetivamente,

13 BRADBURY, Leonardo Cacau Santos La. **Curso Prático de Direito e Processo Previdenciário**. 3. ed. São Paulo: Atlas, 2020, p. 8.

concretizar os seus próprios direitos individuais de primeira geração, tais como o direito à vida, à liberdade, à propriedade e à segurança jurídica.

Nessa senda, entende-se que tanto o Estado como toda a sociedade devem zelar para que se concretizem os direitos fundamentais para uma vida digna. A forma com que a previdência se coloca é na disponibilização de recursos materiais a todos que são colocados na condição de vulnerabilidade social, elencados no art. 201 da Constituição Federal/88, os incapazes temporários ou permanentes ao labor, os idosos, as gestantes, os desempregados involuntários e aos dependentes de segurados na ocasião de óbito e prisão do titular.

Nas palavras de Castro e Lazzari[14]:

> A Previdência Social é, portanto, o ramo da atuação estatal que visa à proteção de todo indivíduo ocupado numa atividade laborativa remunerada, para proteção dos riscos decorrentes da perda ou redução, permanente ou temporária, das condições de obter seu próprio sustento.

Consolidando toda a relevância da Previdência Social para o contexto jurídico atuarial, sob a análise dos riscos e das expectativas no custeio do sistema previdenciário brasileiro em longo prazo, torna-se fundamental a realização do Planejamento Previdenciário.

O Planejamento Previdenciário é, em contexto geral, um benefício para toda a sociedade, conforme as palavras de Mesquita[15]:

> A realização do Planejamento Previdenciário é extremamente benéfico a toda sociedade: ao segurado que terá acesso ao benefício previdenciário de forma mais célere e já "revisado" no próprio ato concessionário de aposentadoria ou por meio de processo autônomo de atualização de dados previdenciários; ao INSS que receberá um requerimento administrativo detalhado e já contemplado com todos os documentos comprobatórios de vínculos e de salários de contribuição que porventura devem ser retificados, ratificados ou averbados e; ao Judiciário, que receberá demandas previdenciárias nas quais o entendimento do INSS é contrário ao interesse do segurado ou ainda nas situações onde houve erro de julgamento por parte da Autarquia da

---

14 CASTRO, Carlos Alberto Pereira de, e João Batista LAZZARI. **Manual de Direito Previdenciário.** 23ª. Rio de Janeiro: Forense, 2020, p. 83.

15 AMADO, Frederico Amado; MESQUITA, Eduardo Massao Goto Mesquita. **Planejamento Previdenciário da Aposentadoria Voluntária.** Editora JusPODIVM, 2021, p. 11.

Previdência Social.

Como se sabe, o universo jurídico da Seguridade Social é bastante complexo, com significativas mutações legislativas e jurisprudenciais e, por isso, a importância do Planejamento Previdenciário, que se ativa como ferramenta de concretização da vedação do retrocesso, em um âmbito que se pode ter acesso à previsão do benefício da aposentadoria, reduzindo ou afastando, as margens de não obtenção do melhor benefício.

Afunilando essa dissertação ao tema em apreço, que é a aposentadoria como um investimento, deve-se entender que as contribuições sociais são a principal fonte de custeio da seguridade social, voltados para o desenvolvimento da saúde, assistência e previdência social.

Os especialistas denominam o sistema previdenciário brasileiro como um pacto entre gerações, conforme cita Reis[16]:

> O sistema previdenciário brasileiro é, em parte, baseado no pacto entre gerações, em que os trabalhadores ativos ajudam a financiar a aposentadoria dos inativos (previdência pública), e, em parte, na capitalização das reservas, em que os próprios trabalhadores ativos acumulam reservas que vão se converter em benefício lá na frente (previdência privada).

Assim, para gozar do benefício da aposentadoria, o trabalhador ativo deve proceder com o pagamento das contribuições previdenciárias. Fazendo isso da forma compulsória determinada na lei, o valor do benefício futuro será estabelecido, de acordo com o tempo de contribuição e idade do segurado.

Ocorre que, muitas vezes, ao longo da vida contributiva, o trabalhador deixa de observar a legislação ou mesmo a desconhece, levando à obtenção de um benefício mínimo de aposentadoria no futuro, ocasionando frustações e, ainda, há situações na qual o custeio com a previdência ao longo de uma vida laboral se demonstra completamente incompatível com o valor do benefício.

É natural que as preocupações relacionadas à obtenção da aposentadoria nem sempre passe pela percepção dos mais jovens, que em alguns cenários veem a contribuição social como uma despesa e não como investimento, o que demonstra um

---

16 REIS, Adacir. **Curso Básico de Previdência Complementar.** 2ª. Ed. rev., atual. e ampl. São Paulo: Editora Revista dos Tribunais, 2017, p. 19.

raciocínio completamente distorcido.

Cumpre, nesse ponto, destacar a definição do que é investimento. Nas palavras de Martins[17] é o:

> Gasto ativado em função de sua vida útil ou de benefícios atribuíveis a futuro(s) período(s). Todos os sacrifícios havidos pela aquisição de bens ou serviços (gastos) que são "estocados" nos Ativos da empresa para baixa ou amortização quando de sua venda, de seu consumo, de seu desaparecimento ou de sua desvalorização são especificamente chamados de investimentos. Podem ser de diversas naturezas e de períodos de ativação variados: a matéria-prima é um gasto contabilizado temporariamente como investimento circulante; a máquina é um gasto que se transforma num investimento permanente; as ações adquiridas de outras empresas são gastos classificados como investimentos circulantes ou permanentes, dependendo da intenção que levou a sociedade à aquisição.

Partindo dessas palavras, olhando sob aspecto previdenciário, o investimento pode ser traduzido como todas as contribuições realizadas ao longo da vida laboral para o alcance da aposentadoria no futuro, não afastando o aspecto social atual envolto nessas contribuições.

Como mencionado, as contribuições sociais no regime de previdência pública alimentam o sistema da Seguridade Social, voltando os investimentos para o desenvolvimento da saúde, assistência e previdência social. Todavia, é de extrema relevância que o Estado garanta o bem-estar social, protegendo os direitos sociais em respeito ao princípio do mínimo existencial e da dignidade humana, sob pena de que não o fazendo, viole o princípio máximo da vedação do retrocesso social.

Nesse espeque, com a elaboração do planejamento previdenciário, pautado no alcance da aposentadoria futura, será possível decidir qual a melhor estratégia de investimento dentre as alternativas disponíveis, observando as leis vigentes e aplicáveis ao caso concreto.

Assim, é possível sustentar que a aposentadoria é o resultado prático de longos anos de investimento em contribuições à previdência social, sendo possível delimitar uma razão para que a contribuição seja compatível com o futuro almejado pelo contribuinte pela realização de um planejamento previdenciário, importando considerar, inclusive, a possibilidade de uma previdência complementar, na qual o

17 MARTINS, Eliseu. **Contabilidade de Custos**. 9ª ed. São Paulo: Atlas, 2003, p. 17.

contribuinte poderá ter como resultado uma aposentadoria melhor e mais próxima do seu padrão de vida.

4. A IMPORTÂNCIA DO PLANEJAMENTO PREVIDENCIÁRIO

É fato incontroverso as mudanças significativas que a Reforma da Previdência trouxe aos direitos dos segurados, principalmente quanto aos cálculos e concessões dos benefícios, existindo, atualmente, uma relativização do direito fundamental à aposentadoria e ao melhor benefício previdenciário, o que impactou negativamente a qualidade de vida do segurado e o direito à vedação ao retrocesso social.

Com exceção do benefício assistencial, que é pago independentemente de contribuição e tem o valor fixo de um salário-mínimo, todos os outros tem regras, formas de cálculos e requisitos específicos para a sua concessão. Por essa razão, é imprescindível se planejar.

Planejar é organizar e preparar a vida previdenciária do filiado, para que, no futuro, lhe seja concedido o melhor benefício, evitando uma lesão ao seu direito adquirido e que seja livre dos embaraços e irregularidades causados por contribuir de forma equivocada ou inapropriada.

O Planejamento Previdenciário é um mapeamento de toda a vida previdenciária de um filiado e/ou contribuinte. É uma análise minuciosa de tudo o que um filiado adquiriu ou adquirirá perante a Previdência Social ou até mesmo a análise de um início de filiação para aqueles que ainda não são.

No conjunto, o Planejamento Previdenciário atinge, dentre outros, três objetivos principais, quais sejam: a) consultoria; b) concessão do melhor benefício e c) revisão de benefício já concedido.

A finalidade da consultoria consiste na análise da melhor categoria e sobre qual valor deverá ser realizada a contribuição, para aquele que pretende se tornar um filiado junto à Previdência Social, observando a atividade que esse exerce, o seu ganho ou capital, bem como o piso e o teto vigente à época da filiação.

Outro propósito seria o de sanar dúvidas daquele que já contribui, analisando se o faz da forma correta ou mesmo se há direito adquirido a algum benefício previdenciário, levando em consideração a atividade, categoria, tempo e salários contribuições, os vínculos e indicadores constantes em seu Cadastro Nacional de Informações Sociais (CNIS), como também a qualidade de segurado e carência para os benefícios que a exige.

Na mesma tangente, a busca pelo melhor benefício previdenciário, abrange uma análise de todas as regras vigentes à época, aos tipos de aposentadorias e a forma de cálculo da renda mensal inicial (RMI), observando os seguintes fatores: a) idade; b) contagem do tempo de contribuição; c) conferência dos salários de contribuições; d) indicadores constantes no Cadastro Nacional de Informações Sociais (CNIS); e) atividades especiais; f) atividade rural, dentre outros.

Já em relação à revisão de benefício já concedido, é crucial a análise das regras aplicadas à época da sua concessão, especificamente quanto à fórmula de cálculo da renda mensal inicial (RMI) e renda mensal atual (RMA), se o direito ao melhor benefício foi observado, conferindo os salários de contribuições, o tempo de contribuição, a categoria do contribuinte e possíveis indicadores presentes no CNIS.

Nesse sentido, o ponto mais importante a destacar, que, inclusive, faz do planejamento previdenciário escolha indispensável a todo e qualquer cidadão, independentemente da idade, é a necessidade de sanar ou evitar as irregularidades na vida previdenciária do contribuinte, que, na maioria das vezes, são encontradas no seu extrato de contribuição (CNIS), pelos indicadores, justamente por não terem se planejado antes de se tornarem filiados e iniciarem as contribuições.

Na maioria dos casos, que se diga de passagem, 90% ou mais, os indicadores passíveis de regularização estão presentes no CNIS, como, por exemplo, os vínculos sem data fim, salários de contribuições abaixo do mínimo ou realizados com valores a menor do que foi de fato, contribuições realizadas pelo segurado empregado ou contribuinte individual, mas que não constam no CNIS, tudo, influenciando, negativamente, no tempo de contribuição e no cálculo do valor do benefício.

Aposentar-se ou requerer a aposentadoria sem um planejamento é o mesmo que lesar os direitos adquiridos ou o mesmo que "se aposentar mal", tendo em vista que as informações da vida do contribuinte perante a Previdência Social, como foi mencionado, na maioria dos casos, estão incorretas ou pendentes de regularização, sendo, no momento do requerimento, consideradas como "corretas" pela autarquia.

Nesse sentido, resta claro que, requerer a aposentadoria sem realizar um planejamento previdenciário, causará impactos negativos na vida do aposentado, principalmente no que diz respeito à renda mensal, ou seja, o valor do benefício concedido, lesando o direito que o contribuinte tem do melhor benefício e, consequentemente, impactando na qualidade de vida que deveria ser garantida a ele.

É incontroverso o fato de que planejar a aposentadoria é o mesmo que investir, visto que o objetivo principal da aquisição do direito é a certeza de que foi concedido o melhor benefício, com valor justo, oferecendo qualidade de vida ao aposentado, para, com ela, proporcionar o descanso, o lazer e o conforto ao segurado depois de uma longa vida de trabalho.

Com um bom planejamento previdenciário, tempestivo, torna-se possível a construção, por investimentos, seja na previdência pública ou privada, de uma aposentadoria adequada ao padrão de vida almejado para o futuro, quando as forças já não são mais suficientes para a vida laborativa. Ademais, é possível evitar gastos superiores ao longo da vida contribuitiva, incompatíveis com o valor limite que poderá obter de benefício no futuro.

Portanto, considerar a aposentadoria como um investimento sob a ótica do planejamento previdenciário é, além de dar maior efetividade a um dos direitos fundamentais sociais, qual seja, o lazer, dar a oportunidade aos contribuintes de uma vida previdenciária livre de embaraços e irregularidades, ocasionando a segurança na hora de usufruir da tão sonhada aposentadoria, já que antes, houve investimento e planejamento, para que seja alcançado, no momento certo, o melhor benefício previdenciário.

5. CONCLUSÃO

As metamorfoses sociais trazem à tona uma nova forma de se pensar a sociedade e os investimentos em longo prazo, especialmente frente à recente reforma previdenciária introduzida no sistema jurídico brasileiro pela EC 103/19.

A reforma previdenciária é um reflexo do capitalismo flexível, pois frente às metamorfoses sociais, a aposentadoria e o valor a ser recebido são incertos à luz dos novos riscos sociais.

Assim, a busca pela concessão do melhor benefício previdenciário está necessariamente atrelada à busca de novas alternativas no campo do investimento. Por isso, a aposentadoria é o resultado prático de longos anos de investimento em contribuições à previdência social.

Leva-se em consideração que deixar de dar a devida importância ao investimento devido para a aposentadoria, expõe o indivíduo às mazelas da sociedade com a percepção de valores que pouco são suficientes para garantir o próprio sustento, sendo que em alguns casos se faz necessária a complementação com algum tipo de trabalho, mesmo com a saúde precária, já que, quando a idade vai avançando, a força laboral é, naturalmente, reduzida.

Nesse contexto, destaca-se a relevância da realização de um bom planejamento previdenciário, pautando nas expectativas e possibilidades reais de uma futura aposentadoria no campo do direito previdenciário atual, sendo de extrema importância que esse planejamento seja realizado enquanto o indivíduo ainda se encontra em gozo de plena atividade, podendo gerir as suas contribuições no objetivo de investir em um conforto futuro compatíveis com o padrão de vida almejado, quando lhe faltar forças para o trabalho.

Portanto, não restam dúvidas que a aposentadoria é um investimento relevante ao longo da vida laboral e o planejamento previdenciário é a ferramenta mais adequada a demonstrar uma previsão do benefício de aposentadoria no futuro.

REFERÊNCIAS

ALEXY, Robert. **Teoria dos direitos fundamentais**. Tradução de Virgílio Afonso da Silva. 5. ed. São Paulo: Martins Fontes, 2006.

AMADO, Frederico Amado; MESQUITA, Eduardo Massao Goto Mesquita. **Planejamento Previdenciário da Aposentadoria Voluntária**. JusPODIVM, 2021.

BRADBURY, Leonardo Cacau Santos La. **Curso Prático de Direito e Processo Previdenciário**. 3. ed. São Paulo: Atlas, 2020.

CASTRO, Carlos Alberto Pereira de; LAZZARI, João Batista. **Manual de Direito Previdenciário**. 23. Rio de Janeiro: Forense, 2020.

MARTINS, Eliseu. **Contabilidade de Custos**. 9. ed. São Paulo: Atlas, 2003.

MARTINS, Fernando Rodrigues (org.). Hermenêutica Dialógica, Efetividade dos Direitos Fundamentais Sociais e o Ocaso da Previdência Social: Contributo do Direito Privado das Obrigações à Constituição Federal. *In*: MARTINS, Fernando Rodrigues. **Direito Privado e Policontexturalidade**: fontes, fundamentos e emancipação. Rio de Janeiro: Lumen Juris, 2018. p. 39 - 80

NABAIS, José Casalta. **O dever fundamental de pagar impostos**: contributo para a compreensão constitucional do estado fiscal contemporâneo. Coimbra:

Almedina, 2012.

REIS, Adacir. **Curso Básico de Previdência Complementar**. 2. ed. São Paulo: Editora Revista dos Tribunais, 2017

SARLET, Ingo Wolfgang. **A eficácia dos direitos fundamentais**: uma teoria geral dos direitos fundamentais. 13. ed. Porto Alegre: Livraria do Advogado, 2018.

SENNETT, Richard. **A corrosão do caráter**: consequências pessoais do trabalho no novo capitalismo. São Paulo: Record.

OLIVEIRA, Aline Mireli de; CONCEIÇÃO, Jéssica Santos; OLIVEIRA, Aline Mireli de. A aposentadoria como investimento: uma análise sob a ótica do planejamento previdenciário. *In:* MENESES, Heloísa Corrêa; SILVA, Tiago Nunes da; RAMONE TAVARES, Viviane; TEIXEIRA, Wendel de Brito Lemos (Coords.). **Anuário da OAB Uberlândia 2022/2023.** Uberlândia: Marco Teórico, 2023. pp. 193-208.

FIXAÇÃO DE HONORÁRIOS ADVOCATÍCIOS SUCUMBENCIAIS POR EQUIDADE

11

Hiago Valverde Mattos
Vitor Costa Silva

Resumo:

Pela importância que a Advocacia exerce para o desenvolvimento da coletividade, sendo a única profissão prevista expressamente na nossa Constituição Federal de 1988, deverão ser estudados e debatidos as características e reflexos que a atuação desse profissional apresenta diante a sociedade contemporânea. Um tema de extrema relevância e polêmica se trata dos honorários advocatícios sucumbenciais, que em uma variedade de decisões divergentes, os tribunais decidem pelo arbitramento por equidade, descumprindo com o texto positivado pelo Código de Processo Civil de 2015, no qual é expresso como o magistrado deverá realizar tal arbitramento dos honorários. Sendo assim, poderá o juiz ultrapassar os ditames da norma e arbitrar por equidade, os honorários advocatícios, sob o argumento de evitar o enriquecimento sem causa dos patronos em causas de valores milionários? Estaria o entendimento do STJ, pelo tema repetitivo 1076, equivocado? É possível a utilização do princípio da equidade, para o alcance de uma possível justiça social interpretada por uma parcela do Tribunal? Tem-se por objetivo responder à seguinte pergunta base: poderá o Magistrado arbitrar honorários por sucumbência por equidade? Tal questionamento será respondido pelo método dedutivo e dialético. Por fim, ficará demonstrado que após o Legislador promulgar a recente norma 14.365/22, em concordância com o entendimento do STJ, deverão os magistrados de instâncias primárias arbitrarem os honorários respeitando os limites impostos pela lei, sendo vedada a arbitragem por equidade.

PALAVRAS-CHAVE:

Honorários. Equidade. Lei n. 14.365/2022.

1. INTRODUÇÃO

Pelo texto da lei da nossa soberana, a Constituição Federal de 1988[1], o advogado é indispensável à administração da justiça. Tal previsão está localizada no art. 133, CF/88, que também determina que os seus atos e manifestações, durante o exercício da profissão, são invioláveis, dentro do limite da lei.

Com isso, podemos identificar uma série de princípios presentes no artigo, com objetivo de proteger o cidadão, ao demandar nas esferas jurisdicionais e ao advogado, ao exercer a sua profissão.

Ao advogado, para se inscrever na Ordem dos Advogados do Brasil, necessita preencher diversos requisitos no rol taxativo do art. 8°, da Lei 8906/94 (Estatuto da Advocacia)[2], sendo esses: capacidade civil, diploma ou certidão de graduação em direito, título de eleitor e quitação do serviço militar, se brasileiro, aprovação no Exame de Ordem, não exercer atividade incompatível com a advocacia, idoneidade moral e prestar compromisso perante o conselho.

Preenchidos tais requisitos, estará hábil a exercer a profissão da advocacia e, consequentemente, protegido, em conformidade com o art. 133, CF. Contudo, ao analisar atentamente este artigo, podemos concluir que a indispensabilidade do advogado não é absoluta.

É possível apontar algumas situações em que, ao demandar judicialmente, a presença do advogado não é obrigatória nos autos. Entre esses momentos estão as ações dos Juizados Especiais em até 20 salários mínimos, conforme art. 9°, Lei n. 9099/95[3], na Justiça do Trabalho ou na interposição de *Habeas Corpus*.

Essa se trata de uma discussão já pacificada pelo nosso Supremo Tribunal

---

1 BRASIL. **Constituição Federal de 1988.** Disponível em: http://www.planalto.gov.br/ccivil_03/ constituicao/constituicao.htm. Acesso em: 02 jun 2022.

2 BRASIL. **Lei nº 8.906 de 1995.** Disponível em: http://www.planalto.gov.br/ccivil_03/leis/l8906.htm. Acesso em: 02 jun 2022.

3 BRASIL. **Lei nº 9.099 de 1995.** Disponível em: http://www.planalto.gov.br/ccivil_03/leis/l9099.htm. Acesso em: 02 jun 2022.

Federal, quando o Estatuto da Advocacia determinava no seu art. 1º: "São atividades privativas de advocacia: I – a postulação a qualquer órgão do Poder Judiciário e aos juizados especiais". Pela ADI 1.105 foi instrumento de reconhecimento, que a expressão "qualquer" se via prejudicada, uma vez que haveria, de fato, exceções em lei e que a presença do advogado poderia ser dispensada, sendo excluída tal palavra do texto da lei. Pedro Lenza[4] apresenta breves comentários a respeito do tema:

> A alegação de inconstitucionalidade da expressão 'aos juizados especiais' foi julgada prejudicada tendo em vista a superveniência do art. 9º da Lei n. 9.099/95, que permite que a parte demande sem advogado nas causas de até 20 salários mínimos.
>
> Contudo, o STF julgou procedente o pedido para declarar a inconstitucionalidade da expressão 'qualquer', já que a presença dos advogados, como vimos, em certos atos, pode ser dispensada [...]

Todavia, podemos perceber uma semelhança nas ações, que, necessariamente, devem ser postuladas por advogados: a presença dos honorários sucumbenciais, presentes também nos Juizados Especiais em 2ª instância, quando a presença do advogado também é obrigatória, conforme o art. 41º, §2º: "No recurso, as partes serão obrigatoriamente representadas por advogado".

Com isso, o objetivo do presente trabalho será responder à seguinte pergunta: pode o judiciário arbitrar honorários advocatícios sucumbenciais por equidade, julgando além das normas já positivadas?

Em um primeiro momento, podemos analisar a hipótese do enriquecimento sem causa, quando o magistrado deverá arbitrar honorários sucumbenciais em causas milionárias e esse interpreta que o trabalho do advogado não faz jus aos 10% mínimos determinados pela norma. Com isso, há a análise equitativa, concedendo um valor muito abaixo daqueles obrigatórios em lei.

Numa segunda hipótese, analisaremos os julgamentos recentes do STJ, bem como a promulgação da Lei n. 14.365/22, sendo expresso que não poderá ser interpretado o arbitramento dos honorários além do exposto nos seus parágrafos do art. 85º, CPC. Não pode o magistrado criar a tese de "enriquecimento sem causa", devendo utilizar os parâmetros legais para a aplicação dos honorários.

Pelo método dedutivo e dialético, partiremos da generalidade dos princípios que

4 LENZA, Pedro. **Direito Constitucional Esquematizado.** 20. ed. São Paulo: Editora Saraiva, 2016. p. 1045

formam os honorários advocatícios, passando para a sua aplicação na atualidade, sendo analisadas as decisões dos Tribunais ao julgarem em valores inferiores daqueles determinados em lei e, após, abordar, especificamente, a Lei n. 14.365/22 para responder à pergunta tema.

2. OS "NOVOS" HONORÁRIOS PELO CPC 2015

Os honorários sucumbenciais são divergentes daqueles contratuais, nos quais as partes possuem liberdade de negociar os seus valores, porcentagens e formas de pagamento, obedecendo os princípios da autonomia da vontade, boa-fé objetiva e os seus subprincípios satelitários, devendo cumprir com os limites impostos pela tabela da Ordem dos Advogados do Brasil de cada seccional. Os honorários sucumbenciais, por sua vez, são originários pela lei, por determinação judicial, tendo os seus limites previstos em lei. Conforme podemos verificar, esses é um tema muito discutido pela doutrina[5]:

> Os honorários advocatícios de sucumbência, por sua vez, têm natureza de efeito oriundo da lei, de natureza material, que impõe àquele vencido em sua pretensão, ainda que parcialmente, já que não mais admitida compensação (art. 85, § 14),2 a obrigação de pagar ao advogado da parte contrária. 3 Independe de pedido expresso das partes. 4 Toda a sentença, na generalidade dos processos de conhecimento e cautelar, 5 deve ostentar um capítulo 6 regulando o custeio do processo, incluindo os honorários sucumbenciais, ainda que conclua pela ausência de sua atribuição a qualquer das partes .7 Atuando o advogado em prol de um das partes ou em causa própria, entendeu o legislador fazer o profissional jus ao pagamento em seu favor de montante em dinheiro pela parte que venha restar vencida no desfecho do processo judicial. 8 Não têm os honorários advocatícios de sucumbência de natureza contratual, não correspondendo à contraprestação pelo trabalho desempenhado, atuando, em verdade, o profissional contra o vencido. Tampouco se consubstanciam em indenização por responsabilidade civil do vencido, o qual, aliás, age no exercício regular de um direito de deduzir sua pretensão em juízo ou de se opor à pretensão contra si

5 MENDES, Anderson Cortez Mendes. TOKASHIKI, André Shinji. KUHL, Emílio Frederico Perilo. Os honorários advocatícios sucumbenciais e o novo Código de Processo Civil. **Revista de Processo, REPRO**, v.258, 2016, p.3 Disponível em: http://www.mpsp.mp.br/portal/page/portal/documentacao_e_divulgacao/doc_biblioteca/bibli_servicos_produtos/ bibli_boletim/bibli_bol_2006/RPro_n.258.03.PDF. Acesso em: 15 jul. 2022.

exercida.

Um dos grandes temas de destaque com o advento da "nova" normativa regente do direito processual foi a figura dos honorários advocatícios sucumbenciais ou, simplesmente, honorários de sucumbência. O assunto, diferentemente do CPC/73, foi abordado com riqueza de detalhes, na sua grande maioria, entre os artigos 85 a 90 do CPC 2015.

A inovação do legislador foi tamanha, que chegou ao ponto de contrariar precedentes sumulados do STJ que há muito vigoravam sob a égide do CPC/73. Um exemplo disso é a súmula 453, publicada em 2010, com o seguinte verbete: "Os honorários sucumbenciais, quando omitidos em decisão transitada em julgado, não podem ser cobrados em execução ou em ação própria", que perdeu o seu substrato no mundo jurídico, com a entrada em vigor do artigo 85, §18, do Novo CPC, permitindo, expressamente, ao advogado, cobrar por ação autônoma a verba honorária que deixou de ser fixada em seu favor.

Contudo, contrariar precedentes consolidados pela atividade legiferante do Estado não significa dizer que o CPC 2015 mantém a arraigada e tradicional utilização do sistema do *Civil Law*. Pelo contrário, a nova legislação aproximou e muito o sistema jurídico processual da *common law*, - evoluindo significativamente desde a Emenda Constitucional nº 45 - fato é tanto que consagrou o sistema dos precedentes judiciais que será abordado mais à frente, juntamente com o tratamento do Tema 1046 dos Recursos Repetitivos.

Dentre tantas outras, surgem também como inovações trazidas pelo novo CPC, a majoração recursal dos honorários de sucumbência (art. 85, §§1º e 11), o cabimento da sua fixação em decisões parciais de mérito e execuções provisórias (art. 520), novas regras e percentuais de fixação em face da Fazenda Pública (art.85, §3º), previsão expressa de recebimento para os advogados públicos (art. 85, §19) e, caminhando para o assunto de novo interesse, a drástica redução dos casos de fixação da verba sucumbencial por apreciação equitativa do juiz (art. 85, §8º).

2.1 Os honorários por apreciação equitativa do juiz.

A apreciação equitativa ou por equidade concerne à valoração realizada pelo juiz da atuação do advogado no processo. Essa valoração não diz respeito exclusivamente ao êxito do patrono, mas ao seu grau de zelo, técnica, eficiência, grau de complexidade do trabalho além de aspectos inerentes à causa, como a sua importância (relevância) e duração. Será considerado também o local da prestação dos serviços, sobretudo porque, notoriamente existem localidades nas quais o custo de vida é mais alto. (art. 85, §3º, I,II,III e IV do CPC)

Tratando-se propriamente da fixação do valor dos honorários, a apreciação por equidade pode ser compreendida como a "avaliação" da atuação do advogado pelo juiz, que resultará, ao final, a fixação da verba devida ao patrono vencedor da ação. É evidente, porém, que, ao menos em regra, a apreciação deverá obedecer aos critérios e situações delimitadas pelo código.

A nova norma prevê três situações distintas a respeito do tema. A primeira delas, segundo Marcus Vinicius Furtado Coêlho[6], constitui regra geral da fixação dos honorários sucumbenciais. Com previsão no §2º do artigo 85, trata-se da fixação mais restritiva do ponto de vista de "liberdade" do juiz, concedendo ao julgador a possibilidade de fixação da verba entre 10 e 20%, para situações em que exista valor da condenação, proveito econômico obtido ou, então, não sendo possível mensurar as duas primeiras situações, sobre o valor atualizado da causa. Esse último, geralmente é adotado nas improcedências, ou seja, quando o réu se consagra vencedor da ação.

As disposições do artigo 85º, §2º do CPC constituem a regra geral e inovação em relação ao Código de 1973, que somente estabelecia a fixação, com base no valor da condenação. Alexandre Freire e Leonardo Albuquerque[7] lecionam que o §2°, reproduz as linhas mestras de arbitramento dos honorários de sucumbência na legislação vigente atual.

Portanto, caberá ao julgador definir qual o percentual da verba, dentro dos parâmetros gerais fixados pela lei, ou seja, entre 10 e 20, nada além, nada aquém. Não obstante às críticas de "remuneração excessiva" e "enriquecimento sem causa", sob a ótica da razoabilidade, proporcionalidade - que serão debatidas à frente - é o que está positivado.

O segundo caso e primeira exceção à regra geral de fixação consiste na

---

6 MIGALHAS. COELHO, Marcos Vinícius Furtando. **CPC marcado.** Disponível em: https://www.migalhas.com.br/coluna/cpc-marcado/293782/art--85-do-cpc---fixacao-dos-honorarios-sucumbenciais. Acesso em: 02 jun 2022.

7 COÊLHO, Marcus Vinicius Furtado; CAMARGO, Luiz Henrique Volpe. **Honorários Advocatícios.** Salvador: Juspodivm, 2015. p. 75 (Coleção Grandes Temas do Novo CPC).

diferenciação dos critérios norteadores nas demandas nas quais a Fazenda Pública for demandada (art. 85, §3º), assim descrito:

> § 3o Nas causas em que a Fazenda Pública for parte, a fixação dos honorários observará os critérios estabelecidos nos incisos I a IV do § 2o e os seguintes percentuais:
> I - mínimo de dez e máximo de vinte por cento sobre o valor da condenação ou do proveito econômico obtido até 200 (duzentos) salários-mínimos;
> II - mínimo de oito e máximo de dez por cento sobre o valor da condenação ou do proveito econômico obtido acima de 200 (duzentos) salários-mínimos até 2.000 (dois mil) salários-mínimos;
> III - mínimo de cinco e máximo de oito por cento sobre o valor da condenação ou do proveito econômico obtido acima de 2.000 (dois mil) salários-mínimos até 20.000 (vinte mil) salários-mínimos;
> IV - mínimo de três e máximo de cinco por cento sobre o valor da condenação ou do proveito econômico obtido acima de 20.000 (vinte mil) salários-mínimos até 100.000 (cem mil) salários-mínimos;
> V - mínimo de um e máximo de três por cento sobre o valor da condenação ou do proveito econômico obtido acima de 100.000 (cem mil) salários-mínimos.

Ressalta-se que, mais uma vez, a lei estabelece os parâmetros da análise equitativa, submetendo e restringindo a análise do juiz aos critérios nela previstos.

Por fim, existe a terceira regra de fixação por equidade e, segunda exceção ao regramento geral, qual seja, o §8º, *in verbis*: "§ 8º Nas causas em que for inestimável ou irrisório o proveito econômico ou, ainda, quando o valor da causa for muito baixo, o juiz fixará o valor dos honorários por apreciação equitativa, observando o disposto nos incisos do § 2º."

Assim, o juiz, diante de uma causa com valor inestimável, de irrisório proveito econômico ou com valor da causa muito baixo, poderá fixar a verba honorária sem parâmetro de percentual definido na lei, podendo, por exemplo, arbitrar honorários no importe de mil ou cem mil reais, bastando, apenas, que os incisos do §2º sejam observados - I - o grau de zelo do profissional; II - o lugar de prestação do serviço; III - a natureza e a importância da causa; IV - o trabalho realizado pelo advogado e o tempo exigido para o seu serviço[8].

8 BRASIL. **Lei nº 13.105 de 2015. Código de Processo Civil.** Disponível em: http://www.planalto.gov.br/ccivil_03/_ato2015-2018/2015/lei/l13105.htm. Acesso em: 02 jun 2022.

À princípio, as disposições da terceira e última regra de fixação não transparecem a dimensão do debate criado, conforme será visto no próximo tópico.

3. O TEMA REPETITIVO 1076 DO STJ E A REAÇÃO LEGISLATIVA (LEI 14.365/2022)

É cediço que os princípios da razoabilidade e proporcionalidade, apesar de não constarem expressamente do texto constitucional, são compreendidos pela doutrina[9] como decorrentes do próprio Estado Democrático de Direito e, portanto, utilizados como balizadores da noção de justiça.

Com base nesses princípios e na ideia de enriquecimento sem causa aos advogados, que surgiu a interpretação de que §8º deveria ser igualmente aplicado, para que causas de valor elevado de qualquer natureza fossem abrangidas pela apreciação equitativa dos honorários. Assim, diversos tribunais, simultaneamente, passaram a reduzir honorários sucumbenciais em causas que não se enquadravam na exceção do §8º.

Um exemplo emblemático sobre o tema é o processo nº 1038154-18.2017.8.26.0053[10], proveniente do TJSP em ação anulatória ajuizada por uma empresa que pretendia a anulação de crédito tributário lavrado pela Secretaria da Fazenda do Estado de São Paulo. O valor atribuído à causa foi de 21 milhões de reais. Na origem, o pedido foi julgado procedente, com fixação de honorários em 10% sobre o valor atribuído à causa. Todavia, o TJSP, ao dar parcial provimento ao recurso da fazenda, fixou os honorários por equidade em 100 mil reais.

Percebe-se, então, que a sentença de piso não estava correta, pois se fixou os honorários em 10% quando, por força do artigo 85, §3º, III deveria observar o percentual máximo de 8% sobre o proveito econômico obtido. No entanto, para "o TJSP, como o valor da causa atingiu mais de R$ 21 milhões, a fixação da verba honorária

9 BRASIL. **Proporcionalidade e Razoabilidade.** Disponível em: https://www.tjdft.jus.br/ institucional/imprensa/campanhas-e-produtos/artigos-discursos-e-entrevistas/artigos/2011/propor
cionalidade-e-razoabilidade-criterios-de-inteleccao-e-aplicacao-do-direito-juiza-oriana-piske. Acesso em: 02 jun 2022

10 BRASIL. **STJ.** Disponível em: https://www.stj.jus.br/sites/portalp/Paginas/Comunicacao/Noticias/Ministro-aplica-entendimento-de-que-honorarios-podem-ser-fixados-por-equidade-em-causas-de-valor-muito-alto.aspx. Acesso em: 02 jun 2022

em 10% importaria em enriquecimento sem causa dos advogados da empresa"[11].

Após a decisão do TJSP, a empresa manejou recurso especial para o STJ, que foi distribuído à relatoria do Ministro Benedito Gonçalves. Contudo, o REsp 1864345-SP não foi provido. No seu voto[12], o ministro lembrou que a Primeira Turma do STJ havia decidido no sentido de que o novo regramento sobre fixação de honorários a partir da apreciação equitativa, tal como estipulado no parágrafo 8º do artigo 85 do CPC, "não é absoluto e exaustivo, sendo passível de aplicação em causas em que o proveito econômico não é inestimável ou irrisório, ou, ainda, em que o valor da causa não é muito baixo". Do contrário, "estar-se-ia diante de um excessivo apego à literalidade da lei". O julgamento do REsp 1864345 ocorreu em abril de 2020.

Foram tantos os recursos manejados ao STJ e tantas as divergências entre os ministros e turmas do STJ, que a corte especial, naquele mesmo ano (04/12/2020), afetou REsp 1850512/SP sob a égide do TEMA 1.076 na sistemática dos Recursos Repetitivos, selecionando como representativos da controvérsia os REsp 1877883/SP, REsp 1906623/SP e REsp 1906618/SP. A questão a ser submetida a julgamento[13] foi: "Definição do alcance da norma inserta no § 8º do artigo 85 do Código de Processo Civil nas causas em que o valor da causa ou o proveito econômico da demanda forem elevados."

O julgamento ocorreu em 16/03/2022, no qual o relator ministro Og Fernandes, defendeu a impossibilidade de fixação por equidade fora das hipóteses previstas no §8º do artigo 85 do CPC. A ministra Nancy Andrighi, no entanto, votou de maneira divergente, defendendo, basicamente, os mesmos fundamentos do (REsp 1864345-SP) - não poderia haver apego excessivo à literalidade da lei e causaria enriquecimento sem causa aos advogados - citado anteriormente. Acompanharam a divergência Laurita Vaz, Maria Thereza de Assis Moura, Herman Benjamin e Isabel

11 BRASIL. **STJ.** Disponível em: https://www.stj.jus.br/sites/portalp/Paginas/Comunicacao/Noticias/Ministro-aplica-entendimento-de-que-honorarios-podem-ser-fixados-por-equidade-em-causas-de-valor-muito-alto.aspx. Acesso em: 02 jun 2022.

12 BRASIL. **STJ.** Disponível em: https://processo.stj.jus.br/processo/pesquisa/?aplica cao=processos.ea&tipoPesquisa=tipoPesquisaGenerica&termo=REsp%201864345. Acesso em: 02 jun 2022.

13 BRASIL. Superior Tribunal de Justiça. **Tem 1076.** Relator: Min. Og Fernandes. Corte Especial. Data de Julgamento: 16/03/2022. Disponível em: https://processo.stj.jus.br/ repetitivos/temas_repetitivos/pesquisa.jsp?novaConsulta=true&tipo_pesquisa=T&cod_tema_ini cial=1076&cod_tema_final=1076. Acesso em: 12 jun. 2022.

Gallotti. Todavia, prevaleceu o cumprimento da lei, defendido pelo relator.

As teses repetitivas que foram fixadas e, atualmente, possuem eficácia vinculante por força do artigo 927, III do CPC, são as seguintes[14]:

> i) A fixação dos honorários por apreciação equitativa não é permitida quando os valores da condenação, da causa ou o proveito econômico da demanda forem elevados. É obrigatória nesses casos a observância dos percentuais previstos nos §§ 2º ou 3º do artigo 85 do CPC - a depender da presença da Fazenda Pública na lide -, os quais serão subsequentemente calculados sobre o valor: (a) da condenação; ou (b) do proveito econômico obtido; ou (c) do valor atualizado da causa.
> ii) Apenas se admite arbitramento de honorários por equidade quando, havendo ou não condenação: (a) o proveito econômico obtido pelo vencedor for inestimável ou irrisório; ou (b) o valor da causa for muito baixo.

Aparentemente, nada mais fez a tese do que limitar a interpretação contrária à lei realizada por alguns Tribunais e pelo próprio STJ outrora. Não se trata, data vênia, de apego excessivo à literalidade da lei, mas decisões diametralmente opostas ao que ela dispunha em prejuízo à subsistência do advogado, ser essencial à manutenção da justiça. Aliás, o defende o professor Luciano Benetti[15]:

> a função sistêmica dos honorários sucumbenciais extrapola a mera remuneração dos advogados vencedores de litígios - antes, eles operam como 'majorador' do risco (e do custo mesmo) associado à litigância, criando incentivos adicionais contra a litigância predatória ou frívola.

É certo, porém, que a divergência instaurada por grande parte dos ministros os levará a novamente manifestar-se sobre o assunto, fato é tanto que existe o Tema 1.046 afetado ao STJ, discutindo basicamente a mesma sistemática e que curiosamente remanescente "pendente de julgamento".

Essas serão cenas dos próximos capítulos, no entanto, capítulos mais árduos para aqueles que defendem a interpretação *contra legem*, sobretudo em face da recém promulgada Lei n. 14.365/2022.

---

14 BRASIL. Superior Tribunal de Justiça. **Tem 1076**. Relator: Min. Og Fernandes. Corte Especial. Data de Julgamento: 16/03/2022. Disponível em: https://processo.stj.jus.br/repetitivos/temas_repetitivos/pesquisa.jsp?novaConsulta=true&tipo_pesquisa=T&cod_tema_inicial=1076&cod_tema_final=1076. Acesso em: 12 jun. 2022.

15 COÊLHO, Marcus Vinicius Furtado; CAMARGO, Luiz Henrique Volpe. **Honorários Advocatícios**. Salvador: Juspodivm, 2015. p. 75 (Coleção Grandes Temas do Novo CPC).

A inovação/reação legislativa, originalmente materializada pelo PL 5284/2020 foi promulgada sob diversos vetos e alterações de seu texto inicialmente proposto. Não obstante, dois novos parágrafos extremamente importantes e, diga-se de passagem, sem nenhuma margem interpretativa em sentido contrário, foram acrescentados ao artigo 85 do CPC[16]:

> § 6º-A. Quando o valor da condenação ou do proveito econômico obtido ou o valor atualizado da causa for líquido ou liquidável, para fins de fixação dos honorários advocatícios, nos termos dos §§ 2º e 3º, é proibida a apreciação equitativa, salvo nas hipóteses expressamente previstas no § 8º deste artigo.
>
> [...]
>
> § 8º-A. Na hipótese do § 8º deste artigo, para fins de fixação equitativa de honorários sucumbenciais, o juiz deverá observar os valores recomendados pelo Conselho Seccional da Ordem dos Advogados do Brasil a título de honorários advocatícios ou o limite mínimo de 10% (dez por cento) estabelecido no § 2º deste artigo, aplicando-se o que for maior.

Perceba que a inovação existente no § 6-A possui sentido oposto ao que era previsto no código. Antes, há quem sustente inexistir a vedação, mas, simplesmente, a determinação da lei de que, naqueles casos específicos, deveria ser usada a equidade. Agora, a própria norma determina a impossibilidade expressa de que se faça o que pretendiam os contrários ao "apego excessivo à literalidade da lei".

Além disso, houve a criação de um novo critério a ser utilizado pelos juízes quando autorizados a realizarem a apreciação equitativa, qual seja, a observância aos valores recomendados pelo Conselho Federal da OAB ou, o limite mínimo de 10% previsto no artigo 85, §2º, "devendo" aplicar o que for maior. Em resumo, nem ao menos a faculdade de escolha foi concedida ao juiz, devendo aplicar o maior em favor do patrono vencedor.

O que não se pode prever, infelizmente, é como o Judiciário se comportará diante da mais nova vedação em sede de honorários sucumbenciais, tendo em vista o exíguo prazo de vigência da norma.

Não obstante, registra-se, a correta e necessária importância dada à Advocacia pelo Poder Legislativo, como de fato deveria ser num Estado Democrático de

---

16 BRASIL. **Lei nº 14.365 de 2022.** Disponível em: http://www.planalto.gov.br/ccivil_03/_Ato2019-2022/2022/Lei/L14365.htm#art3. Acesso em: 02 jun 2022.

Direito.

4. CONCLUSÃO

Com isso, podemos verificar que os honorários advocatícios sucumbenciais se tratam de uma obrigação completamente material, não podendo ultrapassar os aspectos da norma positivada.

O próprio Superior Tribunal de Justiça já foi claro ao discutir a matéria, não permitindo o puro ativismo judicial, quando magistrados de instâncias inferiores arbitram honorários por equidade, quando não expressamente previsto na norma. O que o STJ realizou ao julgar o tema repetitivo 1076 foi reafirmar as condições da lei. Não pode a classe advocatícia ser prejudicada por julgamentos que ultrapassam as normas já positivadas e pacificadas pela jurisprudência.

Para complementar, o legislador, ao promulgar a Lei n. 14.365/22, foi expresso ao determinar que não poderá ser interpretado o arbitramento dos honorários além do exposto nos seus parágrafos do art. 85º, CPC.

Sendo assim, todo o aparato estatal, do Poder Judiciário ao Poder Legislativo compreendem, de maneira completamente acertada, que os magistrados não podem arbitrar honorários sucumbenciais por equidade, senão nos casos específicos e expressos na lei. Com isso, não deve o magistrado interpretar além daquilo que a lei estabelece, sendo vedado os honorários por equidade. Com isso, protege-se o advogado ao exercer a sua profissão, contribuindo para uma advocacia mais valorizada e, consequentemente, profissionais satisfeitos e preparados para o exercício da profissão.

REFERÊNCIAS

BRASIL. Superior Tribunal de Justiça. **REsp nº 1864345 /SP**. Relator: Min. Benedito Gonçalves - Primeira Turma - Data de Julgamento 20/03/2020. Disponível em: https://processo.stj.jus.br/processo/revista/documento/mediado/?componente=MON&sequencial=107729629&tipo_documento=documento&num_registro=202000504380&data=20200320&formato=PDF. Acesso em 13 jun. 2022.

BRASIL. Superior Tribunal de Justiça. **Tem 1076**. Relator: Min. Og Fernandes. Corte

Especial. Data de Julgamento: 16/03/2022. Disponível em: https://processo.stj.jus.br/repetitivos/temas_repetitivos/pesquisa.jsp?novaConsulta=true&tipo_pesquisa=T&cod_tema_inicial=1076&cod_tema_final=1076. Acesso em: 12 jun. 2022.

COÊLHO, Marcus Vinicius Furtado; CAMARGO, Luiz Henrique Volpe. **Honorários Advocatícios**. Salvador: Juspodivm, 2015. p. 75 (Coleção Grandes Temas do Novo CPC).

LENZA, Pedro. **Direito Constitucional Esquematizado**. 20. ed. São Paulo: Saraiva, 2016.

MENDES, Anderson Cortez Mendes. TOKASHIKI, André Shinji. KUHL, Emílio Frederico Perilo. Os honorários advocatícios sucumbenciais e o novo Código de Processo Civil. **Revista de Processo, REPRO**, v.258, 2016, p.3 Disponível em: http://www.mpsp.mp.br/portal/page/portal/documentacao_e_divulgacao/doc_biblioteca/bibli_servicos_produtos/bibli_boletim/bibli_bol_2006/RPro_n.258.03.PDF. Acesso em: 15 jul. 2022.

MIGALHAS. COELHO, Marcos Vinícius Furtando. **CPC marcado.** Disponível em: https://www.migalhas.com.br/coluna/cpc-marcado/293782/art--85-do-cpc---fixacao-dos-honorarios-sucumbenciais. Acesso em: 02 jun 2022.

PISKE, Oriana. **Proporcionalidade e razoabilidade critérios de intelecção e aplicação do direito**. Disponível em: https://www.tjdft.jus.br/institucional/imprensa/campanhas-e-produtos/artigos-discursos-e-entrevistas/artigos/2011/propor cionalidade-e-razoabilidade-criterios-de-inteleccao-e-aplicacao-do-direito-juiza-oriana- Acesso em: 13 jun. 2022.

MATTOS, Hiago Valverde; SILVA, Vitor Costa. Fixação de honorários advocatícios sucumbenciais por equidade. *In:* MENESES, Heloísa Corrêa; SILVA, Tiago Nunes da; RAMONE TAVARES, Viviane; TEIXEIRA, Wendel de Brito Lemos (Coords.). **Anuário da OAB Uberlândia 2022/2023.** Uberlândia: Marco Teórico, 2023. pp. 209-221.

A EXECUÇÃO CONTRA A FAZENDA PÚBLICA: A BUSCA PELA EFETIVIDADE DO CUMPRIMENTO DA OBRIGAÇÃO IMPOSTA NA SENTENÇA DE MÉRITO

12

Emanoel Messias Dias da Silveira

Resumo:

A presente pesquisa tem como objetivo analisar a atuação da Fazenda Pública como parte demandada num processo de execução por quantia certa, em virtude das prerrogativas processuais que lhe são conferidas pela lei. É cediço que a Fazenda Pública, ao fazer parte de um processo judicial, possui prazos diferenciados, remessa ou reexame necessário por instância superior após a prolação da sentença, sem a necessidade, sequer, da apresentação de um recurso. Há severas críticas em relação a essas prerrogativas e alguns autores chegam a questionar se não se tratam de privilégios processuais. O Código de Processo Civil de 2015 trouxe algumas inovações importantes, mas é preciso analisar a atuação processual da Fazenda Pública, em virtude do fato de que o jurisdicionado, ao buscar uma solução judicial de um conflito, merece que a decisão seja tomada num tempo razoável, evitando-se a demora exagerada e desnecessária ainda que se observe, ou melhor, respeite-se, o princípio da supremacia do interesse público. É bem verdade que as prerrogativas processuais visam tal proteção, porém, hodiernamente, em que se busca uma atuação efetiva do judiciário, é inaceitável que um processo se arraste por longo período até que se tenha um desfecho dentro dos parâmetros razoáveis de tempo. A nova forma de tramitação processual, o sistema multiportas da justiça, o processo eletrônico e a colaboração entre as partes litigantes, vieram com o objetivo de dar uma decisão do conflito judicial mais célere. Por essa razão se apresenta nessa pesquisa algumas sugestões para a resolução de processos que evitam que a demora na tramitação perante o judiciário seja, também, uma causadora de prejuízo à parte autora de um processo de cumprimento de sentença. Com a vigência de normas que permitem negócios jurídicos processuais e a possibilidade de resolução de processos por mediação ou conciliação, os acordos celebrados entre as partes litigantes, devidamente homologados pelo juiz, garantida a participação do Ministério Público, nos casos necessários, podem não apenas desafogar o judiciário, evitando as inúmeras demandas de servidores públicos, mas também trazer uma solução em tempo mais curto, evitando o desgaste de quem busca o restabelecimento de um direito e a concretização da justiça.

PALAVRAS-CHAVE:

Execução. Execução contra a Fazenda Pública. Fazenda Pública. Cumprimento de Sentença. Prerrogativas Processuais.

1. INTRODUÇÃO

1.1 A garantia do direito do servidor público diante do poder estatal

O Povo necessita de mecanismos eficientes que garantam o exercício da cidadania e protejam os direitos fundamentais. Na Constituição Federal de 1988, temos o art. 5°, que tenta salvaguardar o "mínimo essencial" a que todo cidadão deve ter direito.

> Art. 5º - Todos são iguais perante a lei, sem distinção de qualquer natureza, garantindo-se aos brasileiros e aos estrangeiros residentes no País a inviolabilidade do direito à vida, à liberdade, à igualdade, à segurança e à propriedade, nos termos seguintes:[...]

Estabelecer essa igualdade é um desafio enorme para o Estado Democrático de Direito. É necessária uma ação eficaz que vise combater o vilipêndio de direitos do cidadão, oferecendo mecanismos jurídicos capazes de reduzir a desigualdade e garantir efetividade tanto na proteção do cidadão quanto na atuação do poder jurisdicional. O mínimo essencial não pode ser sucumbido pela inércia do Poder Público, ou por seus excessos, pois de maneira nenhuma poderá se admitir o desrespeito aos direitos fundamentais do cidadão.

Esse trabalho visa analisar a aplicabilidade do Capítulo V - Do Cumprimento de Sentença que Reconheça a Exigibilidade de Obrigação de Pagar Quantia Certa pela Fazenda Pública (art. 534 e art. 535 do Novo CPC), mais especificamente quanto às prerrogativas processuais das quais gozam o poder público quando é parte em um processo ou, como alguns autores classificam, o privilégio processual inerente a essas pessoas jurídicas de direito público.

O Código estabelece diversos critérios para que o servidor público ou mesmo aquele que inicia uma batalha judicial contra a Fazenda Pública, na luta processual pelo seu direito, possa ser investido de garantia de efetividade no cumprimento da sentença de mérito, a fim de que a demanda seja travada de modo equânime, ou seja, sem que o Estado, com todo o seu aparato de defesa, oprima o servidor ou tolha o seu direito, ao utilizar meios protelatórios que obriguem o judiciário a alongar o percurso a ser percorrido até o cumprimento efetivo da sentença de mérito.

Pretendemos debater as dificuldades da parte adversa em um processo contra a Fazenda Pública, ao se depararem com estas prerrogativas processuais. Muitas são as notícias de servidores que possuem demandas judiciais, que são verdadeiras sagas. Eles sabem quando começam e, mesmo diante das provas, muitas vezes irrefutáveis, veem os seus processos demorarem anos para ser resolvidos. Sabemos de casos em que os herdeiros receberam os haveres do servidor que faleceu durante uma tramitação longa e cansativa de um processo.

As demandas contra a Fazenda Pública são, geralmente, demoradas e exaustivas. Isso é um fato desagradável, que não retrata a função constitucional de proteger o cidadão dos possíveis abusos praticados pelo Estado.

É certo que o Estado, ou que o represente, deve ser cuidadoso no trato com a coisa pública, principalmente, no que se refere aos gastos públicos, mas isso não deve servir como pedra de tropeço na reparação do vilipêndio ao direito do servidor, parte hipossuficiente na relação processual.

O abuso na utilização de recursos, aliado à quantidade considerável desses no âmbito processual, nos levam a crer na possibilidade de condenação do ente público por litigância de má-fé. Entretanto, não é isso o que percebemos nas decisões dos tribunais. Muitos entendem que é o direito/dever de recorrer do ente público, dando margem à utilização de procrastinando o feito e empurrando o cumprimento da decisão para um futuro imprevisível e, algumas vezes, distante.

O papel do Judiciário é fazer cumprir a lei de forma eficaz e satisfativa, traduzindo em ação tudo que foi proposto no código de processo civil. Assim, nos resta o direito de provocação na via correta no sentido de agir em busca da aplicação efetiva da lei processual, tornando o procedimento mais justo, equânime e eficaz.

2. A FAZENDA PÚBLICA EM JUÍZO

A eficácia da sentença é algo que o litigante busca ao ingressar com um processo. Nos casos de ações indenizatórias, ou mesmo de cobrança de salários e outros haveres, a intenção é a satisfação do débito na sua integralidade, ou em caso de cautela, a garantia da não desobediência à decisão judicial que gerou uma obrigação líquida.

Uma parte das demandas judiciais contra a Fazenda Pública tem como autor e credor o servidor público, muitas vezes, com os seus direitos individuais ou coletivos vilipendiados pelo abuso do poder ou a irresponsabilidade do gestor no trato com a coisa pública.

Inúmeros são os casos de decretos de "Calamidade Administrativa" que visam estabelecer limites de gastos e, em contrapartida, prejudicam o direito do servidor. É comum suspenderem as férias, pagar salários em valor menor que o estabelecido no Plano de Cargos e Carreiras, suprimir gratificações estabelecidas em lei, no caso de professores da Rede Pública diversos municípios desobedecem a lei do Piso Nacional do Magistério, dos Odontólogos e pagar salários inferiores ao limite mínimo estipulado, mesmo cientes da obrigação estabelecida por Lei Federal.

Diante dessas situações, o servidor público se vê obrigado a demandar em juízo, pleitear os seus direitos por uma ação de cobrança, de obrigação de fazer, entre outras. Primeiro, ele se depara com a fase de conhecimento, petição inicial, juntada de provas, às vezes audiência conciliação e de instrução, coleta de outras provas e, finalmente, a sentença que estabelece o *quantum debeatur* pertencente ao servidor/demandante.

O Capítulo III do Código de Processo Civil que trata do cumprimento definitivo da sentença que reconhece a exigibilidade de obrigação de pagar quantia certa, assim disciplina:

> Art. 523. No caso de condenação em quantia certa, ou já fixada em liquidação, e no caso de decisão sobre parcela incontroversa, o cumprimento definitivo da sentença

far-se-á a requerimento do exequente, sendo o executado intimado para pagar o débito, no prazo de 15 (quinze) dias, acrescido de custas, se houver.

§ 1º Não ocorrendo pagamento voluntário no prazo do caput, o débito será acrescido de multa de dez por cento e, também, de honorários de advogado de dez por cento.

§ 2º Efetuado o pagamento parcial no prazo previsto no caput, a multa e os honorários previstos no § 1º incidirão sobre o restante.

§ 3º Não efetuado tempestivamente o pagamento voluntário, será expedido, desde logo, mandado de penhora e avaliação, seguindo-se os atos de expropriação. Ver tópico (303382 documentos)

Assim se inicia a fase de cumprimento da sentença que resolveu as questões de mérito da demanda na fase de conhecimento, que é a efetivação da decisão que culmina com a satisfação da obrigação gerada na decisão do processo.

É bom lembrar que o Código de Processo Civil trouxe uma inovação, que foi a possibilidade de executar a sentença nos próprios autos do processo a partir de requerimento da parte sem a necessidade do antigo CPC, que exigia uma demanda em apenso, como se distinta fosse do processo de conhecimento.

A Fazenda Pública figura como demandada a regra a ser obedecida para o processamento da execução/cumprimento de sentença: "Art. 534. No cumprimento de sentença que impuser à Fazenda Pública o dever de pagar quantia certa, o exequente apresentará demonstrativo discriminado e atualizado do crédito contendo".

O tratamento diferenciado quanto à Fazenda Pública já começa com a não aplicação da multa estabelecida no §1º do art. 523 do CPC, é o que disciplina o § 2º do art. 534, que dispõe o seguinte: "Art. 534 [...] §2º A multa prevista no § 1º do art. 523 não se aplica à Fazenda Pública".

Embora a Constituição nos garanta a igualdade e o CPC a cooperação para o resultado útil do processo, quando se trata de um ente público figurando no polo passivo de uma demanda judicial, temos uma tramitação com uma série de medidas que seguem um protocolo procedimental diferenciado. Há um prazo em dobro, com direito de recorrer, sem que necessariamente seja entendido como ato procrastinatório, no entanto, em que pesem ser direito da parte, muitas vezes, são lamentavelmente utilizadas para adiarem o pagamento da quantia estabelecida. Isso sem contar com a fila de precatórios que enfrentará o credor do direito perante o tribunal.

A intimação eletrônica trazida pelo art. 535 é uma inovação que trouxe um pouco de celeridade ao processo executório, evitando a demora dos cumprimentos dos mandados por meio físico, apesar do prazo diferenciado da Fazenda Pública, em virtude do número alto de demandas.

Como já dissemos anteriormente, o CPC/2015 trouxe a inovação de não ser mais necessário o ajuizamento de uma nova ação para o cumprimento de sentença que passou a ser feito pelo requerimento nos mesmos autos, hoje eletrônicos, da ação de conhecimento, salientando que o pedido de cumprimento de sentença deverá observar o disposto no art. 534, conforme transcrito abaixo:

> Art. 534. No cumprimento de sentença que impuser à Fazenda Pública o dever de pagar quantia certa, o exequente apresentará demonstrativo discriminado e atualizado do crédito contendo:
> I - o nome completo e o número de inscrição no Cadastro de Pessoas Físicas ou no Cadastro Nacional da Pessoa Jurídica do exequente;
> II - o índice de correção monetária adotado;
> III - os juros aplicados e as respectivas taxas;
> IV - o termo inicial e o termo final dos juros e da correção monetária utilizados;
> V - a periodicidade da capitalização dos juros, se for o caso;
> VI - a especificação dos eventuais descontos obrigatórios realizados.

É bom lembrar o disposto no §1º do mencionado artigo, que determina que havendo mais de um exequente, deve ser apresentado uma memória de cálculo individualizada para cada parte, entendendo que, nesses casos, encaixa-se o pedido executório dos honorários sucumbenciais.

> Art. 535. A Fazenda Pública será intimada na pessoa de seu representante judicial, por carga, remessa ou meio eletrônico, para, querendo, no prazo de 30 (trinta) dias e nos próprios autos, impugnar a execução, podendo arguir:
> I - falta ou nulidade da citação se, na fase de conhecimento, o processo correu à revelia;
> II - ilegitimidade de parte;
> III - inexequibilidade do título ou inexigibilidade da obrigação;
> IV - excesso de execução ou cumulação indevida de execuções;
> V - incompetência absoluta ou relativa do juízo da execução;
> VI - qualquer causa modificativa ou extintiva da obrigação, como pagamento, novação, compensação, transação ou prescrição, desde que supervenientes ao trânsito em julgado da sentença.

No processo de execução não cabe mais discussão acerca do objeto da ação originária, limitando-se, o executado, no caso a Fazenda Pública a arguir tão somente o que proposto nos incisos "I" a "VI" do art. 535, e até mesmo os casos de pagamento, compensação, novação, transação ou prescrição somente podem ser alegados se forem fatos ocorridos após o trânsito em julgado da sentença resolutória do mérito.

O § 2º do mesmo artigo é enfático ao determinar que, ao alegar excesso de execução, a Fazenda Pública deve declarar de imediato o valor que entende correto, sob pena de não conhecimento da arguição. Portanto, no momento de propor a impugnação alegando tal motivo, deverá apresentar uma memória de cálculo que fundamente a sua alegação.

Em caso de impugnação parcial, a parte incontroversa deverá ser imediatamente executada, como disciplina o § 4º do art. 535.

Rejeitada a impugnação ou não impugnada a execução, tem início o procedimento para satisfação da obrigação de pagar a quantia apurada no decorrer do cumprimento da sentença e, por conseguinte, expede-se o precatório em favor do exequente ou o Ofício Requisitório de Pequeno Valor, a depender da quantia arbitrada.

3. A FAZENDA PÚBLICA E AS SUAS PRERROGATIVAS PROCESSUAIS

Alguns autores divergem acerca das chamadas Prerrogativas Processuais ao denominarem de "Privilégios Processuais". Um dos mais utilizados é a contagem dos prazos em dobro estabelecida pelo Código de Processo Civil, conforme demonstramos a seguir:

> Art. 183. A União, os Estados, o Distrito Federal, os Municípios e suas respectivas autarquias e fundações de direito público **gozarão de prazo em dobro para todas as suas manifestações processuais**, cuja contagem terá início a partir da intimação pessoal.
>
> § 1º A intimação pessoal far-se-á por carga, remessa ou meio eletrônico.
>
> § 2º Não se aplica o benefício da contagem em dobro quando a lei estabelecer, de forma expressa, prazo próprio para o ente público.

Um avanço importante é a retirada do prazo quadruplicado que havia no CPC de 1973, deixando-se o prazo em dobro ou, na forma do § 2º do mencionado dispositivo que admite casos em a lei estabeleça prazo próprio para o ente público. Porém, entendemos que essa prerrogativa processual ainda deve ser melhorada, principalmente pelo fato de hodiernamente, os tribunais terem avançado do ponto de vista da tecnologia da informação e migrarem a forma de tramitação processual para o meio eletrônico, não havendo mais a necessidade de grandes volumes de processuais sendo carregados pelos corredores dos fóruns, defensorias, procuradorias, ministério público, dentre outros locais. Isso sem contar o fato de que o aparato jurídico que o Estado utiliza ser bem mais eficiente do que os quadros existentes à época de sancionamento dos Códigos de Processo Civil anteriores ao de 2015.

A paridade de armas no processo no qual a Fazenda Pública figura como parte, parece cair por terra, pois na outra ponta está, como dissemos no início deste trabalho, muitas vezes, um servidor público, que pleiteia um direito tolhido, em razão de um abuso da autoridade, um erro da administração pública, uma interpretação dúbia da legislação por parte de quem representa juridicamente o Poder Público, dentre outras situações que levam um indivíduo a pleitear na justiça um direito em face de ente federativo.

Quanto ao quesito "recursos", o STJ, em julgamento de Recurso Especial (REsp 1698344), fixou entendimento de que caberá apelação se a decisão proferida no cumprimento de sentença extinguir o processo ou uma fase processual.

No STJ, o ministro relator do caso, Luis Felipe Salomão, destacou que o CPC/2015 inovou ao prever um rol taxativo para o cabimento do agravo de instrumento.

> Ao contrário do Código Buzaid, que possibilitava a interposição do agravo de instrumento contra toda e qualquer interlocutória, o novo código definiu que tal recurso só será cabível em face das decisões expressamente apontadas pelo legislador, almejando criar um rol taxativo. Nesse rumo, nem toda decisão interlocutória será objeto de agravo de instrumento, tendo fim a recorribilidade ampla, autônoma e imediata daquelas decisões.

Há certo incômodo ao profissional do direito que patrocina uma causa em face do Poder Público. Não é simplesmente o fato do direito de apelar que a parte executada detém, mas a utilização de recursos infindáveis como meio protelatório. Sabemos que é possível alegar a litigância de má-fé da parte que age dessa forma, porém, quando se trata de Fazenda Pública, o *modus operandi* é diferenciado. Isso ocorre, principalmente, porque o "direito de recorrer" da Fazenda Pública é um argumento bastante utilizado, tanto pela parte quanto pelo julgador.

Como estabelecer igualdade entre as partes do processo se a fazenda pública se utiliza de todo o seu aparato estatal para procrastinar o feito aproveitando todas as oportunidades de recurso? A longa lista de ferramentas processuais que são utilizadas pela Fazenda Pública, em qualquer esfera do Poder Público, leva o demandante, possuidor do direito a receber um crédito oriundo de uma sentença de mérito, a uma caminhada longa e, não menos penosa, do ponto de vista procedimental. Essa, evidentemente, é uma crítica do ponto de vista de representante processual, que demanda contra o Estado, ou seja, o ponto de vista de quem está do "outro lado do balcão".

Para Peixoto e Belfort, não se deve encarar prerrogativas conferidas pela Constituição ou por lei como privilégios, já que há uma razão de ser, que é exatamente a proteção do interesse público primário, sendo razoável e atendendo plenamente ao interesse público[1].

Por certo, o Estado mantém um certo direito/dever de recorrer, mas causa espécie similar a ideia de que ele, o Estado, com todo o seu aparato, o faça, tão somente, no intuito de adiar o adimplemento da obrigação.

Apresentar recursos para corrigir distorções à legislação, analisar fatos específicos, debater os cálculos, contestar os cálculos e as fórmulas utilizadas, apresentar provas de que adimpliu a obrigação imposta na sentença, isso é perfeitamente inteligível e aceitável. No entanto, em muitos casos, o que há é a utilização do recurso meramente protelatório sob o pretexto do "dever de recorrer" da Fazenda Pública.

Em muitos casos, a matéria debatida no processo de conhecimento já está pacificada nos tribunais e o que resta é, tão somente, o reconhecimento do direito por parte da Fazenda Pública e o adimplemento da obrigação atribuída na sentença de mérito. Contudo, como já dissemos, a realidade processual é outra e, geralmente, utiliza-se de uma enxurrada de recursos, com o único desejo de produzir um efeito suspensivo da demanda e protelar o pagamento ao máximo. Ocorre, então, o que sucede na gestão, de que receberam uma herança maldita, que a culpa é das gestões anteriores, como se o débito, o precatório, o RPV fosse algo ligado ao gestor e não ao ente público executado.

É claro que a legislação atual já prevê o caso de execução parcial da parte

1 PEIXOTO, M. A. V; BELFORT, R. C. V. O cumprimento de sentença contra a Fazenda Pública: considerações sobre a capacidade postulatória, prazo processual e o reexame necessário: Coleção Repercussões do Novo CPC. *In*: ARAÚJO, José Henrique Mouta; CUNHA, Leonardo Carneiro da; RODRIGUES, Marco Antônio (coord.). **Fazenda Pública.** 2. ed. Salvador - BA: JUSPODIWM, 2016. v. 3. p. 476

incontroversa, o que se entende como um avanço importante, mas ainda há um longo caminho a percorrer, desde que a parte inicie um processo visando o pagamento de uma quantia em face da Fazenda Pública, até o esperado dia em que o exequente, de posse do precatório ou RPV, recebe o que lhe é devido.

Nesse ponto também é salutar analisar a "remessa necessária" ou "reexame necessário", que como sabemos é prerrogativa processual que a Fazenda Pública possui após a sentença e mesmo não apresentando o recurso cabível à decisão proferida, o Juiz determina o envio do processo ao Tribunal de Justiça para reexame da matéria debatida.

Vejamos o que dispõe o CPC/2015:

> Art. 496. Está sujeita ao duplo grau de jurisdição, não produzindo efeito senão depois de confirmada pelo tribunal, a sentença:
> I - proferida contra a União, os Estados, o Distrito Federal, os Municípios e suas respectivas autarquias e fundações de direito público;
> II - que julgar procedentes, no todo ou em parte, os embargos à execução fiscal.
> § 1º Nos casos previstos neste artigo, não interposta a apelação no prazo legal, o juiz ordenará a remessa dos autos ao tribunal, e, se não o fizer, o presidente do respectivo tribunal avocá-los-á.
> § 2º Em qualquer dos casos referidos no § 1º, o tribunal julgará a remessa necessária.
> § 3º Não se aplica o disposto neste artigo quando a condenação ou o proveito econômico obtido na causa for de valor certo e líquido inferior a:
> I - 1.000 (mil) salários-mínimos para a União e as respectivas autarquias e fundações de direito público;
> II - 500 (quinhentos) salários-mínimos para os Estados, o Distrito Federal, as respectivas autarquias e fundações de direito público e os Municípios que constituam capitais dos Estados;
> III - 100 (cem) salários-mínimos para todos os demais Municípios e respectivas autarquias e fundações de direito público.
> § 4º Também não se aplica o disposto neste artigo quando a sentença estiver fundada em:
> I - súmula de tribunal superior;
> II - acórdão proferido pelo Supremo Tribunal Federal ou pelo Superior Tribunal de Justiça em julgamento de recursos repetitivos;
> III - entendimento firmado em incidente de resolução de demandas repetitivas ou de assunção de competência;
> IV - entendimento coincidente com orientação vinculante firmada no âmbito

administrativo do próprio ente público, consolidada em manifestação, parecer ou súmula

O intuito do legislador ao estabelecer o reexame necessário é o de supremacia do interesse público, no entanto, o avanço do CPC/2015, ao estabelecer hipóteses em que a remessa necessária não será obedecida conforme o rol inserido nos parágrafos 3º e 4º do art. 496, nos parece um pouco tímido, dada a necessidade de uma melhor revisão dessas prerrogativas processuais. Por essa razão, devemos refletir se, diante do aparato jurídico que Estado possui e o poder postulatório que detém, ainda há mesmo a necessidade desse reexame.

A tramitação dos processos judiciais em que a Fazenda Pública figura como parte é ampla e minuciosa e, muitas vezes, nos deparamos com processos em que, de um lado, encontra-se a parte adversa e o seu advogado e do outro o Poder Público, o procurador ou MP e uma gama de assessores devidamente preparados com peças de defesa elaboradas e fundamentadas à exaustão. Só isso já demonstra a desnecessidade de um reexame do objeto da lide nos casos em que a Fazenda Pública não apresenta recurso cabível.

4. A OBJETIVIDADE DO INCIDENTE DE RESOLUÇÃO DE DEMANDAS REPETITIVAS

Outro avanço importante é o Incidente de Resolução de Demandas Repetitivas, uma inovação trazida pelo CPC/2015, que trouxe bastante celeridade para causas semelhantes. Para Humberto Theodoro Júnior, o IRDR

> é aquele que se instaura, perante um tribunal, quando em sua jurisdição registra-se repetição de processos em torno de uma igual questão de direito, ensejando risco de soluções conflitantes que possa ofender a isonomia e a segurança jurídica (CPC, art. 976), risco esse que se coíbe mediante fixação, pelo tribunal, de tese jurídica aplicável, dentro de sua área de jurisdição, a todos os processos pendentes e futuros que versem sobre a mesma questão de direito resolvida no IRDR (CPC, art. 985)[2].

O art. 976 assim estabelece:

> 976. É cabível a instauração do incidente de resolução de demandas repetitivas

2 THEODORO JÚNIOR, Humberto, Incidente de resolução de demandas repetitivas: natureza e função, **Genjurídico**, 2020. Disponível em: http://genjuridico.com.br/2020/02/14/resolucao-de-demandas-repetitivas/. Acesso em: 10 jul. 2022.

> quando houver, simultaneamente:
> I - efetiva repetição de processos que contenham controvérsia sobre a mesma questão unicamente de direito;
> II - risco de ofensa à isonomia e à segurança jurídica.
> § 1º A desistência ou o abandono do processo não impede o exame de mérito do incidente.
> § 2º Se não for o requerente, o Ministério Público intervirá obrigatoriamente no incidente e deverá assumir sua titularidade em caso de desistência ou de abandono.
> § 3º A inadmissão do incidente de resolução de demandas repetitivas por ausência de qualquer de seus pressupostos de admissibilidade não impede que, uma vez satisfeito o requisito, seja o incidente novamente suscitado.
> § 4º É incabível o incidente de resolução de demandas repetitivas quando um dos tribunais superiores, no âmbito de sua respectiva competência, já tiver afetado recurso para definição de tese sobre questão de direito material ou processual repetitiva.
> § 5º Não serão exigidas custas processuais no incidente de resolução de demandas repetitivas.

Com a finalidade de unificar o entendimento dos Tribunais, objetiva-se uma isonomia nas decisões de diversos processos que tratam de uma mesma matéria e maior segurança jurídica para os jurisdicionados[3].

Esse remédio processual inovador, embora acarrete a suspensão dos demais processos que versam sobre o mesmo objeto, resulta em uma celeridade no trâmite, pois, uma vez fixada a tese jurídica, será aplicada a todos os processos individuais ou coletivos que versem sobre idêntica questão de direito, a teor do art. 985, I, do CPC.

5. O LIMITE ENTRE A ATUAÇÃO PROCESSUAL DA FAZENDA PÚBLICA E A LITIGÂNCIA DE MÁ-FÉ PELO ABUSO DAS PRERROGATIVAS PROCESSUAIS MERAMENTE PROTELATÓRIAS

A atuação da Fazenda Pública em juízo, como já falamos anteriormente, goza de determinadas prerrogativas processuais no trâmite da demanda judicial.

---

3 "A formação das teses jurídicas oriundas dos julgamentos de casos repetitivos afeta diretamente a fazenda pública. Boa parte (ou a maioria) dos recursos em tramitação no STF e STJ, sob o regime de repetitivos, envolve o poder público e provocaram a intervenção de outros entes na qualidade de amicus curie" (ARAÚJO, J. H. M. D; PEIXOTO, M. A. V. **Poder público em juízo**: sinopses para concursos. Salvador - BA: Juspodiwm, 2018. p. 65).

Para Bruno Regis Bandeira Ferreira Macedo "não existe dúvida a respeito da total (des)igualdade processual entre a Fazenda Pública e o particular em uma lide, pela concessão de prazos maiores e instrumentos processuais diferenciados"[4]. Do ponto de vista de quem está do outro lado do balcão, ou seja, de quem litiga contra o Poder Público, há uma clara afronta ao princípio da isonomia.

Há, nesse quesito, uma certa controvérsia, pois alguns autores defendem o fato de que a prerrogativa processual não é um privilégio e, portanto, não evidencia afronta ao princípio da isonomia, pois o tratamento desigual se dá pelo fato de que se deve dispensar tratamento de forma igualitária na medida das igualdades e de maneira desigual, na medida das suas desigualdades.

Nesse diapasão, leciona o ilustre professor Leonardo Carneiro da Cunha

> para que a Fazenda Pública possa, contudo, atuar da melhor e mais ampla maneira possível, é preciso que se lhe confiram condições necessárias e suficientes a tanto. Dentre as condições oferecidas, avultam as prerrogativas processuais, identificadas por alguns, como privilégios. Estes - privilégios - consistem em vantagens sem fundamento, criando-se uma discriminação, com situações de desvantagens. As 'vantagens' processuais conferidas à Fazenda Pública revestem o matiz de prerrogativas, eis que contêm fundamento razoável, atendendo, efetivamente ao princípio da igualdade, no sentido aristotélico de tratar os iguais de forma igual e os desiguais de forma desigual" [5]

Elton Venturi *apud* Bruno Macedo destaca que se faz necessária uma releitura crítica do princípio da supremacia do interesse público sobre o privado em virtude do questionamento da razoabilidade das prerrogativas da Fazenda. Ademais, o citado autor declara que "não raras vezes o Estado busca em juízo não a defesa dos interesses públicos primários antes referidos, mas a defesa de atos de governo que em nada se referenciam à persecução do bem-estar dos administrados"[6]. Isso é um

---

4 MACEDO, B. R. B. F. As mudanças do CPC no papel da Fazenda Pública: considerações sobre a capacidade postulatória, prazo processual e o reexame necessário. Coleção Repercussões do Novo CPC. *In*: ARAÚJO, José Henrique Mouta; CUNHA, Leonardo Carneiro da; RODRIGUES, Marco Antônio (coord.). **Fazenda Pública**. 2. ed. Salvador - BA: Juspodiwm, 2016. p. 49-66. v. 3

5 CUNHA, Leonardo José Carneiro da. **A Fazenda Pública em Juízo**. 8. ed. São Paulo: Dialética, 2010. p. 35

6 VENTURI, Elton. **Suspensão de liminares e sentenças contrárias ao poder Público**. São Paulo: Revista dos Tribunais, 2005. p. 20 - 21

fator relevante a ser analisado, pois são exatamente os atos praticados pelo gestor, muitas vezes ao arrepio da lei, que resultam na tramitação de milhares de demandas judiciais, em face da Fazenda Pública.

Para o ilustre professor José Henrique Mouta de Araújo, "aspectos políticos e jurídicos indicam a necessidade de permanência parcial do tratamento diferenciado nas execuções de quantia contra a fazenda pública"[7].

Mais adiante, o Professor Mouta ressalta:

> Destarte, em pleno Século XXI há forte preocupação com as demandas movidas contra a fazenda pública, inclusive no que respeita à satisfação do credor mediante precatório requisitório. Além disso, devem ser lembradas as hipóteses de não pagamento ou de parcelamento de precatório, o que configura mais um sério obstáculo a ser enfrentado pelo jurisdicionado.
> Todas essas preocupações levam ao necessário repensar do papel da fazenda e do próprio Poder Judiciário no âmbito da efetividade da tutela jurisdicional.

Todas essas afirmações e questionamentos acima explicitados nos levam a uma reflexão sobre a atuação da Fazenda Pública no âmbito do processo, mais especificamente, na "efetividade da tutela jurisdicional", como ressalta o Prof. Mouta e no andamento razoável do processo, para que não cause uma lentidão desmotivadora e se atente para a finalidade de uma demanda já resolvida do ponto de vista do mérito, mas que precisa ser cumprida, no que se refere ao pagamento da quantia devida.

Entende-se que houve avanços importantes, mas ainda há muito chão a ser percorrido, no intuito de se estabelecer uma duração razoável de um processo em que se busca a satisfação de uma obrigação de pagar à parte adversa algo, que já foi vastamente debatido na fase de conhecimento do processo.

6. A POSSIBILIDADE DO USO DA MEDIAÇÃO PARA A SOLUÇÃO DE DEMANDAS JUDICIAIS DE SERVIDORES PÚBLICOS EM FACE DO PODER PÚBLICO

O novo modelo de justiça multiportas traz uma realidade diferente para a

---

7 ARAÚJO, J. H. M. D. Notas sobre o cumprimento das decisões judiciais contra a fazenda pública no novo CPC: aspectos polêmicos. Coleção Repercussões do Novo CPC. *In*: ARAÚJO, José Henrique Mouta; CUNHA, Leonardo Carneiro da; RODRIGUES, Marco Antônio (coord.). **Fazenda Pública**. 2. ed. Salvador - BA: Juspodiwn, 2016. v. 3. p. 271-293

resolução dos conflitos. A possibilidade de se realizar uma autocomposição nos processos que envolvam uma quantia é perfeitamente possível e eficaz, pois desafoga o judiciário e evita longas tramitações de processos indenizatórios. O problema surge quando a parte demandada é a fazenda pública, havendo um certo receio de conciliar isso nos processos, pois existe o plano de fundo de suma importância na questão: a supremacia do interesse público.

A supremacia do interesse público impede, muitas vezes, que o magistrado homologue acordos e há receio por parte dos gestores/administradores em realizar a autocomposição em um processo, sem que isso acarrete algum prejuízo de natureza administrativa.

Conforme José Roberto Fernandes Teixeira, o "interesse público é algo que pode ser relacionado ao 'bem comum'. Não é um interesse de grupo de pessoas, mas o interesse de todos que deve ser resguardado pelo Estado"[8].

O princípio da cooperação no processo civil, nesse ponto, toma bastante relevância. O art. 6º do Código de Processo Civil assim dispõe: "Art. 6º Todos os sujeitos do processo devem cooperar entre si para que se obtenha, em tempo razoável, decisão de mérito justa e efetiva".

Para quem busca o bem-estar social e tem a obrigação constitucional de promover o bem comum, nada mais justo que o desejo de perseguir uma decisão de mérito justa e efetiva, e melhor, em tempo razoável e não menos digno.

Embora a Administração Pública mantenha no seu DNA o dever de zelar pela proteção do interesse público em relação ao interesse unipessoal, ou mesmo de um grupo de pessoas que componham o polo ativo de uma demanda judicial, é possível que a Fazenda Pública busque meios de resolução de um processo com maior eficiência, que não seja o mais pesado de todos que é a tramitação em juízo, muitas vezes, longa e cansativa.

Nas lições trazidas pelo Prof. José Roberto Fernandes Teixeira, em trabalho citado anteriormente, temos a seguinte conclusão acerca do assunto ora proposto, conforme se expõe a seguir:

---

8 TEIXEIRA, J. R. F. Negócios Jurídicos Processuais e Fazenda Pública: Coleção Repercussões do Novo CPC. *In*: ARAÚJO, José Henrique Mouta; CUNHA, Leonardo Carneiro da; RODRIGUES, Marco Antônio (coord.). **Fazenda Pública**. 2. ed. Salvador - BA: JUSPODIWM, 2016. v. 3. p. 287

> Há, enfim, uma melhor visão do interesse público, não mais como interesses absolutamente indisponíveis, onde a via consensual era impossibilitada e a sua defesa em juízo deveria ser levada ao último momento. O novo interesse público deve atender a ideia de uma maior eficiência da Administração Pública[9].

Não se pretende, com o presente trabalho, aniquilar ou mesmo desdenhar da importância da Supremacia do Interesse Público, muito pelo contrário, com as novas dinâmicas processuais que visam a cooperação processual para uma solução eficaz em tempo razoável, não é admissível que a legislação procedimental mantivesse axiomas de uma conjuntura do século passado como um princípio imutável. O mundo muda constantemente e, com ele, novas relações vão surgindo, inclusive do ponto de vista do processo.

Nesse aspecto, temos por perfeitamente aceitável a ideia da celebração de negócios jurídicos processuais, até mesmo em demandas em que a Fazenda Pública figura como parte, sem que para isso seja desrespeitado o interesse público.

6.1. A legalidade dos acordos celebrados no âmbito judicial em demandas que envolvem a fazenda pública

O art. 190 do CPC dispõe:

> Art. 190. Versando o processo sobre direitos que admitam autocomposição, é lícito às partes plenamente capazes estipular mudanças no procedimento para ajustá-lo às especificidades da causa e convencionar sobre os seus ônus, poderes, faculdades e deveres processuais, antes ou durante o processo.

A autocomposição é um instrumento processual perfeitamente aplicável nas lides onde figura como parte a Fazenda Pública, sem que esse negócio seja considerado atentatório ao princípio da supremacia do interesse público, uma vez que é um procedimento para o qual a lei não impõe obstáculo, conforme a afirmação a seguir:

> A indisponibilidade do interesse público não representa a indisponibilidade da intervenção judicial no conflito de interesses que envolva a Fazenda Pública, de sorte que não há um óbice geral e abstratyo que impeça a celebração de negócios

9 TEIXEIRA, J. R. F. Negócios Jurídicos Processuais e Fazenda Pública: Coleção Repercussões do Novo CPC. *In*: ARAÚJO, José Henrique Mouta; CUNHA, Leonardo Carneiro da; RODRIGUES, Marco Antônio (coord.). **Fazenda Pública**. 2. ed. Salvador - BA: JUSPODIWM, 2016. v. 3. p. 288

processuais (ARAÚJO; PEIXOTO, 2018, p. 121)[10].

Segundo a jurisprudência pátria em relação aos acordos homologados pelo judiciário:

> AGRAVO DE INSTRUMENTO. AÇÃO CAUTELAR. LIMPEZA URBANA. SERVIÇO ESSENCIAL. LICITAÇÃO E CONTRATO ADMINISTRATIVO. PAGAMENTO DA AVENÇA RESERVADO POR LEI ORÇAMENTÁRIA. INADIMPLEMENTO PARCIAL. ACORDO EXTRAJUDICIAL ENTABULADO NO TOCANTE AO DÉBITO RETROATIVO. HOMOLOGAÇÃO. PRECEDENTES. AUSÊNCIA DE OFENSA AO REGIME DE PRECATÓRIO. 1. Consoante afirmado pelo próprio município/agravado, o acordo celebrado minimiza os efeitos ocasionados pela inadimplência e evita, ainda, os ônus da sucumbência e os acréscimos naturais que adviriam da atualização dos valores retidos, em respeito aos princípios da economicidade, eficiência e da autotutela estatal. 2. Na hipótese, a prestação do serviço contínuo de limpeza urbana já foi executado, com despesas empenhadas previstas no orçamento, isto é, sem aumento de despesa, tendo sido verificado pelo próprio município que a transação acarreta menor onerosidade para os cofres públicos, de modo que não há falar em possibilidade de que o acordo tenha por objetivo violar o disposto no artigo 100 da Constituição Federal. 3. Despicienda a autorização legislativa, na medida em que o ato em questão não importa em renúncia de direitos, alienação de bens ou assunção de obrigações extraordinárias para o executivo, isto é, não há comprometimentos de bens, afetação de verbas, criação de cargo novo ou inusitado aumento de despesa, relembrando que o contrato administrativo em tela diz respeito aos serviços rotineiros de limpeza urbana com dotação orçamentária efetivada desde a deflagração do processo licitatório pertinente. AGRAVO DE INSTRUMENTO CONHECIDO E PROVIDO (TJ-GO - AI: 02740354020178090000, Relator: ITAMAR DE LIMA, Data de Julgamento: 04/02/2018, 3ª Câmara Cível, Data de Publicação: DJ de 04/02/2018).

Percebe-se que, no caso acima mencionado, sequer houve autorização legislativa para a celebração do acordo e consequente homologação pelo juiz da causa. No caso analisado no precedente acima mencionado, o Relator se atentou para um prejuízo ainda maior para a Administração Pública e discorreu no seu voto a seguinte reflexão:

> Seria bem mais fácil e seguro para o atual gestor esperar um provimento judicial de

10 ARAÚJO, José Henrique Mouta; PEIXOTO, Marco Aurélio Ventura. **Poder Público em Juízo**, ed. Cidade: Juspodivm, 2018. (Coleção Sinopses para Concurso)

> mérito em uma demanda que se arrastaria por anos e que, no final, se transformaria num precatório gigantesco a ser pago pelo próximo governante, porém, é com extrema responsabilidade que o atual Governo enfrenta as questões postas e problemas deixados pela Administração passada, de maneira a resolver as pendências sem comprometer o Ente Público e a população local

Todo o cuidado para que o princípio da Supremacia do Interesse Público fosse respeitado foi tomado pelo Eminente Relator ao proferir seu voto, e mais, um cuidado para que a demora no julgamento da ação não causasse um prejuízo ao erário ainda maior com aplicação de juros, multas, honorários e passasse a ser uma dívida impagável. Uma gestão responsável também cuida dos passivos resultantes de processos com eficiência, evitando onerar o ente administrado sem necessidade ou por puro desejo do gestor de protelar o processo, tendo em vista que goza de prerrogativas processuais especiais, que lhe proporcionam empurrar o pagamento para além da sua gestão. Essa atitude atenta contra o interesse público preponderante, mais do que a celebração de um acordo.

6.2. As negociações com entidades sindicais como forma de evitar a demanda judicial

Essa é uma proposta a ser pensada e elaborada, pois se trata de uma forma de se evitar uma demanda judicial.

Na esfera privada é uma realidade que há muito tempo vem sendo aplicada. Evidentemente necessita de um controle jurisdicional e até mesmo legislativo com a elaboração de leis que regulamentem a maneira adequada de realizar uma autocomposição de um direito coletivo ou até mesmo um direito individual, com a estrita observância às normas da Administração Pública.

A representação sindical é uma prerrogativa importante na relação servidor x administração pública, pois o sindicato é a organização capaz de representar o servidor, seja na busca por um direito individual não concedido ou retirado sem fundamento legal, seja nas questões coletivas como campanhas de reajuste da remuneração implementação de piso salarial devidamente estabelecido em lei, como é o caso de funções como a do magistério, odontólogo, agentes de saúde ou qualquer outra pauta relevante nas relações de trabalho, especificamente, no serviço público.

A Constituição Federal, no seu art. 8º, determina:

> Art. 8º É livre a associação profissional ou sindical, observado o seguinte:
> I - a lei não poderá exigir autorização do Estado para a fundação de sindicato, ressalvado o registro no órgão competente, vedadas ao Poder Público a interferência e a intervenção na organização sindical;
> II - é vedada a criação de mais de uma organização sindical, em qualquer grau, representativa de categoria profissional ou econômica, na mesma base territorial, que será definida pelos trabalhadores ou empregadores interessados, não podendo ser inferior à área de um Município;
> III - ao sindicato cabe a defesa dos direitos e interesses coletivos ou individuais da categoria, inclusive em questões judiciais ou administrativas;
> IV - a assembleia geral fixará a contribuição que, em se tratando de categoria profissional, será descontada em folha, para custeio do sistema confederativo da representação sindical respectiva, independentemente da contribuição prevista em lei;
> V - ninguém será obrigado a filiar-se ou a manter-se filiado a sindicato;
> VI - é obrigatória a participação dos sindicatos nas negociações coletivas de trabalho;
> VII - o aposentado filiado tem direito a votar e ser votado nas organizações sindicais;
> VIII - é vedada a dispensa do empregado sindicalizado a partir do registro da candidatura a cargo de direção ou representação sindical e, se eleito, ainda que suplente, até um ano após o final do mandato, salvo se cometer falta grave nos termos da lei.

Tratando-se de representação sindical na autocomposição de demandas, destacamos o inciso VI do citado artigo da Constituição Federal, que categoricamente coloca o sindicato como parte legítima para representar o servidor na busca pelos seus direitos. Por essa razão, frisa-se o texto a seguir: "Art. 8º [...] VI - é obrigatória a participação dos sindicatos nas negociações coletivas de trabalho".

A participação sindical como entidade dotada de capacidade negocial é de significativa importância, a tal ponto que foi inserida na Constituição como uma obrigatoriedade a ser observada nas negociações.

O Tribunal de Justiça de Santa Catarina, no seu sítio eletrônico, veiculou notícia de uma demanda judicial, que foi objeto de uma negociação com a participação do sindicato, com acordo homologado devidamente.

Na matéria, o TJ/SC destacou:

> Após quatro horas de duração, a audiência de conciliação entre a Prefeitura de Florianópolis e o Sintrasem (Sindicato dos Trabalhadores no Serviço Público Municipal de Florianópolis), presidida pelo desembargador Jaime Ramos, da 3ª Câmara de Direito Público do Tribunal de Justiça de Santa Catarina (TJSC), terminou de forma exitosa. Com a intermediação do Judiciário catarinense, nesta sexta-feira (24) pela

> manhã, os representantes do município e dos servidores entraram em acordo.
>
> [...]
>
> A prefeitura e o sindicato assinaram outros compromissos. Pela decisão, o município terá que realizar até o fim de 2022 um concurso público para a área da saúde, especialmente para médicos e técnicos de enfermagem. Por conta disso, o acordo prevê a manutenção das equipes de saúde da família integradas por servidores temporários. Também há o compromisso de criar uma comissão em 30 dias para avaliar o concurso de remoção para as novas creches, além do aumento do quadro de efetivos[11].

Vemos, então, que essa é uma realidade que já vem tomando conta da conjuntura da relação de trabalho no serviço público. Esse é um avanço importante, que pode desafogar o judiciário e evitar demandas morosas que se arrastam por anos e anos, sem uma conclusão efetiva, sem uma decisão terminativa, em virtude das prerrogativas processuais que são atribuídas à Fazenda Pública.

7. AS MEDIDAS EXECUTIVAS E A EFICIÊNCIA DA PRESTAÇÃO JURISDICIONAL NO CUMPRIMENTO DE SENTENÇA

Tratando-se de Fazenda Pública, as medidas executivas são bastante limitadas, em virtude, principalmente, da indisponibilidade dos bens visto que não lhe pertencem. Segundo Marco Aurélio Ventura Peixoto e Renata Cortez Vieira Belfort,

> se a execução se caracteriza, basicamente, pela invasão legítima e forçada sobre o patrimônio do devedor, a fim de lhe retirar bens com o objetivo de fazer valer um direito pré-afirmado em título judicial ou extrajudicial, por inúmeras razões – mas notadamente por serem públicos os bens que compõem o acervo patrimonial da Fazenda Pública – não se poderia cogitar de sua apreensão, penhora e expropriação, com vistas à satisfação de seus credores[12].

Embora haja severas críticas quanto ao tratamento diferenciado que recebe a

11 BRASIL. TJSC. Disponível em: https://www.tjsc.jus.br/web/imprensa/-/judiciario-de-sc-promove-a-conciliacao-entre-prefeitura-de-florianopolis-e-sintrasem?redirect=%2F. Acesso em: 11 jul. 2022.

12 "Estão instalados nos vens pertencentes à Fazenda Pública não apenas os órgãos, mas também escolas, creches, postos de saúde, hospitais, delegacias, dentre outros, de modo que a própria continuidade dos serviços públicos disponibilizados à população restaria ameaçada caso houvesse a sujeição ao rito comum das execuções" (ARAÚJO, J. H. M. D; PEIXOTO, M. A. V. **Poder público em juízo**: sinopses para concursos. Salvador - BA: Juspodiwm, 2018. p. 468).

Fazenda Pública, do ponto de vista processual, e na conjuntura ora analisada, existe uma razão de ser para essas prerrogativas, fundamentada no art. 100 da Constituição Federal (PEIXOTO; BELFORT, 2016, p. 468), que disciplina o seguinte:

> Art. 100. Os pagamentos devidos pelas Fazendas Públicas Federal, Estaduais, Distrital e Municipais, em virtude de sentença judiciária, far-se-ão exclusivamente na ordem cronológica de apresentação dos precatórios e à conta dos créditos respectivos, proibida a designação de casos ou de pessoas nas dotações orçamentárias e nos créditos adicionais abertos para este fim.

Os precatórios são um capítulo à parte na execução contra a Fazenda Pública. O texto constitucional é bastante claro ao estabelecer uma ordem cronológica para o pagamento de débitos resultantes de sentenças transitadas em julgado, que determinam o pagamento de uma quantia.

Certificado o trânsito em julgado da decisão que condenou a Fazenda Pública ao pagamento de determinado valor em dinheiro, tem início o procedimento de expedição de precatório, que entra numa lista do Tribunal competente para administrar o seu pagamento e, finalmente, o tão esperado cumprimento da sentença de mérito.

De acordo com Weber Luiz de Oliveira, "os fundamentos, destarte, do precatório é a moralização da forma de pagamento dos débitos da Fazenda Pública determinados judicialmente, o tratamento impessoal e isonômico dado a todos os credores judiciais, além da impossibilidade de oneração e penhora dos bens públicos"[13].

O princípio da impessoalidade é visto aqui como um norteador para evitar privilégios direcionados por influências políticas. É preciso que se observe criteriosamente a ordem cronológica dos precatórios para evitar problemas maiores que possam acarretar uma condenação por ato de improbidade administrativa, conforme preconiza o art. 11, II, da Lei n. 8.429/92, alterado pela Lei n. 14.230/2021, que ressalta:

> Art. 11. Constitui ato de improbidade administrativa que atenta contra os princípios da administração pública a ação ou omissão dolosa que viole os deveres de honestidade, de imparcialidade e de legalidade, caracterizada por uma das seguintes

13 OLIVEIRA, W. L. D. Execução da parte incontroversa contra a Fazenda Pública no novo CPC - Fazenda Pública: Coleção Repercussões do Novo CPC. *In*: ARAÚJO, José Henrique Mouta; CUNHA, Leonardo Carneiro da; RODRIGUES, Marco Antônio (coord.). **Fazenda Pública.** 2. ed. Salvador - BA: JUSPODIWM, 2016. v. 3. p. 837

> condutas:
> I - praticar ato visando fim proibido em lei ou regulamento ou diverso daquele previsto, na regra de competência;
> II - retardar ou deixar de praticar, indevidamente, ato de ofício;

A Constituição Federal estabelece que valores menores que os limites fixados para os precatórios deverão ser pagos mediante expedição de Requisição de Pequeno Valor (RPV), que são ofícios enviados ao próprio ente público, condenado em sentença líquida para pagamento, no prazo de 60 dias, desde que essa quantia não exceda o disposto no art. 87 dos Atos das Disposições Constitucionais Transitórias que assim disciplina:

> Art. 87. Para efeito do que dispõem o § 3º do art. 100 da Constituição Federal e o art. 78 deste Ato das Disposições Constitucionais Transitórias serão considerados de pequeno valor, até que se dê a publicação oficial das respectivas leis definidoras pelos entes da Federação, observado o disposto no § 4º do art. 100 da Constituição Federal, os débitos ou obrigações consignados em precatório judiciário, que tenham valor igual ou inferior a:
> I - quarenta salários-mínimos, perante a Fazenda dos Estados e do Distrito Federal;
> II - trinta salários-mínimos, perante a Fazenda dos Municípios.
> Parágrafo único. Se o valor da execução ultrapassar o estabelecido neste artigo, o pagamento far-se-á, sempre, por meio de precatório, sendo facultada à parte exequente a renúncia ao crédito do valor excedente, para que possa optar pelo pagamento do saldo sem o precatório, da forma prevista no § 3º do art. 100.

O texto constitucional flexibiliza o estabelecimento do valor máximo para expedição de RPV prevista no artigo acima referenciado ao dispor no §4º do art. 100, que "poderão ser fixados, por leis próprias, valores distintos às entidades de direito público, segundo as diferentes capacidades econômicas, sendo o mínimo igual ao valor do maior benefício do regime geral de previdência social". Isso significa dizer que, de acordo com a capacidade econômica de cada ente federativo, o valor pode ser revisto por legislação local, desde que não seja inferior ao teto de benefício do regime previdenciário.

Por essa razão, o valor máximo para expedição de RPV sofre variações, a depender das legislações locais. Há entes federativos que estabelecem o limite de 20 salários mínimos, como é o caso do Distrito Federal pela Lei Distrital n. 3.624/2005[14], o

14 BRASIL. **SINJ**. Disponível em: http://www.sinj.df.gov.br/sinj/Norma/51551/Lei_3624_20

Estado de Pernambuco com o limite de 40 salários mínimos, pela Lei Complementar n. 401/2018[15], dentre outros entes federativos que atribuem valores menores que o estipulado pela norma atinente.

Há também um permissivo constitucional para os casos em que a condenação excede o limite do RPV, mas é facultado ao credor o direito de renunciar ao valor excedente do crédito, uma maneira mais rápida de ver satisfeita a obrigação da Fazenda Pública em relação ao débito oriundo de sentença condenatória transitada em julgado.

A longa fila de precatórios que repousa nos Tribunais faz com que, embora necessária à luz do princípio da impessoalidade e da legalidade que regem a administração pública, haja ainda mais espera para o credor, que possui o direito estabelecido, mas não pode usufruir dele, até que chegue a sua vez na ordem cronológica de pagamentos. Isso não deixa de ser uma angústia para quem já penou por longo tempo esperando a tramitação de uma demanda judicial, em face da Fazenda Pública.

8. CONCLUSÃO

É evidente que o presente artigo não pretende exaurir o tema proposto quanto à efetividade na prestação jurisdicional quando uma das partes da demanda é a Fazenda Pública, pois o propósito reside exatamente na intenção de provocar o questionamento acerca das prerrogativas processuais detidas pela Fazenda Pública e no abuso praticado por alguns entes federativos, ou pode se dizer, por gestores, que procuram procrastinar o máximo as demandas e assim empurrarem para o futuro o cumprimento de obrigações impostas em sentenças condenatórias, que determinam o pagamento de quantia apurada em procedimento executório.

O foco neste trabalho são as demandas de autoria dos servidores públicos que sofrem com a exaustiva e, algumas vezes, longa tramitação de uma ação judicial, buscando, muitas vezes, uma correção de distorção salarial, o pagamento de férias atrasadas, o restabelecimento de uma gratificação de caráter permanente, salários

---

05.html. Acesso em: 13 jul. 2022.

15 ALEPE. **Lei Complementar nº401 de 18 de dezembro de 2018.** Disponível em: https://legis.alepe.pe.gov.br/texto.aspx?tiponorma=2&numero=401&complemento=0&ano=2018&tipo=&url =. Acesso em: 13 jul. 2022.

atrasados e outras rubricas, que geram para o servidor um crédito que precisa ser apurado devidamente e satisfeito efetivamente por força de uma decisão judicial.

A finalidade precípua do Estado é a de promover o bem comum aos cidadãos e dentre esses, figura o cidadão/servidor, aquele que dedica parte da sua vida a contribuir com o seu trabalho na promoção desse bem.

É inadmissível constatar que hodiernamente ainda existam gestores que administram mal as finanças do seu município, estado ou distrito, seja qual for o ente federativo ou mesmo órgão da administração direta e indireta. Por causa dessa má administração se provoca dano patrimonial ao servidor, ao deixar de cumprir com a obrigação de pagar os salários e outras rubricas inerentes da relação de trabalho mantida entre servidor e ente federativo.

Por essa razão, o estudo ora apresentado traz no seu bojo, além dos questionamentos, algumas medidas que visam minimizar o transtorno de uma longa espera, por uma prestação jurisdicional efetiva e que não penalize o servidor pelo tempo de tramitação.

É salutar que comece a se pensar em modernizar os mecanismos de execução contra a Fazenda Pública, implantando novas ações que evitem a procrastinação irresponsável do processo através do abuso das prerrogativas processuais. É preciso refletir sobre a eficiência da tutela jurisdicional.

Alguns avanços foram trazidos pelo Código de Processo Civil de 2015, porém, há um longo caminho a ser percorrido em busca dessa efetividade judicial, de forma que o servidor não seja penalizado pela demora na tramitação processual, seja por reformulação das prerrogativas, de modo a se evitar o uso de mecanismos processuais procrastinatórios, seja pelo estabelecimento, de novas formas de satisfação do credor, no caso o servidor, de título judicial em face da Fazenda Pública.

REFERÊNCIAS

ALEPE. **Lei Complementar nº401 de 18 de dezembro de 2018.** Disponível em: https://legis.alepe.pe.gov.br/texto.aspx?tiponorma=2&numero=401&complemento=0&ano=2018&tipo=&url =. Acesso em: 13 jul. 2022.

ARAÚJO, J. H. M. D. Notas sobre o cumprimento das decisões judiciais contra a fazenda pública no novo CPC: aspectos polêmicos. Coleção Repercussões do Novo CPC. *In*: ARAÚJO, José Henrique Mouta; CUNHA, Leonardo Carneiro da; RODRIGUES, Marco Antônio (coord.). **Fazenda Pública**. 2. ed. Salvador - BA: Juspodiwn, 2016. p. 271-293. v. 3

ARAÚJO, J. H. M. D; PEIXOTO, M. A. V. **Poder público em juízo**: sinopses para concursos. Salvador - BA: Juspodiwm, 2018. p. 1-142

BRASIL. JUSBRASIL. **TJ-GO - AI**: 02740354020178090000. Relator: Itamar de Lima, Data de Julgamento: 04/02/2018, 3ª Câmara Cível, Data de Publicação: DJ de. Disponível em: https://tj-go.jusbrasil.com.br/jurisprudencia/931683034/agravo-de-instrumento-cpc-ai-2740354020178090000/inteiro-teor-931683067. Acesso em: 11 jul. 2022.

BRASIL. Sistema Integrado de Normas Jurídicas do Distrito Federal. **Lei nº 3.624, de 18 de julho de 2005**. Disponível em: http://www.sinj.df.gov.br/sinj/Norma/51551/Lei_3624_2005.html.htm. Acesso em: 13 jul. 2022.

BRASIL. **SINJ.** Disponível em: http://www.sinj.df.gov.br/sinj/Norma/51551/Lei_3624_2005.html. Acesso em: 13 jul. 2022.

BRASIL. TJSC - Notícias. **Judiciário de SC promove a conciliação entre Prefeitura de Florianópolis e Sintrasem**. Disponível em: https://www.tjsc.jus.br/ web/imprensa/-/judiciario-de-sc-promove-a-conciliacao-entre-prefeitura-de-florianopolis-e-sintrasem?redirect=%2F. Acesso em: 11 jul. 2022.

CUNHA, L. C. D. **A Fazenda Pública em Juízo**. 8. ed. São Paulo: Dialética, 2010. p. 35.

GENJURÍDICO. **IRDR**. Disponível em: http://genjuridico.com.br/ 2020/02/14/ resolucao-de-demandasrepetitivas/#:~:text= O%20incidente%20de%20 resolu%C3%A7%C3%A3o%20de,seguran%C3%A7a%20jur%C3%ADdica%20(CPC%2C%20art. Acesso em: 10 jul. 2022.

MACEDO, B. R. B. F. As mudanças do CPC no papel da Fazenda Pública: considerações sobre a capacidade postulatória, prazo processual e o reexame necessário. Coleção Repercussões do Novo CPC. *In*: ARAÚJO, José Henrique Mouta; CUNHA, Leonardo Carneiro da; RODRIGUES, Marco Antônio (coord.). **Fazenda Pública**. 2. ed. Salvador - BA: Juspodiwm, 2016. p. 49-66. v. 3

OLIVEIRA, W. L. D. Execução da parte incontroversa contra a Fazenda Pública no novo CPC - Fazenda Pública: Coleção Repercussões do Novo CPC. *In*: ARAÚJO, José Henrique Mouta; CUNHA, Leonardo Carneiro da; RODRIGUES, Marco Antônio (coord.). **Fazenda Pública**. 2. ed. Salvador - BA: JUSPODIWM, 2016. p.

817-861. v. 3

PEIXOTO, M. A. V; BELFORT, R. C. V. O cumprimento de sentença contra a Fazenda Pública: considerações sobre a capacidade postulatória, prazo processual e o reexame necessário: Coleção Repercussões do Novo CPC. *In*: ARAÚJO, José Henrique Mouta; CUNHA, Leonardo Carneiro da; RODRIGUES, Marco Antônio (coord.). **Fazenda Pública**. 2. ed. Salvador - BA: JUSPODIWM, 2016. v. 3. p. 467-526

TEIXEIRA, J. R. F. Negócios Jurídicos Processuais e Fazenda Pública: Coleção Repercussões do Novo CPC. *In*: ARAÚJO, José Henrique Mouta; CUNHA, Leonardo Carneiro da; RODRIGUES, Marco Antônio (coord.). **Fazenda Pública**. 2. ed. Salvador - BA: JUSPODIWM, 2016. v. 3. p. 283-294

THEODORO JÚNIOR, Humberto, Incidente de resolução de demandas repetitivas: natureza e função, **Genjurídico**, 2020. Disponível em: http://genjuridico.com.br/2020/02/14/resolucao-de-demandas-repetitivas/. Acesso em: 10 jul. 2022.

VENTURI, Elton. **Suspensão de liminares e sentenças contrárias ao poder Público**. São Paulo: Revista dos Tribunais, 2005.

SILVEIRA, Emanoel Messias Dias da. A execução contra a Fazenda Pública: a busca pela efetividade do cumprimento da obrigação imposta na sentença de mérito. *In:* MENESES, Heloísa Corrêa; SILVA, Tiago Nunes da; RAMONE TAVARES, Viviane; TEIXEIRA, Wendel de Brito Lemos (Coords.). **Anuário da OAB Uberlândia 2022/2023.** Uberlândia: Marco Teórico, 2023. pp. 223-248.

A PROPRIEDADE E A DESAPROPRIAÇÃO

13

José Custódio De Moura Neto

Resumo:

O objetivo deste artigo é discorrer sobre a propriedade e sua função social, com foco na desapropriação, conceituando-a, e esclarecendo quais são suas espécies. Para que a desapropriação seja considera legítima devem estar presentes certos pressupostos, são eles, utilidade pública, necessidade pública e o interesse social. A função social determina o conteúdo social da relação de propriedade. E a função social irá determinar tal relação, seja quanto aos meios de apropriação, seja quanto à realização de atividades na propriedade. Em regra, todos e direitos patrimoniais podem ser desapropriados, ou seja, tudo aquilo que seja objeto de propriedade, bem imóvel ou móvel, corpóreo ou incorpóreo, o que inclui também o espaço aéreo e o subsolo as ações, quotas ou direito de qualquer sociedade, etc. O estudo deste artigo visa também, esclarecer as modalidades e espécies de desapropriação, bem como os dois procedimentos, o administrativo e o judicial. Devendo ao final de ambos os procedimentos, ser pago a indenização que será prévia, justa e em dinheiro, mas poderá ser paga também em títulos da dívida pública. Para a confecção deste artigo, aplicou-se a análise bibliográfica, a documental e o método lógico dedutivo.

Palavras-chave:

Propriedade; desapropriação; função social.

1. INTRODUÇÃO

O presente artigo discorre sobre a análise das possibilidades de aplicação do Decreto-Lei nº 3.365/41 e demais normas que regulamentam a desapropriação, bem como suas formas e modalidades. Assim como o direito de propriedade, utilizando como parâmetro previsões constitucionais e legais a fim de realizar o estudo da desapropriação, já que esta é a única forma de que o Estado possui de fazer com que se cumpra a função social da propriedade, fazendo desse tema de grande importância para o cenário nacional.

A importância e a necessidade desse artigo consistem em demonstrar que a busca pela organização social com a ocupação adequada dos espaços só vêm a trazer benefícios para todos os entes federais, trazendo a chance, por exemplo, de mais moradia, que é um direito previsto na Constituição Federal de 1988. Outrossim, o assunto traz grande importância a toda a coletividade, já que o Estado intervir na propriedade privada pode atingir qualquer indivíduo, por isso que o estudo se faz importante, além do mais, é prática comum do Estado se valer do instituto da desapropriação indireta, fazendo assim o tema atual e necessário ao conhecimento acadêmico.

A necessidade de realizar a desapropriação nesses imóveis subutilizados existe, e possui meios jurídicos, instrumentos específicos para tal ação.

É necessário que ocorra a desapropriação nesses imóveis, pois a Constituição Federal de 1988 diz que a propriedade deve cumprir sua função social, não sendo a mesma cumprida, pode o poder público se manifestar, opinando até sobre sua destinação.

A função social da propriedade requer do ordenamento princípios limitadores da atuação do proprietário, a fim de garantir a sociedade um desenvolvimento mais progressivo e adequado aos princípios fundamentais, resultando no cumprimento eficaz ao combate à especulação de terras urbanas e garantindo a função social da propriedade.

A contribuição que a pesquisa traz para a ciência do direito é a garantia do cumprimento da função social da propriedade que quando chega a seu resultado não traz somente uma distribuição sensata, mas acima de tudo atingem valores, esses que são tão importantes não só para a ciência, mas para toda a população, pois se a pessoa que é proprietária de vários imóveis urbanos e não os utiliza de forma correta o certo e que se repasse para uma pessoa que possa aproveitá-lo seja como: moradia, trabalho comercial, ou até mesmo servir a coletividade, como escolas, creches, hospitais e etc., que se torne um lugar que haja fundamento em sua existência, pois não é que o interesse coletivo esteja acima do privado, mas e preciso que haja paridade humana entre eles.

O conflito deste tema consiste na análise do Decreto-Lei nº 3.365/41 e seus mecanismos para a forma correta de desapropriação.

O objetivo geral deste trabalho é demonstrar a legalidade da desapropriação por meio da hermenêutica jurídica, dentro de uma leitura constitucional e administrativa, respeitando a vontade real do constituinte originário e derivado, em consonância aos princípios norteadores da Administração Pública.

Ademais, o presente trabalho será estruturado na explicação do conceito de propriedade, na aplicação do princípio da função social da propriedade - conceito de desapropriação, fundamentos e pressupostos da desapropriação, bem como modalidades e formas, e ainda o direito a indenização e a retrocessão.

Em suma, este trabalho prospera relevância a refletir um dos maiores princípios constitucionais, sendo o princípio da função social da propriedade, que, por vezes, ameaçado ou restringido de maneira comissiva por omissão, tanto pela forma quanto pelo conteúdo pelos Agentes Políticos, que possuem discricionariedade dos atos no âmbito administrativo, o que pode culminar em supervalorização do direito privado de propriedade em detrimento do princípio da função social da propriedade e do interesse público.

2. DESENVOLVIMENTO

No Brasil, a desapropriação se tornou efetivamente presente ainda na época imperial em 1821, mais especificamente catalogada no Decreto de 21 de maio de 1821. Entretanto, apenas na Constituição do Império do Brasil de 1824, art. 179, item 22, que foi positivado o direito de propriedade em sua plenitude e inviolabilidade, e que, caso o poder público necessitasse do bem privado em prol do público, o dono daquele seria brevemente indenizado.

Em todas as constituições a partir da de 1821 se repetiu o instituto da desapropriação, destacando a Constituição de 1934, que surge com uma inovação que não constava nas Constituições anteriores, ou seja, se conhece o direito individual, não deixando de lado o interesse coletivo.

Na Constituição de 1946 foi inserido um capítulo denominado "Ordem Econômica e Social". Em outro viés, também podemos citar uma Magna Carta que teve influência significativa para o advento na Constituição de 1988, que foi a Constituição de 1967, nela houve a menção a função social da propriedade, que culminou por agregar de uma vez por todas o Estado Social e Democrático de Direito. Podemos dizer que na atualidade a propriedade é um dos direitos e garantias inerente ao cidadão, direito à propriedade privada se relativizando com a sua função social que deve ser sempre observada.

Nessa perspectiva, o atual Código Civil Brasileiro inspirado na Constituição de Weimar é mais democrático e socializante, trazendo importantes inovações, podendo citar entre elas o artigo 1.228, utilizando a expressão "o proprietário tem a faculdade", trazendo assim mais técnica e adequação as concepções de propriedade privada. Outrossim, não se pode deixar de citar como grande inovação o parágrafo 1°, 2° ,3° do artigo 1228 do Código Civil de 2002, que diz:

> § 1.º - O direito de propriedade deve ser exercido em consonância com as suas finalidades econômicas e sociais e de modo que sejam preservados, de conformidade com o estabelecido em lei especial, a flora, a fauna, as belezas naturais, o equilíbrio ecológico e o patrimônio histórico e artístico, bem como evitada a poluição do ar e das águas.
> § 2.º - São defesos os atos que não trazem ao proprietário qualquer comodidade, ou utilidade, e sejam animados pela intenção de prejudicar outrem.
> § 3.0 - O proprietário pode ser privado da c-0isa, nos casos de desapropriação, por necessidade ou utilidade pública ou interesse social, bem como no de requisição, em caso de perigo público iminente.

O conceito de propriedade é abordado por Hely Lopes de Meirelles (2006, p. 596), que:

> "É um direito individual por excelência, porém ela deixou de ser exclusivamente o direito subjetivo do proprietário para se transfonnar na função social do detentor da riqueza, ou seja,é um direito individual condicionado ao bem-estar da comunidade."

Todavia, na atualidade a propriedade ganhou uma relatividade e dinamicidade, deixando de ser estática e absoluta, tendo como objetivo a coletividade e o bem comum, sempre se valendo do princípio da função social da propriedade.

Para o autor José dos Santos Carvalho Filho (2008, p.686), propriedade seria:

> "A propriedade é instituto de caráter político: a ordem jurídica pode reconhecer, ou não, as características que dão fonna ao instituto. Historicamente, a propriedade constitui verdadeiro direito natural, sendo erigida a direito fundamental nas declarações de direito da época do constitucionalismo. As tendências socializantes, porém, alteraram a fisionomia da propriedade, e muitos ordenamentos jurídicos

finnaram o postulado ortodoxo de que a propriedade tinha caráter provisório até que se se chegasse ã coletívização em massa".

A propriedade é um direito real, conforme artigo 1.225, inciso 1, do Código Civil. Sendo tratada de forma especifica no Título III do Código Civil, tendo este código prescrevendo os poderes do proprietário como, usar, gozar e dispor de sua propriedade, conforme sua vontade e de acordo com a lei.

A palavra Desapropriação tem origem latina, que significa pnvar alguém da propriedade, ou tirar ou fazer perder a propriedade, decorrendo assim a desapropriação do ato ou efeito de desapropriar ou expropriar que são palavras sinônimas (SALLES, 2006, p. 65.).

Segundo José dos Santos Carvalho Filho (2017, p. 415), o conceito de desapropriação seria:

> "É o procedimento de direito público pelo qual o Poder Público transfere para si a propriedade de terceiro, por razões de utilidade pública ou de interesse social, normalmente mediante pagamento de indenização".

Do conceito de desapropriação podem-se destacar certas características, tais como, o aspecto formal, com a menção de um procedimento, um sujeito ativo (o Poder Público ou os seus delegados); necessidade pública, utilidade pública ou interesse social, um sujeito passivo (o proprietário do bem desapropriado), a perda do bem, e a reposição do patrimônio do expropriado através de justa indenização (PIETRO, 2009, p.159).

De acordo com o entendimento do renomado autor (CARVALHO FILHO, 2017, p. 415/416):

> "O objetivo da desapropriação é a transferência do bem desapropriado para o acervo do expropriante, sendo que esse fim só pode ser alcançado se houver os motivos mencionados no conceito, isto é, utilidade pública ou o interesse social. E a indenização pela transferência constitui a regra geral para a desapropriações, só por exceções se admitindo, como adiante se verá, a ausência desse pagamento indenizatório. Não obstante ser clãssico o instituto da desapropriação como forma de expropriação processada pelo Estado, o vigente Código Civil criou instituto de expropriação - até agora não conhecido- em que a iniciativa cabe aos particulares. Dispõe o art. 1228, §4°, que nasce o direito à expropriação (acarretando perda do imóvel), indenizando-se o proprietário ao final, quando: (a) a posse seja de considerãvel número de pessoas; (b) seja ela ininterrupta e de boa-fé por mais de 5 anos; (c) tenham os posseiros

realizado obras e serviços considerados pelo juiz de relevante interesse social e econômico. É a expropriação social, assim denominado pelo carãter notoriamente coletivo de que se reveste. Não se identifica com a desapropriação clãssica por ser promovida por particulares, e não pelo Estado; também não se iguala ao usucapião por ser este gratuita."

Conquanto, esse tipo de expropriação delimitada acima, em que pese o aspecto coletivo, trata-se de direito privado, já que a desapropriação se aloja a ótica do direito público.

Existem alguns fundamentos que são levados em conta para que a desapropriação ocorra. O autor Celso Antônio Bandeira de Melo (2008, p. 863/864), os explica perfeitamente.

> "O fundamento político da desapropriação é a supremacia do interesse coletivo sobre o individual, quando incompatíveis.
> O fundamento jurídico teórico consiste na tradução do ordenamento normativo dos princípios políticos acolhidos no sistema.
> Corresponde à ideia do domínio eminente de que dispõe o Estado sobre todos os bens existentes em seu território.
> O fundamento nonnativo constitucional encontra-se nos arts. 5°, xxrv, 181, § 4°, III e 184 e parágrafos do Texto Magno brasileiro.
> O fundamento infraconstitucional reside nas diferentes leis e decretos-leis que disciplinam a matéria. Merecem especial realce o Decreto-lei 3.365 de 21.6.41, com as alterações posteriores, a Lei 4.132, de 10.9.62, e o Decreto-lei 1.075, de 22.1.70."

São pressupostos da desapropriação, utilidade pública, necessidade pública e o interesse social, ambos dispostos no artigo 5°, inciso *XXN* e artigo 184, ambos da Constituição Federal.

Os pressupostos por serem taxativos, a sua imposição não fica a critério da Administração Pública, sendo necessário que esta indique o dispositivo legal que fundamente e se enquadra melhor na realidade desapropriatória.

A desapropriação por utilidade pública ocorre quando o bem é considerado conveniente para a Administração Pública.

A por necessidade pública seria aquela que decorrem de ocasiões de emergência, e para que seja resolvido é necessário a desapropriação.

Já a desapropriação por interesse social, baseia-se em três fundamentos constitucionais, que são encontrados no artigo 5°, inciso XXIV, da Lei nº 4.132, de 1962 que indica os casos de interesse social no artigo 2°, o artigo 182, artigo 8°, e artigo 184 todos da Lei nº 4.132/62.

Deve ser evidenciado que só se considera legitima uma desapropriação se ela levar em consideração seus pressupostos, ou seja, utilidade pública, necessidade pública, e o interesse social.

Existem alguns fundamentos que são levados em conta para que a desapropriação ocorra, segundo (CARVALHO FILHO, 2017, p. 416):

> "Ocorre a *utilidade pública* quando a transferência do bem se afigura conveniente para a Administração. Jã a *necessidade pública* é aquela que decorre de situações de emergência, cuja solução exija a desapropriação do bem. 4 Embora o texto constitucional se refira a ambas as expressões, o certo é que a noção de necessidade pública já está inserida na de utilidade pública. Esta é mais abrangente que aquela, de modo que se pode dizer que tudo que for necessário será fatalmente útil. A recíproca é que não é verdadeira: haverá desapropriações somente úteis, embora não necessárias. Quando nos referirmos, pois, à utilidade pública, devemos entender que os casos de necessidade pública estarão incluídos naquele conceito mais abrangente.5 Exemplo de utilidade pública: a construção de uma escola pública ou de um centro de assistência social do Estado.
>
> O interesse social consiste naquelas hipóteses em que mais se realça a função social da propriedade. O Poder Público, nesses casos, tem preponderantemente o objetivo de neutralizar de alguma forma as desigualdades coletivas. Exemplo mais marcante é a reforma agrária, ou o assentamento de colonos.
>
> Apesar de serem dois os pressupostos expropriatórios, cabe desde logo registrar um aspecto que nos parece importante. As expressões utilidade pública e interesse social espelham conceitos juridicos indeterminados, porque despojados de precisão que pennita identifica-los a priori. Em virtude desse fato, as hipóteses de utilidade pública e as de interesse social serão ex vi legis, vale dizer, serão aquelas que as leis respectivas considerarem como ostentando um ou outro dos pressupostos constitucionais".

Tais pressupostos devem estar presentes para que a desapropriação seJa considerada legítima, sendo, portanto cumulativos.

Noutro giro, a função social determina o conteúdo social da relação de propriedade. E a função social irá determinar tal relação, seja quanto aos meios de apropriação (que não podem prejudicar a sociedade), seja quanto à realização de atividades na propriedade (que não podem contrariar valores sociais). Logo, seja quanto à apropriação seja quanto à utilização, o proprietário deve respeitar os interesses sociais.

Gozam as normas constitucionais de supremacia formal e material, revelando a viga mestra do sistema jurídico brasileiro, primazia esta decorrente da rigidez constitucional.

No artigo 186, incisos I e II, a Constituição Federal determina que a propriedade atenderá a sua função social, princípio da ordem econômica, cumprida quando a propriedade rural atende, segundo critérios e graus de exigência estabelecidos em, ao aproveitamento racional e adequado, e à utilização adequada dos recursos naturais disponíveis e preservação do meio ambiente, dentre outros requisitos.

Com a edição da Lei 10.257 de julho de 2001, conhecida como Estatuto da Cidade, houve a regulamentação dos artigos 182 e 183, da Constituição Federal, que estabelecem parâmetros gerais para a política urbana.

Tal lei prevê certas formas de intervenção dos municípios sob a propriedade privada, "visando a assegurar uma ocupação e exploração racional do solo e construções urbanas, de modo que a propriedade urbana possa cumprir sua função social" (PAULO, 2009, p.914).

De acordo com o entendimento de (CARVALHO FILHO, 2017, p. 417):

> "Para tanto, foi editada, a título de regulamentação e como diploma geral definidor dos termos em que a desapropriação poderá ser processada, conforme exigência do dispositivo constitucional, a Lei no 10.257, de 10.7.2001, autodenominada de *Estatuto da Cidade,* cujo art. 80, com seus parágrafos, cuida do assunto. Com o advento desse Estatuto federal, cabe a cada Município (e também ao Distrito Federal que, pelo art. 32, § lo, da CF, congrega competências estaduais e municipais),9 que vai figurar como expropriante, editar sua lei municipal específica para a área em que se implementarão as ações de política urbana, devendo ser lembrado que essa área já deverá estar incluída no plano diretor da cidade. Com a edição do referido diploma, teceremos adiante, em tópico próprio, e como ponto de infonnação aos leitores interessados, alguns comentários sobre essa modalidade expropriatória."

Para melhor compreensão, é necessário análise dos principais instrumentos de intervenção na propriedade privada encontradas no Estatuto da Cidade.

Conforme o artigo 182, §4°, inciso 1, da Constituição Federal e o artigo 5°, caput, do Estatuto da Cidade, é autorizado aos Municípios, mediante lei municipal específica, determinar o parcelamento, a edificação ou a utilização compulsória do solo urbano não edificado, subutilizados ou não utilizados, devendo tal lei municipal fixar condições e prazos para a implementação da referida obrigação.

De acordo com (ALEXANDRINO, 2017, p. 1163):

> "Observa-se, portanto, que não é válida uma previsão genérica de parcelamento, edificação ou utilização compulsórios inserida no plano diretor do município. É necessário que, além da existência do plano diretor - ele próprio uma lei municipal -, seja editada, em cada caso, uma lei municipal específica prevendo a instituição da obrigação em uma área determinada constante do plano diretor; essa lei específica estabelecerá as condições e os prazos para a constituição e o cumprimento da obrigação de edificar, parcelar ou utilizar o solo urbano".

O Estatuto ainda considera que todo imóvel subutilizado é aquele que seu aproveitamento seja inferir ao mínimo definido no plano diretor ou em qualquer legislação dele decorrente. Desse modo, (ALEXANDRINO, 2017, p. 1163) entende que:

> O Estatuto considera subutilizado o imóvel cujo aproveitamento seja inferior ao mínimo definido no plano diretor ou em legislação dele decorrente. Para que se constitua a obrigação de utilizar, edificar ou parcelar o imóvel, o Poder Executivo municipal tem que notificar o proprietário para o seu cumprimento, devendo a notificação ser averbada no cartório de registro de imóveis.
> Os prazos para o cumprimento da obrigação pelo proprietário, fixados na lei municipal, não poderão ser inferiores a: a) um ano, a partir da notificação, para que seja protocolado o projeto no órgão principal competente; b) dois anos, a partir da aprovação do projeto, para iniciar as obras do empreendimento.

O artigo 7° do Estatuto da Cidade estabelece que, no caso de descumprimento da obrigação de parcelar, edificar ou utilizar, prevista em lei especifica do Município e constituída por notificação do Poder Executivo municipal, será aplicado IPTU progressivo no tempo, mediante a majoração da alíquota pelo prazo de cinco anos consecutivos.

Caso a obrigação de parcelar, edificar ou utilizar não seja atendida em cinco anos, o munícipio manterá a cobrança pela alíquota máxima, até que se cumpra a referida obrigação, sendo facultativo, alternativamente à manutenção da cobrança, proceder-se-á a desapropriação do imóvel, com o pagamento em títulos da dívida pública.

> "Exemplificando: imagine-se que a lei especifica municipal previu que, descumprida a obrigação de parcelar, edificar ou utilizar, o lPTU seja cobrado, no primeiro ano de descumprimento, à alíquota de um por cento {1%). Nesse caso, a mesma lei poderá prever que, no segundo ano, a alíquota seja de dois por cento {2%), no terceiro, de

quatro por cento (4%), no quarto, de oito por cento (8%), e, no quinto, de quinze por cento (15%), que é o máximo pennitido. Caso pennaneça descumprida a obrigação, o município pode manter a cobrança de 15%, sem prazo máximo previsto na lei, ou quando entender conveniente, proceder à desapropriação mediante pagamento em títulos públicos."{PAULO, Marcelo Alexandrino Vicente de, 2009, p.916).

Em regra, a indenização da desapropriação genérica se dá em dinheiro. Mas naquelas hipóteses previstas nos artigos 182, § 4°, inciso III, e artigo 184, caput, da Carta Magna, a desapropriação é possível através de pagamento em títulos públicos e há também a desapropriação sem qualquer indenização, conforme artigo 243, da Constituição Federal.

Os títulos da dívida pública terão previa aprovação pelo Senado federal e serão resgatados no prazo de até dez anos, em prestações anuais, iguais e sucessivas, assegurados o valor real da indenização e os juros legais de seis por cento ao ano (artigo 8°, §1°).

"Em ponto de difícil interpretação, o Estatuto determina que 'o valor real da indenização refletirá o valor da base de cálculo do lPTU' (art. 8, § 2°). Entendemos que não se pode perfilhar a tese de que esse dispositivo tenha pretendido afirmar que a base de cálculo do IPTU será o valor da indenização. Se assim fosse, pensamos que ele seria inconstitucional, pois a CF/88 somente se refere à desapropriação com apagamento mediante títulos da dívida pública, 'assegurados o valor real da indenização e os juros legais'. O caráter sancionatório dessa modalidade de desapropriação se esgota no fato de ser ela indenizada em títulos públicos; pensamos não existir qualquer autorização constitucional para que o valor da indenização seja inferior ao valor real do imóvel".{PAULO, 2009, p.917).

Existem bens que não são passíveis de desapropriação, visto as impossibilidades jurídicas e materiais. Para (CARVALHO FILHO, 2017, p. 418), elas são conceituadas como:

"Impossibilidades jurídicas são aquelas que se referem a bens que a própria lei considere insuscetíveis de determinado tipo de desapropriação. Como exemplo, temos a propriedade produtiva, que não pode ser objeto de desapropriação para fins de reforma agrária, como emana do art. 185, II, da CF (embora possa sê-lo para desapropriação de outra natureza). Entendemos que aí também se situa a hipótese de desapropriação, por um Estado, de bens particulares situados em outro Estado; a desapropriação é poder jurídico que está associado ao fator *território*, de modo que permitir esse tipo de desapropriação implicaria vulneração da autonomia estadual sobre a extensão de seu território.

De outro lado, impossibilidades materiais são aquelas pelas quais alguns bens, por sua própria natureza, se tomam inviáveis de ser desapropriados. São exemplos dessas impossibilidades a moeda corrente, porque é ela o próprio meio em que se materializa a indenização;15 os direitos personalíssimos, como a honra, a liberdade, a cidadania; e as pessoas tisicas ou jurídicas, porque são sujeitos, e não objeto de direitos."

Também não se pode deixar de destacar a moeda corrente do país, devido esta ser o próprio meio em que normalmente se paga a indenização pela desapropriação, e os direitos personalíssimos, tais como, a liberdade, a honra, a cidadania, direitos que não podem ser desapropriados. O que não pode deixar de esclarecer é que toda expropriação deve estar prevista na lei expropriatória.

Nesta linha de intelecção, para a desapropriação de entes públicos que pertencem aos entes federados devem levar em consideração dois requisitos, são eles: a) que ela se dê de nível Federal mais abrangente para um nível menos abrangente e que; b) exista lei autorizadora da desapropriação editada pelo ente federativo.

A desapropriação é composta de duas fases: a Declaratória e a Executória. Na pnmeua o ente público se manifesta com a intenção de realizar a desapropriação. Já na segunda, são tomadas medidas para que o bem seja transferido ao patrimônio do expropriante, ou seja, essa é regra geral.

Na fase declaratória tem início a chamada declaração expropriatória, uma vez que o poder público afirmando a existência de utilidade pública e interesse social, expressa a pretensão de incorporar ao seu patrimônio, ou para de outra entidade, com a finalidade de promover a satisfação do interesse público.

A declaração que concede a expropriação deve conter: a descrição do bem expropriado, a sua finalidade e a hipótese descrita em lei que sanciona a desapropriação.

A declaração de utilidade pública caduca em 5 anos se não for realizada a desapropriação, contados desde a expedição. Já em se tratando de interesse social, caduca em

2 anos tal pretensão por parte do poder público, também contados desde a expedição. Outrossim, caso seja declarado a caducidade da desapropriação, essa só poderá ser objeto de nova desapropriação por interesse social e utilidade pública, depois de passado 1 ano da consumação da caducidade.

Já na fase Executória em que se tem a afirmativa da desapropriação, por utilidade pública ou interesse social, o Poder Público passa a agir para concretizar a transferência do bem expropriado e a devida indenização, sendo que, essa ocorre tanto na via administrativa quanto na judicial.

Dessa forma, bem destaca (ALEXANDRINO, 2017, p. 1143/1144), que:

> Portanto, no processo correspondente à ação de desapropriação propriamente dita não se podem discutir os motivos que levaram o Poder Público a considerar que estaria presente uma situação de utilidade pública ou de interesse social, ou se houve desvio de: finalidade do administrador, ou qualquer outro aspecto que não eventuais questões processuais (que possam levar à extinção do processo sem resolução de mérito) e a discussão do preço (única questão de mérito que pode ser apreciada no processo de desapropriação). O interessado, porém, pode discutir judicialmente qualquer outra questão, mas deverá fazê-lo em ação autônoma, que a lei chamou de "ação direta" (a qual originará um outro processo judicial, sem as peculiaridades do processo de desapropriação).

Maria Sylvia Zanella di Pietro (2009, p.163), esclarece:

> "A declaração expropriatória pode ser feita pelo Poder Executivo, por meio de decreto, ou pelo Legislativo, por meio de lei (arts. 6º e 8º do Decreto-lei nº 3.365/41), cabendo, neste último caso, ao Executivo tomar as medidas necessárias à efetivação da desapropriação, independentemente de autorização legislativa. Esta somente é obrigatória quando a desapropriação recai sobre bens públicos (art. 2º,
> §2º, do mesmo Decreto-lei). Além disso, depende de autorização do Presidente da República a desapropriação, pelos estados, Distrito Federal, Territórios e Municípios, de ações, cotas e diretos, representativos do capital de instituições e empresas cujo funcionamento dependa de autorização do Governo Federal e se subordine à sua fiscalização (art. 2º, §3º)."

A competência de promover a desapropriação é tanto das pessoas jurídicas competentes para editar o ato declaratório, tanto das entidades públicas ou particulares, que ajam por delegação do Poder Público, feita por lei ou contrato, conforme artigo 3°, do Decreto-lei nº 3.365/41; com abrangência às autarquias, fundações governamentais, empresas públicas, sociedades de economia mista, concessionárias e permissionárias de serviços públicos.

A ação de desapropriação de imóvel urbano terá procedimento especial e será regida pelo Decreto-Lei 3.65/41.

Concluída a instrução, na sentença o juiz indicará os fatos que motivaram sua decisão e deverá atender, especialmente, à estimação dos bens para efeitos fiscais, ao preço de aquisição e interesse do proprietário.

Por fim, vale destacar que a indenização é uma exigência imposta como forma de buscar o equilíbrio entre o interesse público e o privado, pois o particular perde seu bem e em contrapartida recebe o valor correspondente em pecúnia.

3. CONCLUSÃO

Verificou-se ao longo desta pesqmsa que a definição de propriedade sofreu significativas mudanças ao longo dos anos. Antes, ela era a fonte de fortuna obrigatória para que existisse uma garantia da sobrevivência das pessoas e do seu grupo familiar, tendo surgido como um direito absoluto e foi transformando-se em um direito que visa à coletividade e o bem comum, tomando-se direito fundamental previsto na Constituição Federal. Sendo assim, a propriedade deixou de ser exclusivamente o direito do proprietário para se transformar na função social do detentor da fortuna, ou seja, é um direito individual condicionado ao bem-estar social. Fato esse, que tomou a propriedade mais produtiva e mais útil.

Outrossim, se pesquisou neste trabalho o estudo sobre a desapropriação, já que a intervenção do Estado na propriedade que delimita ou retira os direitos dominiais do Proprietário do bem desapropriado. A partir dela foi possível observar seu histórico, surgimento e sua evolução no ordenamento jurídico até a Constituição Federal em vigor de 1988, que permite a desapropriação, quando ocorrer necessidade ou utilidade pública ou até mesmo interesse social. Viu-se também seu conceito, suas espécies e requisitos, assim como definiu-se que a desapropriação é uma forma originária de aquisição da propriedade. Tratou- se da justa indenização, característica própria da desapropriação, a qual deve ser feita de forma prévia, justa e em dinheiro.

Por conseguinte, foi realizada uma abordagem objetiva e conclusiva sobre o estudo relativo à desapropriação, já que esse traz de imediato a ideia de intervenção do estado na propriedade, tal intervenção resulta da evolução do estado que se caracteriza como estado moderno, capaz de aspirar todo o conteúdo que se diz segurança da propriedade. A segurança da propriedade pública e privada é plena e totalmente resguardada pelo Estado no que tange seu exercício de forma correta.

Entretanto, não se pode deixar de trazer à baila que se trata da modalidade mais gravosa do Estado na Propriedade, já que suprime o direito de quem detinha e transfere compulsoriamente o bem, mas sempre privilegiando os sustentáculos; utilidade pública e interesse social na hora de transferir essa desapropriação.

O tema que foi discutido com bastante reflexão e análise foi como a desapropriação é um meio de fazer jus ao artigo 182, parágrafo 4°, III, da Constituição Federal de 1988, e demais normas ordinárias, leis complementares, Estatuto da Cidade e demais leis. Essa obra buscou embasamentos técnicos que se dizem a fim de promover a igualdade; assegurar o direito de propriedade que é uma previsão constitucional. Além de trazer pensamentos doutrinários sobre o assunto e como a função social da propriedade deve ser respeitada.

A função social da propriedade pretende erradicar algumas deformidades existentes na sociedade, nas quais o interesse egoístico do indivíduo põe em risco os interesses coletivos, na verdade quando se advém essas deformidades com a propriedade por parte do proprietário o Poder Público busca através da desapropriação urbana sancionatória regular a propriedade na sua função constitucional.

Concluindo, a desapropriação deve ser entendida como um poder-dever da Administração Pública que se respalda em conceitos normativos legais, totalmente positivados e consolidados pela Constituição Federal, Decreto-Lei nº 3.365/41, Código Civil, Estatuto da Cidade (Lei Federal nº 10.257/2001) que versam sobre a desapropriação.

REFERÊNCIAS

A Evolução Histórica da Propriedade no Brasil sob a ótica do Direito Constitucional. Disponível em: <http://www.jurisway.org.br/v2/dhal1.asp?id_dh=3449>. Acesso em: 21 de outubro de 2017.

BRASIL. Lei n.0 10.406, de 10 de janeiro de 2002. Institui o Código Civil. **Diário Oficial da União,** Brasília, 11 jan. 2002.

MEIRELLES, Hely Lopes. **Direito Administrativo brasileiro.** 32 ed. São Paulo: Malheiros, 2006.

SALLES, José Carlos de Moraes. **A desapropriação à luz da doutrina e da jurisprudência.** 5. ed. São Paulo: Revista dos Tribunais, 2006.

CARVALHO FILHO, José dos Santos. **Manual de Direito administrativo**- 31. ed. rev., atual. e ampl. - São Paulo: Atlas, 2017.

MELO, Celso Antônio Bandeira de. **Curso de Direito Administrativo.** 26 ed. São

Paulo: Malheiros, 2008.

PAULO, Marcelo Alexandrino Vicente de. **Direito Administrativo Descomplicado.** 17 ed. rev. e ampl. Rio de Janeiro: Forense; Silo Paulo: Método, 2009.

DI PIETRO, Maria Sylvia Zanella. **Direito Administrativo.** 22 ed. São Paulo: Atlas, 2009.

Alexandrino, Marcelo. **Direito administrativo descomplicado.** 25. ed. rev. e atual. Rio de Janeiro: Forense; São Paulo: MÉTODO, 2017.

MOURA NETO, José Custódio de. A propriedade e a desapropriação. *In:* MENESES, Heloísa Corrêa; SILVA, Tiago Nunes da; RAMONE TAVARES, Viviane; TEIXEIRA, Wendel de Brito Lemos (Coords.). **Anuário da OAB Uberlândia 2022/2023.** Uberlândia: Marco Teórico, 2023. pp. 249-263.

O INSTITUTO DAS FEDERAÇÕES PARTIDÁRIAS E O FIM DAS COLIGAÇÕES PROPORCIONAIS

14

Bruno Ferreira de Oliveira
Daniel M. A. Casella
Lara Barbosa Franco Neves

Resumo:

As federações partidárias brasileiras, a partir da Lei n. 14.208 de 2021, surgem com diversos objetivos, dentre eles, reduzir os impactos da extinção das coligações partidárias proporcionais, a partir da Emenda Constitucional n. 97/2017 e a tentativa de reduzir a crise de identidade e de confiança partidárias. O objetivo deste artigo é compreender o fim das coligações proporcionais, como propulsor no surgimento das federações partidárias. A partir de uma revisão bibliográfica sobre os conceitos de coligações e federações partidárias, este artigo tem como conclusões preliminares, que as federações partidárias, apesar de ser um instituto novel, não pode ser encarado como um sistema perfeito, fixo e acabado, mas um instituto que acompanha a evolução da sociedade, fortalecendo o tão desejado sistema eleitoral brasileiro.

Palavras-chave:

Federações Partidárias. Coligações Proporcionais. *Los Frentes.*

1. INTRODUÇÃO

O ano de 2021 foi significativo para o Direito Eleitoral, em virtude das diversas e significativas mudanças promovidas pelo Congresso Nacional. Desde a EC nº 97/17 que pôs termo às coligações partidárias proporcionais, tem-se discutido quais impactos trariam aos partidos políticos, principalmente em virtude da implantação da cláusula de barreira, a partir de requisitos objetivos para acesso aos recursos do fundo partidário e acesso gratuito ao rádio e à televisão.

Essa alteração brusca na configuração do sistema eleitoral brasileiro se dá, principalmente, em uma quebra de confiança com os partidos políticos, confirmado por um sentimento de distanciamento entre eleitores, candidatos e agremiações partidárias. De forma a exemplificar isso, a pesquisa "A Cara da Democracia no Brasil[1]", realizada em março de 2018 pelo Instituto da Democracia, mostra um baixo nível de confiança dos brasileiros nos partidos políticos, atingindo o número de 77,8 pontos percentuais de respostas "não confiam". Ainda, a mesma pesquisa retrata que 83,2% dos entrevistados não possuem simpatia por nenhum partido político. Em uma análise mais profunda, na tentativa de descobrir as razões pela não confiança, destacam-se: a) a corrupção existente nos partidos; b) os partidos não representam os interesses dos eleitores e c) a maioria dos partidos não têm um programa político a oferecer ao eleitorado.

A partir desses dados, destaca-se o Brasil possuindo 32 partidos políticos registrados no Tribunal Superior Eleitoral, ou seja, 32 programas partidários, estatutos e projetos para o país. É cediço esse distanciamento entre partidos e eleitorado, devido à dificuldade de assimilação frente a essa múltipla e diversa gama de ideários partidários. Desse modo, a junção dos seguintes motivos: fim das coligações proporcionais, instituição da cláusula de barreira, possibilidade de extinção de partidos nanicos e distanciamento do eleitor e partidos, faz surgir a figura das federações partidárias.

A promulgação da Lei nº 14.208 de 2021 altera a Lei dos Partidos Políticos, possibilitando que dois ou mais partidos políticos se reúnam em federação, a qual, após a sua constituição e respectivo registro perante o Tribunal Superior Eleitoral, atuará

---

1 INSTITUTO DA DEMOCRACIA. **A Cara da Democracia no Brasil** - Partidos Políticos. 2018. Disponível em: https://docs.wixstatic.com/ugd/a46f9a_8c0791397fc241809597841978a55f9 0.pdf. Acesso em: 05. abr. 2022.

como se fosse uma única agremiação partidária. A existência das federações partidárias dependeria do preenchimento de uma série de condições, reunidas no artigo 11-A, §3º da Lei dos Partidos Políticos, dentre as quais se destaca que os partidos reunidos em federação deverão permanecer a ela filiados por, no mínimo, quatro anos.

Assim, este artigo busca analisar cronologicamente a derrocada das coligações eleitorais proporcionais e a ascensão das federações partidárias.

2. A EMENDA CONSTITUCIONAL Nº 97/2017 E O FIM DAS COLIGAÇÕES PROPORCIONAIS

Originada no Senado Federal (PEC nº 32/2016), surge a Proposta de Emenda à Constituição nº 282-D na Câmara dos Deputados, que visa alterar a Constituição Federal para vedar as coligações nas eleições proporcionais, disciplinar a autonomia dos partidos políticos e estabelecer normas sobre fidelidade partidária e funcionamento parlamentar dos partidos políticos, bem como estabelecer normas de transição. A proposta foi discutida, votada e aprovada, posteriormente, transformando-se na Emenda Constitucional nº 97/2017.

A legislação eleitoral tem sofrido diversas alterações, sobretudo no ano de 2017, movimentando as regras do sistema eleitoral vigente. Segundo Gallagher e Mittchels, "mudanças nas regras do jogo do sistema eleitoral têm sido práticas correntes nas democracias consolidadas[2]". O afã de alterar o sistema eleitoral tem sido de maior expressão no que se relaciona ao sistema proporcional, não atingindo, na mesma proporção, o sistema majoritário (chefes do poder executivo e senador).

A EC nº 97/2017 surge a partir de uma resposta institucional devido à crise de representatividade determinante no sistema democrático brasileiro. Acredita-se que com a redução no número de partidos políticos, maior ideologização partidária, se teria uma maior aproximação dos eleitores com os parlamentares. Quando há uma coligação partidária, envolvendo um grupo extenso de partidos políticos, por exemplo, reafirma-se um distanciamento considerável entre os candidatos e os anseios dos eleitores.

2 GALLAGGHER, M.; MITCHELL, P. **The Politics of Electoral Systems.** Oxford University Press, 2005.

Afirma Castells[3] que "a força e a estabilidade das instituições dependem de sua vigência na mente das pessoas". O que acontecia com as coligações partidárias proporcionais era justamente o contrário. O eleitor sentia-se perdido, atordoado e jogado em "uma sala" repleta de candidatos e partidos. Qual decisão tomar? Qual candidato escolher? Qual partido que ele pertence? A, B ou C? As coligações partidárias proporcionais eram responsáveis por esse atordoamento eleitoral, gerando, então, uma crise de identidade.

De acordo com dados do Tribunal Superior Eleitoral[4], em 2021, são 32 partidos políticos registrados e 87 partidos em formação. Como afirma Passadore e Forigo[5], "essa grande permissividade na criação e manutenção de partidos pode ser vista como uma fábrica de organizações, fundadas no clientelismo e troca de favores muitas vezes pouco republicanos que também dificultam a estabilidade de governos".

Diante desse cenário, a EC nº 97/2017 nasce com objetivos latentes e compreensíveis: aproximar o parlamentar do eleitor, reduzir partidos eleitorais meramente de legenda e alavancar aspectos ideológicos partidários. Segundo parecer da Comissão de Constituição e Justiça e de Cidadania[6]:

> No tocante às vedações das coligações em eleições proporcionais, não vislumbramos qualquer óbice à admissibilidade da medida. Com efeito, a possibilidade de celebração de coligações partidárias em eleições proporcionais *não guarda relação com a representação de minorias*, e configura um *vício dos sistemas partidário e eleitoral.* A rigor, as coligações nas proporcionais constituem *mera estratégia partidária para maximizar as chances de sucesso eleitoral.* Além de sua *natureza efêmera, de cunho*

---

3 CASTELLS, Manuel. **Ruptura**: a crise da Democracia Liberal. Tradução de Joana Angélica d'Avila de Melo. Rio de Janeiro: Zahar, 2018.

4 BRASIL. Tribunal Superior Eleitoral. **Partidos políticos registrados no TSE**. Brasília, 2022. Disponível em: https://www.tse.jus.br/partidos/partidos-registrados-no-tse. Acesso em: 11. abr. 2022.

5 PASSADORE, Bruno; FORIGO, Camila. **Fim das coligações proporcionais e seus efeitos no legislativo municipal brasileiro**: uma análise a partir do resultado eleitoral de 2020. Disponível em: http://adepar.com.br/wp-content/uploads/2021/08/129-Texto-do-Artigo-273-1-10-202108 07.pdf. Acesso em: 12 jul. 2022.

6 BRASIL. Câmara dos Deputados. Parecer da Comissão de Constituição e Justiça e de Cidadania. **Proposta de Emenda à Constituição no 282, de 2016**. Brasília, 2017. Disponível em: http://imagem.camara.gov.br/Imagem/d/pdf/DCD0020170511000790000.PDF#page=537. Acesso em: 01 abr. 2022.

> *puramente eleitoral, não há qualquer compromisso* de atuação conjunta dos integrantes da coligação no curso das legislaturas para as quais foram eleitas. Como dito, as coligações em eleições proporcionais constituem um fator de deturpação do sistema. A doutrina da ciência política é praticamente unânime quanto à incompatibilidade desse mecanismo com a representação proporcional, prevista no art. 45, da Constituição Federal.

Já no parecer favorável ao fim das coligações partidárias proporcionais, observar-se um afugentamento a esse mecanismo, pelos seguintes motivos: não representa as minorias, não há compromisso de atuação e se trata de mera estratégia para angariar cadeiras na eleição.

Para Giusti Tavares[7]:

> alianças eleitorais interpartidárias em eleições legislativas proporcionais obscurecem e, no limite, *fazem desaparecer a identidade e o alinhamento dos partidos no Parlamento.* Portanto, inconsistente com a lógica da representação proporcional, as coligações interpartidárias eleitorais devem ser proibidas pela legislação em regimes proporcionais.

Outro ponto significativo na EC nº 97/2017 foi a instituição da cláusula de desempenho partidária. Segundo o texto do artigo 17, §3º da CF/88, somente teriam direito a recursos do fundo partidário e acesso gratuito ao rádio e à televisão, na forma da lei, os partidos políticos que alternativamente obtivessem, nas eleições para a Câmara dos Deputados, no mínimo, 3% dos votos válidos, distribuídos em pelo menos um terço das unidades da Federação, com um mínimo de 2% dos votos válidos em cada uma delas ou que tivessem eleito, pelo menos, 15 Deputados Federais, distribuídos em pelo menos um terço das unidades da Federação.

Sobre essa cláusula de desempenho, o parecer da Comissão de Constituição e Justiça e de Cidadania da Câmara dos Deputados se manifesta:

> tal mecanismo torna-se fundamental para a consolidação do quadro partidário brasileiro, hoje bastante disperso. Ademais, sustentam que a pulverização de partidos políticos no Congresso Nacional, sem que novas medidas de fortalecimento da identidade e fidelidade partidárias tenham sido eficazmente implementadas, cria dificuldades para o funcionamento do Poder Legislativo e contribui para um maior

---

7 TAVARES, José Antônio Giusti. A teoria da representação política e do governo em Assis Brasil. **Estudos Eleitorais**, Brasília, DF, v. 2, n. 1, p. 93-166, jan./abr. 1998.

distanciamento entre a população e seus representantes.

A instituição de um mecanismo que possui o poder de frear o excesso de partidos políticos não é transgressor ao pluralismo político, nem mesmo ao pluripartidarismo, mas permite que o eleitor tenha uma relação ideológica mais próxima às diferentes agremiações. Ainda, em crítica ao excesso de partidos políticos existentes somente para fins eleitorais, consubstanciado nas coligações proporcionais, Jairo Nicolau[8] afirma que "é descabido que a sociedade financie organizações que não conseguem um mínimo de apoio eleitoral".

O referido parecer, já em 2017, sugeria a criação de um instituto que seria uma alternativa, uma válvula de escape ao fim das coligações proporcionais, proporcionando, ainda, que os partidos políticos com afinidades ideológicas pudessem unir forças, mantendo as suas próprias identidades partidárias. Esse instituto foi chamado de "federação partidária". A PEC nº 282/2016, se fosse aprovada na sua completude, já preveria as federações partidárias no texto da EC nº 97/2017, porém, não foi isso que ocorreu. As Federações Partidárias voltam à tona em 2021, quando a Câmara dos Deputados aprova o Projeto de Lei 2522/15, do Senado, que permitiria aos partidos políticos se unirem em uma federação, a fim de atuarem como uma só legenda nas eleições e na legislatura. O projeto de Lei aprovado se transforma na Lei nº 14.208/2021.

3. FEDERAÇÕES PARTIDÁRIAS: A SALVAÇÃO DOS PARTIDOS POLÍTICOS?

A Federação Partidária, conforme a Lei nº 14.208/2021, é a união de dois ou mais partidos políticos, a qual, após a sua constituição e respectivo registro perante o Tribunal Superior Eleitoral, atuará como se fosse uma única agremiação partidária. No entanto, o que as diferencia das coligações partidárias, já que também, elas se originam da união entre dois ou mais partidos com fins eleitorais?

A partir da Lei dos Partidos Políticos (Lei nº 9.096/1995)[9], Lei das Eleições (Lei

8 NICOLAU, Jairo. **Representantes de quem?** Zahar, 2017.

9 BRASIL. **Lei nº 9.096/1995**. Dispõe sobre partidos políticos, regulamenta os arts. 17 e 14, § 3º, inciso V, da Constituição Federal. Disponível em: http://www.planalto.gov.br/ccivil_03/leis/ l9096.htm. Acesso em: 03 abr. 2022.

nº 9.504/1997)[10] e Lei das Federações Partidárias (Lei nº 14.208/2021), traçam-se as seguintes diferenças e semelhanças entre esses dois institutos.

Tabela 1: Institutos Partidários

COLIGAÇÕES PARTIDÁRIAS	FEDERAÇÕES PARTIDÁRIAS
União de dois ou mais partidos políticos	União de dois ou mais partidos políticos
Fins eleitorais	Fins eleitorais *e* não eleitorais
Criação facultativa	Criação facultativa
Atuação estritamente intraeleitoral	Atuação intraeleitoral e extraeleitoral
Caráter temporal provisório	Caráter temporal permanente
Abrangência nacional, estadual, distrital ou municipal	Abrangência nacional

Fonte: Elaborada pelo autor (2022)

Cumpre destacarmos algumas das características supracitadas, uma vez que as diferenças são as mais determinantes para o estudo. Contudo, antes disso, qual a razão da origem das federações partidárias? Destaca-se que o Brasil possui um multipartidarismo multifacetado e fragmentado, frágil, com baixa institucionalização e incoerência político-ideológica, resultado de uma combinação irracional de instituições. As coligações partidárias, por se tratarem de união de dois ou mais partidos em âmbito nacional, estadual ou municipal, geravam casamentos partidários que desde o nascimento já eram fadados ao fracasso.

No Brasil, de acordo com Mainwaring[11], prevaleceram partidos do tipo *catch-all*, descentralizados, comparativamente indisciplinados e comparativamente

10 BRASIL. **Lei nº 9.504/1997.** Estabelece normas para as eleições. Disponível em: http://www.planalto.gov.br/ccivil_03/leis/l9504.htm. Acesso em: 03 abr. 2022.

11 MAINWARING, Scott P. **Rethinking Party Systems in the Third Wave of Democratization** - The Case of Brazil Stanford. Stanford University Press, 1999.

individualistas[12]. Isso se percebe claramente na formação das coligações partidárias: partidos sem nenhum reconhecimento ideológico mútuo compartilhando anseios por cadeiras eleitoreiras, gerando conflitos ideológicos desde o nascimento da união e problematizando mandatos, impactando, diretamente, as decisões democráticas nacionais.

Por isso, a crítica que assolava a formação das coligações partidárias proporcionais era tão frequente. Claramente, tinha-se a união de partidos políticos por ocasião. Pedimos licença científica, para classificá-las como coligações de aluguel. Os partidos políticos se uniam estrategicamente, objetivando a maximização de potenciais, ganhos e a concretização de objetivos eleitorais que não poderiam ser atingidos, se agissem isoladamente.

Nesse cenário, as coligações proporcionais "contribuiriam para os partidos fossem vistos como camaleões ideológicos e abertos a qualquer negociata para a conquista de poder, o que, por sua vez, levaria à perda de prestígio e apoio da opinião pública[13]".

Surgem, então, as federações partidárias, com um grande desafio: salvar os partidos políticos e resgatar a confiança da sociedade. A primeira grande diferença entre coligações e federações é o fim para o qual se destina. Enquanto as primeiras tinham fins estritamente eleitorais, as federações partidárias nascem para atingir objetivos eleitorais e não eleitorais. Aqui, entende-se que objetivos eleitorais são aqueles relacionados diretamente às eleições.

Seria ingenuidade afirmar que certas decisões tomadas pelas federações partidárias não teriam objetivos eleitoreiros. Isso quer dizer que, pelo menos na essência, as federações partidárias buscam resgatar a origem dos partidos políticos, pois devido ao caráter temporal permanente de existência, a união entre partidos deveria, pelo menos em tese, ter mais semelhanças do que diferenças entre eles. Afinal, um casamento de pouco mais de dois meses é totalmente diferente de um de, no mínimo, quatro anos.

---

12 Idem.

13 SANSON, Alexandre; TORRES, Vivian de Almeida Gregori. As coligações partidárias na reforma política de 2015: evolução histórico-normativa e propostas de mudança. *In*: CAGGIANO, Monica Herman (org.). **Reforma política**: um mito inacabado. Barueri: Manole, 2017.

O vínculo de uma coligação partidária é o período de uma eleição. A partir do dia 20 de julho do ano eleitoral, a legislação[14] possibilita que os partidos políticos efetivem essa união para a disputa de cadeiras, porém, com o encerramento da eleição, esse vínculo se desfaz como em um truque de mágica. É uma união com começo, meio e fim, sem nenhuma troca de experiências ou compartilhamento de mudanças significativas para o corpo social.

Diferentemente, nas federações partidárias o vínculo entre os partidos políticos é mais significativo. Os partidos reunidos em federação deverão permanecer a ela filiados por, no mínimo, quatro anos e, em caso de descumprimento, acarretaria ao partido a vedação de ingressar em federação, de celebrar coligação nas duas eleições seguintes e, até completar o prazo mínimo remanescente, de utilizar o fundo partidário. Desse modo, observa-se uma das grandes diferenças entre os dois institutos (federações e coligações): o tempo de existência.

Os partidos políticos envolvidos, o tipo de aliança, os objetivos dessa aliança, o arcabouço ideológico compartilhado, programas de fortalecimento democrático, construção ideológica nacional: tudo isso precisa ser colocado em mesa, antes de qualquer tomada de decisão.

As federações partidárias, durante o período mínimo de quatro anos, atuarão como se fossem um único partido político e essa atuação acontecerá tanto durante as eleições, quanto dentro do próprio Parlamento, assumindo posturas congruentes nos diversos projetos nacionais vindouros. Caso contrário, serão fadadas ao fracasso e quem pagará a dívida é a própria sociedade.

4. CONCLUSÃO

Diante das análises supracitadas, conclui-se que a crise de representatividade, o movimento anti-partidos e a existência de partidos políticos meramente eleitoreiros, foram motivos cruciais para a reformulação do sistema eleitoral proporcional no Brasil. Além disso, o fim das coligações partidárias proporcionais, a partir da EC nº

14 Lei nº 9.504/1997 - "Art. 8º - A escolha dos candidatos pelos partidos e a deliberação sobre coligações deverão ser feitas no período de 20 de julho a 5 de agosto do ano em que se realizarem as eleições, lavrando-se a respectiva ata em livro aberto, rubricado pela Justiça Eleitoral, publicada em vinte e quatro horas em qualquer meio de comunicação" (BRASIL, Lei nº 9.504/1997)

97/17, foi responsável por uma reflexão profunda, em relação à instituição de mecanismos democráticos que aproximem os eleitores, candidatos e partidos políticos brasileiros.

A redução de partidos políticos - consequência óbvia da instituição da cláusula de barreira - não é suficiente para consolidação e fortificação do sistema partidário brasileiro. Assim, a ideia preliminar de criação de um instituto que aproximem os partidos políticos com ideários comuns é latente e fundamental.

O instituto das federações partidárias não deve ser encarado como um conceito fixo e acabado, mas um instituto que deve acompanhar a evolução da sociedade brasileira, a partir das necessidades políticas envolvidas. O legislador, após as eleições 2022, deverá observar como as federações partidárias se comportarão e, a partir da experiência prática, reformular e adequar a legislação às novas demandas político-partidárias, para as próximas eleições.

REFERÊNCIAS

BRASIL. Câmara dos Deputados. Parecer da Comissão de Constituição e Justiça e de Cidadania. **Proposta de Emenda à Constituição no 282, de 2016**. Brasília, 2017. Disponível em: http://imagem.camara.gov.br/Imagem/d/pdf/DCD0020170511000790000.PDF#page=537. Acesso em: 01 abr. 2022.

BRASIL. **Lei nº 9.096/1995**. Dispõe sobre partidos políticos, regulamenta os arts. 17 e 14, § 3º, inciso V, da Constituição Federal. Disponível em: http://www.planalto.gov.br/ccivil_03/leis/l9096.htm. Acesso em: 03 abr. 2022.

BRASIL. **Lei nº 9.504/1997**. Disponível em: <https://www.planalto.gov.br/ccivil_03/leis/l9504.htm> Acesso em 22 jun 2022.

BRASIL. **Lei nº 9.504/1997**. Estabelece normas para as eleições. Disponível em: http://www.planalto.gov.br/ccivil_03/leis/l9504.htm. Acesso em: 03 abr. 2022.

BRASIL. Tribunal Superior Eleitoral. **Partidos políticos registrados no TSE**. Brasília, 2022. Disponível em: https://www.tse.jus.br/partidos/partidos-registrados-no-tse. Acesso em: 11. abr. 2022.

CASTELLS, Manuel. **Ruptura**: a crise da Democracia Liberal. Tradução de Joana Angélica d'Avila de Melo. Rio de Janeiro: Zahar, 2018.

GALLAGGHER, M.; MITCHELL, P. **The Politics of Electoral Systems**. Oxford

University Press, 2005.

INSTITUTO DA DEMOCRACIA. **A Cara da Democracia no Brasil** - Partidos Políticos. 2018. Disponível em: https://docs.wixstatic.com/ugd/a46f9a_8c0791397fc241809597841978a55f90.pdf. Acesso em: 05. abr. 2022.

MAINWARING, Scott P. **Rethinking Party Systems in the Third Wave of Democratization** - The Case of Brazil Stanford. Stanford University Press, 1999.

NICOLAU, Jairo. **Representantes de quem?** Zahar, 2017.

PASSADORE, Bruno; FORIGO, Camila. **Fim das coligações proporcionais e seus efeitos no legislativo municipal brasileiro**: uma análise a partir do resultado eleitoral de 2020. Disponível em: http://adepar.com.br/wp-content/uploads/2021/08/129-Texto-do-Artigo-273-1-10-20210807.pdf. Acesso em: 12 jul. 2022.

SANSON, Alexandre; TORRES, Vivian de Almeida Gregori. As coligações partidárias na reforma política de 2015: evolução histórico-normativa e propostas de mudança. *In*: CAGGIANO, Monica Herman (org.). **Reforma política**: um mito inacabado. Barueri: Manole, 2017.

TAVARES, José Antônio Giusti. A teoria da representação política e do governo em Assis Brasil. **Estudos Eleitorais**, Brasília, DF, v. 2, n. 1, p. 93-166, jan./abr. 1998.

OLIVEIRA, Bruno Ferreira de; CASELLA, Daniel M. A.; NEVES, Lara Barbosa Franco. O instituto das federações partidárias e o fim das coligações proporcionais. *In:* MENESES, Heloísa Corrêa; SILVA, Tiago Nunes da; RAMONE TAVARES, Viviane; TEIXEIRA, Wendel de Brito Lemos (Coords.). **Anuário da OAB Uberlândia 2022/2023.** Uberlândia: Marco Teórico, 2023. pp. 265-275.

FUTURO DO TRABALHO: DESAFIOS PRÁTICOS DO TRABALHO HÍBRIDO: UMA ANÁLISE SOBRE AS DIFICULDADES DE OPERACIONALIZAÇÃO DA MODALIDADE HÍBRIDA DE TRABALHO, SOB A LUZ DA LEGISLAÇÃO TRABALHISTA VIGENTE NO BRASIL

15

Ana Laíssa Fernandes Peixoto
Kênia Abadia Souza Ribeiro
Rodolfo Hernandes Quaggio

RESUMO:

A forma como os indivíduos lidam, entendem e se relacionam com o trabalho é constantemente modificada no decorrer da história. Dito isso, os novos modelos de negócios, o avanço da globalização, da Tecnologia da Informação e Comunicação (TIC), impulsionados pelo que historicamente se chama de quarta revolução industrial, vêm causando significativas reconfigurações nas relações de trabalho - especialmente no cenário "pós-pandêmico", o que implica refletir sobre as possibilidades e mecanismos para isso, frente às questões que desafiam o Direito do Trabalho brasileiro. Por uma pesquisa bibliográfica e análise da legislação, este artigo apresenta fatos, estudos e conceitos que enriquecem a discussão sobre qual seria o futuro do trabalho, bem como as suas consequências jurídicas e organizacionais. Visa-se colocar sob perspectiva o teletrabalho, enxergando como uma realidade o modelo de trabalho híbrido e quais seriam os desafios jurídicos nas corporações para viabilizar esta modalidade, seja sob o aspecto de alguns dos benefícios concedidos aos trabalhadores ou mesmo questões relacionadas à saúde e ergonomia.

PALAVRAS-CHAVE:

Direito do Trabalho. Trabalho Remoto. Trabalho Híbrido. *Home office*. Teletrabalho.

1. INTRODUÇÃO

Os novos modelos de negócios, o avanço da globalização, da Tecnologia da Informação e Comunicação (TIC), muito impulsionados pelo que historicamente se chama de quarta revolução industrial e Sociedade da Informação, vêm causando significativas mudanças nas relações de trabalho[1].

De igual modo, a forma como os indivíduos lidam, entendem e se relacionam com o trabalho é constantemente modificada no decorrer da história. Nos últimos anos, a sociedade vem sendo levada a uma reflexão que tem como consequência a quebra de paradigmas sobre as diversas formas de se trabalhar. Esse processo não é novo, mas, certamente, teve um grande salto desde 2020, especialmente devido à crise sanitária causada pela pandemia da Covid-19 e à nova realidade que foi imposta à humanidade nesse período.

Uma pesquisa realizada pelo IBGE (Instituto Brasileiro de Geografia e Estatística), segundo o site G1[2], aponta que o trabalho remoto no Brasil cresceu 44,4% entre 2012 e 2018, ou seja, mesmo antes da pandemia esta modalidade de trabalho já

---

1 GOMES, Kamila. Tendências comportamentais pós-pandemia dos trabalhadores. **O Futuro das Coisas**, 2021. Disponível em: https://ofuturodascoisas.com/tendencias-comportamentais-pos-pandemia-dos-trabalhadores/. Acesso em: 22 jun 2022.

2 G1. **Home office bateu recorde no Brasil em 2018, diz IBGE**. 2019. Disponível em: https://g1.globo.com/economia/concursos-e-emprego/noticia/2019/12/18/home-office-bateu-recorde-no-brasil-em-2018-diz-ibge.ghtml. Acesso em: 22 jun 2022.

vinha ganhando espaço no mercado.

Se esse mercado de trabalho naturalmente vinha vivendo constantes mudanças relacionadas ao trabalho remoto, o que, por si só, foi um dos objetos da última Reforma Trabalhista brasileira em julho de 2017, não há dúvida que o surto provocado pelo coronavírus acelerou ainda mais a chegada do futuro do trabalho, trazendo mais camadas de complexidade para as discussões trabalhistas, acerca desta nova realidade.

No que tange aos modelos de trabalho nesse cenário pandêmico, desde empresas de pequeno porte até grandes corporações foram desafiadas, do dia para a noite, a tocarem suas operações e fazerem toda a gestão de pessoas "à distância", sendo necessárias maior flexibilidade e novas habilidades na rotina trabalho[3].

Pensar em reconfigurações nas relações de trabalho em uma dinâmica "pós-pandêmica" implica refletir sobre as possibilidades e mecanismos para isso, frente às questões que desafiam o Direito do Trabalho brasileiro, tais como modelo de contrato de trabalho, impactos deste trabalho remoto nos benefícios e nas regras de ergonomia aplicáveis, conforme será demonstrado no decorrer do presente estudo.

2. O CONCEITO DE TELETRABALHO, *HOME OFFICE* E TRABALHO HÍBRIDO

O teletrabalho não é tão recente quanto a analogia de sua existência à situação pandêmica vivida a partir de 2020, mas também não deixa de ser um instituto relativamente novo no Brasil. O primeiro registro que se tem sobre o tema está no Livro Verde da Sociedade da Informação, em 1997. Nesse documento, é apresentado um conjunto de ferramentas necessárias para que aconteça o desenvolvimento da Sociedade da Informação no Brasil, sendo uma delas, justamente, o teletrabalho[4].

Já na literatura internacional, o conceito de Teletrabalho vem sendo abordado há

---

3 ANGONESE, Rosangela Maria. Como fazer a gestão do trabalho remoto (home office): Saiba como gerir sua equipe à distância, organizar rotinas, manter o engajamento e ajudá-los a atravessar esse momento de forma saudável e produtiva. **SEBRAE/PR**, 2020. Disponível em: https://www.sebrae.com.br/sites/PortalSebrae/artigos/como-fazer-a-gestao-do-trabalho-remoto-home-office,2703b9c6eff21710VgnVCM1000004c00210aRCRD. Acesso em: em: 22 jun 2022.

4 BASSO, D. de M.; BARRETO JÚNIOR, I. F. O teletrabalho e a supressão de seus direitos na Reforma Trabalhista. **Revista do Direito do Trabalho e Meio Ambiente do Trabalho**,

um pouco mais de tempo. Na sua obra, Leite, Lemos e Schneider[5] apresentam diferentes conceitos que buscaram definir o teletrabalho, mostrando também como essa definição se transformou ao longo do tempo:

> Teletrabalho é um termo cunhado pelo autor em 1973 para se referir à substituição parcial ou total do trajeto duas vezes ao dia para o trabalho pelo uso de telecomunicações e computadores. Nilles (1988)
> É caracterizado pela utilização de computadores e equipamentos de telecomunicações para trabalhar em casa ou em um local remoto, um ou mais dias por semana. Van Sell e Jacobs (1944)
> Definimos o teletrabalho como um trabalho remunerado a partir de casa, de um escritório satélite, de um centro de teletrabalho ou de qualquer outra estação de trabalho fora do escritório principal por pelo menos um dia. Illegems e Verbeke (2004)
> Em sentido restritivo, teletrabalho pode ser definido como trabalho a distância com utilização de TICs. (Rosenfield e de Alves) (2011)

Voltando a analisar o cenário no viés da perspectiva brasileira, o teletrabalho foi legalmente instituído na CLT pela Lei nº 13.647/17, também conhecida por Reforma Trabalhista, que no seu artigo 75-B estipula essa modalidade de trabalho como: "A prestação de serviços preponderantemente fora das dependências do empregador, com a utilização de tecnologias de informação e de comunicação que, não se constituam como trabalho externo".

Assim, de acordo com o Tribunal Superior do Trabalho, o teletrabalho é "a modalidade de trabalho realizada fora das dependências do empregador, com a utilização de recursos tecnológicos e que não se enquadram na ideia de trabalho externo".

Desse modo, o teletrabalho pode ser definido como o desempenho de atividades que poderiam ser realizadas *in loco* na empresa, não sendo confundido com o trabalho externo, que por si só tem no seu escopo a necessidade de que o trabalhador exerça as suas atividades fora do ambiente da própria empresa[6].

2018. Disponível em: https://indexlaw.org/index.php/revistadtmat/article/view/4301/pdf. Acesso em: em: 22 jun 2022.

5 LEITE, Ana Luiza; LEMOS, Dannyela da Cunha; SCHNEIDER, Wilnei Aldir. Teletrabalho: uma visão integrativa da literatura internacional. **CONTEXTUS - Revista Contemporânea de Economia e Gestão**, 2019.

6 ROCHA, C. J.; MUNIZ, M. K. C. B. O teletrabalho à luz do artigo 6º da CLT: o acompanhamento do direito do trabalho às mudanças do mundo pós-moderno. **Revista do Tribunal Regional do Trabalho da 3ª Região**, 2013. Disponível em: https://www.trt3.jus.br/escola/

Já para a sua operacionalização do teletrabalho, a CLT[7] determina alguns requisitos, conforme apresentado a seguir:

> Art. 75-C: A prestação de serviços na modalidade de teletrabalho deverá constar expressamente do contrato individual de trabalho, que especificará as atividades que serão realizadas pelo empregado.
> § 1º Poderá ser realizada a alteração entre regime presencial e de teletrabalho desde que haja mútuo acordo entre as partes, registrado em aditivo contratual.
> § 2º Poderá ser realizada a alteração do regime de teletrabalho para o presencial por determinação do empregador, garantido prazo de transição mínimo de quinze dias, com correspondente registro em aditivo contratual.

De outro lado, o conceito de *home office*, sob a análise da legislação, é anterior ao de teletrabalho. Em dezembro de 2011, houve uma alteração no artigo 6º da CLT, que passou a vigorar com a seguinte redação, que contempla e normatiza a possibilidade do trabalho executado no domicílio do empregado:

> Art. 6º: Não se distingue entre o trabalho realizado no estabelecimento do empregador, o executado no domicílio do empregado e o realizado a distância, desde que estejam caracterizados os pressupostos da relação de emprego.
> Parágrafo único. Os meios telemáticos e informatizados de comando, controle e supervisão se equiparam, para fins de subordinação jurídica, aos meios pessoais e diretos de comando, controle e supervisão do trabalho alheio (BRASIL, 2011).

Apesar dos dois institutos serem cotidianamente tratados como sinônimos, faz-se necessário diferenciá-los nos seus conceitos. Delgado[8] explica que, no universo de trabalhadores que exercem as suas funções fora das dependências da empresa, há três situações semelhantes: a) o tradicional trabalho no domicílio, como é o caso de quitandeiras, bordadeiras, costureiras, dentre outros; b) a nova modalidade de trabalho no domicílio, também intitulada como *home office*, realizado com auxílio das TICs, conforme estipulado no parágrafo único do artigo sexto da CLT e c) teletrabalho, que, assim como o *home office*, pode ser realizado em qualquer lugar (*anywhere office*), pela utilização de mecanismos de tecnologia da informação e

---

download/revista/rev_87_88/claudio_jannotti_rocha_e_mirella_karen_carvalho_bifano_muniz.pdf. Acesso em: em: 22 jun 2022.

7 BRASIL. **Consolidação das Leis do trabalho**. Lei 13.467 de 13 de Jul. de 2017. Brasília, DF, 2017.

8 DELGADO, M. G. **A reforma trabalhista no Brasil**. LTR, 2017.

comunicação, mas que podem ser feitos também em centros de trabalho como *coworkings*, por exemplo, não estando limitado a ser prestado, exclusivamente, em casa. Dessa forma, verifica-se que o teletrabalho é o gênero que comporta como espécie, o trabalho executado na residência do trabalhador (*home office*).

Esse é, também, o entendimento do TST, que em cartilha publicada sobre teletrabalho, estabeleceu que:

> teletrabalho é um termo mais abrangente, que inclui o trabalho realizado em casa ou em outros locais que não sejam a empresa - em espaços de *coworking*, cafeterias, entre outros. Já o *home office* é um termo específico ao trabalho realizado em casa, abrangendo também trabalhadores autônomos e freelancers.

Além dos conceitos de teletrabalho e *home office*, faz-se necessário também entender o que seria o chamado trabalho híbrido. Segundo o Barros (2020), o trabalho híbrido é aquele que é obrigatoriamente realizado em parte nas dependências do empregador e outra parte remotamente na sua casa ou outro lugar da sua preferência.

Na percepção do TST, "o trabalho híbrido mistura o trabalho realizado a distância com o trabalho realizado na empresa. Há previsão na lei para esses casos, que mantêm a característica de teletrabalho, desde que o empregado predominantemente trabalhe a distância". Assim, conclui-se que, juridicamente, o trabalho híbrido é tido, legalmente, como uma espécie abarcada pelo gênero "teletrabalho".

Desse modo, traçado esse paralelo entre as modalidades de trabalho remoto, passa-se a discutir, então, as questões práticas relacionadas ao cenário de que se considera, como o futuro do trabalho, ou seja, o trabalho híbrido.

3. IMPACTOS NAS PRÁTICAS DE REMUNERAÇÃO E BENEFÍCIO

3.1 Aspectos fiscais dos pagamentos de ajuda de custo ao trabalhador em decorrência do teletrabalho

Desde o advento da Reforma Trabalhista[9], que trouxe o respaldo legal mínimo para implementação de um modelo de trabalho fora do ambiente físico da empregadora, já se tem uma regra sobre a responsabilidade por arcar com os custos com

9 BRASIL. **Consolidação das Leis do trabalho. Lei 13.467 de 13 de Jul. de 2017.** Brasília Brasília, DF, 2017.

aquisição, manutenção ou fornecimento da infraestrutura necessária e adequada à prestação do trabalho remoto, o que - não limitadamente - inclui as despesas básicas do empregado como contas de água, energia, internet e telefonia.

Segundo a inteligência do art. 75-D (caput e parágrafo único) da CLT, introduzido pela reforma trabalhista, a responsabilidade por esses custos será acordada por acordo individual entre empregado e empregador, sendo certo, portanto, que a vontade das partes será determinante para essa definição, não havendo qualquer restrição para a assunção desta responsabilidade de maneira integral ou parcial por qualquer uma das partes, ressalvada a possibilidade de o assunto ser regido por alguma previsão em instrumento de negociação coletiva de trabalho.

Tratando-se da hipótese de o empregador arcar com esses custos básicos, independentemente da proporção e/ou montantes pactuados, certo é que o pagamento ao empregador realizado com esta finalidade - ora apelidado pelos autores de "Auxílio de Trabalho Remoto" - não será incorporado à remuneração do trabalhador, conforme prevê o parágrafo único do artigo 75-D da CLT.

> Art. 75-D. As disposições relativas à responsabilidade pela aquisição, manutenção ou fornecimento dos equipamentos tecnológicos e da infraestrutura necessária e adequada à prestação do trabalho remoto, bem como ao reembolso de despesas arcadas pelo empregado, serão previstas em contrato escrito. (Incluído pela Lei nº 13.467, de 2017) (Vigência)
>
> Parágrafo único. As utilidades mencionadas no caput deste artigo não integram a remuneração do empregado.

Um dos desafios enfrentados pelos profissionais de Remuneração e Benefícios com relação a essa verba reside, entretanto, nos seus aspectos tributários. Tal dificuldade é abordada por Eduardo Gomes Gaelzer[10]:

> A doutrina entende que a verba alcançada ao empregado ou suportada pelo empregador seria ajustada com o intuito de uma ajuda de custo para implementação e manutenção do teletrabalho ou do trabalho remoto 'home office', atribuindo-se a ela, portanto, uma natureza indenizatória, tendo como objetivo recompor os gastos adicionais que o empregado teve com esta modalidade de trabalho (tais como comunicação via internet, despesas com computador e demais itens eletrônicos, incremento

10 GAELZER, Eduardo Gomes. Aspectos relevantes sobre a tributação no custeio do teletrabalho e do *'home office'*. *In:* ZAVANELLA, Fabiano; PINTO, Luis Otávio Camargo (org.). **22 anos da SOBRATT** - A Evolução do Teletrabalho - Tomo I - Aspectos Jurídicos. p. 37

> de gastos com energia elétrica, entre outros). Deste modo, o Fisco Federal não poderia tributar e realizar retenção de valores relativos às contribuições previdenciárias previstas nos arts. 21 e 22 da Lei n. 8.212/1991.
>
> [...]
>
> Por outro lado, em recentes julgados do Conselho Administrativo de Recursos Fiscais (CARF), do Ministério da Economia, ficou definido que valores alcançados aos empregados somente estão isentos de retenção de contribuições previdenciárias quando efetivamente visam reparar custos sofridos pelo empregado, em face de bens e serviços contratados, em razão da atividade laborativa prestada em meio remoto ao empregador.

Em que pese a descaracterização do "Auxílio de Trabalho Remoto" como verba remuneratória, há que se levar em consideração que mesmo que as características dessa verba flertem com a natureza jurídica de uma "ajuda de custo" nos termos do artigo 457, § 2º e que o seu enquadramento, como tal, não é expresso e incisivo na legislação trabalhista, podendo, a depender do contexto de seu pagamento ao empregado, ser objeto de questionamento pelas autoridades fiscalizadoras no âmbito Tributário.

Esse risco tem potencial de se concretizar, principalmente, quando não existir comprovação de estrita proporcionalidade e correspondência entre os valores pagos a este título ao empregado e os respectivos gastos estruturais arcados pelo mesmo em decorrência de não estar trabalhando nas dependências físicas do empregador (a quem naturalmente incumbe o ônus de arcar com os custos de funcionamento do seu negócio).

Referida comprovação fica ainda mais complexa se tratando do cenário de regime híbrido de trabalho, uma vez que a possibilidade de intercalar períodos de trabalho dentro e fora das dependências da companhia agrava a natural dificuldade de se metrificar com exatidão os custos arcados pelo trabalhador com infraestrutura para o trabalho, trazendo uma insegurança jurídica extra à operacionalização desse tipo de pagamento, sob a égide da atual legislação aplicável.

Pode-se entender que, nesses cenários, o pagamento do "Auxílio de Trabalho Remoto" tem risco de não se enquadrar como uma ajuda de custo, mas como uma espécie de remuneração indireta, sujeita, portanto, à tributação, e com potencial de gerar um passivo fiscal ao empregador que, em folha de pagamento, trata essa verba como uma espécie de ajuda de custo.

3.2 O vale-transporte e o trabalho híbrido

Tratando-se do regime de trabalho híbrido, pressupõe-se que o trabalhador não comparecerá ao trabalho todos os dias do ano, do mês ou da semana. Sem entrar no mérito quanto à habitualidade e/ou preponderância dos comparecimentos à estrutura física do empregador descaracterizar ou não o trabalho remoto pactuado entre empregado e empregador, assunto inserido na CLT pela Medida Provisória 1.108 do ano de 2022, o presente estudo se propõe a analisar, sob viés jurídico, os impactos desse regime de trabalho na concessão do vale-transporte ao empregado.

Conforme a inteligência dos Art. 1º e 4º da lei 7418 de 1985, entende-se que o Vale-Transporte será concedido de maneira antecipada ao empregado para utilização efetiva em despesas de deslocamento no percurso residência-trabalho (e vice-versa), conforme melhor adequação e estrita necessidade, desde que tal deslocamento se dê pelo sistema de transporte coletivo público, urbano ou intermunicipal e/ou interestadual com características semelhantes aos urbanos, geridos diretamente ou mediante concessão ou permissão de linhas regulares e com tarifas fixadas pela autoridade competente, excluídos os serviços seletivos e os especiais.

Observa-se nos recortes legais apontados, que são obrigatórias a necessidade de antecipação do valor para utilização efetiva do vale-transporte pelo empregado bem como o atendimento à necessidade de deslocamento desse.

Em uma análise lógica de referidos dispositivos legais, conclui-se que tais obrigações pressupõem previsibilidade quanto à quantidade de utilizações dentro de um determinado período, bem como quanto ao itinerário, o que conflita com os conceitos de regime híbrido de trabalho e *anywhere office* explorados nesse estudo. Diz-se isso, principalmente, por se levar em consideração que o conceito de regime híbrido de trabalho pressupõe que o teletrabalho pode precisar ou não se deslocar para a localidade física do seu empregador, afetando a quantidade de vezes que o empregado precisaria valer-se do vale-transporte, enquanto o conceito de *anywhere office* pressupõe que o teletrabalho pode ser realizado não necessariamente em uma única localidade física que pertença ao empregador ou ao empregado, podendo ser realizado em diferentes cidades, estados e/ou até mesmo países ocasionando diferentes itinerários a ser percorridos. Sobre essas problemáticas, vale trazer à baila a ponderação de Homero Batista Mateus da Silva:

> [...] problema sério tem-se avolumado nas demandas trabalhistas quanto à palavra final sobre as conduções a serem utilizadas. Em muitas cidades e bairros, não há

> opções de transporte coletivo, mas apenas uma linha de ônibus. Entretanto, em cidades grandes é relativamente comum o cruzamento de linhas de ônibus e de trechos cobertos por meios férreos, como o trem e o ônibus, além das conexões e de outras formas de solução do conflito do transporte. Surgiram, então, empresas especializadas na análise da malha de transportes coletivos, a fim de oferecer a grandes empresas mapas diferentes de trajetos que os empregados devem percorrer, com o propósito de baratear o vale-transporte. Numa metrópole, porém, nem sempre o que dizem os mapas de ruas corresponde ao que se consegue praticar. Existem linhas de ônibus excessivamente morosas ou perigosas, assim como a conjugação de ônibus e metrô pode reduzir a menos da metade o tempo gasto com uma linha perimetral de ônibus. [...] Há grande tensão sobre este assunto. O art. 4º da Lei 7.418/1985 preconiza que o vale-transporte cubra o serviço que 'melhor se adequar', não mencionando nem o mais barato, o mais rápido ou o mais próximo. Parece ser a melhor indicação para o tema, desde que o empregado comprove a inconveniência das outras opções, mas, como se vê, o tema é espinhoso porque pode gerar abusos.[11]

Diante dessas contradições entre obrigações legais e os conceitos estudados e omissões da legislação quanto às especificidades desses tipos de situações, o problema se agrava, tratando-se de um cenário de trabalho híbrido, em que não se estabelece periodicidade específica para realização de trabalho presencial.

Diz-se isso pois, levando-se em consideração os princípios basilares do direito e o conceito abstrato de "serviço de transporte que melhor se adequar" trazido pela legislação instituidora do referido benefício, conclui-se como de suma importância, o registro da vontade do trabalhador sobre a forma de utilização do vale-transporte. Sobre isso, vale colacionar as ponderações de Bernardo Leôncio Moura Coelho e Pedro Augusto Ferraz Brenna[12].

> [...] se o trabalhador tem direito ao vale-transporte, inegável que, preenchidos os requisitos legais, é de recebê-lo em valor suficiente para cobrir integralmente os custos pecuniários do percurso diário para se locomover à empresa, utilizando-se do

---

11 SILVA, Homero Batista Matues da. Curso de Direito do Trabalho Aplicado. Vol 5. Livro da Remuneração. São Paulo. Revista dos Tribunais. 2 ed. 2015.

12 COELHO, Bernardo Leôncio Moura; BRENNA, Pedro Augusto Ferraz. Roteirização do itinerário no vale transporte: ofensa aos direitos dos trabalhadores. **Rev. do Trib. Reg. Trab. 10ª Região**, Brasília, v. 21, n. 1, p. 45, 2017. Disponível em: https://revista.trt10.jus.br/index.php/revista10/article/view/128/123. Acesso em: 22 jun 2022.

percurso mais benéfico a ele, não o mais conveniente ao seu empregador! Isso somente é possível se o empregado define o itinerário que melhor lhe seja adequado. Não se pode olvidar princípio basilar do direito trabalho, qual seja, o princípio da norma mais favorável.

Partindo-se dessas premissas e diretrizes, uma forma de mitigar eventuais riscos de se danificar o patrimônio jurídico do trabalhador sem abrir mão dos regimes de trabalho ora estudados é obter junto ao trabalhador documentação escrita sobre a forma mais adequada a seus interesses sobre a utilização de utilização do vale-transporte: a) seja por meio de acordo individual que determine a periodicidade da realização de trabalho presencial; b) seja por meio de declarações sobre o itinerário mais adequado à sua realidade. Deve-se deixar sempre registrada, assim, a declaração de vontade do empregado com relação à periodicidade com que pretende comparecer ao escritório, valendo-se do uso de vale-transporte.

4. A NORMA REGULAMENTADORA 17 - ERGONOMIA E O TRABALHO HÍBRIDO

Independentemente de o trabalhador prestar os seus serviços dentro ou fora das dependências da empregadora e da frequência com que o faz em cada localidade, a empregadora continua passível de eventual responsabilização perante o trabalhador por eventuais lesões, patologias e/ou reduções de capacidade laboral que lhe forem causadas, em decorrência da não observância das normas de ergonomia e saúde ocupacional aplicáveis.

No atual cenário jurídico, um eventual descumprimento dessas normas pode, ainda, deixar a empregadora passível de penalização por órgãos fiscalizadores, caso não cumpra com as obrigações que lhe cabem.

Para que seja possível aprofundar o debate sobre as Normas Regulamentadoras (NR) que regem esse tema, bem como sua aplicabilidade aos casos estudados, traz-se à baila o conceito, bem como a origem das referidas normas:

> As Normas Regulamentadoras (NR) são disposições complementares ao Capítulo V (Da Segurança e da Medicina do Trabalho) do Título II da Consolidação das Leis do Trabalho (CLT), com redação dada pela Lei nº 6.514, de 22 de dezembro de 1977. Consistem em obrigações, direitos e deveres a serem cumpridos por empregadores e trabalhadores com o objetivo de garantir trabalho seguro e sadio, prevenindo a

> ocorrência de doenças e acidentes de trabalho.
> As primeiras normas regulamentadoras foram publicadas pela Portaria MTb nº 3.214, de 8 de junho de 1978. As demais normas foram criadas ao longo do tempo, visando assegurar a prevenção da segurança e saúde de trabalhadores em serviços laborais e segmentos econômicos específicos.
> A elaboração e a revisão das normas regulamentadoras são realizadas adotando o sistema tripartite paritário, preconizado pela Organização Internacional do Trabalho (OIT), por meio de grupos e comissões compostas por representantes do governo, de empregadores e de trabalhadores.
> Nesse contexto, a Comissão Tripartite Paritária Permanente (CTPP) é a instância de discussão para construção e atualização das normas regulamentadoras, com vistas a melhorar as condições e o meio ambiente do trabalho[13].

Para refletir acerca desses pontos, faz-se cogente trazermos à luz desse artigo o conceito e o objetivo da Norma Regulamentadora 17 Ergonomia[14]: "Preconiza estabelecer as diretrizes e os requisitos que permitam a adaptação das condições de trabalho às características psicofisiológicas dos trabalhadores, de modo a proporcionar conforto, segurança, saúde e desempenho eficiente no trabalho".

As condições de trabalho incluem aspectos relacionados ao levantamento, transporte e descarga de materiais, ao mobiliário dos postos de trabalho, ao serviço com máquinas, equipamentos e ferramentas manuais, às condições de conforto no ambiente de labor e à própria organização do trabalho.

A organização deve realizar a avaliação ergonômica preliminar das situações de trabalho que, em decorrência da natureza e conteúdo das atividades requeridas, demandam adaptação às características psicofisiológicas (mente e corpo) dos trabalhadores, a fim de subsidiar a implementação das medidas de prevenção e

---

13 BRASIL. Ministério do Trabalho e Previdência. **Normas Regulamentadoras - NR**. 2022. Disponível em: https://www.gov.br/trabalho-e-previdencia/pt-br/composicao/orgaos-especificos/ secretaria-de-trabalho/inspecao/seguranca-e-saude-no-trabalho/ctpp-nrs/normas-regulamentado ras-nrs. Acesso em: 22 jun 2022.

14 NR 17 - ERGONOMIA Publicação D.O.U. Portaria MTb n.º 3.214, de 08 de junho de 1978 06/07/78 Alterações/Atualizações D.O.U. Portaria MTPS n.º 3.751, de 23 de novembro de 1990 26/11/90 Portaria SIT n.º 08, de 30 de março de 2007 02/04/07 Portaria SIT n.º 09, de 30 de março de 2007 02/04/07 Portaria SIT n.º 13, de 21 de junho de 2007 26/06/07 Portaria MTb n.º 876, de 24 de outubro de 2018 Rep. 26/10/18 Portaria MTP n.º 423, de 07 de outubro de 2021 08/10/21.

adequações necessárias previstas na NR.

A NR 17 adota o conceito de que o ambiente de trabalho precisa estar adaptado ao trabalhador, ao invés do trabalhador precisar se adaptar ao ambiente. Sendo assim, o espaço de labor precisa ser adaptado para que o trabalhador possa exercer as suas atividades da melhor forma, independentemente de qual seja o espaço - dentro ou fora do estabelecimento do empregador - devendo ser considerado como local de trabalho, no qual a pessoa deve permanecer ou comparecer, sob controle direto ou indireto do empregador.

Essa adaptação visa garantir a excelência e condições de qualidade quanto ao desempenho do labor, favorecendo a proteção social do trabalho, pois a observância das normas ergonômicas garante, concilia, pondera e otimiza a eficiência econômica e a proteção social do teletrabalho, propiciando a valorização social do trabalho e da livre iniciativa, conforme consta no artigo 1º, IV da Constituição Federal.

Para que se atinja tais objetivos, faz-se necessária a observância aos parâmetros da ergonomia e, em especial, à NR 17, seja quanto aos equipamentos (mesas, assentos, dentre outros), seja quanto à postura física, levando-se em consideração os seguintes aspectos:

a) normas específicas de produção;
b) operações a serem realizadas;
c) exigência de tempo;
d) determinação do conteúdo de tempo;
e) ritmo de trabalho;
f) conteúdo das tarefas.

Para avaliar essa adaptação e adequação do ambiente ao trabalhador, a organização deve realizar a chamada "Análise Ergonômica do Trabalho" (AET), da situação de trabalho, quando:

a) observada a necessidade de uma avaliação mais aprofundada da situação;
b) identificadas inadequações ou insuficiência das ações adotadas;
c) sugerida pelo acompanhamento de saúde dos trabalhadores, nos termos do Programa de
Controle Médico de Saúde Ocupacional - PCMSO e da alínea "c" do subitem 1.5.5.1.1 da NR 01; ou
d) indicada causa relacionada às condições de trabalho na análise de acidentes e doenças relacionadas ao trabalho, nos termos do Programa de Gerenciamento de

Riscos - PGR.

A AET deve abordar as condições de trabalho, conforme estabelecido na NR 17, incluindo as seguintes etapas:

a) análise da demanda e, quando aplicável, reformulação do problema;
b) análise do funcionamento da organização, dos processos, das situações de trabalho e da atividade;
c) descrição e justificativa para definição de métodos, técnicas e ferramentas adequados para a análise e sua aplicação, não estando adstrita à utilização de métodos, técnicas e ferramentas específicos;
d) estabelecimento de diagnóstico;
e) recomendações para as situações de trabalho analisadas; e
f) restituição dos resultados, validação e revisão das intervenções efetuadas, quando necessária, com a participação dos trabalhadores.

A partir da avaliação ergonômica preliminar ou da AET, devem ser implementadas, ainda, medidas de prevenção, que evitem que os trabalhadores, ao realizar as suas atividades, sejam obrigados a efetuar de forma contínua e repetitiva:

a) posturas extremas ou nocivas do tronco, do pescoço, da cabeça, dos membros superiores e/ou dos membros inferiores;
b) movimentos bruscos de impacto dos membros superiores;
c) uso excessivo de força muscular;
d) frequência de movimentos dos membros superiores ou inferiores que possam comprometer a segurança e a saúde do trabalhador;
e) exposição a vibrações, nos termos do Anexo I da Norma Regulamentadora nº 09 - Avaliação e Controle das Exposições Ocupacionais a Agentes Físicos, Químicos e Biológicos;
f) exigência cognitiva que possa comprometer a segurança e saúde do trabalhador.

As medidas de prevenção devem incluir duas ou mais das seguintes alternativas:

a) pausas para propiciar a recuperação psicofisiológica dos trabalhadores, que devem ser computadas como tempo de trabalho efetivo;
b) alternância de atividades com outras tarefas que permitam variar as posturas, os grupos musculares utilizados ou o ritmo de trabalho;
c) alteração da forma de execução ou organização da tarefa; e
d) outras medidas técnicas aplicáveis, recomendadas na avaliação ergonômica

preliminar ou na AET.[15]

Transportando-se aqui o que reza na NR 17, é possível observar que pouco, ou quase nada, está direcionado especificamente ao trabalho híbrido ou *home office*. Essa lacuna na lei cria uma insegurança jurídica para as organizações.

Nesse sentido, o Ministério Público do Trabalho e a Procuradoria Geral do Trabalho editaram, em 10 de setembro de 2020, a Nota Técnica 17/2020[16], a qual rege a atuação do Ministério Público do Trabalho para a proteção da saúde e demais direitos fundamentais das trabalhadoras e dos trabalhadores em trabalho remoto ou *home office*.

A Nota Técnica tem como objetivo indicar as diretrizes a serem observadas nas relações de trabalho por empresas, sindicatos e órgãos da Administração Pública, a fim de garantir a proteção de trabalhadoras e trabalhadores no trabalho remoto ou *home office*.

Em que pese os esforços do Ministério Público do Trabalho e da Procuradoria Geral do Trabalho ao editarem a referida nota técnica, a lacuna deixada pela NR17 quanto a uma regulação específica voltada para o trabalho remoto e/ou híbrido gera uma desconexão entre o Estado e o próprio propósito de proporcionar uma garantia legal para os trabalhadores nessa modalidade de trabalho. Isso se demonstrou reforçado pelo Ministério do Trabalho e Previdência, que editou uma nova redação da NR 17 em outubro de 2021 e, novamente, deixou de abarcar este ponto, olvidando-se dos trabalhadores nessa modalidade de trabalho, perdendo a oportunidade de elaborar uma NR contendo todas as regras aplicadas aos teletrabalhos.

Conclui-se, portanto que as organizações ainda carecem de leis e normas regulamentadoras que as orientem quanto às formas de garantir a melhor qualidade de vida para seus trabalhadores em teletrabalho, sendo certo que, uma das formas

---

15 NR 17 - ERGONOMIA Publicação D.O.U. Portaria MTb n.º 3.214, de 08 de junho de 1978 06/07/78 Alterações/Atualizações D.O.U. Portaria MTPS n.º 3.751, de 23 de novembro de 1990 26/11/90 Portaria SIT n.º 08, de 30 de março de 2007 02/04/07 Portaria SIT n.º 09, de 30 de março de 2007 02/04/07 Portaria SIT n.º 13, de 21 de junho de 2007 26/06/07 Portaria MTb n.º 876, de 24 de outubro de 2018 Rep. 26/10/18 Portaria MTP n.º 423, de 07 de outubro de 2021 08/10/21.

16 Assinatura/Certificação do documento PGEA 008033.2020.00.900/0 Outras Providências nº 007482.202NOTA TÉCNICA 17/2020 DO GT NACIONAL COVID-19 e do GT NANOTECNOLOGIA/2020.

viáveis de se colmatar referidas lacunas legais seria a oportunidade de negociar junto aos sindicatos instrumentos coletivos que normatizem essa matéria, levando em consideração as especificidades da categoria às formas viáveis de trabalho remoto que lhe sejam aplicáveis. Nessa hipótese, há que se observar que as normas negociadas devem prestigiar a manutenção ou ampliação dos direitos do trabalhador quanto à saúde, higiene e segurança do trabalho, sob pena de - não o fazendo - constituírem objeto ilícito de negociação nos termos do art. 611-B, inc. XVII da CLT.

5. CONCLUSÃO

Diante de todo o contexto já apresentado, constata-se que a implementação de um modelo de trabalho híbrido tem o potencial de impactar substancialmente as práticas de saúde e segurança ocupacional, bem como as práticas de remuneração e benefícios das empresas, sendo isso apenas alguns dos desdobramentos e peculiaridades desse regime de trabalho.

Fato é que, conforme abordado no decorrer deste estudo, a legislação não avança na mesma velocidade que as alterações sociais fáticas observadas nas relações de emprego, em especial no que tange o tema do regime de trabalho híbrido e o tema do *anywhere office*, de modo que nem sempre haverá regras claras e incisivas sobre a situação fática enfrentada pelas partes.

Dessa forma, conclui-se a partir das análises propostas neste estudo que, diante deste cenário de insegurança jurídica e lacunas legislativas, os acordos escritos (sejam eles individuais ou coletivos) e as demonstrações inequívocas de boa-fé das partes podem ser relevantes ferramentas para mitigação de riscos advindos dos problemas práticos ocasionados pelas adaptações dos empregadores ao regime híbrido de trabalho.

REFERÊNCIAS

ANGONESE, Rosangela Maria. Como fazer a gestão do trabalho remoto (home office): Saiba como gerir sua equipe à distância, organizar rotinas, manter o engajamento e ajudá-los a atravessar esse momento de forma saudável e produtiva. **SEBRAE/PR**, 2020. Disponível em: https://www.sebrae.com.br/sites/ PortalSebrae/artigos/como-fazer-a-gestao-do-trabalho-remoto-home-office,2703b9c6e ff21710VgnVCM1000004c00210aRCRD. Acesso em: 22 jun 2022.

BARROS, Leonardo. **Modelo de Trabalho Híbrido**: O Que É e Como Preparar a Sua Empresa Para o Futuro. 2020. Disponível em: https://blog.tangerino.com.br/modelode-trabalho-hibrido/. Acesso em: 22 jun 2022.

BASSO, D. de M.; BARRETO JÚNIOR, I. F. O teletrabalho e a supressão de seus direitos na Reforma Trabalhista. **Revista do Direito do Trabalho e Meio Ambiente do Trabalho**, 2018. Disponível em: https://indexlaw.org/index.php/revistadtmat/article/view/4301/pdf. Acesso em: 22 jun 2022.

BRASIL. **Consolidação das Leis do trabalho.** Lei 13.467 de 13 de Jul. de 2017. Brasília, DF, 2017.

BRASIL. **Constituição (1988).** Constituição da República Federativa do Brasil. Brasília, DF: Senado Federal: Centro Gráfico, 1988.

BRASIL. Ministério do Trabalho e Previdência. **Normas Regulamentadoras - NR.** 2022. Disponível em: https://www.gov.br/trabalho-e-previdencia/pt-br/composicao/orgaos-especificos/secretaria-de-trabalho/inspecao/seguranca-e-saude-no-trabalho/ctpp-nrs/normas-regulamentadoras-nrs. https://www.gov.br/trabalho-e-previdencia/pt-br/composicao/orgaos-especificos/secretaria-de-trabalho/inspecao/seguranca-e-saude-no-trabalho/ctpp-nrs/normas-regulamentadoras-nrs. Acesso em: 22 jun 2022.

BRASIL. TST. Título. Disponível em: https://www.tst.jus.br/documents/10157/2374827/Manual+Teletrabalho.pdf/e5486dfc-d39e-a7ea-5995-213e79e15947?t= 1608041183815#:~:text=Considera%2Dse%20teletrabalho%20a%20presta%C3%A7%C3%A3o,se%20constituam%20como%20trabalho%20externo. Acesso em: 22 jun 2022.

COELHO, Bernardo Leôncio Moura; BRENNA, Pedro Augusto Ferraz. Roteirização do itinerário no vale transporte: ofensa aos direitos dos trabalhadores. **Rev. do Trib. Reg. Trab. 10ª Região**, Brasília, v. 21, n. 1, p. 45, 2017. Disponível em: https://revista.trt10.jus.br/index.php/revista10/article/view/128/123. Acesso em: 22 jun 2022.

DELGADO, M. G. **A reforma trabalhista no Brasil**. LTR, 2017.

G1. **Home office bateu recorde no Brasil em 2018, diz IBGE**. 2019. Disponível em: https://g1.globo.com/economia/concursos-e-emprego/noticia/2019/12/18/home-office-bateu-recorde-no-brasil-em-2018-diz-ibge.ghtml.

Acesso em: 22 jun 2022.

GAELZER, Eduardo Gomes. Aspectos relevantes sobre a tributação no custeio do teletrabalho e do *'home office'*. *In:* ZAVANELLA, Fabiano; PINTO, Luis Otávio Camargo (org.). **22 anos da SOBRATT** - A Evolução do Teletrabalho - Tomo I - Aspectos Jurídicos. p. 37

GOMES, Kamila. Tendências comportamentais pós-pandemia dos trabalhadores. **O Futuro das Coisas**, 2021. Disponível em: https://ofuturodascoisas.com/tendencias-comportamentais-pos-pandemia-dos-trabalhadores/. Acesso em: 22 jun 2022.

GONÇALVES, Guilherme da Silva; MOREIRA, João Padilha; STEFFEN, Mario Oscar. Como trabalhar em tempos de Covid-19. *In*: Seminário de tecnologia gestão e educação, 2020, **Anais**... Cidade: Editora, 2020.

JOÃO, P. S.; GAGGINI, N. B. Home Office e Teletrabalho: a importância da adequação terminológica. **Conjur**, 2020. Disponível em: https://www.conjur.com.br/2020-jul-10/joao-gaggini-sobrehome-office-teletrabalho. Acesso em: 22 jun 2022.

LEITE, Ana Luiza; LEMOS, Dannyela da Cunha; SCHNEIDER, Wilnei Aldir. Teletrabalho: uma visão integrativa da literatura internacional. **CONTEXTUS - Revista Contemporânea de Economia e Gestão,** 2019.

ROCHA, C. J.; MUNIZ, M. K. C. B. O teletrabalho à luz do artigo 6º da CLT: o acompanhamento do direito do trabalho às mudanças do mundo pós-moderno. **Revista do Tribunal Regional do Trabalho da 3ª Região,** 2013. Disponível em: https://www.trt3.jus.br/escola/download/revista/rev_87_88/claudio_jannotti_rocha_e_mirella_karen_carvalho_bifano_muniz.pdf. Acesso em: 22 jun 2022.

PEIXOTO, Ana Laíssa Fernandes; RIBEIRO, Kênia Abadia Souza; QUAGGIO, Rodolfo Hernandes. Futuro do trabalho: desafios práticos do trabalho híbrido: uma análise sobre as dificuldades de operacionalização da modalidade híbrida de trabalho, sob a luz da legislação trabalhista vigente no Brasil. *In:* MENESES, Heloísa Corrêa; SILVA, Tiago Nunes da; RAMONE TAVARES, Viviane; TEIXEIRA, Wendel de Brito Lemos (Coords.). **Anuário da OAB Uberlândia 2022/2023.** Uberlândia: Marco Teórico, 2023. pp. 277-294.

O ELEMENTO DE EMPRESA E A ATIVIDADE ADVOCATÍCIA: UMA QUESTÃO POLÍTICA OU DE ORDEM TÉCNICA

16

José Henrique de Oliveira Couto

RESUMO:

Após séculos, a atividade do escritório de advocacia ainda é considerada intelectual, jamais podendo ser empresarial, ainda que preencha o elemento de empresa, respeite as condicionantes do artigo 966 do Código Civil e as qualidades pessoais dos advogados sejam menos relevantes do que os elementos que se assemelham a uma empresa. Partindo daí, o objetivo do presente trabalho, que se pauta no método dedutivo, será analisar como o escritório de advocacia, que respeita o elemento de empresa, jamais poderá ser empresarial, sendo sempre "simples", especialmente por uma linha argumentativa de justiça e Direito posto pelo Estado. Para tanto, utilizam-se materiais doutrinários e legislações.

PALAVRAS-CHAVE:

Elemento de empresa. Questão política. Ordem técnica. Art. 966 do código civil. Fatores de produção.

1. INTRODUÇÃO

Claras são as disposições do artigo 966 do Código Civil: "Considera-se empresário quem exerce profissionalmente atividade econômica organizada para a produção ou a circulação de bens ou de serviços" e o parágrafo único ressalta: "Não se considera empresário quem exerce profissão intelectual, de natureza científica, literária ou artística, [...] salvo se o exercício da profissão constituir elemento de empresa"[1]. Noutro giro, também são claras as disposições do artigo 16 da Lei n. 8.906: "Não são admitidas a registro nem podem funcionar todas as espécies de sociedades de advogados que apresentem forma ou características de sociedade empresária".

Trata-se, conforme se verá, de uma regra que dá preferência à teoria da lógica da justiça, que concede ao escritório uma sociedade simples, ainda que ele, após preenchido o elemento de empresa, assemelhe-se a uma organização, especialmente por uma questão de Direito versus Justiça. Há o abandono de uma teoria da realidade ontológica, que é pautada pela observância da realidade, dando uma resposta pela observação dos fenômenos que lhe serviram como base de criação.

Isso ocorre, porque, apesar de o grande escritório de advocacia, muitas das vezes, preencher o elemento de empresa e, ao mesmo tempo, a qualidade dos advogados se tornar menos relevante do que os arranjos semelhantes de uma empresa, continuará tal pessoa jurídica sendo "simples", por força de lei específica, jamais tendo natureza societária. Então, há o abandono da realidade ontológica, uma vez que tal escritório se comporta mais como uma empresa do que como um conjunto de atividade intelectual, mas tal cenário não será relevante, tendo em vista que a lei veda a aproximação do rol de disposições societárias para tal pessoa jurídica.

Vive-se em uma sociedade líquida, nos moldes de Bauman[2]. É nessa sociedade que o sólido "levanta-se" do seu lugar, "sentando" a liquidez. Fatos, direito, opiniões, hábitos, conceitos de justiça, enfim, o existente não mais endurece o seu concreto, havendo liquidez. É nesse contexto que emerge a problemática do presente trabalho, consistente na indagação: na advocacia pós-profissional, que deve continuar a atividade de advogado, quando preenchido o elemento de empresa, sendo apenas intelectual, jamais empresarial?

Tal problemática é relevante para construção do objetivo geral do trabalho, que é o de analisar como o escritório de advocacia, após respeitar o elemento de empresa,

---

1 BRASIL. **Lei nº 10.406, De 10 de Janeiro de 2002.** Institui o Código Civil. Disponível em: http://www.planalto.gov.br/ccivil_03/leis/2002/L10406compilada.htm#direitoempresa. Acesso em: 06 jun. 2022.

2 ZYGMUNT, Bauman. **Tempos líquidos.** Rio de Janeiro: Jorge Zahar, 2007.

sofrerá limitações normativas para ter natureza empresarial, especialmente com as questões atinentes à justiça versus Direito posto.

Para a construção desse conhecimento racional, o presente trabalho, que adota o método de abordagem hipotético-dedutivo, se valerá de doutrinas, textos publicados em periódicos e legislações.

2. O ARTIGO 966 DO CÓDIGO CIVIL E A DEFINIÇÃO DE EMPRESÁRIO

O Código Civil dispõe no artigo 966: "Considera-se empresário quem exerce profissionalmente atividade econômica organizada para a produção ou a circulação de bens ou de serviços". Dessa redação se extrai quatro conceitos essenciais para a correta compreensão do que é empresário, quais sejam: a) Profissionalmente; b) Atividade econômica; c) Organizada e d) Produção ou circulação de bens ou serviços.

Se precisa de profissionalismo para ser empresário. Tal condição, nos ensina Tomazette, diz respeito não tanto à continuidade, mas à habitualidade com o exercício de atividade econômica[3]. Logo, é essencial que, em um dialeto de exteriorização de habitualidade de atividade econômica no tecido social, seja cumprida tal condição. O âmago do profissionalismo individualiza a noção de empresário. Resumindo, se a atividade é esporádica, não se cogita de empresário.

Nos moldes de André Santa Cruz, "é característica intrínseca das relações empresariais a onerosidade"[4]. A atividade econômica, portanto, diz respeito ao empresário ambicionar o lucro, esteja sobre roupagem de uma sociedade empresário ou de um empresário individual. De certo modo, o requisito "atividade econômica" nos remete ao perfil funcional, também chamado de dinâmico, da empresa, consistente no arranjo conceitual de que "empresa é considerada como atividade empresária, aquela particular força em movimento que é a atividade empresária dirigida a um determinado fim produtivo"[5]. A Lei n. 6.404 deu um enfoque especial à

3 TOMAZETTE, Marlon. **Curso de Direito Empresarial**. 8. ed. São Paulo: Atlas, 2017.

4 RAMOS, André Luiz Santa Cruz. **Direito Empresarial**: Volume único. 10. ed. Rio de Janeiro: método, 2020. p. 69

5 CASTRO, Moema Augusta Soares de. A teoria da empresa no código civil de 2002. **Revista da Faculdade de Direito da UFMG**, Belo Horizonte, v. 42, p. 171, 2002. Disponível em: https://revista.direito.ufmg.br/index.php/revista/article/view/1253. Acesso em: 27 maio 2022.

sociedade anônima, porque dispõe que, qualquer que seja o objeto, a sociedade anônima sempre é mercantil. Conclui-se, aqui, que toda sociedade anônima tem o respeito à condição de atividade econômica[6].

A doutrina enfatiza que, tratando-se de organização, é necessária a utilização conjunta de fatores de produção, englobando o capital, o insumo, a mão de obra e a tecnologia[7]. Deverá o empresário utilizar desses fatores de produção e, não respeitando tais condicionalidades, não será enquadrado no artigo 966 do Código Civil. Tais fatores de produção são indispensáveis "para conceber a organização de uma atividade econômica, torna legítimo ao empresário aproveitar-se diretamente dos resultados da empresa", conforme ressalta Warde[8,9]. Não é difícil notar que por estarmos inseridos em uma sociedade complexa, que pela sua natureza exige um compartilhamento de serviços e produtos em escala global, o empresário constantemente aloca e maneja os fatores de produção.

Por fim, faz-se necessário produzir ou colocar em circulação no mercado bens ou serviços. Não pode ser empresário aquele que produz para si próprio, afastando terceiros de consumir seus produtos ou arranjos de serviços, isso é, será empresário o que produzir ou colocar no mercado bens ou serviços. Tal arranjo guarda semelhança com o artigo 2082 do código civil italiano, que dispõe: *"è imprenditore chi esercita professionalmente un'attività economica organizzata al fine della produzione o dello scambio di beni o di servizi"*.[10] Romano destaca que os empresários

6 BRASIL. **Lei 6.404, de 15 de dezembro de 1976.** Dispõe sobre as Sociedades por Ações. Disponível em: http://www.planalto.gov.br/ccivil_03/leis/l6404consol.htm. Acesso em: 01 jun. 2022

7 COUTO, José Henrique de Oliveira. **Resumo de teoria geral do direito empresarial, empresa e empresário.** Uberlândia: Laboratório Americano de Estudos Constitucionais Comparados, 2022, p. 90-91

8 WARDE JUNIOR, Walfrido Jorge. **Teoria geral da empresa** - Tratado de direito empresarial, p. 96.

9 Abre-se uma nota para tecer uma crítica. Imagine-se o caso de um empresário individual, que é um empresário que não tem tanto giro de capital e lucro líquido para utilizar todos os modelos de fatores de produção. Não serão todos os dias que o empresário individual adquirirá insumo ou contratará mão de obra, motivo pelo qual se alcança a seguinte conclusão: a) Para cumprir a condição de "organizada", não é preciso adquirir insumos ou contratar mão de obra todos os dias.

10 Em português: "Empresário é aquele que exerce profissionalmente uma atividade econômica

"realizam intermediações habituais e lucrativas nas relações de troca"[11,12].

3. ELEMENTO DE EMPRESA: GIROS CONCEITUAIS

O parágrafo único do artigo 966 dispõe: "Não se considera empresário quem exerce profissão intelectual, de natureza científica, literária ou artística, ainda com o concurso de auxiliares ou colaboradores, salvo se o exercício da profissão constituir elemento de empresa". Logo, em regra, não será empresário o que tem como atividade central a intelectual, a científica ou a artística, ainda que tenha um grupo de ajudantes. É disposição semelhante ao do código italiano, com o teor: "*Se l'esercizio della professione costituisce elemento di un'attività organizzata in forma d'impresa, si applicano anche le disposizioni del Titolo II*" (título II tem um conjunto de regras sobre empresa)[13,14]".

---

organizada com a finalidade de produzir ou trocar bens ou serviços".

11 CRISTIANO, Romano. **Conceito de empresa.** São Paulo: Arte&Cultura, 1995. p. 157

12 O Superior Tribunal de Justiça, baseando-se no artigo 966 do Código Civil, tem o entendimento: "Segundo o artigo 966 do Código Civil, considera-se empresário aquele que exerce atividade econômica (com finalidade lucrativa) e organizada (com o concurso de mão-de-obra, matéria-prima, capital e tecnologia) para a produção ou circulação de bens ou de serviços, não configurando atividade empresarial o exercício de profissão intelectual de natureza científica, literária ou artística, ainda que com o concurso de auxiliares ou colaboradores, que não constitua elemento de empresa. É uma decisão que sintetiza bem os quatro elementos descritos acima (Atividade econômica com profissionalismo e organização, e que produz ou coloca no mercado bens ou serviços)". De fato, para ser empresário, é indispensável respeitar tais condicionalidades descritas acima (RECURSO ESPECIAL. *REsp 1028086.* Ministro Teori Albino Zavascki. Data do julgamento: 20 de Outubro de 2011. Disponível em: https://scon.stj.jus.br/SCON/GetInteiroTeorDoAcordao?num_registro=200701856213&dt_publicacao=25/10/2011. Acesso em: 03 jun. 2022).

13 Em tradução: Se o exercício da profissão constituir elemento de atividade organizada sob a forma de sociedade, aplica-se também o disposto no Título II.

14 Apesar da semelhança, em cada país, o elemento de empresa guarda, principalmente, duas principais diferenças: "Entretanto, no direito italiano, para que a atividade intelectual seja excluída do direito de empresa, é necessário que se trate de profissão regulamentada, sujeita a inscrição em órgão controlador e fiscalizador, condição não expressa na lei brasileira. Por outro lado, ao contrário da lei brasileira que, expressamente, considera irrelevante o fato de serem ou não utilizados os serviços de colaboradores e auxiliares, o segundo parágrafo do art. 2238 do Código Italiano dispõe que tal prática descaracteriza a atividade como puramente intelectual, determinando sejam-lhe aplicadas as normas próprias da empresa" (PEITOXO,

Ainda que os profissionais dos ramos intelectual, científico, literário ou artístico mantenham, com organização e profissionalismo, atividades econômicas, não ter-se-á natureza empresarial, ainda que sejam auxiliados por outrens", conforme a doutrina[15]. Tratando-se desses três nichos de atuação (artístico, científico ou intelectual), para ser empresário, o relevante não está em analisar as condicionantes do artigo 966 do Código Civil ou analisar se há, ou não, o recebimento de apoio por auxiliares ou colaboradores, mas verificar a presença do elemento de empresa. Assim, por exemplo, o artista, ainda que atue com observância de todas as condicionantes do artigo 966 do Código Civil, não será empresário se não tiver constituído, de fato, o elemento de empresa.

Irineu Mariani define elemento de empresa como uma parte da atividade empresarial, que é um todo[16]. O autor conclui com o seguinte exemplo: caso um médico (atividade intelectual) ter um "consultório particular" e ali exercer seu ofício, não é atividade empresarial, porém "se exercê-la numa tal entidade, com todo o aparato organizacional inerente, ela passa a ser elemento, parte de um todo chamado Casa de Saúde, a qual não apenas está organizada como empresa", como "também exerce atividade empresarial, prevista no caput do art. 966".[17] Em outras palavras, há

Euler da Cunha. Empresário individual e sociedade empresária. **Revista de Direito Comercial da Faculdade de Direito da UFMG**, Belo Horizonte, v. 46, p. 98, 2005. Disponível em: https://revista.direito.ufmg.br/index.php/revista/article/view/1315. Acesso em: 04 jun. 2022).

15 COUTO, José Henrique de Oliveira. **Resumo de teoria geral do direito empresarial, empresa e empresário**. Uberlândia: Laboratório Americano de Estudos Constitucionais Comparados, 2022. p. 93

16 MARIANI, Irineu. Direito de empresa, atividade empresarial, empresa e empresário (à luz do novo código civil). **Revista dos Tribunais**, Brasília, v. 844, p. 33, 2006. Disponível em: https://www.revistadostribunais.com.br/maf/app/document?&src=rl&srguid=i0ad6adc500000181313639cd6109df74&docguid=Ib85c6560f25111dfab6f010000000000&hitguid=Ib85c6560f25111dfab6f010000000000&spos=2&epos=2&td=4000&context=12&crumb-action=append&crumb-label=Documento&isDocFG=false&isFromMultiSumm=&startChunk=1&endChunk=1. Acesso em: 04 jun. 2022.

17 MARIANI, Irineu. Direito de empresa, atividade empresarial, empresa e empresário (à luz do novo código civil). **Revista dos Tribunais**, Brasília, v. 844, p. 33 - 34, 2006. Disponível em: https://www.revistadostribunais.com.br/maf/app/document?&src=rl&srguid=i0ad6adc500000181313639cd6109df74&docguid=Ib85c6560f25111dfab6f010000000000&hitguid=Ib85c6560f25111dfab6f010000000000&spos=2&epos=2&td=4000&context=12&crumb-action=append&crumb-label=Documento&isDocFG=false&isFromMultiSumm=&

elemento de empresa caso a atividade intelectual, artística ou científica seja uma parte do conjunto empresarial, para tal teoria.

Prioriza-se, entretanto, a teoria de que há atividade empresarial, em relação ao objeto intelectual, científico ou artístico, quando o elemento de empresa for, de fato, identificado e relevante. Pela lógica, é identificável quando os itens societários são mais relevantes do que as qualidades pessoais. À doutrina, o elemento de empresa "diz respeito a presença de fatores de produções (capital, insumo, mão de obra e tecnologia) "naquelas atividades, bem como de outras condicionantes típicas de toda pessoa jurídica empresarial; e, com isso, as ocupações pessoais são menos relevantes que os fatores de produções"[18].

Assim, ainda que conste no contrato social da sociedade simples que existe uma pessoa jurídica de natureza empresarial, tal disposição não poderá prevalecer diante de uma análise detalhada da realidade técnica e ontológica da pessoa jurídica, que no dia a dia deve exprimir, com fidelidade, que as ocupações pessoais se esvaírem diante dos elementos empresariais, mais relevantes[19]. O elemento de empresa, pois bem, é quando os requisitos para atividade empresarial estejam preenchidos, além de os fatores de produções serem mais importantes do que as qualidades pessoais dos artistas, cientistas e intelectuais[20].

Para trazer mais clareza em tal questão, Fábio Coelho dispõe:

---

startChunk=1&endChunk=1. Acesso em: 04 jun. 2022.

18 COUTO, José Henrique de Oliveira. **Resumo de teoria geral do direito empresarial, empresa e empresário.** Uberlândia: Laboratório Americano de Estudos Constitucionais Comparados, 2022. p. 93

19 É um posicionamento que encontra críticas. Rêgo, por exemplo, ressalta: "Quer dizer, o que define o regramento da estrutura e organização das sociedades não é a profissão do sócio ou o 'tamanho' da sociedade, mas, sim, a atividade que irá exercer naquela sociedade e, a atividade, que é elemento de empresa, é definida no objeto, descrito no contrato social" (RÊGO, Paulo Roberto de Carvalho. As pessoas jurídicas no novo código civil. **Revista de Direito Imobiliário**, v. 54, p. 1213-124, 2003).

20 SZTAJN, Rachel. Notas sobre o conceito de empresário e empresa no código civil brasileiro. **Revista de Direito Privado**, v. 25, p. 235-245, 2006. Disponível em: https://www.revistadostribunais.com.br/maf/app/document?&src=rl&srguid=i0ad6adc500000181315fa676409506c6&docguid=Ifbdef550f25111dfab6f010000000000&hitguid=Ifbdef550f25111dfab6f010000000000&spos=14&epos=14&td=4000&context=154&crumb-action=append&crumb-label=Documento&isDocFG=false&isFromMultiSumm=&startChunk=1&endChunk=1. Acesso em: 03 jun. 2022.

> Imagine o médico pediatra recém-formado, atendendo seus primeiros clientes no consultório. Já contrata pelo menos uma secretária, mas se encontra na condição geral dos profissionais intelectuais: não é empresário, mesmo que conte com o auxílio de colaboradores. Nesta fase, os pais buscam seus serviços em razão, basicamente, de sua competência como médico. Imagine, porém, que, passando o tempo, este profissional amplie seu consultório, contratando, além de mais pessoal de apoio (secretária, atendente, copeira etc.), também enfermeiros e outros médicos. Não chama mais o local de atendimento de consultório, mas de clínica. Nesta fase de transição, os clientes ainda procuram aqueles serviços de medicina pediátrica, em razão da confiança que depositam no trabalho daquele médico, titular da clínica. Mas a clientela se amplia e já há, entre os pacientes, quem nunca foi atendido diretamente pelo titular, nem o conhece. Numa fase seguinte, cresce mais ainda aquela unidade de serviços. Não se chama mais clínica, e sim hospital pediátrico. Entre os muitos funcionários, além dos médicos, enfermeiros e atendentes, há contador, advogado, nutricionista, administrador hospitalar, seguranças, motoristas e outros. Ninguém mais procura os serviços ali oferecidos em razão do trabalho pessoal do médico que os organiza. Sua individualidade se perdeu na organização empresarial. Neste momento, aquele profissional intelectual tornou-se elemento de empresa. Mesmo que continue clinicando, sua maior contribuição para a prestação dos serviços naquele hospital pediátrico é a de organizador dos fatores de produção. Foge, então, da condição geral dos profissionais intelectuais e deve ser considerado, juridicamente, empresário[21].

Como se observa, o elemento de empresa ganhou prevalência sobre a qualidade pessoal, de tal modo que o objeto intelectual, artístico ou científico se tornou umbilicalmente conectado com as facetas de uma empresa. A qualidade pessoal transmuta de relevante para menos relevante do que os elementos típicos da empresa. Gera-se, assim, o elemento de empresa. Na III Jornada de Direito Civil, por exemplo, o enunciado 194 foi aprovado, com o seguinte teor: "Os profissionais liberais não são considerados empresários, salvo se a organização dos fatores de produção for mais importante que a atividade pessoal desenvolvida". Ademais, foi aprovado o enunciado 195, com a seguinte redação: "A expressão "elemento de empresa" demanda interpretação econômica, devendo ser analisada sob a égide da absorção da atividade intelectual, de natureza científica, literária ou artística, como um dos fatores da organização empresarial". Acrescenta-se que o enunciado 195 deveria ser

21 COELHO, Fábio Ulhôa. **Manual de Direito Comercial**: direito da empresa. 23. ed. São Paulo: Saraiva, 2011. p. 35-36

analisado sob a ótica de que aquelas atividades são menos relevantes do que a organização societária, em respeito à linha ideológica percorrida no presente trabalho.

4. SOCIEDADE DE ADVOGADOS NA CONTEMPORANEIDADE E O ELEMENTO DE EMPRESA: COMENTÁRIOS DA LÓGICA DE JUSTIÇA (QUESTÃO POLÍTICA) E DA LÓGICA DA REALIDADE ONTOLÓGICA (QUESTÃO TÉCNICA)

Para Clóvis Júnior e César Tureta, a advocacia pós-profissional é marcada pelo abandono de condutas e hábitos antigos, de tal modo que, nesse intermédio, emergem novos arranjos dentro dos escritórios[22]. O escritório de advocacia não fica imune diante de mudança de comportamentos coletivos, submetendo-se também a inovações. Aqueles autores discorrem que, nessa nova ótica, o escritório de advocacia se comporta como uma sociedade empresária, com os sócios realizando planejamentos para aumentar o lucro, com atuação internacional, especialmente em um cenário de arbitragem, com a utilização de técnicas para minimizar riscos e aumentar o giro no caixa[23].

De fato, observando a realidade dos grandes escritórios de advocacia, percebe-se uma gestão organizada do administrativo, do jurídico, do financeiro, do recurso humano e do centro tecnológico. Isso quer dizer que esses sistemas contam com numerosos funcionários, que cooperam entre si na tentativa de neutralizar riscos e danos e aumentar os ganhos e expandir a marca. Não é um advogado que é o "chefe da aldeia", comandando todas as gestões, mas há uma desconcentração de funcionários para expansão da rede de advogados, do lucro e da ótica de minimização de riscos de lesões.

O grande escritório de advocacia tem a seguinte peculiaridade: a pessoalidade é neutralizada pela lógica dos elementos da atividade empresarial, de tal modo que os

---

22 CASTELO JÚNIOR, Clóvis; TURETA, César. A nova advocacia pós-profissional e a modernização das grandes sociedades de advocacia empresarial brasileiras. **Rev. Adm. Contemporânea**, v. 18, n. 06, p. 817-818, 2014. Disponível em: https://www.scielo.br/j/rac/a/mv5DpzDxbbXj55s SNGc4bBd/abstract/?lang=pt. Acesso em: 05 jun. 2022

23CASTELO JÚNIOR, Clóvis; TURETA, César. A nova advocacia pós-profissional e a modernização das grandes sociedades de advocacia empresarial brasileiras. **Rev. Adm. Contemporânea**, , v. 18, n. 06, p. 817-820, 2014. Disponível em: https://www.scielo.br/j/rac/a/mv5DpzDxbbXj55s SNGc4bBd/abstract/?lang=pt. Acesso em: 05 jun. 2022.

serviços personalíssimos não são mais buscados com base no sujeito específico, mas com base na própria sociedade, com sua íntegra de estruturas e sistemas. Há numerosos funcionários, de diversificadas áreas, que atuam para maximização do lucro, minimização de danos e expansão da marca, em uma espécie de cooperação interna para o sucesso.

No momento em que o escritório de advocacia se conecta com os requisitos do artigo 966 do Código Civil (atividade econômica, organizada, profissional e com oferecimento de serviços e produtos à população), bem como tais gradientes se tornam mais relevantes do que as qualidades pessoais, se restará concretizado o elemento de empresa. Com isso concluído, deveria o escritório poder ter natureza empresarial. Em uma análise pela lógica jurídica, mesmo que concretize o elemento de empresa e a qualidade pessoal dos advogados se tornem menos relevantes do que os itens próprios de uma empresa, o grande escritório ficará submisso ao regime "simples", não podendo ser empresarial e, por exemplo, adotar uma estrutura própria de sociedade limitada.

Nesse quadro, torna-se nítido que um grande escritório, com respeito as condicionantes descritas acima, não sofre impacto pela teoria da realidade técnica, consistente num arranjo de ideias que mencionam que, após observação do fato na realidade, observa-se a conclusão mais lógica. Tal teoria se aproxima da lógica Matemática, cuja ideia norteadora é descrever o resultado pelo fenômeno. A verdade descoberta é explicada pelos fatos que lhe antecederam. Se "x" e "y" são fatores para se alcançar "z", afirma-se que "z" existe porque aqueles também. Há lógica, não aparência.

No caso do escritório de advocacia com respeito as condicionantes descritas, não se utiliza da teoria da realidade técnica, tendo em vista que existe uma sociedade com elementos típicos de exploração econômica, igual uma sociedade anônima, porém lhe atribui a natureza "simples", jamais podendo ser empresarial. O artigo 16 da Lei n. 8.906 (Estatuto da advocacia) caminha nesse sentido, porquanto redige: "Não são admitidas a registro nem podem funcionar todas as espécies de sociedades de advogados que apresentem forma ou características de sociedade empresária".

Independentemente de constituir elemento de empresa e ter menos relevância nas qualidades pessoais, o grande escritório de advocacia terá natureza intelectual, sendo a sociedade "simples", regida não pelas diretrizes empresariais. Portanto, utiliza-se, no Brasil, uma lógica de justiça, aparada no sistema normativo da administração pública. Como lei específica prevalece sobre regra geral, há uma manutenção do artigo 16 da Lei n. 8.906 perante a tábua axiomática privada, o Código Civil.

Isso se deve, em grande parte, pela noção que a sociedade criou de que o escritório de advocacia é fonte de justiça, devendo manter a harmonia jurídica para uma coletividade que usufrua do bem-estar em sentido amplo. Eugênio destaca que: "Na busca por uma sociedade mais justa e fraterna, a atividade profissional do advogado assume papel decisivo"[24]. Assim, o advogado, seja por sociedade ou não, é indispensável à criação de uma sociedade justa.[25] Cavalieri Filho ressalta que o conceito de "justiça" é feito pela pessoa, englobando várias facetas, como dignidade, liberdade, igualdade, segurança e moralidade. O autor complementa lapidando que o "Direito", posto pela administração pública, é uma "técnica para a pacificação sócia e a realização da justiça"[26].

Desse ângulo, então, o Direito elencou que o grande escritório, apesar de ter mais natureza empresarial, é uma sociedade simples, pois deverá sempre operar em prol do que a coletividade julga como justo. Ao que tudo indica, é uma teoria que gera o binômio: justiça versus atividade econômica. Em realidade, deveríamos nos banhar nos ensinamentos italianos, conforme já visto, e nos valermos de uma teoria na qual a justiça anda junto com a atividade econômica. Isso poderia se materializar, por exemplo, no momento em que o escritório constitui elemento de empresa e a qualidade pessoal do sócio é menos relevante do que os itens empresariais. Concretizando tal fenômeno, deveria passar uma "sociedade simples" para uma "sociedade empresária", com regramentos de regras e princípios do direito societário, não cível. Aqui, ainda que o escritório tivesse natureza empresarial, não abandonaria o seu fim, que é de buscar a justiça, mostrando-se uma realidade ontológica, pois é uma

24 EUGÊNIO, Vanessa de Oliveira Paulo. **A função social do advogado**.. 2012. Monografia (Graduação em Direito), Assis, 2012, p. 38. Disponível em: https://cepein.femanet.com.br/BDigital/ arqTccs/0611230227.pdf. Acesso em: 06 jun. 2022.

25 KOMIYAMA, Jhonathan Fernandes; PEREIRA, Cláudia Fernanda de Aguiar. O papel do advogado na sociedade. **Revista JurisFIB**, v. 6, n. 6, p. 15, 2015, Disponível em: https://revistas.fibbauru.br/jurisfib/article/download/221/202/. Acesso em: 06 jun. 2022.

26 CAVALIERI FILHO, Sergio. Direito, Justiça e Sociedade. **Revista da EMERJ**, Rio de Janeiro, v. 05, n. 18, p. 58-65, 2022. Disponível em: https://www.emerj.tjrj.jus.br/revistaemerj_online/
edicoes/revista18/revista18_58.pdf. Acesso em: 05 jun. 2022.

sociedade que mais se parece com uma empresa do que uma atividade propriamente intelectual.

Aqui, portanto, utiliza-se a teoria de que "z" existe não por causa dos fenômenos que lhe antecederam, mas por causas alheias, que podem advir de diversas fontes, tais como o Direito posto pela administração pública, por intermédio de agentes regularmente eleitos ou por decisão, com força vinculante, de Tribunal Superior. Isso quer dizer que "x" e "y" não interferem na existência do resultado "z", sendo esse fruto de fenômenos diversos. É o caso do grande escritório de advocacia que se adequou ao elemento de empresa e a qualidade pessoal se neutralizou perante os arranjos societários, pois, apesar de tal sociedade simples mais se parecer com uma empresa, é considerada, por força de lei, como uma atividade intelectual.

5. CONCLUSÃO

Por todo o exposto, nítido se torna que a atividade intelectual, artística ou científica não tem natureza empresarial, em regra. Assim, por exemplo, um médico não é empresário, mas mero exercente de atividade intelectual. Todavia, quando existente o elemento de empresa, a atividade intelectual, artística ou científica poderá ser empresária, não existindo regra específica dispondo o contrário, como ocorre no caso do profissional do direito.

Ainda que o escritório de advocacia respeite o elemento de empresa e mais se pareça com uma organização, em que a marca tenha mais reputação do que a qualidade pessoal dos sócios, não poderá ele ser uma sociedade empresarial, sendo uma sociedade simples. Isso, vale ressaltar, deve-se em razão de lei específica, prevista no Estatuto da Advocacia. Por questão de análise, portanto, percebe-se que "z" (escritório de advocacia) não é empresária, mesmo que respeite o elemento de empresa, afinal há lei específica, materializada pelo legislador com a sua nota sistêmica sobre a justiça.

Deixa-se de lado a teoria da realidade ontológica, que trabalha por linhas lógicas e concretas, utiliza-se a teoria da lógica da justiça, para explicar que o escritório de advocacia jamais poderá ser empresarial, por ser atividade que envolve justiça. Entretanto, rompendo essa visão conservadora, posiciona-se no sentido de que o econômico e o justo andam juntos, de tal modo que o escritório que se parece uma empresa deveria, por observância da realidade, ter o seu regimento baseado no regime societário.

REFERÊNCIAS

BRASIL. **Lei 6.404, de 15 de dezembro de 1976**. Dispõe sobre as Sociedades por Ações. Disponível em: http://www.planalto.gov.br/ccivil_03/leis/l6404consol.htm. Acesso em: 01 jun. 2022

BRASIL. **Lei nº 10.406, de 10 de Janeiro de 2002**. Institui o Código Civil. Disponível em: http://www.planalto.gov.br/ccivil_03/leis/2002/L10406compilada.htm#direitoempresa. Acesso em: 06 jun. 2022

BRASIL. **REsp 1028086**. Ministro Teori Albino Zavascki. Data do julgamento: 20 de Outubro de 2011. Disponível em: https://scon.stj.jus.br/SCON/GetInteiroTeorDoAcordao?num_registro=200701856213&dt_publicacao=25/10/2011. Acesso em: 03 jun. 2022.

CASTELO JÚNIOR, Clóvis; TURETA, César. A nova advocacia pós-profissional e a modernização das grandes sociedades de advocacia empresarial brasileiras. **Rev. Adm. Contemporânea**, v. 18, n. 06, p. 817-818, 2014. Disponível em: https://www.scielo.br/j/rac/a/mv5DpzDxbbXj55sSNGc4bBd/abstract/?lang=pt. Acesso em: 05 jun. 2022

CASTRO, Moema Augusta Soares de. A teoria da empresa no código civil de 2002. **Revista da Faculdade de Direito da UFMG**, Belo Horizonte v. 42, p. 171, 2002. Disponível em: https://revista.direito.ufmg.br/index.php/revista/article/view/1253. Acesso em: 27 maio 2022.

CAVALIERI FILHO, Sergio. Direito, Justiça e Sociedade. **Revista da EMERJ**, Rio de Janeiro, v. 05, n. 18, p. 58-65, 2022. Disponível em: https://www.emerj.tjrj.jus.br/revistaemerj_online/edicoes/revista18/revista18_58.pdf. Acesso em: 05 jun. 2022

COELHO, Fábio Ulhôa. **Manual de Direito Comercial**: direito da empresa. 23. ed. São Paulo: Saraiva, 2011. p. 35-36

COUTO, José Henrique de Oliveira. **Resumo de teoria geral do direito empresarial, empresa e empresário**. Uberlândia: Laboratório Americano de Estudos

Constitucionais Comparados, 2022. p. 90-91

CRISTIANO, Romano. **Conceito de empresa**. São Paulo: Arte&Cultura, 1995. p. 157

EUGÊNIO, Vanessa de Oliveira Paulo. **A função social do advogado**. 2012. Monografia (Graduação em Direito), Assis, 2012. p. 38. Disponível em: https://cepein.femanet.com.br/BDigital/arqTccs/0611230227.pdf. Acesso em: 06 jun. 2022.

KOMIYAMA, Jhonathan Fernandes; PEREIRA, Cláudia Fernanda de Aguiar. O papel do advogado na sociedade. **Revista JurisFIB**, v. 6, n. 6, p. 15, 2015. Disponível em: https://revistas.fibbauru.br/jurisfib/article/download/221/202/. Acesso em: 06 jun. 2022.

MARIANI, Irineu. Direito de empresa, atividade empresarial, empresa e empresário (à luz do novo código civil). **Revista dos Tribunais**, v. 844, p. 33, 2006. Disponível em: https://www.revistadostribunais.com.br/maf/app/document?&src=rl&srguid=i0ad6adc500000181313639cd6109df74&docguid=Ib85c6560f25111dfab6f010000000000&hitguid=Ib85c6560f25111dfab6f010000000000&spos=2&epos=2&td=4000&context=12&crumb-action=append&crumb-label=Documento&isDocFG=false&isFromMultiSumm=&startChunk=1&endChunk=1. Acesso em: 04 jun. 2022

PEITOXO, Euler da Cunha. Empresário individual e sociedade empresária. **Revista de Direito Comercial da Faculdade de Direito da UFMG**, Belo Horizonte. v. 46, p. 98, 2005. Disponível em: https://revista.direito.ufmg.br/index.php/revista/article/view/1315. Acesso em: 04 jun. 2022.

RAMOS, André Luiz Santa Cruz. **Direito Empresarial**: Volume único. 10. ed. Rio de Janeiro: método, 2020. p. 69

RÊGO, Paulo Roberto de Carvalho. As pessoas jurídicas no novo código civil. **Revista de Direito Imobiliário**, v. 54, p. 1213-124, 2003.

SZTAJN, Rachel. Notas sobre o conceito de empresário e empresa no código civil brasileiro. **Revista de Direito Privado**, v. 25, p. 235-245, 2006, Disponível em: https://www.revistadostribunais.com.br/maf/app/document?&src=rl&srguid=i0ad6adc500000181315fa676409506c6&docguid=Ifbdef550f25111dfab6f010000000000&hitguid=Ifbdef550f25111dfab6f010000000000&spos=14&epos=14&td=4000&context=154&crumb-action=append&crumb-label=Documento&isDocFG=false&isFromMultiSumm=&startChunk=1&endChunk=1. Acesso em:

03 jun. 2022

TOMAZETTE, Marlon. **Curso de Direito Empresarial**. 8. ed. São Paulo: Atlas, 2017.

WARDE JUNIOR, Walfrido Jorge. **Teoria geral da empresa** - Tratado de direito empresarial, p. 96.

ZYGMUNT, Bauman. **Tempos líquidos**. Rio de Janeiro: Jorge Zahar, 2007.

COUTO, José Henrique de Oliveira. O elemento de empresa e a atividade advocatícia: uma questão política ou de ordem técnica. *In:* MENESES, Heloísa Corrêa; SILVA, Tiago Nunes da; RAMONE TAVARES, Viviane; TEIXEIRA, Wendel de Brito Lemos (Coords.). **Anuário da OAB Uberlândia 2022/2023.** Uberlândia: Marco Teórico, 2023. pp. 295-309.

O EQUILÍBRIO NA ADOÇÃO DAS ESTRUTURAS DE "LOCKSTEP" OU "EAT-WHAT-YOU-KILL" COMO ELEMENTO ESSENCIAL PARA A PERENIDADE DAS SOCIEDADES DE ADVOGADOS

17

Ana Carolina Soares Teixeira
Pedro de Assis Vieira Filho

RESUMO:

Este artigo tem como objetivo abordar a discussão a respeito das práticas de gestão, participação e remuneração no âmbito das Sociedades de Advogados, notadamente em relação aos modelos de "Eat What You Kill" x "Lockstep", mediante uma análise das duas metodologias, bem como as vantagens e desvantagens entre si, sem esgotamento do tema, buscando identificar qual seria o modelo mais viável e eficaz frente à atual conjuntura do mercado jurídico.

PALAVRAS-CHAVE:

Eat What You Kill. Lockstep. Sociedade de Advogados.

1. INTRODUÇÃO

As sociedades de advogados, assim como diversos outros negócios, historicamente se preocupam com a manutenção dos seus clientes e faturamento, visando atingir os resultados almejados. Não obstante, diferentemente de sociedades empresariais, por serem formadas por sócios profissionais, as sociedades de advogados cada vez mais enfrentam os desafios de identificar e implementar um modelo estrutural que evite rupturas e rotatividade de sócios, permitindo a perenidade do negócio.

Essa dificuldade muito é atrelada não apenas ao que a sociedade espera do advogado como sócio, mas também ao que esse profissional espera da sua participação no negócio tanto no âmbito remuneratório quanto perspectiva profissional e pessoal. Esse cenário demanda que os escritórios estruturem um modelo de gestão e governança, que permita alcançar os objetivos do advogado e da sociedade.

Atualmente, os modelos mais utilizados têm sido o "*Eat What You Kill*" (coma o que você caça) e/ou "*Lockstep*" (marcha soldado), porém, a sua implementação sem avaliação das vantagens e das desvantagens de cada modelo frente às particularidades de cada negócio podem cabalmente resultar em insatisfação profissional, desgastes no ambiente de trabalho, desalinhamento na relação entre os membros da sociedade e ruptura societária, sendo essencial avaliar e identificar as ferramentas mais adequadas e aplicáveis a cada sociedade.

2. A CONTRIBUIÇÃO E A PARTICIPAÇÃO DOS SÓCIOS NA RELAÇÃO SOCIETÁRIA NOS ESCRITÓRIOS DE ADVOCACIA

A Ordem dos Advogados do Brasil (OAB) possui mais de um milhão de advogados inscritos[1], o que demonstra que a área jurídica vem se consolidando como um importante pilar na economia do país. Desses, 62% atuam de forma autônoma, sem vínculo formal com uma empresa ou um escritório, 27% atuam em escritórios, 6% em órgãos públicos, 4% em departamento jurídico de uma empresa e 1% em outra profissão jurídica[2].

---

1 Dados disponibilizados pelo Conselho Federal da OAB indicam 1.291.193 advogados inscritos (Consulta realizada em julho de 2022).

2 Pesquisa realizada pelo Datafolha divulgada em 06 de maio de 2021, encomendada no âmbito

Entre 2008 e 2018, estima-se que foram abertos mais de 11 mil escritórios de advocacia em São Paulo, sendo que, no mesmo período, pouco mais de 30% fecharam as portas[3]. Além das dificuldades inerentes à própria atividade, tal como a manutenção de carteira de clientes, a competitividade de mercado e a desvalorização da profissão, um dos grandes motivos de ruptura do negócio, tem sido alcançar um modelo sustentável e perene de manter a sociedade.

De acordo com o "Análise Advocacia 500"[4], em 2006, apenas 18 escritórios no Brasil contavam com mais de 100 advogados na sua estrutura. Em 2020, esse número passou a ser de 65 bancas, das quais as maiores já possuíam mais de 500 profissionais, uma realidade em constante crescimento no país. Nesse cenário, o mercado da advocacia tem exigido que os escritórios consigam implementar uma gestão profissional e estratégica, não apenas quanto aos objetivos no negócio, mas, principalmente, dos profissionais que o compõe. Assim, torna-se essencial o acerto nas práticas de gestão de pessoas capazes de valorizar e manter talentos.

Sobre o tema, a advogada e CEO da Performance Juris, presidente CEIG/OA-BGO e coordenadora nacional da MBA Gestão de Jurídica do IPOG, Ísis Passos Fontenele pondera que: "Há uma deficiência na gestão de pessoas nos escritórios de pequeno e médio porte que definem estratégias focadas apenas em números, com o objetivo de alcançar resultados rápidos sem considerar primeiro a construção de ambiente saudável e a preparação dos colaboradores, que são a base para proporcionar o sucesso de qualquer empresa"[5].

Fato é que por força da Lei Federal n. 8.906/1994 ("Estatuto da Advocacia")[6], as

---

da FolhaJus. Iniciativa do jornal voltada para os assuntos do mundo jurídico.

3 Dados divulgados na matéria "Número de escritórios de advocacia fechados tem crescimento no Brasil" publicada pelo Diário do Comércio em setembro de 2018.

4 Edição Especial de 15 anos do Análise Advocacia 500. O anuário e evolução do mercado desde 2006, publicada em 2020.

5 Entrevista concedida para o Congresso de Gestão de Pequenos e Médios Escritórios, que aconteceu durante a Fenalaw 2019, em que foram tratadas questões que envolvem liderança, o poder do *feedback* e a gestão da cultura na advocacia.

6 "Art. 15. Os advogados podem reunir-se em sociedade simples de prestação de serviços de advocacia ou constituir sociedade unipessoal de advocacia, na forma disciplinada nesta Lei e no regulamento geral. § 1°A sociedade de advogados e a sociedade unipessoal de advocacia adquirem personalidade jurídica com o registro aprovado dos seus atos constitutivos no Conselho Seccional da OAB em cuja base territorial tiver sede" (Redação dada pela Lei nº 13.247,

sociedades de advogados são uniprofissionais e, por isso, devem ser consideradas sociedades simples e não empresárias[7], de modo que a participação dos sócios está intrinsecamente vinculada à contribuição técnica e profissional para o desenvolvimento dos objetivos da sociedade.

Por conseguinte, ao permitir a composição por sócios de capital (cuja participação decorre de investimento em valor financeiro aportado em capital) e sócios de serviços (cuja participação é resultado dos serviços desempenhados[8]), o ordenamento jurídico possibilita constituir uma estrutura em que as participações dos sócios nos resultados do negócio sejam proporcionais à sua dedicação e contribuição.

Nesse cenário, um dos pilares que sustentam uma relação societária é a percepção de que a contribuição e contrapartida entre sócios e sociedade seja equilibrada e satisfatória. Afinal, quanto mais a sociedade espera de dedicação e contribuição de um sócio e quanto mais esse se dedica, mais ele espera, também, atingir uma maior contrapartida de participação no negócio.

---

de 2016) (BRASIL. **Lei Federal nº 13.247**. Publicada em 12 de janeiro de 2016. Disponível em: http://www.planalto.gov.br/ccivil_03/_ato2015-2018/2016/lei/L13247.htm. Acesso em: 15 jul. 2022).

7 A denominada "sociedade simples" foi introduzida no ordenamento jurídico com o Código Civil de 2002 (art. 44, II), em substituição as sociedades pessoais não empresárias. Essa denominação societária abrange "todas as sociedades que não exerçam atividades empresárias (atividade econômica organizada profissionalmente para produção ou circulação de bens e serviços) ou cujo objeto consista no exercício de profissão intelectual, de natureza científica, literária ou artística" (ROVAI, Armando Luiz. **Curso de iniciação ao direito de empresa**. 2. ed. Rio de Janeiro, Elsevier, 2011. p. 8).

8 OAB. "Provimento nº 169/2015. Art. 2º A sociedade de advogados será constituída por sócios patrimoniais ou por sócios patrimoniais e sócios de serviço, os quais não poderão pertencer a mais de uma sociedade na mesma base territorial de cada Conselho Seccional, independentemente da quantidade de quotas que possua cada sócio no contrato social. § I º A integralização das quotas patrimoniais será realizada em moeda corrente e/ou bens. § 2º A sociedade de advogados poderá estabelecer quotas de serviço. § 3º O sócio de capital não poderá possuir quotas de serviço concomitantemente. / Art. 3º Os sócios patrimoniais e de serviço terão os mesmos direitos e obrigações, exceto no que toca à contribuição pecuniária para a constituição do capital social, que é exclusiva dos sócios patrimoniais, bem como sua contrapartida, que é o direito a receber os respectivos haveres no momento do desligamento da sociedade, e naquilo que de outra forma esteja expresso no contrato social e/ou no instrumento próprio. Parágrafo único. É assegurado a todos os sócios o direito de voto" (art.5 CF/88).

É notório que muitos escritórios de advocacia suportam altas taxas de rotatividade, o que pode ser observado principalmente entre os jovens profissionais que atualmente representam a maior parcela dos quadros da Ordem a nível nacional[9]. Essa realidade decorre da perspectiva pessoal do advogado na busca por reconhecimento profissional aliado a melhores remunerações e qualidade de vida.

Em muitos casos, a dissolução societária ocorre quando há uma percepção de desequilíbrio entre o valor agregado que o sócio contribui para a sociedade e o valor da sua participação ou da sua equipe. Ainda que determinado nível de insatisfação possa agir como impulso para fomentar um esforço voltado ao crescimento do negócio, uma insatisfação não tratada pode gerar desmotivação e ruptura societária.

Trata-se de elementos cuja avaliação se torna extremamente complexa, na medida em que a mensuração desses valores depende de fatores subjetivos de ordem pessoal, profissional e emocional, tais como a autopercepção dos sócios, sua capacitação técnica, experiência profissional, personalidade, estabilidade emocional, satisfação pessoal, confiança e empatia com os demais, relacionamento com equipe e clientes, fase da vida e objetivos, tempo de dedicação na relação societária, dentre outros aspectos.

Além disso, é essencial avaliar o nível de transparência na relação societária, bem como a qualidade e assertividade dos dados e relatórios da sociedade quanto as contrapartidas resultantes da dedicação e contribuição dos sócios. Afinal, a falta de transparência e de confiabilidade de dados podem ensejar uma falsa sensação de desequilíbrio na relação societária.

A avaliação quanto a este descompasso pode ser classificada em três níveis subjetivos:

a) nível de acomodação: quando o sócio e a sociedade, muitas vezes em virtude do tempo de relação societária, encontram-se acomodados quanto à contribuição ofertada e a participação atingida, o que tende a ser tolerável na maioria das sociedades, enquanto as partes possuem a percepção de satisfação;

b) nível de conflito: quando há a sensação de desequilíbrio entre a

9 Dados disponibilizados pelo Conselho Federal da OAB indicam que dos 1.291.193 advogados inscritos, 594.693 estão na faixa etária de 26 a 40 anos (consulta realizada em julho de 2022).

contribuição ofertada e a participação atingida, para mais ou para menos, em níveis negociáveis entre as partes, o que tende a ser remediado quando há perspectiva de que é possível corrigir o descompasso e atingir os níveis de satisfação pretendidos;

c) nível de ruptura: quando o desequilíbrio atinge um patamar de insatisfação não negociável e o sócio ou sociedade opta por romper a relação, muitas vezes, por ter esgotado os níveis de acomodação e/ou de conflito.

O desafio dos escritórios é identificar e implementar um modelo sustentável e perene, que consiga manter o equilíbrio entre os níveis de satisfação tanto da sociedade em relação à contribuição dos seus sócios, quanto à satisfação desses em relação a sua participação societária. Todavia, os modelos estruturais não têm conseguido mitigar todas as variáveis que possam gerar desequilíbrio ou insatisfação.

É diante dessa realidade que muitos escritórios de advogados no Brasil têm aplicado os modelos mais largamente adotados no Reino Unido e Estados Unidos, quais sejam: "*Eat What You Kill*" ("coma o que você caça") e/ou "*Lockstep*" ("marcha soldado"), no intuito de construir e manter as suas estruturas.

3. MODELOS DE "*LOCKSTEP*" OU "*EAT-WHAT-YOU-KILL*" NAS ESTRUTURAS SOCIETÁRIAS

Muito além da mera forma de organização operacional de uma sociedade de advogados, para consolidar um negócio em longo prazo se torna indispensável analisar os anseios dos seus profissionais frente à realidade de mercado na qual a sociedade está inserida, uma vez que o resultado de uma sociedade de advogados é alcançado pelo desempenho e esforço dos seus profissionais. Por isso, garantir a retenção de talentos e evitar rupturas e rotatividade de sócios que, por vezes, já se encontram alinhados ao negócio, pode ser um prelúdio da perenidade da sociedade.

Nesse contexto, a identificação dos anseios da sociedade e dos seus sócios é essencial e determinante para eleger e implementar modelos como "*Eat What You Kill*" e/ou "*Lockstep*", os quais configuram diferentes formas de estruturar a participação no negócio, sendo que ambos possuem vulnerabilidades que, se não tratadas, podem ocasionar a ruptura societária.

Em relação ao *lockstep*, tem-se um modelo remuneratório que consiste na organização e categorização dos sócios de acordo com os graus de experiência e senioridade profissional, muitas vezes atrelados ao tempo de experiência e participação no negócio, além de critérios de capacidade técnica e de gestão, garantindo àqueles com o mesmo nível, uma equidade de participação e mesmo grau de relevância para a sociedade.

Tal conceito, em que pese privilegiar a retenção dos profissionais que se sentem motivados a construir carreiras dentro de determinado escritório ao garantir o aumento da participação e remuneração proporcionalmente ao tempo de dedicação na sociedade, pode, se considerado isoladamente, gerar consequências como:

a) Há a dificuldade de retenção de jovens talentos, frente às novas ideologias e movimentos de mercado, no qual os jovens profissionais desejam progressões mais rápidas nas suas carreiras, o que ocasiona uma alta rotatividade daqueles que não mais se interessam em dedicar vários anos para alcançar uma participação e remuneração que lhes seja satisfatória;

b) Ao valorizar os profissionais mais antigos, quando esses alcançam determinado patamar dentro da sociedade, tendem a se acomodar, considerando terem atingido o ápice da participação no negócio, ao mesmo tempo que desejam desacelerar o ritmo de trabalho;

c) A acentuação da sensação de desequilíbrio entre os sócios mais antigos e os mais jovens da sociedade, frente aos atributos necessários para se alcançar determinada participação, muitas vezes sem privilegiar profissionais com extremo potencial, em prol daqueles que não necessariamente são os mais talentosos e capacitados;

d) Uma insatisfação generalizada dos sócios que não participam das decisões gerenciais do negócio e se encontram submetidos a uma gestão excessivamente composta por um seleto grupo, novamente desconsiderando uma governança estratégica que fomente integridade e sinergia, o que pode afetar a saúde do ambiente de trabalho.

Por outro lado, o modelo denominado "*Eat What You Kill*" (EWYK), cuja tradução livre pode ser entendida como "coma o que você caça", pressupõe que os advogados atuem buscando resultados de ordem individual e que, na prática, rateiam as despesas do negócio.

Esse modelo compensa os sócios com base em produtividade e o que conseguem contribuir pessoalmente ou pela sua equipe. Essa forma de condução da sociedade, apesar de teoricamente ser de rápida e objetiva implementação, desconsidera diversos fatores para além do mero aumento do faturamento. Dentre as principais problemáticas, são identificados os seguintes aspectos:

a) Excessiva competitividade interna na sociedade, prejudicando o ambiente de trabalho e gerando conflitos entre os sócios que buscarão ser os detentores do máximo de negócios possíveis dentro da sociedade, inclusive, daqueles que até então pertenciam a outros sócios;

b) O estímulo ao individualismo em detrimento do trabalho em equipe, criando uma espécie de escritórios individuais dentro de uma mesma sociedade, seja a divisão por áreas, por afinidades ou outros interesses em comum;

c) Dificulta a gestão de pessoas e o compartilhamento de atividades e resultados obtidos em conjunto, desperdiçando a oportunidade de identificar e somar diferentes capacidades e talentos, muitas vezes com a sobrecarga de determinadas equipes, em detrimento da ociosidade de outras;

d) Impulsiona o profissional a atuar de forma autônoma e independente, o que dificulta a percepção da valorização do trabalho em conjunto e prejudica a implementação de uma filosofia de institucionalização da sociedade, muitas vezes levando a alta rotatividade de profissionais no negócio;

e) Privilegia apenas sócios com perfil comercial e capacidade de gerar faturamento, os quais não necessariamente são os mais talentosos e qualificados no âmbito técnico profissional ou, ainda, os melhores líderes;

f) Considerando que o crescimento é focado exclusivamente em números, pode ocorrer a redução da qualidade do serviço prestado uma vez que privilegia quantidade, o que também pode desencadear uma alta rotatividade de clientes e a normalização da advocacia de "massa", pouco especializada.

Diante do exposto, verifica-se que em ambos os casos, diversas são as fragilidades e problemáticas geradas pela implementação exclusiva de um dos modelos apresentados que, se ignorados e não tratados, podem desencadear inúmeros conflitos entre os sócios, sendo válida a busca por um modelo híbrido e equilibrado, que privilegie os aspectos positivos de cada sócio e procure mitigar os potenciais desgastes que podem ser gerados.

4. CONCLUSÃO

Por todo exposto, é importante ter em mente que a sociedade de advogados, como sociedade simples uniprofissional, cuja existência é intrínseca a atividade profissional dos advogados, não demanda o mesmo tratamento de um negócio estruturado em caráter empresarial, afinal, os elementos essenciais da própria profissão do advogado e a natureza da relação entre advogado e sociedade são determinantes para constituição, manutenção e sucesso da relação societária.

Percebe-se que a simples implementação dos modelos "*Eat What You Kill*" e/ou "*Lockstep*" aplicados de forma isolada atrai diversas vulnerabilidades e fragilidades que podem acarretar descompasso na relação societária e, potencialmente, levar a uma ruptura da sociedade.

Por isso, é preciso ampliar a visão do negócio e identificar as ferramentas e instrumentos adequados à governança, gestão e liderança que possam ser aplicados ao negócio conforme a sua realidade, o que depende de vários atributos dos sócios, tais como: capacidade de liderança e gerenciamento de equipe, capacitação técnico-profissional e pessoal, reconhecimento dos valores de dedicação e contribuição para o negócio, experiência jurídica no mercado, capacidade comercial em relação à carteira de clientes, trabalho em equipe, dentre outros aspectos alinhados aos objetivos e filosofia de cada negócio.

Dentre as possíveis ferramentas e os instrumentos, é possível citar: a elaboração conjunta de um acordo de sócios que discipline direitos e obrigações e reflita os anseios das partes envolvidas, definição objetiva dos critérios de distribuição de resultados frente às contribuições dos sócios, reuniões de conselhos de sócios que fomentem a participação dos profissionais na gestão dos objetivos e condução do negócio, *feedbacks* periódicos para alinhamentos de expectativas e perspectivas da sociedade e dos seus sócios, dentre outros aspectos.

O mercado profissional como um todo tem buscado cada vez mais o desenvolvimento de trabalhos em equipe, no intuito de reduzir o individualismo profissional interno nos escritórios, bem como a busca por oportunidades que garantam o equilíbrio financeiro, profissional e pessoal, o que muitas vezes levam o advogado a optar por outros caminhos e retirar-se da margem de 27% de advogados que atuam mediante participação em escritórios.

Conclui-se que a adoção de um modelo hibrido, equilibrado e intermediário entre "*Eat What You Kill*" e "*Lockstep*", aliado a um trabalho conjunto para identificar, implementar e gerenciar ferramentas de gestão e instrumentos de governança que possam minimizar as vulnerabilidades da estrutura do negócio e equilibrar os anseios das partes envolvidas, bem como mitigar ou corrigir eventuais descompassos, pode ser a chave essencial para atingir os níveis de satisfação visados, tanto pela sociedade quanto pelo advogado, de modo a evitar rupturas e perenizar o negócio.

REFERÊNCIAS

ANÁLISE ADVOCACIA 500. O anuário e evolução do mercado desde 2006. (Edição Especial de 15 anos). 2020.

BRASIL. Lei Federal nº 13.247. Publicada em 12 de janeiro de 2016. Disponível em: http://www.planalto.gov.br/ccivil_03/_ato2015-2018/2016/lei/L13247.htm. Acesso em: 15 jul. 2022.

BRASIL. Provimento do Conselho Federal da OAB nº 169 de 02 de dezembro de 2015. Disponível em: https://www.oabmg.org.br/Areas/Sociedade/doc/Provimento%20169%202015%20Conselho%20Federal%20da%20OAB.pdf. Acesso em: 15 jul. 2022.

DATA FOLHA. Pesquisa inédita revela perfil econômico e de atuação da advocacia do país. 2021. Disponível em: https://www1.folha.uol.com.br/poder/2021/05/datafolha-pesquisa-inedita-revela-perfil-economico-e-de-atuacao-da-advocacia-do-pais.shtml. Acesso em: 15 jul. 2022.

DIÁRIO DO COMÉRCIO. Número de escritórios de advocacia fechados tem crescimento no Brasil. 2018. Disponível em https://diariodocomercio.com.br/ economia/numero-de-escritorios-de-advocacia-fechados-tem-crescimento-no-brasil/. Acesso em: 15 jul. 2022.

FERNANDES, Arucha. Número de advogados no Brasil deve chegar a 2 milhões até 2023. 2019. Disponível em: https://www.segs.com.br/demais/197164-numero-de-advogados-no-brasil-deve-chegar-a-2-milhoes-ate-2023. Acesso em: 15 jul. 2022.

OAB. Consulta pública realizada em julho de 2022. Disponível em: https://www.oab.org.br/institucionalconselhofederal/quadroadvogados. Acesso em: 15 jul. 2022.

ROVAI, Armando Luiz. Curso de iniciação ao direito de empresa. 2. ed. Rio de Janeiro, Elsevier, 2011.

TEIXEIRA, Ana Carolina Soares; VIEIRA FILHO, Pedro de Assis. O equilíbrio na adoção das estruturas de "lockstep" ou "eat-what-you-kill" como elemento essencial para a perenidade das sociedades de advogados. *In:* MENESES, Heloísa Corrêa; SILVA, Tiago Nunes da; RAMONE TAVARES, Viviane; TEIXEIRA, Wendel de Brito Lemos (Coords.). **Anuário da OAB Uberlândia 2022/2023.** Uberlândia: Marco Teórico, 2023. pp. 311-321.

RECUPERAÇÃO JUDICIAL DO PRODUTOR RURAL

18

Bruno Nogueira Santos
Reginaldo Rodrigues Melo
Fernando Rodrigues Dias

Resumo:

O presente artigo tem por objetivo apresentar ao leitor um pouco do que tem acontecido no cenário jurídico brasileiro quando se fala de recuperação judicial do produtor rural, especialmente quanto ao contexto jurídico nacional, envolvendo a possibilidade de utilização de tal benefício, o seu processamento e como o Judiciário brasileiro tem se comportado diante deste assunto de importantíssima relevância para a economia do país e de toda a cadeia mundial de suprimento alimentar, já que o Brasil é um dos maiores fornecedores de produtos advindos do agronegócio ao mundo. Assim, poder-se-á discutir a evolução recente das decisões judiciais partindo do cenário brasileiro atual, para se chegar à análise do instituto quando aplicado ao Produtor Rural.

Palavras-chave:

Produtor Rural. Recuperação Judicial. Crédito. Brasil. Produtos Agrícolas.

1. INTRODUÇÃO

Em um país que historicamente teve o seu crescimento vinculado ao agronegócio, a atualidade desse ramo da economia tão importante para a sociedade brasileira é um desafio econômico, jurídico e social extremamente complexo.

Em que pese o agronegócio somar 27,4%[1] do PIB brasileiro em 2021, ano em que houve um crescimento de 8%, são inúmeros os desafios que vive o setor. No Brasil, dentre os vários ramos da atividade agrícola[2], destaca-se, entre inúmeras outras, a cultura da soja, sendo que a quantidade exportada pelo Brasil do referido produto representa, aproximadamente, 50% da exportação mundial. Por essa e outras razões, a exportação é, sem dúvidas, a maior fonte de renda do agronegócio brasileiro.

Mesmo com os excelentes números, em um setor que movimenta cerca de dois trilhões por ano, são inúmeros os pontos de riscos, entre eles: falta de profissionalização dos produtores; insumos e produtos comercializados em um mercado internacional cada vez mais volátil; economia global afetada pela inflação; dólar norte americano instável; encarecimento do crédito em razão dos inúmeros riscos enfrentados por quem financia a atividade; clima, legislação tributária e trabalhista, *lobby* empresarial junto aos poderes Executivo e legislativo, dentre outros aspectos.

Os inúmeros fatores de riscos à atividade agrícola, conforme acima mencionados, geram grandes problemas ao setor, seja ao próprio produtor, seja para quem fornece crédito e à sociedade como um todo, desencadeando fortes disputas no Judiciário.

Somados aos pontos acima mencionados e à insegurança face aos desafios políticos que o país atravessa em ano de eleições, é fato que a crescente demanda dos produtores rurais por recuperação judicial gera insegurança em todo o setor e, com o presente artigo, procura-se tratar alguns desses pontos ligados à recuperação judicial do produtor rural, a sua evolução recente advinda de decisões judiciais e da legislação recém criada, bem como se essa situação pode ou não ajudar o setor que mais cresce no Brasil.

Para tanto, analisar-se-á essa evolução recente basicamente amparada pelas novas decisões judiciais e alterações legislativa, as quais apresentaram um novo cenário para a Recuperação Judicial de Produtor Rural.

---

1 PIB-AGRO/CEPEA 2021.

2 Instrução Normativa SRF 83, art. 2ºde 11 de outubro de 2001, da Secretaria da Receita Federal.

2. A RECUPERAÇÃO JUDICIAL E A SUA IMPORTÂNCIA SOCIAL

A recuperação judicial no Brasil é regulada pelo disposto na Lei n. 11.101, de 9 de fevereiro de 2005, e é uma ferramenta jurídica utilizada pelo empresário em dificuldade econômica/financeira, com o fim de evitar o fechamento do seu negócio e, assim, possibilitar o soerguimento da atividade, por uma reestruturação que permita realizar o pagamento dos seus credores. A referida lei também regula a recuperação extrajudicial e a falência.

A recuperação judicial está assim definida no artigo 47 da Lei n. 11.101/2005:

> Art. 47. A recuperação judicial tem por objetivo viabilizar a superação da situação de crise econômico-financeira do devedor, a fim de permitir a manutenção da fonte produtora, do emprego dos trabalhadores e dos interesses dos credores, promovendo, assim, a preservação da empresa, sua função social e o estímulo à atividade econômica[3].

O artigo 1º da Lei n. 11.101/2005 menciona a quem se aplica a recuperação judicial, excluindo do referido rol as empresas públicas, sociedades de economia mista, cooperativas, entre outras: "Art. 1º Esta Lei disciplina a recuperação judicial, a recuperação extrajudicial e a falência do empresário e da sociedade empresária, doravante referidos simplesmente como devedor"[4].

Com efeito, a manutenção das atividades empresariais é de interesse de toda a sociedade, uma vez que todos os benefícios da atividade empresária (pagamentos de impostos, empregos diretos e indiretos, fomento da economia como um todo, dentre outros aspectos) são rigorosamente benéficos para a sociedade, pois movimenta a economia, gera riquezas e oportunidades[5]

Paloma Torres Carneiro aborda a importância social da atividade empresária:

> O conceito de função social da empresa engloba a ideia de que esta não deve visar

3 BRASIL. **Lei nº 11.101, de 9 de fevereiro de 2005**. Disponível em: http://www.planalto.gov.br/ ccivil_03/_ato2004-2006/2005/lei/l11101.htm. Acesso em 15 jun. 2022.

4 BRASIL. **Lei nº 11.101, de 9 de fevereiro de 2005**. Disponível em: http://www.planalto.gov.br/ ccivil_03/_ato2004-2006/2005/lei/l11101.htm. Acesso em 15 jun. 2022.

5 ENCICLOPEDIA JURIDICA. Disponível em: https://enciclopediajuridica.pucsp.br/verbete/
214/edicao-1/recuperacao-judicial---procedimento#:~:text=A%20recupera%C3%A7%C3%A

> somente o lucro, mas também preocupar-se com os reflexos que suas decisões têm perante a sociedade, seja de forma geral, incorporando ao bem privado uma utilização voltada para a coletividade; ou de forma específica, trazendo realização social ao empresário e para todos aqueles que colaboraram para alcançar tal fim[6].

Em que pese a sua importância social quanto à possibilidade de soerguimento do empresário em dificuldade como acima mencionada, verifica-se que não há menção no artigo 1º da Lei n. 11.101/2005 quanto à possibilidade da pessoa física se valer do benefício da recuperação judicial, o que, por si só, impossibilitaria, incialmente, a sua aplicabilidade ao produtor rural pessoa física.

Contudo, como será tratado logo abaixo, não é o que tem decidido os tribunais brasileiros, o que levou à recente atualização legislativa quanto à tratativa do assunto em questão.

3. A RECUPERAÇÃO JUDICIAL E O PRODUTOR RURAL

A Lei n. 10.406[7], de 10 de janeiro de 2002 (Código Civil), mais precisamente nos seus artigos 966, caput, e 967, estipula quem pode ser considerado empresário e quais seriam os requisitos para a sua configuração. Os referidos artigos mencionam:

> Art. 966. Considera-se empresário quem exerce profissionalmente atividade econômica organizada para a produção ou a circulação de bens ou de serviços.
>
> ...
>
> Art. 967. É obrigatória a inscrição do empresário no Registro Público de Empresas Mercantis da respectiva sede, antes do início de sua atividade.

Fundamentado nos dispositivos acima mencionados, denota-se que, basicamente, para ser considerado empresário e/ou sociedade empresária, seria necessário o exercício da atividade econômica organizada e registro nos órgãos competentes

---

3o%20judicial%20de%20empresas,a%20circula%C3%A7%C3%A3o%20de%20bens%20e –. Acesso em: 05 jul. 2022.

6 CARNEIRO, Paloma Torres. **Função social da empresa.** Disponível em: http://www.ambitojuridico.com.br/site/?n_link=revista_artigos_leitura&artigo_id=10318&revista_caderno=1. Acesso em: 15 jun. 2022.

7 BRASIL. **Lei nº 10.406, de 10 de janeiro de 2002**. Disponível em: http://www.planalto.gov.br/ccivil_03/leis/2002/l10406compilada.htm . Acesso em 15 jun. 2022.

(junta comercial).

Contudo, quando o Código Civil trata do produtor, conforme dispõe o seu artigo 971, o tratamento é um pouco diferente, já que para o produtor rural, o registro no órgão competente é facultativo.

> Art. 971. O empresário, cuja atividade rural constitua sua principal profissão, pode, observadas as formalidades de que tratam o art. 968 e seus parágrafos, requerer inscrição no Registro Público de Empresas Mercantis da respectiva sede, caso em que, depois de inscrito, ficará equiparado, para todos os efeitos, ao empresário sujeito a registro.

Nesse sentido, é possível notar que o produtor rural pode exercer a sua atividade sem o respectivo registro no órgão competente, uma vez que o referido registro apenas atrai a equiparação com o empresário comum.

Assim, ao tratar o tema, a jurisprudência entendia que o produtor rural estaria sujeito aos benefícios da recuperação judicial somente após a comprovação do desenvolvimento da atividade por mais de dois anos e o registro em data anterior ao seu pedido de recuperação judicial, sendo esse o entendimento pacificado na jurisprudência pátria até o ano de 2019[8].

Ocorre que, mais recentemente, precisamente em junho de 2019, pelo julgamento do REsp 1.800.032MT, de relatoria do Ministro Dr. Marco Buzzi, o Superior Tribunal de Justiça (STJ), entendeu que:

> Conforme os arts. 966, 967, 968, 970 e 971 do Código Civil, com a inscrição, fica o produtor rural equiparado ao empresário comum, mas com direito a 'tratamento favorecido, diferenciado e simplificado [...], quanto à inscrição e aos efeitos daí decorrentes.', e 'Após obter o registro e passar ao regime empresarial, fazendo jus a tratamento diferenciado, simplificado e favorecido quanto à inscrição e aos efeitos desta decorrentes (CC, arts. 970 e 971), adquire o produtor rural a condição de procedibilidade para requerer recuperação judicial, com base no art. 48 da Lei 11.101/2005 (LRF), bastando que comprove, no momento do pedido, que explora regularmente a atividade rural há mais de 2 (dois) anos. Pode, portanto, para perfazer o tempo exigido por lei, computar aquele período anterior ao registro, pois tratava-se, mesmo

8 REsp 1.193.115/MT, Ministra Relatoria Dra. Nancy Andrighi, publicado em 07/10/2013.

então, de exercício regular da atividade empresarial[9].

Com efeito, após essa movimentação no judiciário brasileiro, com o advento da lei nº 14.112, de 24 de dezembro de 2020, alterou-se também a Lei n. 11.101/2005 (recuperação judicial), para atualizar vários dos seus dispositivos, especialmente ao que disposto no artigo 48 com a respectiva inclusão dos §2º; §3º, §4º e §5º, para, assim, criar critérios objetivos quanto à comprovação do período de exercício da atividade de produtor rural pessoa física, importando destacar o §3º, o qual estipula quais documentos devem ser apresentados para que se comprove o período de atividade, que "é feito com base no Livro Caixa Digital do Produtor Rural (LCDPR), ou por meio de obrigação legal de registros contábeis que venha a substituir o LCDPR, e pela Declaração do Imposto sobre a Renda da Pessoa Física (DIRPF) e balanço patrimonial, todos entregues tempestivamente", devendo, ou seja, comprovar o exercício regular da atividade pelo período de dois anos, por documentos exigidos pelo referido art. 48, § 3º. Nesse sentido, basicamente, o produtor precisa preencher os seguintes requisitos: não ter sido condenado ou não ter, como administrador ou sócio controlador, pessoa condenada por qualquer dos crimes previstos na lei de recuperação; não ter, há menos de cinco anos, obtido concessão de recuperação judicial; não ter, há menos de cinco anos, obtido concessão de recuperação judicial com base no plano especial de que trata a Seção V do Capítulo III da referida lei; no momento do pedido, o empresário/sociedade empresária precisa comprovar o exercício regular de suas atividades há mais de dois anos (registros contábeis e registro na junta comercial); não pode ser falido e, se o for, estejam declaradas extintas, por sentença transitada em julgado, as responsabilidades daí decorrentes.

Portanto, denota-se que estão sujeitos à recuperação judicial apenas os débitos que constarem na contabilidade do produtor rural.

Ademais, considerando que em alguns casos pode-se estar falando em produtores de pequeno porte, a alteração legislativa trazida pela Lei n. 14.112/2020, inclusive, traz condições ainda mais especiais ao produtor rural, como se vê pelo que disposto no art. 70-A, assim disposto: "Art. 70-A. O produtor rural de que trata o § 3º do art. 48 desta Lei poderá apresentar plano especial de recuperação judicial, nos termos desta Seção, desde que o valor da causa não exceda a R$ 4.800.000,00 (quatro

9 REsp 1800032/MT, Rel. Ministro MARCO BUZZI, Rel. p/ Acórdão Ministro RAUL ARAUJO, QUARTA TURMA, julgado em 5/11/2019, DJe 10/2/2020.

milhões e oitocentos mil reais)".

No sentido de acompanhar o novo entendimento decorrente das decisões proferidas pelo STJ e ainda a reforma legislativa, os tribunais inferiores já aplicam o novo formato para assim caminhar pelo deferimento ou indeferimento do pedido de processamento da recuperação judicial do produtor rural, assim como se vê no exemplo abaixo do Tribunal de Justiça do Mato Grosso do Sul:

> EMENTA - AGRAVO DE INSTRUMENTO – PRELIMINAR DE PERDA DO OBJETO EM RAZÃO DE DECISÃO DO STJ AFASTADA. DECISÃO QUE DEFERIU O PROCESSAMENTO DE RECUPERAÇÃO JUDICIAL APÓS EMENDA DA INICIAL O – LITISCONSÓRCIO ATIVO – PRODUTORES RURAIS – NECESSIDADE DE COMPROVAÇÃO DA ATIVIDADE PELO PERÍODO DE DOIS ANOS – DESNECESSIDADE DE REGISTRO NA JUNTA COMERCIAL POR ESSE PERÍODO – PROVA DO EXERCÍCIO POR MEIO DOS DOCUMENTOS PREVISTOS NO § 3º DO ART. 48 DA LEI N. 11.101/2005 – DESNECESSIDADE DE JUNTADA DAS DEMONSTRAÇÕES CONTÁBEIS RELATIVAS AOS 3 (TRÊS) ÚLTIMOS EXERCÍCIOS - PROVA RESTRITA AOS ÚLTIMOS 2 (DOIS) EXERCÍCIOS PARA O PRODUTOR RURAL - DOCUMENTAÇÃO QUE DEVE SER INDIVIDUALIZADA PARA CADA UM DOS REQUERENTES QUANTO À COMPROVAÇÃO DO PERÍODO E LISTA DE CREDORES - JUNTADA DOS DOCUMENTOS OPORTUNIZADA – AUSÊNCIA DO LIVRO CAIXA DE UM DOS REQUERENTES E DO BALANÇO PATRIMONIAL DE AMBOS – DOCUMENTOS QUE DEMONSTRA A INEXISTÊNCIA DE SITUAÇÃO DE CRISE FINANCEIRA – PROCESSAMENTO DA RECUPERAÇÃO QUE DEVE SER INDEFERIDO – DECISÃO REFORMADA – RECURSO CONHECIDO E PROVIDO[10].

Assim, verifica-se que com a reforma da lei de recuperação judicial de dezembro de 2020, legislação essa até mesmo advinda das recentes decisões judiciais, ocorreram novidades importantes em relação ao tratamento da recuperação judicial do produtor rural. Essas alterações trazem maior objetividade e segurança no tratamento do referido instituto, o que, certamente, ajuda muito o agronegócio brasileiro, em razão da recente "estabilização" do assunto.

---

10 Agravo de Instrumento nº 1400474-10.2022.8.12.000, TJMS, Exmo. Des. Relator Dr. Dorival Renato Pavan, 3ª Câmara Cível, julgado em 11/05/2022.

4. CLASSES DE CRÉDITOS

Inicialmente, é importantíssimo pontuar, conforme dispõe os §§ de 6 a 9 do artigo 49 da Lei n. 11.101/2055, que somente estarão sujeitos à recuperação judicial os créditos decorrentes exclusivamente da atividade rural e que estejam devidamente comprovados nos registros contábeis.

Obviamente, a lei traz uma ordem de pagamento aos credores, assim como funciona em todos os casos, motivo pelo qual eles são divididos em grupos e dentro desses grupos eles serão divididos em classes, para que assim ocorra uma ordem de recebimento. Basicamente, são: trabalhistas; despesas com a administração da falência; despesas provisórias com continuidade das atividades; credores extraconcursais e quadro geral de credores.

O tratamento dos créditos na recuperação judicial está previsto, basicamente, nos artigos 11, 49, 70, 83, 84, 150 e 151 da Lei n. 11.101/2005, que também foram alterados pela Lei n. 14.112/2020. Assim como funciona com todas os casos de recuperação judicial, é necessário, em um primeiro momento, identificar a origem de cada crédito que, na maioria dos casos, tende a seguir as regras gerais previstas nos artigos anteriormente mencionados.

Com efeito, as alterações trazidas pela Lei n. 14.112/2020, que também alteraram as Leis n. 10.522/2022 e 8.929/1994, trouxeram grande atualização à legislação, que trata a recuperação judicial e falência do empresário e da sociedade empresária, especialmente em relação a alguns créditos específicos e garantias prestadas pelo produtor rural.

Assim, as principais alterações quanto ao produtor rural são:

> (i) nova redação do art. 11 da Lei nº 8.929/1984, que dispõe que: "Não se sujeitarão aos efeitos da recuperação judicial os créditos e as garantias cedulares vinculados à CPR com liquidação física, em caso de antecipação parcial ou integral do preço, ou, ainda, representativa de operação de troca por insumos (barter), subsistindo ao credor o direito à restituição de tais bens que se encontrarem em poder do emitente da cédula ou de qualquer terceiro, salvo motivo de caso fortuito ou força maior que comprovadamente impeça o cumprimento parcial ou total da entrega do produto.". Assim se promove grande proteção aos agentes financiadores da atividade agrícola no país;
>
> (ii) estão excluídos da recuperação judicial os créditos voltados ao fomento da atividade rural, concedidos por instrumentos do conselho monetário nacional,

instituições financeiras públicas e privadas;

(iii) estão excluídos da recuperação judicial os créditos para aquisição da propriedade rural se a dívida for constituída a, no mínimo, 3 anos do pedido de recuperação;

(iv) possibilidade de renegociação antes do pedido de recuperação judicial (fase pré-processual);

(v) aumento dos prazos de parcelamos com a União (7 para 10 anos);

(vi) autorização especial para novos contratos de financiamento e, inclusive, com utilização de bens pessoais dos devedores como garantia;

(vii) o chamado "fresh start", que nada mais é do que o estímulo ao rápido começo do empresário falido.

Um importante ponto advindo da jurisprudência recente (03/05/2022) quanto aos créditos, tem assento no julgamento do Recurso Especial nº 1.991.989-MA, Superior Tribunal de Justiça, de Relatoria da Ministra Nancy Andrighi, que reconheceu que a soja e milhão, *in casu,* não seriam bens de capital do produtor rural, pois não se enquadra no conceito de bens de capital (trator, caminhão, silos, colheitadeiras, dentre outros) para efeito da aplicação da parte final do §3º do art. 49 da Lei n. 11.101/2005 (Lei de Falência), motivo pelo qual ao juízo da recuperação judicial não é dado fazer nenhuma inferência quanto à sua essencialidade, não podendo, portanto, obstar a saída da posse do devedor com base legal no artigo acima mencionado. Apresenta-se, a seguir, o que constou na ementa do referido acórdão:

> RECURSO ESPECIAL. RECUPERAÇÃO JUDICIAL. PRODUTORES RURAIS. VIOLAÇÃO DO ART. 1.022 DO CPC/15. SÚMULA 284/STF. NEGATIVA DE PRESTAÇÃO JURISDICIONAL. NÃO OCORRÊNCIA. AUSÊNCIA DE PREQUESTIONAMENTO. BEM DE CAPITAL. CLASSIFICAÇÃO QUE NÃO ABRANGE O PRODUTO FINAL DA ATIVIDADE EMPRESÁRIA. RESTRIÇÃO DA PARTE FINAL DO ART. 49, § 3º, DA LEI 11.101/05. INAPLICABILIDADE À HIPÓTESE DOS AUTOS. 1. Ação ajuizada em 17/2/2020. Recurso especial interposto em 18/12/2020. Autos conclusos ao Gabinete em 26/1/2022. 2. O propósito recursal consiste em definir se produtos agrícolas (soja e milho) podem ser classificados como bens de capital essenciais à atividade empresarial - circunstância apta a atrair a aplicação da norma contida na parte final do § 3º do art. 49 da Lei 11.101/05 - e se é possível ao juízo da recuperação judicial autorizar o descumprimento de contratos firmados pelos devedores. 3. A ausência de expressa indicação de obscuridade, omissão ou contradição nas razões recursais enseja o não conhecimento do recurso quanto ao ponto. Incidência da Súmula 284/STF. 4. Cumpre registrar, outrossim, que não há ofensa ao art. 1.022 do CPC/15 quando o Tribunal de origem, aplicando

o direito que entende cabível à hipótese, soluciona integralmente a controvérsia submetida à sua apreciação, ainda que de forma diversa daquela pretendida pela parte. 5. Não houve manifestação, no acórdão recorrido, acerca da alegada Documento: 2167471 - Inteiro Teor do Acórdão - Site certificado - DJe: 05/05/2022 Página 1de 5 Superior Tribunal de Justiça autorização para descumprimento dos contratos celebrados entre o recorrente e os recorridos. A ausência de prequestionamento impede o exame da insurgência. 6. Mesmo que se pudesse ultrapassar referido óbice, a questão a ser analisada exigiria que esta Corte se debruçasse sobre fatos, provas e cláusulas contratuais, circunstância vedada em sede de recurso especial. Incidência das Súmulas 5 e 7 do STJ. 7. Bem de capital é aquele utilizado no processo de produção (veículos, silos, geradores, prensas, colheitadeiras, tratores etc.), não se enquadrando em seu conceito o objeto comercializado pelo empresário. Doutrina. 8. Se determinado bem não puder ser classificado como bem de capital, ao juízo da recuperação não é dado fazer nenhuma inferência quanto à sua essencialidade para fins de aplicação da ressalva contida na parte final do § 3º do art. 49 da Lei 11.101/05. Precedente. RECURSO ESPECIAL PARCIALMENTE CONHECIDO E PROVIDO.

Portanto, conforme acima demonstrado, é possível notar que o produtor rural recebeu tratamento diferenciado na reforma de dezembro de 2020, justamente porque foi formalmente reconhecida a sua condição de empresário, bem como lhe foram outorgados inúmeros benefícios especiais, em caso de pedido de recuperação judicial.

5. CONFLITO DE COMPETÊNCIA ENTRE A JUSTIÇA DO TRABALHO E O JUÍZO UNIVERSAL FALIMENTAR

Como exposto acima, o produtor rural recebe tratamento diferenciado, tanto pelo legislador como pelo judiciário. Isso se deve, obviamente, pela importância econômica do setor para o Brasil, mas especialmente para a cadeia alimentar que depende da estabilidade do agronegócio.

Nesse sentido, olhando para um dos, senão o principal crédito dentro de uma recuperação judicial, o trabalhista, é muito interessante a posição do legislador, que não trouxe nenhuma alteração específica, que possa impactar o pedido de recuperação judicial do produtor rural quanto ao referido crédito, sendo que, inclusive, há boa discussão jurisdicional quando o assunto é competência do Juízo Falimentar contra o Juízo Trabalhista.

Dessa forma, a recuperação judicial, por muitas vezes, coloca em conflito o Juízo

Universal e o Juízo trabalhista, pois o primeiro defere o processamento do pedido de recuperação judicial fixando, por conseguinte, a sua competência para conhecer todas as ações que versem sobre bens, bem como de todos os interesses e negócios do recuperando, especialmente naquilo que possa impactar no soerguimento do negócio.

É comum o processamento de reclamações trabalhistas em que se verifica, em fase de execução, a determinação de leilão, arresto e demais constrições contra bens do recuperando.

O Regimento Interno do STJ estabelece, no seu art. 12, inciso IV, cumulado com o art. 9º, §2º, a competência da Segunda Seção para processar e julgar os conflitos de competência entre quaisquer tribunais, bem como entre o Tribunal e Juízes a ele não vinculados e Juízes vinculados a Tribunais diversos, relativos ao direito do trabalho, falências e direito privado em geral.

Sob esse prisma e levando-se em conta o conflito de competência mencionado acima, cabe ao STJ definir qual é o competente para realizar atos executivos e constritivos visando à garantia do adimplemento de obrigações pecuniárias recaídas sobre o ente em recuperação Judicial.

Como as decisões proferidas pelo Juízo Trabalhista geralmente resultam em constrições patrimoniais, é imperiosa a necessidade de que este conflito de competência seja analisado sempre pela mesma Turma julgadora (*in casu* a 2ª Seção do STJ), sob pena de se possibilitar a prolação de decisões divergentes e conflitantes. Importa notar que essa fixação de competência em apenas uma Turma reforça o papel do STJ de mantenedor da uniformidade das decisões judiciais infraconstitucionais.

Pacificando o assunto, o STJ decidiu que o Juízo Trabalhista é incompetente para realizar qualquer constrição contra o recuperando visando a satisfação do crédito trabalhista, assim como se vê na ementa abaixo colacionada:

> AGRAVO INTERNO NO CONFLITO DE COMPETÊNCIA. SOCIEDADE EM RECUPERAÇÃO JUDICIAL. MEDIDAS DE CONSTRIÇÃO, PELO JUÍZO TRABALHISTA, DE CRÉDITOS INTEGRANTES DO PATRIMÔNIO DA EMPRESA. IMPOSSIBILIDADE. COMPETÊNCIA DO JUÍZO DARECUPERAÇÃO JUDICIAL. AGRAVO INTERNO DESPROVIDO.
>
> 1. Nos termos da pacífica jurisprudência desta Corte Superior, compete à Justiça do Trabalho apreciar e julgar os pedidos formulados em ações versando sobre apuração

> dos créditos individuais trabalhistas promovidos contra empresas falidas ou em recuperação judicial – Lei 11.101/2005. Ultrapassada, no entanto, a fase de apuração e liquidação dos referidos créditos trabalhistas, os montantes apurados deverão ser habilitados nos autos da falência ou da recuperação judicial para posterior pagamento.
> 2. Em relação aos créditos extraconcursais, deve ser garantido o direito de preferência do crédito nascido após o pedido de recuperação e, ao mesmo tempo, direcionar o pagamento desses créditos ao Juízo recuperacional que, ciente da não submissão dos referidos valores à recuperação judicial, deverá sopesar a essencialidade dos bens de propriedade da empresa passíveis de constrição, bem como a solidez do fluxo de caixa da empresa em recuperação. Precedentes.
> 3. Na hipótese, a sociedade Nova Aralco Indústria e Comércio S/A foi constituída no bojo da recuperação do Grupo Aralco com a finalidade expressa e exclusiva de fazer cumprir as obrigações contidas no plano de respectivo plano, o que afasta a incidência da Súmula 480/STJ. 4. Agravo interno desprovido[11].

Isso ocorreu também com os atos constritivos:

> PROCESSO CIVIL. CONFLITO DE COMPETÊNCIA. RECUPERAÇÃO JUDICIAL. JUSTIÇA LABORAL. ATOS EXECUTÓRIOS. COMPETÊNCIA DO JUÍZO DA RECUPERAÇÃO. 1. Os atos de execução dos créditos individuais e fiscais promovidos contra empresas falidas ou em recuperação judicial, tanto sob a égide do Decreto-Lei n. 7.661/45 quanto da Lei n. 11.101/2005, devem ser realizados pelo Juízo universal. Inteligência do art. 76 da Lei n. 11.101/2005. Precedentes. 2. Tendo em vista ter sido o imóvel litigioso incontroversamente arrecadado pelo Juízo da recuperação - e estar desempenhando papel fundamental no processo de soerguimento das recuperandas, haja vista que o produto de seu arrendamento, judicialmente autorizado, é direcionado ao cumprimento das obrigações dessas sociedades - é de se reconhecer a competência desse órgão jurisdicional para deliberar sobre os atos constritivos que recaiam sobre tal bem. 3. Agravo interno não provido[12].

Portanto, como nos parece correto, o princípio da universalidade do Juízo Recuperacional exerce força de atração sobre os demais processos de interesses dos credores, viabilizando, assim, a mais produtiva realização dos ativos daquele que está em recuperação judicial, para que possa ocorrer, desse modo, a efetiva paridade entre os credores listados, motivo pelo qual a importância de se trazer, para o bojo da

11 AgInt no CC 160.445/SP, Rel. Ministro MARCO AURÉLIO BELLIZZE, SEGUNDA SEÇÃO, julgado em 03/09/2019, DJe 11/09/2019 (grifo nosso)

12 STJ, CC n. 151.678/SP, Rel. Min. Luis Felipe Salomão, Julg. 28.11.2018

recuperação judicial, também o crédito de natureza trabalhista.

6. CONCLUSÃO

Conforme visto acima, recentemente, talvez mesmo provocado pelo judiciário, ocorreu uma evolução no tratamento da recuperação judicial do produtor rural que culminou na reforma legislativa de dezembro de 2020, sendo que, em razão disso, o comportamento dos tribunais pátrios já estão se adaptando as mencionadas alterações. Assim, a leitura até o momento é de que, mesmo que alguns tópicos que poderiam ter sido tratados, como o conflito de competência entre o juízo universal da recuperação judicial e o trabalhista, rotineiramente enfrentados pelas partes, tenha ficado de fora, ocorreu uma significativa evolução, o que sem dúvida nenhuma é importante para o setor.

Por outro lado, o lado ruim, também como explicado acima, é cediço que o crescimento do número de pedidos de recuperação judicial de produtores rurais fez criar um grande temor no mercado, especialmente naqueles que fomentam o negócio pela concessão de crédito.

De qualquer forma, o que é mais positivo para o setor, considerando esse novo tratamento, é a segurança jurídica quanto à situação do produtor em recuperação judicial e do próprio setor que o financia, já que o primeiro, por muitas vezes, não é estruturado como uma empresa, pois os negócios acabam passando de gerações em gerações apenas com o "lidar da roça" e, do outro lado, existe uma cadeia complexa que depende de estabilidade, já que, como uma *trading*, quando ela compra o produto, já o vende a terceiro e esse sucessivamente até o consumidor final.

Mesmo que sabido que para evitar problemas os grandes *players* do setor trabalham com o chamado *hedge*[13] financeiro e físico do produto, para assim travar o seu risco e evitar perdas futuras, por outro lado, os produtores ainda carecem muito da utilização desses tipos de mecanismos de proteção, mesmo com um aumentado dos

13 *Hedge* é uma palavra inglesa, que significa proteção/cobertura. Assim, hedge é um instrumento que busca proteger operações financeiras com oscilações de preço. Ele reduz o risco de grandes variações de preço de um ativo ou commodity, por exemplo. (AEGRO. Disponível em: https://blog.aegro.com.br/hedge-agricola/#:~:text=Hedge%20%C3%A9%20uma%20palavra%20inglesa,%C3%89%20uma%20opera%C3%A7%C3%A3o%20antiga. Acesso em: 08 jul. 2022).

níveis de profissionalização, o que sempre traz risco para a cadeia de suprimentos.

Essa profissionalização do Produtor Rural é cada dia mais importante, na medida em que o não cumprimento dos contratos encarece e diminui o crédito que é tão importante para o setor, bem como diminui a confiabilidade do mercado global em razão da insegurança vivida aqui no Brasil. Esse mesmo mercado sempre temeu os espertalhões que aproveitam momentos de dificuldade para criarem engenhosas situações jurídicas, com o fim único de fácil locupletamento as custas alheias.

Nesse cenário, conclui-se que ocorreram evoluções importantíssimas que auxiliam a garantir maior confiabilidade na cadeia de produção, mas, por outro lado, há ainda um grande caminho profissionalizante do lado do produtor a ser trilhado, o que, de uma forma geral, nos parece ser um cenário mais favorável ao setor do que há alguns anos.

REFERÊNCIAS

AEGRO. Disponível em: https://blog.aegro.com.br/hedge-agricola/#:~:text= Hedge%20%C3%A9%20uma%20palavra%20inglesa,%C3%89%20uma%20opera%C3%A7%C3%A3o%20antiga. Acesso em: 08 jul. 2022

BRASIL. **Lei nº 10.406, de 10 de janeiro de 2002**. Disponível em: http://www.planalto.gov.br/ccivil_03/leis/2002/l10406compilada.htm . Acesso em 15 jun. 2022.

BRASIL. **Lei nº 11.101, de 9 de fevereiro de 2005**. Disponível em: http://www.planalto.gov.br/ccivil_03/_ato2004-2006/2005/lei/l11101.htm. Acesso em 15 jun. 2022.

BRASIL. **Lei nº 14.112, de 24 de dezembro de 2020**. Disponível em: http://www.planalto.gov.br/ccivil_03/_ato2019-2022/2020/lei/L14112.htm. Acesso em 15 jun. 2022.

CARNEIRO, Paloma Torres. **Função social da empresa**. Disponível em: http://www.ambitojuridico.com.br/site/?n_link=revista_artigos_leitura&artigo_id=10318&revista_caderno=1. Acesso em 15 jun. 2022.

ENCICLOPEDIA JURIDICA. Disponível em: https://enciclopediajuridica.pucsp.br/verbete/214/edicao-1/recuperacao-judicial---procedimento#:~:text=A%

20recupera%C3%A7%C3%A3o%20judicial%20de%20empresas,a%20circula%C3%A7%C3%A3o%20de%20bens%20e –. Acesso em: 05 jul. 2022.

GONÇALVES, Bernardo José Drummond Gonçalves; CARVALHO, Marcelo Dias., Nova lei de recuperação judicial beneficia o produtor rural. **Migalhas**, 2021. Acesso em 15/06/2022. Disponível em https://www.migalhas.com.br/depeso/345809/nova-lei-de-recuperacao-judicial-beneficia-o-produtor-rural. Acesso em 15 jun. 2022.

NONES, Nelson. **Sobre o princípio da preservação da empresa**. Disponível em: http://proxy.furb.br/ojs/index.php/juridica/article/view/841/661. Acesso em 15 jun. 2022.

SUMITTAGRO. **Recuperação judicial de produtores pessoas físicas preocupa bancos**. 2019.Disponível em: https://summitagro.estadao.com.br/agro-no-brasil/agrofinancas/recuperacao-judicial-de-produtores-pessoas-fisicas-preocupa-bancos/. Acesso em 15 jun. 2022.

DIAS, Fernando Rodrigues; MELO, Reginaldo Rodrigues; SANTOS, Bruno Nogueira. Recuperação judicial do produtor rural. *In:* MENESES, Heloísa Corrêa; SILVA, Tiago Nunes da; RAMONE TAVARES, Viviane; TEIXEIRA, Wendel de Brito Lemos (Coords.). **Anuário da OAB Uberlândia 2022/2023.** Uberlândia: Marco Teórico, 2023. pp. 323-337.

PLANEJAMENTO SUCESSÓRIO E PATRIMONIAL DA FAMÍLIA PARA A REALIZAÇÃO DE UM LEGADO SAUDÁVEL

19

Antônio Chaves Neto
Iohana Sousa Martins
Luciana Franco de Melo

Resumo:

O presente artigo retrata os problemas oriundos da rigidez da sucessão legítima, que não contempla a autonomia privada do detentor do patrimônio a ser partilhado. Como forma de resolver este problema, foi realizada uma ampla pesquisa bibliográfica e qualitativa, com o objetivo de apresentar soluções viáveis que possam promover uma partilha sucessória mais justa e alinhada com as vontades e expectativas da pessoa, dona do patrimônio, amenizando conflitos futuros. Constatou-se que o planejamento sucessório é a melhor opção para as famílias brasileiras, capaz de proporcionar inúmeros benefícios na transmissão *causa mortis*, dentre eles a diminuição de conflitos familiares, preservação da autonomia privada e redução de custos. Além disso, destacam-se as vantagens da implementação de *holding* familiar como forma de viabilizar o planejamento sucessório.

Palavras-chave:

Planejamento. Sucessão. Herança. *Holding* Familiar.

1. INTRODUÇÃO

Certamente, a morte não é um dos temas mais populares entre os brasileiros. Culturalmente, discutir sobre isso serve para "atrair maus fluidos e más agruras", o que só atesta ser esse um verdadeiro tabu social.

No entanto, não é preciso muito esforço para perceber que, para além das perdas afetivas, o procedimento de transmissão dos bens da pessoa falecida acarreta inúmeros desgastes financeiros, temporais e emocionais, capazes de gerar desavenças entre os herdeiros e deterioração do patrimônio a ser transmitido.

Além disso, as regras da sucessão legítima, ou seja, aquela estabelecida em lei, são consideradas excessivamente rígidas e não acompanham a evolução social das relações familiares, o que implica vários problemas, dentre eles, temos: embates familiares, a dilapidação patrimonial para o pagamento das custas e impostos e, principalmente, a não consideração da vontade do falecido.

Perante esse contexto, este artigo busca, por uma profunda pesquisa bibliográfica, a apresentar o planejamento sucessório como a solução mais adequada, a fim de contornar todas as desvantagens trazidas pelo procedimento sucessório previsto em lei.

O objetivo deste artigo é comprovar a necessidade da implementação de um planejamento familiar, observando os limites legais impostos, com o intuito de evitar desgastes e conflitos familiares, perpetuar negócios, conservar patrimônio e promover uma partilha que enaltece a vontade do planejador, enfatizando, inclusive, o papel da *holding* familiar como um dos mais estimados instrumentos de planejamento patrimonial.

2. O DIREITO SUCESSÓRIO COMO BASE DO PLANEJAMENTO FAMILIAR

A legislação prevê duas modalidades para a transmissão de bens após o falecimento: a sucessão legítima e o testamento. O primeiro procedimento, estipula a transferência dos bens aos herdeiros baseados nas diretrizes determinadas em lei, independentemente da vontade do *de cujus*, já o segundo, é um ato unilateral do testador, o qual consagra sua livre disposição patrimonial, respeitando o limite de 50% dos recursos, isso é, o proprietário só pode dispor de metade do seu patrimônio, nesse caso.

Nesse tópico, sem a pretensão de esgotar o tema, serão demonstradas algumas peculiaridades da sucessão legal, que é a forma mais usual de transmissão de bens após o falecimento, justamente pelo fato de a grande maioria da população desconhecer outras opções mais vantajosas, dentre elas, o planejamento sucessório.

Antes de compreender os benefícios do planejamento sucessório familiar, é importante compreender os aspectos da sucessão legítima, isso é, em linhas gerais, como funciona.

No Brasil, a lei determina quem são os herdeiros necessários, em outras palavras, quem são os que tem direito a parte da herança, que são: os descendentes (filhos, netos e bisnetos), os ascendentes (pai, avô e bisavô) e o cônjuge. Esses são herdeiros legítimos, ou seja, para eles, necessariamente, são reservados 50% do patrimônio do falecido, o que é chamado de legítima.

Outro ponto relevante para a sucessão é o tipo de regime de casamento ou união estável adotado no seio familiar, já que existem cinco modelos no ordenamento jurídico brasileiro, a saber: comunhão universal, comunhão parcial, separação convencional, separação obrigatória e participação final nos aquestos.

O regime de bens habitual no país, é o regime da comunhão parcial de bens e é sobre ele que iremos analisar, grosso modo, sob a sistemática da sucessão. Nessa modalidade, o cônjuge/companheiro sobrevivente possui 50% do acervo patrimonial adquirido após o casamento/união estável, o que é chamado de meação, que não entra na contagem da sucessão. Contudo, caso o falecido também tenha bens particulares, leia-se, bens adquiridos antes do casamento, sobre esses, o cônjuge/companheiro sobrevivente concorrerá com os demais herdeiros.

No intuito de esclarecer, vejamos o seguinte exemplo: João e Maria são casados sob o regime da comunhão parcial de bens e tiveram dois filhos. Após o casamento, o casal adquiriu duas casas e o genitor possuía um carro adquirido antes do matrimônio.

No caso de falecimento de João, a partilha ficaria da seguinte forma: Maria será meeira em relação aos bens comuns do casal, ou seja, 50% dos dois imóveis serão destinados a ela, e os outros 50% serão herdados pelos filhos, cabendo 25% para cada um.

Já no que diz respeito ao bem particular de João, Maria será herdeira juntamente com seus filhos, portanto, o veículo será dividido igualmente entre os três, na proporção de 33% para cada.

Em um outro caso, em que a pessoa falecida tenha cônjuge/companheiro, não tenha filhos, mas pais vivos, o viúvo concorrerá com os pais do *de cujus*, independentemente do regime de bens, e cada um ficará com 1/3 do patrimônio. Caso o finado tenha apenas um dos pais vivos, o parceiro sobrevivente ficará com a metade da herança e o restante com o pai ou a mãe. Em uma última hipótese, se o falecido não tiver pai e mãe vivos, o parceiro terá direito a metade da herança e a outra metade será dividida entre os seus ascendentes de segundo grau, os seus avós.

Agora, se o falecido não deixou pais vivos ou filhos, o cônjuge ou companheiro receberá a integralidade da herança, afastando os irmãos do falecido ou qualquer outro parente da linha colateral, quais sejam: tios, sobrinhos, primos e tios-avôs.

É importante frisar que nas partilhas ilustradas, foram evidenciadas algumas das hipóteses possíveis ocorridas em um contexto familiar, com diferentes impactos sobre as questões sucessórias e incontáveis contextos sociais, em que a lei prevê modalidades distintas e próprias a partilha dos bens do *de cujos*.

Assim, podemos perceber que o direito sucessório brasileiro é extremamente enrijecido e complexo, devido aos inúmeros formatos familiares, sendo evidente que apresentam soluções muito aquém das necessidades das famílias contemporâneas e das funções patrimoniais, sem contar, ainda, com o extenso lapso temporal para se ter o desfecho sucessório na esfera judicial.

Nessa conjuntura, percebe-se que a sucessão legal, isso é, o procedimento de inventário comum, impede que o fundador e instituidor do patrimônio, exerça o seu direito de dispor e de organizar o seu acervo como lhe convier, conflitando com a realidade da sociedade moderna. Nesse sentido, enfatizamos o posicionamento da autora Daniele Teixeira[1]:

> O problema decorre da procura da sociedade por maior autonomia ao dispor de seu patrimônio, em contraposição ao engessamento do sistema sucessório brasileiro, expresso nas disposições de limite da legítima em 50%, na proibição dos pactos sucessórios, nas limitações às doações, por uma ordem vocatória rígida e dos efeitos sucessórios dos regimes de bens do cônjuge e companheiro como herdeiros necessários.

1 TEIXEIRA, Daniele Chaves. Noções prévias do Direito das Sucessões: sociedade, funcionalização e planejamento sucessório. *In*: TEIXEIRA, Daniele Chaves (Coord.). **Arquitetura do Planejamento Sucessório**. 2. ed. Belo Horizonte: Fórum, 2019. Tomo I. p. 136;151

Tal restrição da autonomia privada se sobrepõe à real vontade do patriarca, pois esse deverá acatar as regras de partilha de bens previamente estabelecidas, sem levar em consideração a sua própria vontade e aos laços afetivos construídos ao longo da vida, baseando-se, simplesmente, em vínculos parentais jurídicos. Nas palavras do autor Conrado Paulino Rosa[2]: "[...] a impossibilidade da liberdade de escolha da totalidade de seus bens para depois da morte, salvo melhor juízo, penaliza quem se sacrificou para a construção de um acervo patrimonial".

Para corroborar com o supracitado, os autores Alexandre Miranda e Ana Carolina Brochado[3] defendem que, para uma partilha qualitativa, devem ser analisados alguns critérios, tais como:

> (i) eventuais vulnerabilidades dos herdeiros (quanto à idade, saúde, etc); (ii) vínculos que o herdeiro tenha com algum bem do acervo, seja por profissão, moradia, ocupação do bem etc; (iii) manutenção dos bens, liquidez, potencial de exploração econômica, o que acaba por remeter às condições financeiras e inclinações pessoais de cada herdeiro.

Sob este ângulo, pode-se verificar que, na sucessão legal, não são observados tais critérios de forma minuciosa, apenas trazendo uma isonomia formal à partilha, e por decorrência, uma falsa sensação de justiça, posto que, apesar de estipular uma forma "igualitária" na porcentagem na divisão do patrimônio aos herdeiros, não necessariamente, esta seria a forma mais justa de partilhar os bens para aquela família em questão, já que não seria levado em consideração as especificidades de cada caso concreto, podendo gerar até um grande conflito no próprio núcleo familiar.

De fato, um dos principais entraves da sucessão legal é a partilha do patrimônio e observância de todas as limitações exigentes, principalmente, quanto à reserva da legítima, que está em descompasso com as transformações sociais, sendo as suas regras ineficazes para a realização dos objetivos que deveria servir. Nas palavras de Caio Ribeiro Pires[4]: "[...] Em outras palavras, partindo do pressuposto de que se

---

2 ROSA, Conrado Paulino. **Planejamento sucessório teoria e prática.** São Paulo: Juspodivm, 2022.

3 OLIVEIRA, Alexandre Miranda; TEIXEIRA; Ana Carolina Brochado. Qualificação e quantificação da legítima: critérios para partilha de bens. *In*: TEIXEIRA, Daniele Chaves (Coord.). **Arquitetura do Planejamento Sucessório**. Belo Horizonte: Fórum, 2021. Tomo II. p. 37

4 PIRES, Caio Ribeiro. A legítima e o planejamento sucessório: entre o antes e o depois, o inadiável agora. *In*: TEIXEIRA, Daniele Chaves (Coord.). **Arquitetura do Planejamento**

tolhe a liberdade pela legítima a fim de obedecer a uma solidariedade exigível entre os membros da família, coloca-se em dúvida o real alcance de tais normas".

Todo esse cenário descrito, enfatiza a necessidade de mecanismos legais que permitem a realização da vontade na perpetuação do patrimônio da família, sempre respeitando os limites e permissões legais, mas equilibrando-se com a independência privada, afinal. Nos ensinamentos de Daniele Chaves Teixeira[5]: "os pactos sucessórios constituem expressão da autonomia das partes, pois ampliam o número de ferramentas e, consequentemente, as possibilidades pelas quais a transmissão de patrimônio pode ser organizada".

É nessa circunstância que o planejamento sucessório se apresenta como uma boa opção à família, a fim de possibilitar ao patriarca uma independência sobre os seus próprios bens, facilitando a organização patrimonial na sua ausência, além de proporcionar uma análise do contexto familiar com maior precisão e adequação à realidade vivenciada em cada núcleo social.

Em síntese, o planejamento sucessório nada mais é que uma técnica jurídica organizacional, a qual possibilita ao patriarca maior liberdade quanto à disposição do seu legado, obtido ao longo da sua trajetória.

3. A IMPORTÂNCIA DO PLANEJAMENTO SUCESSÓRIO

As famílias estão, atualmente, em constantes provações dos acontecimentos do cotidiano, uma enxurrada de informações advindas de todos os cantos do mundo submetidas às condições socioeconômicas, influências políticas, conflitos internacionais, enfim, são inúmeros os fatores de dispersão que as pessoas estão sujeitas, fazendo com que elas preenchem os seus dias, quase que completamente, com uma exaustiva rotina de trabalho, sob os desafios das políticas públicas, econômicas e sociais, que lhes são impostas.

A sobrecarga de compromissos das pessoas afeta, diretamente, alguns dos seus planos futuros de vida e planos patrimoniais da família. Isso ocorre, principalmente, com o patriarca, chefe de família, que adentra em uma ciranda de obrigações e

---

Sucessório. Belo Horizonte. Fórum, 2021. Tomo II. p. 43

5 TEIXEIRA, Daniele Chaves. Arquitetura do Planejamento Sucessório. 2. Reimpor. Belo Horizonte: Fórum, 2021. p. 151

responsabilidades, focado somente em prover condições de sobrevivência de todos os demais membros familiares, os quais, na maioria das vezes, encontram-se em total relação de dependência daquele.

Diante disso, a escassez de tempo acaba subtraindo a chance dos provedores familiares iniciar uma reflexão sobre um projeto familiar, um pensamento na perenidade dos negócios e do patrimônio da família, o que é possível pelo planejamento.

Geralmente, o planejamento sucessório no Brasil não é uma preocupação em curto prazo das famílias. Nas palavras de Daniele Chaves Teixeira[6]: "[...] Tratar da sucessão em vida sempre representou um enorme tabu. Culturalmente, seja por medo ou egoísmo, muitos não se interessam pela própria morte".

Entretanto, a conscientização sobre a importância do planejamento sucessório, significa ampliar possibilidades de soluções para diversos problemas familiares, permitindo-se o conhecimento daqueles pontos de maior atenção, tratando-se, na maior parte das vezes, de questões sensíveis, envolvendo a relação interpessoal entre os membros de uma família. Essa mesma conscientização poderá proporcionar uma verdadeira libertação para o patriarca, já que esse terá a oportunidade de imprimir escolhas do seu legado, ainda em vida.

Assim, o objetivo do planejamento sucessório é pré-determinar a sucessão, como explanou Daniela Chaves Teixeira[7]: "[...] atividade preventiva com o objetivo de adotar procedimentos, ainda em vida do titular da herança, com relação ao destino de seus bens após a sua morte".

O planejamento sucessório envolve várias áreas do direito, notadamente a do direito civil, de família e sucessões; a do direito empresarial, contratual e societária; o direito tributário, visando inclusive a redução de impostos, de forma lícita, naturalmente; entre outros.

Essa interdisciplinaridade garante uma maior assertividade no planejamento familiar pretendido, uma vez que os seus processos podem ser testados, com efetiva

---

6 TEIXEIRA, Daniele Chaves. Noções prévias do Direito das Sucessões: sociedade, funcionalização e planejamento sucessório. *In*: TEIXEIRA, Daniele Chaves (Coord.). **Arquitetura do Planejamento Sucessório**. 2. ed. Belo Horizonte: Fórum, 2019. Tomo I. p. 41

7 TEIXEIRA, Daniele Chaves. Noções prévias do Direito das Sucessões: sociedade, funcionalização e planejamento sucessório. *In*: TEIXEIRA, Daniele Chaves (Coord.). **Arquitetura do Planejamento Sucessório**. 2. ed. Belo Horizonte: Fórum, 2019. Tomo I. p. 42

execução, em vários campos do direito.

A corroborar com esse entendimento, afirma a Ilustre professora Daniele Chaves Teixeira[8]:

> A relevância do planejamento sucessório e sua respectiva demanda são crescentes nos dias de hoje, em razão de diversos motivos. Entre os quais, podemos citar: as transformações das famílias e seus desdobramentos jurídicos; a valorização e fluidez dos bens; a economia no pagamento de impostos; a possibilidade de maior autonomia do autor da herança; a celeridade da sucessão; a prevenção de litígios futuros, e o evitamento da dilapidação do patrimônio.

Se considerarmos uma família que tenha presença ativa nos negócios, que esteja envolvida no desempenho de atividades empresariais, que gera empregos e riquezas, que se relacionam com fornecedores e consumidores e, por isso, também, é detentora de algum patrimônio, inquestionavelmente os seus membros, bem como os patriarcas do núcleo familiar são os maiores interessados em buscar mecanismos para a perenidade dos negócios e bens familiares.

Nesse caso, existe a preocupação quanto: Primeiro: à segurança e sustentabilidade dos negócios; Segundo: à garantia da proteção do patrimônio até então edificado; Terceiro: à harmonia entre os membros familiares, que nesse momento se confundem também com a figura dos gestores e investidores do empreendimento comum, a fim de se evitar litígios futuros; Quarto: à melhor estratégia de economia e redução de tributos; Quinto: à proteção dos interesses individuais de cada um de seus membros familiares, independentemente do regime de bens no casamento, e sem riscos ao patrimônio familiar, no caso de insucesso no matrimônio; Sexto: à forma mais eficaz, segura e econômica de se promover a sucessão dos negócios e do patrimônio às gerações seguintes.

Para melhor atender à situação ilustrada, o planejamento sucessório se desponta como uma ferramenta jurídica para suprir tal anseio, de forma a viabilizar uma solução, especificamente arquitetada e projetada para cada caso. Nas palavras de Giselda Hironaka e Flávio Tartuce[9]:

---

8 TEIXEIRA, Daniele Chaves. Noções prévias do Direito das Sucessões: sociedade, funcionalização e planejamento sucessório. *In*: TEIXEIRA, Daniele Chaves (Coord.). **Arquitetura do Planejamento Sucessório.** 2. ed. Belo Horizonte: Fórum, 2019. Tomo I. p. 43

9 HIRONAKA, Giselda Maria Fernandes Novaes; TARTUCE, Flávio, Planejamento sucessório: conceito, mecanismos e limitações. *In*: TEIXEIRA, Daniele Chaves (Coord.)

> Em suma, pode-se afirmar que o planejamento sucessório é o conjunto de atos e negócios jurídicos efetuados por pessoas que mantêm entre si alguma relação jurídica familiar ou sucessória, com o intuito de idealizar a divisão do patrimônio de alguém, evitando conflitos desnecessários e procurando concretizar a última vontade da pessoa cujos bens formam o seu objeto.

O planejamento sucessório é o instrumento jurídico que permite a adoção de uma estratégia voltada para a transferência eficaz e eficiente do patrimônio de uma pessoa após a sua morte[10].

O resultado de tudo o que foi idealizado e conquistado em uma determinada geração, certamente não se sustentará, na maioria dos casos, se não houver, por parte de seus instituidores, um planejamento no momento em que for necessário a transposição desse legado para a geração seguinte. Essa conscientização, a tempo e modo corretos, possibilitará uma transição harmoniosa, com toda a segurança jurídica e tutela jurisdicional, dos bens e direitos inerentes aos sucessores.

4. *HOLDING* FAMILIAR COMO INSTRUMENTO DE PLANEJAMENTO SUCESSÓRIO E MITIGAÇÃO DE CONFLITOS FAMILIARES

Como já ilustrado, o planejamento sucessório perfaz uma ferramenta de extrema relevância, possibilitando ao indivíduo, planejar e encaminhar sua sucessão em vida, permitindo sua vontade, propiciando a manutenção do legado construído ao longo de uma vida.

Nos últimos anos, muito se tem falado em Planejamento Sucessório, especificamente, após a pandemia do Covid-19, pois muitas famílias perderam os seus entes queridos de forma abrupta, tornando-se um caos para os herdeiros a busca por soluções de todos os problemas vinculados à transmissão de patrimônio[11].

Contudo, em tese, o que seria o planejamento sucessório? Como a constituição

---

Arquitetura do Planejamento Sucessório. Belo Horizonte: Fórum, 2019, p. 433

10 TEIXEIRA, Daniele Chaves. Noções prévias do Direito das Sucessões: sociedade, funcionalização e planejamento sucessório. *In*: TEIXEIRA, Daniele Chaves (Coord.). **Arquitetura do Planejamento Sucessório**. 2. ed. Belo Horizonte: Fórum, 2019. Tomo I. p. 41

11 TEIXEIRA, Daniele Chaves. Noções prévias do direito das sucessões: sociedade, funcionalização e planejamento sucessório. *In*: TEIXEIRA, Daniele Chaves (Coord.). **Arquitetura do planejamento sucessório**. Belo Horizonte: Fórum, 2018.

de *Holding* Familiar (tipo de empresa patrimonial), poderá contribuir como um instrumento transmissão de patrimônio, bem como mitigar conflitos familiares?

A priori, Danieli Alves Teixeira[12] define o planejamento sucessório como: "o instrumento jurídico que permite a adoção de uma estratégia voltada para a transferência eficaz, eficiente, do patrimônio de uma pessoa após a sua morte".

Essa é uma ferramenta de extrema relevância no que tange ao indivíduo, a planejar e encaminhar a sua sucessão em vida, de forma a prever e organizar a maneira mais adequada e, principalmente, respeitando a vontade do disponente, haja vista não haver no ordenamento jurídico pátrio legislação que verse sobre transmissão de herança em vida.

Em suma, entende-se, por planejamento sucessório, como um conjunto de atos e negócios jurídicos, com a finalidade de transmissão e a manutenção do patrimônio do disponente em favor dos seus sucessores (herdeiros), evitando, assim, conflitos familiares desnecessários, com o objetivo de concretizar a última vontade do disponente[13].

Ultrapassada a premissa conceitual, vejamos análise da possibilidade de constituição de *holding* familiar, cuja tradução do verbo *to hold* significa segurar, manter, controlar, guardar, a qual, via de regra, detém participação societária em outra pessoa jurídica com a finalidade de controlar, nas palavras de Rodrigo Toscano de Brito[14]: "o patrimônio da família para fins de organização patrimonial, diminuição de custos tributários e planejamento sucessório".

Contudo, qual é a importância de se ater ao estudo desse instrumento? Nos ditames de Simone Tassarini Fleischmann e Fernando René Graeff[15]:

> Um estudo realizado pela *PriceWaterhouseCoopers* (PWC) em 2016 constatou que, em geral, apenas 12% das empresas familiares chegam à terceira geração e somente 3% passam de quatro gerações. Além disso, verificou-se que 43% das empresas

12 Ibidem, p. 35

13 GAGLIANO, Pablo Stolze; PAMPLONA FILHO, Rodolfo. **Novo curso de direito civil**. 3. ed. São Paulo: Saraiva, 2016. v. 7. p. 404

14 BRITO, Rodrigo Toscano de. Planejamento sucessório por meio de holding: limites e suas principais funções. *In*: PEREIRA, Rodrigo da Cunha; DIAS, Maria Berenice (Coord). **Família e sucessões**: polemicas, tendências e inovações. Belo Horizonte: IBDFAM, 2018.

15 TEIXEIRA, op.cit., 39.

familiares no mundo não tem plano de sucessão.

A *holding* familiar, se for bem constituída, poderá trazer inúmeros benefícios para o planejamento sucessório, tanto para as famílias que detêm patrimônio (não necessariamente grandes fortunas), mas quantidades de bens patrimoniais, igualmente para famílias empresárias, que ao constituir a empresa patrimonial, passam a compor o capital da sociedade, o qual poderá ser transmitido aos respectivos herdeiros, nascendo uma nova relação jurídica atenuada entre patrimônio e sociedade empresarial. Uma vez transferidas a quotas societárias, instrumentalizadas pelo planejamento sucessório, ensina Mariana de Almeida Prado e Laerte Rosalem Junior[16], que a relação jurídica não mais será tratada na esfera civil/sucessório, mas, pelo direito societário.

O patrimônio contido na *holding* familiar, os quais foram submetidos a transmissão por quotas aos respectivos herdeiros, ficam subordinado à legislação societária, às disposições previstas no contrato social/estatuto social e demais documentos que vinculam os sócios, além de possibilitar também a disposição de regras para a gestão do negócio. Sendo assim, as famílias atuando como sócios, atenuam a relação emotiva entre eles, proporcionando uma condução harmoniosa, evitando, assim, conflitos[17].

Não são raros os casos nos quais se verifica que a prosperidade do negócio empresarial se dá até o falecimento daquele que o idealizou e perpetuou a atividade em vida, muito em razão dos herdeiros não participarem efetivamente do negócio, por ausência de Governança Corporativa, ou por vezes, muito embora os planos, e/ou propósitos dos herdeiros serem contrários ao negócio familiar.

Nessa linha, entende Sheron Macedo[18], o seguinte:

> As empresas familiares representam uma parcela significativa dos grandes grupos empresariais. Diferente do que muitos pensam administrar uma empresa familiar é uma tarefa árdua, pois pode haver conflitos de interesses, ideias e visão de futuro.

---

16 PRADO, Mariana de Almeida; Rosalem Junior, Laerte. A tributação das sociedades holdings patrimoniais. **Revistados tribunais**, v. 976/2017, p. 401-416, fev. 2017.

17 MAMEDE, Eduarda Cotta; MAMEDE, Gladston. **Holding familiar e suas vantagens**: planejamento jurídico e econômico do patrimônio e da sucessão familiar. 11. ed. São Paulo: Atlas, 2019.

18 MACEDO, Sheron. Holding familiar: como forma de planejamento sucessório patrimonial e seus reflexos tributários. **UNESC**, Criciúma, v. 1, n. 1, p. 11, dez. 2017.

Para garantir a perenidade da organização é necessário ter um bom planejamento, como por exemplo, o planejamento sucessório.

Isso significa, contudo o que fora até aqui estudado, dizer que o planejamento sucessório inserido no cenário empresarial poderá garantir a perenidade do negócio, proporcionando a continuidade do legado, e não menos importante, a minimização de conflitos e redução de disputas familiares. Isso ocorre, em razão da despersonalização do patrimônio pela criação da pessoa jurídica (*holding*), em que a gestão dos recursos passa a ser disciplinada/condicionada à participação de cada membro da família, nos termos e definidos no planejamento sucessório[19].

Na prática, o planejamento sucessório pelo *holding* familiar, como já fora explicado, permite a reunião de todos os bens pessoais do disponente, como patrimônio integralizado na pessoa jurídica, possibilitando o repasse das quotas societárias aos respectivos herdeiros, respeitando regras hereditárias. Para isso, poderá ser adotado o instrumento de doação de quotas, com a possibilidade de gravame de cláusulas restritivas, tais quais, inalienabilidade, incomunicabilidade e impenhorabilidade, garantindo ao disponente maior segurança e tranquilidade na transmissão de herança.

Também poderão ser utilizados outros instrumentos como compra e venda, ou mesmo cessão gratuita ou onerosa de quotas, cada uma com os seus impactos jurídicos, operacionais e tributários distintos.

Ante a convencionalidade das partes envolvidas, uma característica marcante do planejamento sucessório pelo *holding* familiar é a redução de disputas familiares, sendo que na estrutura intrafamiliar formada, há a possibilidade da elaboração de um protocolo ou pacto da família, documento esse firmado entre os sócios e os seus respectivos cônjuges e descendente, estabelecendo regras, a fim de facilitar o dia a dia empresarial e familiar, ensejando a definição de atribuições a cada herdeiro, dentro das suas personalidades, vocações e perfis de aptidão, atendendo não somente à segunda geração da família, mas, igualmente, à terceira, quarta geração, justificando assim, a perpetuação do negócio, ou que seja apenas para fins de transferência de patrimônio.

Não obstante, com tal facilidade e inúmeros benefícios elencados, não pode o

---

19 ROSA. Conrado Paulino. **Planejamento sucessório teoria e prática**. São Paulo: Juspodivm, 2022, p. 53

instrumento ser utilizado com objetivos ilícitos, sendo que o uso indevido ou equivocado deste instrumento poderá ocasionar consequências graves, tais quais, caracterização de fraudes, evasão fiscal, podendo produzir resultados contrários do almejado.

Desse modo, é primordial que, para a constituição de *holding* familiar, sejam constituídos profissionais qualificados, interdisciplinares, notadamente, que detenham conhecimentos na área de direito de família e sucessões, direito empresarial e direito tributário, reiterando o que já fora explanado.

5 CONCLUSÃO

Em vista de tudo que nos fora apresentado, conseguimos observar a importância que o planejamento sucessório tem para o indivíduo, haja vista a legislação que rege o direito sucessório, ou seja, a forma de transmissão de herança, não evoluiu, de forma a atender os ensejos da sociedade nas suas particularidades.

Assim, as alternativas aqui apresentadas perfazem a necessidade de um olhar diferenciado para que se possa buscar inovar, a fim de manter o legado que foi construído por aquele que hoje não se faz mais presente.

Diante disso, o planejamento sucessório poderá auxiliar o indivíduo a planejar e encaminhar sua sucessão em vida, de forma organizada, orquestrada, objetivando a permanência da sua última vontade e, por decorrência, gerando um legado saudável que proporciona a mitigação de conflitos familiares e conservação do patrimônio.

Nessa linha, torna-se evidente que os mecanismos ora apresentados como instrumentos de sucessão de herança do indivíduo são nítidos serem mais benéficos do que possíveis desvantagens.

Por último, no estudo realizado como estrutura de planejamento sucessório à utilização de *Holding* Familiar, fora demonstrado o benefício proporcionado ao indivíduo, que ao estruturar o seu patrimônio dentro de um conglomerado societário, poderá utilizar a transmissão de quotas da empresa para seus herdeiros, estabelecer pacto familiar ou acordo de sócios que, como fora analisado, resguardará a perenidade do negócio familiar, mitigação de conflitos familiares e, em muitos casos, o benefício fiscal, dentro dos limites permitidos pela lei.

REFERÊNCIAS

BRITO, Rodrigo Toscano de. Planejamento sucessório por meio de holding: limites e suas principais funções. *In*: PEREIRA, Rodrigo da Cunha; DIAS, Maria Berenice (Coord). **Família e sucessões**: polemicas, tendências e inovações. Belo Horizonte: IBDFAM, 2018. p. 672

FLEISCHMANN, Simone Tassarini Cardoso; GRAEFF, Fernando René. Contornos jurídicos da *holding* familiar como instrumento de planejamento sucessório. *In*: TEIXEIRA, Daniele Chaves (Coord.). **Arquitetura do planejamento sucessório**. Belo Horizonte: Fórum, 2021

GAGLIANO, Pablo Stolze; PAMPLONA FILHO, Rodolfo. **Novo curso de direito civil**. 3. ed. São Paulo: Saraiva, 2016. v. 7.

HIRONAKA, Giselda Maria Fernandes Novaes; TARTUCE, Flávio, Planejamento sucessório: conceito, mecanismos e limitações. *In*: TEIXEIRA, Daniele Chaves (Coord.) **Arquitetura do Planejamento Sucessório**. Belo Horizonte: Fórum, 2019.

MACEDO, Sheron. Holding familiar: como forma de planejamento sucessório patrimonial e seus reflexos tributários. **UNESC**, Criciúma, v. 1, n. 1, p. 11, dez. 2017.

MAMEDE, Eduarda Cotta; MAMEDE, Gladston. **Holding familiar e suas vantagens**: planejamento jurídico e econômico do patrimônio e da sucessão familiar. 11. ed. São Paulo: Atlas, 2019. p. 72

OLIVEIRA, Alexandre Miranda; TEIXEIRA; Ana Carolina Brochado. Qualificação e quantificação da legítima: critérios para partilha de bens. *In*: TEIXEIRA, Daniele Chaves (Coord.). **Arquitetura do Planejamento Sucessório**. Tomo II. Belo Horizonte: Fórum, 2021.

PIRES, Caio Ribeiro. A legítima e o planejamento sucessório: entre o antes e o depois, o inadiável agora. *In*: TEIXEIRA, Daniele Chaves (Coord.). **Arquitetura do Planejamento Sucessório**. Tomo II. Belo Horizonte. Fórum, 2021.

PRADO, Mariana de Almeida; Rosalem Junior, Laerte. A tributação das sociedades holdings patrimoniais. **Revistados tribunais**, Criciúma, v. 976/2017, p. 4, fev. 2017.

ROSA. Conrado Paulino. **Planejamento sucessório teoria e prática**. São Paulo:

Juspodivm, p. 53, 2022.

TEIXEIRA, Daniele Chaves. Noções prévias do direito das sucessões: sociedade, funcionalização e planejamento sucessório. *In*: TEIXEIRA, Daniele Chaves (Coord.). **Arquitetura do planejamento sucessório**. Belo Horizonte: Fórum, 2018.

TEIXEIRA, Daniele Chaves. Noções prévias do Direito das Sucessões: sociedade, funcionalização e planejamento sucessório. *In*: TEIXEIRA, Daniele Chaves (Coord.). **Arquitetura do Planejamento Sucessório**. 2. ed.. Tomo I. Belo Horizonte: Fórum, 2019.

CHAVES NETO, Antônio; MARTINS, Iohana Sousa; MELO, Luciana Franco de. Planejamento sucessório e patrimonial da família para a realização de um legado saudável. *In:* MENESES, Heloísa Corrêa; SILVA, Tiago Nunes da; RAMONE TAVARES, Viviane; TEIXEIRA, Wendel de Brito Lemos (Coords.). **Anuário da OAB Uberlândia 2022/2023.** Uberlândia: Marco Teórico, 2023. pp. 339-353.

OS PROCESSOS DE AUTOMAÇÃO NO TRATAMENTO DOS DADOS PESSOAIS

20

Bruno Leonardo Verona

Resumo:

O presente artigo objetiva apresentar como os processos de automação podem auxiliar e dar mais segurança, eficiência e agilidade no tratamento de dados pessoais. A sua importância se dá pelo fato de que existem poucos estudos na literatura e porque um dos maiores entraves para a adequação da LGPD (Lei Geral de Proteção de Dados), na maioria das empresas, são os altos custos envolvidos nesses processos. Ao longo do artigo, demonstraremos que esse processo não apenas otimiza e inova a gestão dos dados, como também reduz custos para a empresa. Além de demonstrar os benefícios do procedimento, ainda apresentamos os princípios de boas práticas e *compliance* que devem ser respeitados pelos agentes de tratamento para garantir *accountability* e transparência, não somente para as agências fiscalizadoras, como também para o titular dos dados pessoais. Conclui-se que esses processos auxiliam os agentes de tratamento e na proteção e garantia de direitos ao titular de dados, sendo uma ferramenta que possibilita a gestão do consentimento do titular dos dados e coloca a empresa em condição de melhor competitividade e inovação no mercado.

Palavras-chave:

Automação. Tratamento de dados. LGPD. Governança de dados. Segurança da informação.

1. INTRODUÇÃO

A sociedade moderna se moldou por uma nova forma de organização social: a informação. A informação é o elemento central para o desenvolvimento e substitui um conjunto de recursos estruturadores das antigas sociedades agrícola, industrial e pós-industrial[1]. Essa transformação "criou mecanismos capazes de processar e transmitir informações em uma quantidade e velocidade inimaginável"[2].

O Estado e a iniciativa privada são responsáveis pelas novas formas de inovação e disrupção tecnológicas, ofertando inventos, modelos de utilidade e transformando políticas econômicas a partir de uma ótica que mistura o interesse público e o interesse privado[3].

Prado Moura ressalta que: "O desenvolvimento da internet cristalizou as possibilidades de comunicação mundializadas. A quantidade de dados carregados, transmitidos e a relativa autonomia em relação ao meio físico tornaram a rede comunicacional algo único na história humana"[4].

Nesse sentido, as novas ferramentas de tecnologia algorítmicas são direcionadas a permitir que se apliquem regras de lógica para análise, tratamento e uso de dados que lhes são fornecidos. Essa aplicação permite que o algoritmo transforme uma grossa base de dados em um produto, podendo, inclusive, chegar a conclusões a partir dos problemas que lhe são propostos.

Há uma operação que reconhece padrões comportamentais, perceptuais ou não. Dessa forma, adquire-se e se cria conhecimento a partir dos problemas e perguntas que são direcionadas pelo código[5], ou seja, esses mecanismos são consequenciais e

---

1 BIONI, Bruno. **Proteção de Dados Pessoais**. 2. ed. Rio de Janeiro: Forense, 2019. p. 4

2 BIONI, Bruno. **Proteção de Dados Pessoais**. 2. ed. Rio de Janeiro: Forense, 2019. p. 4

3 BORGES, Alexandre Walmott; AYZAMA, Alex Cabello; MOURA, Thobias Prado. Algoritmos, Machine Learning e Inteligência Artificial:trransformações sociais e econômicas e siderações nas formas jurídicas. *In*: BARBOSA, Mafalda Miranda *et al.* (org.). **Direito Digital e Inteligência Artificial**: Diálogos entre Brasil e Europa. [S.I]: Foco, 2021. p. 420

4 BORGES, Alexandre Walmott; AYZAMA, Alex Cabello; MOURA, Thobias Prado. Algoritmos, Machine Learning e Inteligência Artificial:trransformações sociais e econômicas e siderações nas formas jurídicas. *In*: BARBOSA, Mafalda Miranda *et al.* (org.). **Direito Digital e Inteligência Artificial**: Diálogos entre Brasil e Europa. [s.l.]: Foco, 2021. p. 425

5 BORGES, Alexandre Walmott; AYZAMA, Alex Cabello; MOURA, Thobias Prado. Algoritmos, Machine Learning e Inteligência Artificial: transformações sociais e econômicas e

se aplicam às chamadas situações ordinárias do mundo e dos povos humanos[6].

A partir da implementação da Lei Geral de Proteção de Dados (LGPD), essas ferramentas de tratamentos de dados passaram a ter mais visibilidade pela sociedade em geral, seja porque decisões automatizadas fazem cada vez mais parte das nossas vidas, seja porque há obrigações legais de políticas de proteção à privacidade e aos dados pessoais que são inerentes a empresas.

Desse modo, o presente artigo intenta contribuir para a mudança na cultura de tratamento de dados e de conformidade com a lei, especialmente no processo que envolve o tratamento automatizado de dados pessoais para controle e gerenciamento de bancos de dados, com vista a reforçar a segurança interna das empresas. A partir disso, apresentamos algumas particularidades que devem ser observadas nesses processos de tratamento, objetivando demonstrar que a sua aplicação poderá ser feita partindo-se do paradigma de proteção desses direitos, se realizada por outros princípios, como a transparência e a adoção de políticas de *compliance*, por exemplo.

Sabe-se que a proteção de dados pessoais no âmbito empresarial exige uma postura ativa e profissionais qualificados dentro da empresa. Além disso, há uma série de etapas que auxiliam na gestão desses dados, tais como um mapeamento detalhado dos dados que a empresa coleta e trata, um relatório de impacto, treinamentos com todos os colaboradores, políticas de resposta rápida quando ocorrer incidentes de segurança, dentre outros aspectos.

A automação no tratamento desses dados, longe de funcionar como substituto à pessoa, atua primordialmente no seu auxílio, facilitando e até mesmo substituindo alguns desses processos. Esse sistema pode otimizar tempo, reduzir custos e focar na qualidade do que se está produzindo.

Cabe notar que o uso do tratamento de dados automatizado para fins de segurança interna e gestão de dados da empresa se difere radicalmente daquele tratamento de dados utilizado com finalidade de *profiling* - construção de um perfil do

---

siderações nas formas jurídicas. *In*: BARBOSA, Mafalda Miranda *et al.* (org.). **Direito Digital e Inteligência Artificial**: Diálogos entre Brasil e Europa. [s.l.]: Foco, 2021. p. 427

6 PERSIVALE, G. Q. **Qué es la inteligencia artificial y cómo se aplica en los negocios**. 2018. Disponível em: https://repositorioacademico.upc.edu.pe/handle/10757/624220. Acesso em: 20 jun. 2022.

usuário -, que não é escopo deste trabalho.

Para tanto, o artigo se dividirá em duas partes: uma conceitualização do que são sistemas de automação no tratamento de dados pessoais, as suas aplicações e os seus benefícios para quem o utiliza, além de uma justificativa do motivo pelo qual se deve observar os demais princípios de proteção à privacidade, proteção de dados, *compliance* e transparência na aplicação desses sistemas de automação.

Dessa forma, pode-se averiguar a importância desses mecanismos na efetivação de direitos, na melhoria da produtividade, na eficiência das atividades empresariais e na redução de seus custos de produção, bem como no aumento na qualidade dos produtos e seus serviços desenvolvidos e comercializados.

2. SISTEMA DE AUTOMAÇÃO: CONCEITOS E APLICAÇÕES

O processo de automação do processamento de dados é um tema comum no tratamento de informação e comunicação, particularmente aquelas obtidas pelo meio digital. Os algoritmos desempenham um papel crucial na seleção, priorização, categorização e apresentação de informação e comunicação e, portanto, têm um impacto crítico na percepção do mundo da sociedade[7].

Do ponto de vista técnico, os algoritmos são definidos como "procedimentos codificados para transformar dados de entrada em uma saída desejada que seja baseada em condicionantes especificadas"[8] ou "procedimentos computacionais" que fornecem um dado de output "através de um programa de software"[9]. Contudo, a definição de um conceito do que é algoritmo deve também ser realizada por uma perspectiva sócio-tecnológica, uma vez que, quando incorporado em um ecossistema social complexo, o algoritmo tem uma função de agência compartilhada. Dessa forma, os operadores, controladores e usuários não são apenas receptores ou visualizadores

7 DOGRUEL, Leyla. What is Algorithm Literacy? **Social Science Open Access Repository**, Berlin, p. 67-93, 2021.

8 GILLESPIE, Tarleton. Relevance of Algorithms. *In*: GILLESPIE, Tarleton *et al.* (Eds.). **Media Technologies**: Essays on Communication, Materiality, and Society. Cambridge: The MIT Press. p. 167

9 CHRISTIN, Angèle. Algorithms in practice: comparing web journalism and criminal justice. **Big Data & Society**, [S.L.], v. 4, n. 2, p. 2, 16 jul. 2017..

do tratamento de dados, mas também participam ativamente do processo, em si[10].

Em linhas gerais, a automação pode ser definida como "um sistema que utiliza processos automáticos que comandam e controlam os mecanismos para seu próprio funcionamento"[11], ou seja, um sistema que utiliza técnicas computadorizadas ou mecânicas para otimizar tempo, reduzir custos e focar na qualidade do que se produz.

O Chief Economist da Alphabet (Google), Hal Varian, afirma que existem quatro novos "usos" que acompanham transações mediadas por computadores. São eles: "extração e análise de dados", "novas formas contratuais devido a um melhor monitoramento", "personalização e customização" e "experimentos contínuos"[12].

Por isso, pode-se perceber que é possível implantar um sistema de gestão de dados e de pessoas que otimize todos os processos que existem em uma empresa pela gestão e automação do mapeamento dos dados.

A elaboração de um mapa que contenha o fluxo dos dados dentro da empresa permite uma visão holística de tudo o que acontece dentro da empresa.

Além disso, uma das várias razões para que as empresas ainda não tenham se adequado completamente à LGPD é a visão, muitas vezes errônea, de que é necessário um grande investimento econômico para atendimento dos requisitos previstos em lei, tais como:

a) A garantia de acesso pelos titulares a todos os seus dados tratados pelo controlador;
b) A garantia de correção de dados incompletos, inexatos ou desatualizados de maneira imediata;
c) Acesso a informações claras e adequadas sobre o tratamento de dados pessoais (acesso, coleta, manipulação, armazenamento e movimentação), pelos

10 LATZER, Michael; FESTIC, Noemi. A guideline for understanding and measuring algorithmic governance in everyday life. **Internet Policy Review**, [s.l.], v. 8, n. 2, 30 jun. 2019.

11 SIGNIFICADOS. **Significado de Automação**. Disponível em: https://www.significados.com.br/automacao/. Acesso em: 20 jun. 2022.

12 ZUBOFF, Shoshana. Big Other: capitalismo de vigilância e perspectivas para uma civilização de informação. *In*: BRUNO, Fernanda *et al.* (org.). **Tecnopolíticas da vigilância**: perspectivas da margem. São Paulo: Boitempo, 2018. p. 26

titulares dos dados e autoridades reguladoras;

d) Exclusão de dados que sejam desnecessários, dentre outros aspectos.

Cabe ressaltar que para além da adequação legal, as empresas que efetivamente implementam políticas de segurança e proteção de dados pessoais se diferenciam de outras do ramo, tanto pela sua maior competitividade, mas também porque ela reconhece a importância de direitos ao usuário, especificamente a autodeterminação informativa e a sua privacidade, mantendo todos os níveis de segurança e performance durante todos os processos de coleta, tratamento, armazenamento e movimentação de dados pessoais.

Define-se o "processo" como um conjunto de atividades interligadas com a finalidade de se produzir um resultado voltado para as necessidades e/ou expectativas dos clientes. Dessa maneira, os processos servem para transformar insumos em produtos ou serviços. O mapeamento de dados pode ser relacionado com o processo, ao descrever as suas atividades e relacioná-las com uma identificação da sua sequência lógica e outros elementos que interagem com o fluxo de trabalho, com o objetivo de integrá-los para que funcionem de forma eficiente e harmônica[13].

Nesse sentido, Roig define que a automatização de processos é a racionalização e otimização de atividades pela redução do trabalho e do tempo de execução, diminuição dos custos e substituição de tarefas manuais por aplicações de software[14]. Dentre os vários benefícios dessa automatização de processos, Roig aponta:

(I). Fácil acesso e circulação da informação;
(II) Otimização do tempo;
(III). Gestão segura e eficaz;
(IV). Diminuição de custos de produção;
(V). Monitoramento dos resultados em tempo real;
(VI). Aumento da produtividade, pois é possível identificar de forma ágil onde o problema está ocorrendo, reduzindo assim desperdícios e ineficiências;
(VII). Comunicação mais ágil através de sistema integrado; (VIII). Maior

13 LACERDA, Lidia Correa de. **O uso da inteligência artificial na gestão da inovação tecnológica**: automatização do processo de mapeamento de dados. 2022. 69 f. Trabalho de Conclusão de Curso (Graduação em Engenharia de Produção) - Escola de Engenharia de Petrópolis, Universidade Federal Fluminense, Petrópolis, 2022. p. 22

14 ROIG, M. **7 benefícios da automação de processos**. Disponível em: https://administradores.com.br/noticias/7-beneficios-da-automacao-de-processos. Acesso em: 3 jun. 2022.

competitividade;

(IX). Melhor qualidade de vida para os colaboradores devido a redução do retrabalho;

(X). Integração da organização;

(XI). Redução de custos;

(XII). Controle de prazos em função da rastreabilidade dos processos[15].

Além disso, a automatização tem o condão de garantir a rastreabilidade dos dados caso haja vazamentos ou incidentes de segurança, o que pode ser levado em conta pela Autoridade Nacional de Proteção de Dados (ANPD) para diminuir eventuais sanções e comprovar políticas de boas práticas, *compliance*, segurança dos dados e governança de dados[16].

A automatização da gestão e mapeamento dos dados é uma alterativa mais rápida, viável e econômica para adequação de uma empresa à LGPD, uma vez que o *software* atua similarmente a um agente humano, interpretando e monitorando os dados, mas muito mais eficiente e em tempo integral. A automatização permite não apenas tornar os procedimentos mais ágeis, como também evita erros, aumenta a segurança e emite relatórios automáticos sobre atividades, rotas e descrição geral dos dados[17].

Ademais, há a possibilidade de se integrar a uma plataforma para gerência de identidade e acessos que controle os ativos e informações de uma maneira segura a partir da definição do ciclo de vida de usuários, gestão de acesso pelos diretórios, gerenciamento de papéis, provisionamento e *self-service*, além de governança por meio de reconciliação, certificação e segregação de funções.

Com relação aos relatórios de conformidade, essa automatização ainda facilita os processos de auditoria e de segurança ao organizar os dados, bem como o seu acesso,

15 ROIG, M. 7 **benefícios da automação de processos.** Disponível em: https://administradores.com.br/noticias/7-beneficios-da-automacao-de-processos. Acesso em: 3 jun. 2022.

16 FERREIRA, F. **LGPD:** por que você não pode mais esperar para se adaptar. 2020. Disponível em: https://lozinskyconsultoria.com.br/estrategia-e-gestao-de-ti/lgpd-por-quevoce-nao-pode-mais-esperar-para-se-adaptar/. Acesso em: 24 jun. 2022.

17 LACERDA, Lidia Correa de. **O uso da inteligência artificial na gestão da inovação tecnológica:** automatização do processo de mapeamento de dados. 2022. 69 f. Trabalho de Conclusão de Curso (Graduação em Engenharia de Produção) - Escola de Engenharia de Petrópolis, Universidade Federal Fluminense, Petrópolis, 2022.

execução de anonimização dos dados e a facilidade para poder alertar os agentes de tratamento sobre eventuais incidentes de segurança[18].

3. A PRINCIPIOLOGIA E A AUTOMAÇÃO: SEGURANÇA INTERNA À LUZ DE DIREITOS À PROTEÇÃO DE DADOS E A PRIVACIDADE

A aprovação da LGPD significou um avanço legislativo brasileiro no sentido de promover maior estabilidade, confiabilidade, segurança e respeito a direitos no âmbito digital em relação aos dados pessoais. Mesmo assim, cabe ressaltar que ela não foi a primeira lei que buscou concretizar a proteção de dados pessoais.

No Brasil, mesmo antes da LGPD, o Código de Defesa do Consumidor (CDC) já buscava proteger os dados dos usuários de cadastros de instituições financeiras e de bancos de dados ilegais, nos seus artigos 43 e 44.

A própria Constituição Federal, no seu art. 5º, LXXII, bem como a Lei 9.507/97 (que regula o controle de acesso a informações), também já estabeleciam o direito de o cidadão pleitear acesso, correção e acréscimos em informações constantes em bancos de dados de natureza pública[19].

A LGPD, por sua vez, no seu art. 12º, § 2º, disciplina que poderão ser igualmente considerados como dados pessoais aqueles utilizados para formação do perfil comportamental de determinada pessoa natural, se identificada[20]. Nessa esteira, deve-se ressaltar que o consentimento se caracteriza como o pilar central no tratamento de dados, mesmo que existam outras distintas bases para além do consentimento. Em relação a isso, é importante frisar que o termo de consentimento deve sempre ser repassado do titular ao agente de tratamento.

Desse modo, a proteção de dados representa um conjunto de valores fundamentais individuais e garantistas, dos quais se destacam a privacidade e a liberdade e a

---

18 QUALITAT. **Acelere a implantação da LGPD com robôs de software.** 2020. Disponível em: https://grupoqualitat.tech/acelere-a-implantacao-da-lgpd-com-robos-de-software/. Acesso em: 20 jun. 2022.

19 BONNA, Alexandre Pereira. Dados Pessoais, Identidade Virtual e a Projeção da Personalidade: "Profiling", Estigmatização e Responsabilidade Civil. *In*: MARTINS, Guilherme Magalhães; ROSENVALD, Nelson. (Coord.). **Responsabilidade Civil e Novas Tecnologias.** Indaiatuba, SP: Foco, 2020. p. 29

20 BRASIL. **Lei nº 13.709.** Lei Geral de Proteção de Dados Pessoais (LGPD). Brasília, 2018.

autodeterminação individual[21].

Nessa linha, Alexandre Pinheiro ressalta que a proteção de dados é pensada como uma garantia e o seu fundamento (a autodeterminação informacional), exprime-se como uma liberdade, isso é, "a autodeterminação informacional reveste a natureza de posição jurídica complexa, abrangendo elementos próprios das diferentes posições ativas que compõem os direitos fundamentais"[22].

Para que haja o devido tratamento de dados, é necessário que ocorra o respeito aos princípios da finalidade, da boa-fé objetiva e da privacidade, uma vez que os dados somente poderão ser utilizados pelos motivos que ensejaram a sua coleta. Dessa forma, é importante ressaltar que o tratamento automatizado desses dados para fins de segurança deve estar previsto no termo de consentimento e deve se limitar a realizar uma gestão de controle holístico que facilita o mapeamento de todos os dados, a visualização do caminho deles, quem possui acesso a eles e onde estão localizados.

Cabe a todos os agentes de tratamento de dados agir de forma honesta e leal, respeitando os limites estabelecidos entre o titular dos dados e o tratamento que deve ser feito. Em contrapartida, exige-se do titular dos dados uma conduta que respeite a boa-fé[23]. Se o agente de tratamento coleta dados dos seus colaboradores e clientes, bem como os monitora através de programas e *softwares* de gestão de identidade, acessos e de dados, não poderá realizar uma recolha genérica ou ampla para tratar qualquer tipo de dado de maneira aleatória e indiscriminada.

A coleta deve estar alinhada com os fins perseguidos. O agente de tratamento poderá criar um termo de consentimento em que é possível obter acesso aos computadores da empresa, seus históricos, microfones, arquivos, dentre outros, mas não poderá utilizar a segurança interna como desculpa para coletar dados e obter

---

21 CALVÃO, Filipa Urbano. O Direito Fundamental à Proteção dos Dados Pessoais e a Privacidade 40 Anos Depois. *In*: VAZ, Manuel Afonso *et al.* **Jornadas nos quarenta anos da Constituição da República Portuguesa – Impacto e Evolução**. Universidade Católica Editora, 2017. p. 89

22 PINHEIRO, Alexandre Sousa (coord.). **Comentários ao Regulamento Geral de Proteção de Dados**. Coimbra: Almedina, 2018. p. 805

23 GUIMARÃES, João Alexandre; MACHADO, Lecio. **Comentários à lei geral de proteção de dados**: lei 13.709/2018 com alterações da MPV 869/2020. Rio de Janeiro: Lumen Juris, 2020. p. 37

controle sobre telefone pessoal do seu colaborador, por exemplo[24].

Dessa forma, algumas estratégias podem ser feitas para mitigar o risco da coleta de dados indiscriminada e desnecessária. Ann Cavoukian conceituou o *Privacy by Design (PbD)*, com esse intento. Em linhas gerais, ela apresenta sete princípios fundamentais para que as empresas possam seguir. Tais princípios devem coordenar a forma que a privacidade se relaciona com as demais tecnologias, principalmente no que tange ao uso de sistema das tecnologias da informação e comunicação em conjunto com bases de dados para controle e monitoramento[25].

A conceitualização basilar do *PbD* se estabelece no princípio em que a privacidade deve ser integrada em sistemas desde o estágio de design e promovido no formato de uma configuração padrão de cada sistema[26].

Esses princípios recomendam as empresas a ser proativas e não reativas; preventivas e não corretivas; a terem a privacidade incorporada ao design; a terem uma funcionalidade completa; segurança de ponta a ponta; visibilidade e transparência; respeito pela privacidade do usuário e a privacidade como configuração padrão[27].

Em regra, todos os dados e as informações não são disponibilizados para todos os usuários e colaboradores, mas apenas a aqueles especificamente responsáveis pela função de tratamento específica, limitando identidade (como função) e acesso. Além disso, a lógica empregada não é a de penalização, mas especialmente de conscientização dos colaboradores e atuação preventiva para diminuir as probabilidades de ocorrer incidentes de segurança, para que se acontecerem, seja possível localizar com facilidade a sua origem e agir de maneira rápida e eficiente.

---

24 GUIMARÃES, João Alexandre; MACHADO, Lecio. **Comentários à lei geral de proteção de dados**: lei 13.709/2018 com alterações da MPV 869/2020. Rio de Janeiro: Lumen Juris, 2020. p. 37

25 CAVOUKIAN, Ann. **The 7 foundational Principles**. Disponível: https://www.privacysecurityacademy.com/wp-content/uploads/2020/08/PbD-Principles-and-Mapping.pdf. Acesso em: 20 de junho de 2022.

26 KOOPS, Bert-Jaap; LEENES, Ronald. Privacy regulation cannot be hardcoded. A critical comment on the "privacy by design" provision in data-protection law. **International Review of Law, Computers & Technology**, v. 28, n. 2, 2014.

27 CAVOUKIAN, Ann. **The 7 foundational Principles**. Disponível: https://www.privacysecurity academy.com/wp-content/uploads/2020/08/PbD-Principles-and-Mapping.pdf. Acesso em: 20 de junho de 2022.

Para que a proteção de dados e a privacidade seja garantida por um sistema automatizado, é preciso que o seu mecanismo seja transparente, para que se avalie se há previsibilidade, necessidade e proporcionalidade no tratamento de dados pessoais. Isso é importante, porque sem uma transparência efetiva dentro desses mecanismos não seria possível identificar e avaliar erros de conduta e/ou de programação, propor mudanças e fazer os ajustes indispensáveis.

Além disso, os colaboradores e usuários possuem o direito de conhecer a finalidade ou "a que se destinam" os dados pessoais coletados e tratados, uma vez que esses possuem direito à autodeterminação informativa, já que esse é um direito à autodeterminação sobre as informações referentes a dados pessoais e que exige uma proteção clara quanto ao "desvio dos fins" a que se destinam essas informações[28].

Uma política de transparência objetiva, geralmente demonstrada em política de privacidade, garante valores como *accountability* e confiança além da previsibilidade, necessidade e proporcionalidade no tratamento de dados pessoais. A escrita periódica de relatórios de transparência também pode ser uma importante ferramenta para aproximar esses valores da promoção da privacidade dos usuários e colaboradores, objetos desse tratamento.

É interessante ressaltar que para a devida aplicação desses objetivos e princípios, pode-se criar um Comitê de Compliance e Privacidade, responsável por implementar ações de transparência, monitoramento e *accountability* dentro dos processos de tratamentos de dados da empresa, podendo ser atribuídas tarefas de criação de relatórios de transparência, diretrizes para tratamento de dados automatizado, monitoramento de eventuais falhas no *software* e, principalmente, a atribuição de decisão para agir nos casos que envolverem incidentes de segurança.

4. CONCLUSÃO

Ao longo do artigo contatamos como os processos de automação podem auxiliar empresas na implementação de gestão de dados mais seguras, eficientes e ágeis para o tratamento de dados pessoais. Apresentou-se os benefícios que um processo como esse pode ter para a proteção dos direitos dos titulares e para a redução de custos da empresa, além de como essas ferramentas devem estar acompanhadas de

28 CANOTILHO, J.J. GOMES; Moreira, Vital. **Constituição da República Portuguesa Anotada: Artigos 1º a 107º**. Volume I, 4ª edição revista. Coimbra Editora, 2007, p. 553.

procedimentos de *compliance* e boas práticas para garantir políticas de *accountability* e transparência. Tal necessidade se justifica, pois é impreterível que algoritmos que atuem no processo de gestão de dados possam ser auditados para que se garanta a integridade dos dados que alimentam os algoritmos e que os seus efeitos em longo prazo sejam examinados.

Concluiu-se que os processos de automação têm o condão de facilitar a *accountability* e colocam a empresa que os aplica em um novo patamar de proteção de dados, pois além das exigências legais já muito bem descritas na LGPD, ainda aplica boas práticas e uso de mecanismos que são capazes de gerar, de maneira fidedigna, relatórios de transparência, de gestão de risco e de incidentes de segurança de uma maneira muito mais rápida e simples. Ademais, pode-se garantir de maneira muito mais eficiente os direitos dos cidadãos, sejam eles colaboradores ou usuários titulares de dados.

Viu-se que esse tipo de plataforma, além de garantir conformidade com o ordenamento jurídico e *frameworks* técnicos, ainda promove uma gestão de risco mais eficiente em conjunto com o aumento da produtividade e gestão de recursos, permitindo que a empresa possa ter o controle de tudo o que acontece, seja ao criar um acesso à um determinado diretório, até a revogação desse, ou a exclusão de determinado dado.

REFERÊNCIAS

BIONI, Bruno. Proteção de Dados Pessoais. 2. ed. Rio de Janeiro: Forense, 2019.

BONNA, Alexandre Pereira. Dados Pessoais, Identidade Virtual e a Projeção da Personalidade: "Profiling", Estigmatização e Responsabilidade Civil. *In*: MARTINS, Guilherme Magalhães; ROSENVALD, Nelson. (Coord.). Responsabilidade Civil e Novas Tecnologias. Indaiatuba, SP: Foco, 2020.

BORGES, Alexandre Walmott; AYZAMA, Alex Cabello; MOURA, Thobias Prado. Algoritmos, Machine Learning e Inteligência Artificial: transformações sociais e econômicas e siderações nas formas jurídicas. *In*: BARBOSA, Mafalda Miranda *et al.* (org.). Direito Digital e Inteligência Artificial: Diálogos entre Brasil e Europa. [s.l.]: Foco, 2021. p. 411-435

BRASIL. Lei nº 13.709. Lei Geral de Proteção de Dados Pessoais (LGPD). Brasília, 2018.

CANOTILHO, J. J.; GOMES, Moreira, Vital. Constituição da República Portuguesa Anotada: Artigos 1º a 107º. 4. ed. Local: Coimbra – Portugal, Coimbra Editora, 2007. v. 1

CALVÃO, Filipa Urbano. O Direito Fundamental à Proteção dos Dados Pessoais e a Privacidade 40 Anos Depois. *In*: VAZ, Manuel Afonso *et al.* (Coord.). Jornadas nos quarenta anos da Constituição da República Portuguesa - Impacto e Evolução.Universidade Católica Editora, 2017.

CAVOUKIAN, Ann. The 7 foundational Principles. Disponível: https://www.privacysecurityacademy.com/wp-content/uploads/2020/08/PbD-Principles-and-Mapping.pdf. Acesso em: 20 de junho de 2022.

CHRISTIN, Angèle. Algorithms in practice: comparing web journalism and criminal justice. Big Data & Society, [s.l.], v. 4, n. 2, p. 2, 16 jul. 2017.

DOGRUEL, Leyla. What is Algorithm Literacy? Social Science Open Access Repository, Berlin, p. 67-93, 2021.

FERREIRA, F. LGPD: por que você não pode mais esperar para se adaptar. 2020. Disponível em: https://lozinskyconsultoria.com.br/estrategia-e-gestao-de-ti/lgpd-por-quevoce-nao-pode-mais-esperar-para-se-adaptar/. Acesso em: 24 jun. 2022.

GILLESPIE, Tarleton. Relevance of Algorithms. *In*: GILLESPIE, Tarleton *et al.* (Eds.). Media Technologies: Essays on Communication, Materiality, and Society. Cambridge: The MIT Press.

GUIMARÃES, João Alexandre; MACHADO, Lecio. Comentários à lei geral de proteção de dados: lei 13.709/2018 com alterações da MPV 869/2020. Rio de Janeiro: Lumen Juris, 2020.

KOOPS, Bert-Jaap; LEENES, Ronald. Privacy regulation cannot be hardcoded. A critical comment on the "privacy by design" provision in data-protection law. International Review of Law, Computers & Technology, v. 28, n. 2, p. 159 -171, 2014.

LACERDA, Lidia Correa de. O uso da inteligência artificial na gestão da inovação tecnológica: automatização do processo de mapeamento de dados. 2022. 69 f. Trabalho de Conclusão de Curso (Graduação em Engenharia de Produção) - Escola de Engenharia de Petrópolis, Universidade Federal Fluminense, Petrópolis, 2022.

LATZER, Michael; FESTIC, Noemi. A guideline for understanding and measuring algorithmic governance in everyday life. Internet Policy Review, [s.l.], v. 8, n. 2, 30 jun. 2019.

ROIG, M. 7 benefícios da automação de processos. Disponível em: http://www.administradores.com.br/noticias/negocios/7-beneficios-da-automacaodeprocessos/120576/. Acesso em: 3 jun. 2022.

PERSIVALE, G. Q. Qué es la inteligencia artificial y cómo se aplica en los negocios, 2018. Disponível em: https://repositorioacademico.upc.edu.pe/handle/10757/624220. Acesso em: 20 jun. 2022.

PINHEIRO, Alexandre Sousa (coord.). Comentários ao Regulamento Geral de Proteção de Dados. Coimbra: Almedina, 2018. p. 805

SIGNIFICADOS. Significado de Automação. Disponível em: https://www.significados.com.br/automacao/. Acesso em: 20 jun. 2022.

QUALITAT. Acelere a implantação da LGPD com robôs de software. 2020. Disponível em: https://grupoqualitat.tech/acelere-a-implantacao-da-lgpd-com-robos-de-software/. Acesso em: 20 jun. 2022.

ZUBOFF, Shoshana. Big Other: capitalismo de vigilância e perspectivas para uma civilização de informação. *In*: BRUNO, Fernanda *et al.* (org.). Tecnopolíticas da vigilância: perspectivas da margem. São Paulo: Boitempo, 2018.

VERONA, Bruno Leonardo. Os processos de automação no tratamento dos dados pessoais *In:* MENESES, Heloísa Corrêa; SILVA, Tiago Nunes da; RAMONE TAVARES, Viviane; TEIXEIRA, Wendel de Brito Lemos (Coords.). **Anuário da OAB Uberlândia 2022/2023.** Uberlândia: Marco Teórico, 2023. pp. 355-368.

O *LEGAL DESIGN* COMO POTENCIALIZADOR DO ACESSO À JUSTIÇA

21

Tales Calaza

RESUMO:

O presente trabalho tem por objetivo demonstrar como o Legal Design pode se apresentar como um instrumento potencializador do acesso à justiça que, em que pese ser um dos direitos mais basilares da Constituição, muitas das vezes, não é garantido ao cidadão. O texto busca realizar um levantamento do panorama atual do Poder Judiciário, problematizar a questão e oferecer soluções com exemplos práticos contemporâneos, baseados em experiências nacionais e internacionais sobre o tema.

PALAVRAS-CHAVE:

Legal Design. Acesso à justiça. Interdisciplinaridade.

1. INTRODUÇÃO

O acesso à justiça é uma das premissas mais básicas constantes no Estado de Direito brasileiro. Tal garantia pode ser interpretada como um dos pilares essenciais para a justiça na sociedade moderna, uma vez que o inciso XXXV da Constituição Federal garante ao cidadão que lesões ou ameaças aos seus direitos não serão excluídas da apreciação do Poder Judiciário.

Em teoria, tal garantia é louvável. Entretanto, uma pergunta paira no ar: será que a "não exclusão da apreciação pelo Poder Judiciário de lesões ou ameaças a direitos", por si só, é suficiente para promover o efetivo acesso à justiça?

Em outras palavras, o sistema jurídico atual, da forma como resta estruturado e operante, garante satisfatoriamente uma tutela jurisdicional coerente com o princípio do acesso à justiça, conforme idealizado originalmente na Carta Magna?

A resposta para essa pergunta exige discussões distantes da simplicidade, sendo que, em realidade, demanda respostas multidisciplinares para que, efetivamente, ocorram mudanças, com alterações práticas no ordenamento jurídico, de modo a romper com o *status quo* e com a "zona de conforto" na qual a justiça brasileira se encontra há tempos.

O objetivo deste trabalho é, justamente, investigar as limitações do efetivo acesso à justiça na prática jurídica atual, e como o Legal Design pode se apresentar como uma ferramenta para potencializar a preservação deste direito.

2. O ACESSO À JUSTIÇA COMO DIREITO FUNDAMENTAL

O acesso à justiça deve ser analisado como um dos direitos mais básicos de um ordenamento jurídico construído sobre um Estado Democrático de Direito. Percebe-se que o termo "básico" nesse contexto não deve ser interpretado como sinônimo de "simplório", mas sob a perspectiva de um direito fundamental, basilar.

Nas palavras de Cappelletti e Garth[1]: "o acesso à justiça pode, portanto, ser encarado como o requisito fundamental – o mais básico dos direitos humanos – de um sistema jurídico moderno e igualitário que pretenda garantir, e não apenas proclamar os direitos de todos".

Da mesma forma que esse direito apresenta seu caráter fundamental, ele revela a sua natureza complexa, uma vez que, diferente do que uma leitura desatenta possa levar a acreditar, não se trata de simplesmente possibilitar que a demanda do cidadão seja apreciada pelo Poder Judiciário, mas engloba uma gama de outros direitos intrínsecos a uma prestação jurisdicional efetiva[2]:

> a expressão 'acesso à Justiça' é reconhecidamente de difícil definição, mas serve para

1 CAPPELLETTI, Mauro e Garth, Bryant. Acesso à Justiça. Porto Alegre: Sérgio Antônio Fabris Editor, 1988. (*Apud* BORGES SILVA; Juvêncio. O acesso à justiça como direito fundamental e sua efetivação jurisdicional. **Revista de Direito Brasileira**, v. 4, n. 3, p. 479, 2013).

2 CAPPELLETTI, Mauro e Garth, Bryant. Acesso à Justiça. Porto Alegre: Sérgio Antônio Fabris Editor, 1988. (*Apud* BORGES SILVA; Juvêncio. O acesso à justiça como direito fundamental e sua efetivação jurisdicional. **Revista de Direito Brasileira**, v. 4, n. 3, p. 480, 2013).

> determinar duas finalidades básicas do sistema jurídico – o sistema pelo qual as pessoas podem reivindicar seus direitos e/ou resolver seus litígios sob os auspícios do Estado. Primeiro, o sistema deve ser igualmente acessível a todos; segundo, ele deve produzir resultados que sejam individual e socialmente justos.

A partir de uma rápida interpretação do conceito acima apresentado, já é possível identificar, de pronto, dois requisitos de cumprimento obrigatório, para que o acesso à justiça seja corretamente observado.

O primeiro requisito diz respeito ao ideal literal do texto, ou seja, a justiça deve ser acessível. Em outras palavras, qualquer cidadão deve ter a possibilidade de pleitear os seus direitos perante o Poder Judiciário, independentemente da sua condição econômica, social, psicológica, religiosa, intelectual ou qualquer outra, afinal, assim dispõe o *caput* do artigo 5° da Carta Magna[3]:

> Artigo 5° da Constituição Federal - *Todos são iguais perante a lei*, sem distinção de qualquer natureza, garantindo-se aos brasileiros e aos estrangeiros residentes no País a inviolabilidade do direito à vida, à liberdade, à igualdade, à segurança e à propriedade, nos termos seguintes: [...]

Já para que o segundo requisito seja observado corretamente, é necessário promover uma interpretação sistemática (ou sistêmica, caso prefira) do ordenamento pátrio. Isso ocorre, porque ele nos revela que não basta que o pleito do cidadão seja levado à análise pelo Poder Judiciário. Isso é somente o primeiro passo para a garantia do acesso à justiça. Após a análise de sua demanda ser iniciada, há uma gama de princípios e regras que devem ser observados, de modo que seja garantida a efetiva justiça.

Tanto é verdade que localizamos, em diversos diplomas, de diferentes áreas jurídicas, princípios processuais e materiais, que buscam garantir que a justiça seja alcançada também no curso do processo e após a sua finalização, ou seja, após o judiciário ter satisfeito a tutela do titular no âmbito processual - mesmo que teoricamente. Alguns princípios são facilmente localizados, como a duração razoável do processo (Código de Processo Civil), da busca da verdade (Código de Processo Penal) e da facilitação da defesa do consumidor em juízo (Código de Defesa do

---

3 BRASIL. **Constituição (1988)**. Constituição da República Federativa do Brasil. Brasília, DF: Senado Federal: Centro Gráfico, 1988.

Consumidor).

Dessa forma, o acesso à justiça não deve ser interpretado somente como uma "porta aberta" a todos os cidadãos, para que levem seus pleitos à apreciação pelo Poder Judiciário, mas há uma série de fatores decorrentes de ordem processual e material, que devem ser observadas para que tal direito seja objetivamente alcançado.

Essa perspectiva - de que cada área do conhecimento dentro do meio jurídico apresenta ainda diferentes princípios - é um elemento confirmador para uma complicação no conceito que foi trazido até o presente momento. Até aqui, o leitor foi recordado que a Constituição Federal de 1988 prevê que "todos são iguais perante a lei"[4]. Entretanto, um consumidor buscando seus direitos em juízo não está em pé de igualdade com uma grande empresa, assim como um réu criminoso, na esfera penal, não está em pé de igualdade com uma mãe que busca a reparação por danos causados por erro médico ao seu filho, na esfera cível. Da mesma forma, um advogado, pleiteando os seus direitos, em causa própria, não possui a mesma vulnerabilidade processual que um cidadão médio, leigo em termos jurídicos, possui em um processo no qual se encontra como *jus postulandi* ou mesmo representado por um patrono, visto que, provavelmente, não alcançará o entendimento das minuciais processuais e materiais que ocorrerão dentro do seu processo judicial ou extrajudicial.

Por esse motivo, o leitor deve ser apresentado à devida complementação do conceito anteriormente trazido: todos são iguais perante a lei, "devendo tratar igualmente os iguais e desigualmente os desiguais, na medida de sua desigualdade"[5], de modo que o acesso à justiça seja potencializado com meios a superar obstáculos econômicos, temporais, estruturais, pessoais, intelectuais, morais, psicológicos e éticos, que são constantemente localizados na justiça brasileira.

4 BRASIL. Constituição (1988). **Constituição da República Federativa do Brasil.** Brasília, DF: Senado Federal: Centro Gráfico, 1988.

5 ARISTÓTELES. Ética a Nicômaco. Tradução de Pietro Nassetti. São Paulo: Martin Claret, 2003 (*Apud* SALA, José Blanes. **A leitura antropológica do princípio da não discriminação.** Disponível em: https://nadir.fflch.usp.br/sites/nadir.fflch.usp.br/files/upload/paginas/JSE%20BLANES.pdf. Acesso em: 11 jun. 2022).

3. OBSTÁCULOS ENVOLVENDO O ACESSO À JUSTIÇA

Nesta etapa, o leitor já verificou, provavelmente, que a efetivação do acesso à justiça não é algo tão simples, assim como encontra algumas barreiras no seu caminho para alcançar a sua plenitude.

Maria Tereza Aina Sadek ensina que a análise desses obstáculos pode ser mais bem identificada, ao passo em que se estuda o acesso à justiça em diferentes etapas[6]:

> o direito de acesso à justiça implica que se considerem ao menos três etapas distintas e interligadas: o ingresso visando à obtenção de um direito, os caminhos posteriores à entrada e, finalmente, a saída. Nesse sentido, o direito de acesso à justiça só se efetiva quando a porta de entrada permite que se vislumbre e se alcance a porta de saída em um período de tempo razoável. A morosidade na solução dos conflitos é um importante entrave para alcançar a porta de saída e, em decorrência, para a realização do acesso à justiça.

Diante da análise do trecho acima, é possível identificar três pontos de necessária atenção para que a justiça seja garantida ao cidadão: a) A "porta de entrada" – momento no qual o cidadão vê seu direito ameaçado e recorre ao Poder Judiciário para o tutelar; b) A "jornada" – que pode ser compreendida como o momento processual entre a primeira ação tomada quando o direito é ameaçado e a solução dada ao caso; c) A "porta de saída" – momento no qual a solução é (teoricamente) garantida ao caso pelo Poder Judiciário.

A seguir, a problemática será aprofundada em relação a cada um desses estágios localizados.

3.1 Obstáculos na "porta de entrada"

É notório saber que a sociedade brasileira é marcada por desigualdades econômicas e sociais. Tais diferenças entre a realidade dos cidadãos brasileiros resta evidente em documentos técnicos, como o apresentado por organizações da sociedade civil em sede de *amicus curiae* para o STF no que tange às ADI's pelo fim da Emenda Constitucional 95[7], que não só expõem a realidade preocupante do cenário atual

---

6 SADEK, Maria Tereza Aina. Acesso à justiça: um direito e seus obstáculos. **Revista USP**, n. 101, p. 56, 2014.

7 Documento apresentado por organizações qualificadas como Amicus Curiae à Ministra Rosa Weber e aos demais Ministros do STF. Disponível em: https://direitosvalemmais.org.br/wp-

brasileiro, como também trazem o cenário futurista pessimista no que tange ao aumento dessas assincronias.

Além disso, conforme pontua Maria Tereza Aina Sadek[8], pesquisas internacionais indicam que sociedades marcadas por elevados índices de desigualdade econômica e social - como a brasileira - trazem consigo uma alta probabilidade de que amplas camadas da sua população desconheçam os seus direitos mais básicos. Em outras palavras, as assimetrias de renda e sociais implicam, diretamente, uma assimetria informacional em uma massiva parte da população.

Tal informação pode parecer controversa ou até mesmo paradoxal, ao passo em que o Brasil é considerado um dos países mais litigantes do mundo e, no ano de 2020, estava em tramitação um total de 75,4 milhões de processos, segundo o Relatório Justiça em Números 2021 do CNJ[9], o que equivale a, aproximadamente, um processo para cada dois habitantes. Afinal: "como considerar que não há um efetivo acesso à justiça onde, proporcionalmente, quase haveria um processo por habitante?".

Para responder a esse questionamento, José Murilo de Carvalho apresenta a seguinte reflexão[10]:

> A justiça entre nós, no sentido de garantia de direitos, existe apenas para a pequena minoria de doutores. Ela é inacessível à multidão dos crentes e macumbeiros, isto é, à grande maioria dos brasileiros. Para eles, existe o Código Penal, não o Código Civil, assim como para os doutores existe apenas o Código Civil.

O trecho acima citado revela uma realidade preocupante: a "porta de entrada" da justiça aparenta estar aberta a todos, entretanto, é somente isso - uma aparência. 51% das demandas judiciais em tramitação no país são provenientes do setor público, sendo que os usuários mais frequentes do Judiciário são personagens como a

---

content/uploads/2020/05/DOCUMENTO_STF_Maio_2020.pdf. Acesso em: 11 jun. 2022.

8 SADEK, Maria Tereza Aina. Acesso à justiça: um direito e seus obstáculos. **Revista USP**, n. 101, p. 58, 2014.

9 BRASIL. CNJ. **Justiça em números**. 2021. Disponível em: https://www.cnj.jus.br/wp-content/uploads/2021/09/relatorio-justica-em-numeros2021-12.pdf. Acesso em: 11 jun. 2021.

10 CARVALHO, José Murilo de. **Cidadania no Brasil**: o Longo Caminho. 7. ed. Rio de Janeiro, Civilização Brasileira, 2005 (*Apud* SADEK, Maria Tereza Aina. Acesso à justiça: um direito e seus obstáculos. **Revista USP**, n. 101, p. 58, 2014).

Caixa Econômica Federal, a União, o INSS, os bancos, as empresas de telefonia e os municípios[11].

Conforme pontua Sadek[12]:

> Resulta desse quadro um grave desequilíbrio, caracterizado pela distinção entre, de um lado, os que litigam em demasia, os que conhecem quais são seus direitos e sabem como demandá-los e, por outro lado, os que sequer conhecem e não reclamam seus direitos. O ingresso no Poder Judiciário contribuiria, dessa forma, por contraditório que possa parecer, para acentuar as distâncias de natureza social e econômica, atuando como mais um elemento dentre os propulsores da situação qualificada como de desigualdades cumulativas.
>
> Nesse cenário, o número superlativo de ações que ingressa, na justiça não indica a existência de uma difundida busca por direitos. Não se trata de um transpassar pelas ondas de acesso à justiça. Ao contrário, constitui evidência de situações perniciosas, tanto no que se refere à deturpação das atribuições do Poder Judiciário, quanto no aumento das dificuldades de democratização do direito de acesso à justiça. [...]
>
> Em outras palavras, a porta de entrada atrai um tipo de litigante e desencoraja ou se fecha para a grande massa de indivíduos incapazes de manejar instrumentos de efetivação de seus direitos, produzindo um paradoxo: demandas demais e demandas de menos.

O volume de litígios sob responsabilidade desses agentes cria a ilusão de que haveria uma justiça distributiva, igualitária. Ocorre que a realidade é outra, conforme revela o trecho da reflexão levantada por José Murilo de Carvalho, uma vez que o cidadão médio encontra tais portões da justiça regularmente entreabertos, quando não absolutamente cerrados.

3.2 Obstáculos na "jornada"

A visão de que o conceito de "acesso à justiça" se limitaria à possibilidade de acesso aos tribunais já foi superada há pelo menos 20 anos[13]. Não basta as "portas da justiça" estarem amplamente abertas, se a "jornada" processual for burocrática,

---

11 SADEK, Maria Tereza Aina. Acesso à justiça: um direito e seus obstáculos. **Revista USP**, n. 101, p. 60, 2014.

12 Idem.

13 NALINI, J. R. Novas perspectivas no acesso à justiça. **Revista CEJ**, v. 1, n. 3, p. 61-69, dez. 1997.

lenta e ineficaz. Afinal, o que se busca é o acesso à justiça, não o acesso ao direito.

Hoje, são duas as principais barreiras encontradas na "jornada" compreendida entre a instauração de um processo e a satisfação da tutela com o trânsito em julgado da decisão: a morosidade do processo e a falta de clareza sobre os seus andamentos.

De início, quanto à lentidão, trata-se de um problema notório, sobre o qual José Renato Nalini já tecia críticas, afirmando que "ninguém deixa de reconhecer que a demora na Justiça é também uma forma de injustiça"[14].

Para sanar esse mal, já foram trabalhadas inúmeras propostas de solução pela doutrina. Ocorre que, em que pese haver muitos juízes e servidores diligentes, competentes e com vontade de combater tal mora jurídica, há magistrados que não se sensibilizam ao tema e não se aproveitam as inovações levadas ao meio, motivo pelo qual tumultuam ainda mais o Poder Judiciário.

Os reflexos dessa problemática são conhecidos pela grande maioria dos cidadãos que já tiveram contato com um processo judicial. Até indivíduos que nunca foram parte em um processo judicial conhecem a "famosa" lentidão dos processos, uma vez que é comum ouvir que "meu processo está parado há anos" ou até mesmo "a pessoa morreu e o processo ainda não foi resolvido".

Se o direito do cidadão foi lesado em vida e o Poder Judiciário não satisfez a sua tutela até a sua morte, não há que se falar em justiça. Da mesma forma, um direito que demora anos para ser resguardado, seja por sentença declaratória, condenatória ou constitutiva, pode não mais ser a justiça que o cidadão tanto necessitava no momento que ingressou com a ação.

A segunda barreira encontrada na "jornada" processual não é tão comentada quanto a primeira, mas os seus efeitos podem ser tão nefastos quanto os dela (ou ainda mais gravosos). Trata-se da falta de clareza, ou seja, ausência de informações completas e assertivas sobre o estado atual do processo do cidadão e próximos passos, o que muitas vezes se traduz em falta de transparência ou, ainda, problemáticas mais profundas.

Traçando um paralelo acadêmico, Ana Laura Magaloni Kerpel, ao citar Richard Posner[15], apresenta o conceito de "zonas de penumbra" no direito para denominar

---

14 NALINI, J. R. Novas perspectivas no acesso à justiça. **Revista CEJ**, v. 1, n. 3, p. 61-69, dez. 1997.

15 POSNER, Richard A. The problems os jurisprudence. Harvard University Press, Cambridge,

as situações em que há margem para o aplicador jurídico realizar interpretações conflitantes, ou seja, em que há uma real falta de clareza para o conhecedor do direito. Nas palavras da autora[16]: "*En este mundo de conflictos potenciales o existentes la parte medular del trabajo de un abogado o de un juez está en lo que Posner denomina "zonas de penumbra", esto es, en áreas en donde el derecho no es claro, ni llano ni incontrovertible".*

O direito é uma área do conhecimento cuja interpretação se apresenta traiçoeira, inclusive, para grandes conhecedores dos seus temas. Imagina-se, portanto, a dificuldade que o cidadão médio enfrenta ao buscar entender a situação jurídica que enfrenta.

Aqui, a problemática não é colocada necessariamente sobre a hermenêutica do mérito do conteúdo trabalhado em uma ação judicial, mas se percebe que mesmo em situações razoavelmente simples, como em uma consulta processual, o cidadão médio é privado do seu direito de conhecimento e acompanhamento do estado do processo, ao se deparar com termos como "conclusos para despacho" ou mesmo "autos remetidos em diligência".

Todas essas "pequenas" situações geram verdadeiros pontos de atrito para que o cidadão comum, que não possui grandes conhecimentos na área jurídica, enxergue o Poder Judiciário como algo inalcançável, obscuro, tenebroso e, portanto, inacessível.

3.3 Obstáculos na "porta de saída"

Uma vez demonstradas as barreiras constantes nos momentos de início e do consequente acompanhamento de um processo judicial pelo cidadão, a problemática ao final do processo pode ser observada de forma empírica.

Não é raro se deparar com situações ou ouvir relatos de como "já saiu a decisão, eu ganhei o processo, mas ainda não recebi" ou, mesmo, "o advogado ficou com o

Massachusetts, 1990. p. 42-43 (*Apud* KERPEL, Ana Laura Magaloni. ¿Cómo estudiar el derecho desde una perspectiva dinámica? **Centro de Investigación y Docencia Económicas, División de Estudios Jurídicos**, n. 19, p. 11, 2006).

16 KERPEL, Ana Laura Magaloni. ¿Cómo estudiar el derecho desde una perspectiva dinámica? **Centro de Investigación y Docencia Económicas, División de Estudios Jurídicos**, n. 19, p. 11, 2006.

meu dinheiro".

Ambas as situações acima apontadas, em que pese apresentarem cenários distintos, geralmente surgem de um ponto comum a partir dos obstáculos encontrados na "jornada" processual, quais sejam: a lentidão e a falta de clareza.

Muitas vezes, o cidadão acredita que foi lesado, afirmando que o advogado teria ficado com parte do seu dinheiro, que em verdade ocorreu porque o patrono recebeu os seus honorários de sucumbência, que foram legalmente fixados na ação - direito exclusivo do advogado -, mas em nenhum momento o cliente foi informado sobre quais seriam estes valores. Tal situação poderia ser simplesmente resolvida com uma maior clareza e transparência, ou seja, uma maior sincronia informacional entre a justiça e o cidadão. Infelizmente, essa não é a regra da justiça brasileira[17].

Da mesma forma, a afirmação de que o cidadão teria "ganhado o processo", mas ainda não teria "recebido seu direito", muitas vezes ocorre porque foi proferida sentença que esgotou o mérito, mas ainda será necessário iniciar a fase executiva (cumprimento de sentença), para que o direito seja efetivado, mas o cliente não estava ciente dessa necessidade.

Diante de todos esses obstáculos, seja na "porta de entrada", na "jornada" ou na "porta de saída", é perceptível que as maiores barreiras para que o cidadão alcance o seu pleno acesso à justiça se apoiam em dois principais pilares: a falta de clareza e a morosidade no meio jurídico.

Em uma análise histórica, tais problemáticas podem parecer insolúveis, uma vez que acompanham o direito desde os seus primórdios. Entretanto, em que pese o passado não suportar vastas esperanças, o futuro se mostra otimista, uma vez que, com a ajuda das novas tecnologias, os estudiosos globais, cada vez mais conectados, vêm desenvolvendo soluções, em conjunto que prometem auxiliar, em muito, esses pontos de atrito. Dentre essas novas técnicas, uma se destaca: o *Legal Design*.

---

17 Entenda que a falta de clareza não é um privilégio da justiça brasileira, mas um mal internacional. Nesse sentido, diversas iniciativas vêm sendo desenvolvidas, com o intuito de elucidar os termos e procedimentos jurídicos para ampliar o acesso à justiça do cidadão, a exemplo do "The Legal Design Lab", na Universidade de Stanford nos Estados Unidos, e do "Legal Design Turkey", na Turquia. Os apontamentos realizados neste trabalho dizem respeito especificamente à justiça brasileira, pelo fato de ter sido o recorte acadêmico escolhido para a pesquisa, qual seja, o sistema judiciário nacional.

4. *LEGAL DESIGN*: COMO A COMUNIDADE JURÍDICA INTERNACIONAL "TRADUZIU" O DIREITO

A origem do termo "Legal Design" é controversa, uma vez que há diversos artigos e fontes que remontam ao termo expressamente, ou mesmo indiretamente, citando ideais como "*Design of legal framework*", dentre outros - inclusive, em expressões em idiomas variados.

Para os fins do presente trabalho, o referencial teórico utilizado foi Margaret Hagan, professora da Universidade de Stanford, a quem a popularização da expressão indicada é atribuível na contemporaneidade.

Com a mesma problemática em mãos - falta de clareza e lentidão no mundo jurídico - Margareth Hagan utilizou os seus conhecimentos na área, somados aos seus conhecimentos adquiridos na escola de Design[18], para fundar o "*The Legal Design Lab*" em conjunto com a Universidade de Stanford[19]. Esse laboratório foi desenvolvido com a premissa de, contando com um time multidisciplinar, desenvolver uma nova geração de produtos e serviços jurídicos, com abordagem centrada no cidadão comum, que, normalmente, é a mais afetada pelas barreiras indicadas nesse texto.

Uma vez delimitado o recorte acadêmico e o referencial teórico, faz-se necessário aprofundar no conceito e nos seus desdobramentos e implicações na facilitação do acesso à justiça.

Em uma breve síntese, o Legal Design pode ser caracterizado, como[20]:

> *[...] a way of assessing and creating legal services, with a focus on how usable, useful, and engaging these services are. It is an approach with three main sets of resources – process, mindsets, and mechanics – for legal professionals to use. These three resources can help us conceive, build, and test better ways of doing things in law, that will engage*

---

18 CALAZA, Bruno; DAHER PAULO, Renata R. **O legal design como ferramenta para melhorar a experiência do usuário de contratos comerciais**. 2021. Disponível em: http://www.egen.org.br/sites/default/files/O%20Legal%20Design%20como%20Ferramenta%20para%20Melhorar%20a %20Experi%C3%AAncia%20do%20Usu%C3%A1rio%20de%20Contratos%20Comerciais.pdf. Acesso em: 16 jun. 2022.

19 STANFORD LAW SCHOOL. **The Legal Design Lab**. Disponível em: https://law.stanford.edu/organizations/pages/legal-design-lab/. Acesso em: 16 jun. 2022.

20 FALEIROS JÚNIOR, José L. M.; CALAZA, Tales. **Legal design**: teoria e prática. Indaiatuba, SP: Editora Foco, 2021. p. 5

and empower both lay people and legal professionals[21].

O que torna o Legal Design tão inovador e o apresenta como uma solução tão otimista é, principalmente, o fato de resultar de uma combinação de diversas técnicas multidisciplinares, que já se apresentaram como soluções válidas para as suas respectivas áreas do conhecimento, mas agora voltadas especificamente para o meio jurídico. Entre elas, é possível citar a metodologia ágil[22], o *Customer experience*[23], os *nudges*[24], a experiência do usuário[25], o *jobs to be done*[26], entre outros.

Na iniciativa internacional, já é possível localizar instituições se utilizando dessa técnica para criar guias visuais para explicar procedimentos jurídicos complexos[27],

---

21 Em tradução livre, essa seria uma nova forma de acessar e criar serviços jurídicos, com foco na utilidade, na usabilidade e no engajamento. Em outras palavras, é uma técnica/tecnologia que busca empoderar o cidadão e o próprio profissional jurídico, promovendo facilitações que os auxiliem a superar as barreiras encontradas na efetivação do acesso à justiça.

22 "Cultura que se baseia em uma metodologia e princípios, de modo a valorizar indivíduos e interações mais do que processos e ferramentas; software em funcionamento mais que documentação abrangente; colaboração com o cliente mais que negociação de contratos; e responder a mudanças mais que seguir um plano" (UENO, Gisele. Metodologia ágil e o legal design em projetos de transformação digital. *In* FALEIROS JÚNIOR, José L. M.; CALAZA, Tales. **Legal design**: teoria e prática. Indaiatuba, SP: Editora Foco, 2021. p. 31-44).

23 Estratégia de gestão de negócios que coloca o cliente e as suas necessidades no centro de todas as decisões tomadas pela organização (FEIGELSON, Bruno; BRANCO, Fellipe; MOREIRA, Horrara. Legal Customer experience. *In*: FALEIROS JÚNIOR, José L. M.; CALAZA, Tales. **Legal design**: teoria e prática. Indaiatuba, SP: Editora Foco, 2021. p. 45-56).

24 "Termo que pode ser interpretado como um "empurrão". Seria um novo enquadramento de escolhas, feito com a finalidade de superar as tendências inconscientes fazendo com que indivíduos adotem decisões consideradas irracionais" (BASAN, Arthur P.; PROTO, Rhaissa S. Legal design e a utilização de *nudges* nos contratos de consumo. *In*: FALEIROS JÚNIOR, José L. M.; CALAZA, Tales. **Legal design**: teoria e prática. Indaiatuba, SP: Editora Foco, 2021. p. 175-191)

25 "Todas as vivências de uma pessoa com uma marca, produto ou serviço, seja no momento de compra ou no de uso, incluindo a parte emocional" (TELLES, Camilla. Experiência do usuário (*user experience*) e legal design. *In*: FALEIROS JÚNIOR, José L. M.; CALAZA, Tales. **Legal design**: teoria e prática. Indaiatuba, SP: Editora Foco, 2021. p. 193-209)

26 "Trata-se da verdadeira 'tarefa a ser cumprida' por um produto ou serviço, ou seja, a sua real finalidade" (CALAZA, Bruno; CALAZA, Tales. *Jobs to be done* e o legal design. *In*: FALEIROS JÚNIOR, José L. M.; CALAZA, Tales. **Legal design**: teoria e prática. Indaiatuba, SP: Editora Foco, 2021. p. 245-255).

27 STANFORD LAW SCHOOL. **The Legal Design Lab** - Court visual guides. Disponível

websites com linguagem acessível para auxiliar a visualização dos direitos do indivíduo como cidadão[28] e aplicativos para permitir uma comunicação facilitada entre os tribunais e as partes[29].

Já no âmbito nacional, é possível verificar iniciativas nesse sentido pelo Poder Judiciário[30], pelo Ministério Público[31] e pelos próprios advogados[32], todos em prol de um único objetivo: tornar o meio jurídico brasileiro mais acessível, potencializando o acesso à justiça.

5. O *LEGAL DESIGN* COMO INSTRUMENTO POTENCIALIZADOR DO ACESSO À JUSTIÇA

Conforme pontua José Renato Nalini, "o primeiro compromisso do juiz empenhado em ampliar o acesso à Justiça, portanto, será com a disseminação do conhecimento do direito"[33].

Uma justiça clara, transparente, produz reflexos benignos não somente na barreira da "falta de clareza", como, consequentemente, implicará, também, uma justiça mais célere, uma vez que as omissões e obscuridades são alguns dos grandes responsáveis pela mora que tanto assola a justiça nacional.

---

em: https://www-cdn.law.stanford.edu/wp-content/uploads/2017/09/legal-design-lab-32.png. Acesso em: 16 jun. 2022.

28 HAMILTON COUNTY MUNICIPAL COURT. **Help Center**. Disponível em: https://eviction.cincyhelpcenter.org/. Acesso em: 16 jun. 2022.

29 LEGAL DESIGN LAB. **The Court Messaging Project**. Disponível em: https://legaltechdesign.com/CourtMessagingProject/. Acesso em: 16 jun. 2022.

30 CLEMENTINO, Marco B. M. Legal design no poder judiciário. *In:* FALEIROS JÚNIOR, José L. M.; CALAZA, Tales. **Legal design**: teoria e prática. Indaiatuba, SP: Editora Foco, 2021. p. 319-340

31 MOURÃO, Pedro Borges; Legal design no ministério público. *In:* FALEIROS JÚNIOR, José L. M.; CALAZA, Tales. **Legal design**: teoria e prática. Indaiatuba, SP: Editora Foco, 2021. p. 341-360

32 COELHO, Lillian S. O. Legal design e *visual law* - cases práticos. *In:* FALEIROS JÚNIOR, José L. M.; CALAZA, Tales. **Legal design**: teoria e prática. Indaiatuba, SP: Editora Foco, 2021. p. 109-121

33 NALINI, J. R. Novas perspectivas no acesso à justiça. **Revista CEJ**, v. 1, n. 3, p. 61-69, dez. 1997.

Nalini aponta que há, pelo menos, duas vertentes para que um magistrado mitigue os obstáculos levantados neste trabalho: uma de vertente institucional e outra pessoal. Na vertente institucional, o magistrado pode desempenhar importante papel divulgando toda sorte de informações com explicações facilitadoras do acesso à justiça[34]:

> Nada impede se divulgue, por exemplo, "Como obter assistência judiciária", "Como pedir alimentos", "Como regularizar a separação", "Como regularizar a sua propriedade", "Como retificar o seu nome", "Como receber de volta o empréstimo compulsório", "Como litigar nas Pequenas Causas", "Como abrir o inventário", dentre muitas outras hipóteses.
> Os tribunais devem manter serviço de atendimento facilitado, para fornecer informações sobre andamento de processo, sobre o endereço da assistência judiciária, sobre problemas jurídicos concretos de toda ordem. E isso por meio de telefone, de *fac-símile*, de guichês com funcionários treinados e conscientes de que o povo é seu patrão. Somente o pobre brasileiro sabe explicar o quão é maltratado nas repartições públicas. O Judiciário poderia reverter esse quadro, desenvolvendo um programa de transparência, dando-se a conhecer ao cidadão através de ações de caráter essencialmente informativo.
> Os tribunais e associações têm o dever de manter a população informada. Divulgando os endereços dos foros, e dos organismos vinculados à realização da Justiça, os horários de realização das audiências, o funcionamento dos juizados especiais, e outros dados de interesse, inclusive prestando contas da produtividade do Judiciário. Projetos mais ambiciosos poderiam sugerir as Cartilhas de Cidadania, contendo o elenco dos direitos que consubstanciam o direito a ter direitos. Em linguagem acessível, de compreensão por qualquer do povo, com forma atraente e suscetível de operacionalização mediante recurso à prestigiada classe dos publicitários brasileiros. Não é demasia pensar-se em uma série de folhetos, sob a denominação "Eu e a Justiça", subdividindo-se em "Eu e a Constituição", "Eu e o Direito da Família", "Eu e o Direito de Propriedade", "Eu e o meu emprego", "Eu e o Direito Penal", além de outros títulos. A denominação com ênfase no pronome pessoal da primeira pessoa tem o intuito de prestigiar a consciência da cidadania.

Nesse sentido, laboratórios de inovação nascidos em Universidades e Faculdades nacionais já vêm promovendo trabalhos nesse sentido, de realizar parcerias com o

34 NALINI, J. R. Novas perspectivas no acesso à justiça. **Revista CEJ**, v. 1, n. 3, p. 61-69, dez. 1997.

Poder Judiciário, de modo a tornar a justiça mais informativa e acessível por uma linguagem simplificada e ilustrações didáticas[35].

Já na vertente pessoal, o magistrado pode disseminar o conhecimento do direito pelas suas decisões, afinal[36]:

> Cada juiz, quando julga, exerce função docente. Está ensinando Direito, está divulgando o correto, está demonstrando qual o verdadeiro sentido e alcance da lei.
> A decisão é uma aula. E como aula de Direito, pode ser clara, atraente e eficaz. Ou obscura, aborrecida e destituída de relevo, circunscrevendo-se aos limites do processo em que exarada. [...]
> Faz-se necessário reconhecer que o hermetismo da linguagem dificulta o acesso à Justiça. Pois a linguagem judiciária tem, na opinião pública, má reputação. Não se confunda a necessidade de utilização escorreita de termos técnicos com o apego ao arcaísmo, à excessiva repetição das mesmas expressões, ao caráter rebarbativo que ainda se encontra em grande número de peças processuais.

Nesse sentido, magistrados já vêm desenvolvendo trabalhos para tornar a interpretação das suas decisões mais acessíveis ao cidadão, de modo que possa entender o seu conteúdo sem maiores dificuldades, independente da "tradução" do seu conteúdo por um expert da área[37].

Com ações como as descritas acima, todo o meio jurídico se movimenta no sentido de tornar efetivo o direito constitucional de acesso à justiça, não somente na "porta de entrada", no que tange a levar ao conhecimento do cidadão os seus direitos e enxergar o Poder Judiciário como algo "alcançável", mas também em relação à "jornada", uma vez que seria possibilitado ao indivíduo acompanhar as etapas processuais e saber com precisão os próximos passos, assim como na "porta de saída", na qual também seriam providenciados esclarecimentos sobre a efetivação dos direitos garantidos com a prestação jurisdicional efetivada.

---

35 Algumas instituições, a título exemplificativo, que já vêm desenvolvendo trabalhos nesse sentido, são o Laboratório de Inovação da Faculdade de Direito, de São Bernardo do Campo, e o Laboratório de Direito e Design, da Universidade Federal de Uberlândia.

36 NALINI, J. R. Novas perspectivas no acesso à justiça. **Revista CEJ**, v. 1, n. 3, p. 61-69, dez. 1997.

37 AZEVEDO, Bernardo de. **Juíza goiana adota visual law em resumos de sentenças**. Disponível em: https://bernardodeazevedo.com/conteudos/juiza-goiana-adota-visual-law-em-resumos-de-sentencas/. Acesso em: 16 jun. 2022.

Dessa forma, o atual ônus de ação seria revertido para o seu ideal original de direito de ação[38], de modo que o meio jurídico "se abra, se torne parte do cotidiano e perca o seu sopro de mágica não humana"[39].

6. CONCLUSÃO

O acesso à justiça, em que pese ser uma das premissas mais básicas para um Estado Democrático de Direito, muitas vezes não é efetivado, tendo em vista que encontra barreiras históricas e culturais para o seu pleno exercício.

Dentre os obstáculos localizados, dois se destacam: a morosidade dos processos judiciais e a falta de clareza no meio jurídico. Ambos se apresentam como empecilhos para o cidadão exercer seus direitos de forma plena e alcançar a justiça, seja como "porta de entrada", seja no curso de seu processo, ou mesmo após a prestação jurisdicional, no momento de ver o seu direito efetivado.

Nesse contexto, o *Legal Design* surge como uma possível solução para as barreiras localizadas, pois combina conceitos multidisciplinares para proporcionar processos mais claros, menos burocráticos e mais céleres, no que tange aos procedimentos adotados pelo Poder Judiciário brasileiro.

REFERÊNCIAS

AZEVEDO, Bernardo de. **Juíza goiana adota visual law em resumos de sentenças**. Disponível em: https://bernardodeazevedo.com/conteudos/juiza-goiana-adota-visual-law-em-resumos-de-sentencas/. Acesso em: 16 jun. 2022.

BASAN, Arthur P.; PROTO, Rhaissa S. Legal design e a utilização de *nudges* nos contratos de consumo. *In*: FALEIROS JÚNIOR, José L. M.; CALAZA, Tales. **Legal design**: teoria e prática. Indaiatuba, SP: Editora Foco, 2021.

BORGES SILVA; Juvêncio. O acesso à justiça como direito fundamental e sua

38 NALINI, J. R. Novas perspectivas no acesso à justiça. **Revista CEJ**, v. 1, n. 3, p. 61-69, dez. 1997.

39 Paráfrase da reflexão apresentada por NALINI, J. R. Novas perspectivas no acesso à justiça. **Revista CEJ**, v. 1, n. 3, p. 61-69, dez. 1997.

efetivação jurisdicional. **Revista de Direito Brasileira**, v. 4, n. 3, p. 480, 2013.

BRASIL. **Constituição (1988)**. Constituição da República Federativa do Brasil. Brasília, DF: Senado Federal: Centro Gráfico, 1988.

CALAZA, Bruno; CALAZA, Tales. *Jobs to be done* e o legal design. *In*: FALEIROS JÚNIOR, José L. M.; CALAZA, Tales. **Legal design**: teoria e prática. Indaiatuba, SP: Editora Foco, 2021.

CALAZA, Bruno; DAHER PAULO, Renata R. **O legal design como ferramenta para melhorar a experiência do usuário de contratos comerciais.** 2021. Disponível em: http://www.egen.org.br/sites/default/files/O%20Legal%20Design%20 como %20Ferramenta%20para%20Melhorar%20a%20Experi%C3%AAncia%20do%20Usu%C3%A1rio%20de%20Contratos%20Comerciais.pdf. Acesso em: 16 jun. 2022.

CLEMENTINO, Marco B. M. Legal design no poder judiciário. *In:* FALEIROS JÚNIOR, José L. M.; CALAZA, Tales. **Legal design**: teoria e prática. Indaiatuba, SP: Editora Foco, 2021.

COELHO, Lillian S. O. Legal design e *visual law* - cases práticos. *In:* FALEIROS JÚNIOR, José L. M.; CALAZA, Tales. **Legal design**: teoria e prática. Indaiatuba, SP: Editora Foco, 2021. p. 109-121

FALEIROS JÚNIOR, José L. M.; CALAZA, Tales. **Legal design**: teoria e prática. Indaiatuba, SP: Foco, 2021.

FALEIROS JÚNIOR, José L. M.; CALAZA, Tales. **Legal design**: teoria e prática. Indaiatuba, SP: Editora Foco, 2021. p. 45-56

FEIGELSON, Bruno; BRANCO, Fellipe; MOREIRA, Horrara. Legal Customer experience. *In*:

HAMILTON COUNTY MUNICIPAL COURT. **Help Center**. Disponível em: https://eviction.cincyhelpcenter.org/. Acesso em: 16 jun. 2022.

KERPEL, Ana Laura Magaloni. ¿Cómo estudiar el derecho desde una perspectiva dinámica? **Centro de Investigación y Docencia Económicas, División de Estudios Jurídicos**, n. 19, 2006.

LEGAL DESIGN LAB. **The Court Messaging Project**. Disponível em: https://legaltechdesign.com/CourtMessagingProject/. Acesso em: 16 jun. 2022.

MOURÃO, Pedro Borges; Legal design no ministério público. *In:* FALEIROS

JÚNIOR, José L. M.; CALAZA, Tales. **Legal design**: teoria e prática. Indaiatuba, SP: Editora Foco, 2021. p. 341-360

NALINI, J. R. Novas perspectivas no acesso à justiça. **Revista CEJ**, v. 1, n. 3, p. 61-69, dez. 1997.

POSNER, Richard A. The problems os jurisprudence. Harvard University Press, Cambridge, Massachusetts, 1990. p. 42-43 (*Apud* KERPEL, Ana Laura Magaloni. ¿Cómo estudiar el derecho desde una perspectiva dinámica? **Centro de Investigación y Docencia Económicas, División de Estudios Jurídicos**, n. 19, p. 11, 2006).

SADEK, Maria Tereza Aina. Acesso à justiça: um direito e seus obstáculos. **Revista USP**, , n. 101, 2014.

SADEK, Maria Tereza Aina. Acesso à justiça: um direito e seus obstáculos. **Revista USP**, n. 101, p. 60, 2014.

SALA, José Blanes. **A leitura antropológica do princípio da não discriminação**. Disponível em: https://nadir.fflch.usp.br/sites/nadir.fflch.usp.br/files/upload/ paginas/JSE%20BLANES.pdf. Acesso em: 11 jun. 2022.

SILVA, Juvêncio Borges. O acesso à justiça como direito fundamental e sua efetivação jurisdicional. **Revista de Direito Brasileira**, v. 4, n. 3, 2013.

STANFORD LAW SCHOOL. **The Legal Design Lab** - Court visual guides. Disponível em: https://www-cdn.law.stanford.edu/wp-content/uploads/2017/09/legal-design-lab-32.png. Acesso em: 16 jun. 2022.

TELLES, Camilla. Experiência do usuário (*user experience*) e legal design. *In*: FALEIROS JÚNIOR, José L. M.; CALAZA, Tales. **Legal design**: teoria e prática. Indaiatuba, SP: Editora Foco, 2021. p. 193-209

CALAZA, Tales. O *Legal Design* como potencializador do acesso à justiça. *In:* MENESES, Heloísa Corrêa; SILVA, Tiago Nunes da; RAMONE TAVARES, Viviane; TEIXEIRA, Wendel de Brito Lemos (Coords.). **Anuário da OAB Uberlândia 2022/2023.** Uberlândia: Marco Teórico, 2023. pp. 369-386.

O *MARKETING* JURÍDICO PARA O OPERADOR DO DIREITO

22

Yuri Resende Naves
Lucas Tadeu Silva Caetano de Oliveira

RESUMO:

O presente artigo aborda a temática do Marketing Jurídico, uma ferramenta necessária para o advogado e quais ações de Marketing podem ser executadas pelos advogados no âmbito digital. O objetivo é promover a marca do advogado ou escritório, fidelizar clientes e parceiros, viabilizando a prospecção dos novos clientes na advocacia, pelo conteúdo informativo.

PALAVRAS-CHAVE:

Marketing. *Marketing* Jurídico. Provimento 205/21.

1. INTRODUÇÃO

O presente trabalho reúne conceitos-chave e importantes para o advogado, buscando compreender, de forma resumida e estratégica, como utilizar o marketing jurídico na sua advocacia, diante das limitações impostas pelo código de ética profissional.

Por isso, neste artigo é exposto, de modo breve, o conceito de marketing e como ele se relaciona com as necessidades do cliente, em seguida, explana-se sobre o marketing jurídico, uma novidade incluída no provimento 205/21, que é uma forma de dar publicidade ao conteúdo jurídico.

Logo depois, aborda-se de forma objetiva o meio de marketing que o advogado pode utilizar, pelo *inbound* e, por fim, as ferramentas que esse profissional tem para prospectar clientes pelos canais on-line.

Então, o objetivo do trabalho não é exaurir conceitos importantes sobre marketing e principalmente o marketing aplicado à advocacia, até porque a tecnologia e a informação evoluem em um ritmo muito acelerado, de modo que este artigo pode tornar-se obsoleto ao longo do tempo.

À vista disso, há a importância da leitura do artigo pelo operador do direito para entender conceitos-chave relacionado ao marketing e, assim, aprimorar as suas redes sociais e dominar as ferramentas de marketing para os dias atuais, pós-provimento 205/21.

2. DESENVOLVIMENTO

2.1. *Marketing*

As relações de mercado fomentam a necessidade das empresas e/ou profissionais liberais desenvolverem estratégias que fazem com que a sua atividade habitual seja muito lucrativa, mediante a prospecção e a consolidação de clientes para alavancar o modelo de negócio. Em função disso, surgem ferramentas capazes de conectar o potencial cliente ao fornecedor de serviço e/ou produto.

O marketing é uma dessas ferramentas que intensifica as relações de mercado, pelos métodos capazes de avaliar como as empresas e/ou profissionais liberais geram identificação do cliente com a marca e obter a consolidação da imagem.

Nessa perspectiva, Kotler conclui que o marketing visa satisfazer as necessidades, sendo essencial para atingir o planejamento mercadológico: "Marketing é a atividade humana dirigida para satisfazer necessidades e desejos por meio de troca" (KOTLER; KELLER, 2012).

As necessidades e os desejos só são alcançados pelas ferramentas que auxiliam o cliente na assimilação do produto e/ou serviço, proporcionando alguma vantagem realizada pela troca, que é o chamado custo-benefício.

Na relação de troca é considerado: o produto e/ou serviço, o preço, a praça e a promoção, com o objetivo de conseguir o melhor proveito da relação e atingir o resultado da estratégia de mercado.

A ideia é trabalhar os conceitos-chave do marketing, conhecidos como 4 P's para a formulação de estratégias e definição de ações desenhadas a partir de análises sistemáticas do mercado, fazendo recortes de cenário, com o intuito de lançar um produto e/ou serviço no mercado de consumo.

Assim, é importante ter um produto para que seja validado e colocado no mercado, devendo ele ser pensado para atingir um nicho, uma necessidade, que será suprida pelo próprio produto. Por isso, há a importância de conhecer o local, a praça em que será comercializado, bem como, qual o tipo de comunicação adotar para atingir o público-alvo, promovendo o produto e mostrando os benefícios ao adquirir o produto, deixando o cliente ciente do preço do produto em troca do serviço executado.

Para a *American Marketing Association*, a definição dos 4P's são:

Os 4 P's do marketing

PRODUTO
Um produto é definido como um conjunto de atributos (características, funções, benefícios e usos) capazes de troca ou uso, geralmente uma mistura de formas tangíveis e intangíveis. Assim, um produto pode ser uma ideia, uma entidade física (bens), um serviço ou qualquer combinação dos três. Existe com o propósito de troca, na satisfação de objetivos individuais e organizacionais
PREÇO
É a razão formal que indica a quantidade de dinheiro, bens ou serviços necessários para adquirir uma determinada quantidade de bens ou serviços. É o valor que um cliente deve pagar para adquirir um produto.
PRAÇA
Refere-se ao ato de comercializar e levar produtos aos consumidores. Também é usado para descrever a extensão da cobertura de mercado para um determinado produto, seja representada por lugar ou colocação.

PROMOÇÃO
O marketing de promoção inclui táticas que incentivam a compra de curto prazo, influenciam o julgamento e a quantidade de compra, e são muito mensuráveis em volume, participação e lucro. Os exemplos incluem cupons, sorteios, descontos, prêmios, embalagens especiais, marketing e licenciamento relacionados às causas.

Fonte: Autor (2022)

Então, nesse eixo, a American Marketing Association (2017) ressalta que o "Marketing é a atividade, conjunto de instituições e processos para criar, comunicar, entregar e trocar ofertas que tenham valor para clientes, clientes parceiros e a sociedade em geral".

2.2. O marketing jurídico e o provimento 205/21

Conforme explanamos sobre o marketing, sendo uma ferramenta que serve para gerar conexão com o cliente e, a partir disso, realizar troca para atender a necessidade dele, ao operador do direito se faz necessário utilizar a ferramenta para se posicionar no mercado advocatício e ter a identificação da sua marca com o serviço e/ou produto que efetivamente está desenvolvendo, para fins de prospecção e consolidação de clientes.

Em consonância com o provimento de n. 205/2021, o conselho federal da Ordem dos Advogados do Brasil definiu o que é marketing jurídico, que é: "Especialização do marketing destinada aos profissionais da área jurídica, consistente na utilização de estratégias planejadas para alcançar objetivos do exercício da advocacia", conforme o Art. 2°, inciso I, do provimento 205/2021.

Então, o marketing jurídico é reservado ao operador do direito, aquele que exerce profissionalmente atividades de alcance jurídico, seja o advogado, os estagiários, auxiliares, dentre outros, que atuam na área jurídica.

O propósito na utilização da ferramenta de marketing pelos advogados é fazer com que o modelo estratégico de negócio seja conhecido, que a atividade da advocacia seja divulgada de forma informativa e instrutiva, precisando que as informações sejam verdadeiras e não levem o público ao erro, porque, do contrário, o advogado pode ser responsabilizado.

Em compensação, a intenção também é tornar o profissional conhecido pela atividade que exerce. Por esse motivo, há a responsabilidade em criar uma imagem profissional para ser lembrado, criando laços com o público, para que quando esse público precisar de alguma solução jurídica que solucione a demanda, ele possa ser lembrado e contactado.

À vista disso, urge a preocupação em ter uma imagem positiva para prospectar novos clientes e aumentar as demandas judiciais, sem desvirtuar a aparência que criou diante do mercado. Em razão disso, devem ser respeitados os preceitos éticos das limitações impostas ao profissional do direito.

Uma dessas limitações é a captação de cliente, pois o marketing jurídico não pode induzir a pessoa a litigar e consequentemente fechar um contrato com o advogado, uma vez que esse é conteúdo meramente informativo, divulgando e levando conhecimento jurídico.

Para tanto, o advogado pode promover a prospecção de cliente pelas redes sociais e sites que orientam conceitos jurídicos e rotinas na advocacia de forma sóbria, que não configure mercantilização da profissão.

Por isso, é importante que o advogado se posicione de forma estratégica, utilizando as ferramentas de marketing para criar autoridade no assunto, mostrando ao público os direitos e garantias inerentes a eles, devendo, assim, financiar o marketing de conteúdo.

O advogado está adstrito ao código de ética, então, é terminantemente proibido fazer propaganda do escritório de advocacia em rádios e tv, utilizar o marketing direto, como entregar panfletos ou serviço de telemarketing oferecendo serviço jurídico. Ademais, é proibido induzir a contratação de serviços advocatícios por e-mail, WhatsApp, direct, dentre outros meios, informando honorários e ofertas que mostram alguma vantagem.

Em vista disso, com o advento do provimento 205/21, no artigo 3° e incisos, são evidenciadas as condutas proibidas para não considerar a captação de clientela, a saber:

> Art. 3º A publicidade profissional deve ter caráter meramente informativo e primar pela discrição e sobriedade, não podendo configurar captação de clientela ou

> mercantilização da profissão, sendo vedadas as seguintes condutas:
> I - Referência, direta ou indireta, a valores de honorários, forma de pagamento, gratuidade ou descontos e reduções de preços como forma de captação de clientes;
> II - Divulgação de informações que possam induzir a erro ou causar dano a clientes, a outros(as) advogados(as) ou à sociedade;
> III - anúncio de especialidades para as quais não possua título certificado ou notória especialização, nos termos do parágrafo único do art. 3º-A do Estatuto da Advocacia;
> IV - Utilização de orações ou expressões persuasivas, de auto engrandecimento ou de comparação;
> V - Distribuição de brindes, cartões de visita, material impresso e digital, apresentações dos serviços ou afins de maneira indiscriminada em locais públicos, presenciais ou virtuais, salvo em eventos de interesse jurídico.

Nesse condão, Bertozzi, na sua época, já fazia dura crítica e precisa no que diz respeito às limitações éticas impostas ao advogado, relacionado ao marketing jurídico:

> O marketing jurídico é o cérebro que planeja, organiza e pensa estrategicamente o posicionamento da marca. Nada tem com distribuição de folhetos em portas de fábricas, mala direta indiscriminada ou algum tipo de comunicação desastrada. Existe o jeito certo de fazer comunicação, rigorosamente dentro do código de ética. E existe o jeito errado de fazer, adotado por inúmeros profissionais que provavelmente desconhecem o que funciona ou não dentro da ética. E são esses que provocam confusão no mercado. Marketing jurídico é o querer inovar, desenvolver novas áreas, perceber novos mercados e criar o capital intelectual (BERTOZZI, 2012, p. 187).

Em síntese, o marketing jurídico vincula o profissional do direito, de forma estratégica, para atingir objetivos da atividade advocatícia, por ferramentas que fazem a divulgação do conteúdo jurídico, de forma clara e objetiva, não induzindo o público ao erro sobre o conteúdo, quanto à pessoa do advogado e a sua qualificação.

2.3. *Marketing* para o advogado

O advogado está adstrito ao código de ética da OAB, assim, podendo fazer o marketing de conteúdo, utilizando-o taticamente para fins de atrair o público por um *inbound*, uma técnica de produção de conteúdo que fará com que o profissional do direito crie autoridade e consolide a sua marca na seara jurídica, corroborado pelo entendimento de Bertozzi.

> O marketing é a principal arma para posicionar o profissional ou escritório jurídico num mercado altamente competitivo e deve ser incansável para obter os melhores resultados. A formatação adotada é de planejamento estratégico constante, visando à segmentação de grupos de ações cuja estrela maior é o intelecto (BERTOZZI, 2012, p. 43).

O *inbound* marketing é uma técnica passiva e concerne a ferramentas para trazer interação do público com o conteúdo, acenando para potenciais clientes.

Dessa forma, a exibição do conteúdo deve ser um processo de descobrimento, que empolga a pessoa a interagir e estabelecer um contato, pela identificação com o conteúdo.

Para isso, o advogado deve produzir conteúdo que envolva a pessoa, utilizando gatilhos que faz a pessoa, potencial cliente, assimilar o conteúdo exposto a algum acontecimento que gera valor na sua vida.

Assim, o conteúdo jurídico deve provocar emoções, que mostra uma necessidade, alguma vantagem, para a pessoa buscar mais informações e viabilizar um futuro contato, de forma que apresente para o indivíduo o que ele precisa, sem saber que precisava.

A razão do marketing de conteúdo é instruir e educar as pessoas relativas aos direitos delas, seja em qualquer ramo do direito, sem incentivar a pessoa querer litigar. O conteúdo não deve ser feito de forma que configure captação, pois não é uma venda ativa de serviços jurídicos.

Dado isso, o conteúdo jurídico tem que ter qualidade, ser criterioso sobre o que vai informar, de forma pensada e estratégica para atingir o público e gerar conexão, apresentando um conteúdo correto e válido.

O processo de criação de conteúdo não pode incorrer em infração ética disciplinar e, em nenhum, momento pode ofertar a prestação de serviço, mas se pode gerar a conexão pela recompensa, por exemplo, o advogado desenvolveu um e-book sobre direito sucessório e disponibilizou gratuitamente na rede, em troca, a pessoa forneceu o e-mail para fazer o download do arquivo. A partir disso, já se obtém o contato com o público.

Feita a conexão, é preciso converter o público em prospecto, consolidando a relação de maneira positiva, sem demonstrar interesses que afastariam a pessoa fechar um contrato de honorários, não sendo inconveniente e afastando o prospecto da rede de relacionamento.

2.4. Ferramentas de marketing para o advogado e limites éticos

Antes de tratarmos das ferramentas de marketing, faz-se necessário explanar sobre como gerar atração de audiência, em quais as plataformas o advogado poderá vincular o seu conteúdo, em Facebook, Instagram, LinkedIn, Google Meu Negócio, Google Ads, Youtube, Blogs, dentre outras, em concordância com o entendimento do Tribunal de Ética e Disciplina da OAB/SP.

> IMPULSIONAMENTO DE POSTAGENS NO INSTAGRAM, FACEBOOK, GOOGLE, SITES E OUTRAS REDES SOCIAIS – POSSIBILIDADE -- LIMITES ÉTICOS – PROVIMENTO Nº 205/2021.
> É permitido a publicidade e a publicação de conteúdo da advocacia no Instagram, Facebook, Google, sites ou outras redes sociais na Internet, com impulsionamento, desde que não esteja incutida a mercantilização, a captação de clientela ou emprego excessivo de recursos financeiros e que seja observado o caráter informativo, a veracidade das informações veiculadas, com moderação e sobriedade, respeitando-se, sempre as normas éticas do Estatuto do Advogado e da OAB, do Código de Ética e Disciplina e os preceitos contidos no Provimento 205/2021. A falta de ética na publicidade da advocacia não está no meio de sua divulgação, mas sim no seu conteúdo e sua finalidade, que permanecem regrados pelo nosso Código de Ética e pelo Estatuto da Advocacia e OAB. Proc. E-5.679/2021 - v.u, em 11/11/2021, parecer e ementa do Rel. O Dr. LUIZ GASTÃO PAES DE BARROS LEÃES FILHO, Rev. Dr. SYLAS KOK RIBEIRO - Presidente Dr. GUILHERME MARTINS MALUFE.

Ao atrair esse público, é preciso que o conteúdo trate de alguma dor daquela pessoa, gerando afinidade com a informação, mostrando para o potencial cliente qual é a oportunidade que ela tem e que não deve perdê-la, para, a partir disso, aumentar o interesse e ela envolver-se com o conteúdo, compartilhando, comentando e curtindo a publicação.

No segundo momento, é importante filtrar as pessoas que se relacionam com sua publicação para estabelecer uma rede de relacionamento e enviar mais conteúdos jurídicos que elas estão interessadas, mantendo sempre a pessoa na rede de contato e reforçando a sua autoridade de advogado.

A intenção em publicar um conteúdo é divulgar, dar publicidade ao tema jurídico, diferentemente da captação de cliente que induz a pessoa a contratar um serviço, pois nesse tipo de divulgação, vai-se publicar e chamar atenção para a pessoa querer mais o seu conteúdo.

Um exemplo disso é que quando se faz a publicação no Instagram, convida-se a pessoa para comentar o que quer saber mais sobre o conteúdo e, se ela responder, gera-se a conexão, enviando uma mensagem no direct, solicitando o e-mail para enviar constantemente assuntos jurídicos do interesse dela, mantendo um relacionamento e lembrança do advogado.

Então, o próximo passo será converter o prospecto em potencial cliente ou alguma indicação. Por isso, o marketing jurídico se faz necessário, não para induzir ou propor uma oferta de prestação de serviços jurídicos, o que é terminantemente proibido, mas para mostrar uma necessidade ou uma dor que precisa ser resolvida, fazendo com que o prospecto possa buscar o seu auxílio jurídico.

No ecossistema digital existe uma variedade de plataformas que o advogado pode utilizar para vincular o seu conteúdo jurídico e usar como suporte para a estratégia de marketing, como foi dito no início desse item.

2.5. Ementário

PUBLICIDADE - FACEBOOK - PÁGINA DE ESCRITÓRIO DE ADVOGADOS - A NÚMERO INDETERMINADO DE PESSOAS E VIA PATROCINADOR - POSSIBILIDADE - PUBLICAÇÃO DE DECISÃO FAVORÁVEL AO ESCRITÓRIO DE ADVOCACIA - INFRAÇÃO ÉTICA - CAPTAÇÃO ILEGAL DE CLIENTELA. A presença de escritório de advocacia na rede social **é permitida** tanto por meio da criação de páginas como de conteúdo patrocinado. **O Facebook** serve de envio de notícias, às pessoas que se cadastraram, por meio do botão curtir, só recebendo essas notícias **aqueles que estabelecerem conexão com a página**, tendo os usuários a liberdade de seguir ou não tais páginas, no momento em que quiserem. Deixando de curti-las, cessarão de receber as informações. O recurso denominado conteúdo patrocinado do Facebook, consistente em anúncios desenvolvidos por empresas que pagam para exibi-los aos usuários, também não fere o regramento ético da publicidade dos advogados, desde que respeitados os limites éticos da legislação específica. Esse tipo de anúncio informa ao usuário como acessar a página do Facebook ou a web site do escritório. A publicidade há de ser objetiva, **ter caráter meramente informativo**, sem qualquer conotação comercial ou de autopromoção que visem angariar ilegalmente clientela. A publicação de decisão favorável ao escritório de advocacia, em página do Facebook, viola essa regra, caracterizando-se, em tese, como captação ilegal de clientes (Inteligência dos artigos 5º, 39 e seguintes do CED, artigos 1º, e 4º e 5º do Provimento 94/2000 do Conselho Federal da OAB e artigo 34, IV, do Estatuto da Advocacia e da OAB. Precedentes: E-4.176/2012, E-3.679/2008, E-4.685/2016, E-4.200/2008 e E-4.278/2013. Proc. E-5.044/2018 - v.u, em 26/07/2018, do parecer e ementa da Rel. A Dra. CÉLIA MARIA NICOLAU RODRIGUES, Rev. Dr. FÁBIO GUIMARÃES CORRÊA MEYER - Presidente em exercício Dr. CLÁUDIO FELIPPE ZALAF).

MARKETING JURÍDICO UTILIZAÇÃO DE APLICATIVOS DE PLATAFORMA DIGITAL - POSSIBILIDADE - NECESSIDADE DE RESPEITAR LIMITES ÉTICOS. Ao advogado não é proibido fazer marketing ou anunciar os seus serviços profissionais, desde que o faça com discrição e moderação. O que lhe é vedado é sair da área discreta e moderada da publicidade, se envolvendo em métodos ou **táticas que buscam a captação desleal de clientes**, denegrindo o serviço público e a função social do ministério do advogado e configurando clara hipótese de mercantilização. Essas diretrizes se aplicam a informes e publicidade em sítios eletrônicos e locais/eventos físicos. USO DE APLICATIVOS - POSSIBILIDADE PARA DIVULGAÇÃO E PUBLICIDADE, OBSERVADAS AS REGRAS ÉTICAS APLICÁVEIS A QUALQUER OUTRO MEIO DE DIVULGAÇÃO E PUBLICIDADE - Possibilidade de uso para facilitar a comunicação e/ou melhorar a prestação de serviços jurídicos. Não é admitido o uso de aplicativos de forma indiscriminada para responder consultas jurídicas a não clientes - inadmissível mercantilização da advocacia. Há infração ética por parte do advogado que se associa a uma plataforma que tenha como objetivo oferecimento de serviços jurídicos sem autorização para tanto (Proc. E-5.343/2019 - v.m, em 04/03/2020, do parecer e ementa do Rel. O Dr. EDUARDO AUGUSTO ALCKMIN JACOB, Rev. Dr. FÁBIO TEIXEIRA OZI - Presidente Dr. GUILHERME MARTINS MALUFE).

PUBLICIDADE - PROPAGANDA - MARKETING - LIMITES ÉTICOS
Ao advogado não é proibido anunciar seus serviços profissionais, desde que o faça com discrição e moderação (arts. 28 a 34 do CED). Quando, saindo da área discreta e moderada da publicidade, se envolve em métodos ou táticas de marketing - que trazem em si a idéia da concorrência - e ingressa na área da captação desleal de clientes, denigre o serviço público, que dele se espera, e a função social do seu ministério, que é incompatível com a mercantilização (art. 3º do EAOAB e 5º e 7º do CED). É lícito o advogado prestar-se a participar em programa de rádios, de TV, dar entrevistas, discutir publicamente temas de interesse geral, porém, sem fazer dessas oportunidades ou desses meios de comunicação motivo ou azo a auto promoção ou oferta de serviços, mormente se o fizer com o espírito de 'guerrilha' das estratégias concorrenciais, que, em advocacia, são sinônimo de desonestidade; no mínimo, de

deslealdade. (Precedentes e Provimento 94/2000 do CF. Proc. E-2.800/03 - v.u. em 13/11/03 do parecer e ementa do Rel. O Dr. ERNESTO LOPES RAMOS - Rev. O Dr. JOÃO TEIXEIRA GRANDE - Presidente Dr. ROBISON BARONI).

3. CONCLUSÃO

Diante do exposto, aprendemos o conceito de momento "uau", no qual o cliente experimenta o recebimento de mais valor do que apenas o que comprou. Esse fator diferencia empresas, serviços e mercadorias. Ocorre que isso se aplica também à produção de conteúdo jurídico informativo para clientes do escritório de advocacia na Internet. Para além do simples atendimento processual, faz-se mister ressaltar que existem desejos e sentimentos que, por vezes, não são expressados pelos clientes, mas que almejam ser atendidos e surpreendidos.

Vale destacar que o marketing jurídico digital não é somente uma ideia nova a respeito da maneira de divulgar a profissão de advogado, mas uma realidade presente na vida das pessoas. Conforme demonstrado acima, as ferramentas digitais na Internet já são consideradas eficientes pelos clientes para transmissão de conteúdo jurídico informativo.

Atualmente, o consumidor passou a ter mais voz e a interagir com uma comunidade digital. Por isso, é importante para os escritórios de advocacia deixar boas impressões acerca dos serviços prestados. Dessa maneira, as publicações de conteúdo jurídico informativo pelas ferramentas digitais auxiliam a comunicação com o cliente, permitindo a realização de um serviço com eficiência para a sociedade, os clientes e os advogados.

Vê-se, pois, que essa realidade tal como se configura, apresenta ao profissional advogado uma oportunidade pelas ferramentas digitais de utilizar o tempo e o conhecimento a seu favor. Apesar da escala de alcance e complexidade do marketing jurídico digital, a produção intelectual tangível, isso é, acessível aos usuários, é uma excelente tática, eficiente e poderosa.

Nesse sentido, a utilização de ferramentas digitais em escritório de advocacia permite ao profissional advogado mediar o relacionamento com o cliente de uma forma mais enriquecedora, motivando-o a interagir e contribuir para que a marca jurídica seja realmente significativa.

Para o consumidor, a experiência do marketing jurídico digital permite que ele seja informado sobre os seus direitos e, com isso, pode beneficiar o exercício da sua cidadania, com mais conhecimento do ordenamento jurídico. Além disso, a relação de proximidade com os canais de conteúdo jurídico informativo se torna uma opção viável para aqueles que não podem, ou não conseguem, ir para um escritório de advocacia físico e pagar por uma consulta jurídica.

REFERÊNCIAS

AMERICAN MARKETING ASSOCIATION. **Título**. Disponível em: https://www.ama.org/the-definition-of-marketing-what-is-marketing/. Acesso em: 12 jun. 2022.

BERTOZZI, Rodrigo. **Marketing Jurídico Essencial**: estratégias, ideias e inovações para a construção de marcas jurídicas de sucesso. Curitiba: Juruá, 2012

KOTLER, Philip; KELLER, Kevin L. **Administração de Marketing**. 14. ed. São Paulo: Pearson Education do Brasil, 2012. P. 766

OAB SÃO PAULO. **Tribunal de Ética e Disciplina**. 2018. Disponível em:

http://www.oabsp.org.br/tribunal-de-etica-e disciplina/ementario/2018/E5.044.2018. Acesso em: 28 jun. 2022.

OAB SÃO PAULO. **Tribunal de Ética e Disciplina**. 2018. Disponível em:

https://www.oabsp.org.br/tribunal-de-etica-e-disciplina/ementario/2021/e-5-679-2021. Acesso em: 28 jun. 2022.

OAB SÃO PAULO. **Tribunal de Ética e Disciplina**. 2018. Disponível em:

https://www.oabsp.org.br/tribunal-de-etica-e-disciplina/ementario/2020/e-5-343-2019. Acesso em: 28 jun. 2022.

OAB SÃO PAULO. **Tribunal de Ética e Disciplina**. 2018. Disponível em:

https://www.oabsp.org.br/tribunal-de-etica-e-disciplina/ementario/2003/E-2.800.03. Acesso em: 28 jun. 2022.

NEVES, Yuri Resende Naves; OLVEIRA, Lucas Tadeu Silva Caetano de. O *marketing* jurídico para o operador do Direito. *In:* MENESES, Heloísa Corrêa; SILVA, Tiago Nunes da; RAMONE TAVARES, Viviane; TEIXEIRA, Wendel de Brito Lemos (Coords.). **Anuário da OAB Uberlândia 2022/2023.** Uberlândia: Marco Teórico, 2023. pp. 387-398.

PODE O *COMPLIANCE* SER UM INTERESSANTE MECANISMO EFETIVO PARA A MITIGAÇÃO DE RISCOS DE VIOLAÇÃO DE DIREITOS HUMANOS POR EMPRESAS?

23

Gabriel Aguiar Oliveira Borges
Letícia Preti Faccio

Resumo:

As atividades corporativas desencadeiam reflexos significativos na sociedade e o problema é quando esses reflexos são danosos e prejudiciais. Visto essa figura das empresas como atores significativos no *status quo*, as atividades corporativas devem estar alinhadas legal e eticamente com os direitos humanos. Atualmente, existem desafios impostos à aplicabilidade e efetivação dos direitos humanos no contexto corporativo, gerando movimentações jurídico-normativas relevantes em busca de soluções a serem perseguidas, como é o caso do mecanismo de compliance. Todavia, não é apenas necessária a implementação de programas de compliance, mas a edificação de uma estrutura capaz de trazer efetividade a ele. Dessa forma, o presente artigo discute o compliance como um interessante mecanismo para a mitigação de riscos de violações de direitos humanos pelas empresas, que trata, especialmente, acerca da busca pela efetividade.

PALAVRAS-CHAVE:

Direitos humanos. Empresas. *Compliance*; Devida diligência. OCDE. Princípios Orientadores

1. INTRODUÇÃO

A técnica do *compliance*, fruto das práticas de governança corporativa, aparece como importante instrumento com vista ao respeito às normas jurídicas e, para além disso, das regras morais e éticas por parte das empresas, tendo a potencialidade, se bem utilizado, de minimizar riscos oriundos da atividade corporativa, e aumentar lucros.

Conforme o escólio de Silveira e Saad-Diniz[1], o *compliance* pretende sistematizar um conjunto de princípios e regras internas, com vistas essencialmente a assegurar o cumprimento da legislação e a observância de padrões de conduta por parte dos administradores, diretores, gestores, colaboradores (diretos e indiretos) e terceiros que atuam na empresa. Assim, tal programa indica a ideia de "autorregulação regulada", partindo da internalização de mecanismos de controle, com o fito de evitar a prática de ilícitos.

Nas lições de Gabardo e Castella[2], bem como Condeloro, Rizzo e Pinho[3], dentre as principais atribuições de um programa de *compliance*, pode-se citar a atribuição de cumprir com a legislação nacional e internacional, bem como as regulações do mercado e normas internas da empresa, prevenindo demandas judiciais. Além disso, obtém-se transparência na condução dos negócios, salvaguarda a confidencialidade da informação outorgada à instituição pelos seus clientes e se evita o conflito de interesse entre os diversos atores da instituição.

---

1 SILVEIRA, R.de M. J.; SAAD-DINIZ, E. **Compliance, direito penal e lei anticorrupção.** São Paulo: Saraiva, 2015.

2 GABARDO, E.; CASTELLA, G. M. A nova lei anticorrupção e a importância do Compliance para as empresas que se relacionam com a Administração Pública. **Revista de Direito Administrativo e Constitucional I**, Belo Horizonte, v. 15, n. 60, p. 129-147, abr./jun., 2015.

3 CANDELORO, A. P. P.; RIZZO, M. B. M. de; PINHO, V. **Compliance 360º**: riscos, estratégias, conflitos e vaidades no mundo corporativo. 2. ed. São Paulo: Trevisan Editora Universitária, 2012.

Ressalta-se que esse mecanismo visa mitigar condutas como a de ganhos pessoais indevidos pela criação de condições artificiais de mercado ou da manipulação e uso da informação privilegiada, além da prevenção à lavagem de dinheiro. Ainda, há a pretensão de disseminar os valores de *compliance*, na cultura organizacional, pelo treinamento e educação em todos os níveis hierárquicos da empresa.

Colares[4] explica que a função social do *compliance* está relacionada com a boa-fé objetiva. Pensando-se no conceito de função social - contribuição que um fenômeno provê a um sistema maior do que aquele ao qual o fenômeno faz parte -, o objetivo do *compliance* é a garantia da atuação de uma empresa ou instituição, pública ou privada, de forma sustentável e em conformidade com normativas de mercado e da sociedade em que se insere.

Desse modo, há a pretensão de extrapolar as fronteiras da empresa, atingindo parceiros, fornecedores e clientes, influenciando concorrentes e até mesmo os órgãos regulatórios, o que gera um ciclo virtuoso crescente, impactando todo o mercado. Observando pelo prisma da boa-fé objetiva - definida como uma conduta imposta, aceita socialmente, comercialmente, relacionada a princípios e normas, convenções sociais -, a sua relação com o *compliance* se dá pelo fato de que as políticas e os procedimentos devem ser desenhados em total harmonia com tal princípio, já que é a conduta imposta e aceita socialmente que se busca, pouco importando características pessoais de cada empresa.

Nesse contexto de utilização do mecanismo de *compliance* para edificar programas ou planos corporativos de conformidade legal e ético-moral, é esperado que as empresas construam um ambiente corporativo que tenha no cerne das transações a figura da responsabilidade social corporativa. Visto isso, e partindo da cristalina premissa de que as violações de direitos humanos por parte de empresas desencadeiam reflexos extremamente danosos à sociedade e ao meio ambiente, essa pesquisa questiona acerca da possibilidade de utilização do *compliance* como mecanismo para mitigar riscos de violações de direitos humanos pelas empresas e, ainda, se esse mecanismo é capaz de garantir efetividade prática.

---

4 COLARES, W. C. **Ética e compliance nas empresas de outsourcing**.. 2014. Monografia (Especialização em Direito de Contratos) - Insper Instituto de Ensino e Pesquisa, São Paulo, 2014.

2. A INTERSECÇÃO ENTRE OS DIREITOS HUMANOS E O *COMPLIANCE* EMPRESARIAL

As atividades corporativas desencadeiam diversas consequências à sociedade, podendo essas ser positivas ou negativas. Os reflexos positivos, como o desenvolvimento econômico e social, e as políticas de boas práticas, fomentam o crescimento sustentável, a promoção da cidadania, e o respeito aos direitos humanos e ambientais pelas lideranças corporativas comprometidas e inovadoras.

Todavia, os reflexos negativos, especialmente advindos de condutas corporativas desalinhadas com as diretrizes de direitos humanos e ambientais, são capazes de gerar consequências extremamente danosas à sociedade, como é possível observar nos casos paradigmáticos, dentre eles: a) *Walker vs. Nestlé;* b) *Shell Nigeria;* c) Brumadinho; d) Fábrica de Fogos Santo Antônio de Jesus; e) Petrobrás e f) Odebrecht, dentre inúmeros outros casos ao redor do mundo.

A partir desse fato, compreende-se o motivo pelo qual o direito internacional busca construir instrumentos normativos, vinculantes ou não, que objetivam regular a atuação corporativa alinhada com os direitos humanos, como é o caso do marco teórico da temática, os Princípios Orientadores sobre Empresas e Direitos Humanos de John Ruggie e da atual edificação do Tratado Internacional sobre Empresas e Direitos Humanos que, em outubro, completará a sua 8ª sessão de negociação em Genebra/Suíça.

Nesse ínterim, o mecanismo do *compliance* auxilia as empresas a adequarem suas atividades internas e externas, especialmente ligadas às *stakeholders*, aos instrumentos normativos e às condutas morais e éticas, a fim de mitigar os riscos de violação da legislação e diretrizes, bem como acarretar prejuízos à empresa. Em outras palavras, a construção de planos de *compliance* nas empresas, respeitando a particularidade de transações e funcionamento de cada corporação, é muito interessante para garantir uma maior conformidade de cumprir o legal e eticamente esperado[5].

Como explorado, o alinhamento dos programas de *compliance* às normas nacional e internacionalmente reconhecidas que protegem e promovem os direitos humanos é necessário, devendo garantir ferramentas ágeis de fiscalização interna e

---

5 SILVA, Ricardo Murilo; MOREIRA, Felipe Oswaldo Guerreiro. *Compliance* para proteção dos direitos humanos em empresas. **Revista internacional de direitos humanos e empresas**, v. 4, p. 9, jan.-dez. 2020.

externa, bem como a realização da devida diligência.

Nesse momento, faz-se interessante mencionar que a OCDE, pela Declaração e das Diretrizes, propôs o estabelecimento de uma cooperação entre países na adoção de regras que, apesar de não serem vinculantes em algumas esferas, contêm um importante aparato para construir a responsabilidade social corporativa. São apresentados, portanto, princípios norteadores e padrões de conduta empresarial responsável com foco de atuação por governos e empresas.

No que diz respeito à Divulgação presente nas Diretrizes, há a busca pela promoção da transparência nas atividades empresariais com a produção e publicação de informações, como no caso dos relatórios ambientais e sociais, respeitando também as informações de confidencialidade da organização. Além disso, as empresas devem divulgar informações sobre os riscos materiais oriundos da atividade corporativa e são incentivadas a publicar as formas de gerenciar esses riscos[6].

A temática de Direitos Humanos foi reinserida pela última revisão, em 2011, em que há a clara menção a relação entre a atividade corporativa e os seus impactos, determinando que deve haver a mitigação dos riscos de violações de direitos humanos, bem como o gerenciamento de uma resposta caso ocorram, reafirmando, ainda, a obrigação dos Estados na promoção dos Direitos Humanos e no resguardo desses direitos dentro dos seus territórios.

O documento apresenta também as temáticas de: a) emprego e relações industriais onde há o respaldo pela preservação da saúde, segurança do trabalho, promoção do capital humano e investimento na formação da mão de obra; b) de meio ambiente em que há a disposição da necessidade de implementação de um sistema de gerenciamento ambiental adequado a realidade da empresa com coleta de informações, monitoramento e definição de metas; c) de combate ao suborno, impulsionando a forma de combate preventiva e a divulgação de políticas de gestão; d) de interesse dos consumidores com a garantia de segurança e qualidade de bens e serviços, e boas práticas empresariais, publicitárias, comerciais e de privacidade com o consumidor; e) de ciência e tecnologia visando contribuir com o desenvolvimento e inovação nos locais das suas atividades; f) de concorrência para que as empresas respeitem a

6 OECD. **The OECD Guidelines for Multinational Enterprises**. 1997. Disponível em: http://search.oecd.org/officialdocuments/displaydocumentpdf/?doclanguage=en&cote=ocde/ gd(97)40. Acesso em: 13 jul. 2022.

regulamentação local e não participe de acordos anticoncorrenciais e g) de fiscalidade onde a empresa contribuirá com as finanças públicas dos países em que atua segundo as normas locais de tributação[7].

A devida diligência, especialmente no que dispõe as Diretrizes da OCDE, documento amplamente aceito no território brasileiro, é um conjunto de recomendações para investigar os riscos inerentes às atividades e transações da empresa. Essa atividade é realizada a partir de um sistema integrado capaz de gerir os riscos, identificando-os e tomando atitudes que mitiguem as chances de ocorrência de impactos adversos e negativos em decorrência da atividade corporativa, respeitando a particularidade de cada empresa e versando sobre os itens já elencados que o documento tutela.

Vale pontuar que a matéria da devida diligência que consta nas Diretrizes da OCDE é revisitada pelos Princípios Orientadores, especialmente nos princípios: 15-b, 17, 18 a 21. Tais princípios, em suma, definem que as empresas devem ter em vigor políticas adequadas a seu tamanho e circunstâncias incluindo o processo de devida diligência (15-b), constatando parâmetros para ela (17) e elaborando componentes essenciais (18 a 21). Além disso, o documento explica que os riscos de direitos humanos são compreendidos como potenciais impactos adversos a esses direitos em decorrência das atividades da empresa. Além disso, o documento indica que[8]:

A due diligence de direitos humanos pode ser incluída em sistemas mais amplos de gerenciamento de riscos corporativos, desde que vá além da simples identificação e gerenciamento de riscos materiais para a própria empresa, para incluir riscos aos detentores de direitos. A due diligence em direitos humanos deve ser iniciada o mais cedo possível no desenvolvimento de uma nova atividade ou relacionamento, uma vez que os riscos de direitos humanos podem ser aumentados ou mitigados já na fase de estruturação de contratos ou outros acordos, podendo ser herdados por meio de fusões ou aquisições. Onde as empresas comerciais têm um grande número de

---

7 OECD. **The OECD Guidelines for Multinational Enterprises.** 1997. Disponível em: http://search.oecd.org/officialdocuments/displaydocumentpdf/?doclanguage=en&cote=ocde/ gd(97)40. Acesso em: 13 jul. 2022.

8 UN GUIDING PRINCIPLES REPORTING FRAMEWORK. **Empresas.** 2019. Disponível em: https://www.ungpreporting.org/database-analysis/explore-disclosures/companies-page/Acesso em: 13 julho 2022. p. 22-24

entidades em suas cadeias de valor, pode ser excessivamente difícil realizar a devida diligência para impactos adversos aos direitos humanos em todas elas. Em caso afirmativo, as empresas devem identificar as áreas gerais onde o risco de impactos adversos aos direitos humanos é mais significativo, seja devido ao contexto operacional de determinados fornecedores ou clientes, as operações, produtos ou serviços específicos envolvidos ou outras considerações relevantes, e priorizar esses para a devida diligência em direitos humanos. Questões de cumplicidade podem surgir quando uma empresa contribui ou é vista como contribuindo para impactos adversos sobre os direitos humanos causados por outras partes. A cumplicidade tem significados não jurídicos e jurídicos. Como uma questão não legal, as empresas comerciais podem ser percebidas como "cúmplices" dos atos de outra parte quando, por exemplo, são vistas como se beneficiando de um abuso cometido por essa parte (tradução nossa).

Destarte, o alinhamento das empresas com os direitos humanos é imprescindível para a construção da responsabilidade social corporativa, a consequente mitigação dos riscos de violações desses direitos e, inclusive, dos reflexos extremamente danosos à sociedade e ao meio ambiente que essas violações causam. Por isso, as empresas devem utilizar os mecanismos existentes, tal como o *compliance*, para construir uma base de alinhamento legal e ética sólida, respeitando e promovendo os direitos humanos, mitigando os riscos das violações e reparando-as com rapidez e efetividade, caso ocorram.

3. A MITIGAÇÃO DE RISCOS DE VIOLAÇÕES DE DIREITOS HUMANOS

As empresas ocupam espaço importante na concretização de direitos económicos, sociais e culturais, contribuindo para a criação de oportunidades de emprego e de desenvolvimento pelos investimentos privados. No entanto, na mesma proporção ou até maior, quando há violações de direitos por empresas, são desencadeados reflexos extremamente danosos à sociedade, o que leva a afirmar que os riscos devem ser mitigados o máximo possível e o quanto antes.

Quando o assunto é empresas e direitos humanos, a principal questão não é o que as empresas podem fazer, mas o que elas devem fazer para concretizar a sua função social, protegendo o espaço cívico e promovendo os direitos humanos.

Apesar de diversos documentos que regem a temática ser de aderência voluntária, construir uma responsabilidade corporativa alinhada a esses direitos não é facultativo, mas uma obrigação, visto que os direitos humanos são resguardados em nível nacional, pela Constituição Federal do Brasil, e globalmente, por diversos documentos redigidos perante o direito internacional, como é o caso da Declaração Universal dos Direitos Humanos e da Convenção Americana de Direitos Humanos, além dos Pactos e Tratados Internacionais.

A compatibilidade entre o mecanismo do *compliance* e os direitos humanos é evidente. Ademais, os modelos de conformidade que não têm em sua estrutura a tutela desses direitos são, no mínimo, incompletos e falhos. Como evidenciado, o alinhamento das atividades corporativas com o respeito e promoção dos direitos humanos é urgente e imprescindível para a sociedade global, que vem sofrendo inúmeras consequências sociais, econômicas e ambientais em decorrência de violações provocadas por empresas.

Em um ambiente de crescente mudança em modelos de negócios com um maior dinamismo, nunca foi tão visível a necessidade de uma conduta íntegra e responsável nas organizações:

> Nos âmbitos institucional e corporativo, *compliance* está vinculado a estar em conformidade com as leis e regulamentos internos e externos à organização. Nesse sentido, cada vez mais, o *compliance* vai além do simples atendimento à legislação e busca consonância com princípios da empresa, alcançando a ética, a moral, a honestidade e a transparência, não só na condução dos negócios, mas em todas as atitudes das partes envolvidas[9].

Visto isso, pode-se afirmar que empresas que apresentam preocupação com a construção e aplicação de programas *compliance* que consideram todas as esferas de direito relevantes à atividade corporativa, têm maior potencialidade de mitigar os riscos de violações de direitos humanos e, consequentemente, diminuir os riscos de prejuízos financeiros à empresa.

No mais, além da edificação de um plano de *compliance*, deve-se destacar que, na sua operacionalidade, os procedimentos de auditoria ou devida diligência realizados pelas empresas devem ser contínuos, tal como expõe o princípio 17 de Ruggie,

---

9 BORGES, Gabriel Oliveira de Aguiar; RODRIGUES, Lucas Ribeiro; REIS, Claudiane Santana dos. **A relação do *compliance* com o Direito e seu impacto nas empresas e suas relações.** No prelo; GIOVANINI, W. ***Compliance***: a excelência na prática. São Paulo, 2014.

em razão da natureza da própria temática, visto que as possíveis ou prováveis violações de direitos humanos podem variar de acordo com o tempo, em razão da evolução das operações e do contexto operacional das empresas.

Outro ponto interessante a questionar é com relação ao que desperta o interesse das empresas em aderir ou não a diretrizes que busquem mitigar os riscos de violações de direitos. Uma dessas análises de interesse parte do fator reputacional, provavelmente o mais relevante por parte das empresas[10].

Recorda-se que, em 2018, foi promulgado o Decreto nº 9.571, objetivando traçar diretrizes voluntárias para conduzir as organizações em um caminho promissor que garanta a proteção dos direitos humanos. Um fato interessante é que o decreto institui um selo destinado às empresas que aderirem aos dispositivos que formam as diretrizes, tocando no ponto reputacional.

Nesse sentido, em que pese não haver punições ou benefícios financeiros para que as empresas que atuam no Brasil sigam essas diretrizes capazes de auxiliar na mitigação de riscos de violações de direitos humanos, o selo é salutar para a reputação da empresa e, eventualmente, pode ser utilizado como indicativo de que esta é uma organização que, minimamente, busca respeitar e promover os direitos humanos.

O selo é um mecanismo interessante, já que dialoga diretamente com a imagem da empresa e, consequentemente, com o ponto reputacional, que é uma matéria de interesse corporativo, pois toda organização quer ser vinculada à uma identidade positiva. Dessa forma, o selo auxilia nesse caminho, trazendo um símbolo que representa a cultura positiva da empresa.

Nesse sentido, destaca-se que:

> A reputação ganha relevância no mundo globalizado, pela alta competitividade e também pela transparência fornecida pelo mundo informatizado, o que acaba potencializando técnicas como o *naming and shaming*, que podem ameaçar a reputação de grandes empresas focadas no consumo [...] e sua reputação pode ser determinante no momento da escolha do consumidor[11].

---

10 SILVA, Ricardo Murilo; MOREIRA, Felipe Oswaldo Guerreiro. *Compliance* para proteção dos direitos humanos em empresas. **Revista internacional de direitos humanos e empresas**, v. 4, p. 8, jan.-dez. 2020.

11 SILVA, Ricardo Murilo; MOREIRA, Felipe Oswaldo Guerreiro. *Compliance* para proteção

Diante do exposto, conforme o escólio de Silveira e Saad-Diniz,[12] a ideia do *compliance* é sistematizar um conjunto de princípios e regras internas, com vistas a assegurar o cumprimento da legislação e a observar padrões de conduta pelos administradores, diretores, gestores, colaboradores (diretos e indiretos) e até pelos terceiros que atuam no âmbito da organização.

Destarte, pela ideia da "autorregulação regulada" oriunda do *compliance*, internaliza-se mecanismos de controle com o propósito de evitar o cometimento de ilícitos, mecanismo completamente compatível com a tutela dos direitos humanos dentro da atividade corporativa, e que potencializa a mitigação de riscos de violações desses direitos, em decorrência da atividade da empresa.

4. CONCLUSÃO

Estabelecer uma relação direta entre a tutela dos direitos humanos e o mecanismo de *compliance* é, além de possível, muito interessante, tanto para a empresa, quanto para a sociedade. A construção do plano de *compliance* integra a busca da organização de atingir um grau relevante de compromisso político e, consequentemente de responsabilidade social corporativa.

Apesar de existirem diversas barreiras entre a atividade corporativa e a tutela dos direitos humanos, o *status quo* atual não tolera inquestionavelmente mais as consequências drásticas de uma atividade empresarial que viola direitos e, por isso, mostra-se tão necessária a propositura de mecanismos que busquem mitigar os riscos dessas violações e auxiliar a construir, cada vez mais, uma ética corporativa preocupada com esses direitos.

A construção de um plano ou programa de *compliance* por parte das corporações é uma boa atitude. Todavia, a edificação de um plano ou programa de *compliance*, mesmo que bem construído, não garante efetividade. É importante reconhecer que esse mecanismo é apenas um interessante passo em direção à construção de uma cultura corporativa capaz de zelar pelos direitos humanos em todas as suas transações, sejam elas internas ou externas, construindo uma cultura voltada a essa tutela.

---

dos direitos humanos em empresas. **Revista internacional de direitos humanos e empresas**, v. 4, p. 9, jan.-dez. 2020.

12 SILVEIRA, R.de M. J.; SAAD-DINIZ, E. **Compliance, direito penal e lei anticorrupção**. São Paulo: Saraiva, 2015.

Para além desse passo, existem outros diferentes processos que devem ser considerados para a sua concretização efetiva, como a realização periódica da devida diligência, a fiscalização quotidiana e a observação das alterações do contexto fático da empresa, que possam influenciar na aplicação do plano de *compliance* da organização.

REFERÊNCIAS

BORGES, Gabriel Oliveira de Aguiar; RODRIGUES, Lucas Ribeiro; REIS, Claudiane Santana dos. **A relação do *compliance* com o Direito e seu impacto nas empresas e suas relações.** No prelo.

CANDELORO, A. P. P.; RIZZO, M. B. M. de; PINHO, V. **Compliance 360º**: riscos, estratégias, conflitos e vaidades no mundo corporativo. 2. ed. São Paulo: Trevisan Editora Universitária, 2012.

COLARES, W. C. **Ética e compliance nas empresas de outsourcing.** 2014. Monografia (Especialização em Direito de Contratos) - Insper Instituto de Ensino e Pesquisa, São Paulo, 2014.

GABARDO, E.; CASTELLA, G. M. A nova lei anticorrupção e a importância do Compliance para as empresas que se relacionam com a Administração Pública. **Revista de Direito Administrativo e Constitucional I**, Belo Horizonte, v. 15, n. 60, p. 129-147, abr./jun., 2015.

GIOVANINI, W. ***Compliance***: a excelência na prática. São Paulo, 2014.

OECD. **The OECD Guidelines for Multinational Enterprises.** Paris, 1997. Disponível em: http://search.oecd.org/officialdocuments/displaydocumentpdf/?doclanguage=en&cote=ocde/ gd(97)40. Acesso em: 13 jul. 2022.

SILVA, Ricardo Murilo da; MOREIRA, Felipe Oswaldo Guerreiro. Compliance para Proteção dos Direitos Humanos em Empresas. **Revista Internacional de Direitos Humanos e Empresas**, Juiz de Fora/RJ, v. 4, Jan-Dez, 2020. Disponível em: https://periodicos.ufjf.br/index.php/HOMA/article/view/30500/20530. Acesso em: 13 jul. 2022.

SILVA, Ricardo Murilo; MOREIRA, Felipe Oswaldo Guerreiro. *Compliance* para proteção dos direitos humanos em empresas. **Revista internacional de direitos humanos e empresas**, v. 4, p. 9, jan.-dez. 2020.

SILVEIRA, R.de M. J.; SAAD-DINIZ, E. **Compliance, direito penal e lei anticorrupção**. São Paulo: Saraiva, 2015.

UN GUIDING PRINCIPLES REPORTING FRAMEWORK. **Empresas**. 2019. Disponível em: https://www.ungpreporting.org/database-analysis/explore-disclo sures/companies-page/. Acesso em: 13 jul. 2022.

BORGES, Gabriel Aguiar Oliveira Borges; FACCIO, Letícia Preti. Pode o *compliance* ser um interessante mecanismo efetivo para a mitigação de riscos de violação de direitos humanos por empresas? *In:* MENESES, Heloísa Corrêa; SILVA, Tiago Nunes da; RAMONE TAVARES, Viviane; TEIXEIRA, Wendel de Brito Lemos (Coords.). **Anuário da OAB Uberlândia 2022/2023.** Uberlândia: Marco Teórico, 2023. pp. 399-410.

A EXCLUSÃO DE DADOS PESSOAIS E A RESPECTIVA SOLICITAÇÃO

24

Sarah Carolina de Sales Gobo

Resumo:

Adequando-se ao cenário mundial em que a proteção de dados pessoais se torna não apenas importante, mas uma verdadeira necessidade, a Lei Geral de Proteção de Dados trouxe mudanças tanto para os titulares de dados quanto para aqueles que os operam. Dentre elas, o direito à exclusão se torna alvo de apreciação, uma vez que se encontra contraposto às normas que exigem ou aconselham a manutenção de dados. Na presente pesquisa se tem como objetivo identificar o que a Lei expressamente ressalta sobre a eliminação de dados, dissertar brevemente a respeito do procedimento que deve ser adotado para o requerimento de exclusão de dados, feito pelo titular de dados pessoais, além de apontar quais devem ser os critérios para definição pela conservação ou exclusão dos dados pessoais. Primeiramente, passa-se a analisar o que a LGPD traz no seu texto sobre a temática, para então, se examinar o que já foi produzido de conteúdo doutrinário, bem como orientações disponibilizadas pelo poder público no que se refere a exclusão ou conservação dos dados pessoais. Esta pesquisa é exploratória e bibliográfica.

Palavras-chave:

Lei Geral de Proteção de Dados Pessoais. Direitos do Titular. Exclusão de dados. Requerimento de exclusão de dados pessoais.

1. INTRODUÇÃO

A ideia central da Lei Geral de Proteção de Dados (LGPD) está relacionada aos direitos de proteção ao titular dos dados, agora elevado à categoria de direito fundamental, contido no artigo 5°, inciso LXXIX da Constituição Federal. Desse modo, desde o início do tratamento de dados até o fim dele, é necessário que se observe as regras evidenciadas pela Lei.

A LGPD está em vigor desde 2020 e traz com ela relevantes avanços no que se refere à proteção dos dados dos titulares. Ademais, ela evidencia o Brasil como um dos países que se preocupam com o constante fluxo de informações disponíveis, que preza pela segurança de dados. Está profundamente relacionada com princípios como o respeito à privacidade, à autodeterminação informativa, à liberdade de expressão, à inviolabilidade da intimidade, ao desenvolvimento econômico, além da boa-fé, transparência e livre acesso. Dá-se, assim, ao titular, o poder sobre as suas informações pessoais.

Há uma relevante quantidade de dados produzidos diariamente pelos próprios titulares, aqueles que são coletados tanto tecnologicamente quanto por meio físico e que são responsáveis pelo crescimento de um mercado cada vez mais voltado para a transformação de informações em produtos que visam o enriquecimento e movem grandes somas monetárias, devendo esse tema ser tratado com o peso que merece.

Dentre os direitos assegurados pela LGPD se encontra o da correção de informações, da solicitação de anonimização dos dados, além da exclusão de dados pessoais.

No entanto, em que pese o direito do titular no que se refere à exclusão de seus dados pessoais, encontra-se a problemática de que tal dado poderá ter a exigência de conservação por outro dispositivo legal. Entra-se, assim, em conflito o direito do titular de exclusão e a imperatividade da Lei, com outras normas que podem exigir a conservação desse mesmo dado. Além disso, a definição do meio pelo qual será realizado o requerimento, como se dará o fluxo dele, bem como se haverá reflexos negativos pela falta de resposta ou impossibilidade de que seja atendido, também serão alvo de apreciação do presente artigo.

Esta análise se propõe a verificar o que a lei expressamente diz a respeito da exclusão de dados, como o titular de dados deverá realizar o requerimento, bem como a forma pela qual deverá ser respondido e, por fim, em quais hipóteses a eliminação não deverá acontecer.

O aporte teórico tem como embasamento a Lei Geral de Proteção de Dados, como fonte principal, e uma leitura crítica do que já foi produzido pela doutrina a respeito do tema, além de manuais disponibilizados pelo poder público e uma abordagem qualitativa será utilizada, com a finalidade de atingir os objetivos propostos.

2. O QUE DIZ A LGPD SOBRE A ELIMINAÇÃO DE DADOS PESSOAIS

No que se refere ao tratamento de dados, há duas possibilidades para que ele seja realizado conforme a Lei Geral de Proteção de Dados Pessoais. A primeira se refere ao consentimento expresso fornecido pelo titular para que seja realizado e, a segunda hipótese, concerne ao que pode acontecer, independentemente do consentimento do titular, prevista no artigo 4º. Em qualquer um dos casos, o tratamento deverá ser realizado seguindo os princípios previstos na Lei e garantindo os direitos do titular.

Diante disso e tendo em conta o ciclo de vida dos dados pessoais, o seu início está atrelado ao consentimento ou os casos de dispensa dele. O seu fim se daria com o descarte dessas informações. No seu artigo 15, ao elencar as hipóteses do término do tratamento dos dados pessoais, descreve-se no inciso III - comunicação do titular, inclusive no exercício do seu direito de revogação do consentimento, conforme disposto no § 5º do art. 8º dessa Lei, resguardado o interesse público. Corrobora o artigo 18, no sentido em que discrimina o direito do titular dos dados pessoais a eliminação dos dados pessoais tratados com o consentimento do titular, exceto nas hipóteses previstas no artigo 16 e se prevê, ainda, no § 3º que os direitos previstos neste artigo serão exercidos mediante requerimento expresso do titular ou de representante legalmente constituído, ao agente de tratamento.

Ainda nesse sentido, versa o artigo 8º, § 5º que o consentimento pode ser revogado a qualquer momento mediante manifestação expressa do titular, por procedimento gratuito e facilitado, ratificados os tratamentos realizados sob amparo do consentimento anteriormente manifestado enquanto não houver requerimento de eliminação, nos termos do inciso VI do caput do art. 18 dessa Lei. Portanto, o requerimento de revogação poderá ser realizado a qualquer momento, sendo que todo o tratamento realizado entre o fornecimento do consentimento e o requerimento de eliminação será válido[1].

1 BRASIL. Lei nº 13.709, de 14 de agosto de 2018. Lei geral de proteção de dados pessoais.

Segundo Oscar Valente Cardoso[2], "o inciso IV do art. 18 da LGPD contém três direitos, que podem ser exercidos quando o controlador tratar dados desnecessários, excessivos ou realizar operações de forma contrária às normas da LGPD: a anonimização, o bloqueio e a eliminação". Tal direito é potestativo, ficando a critério do titular qual das três ações será requerida. Assim, quando o tratamento de dados for realizado com base na dispensa de consentimento e for entendido como desnecessário, contrário à lei ou mesmo que fira princípios, como a boa-fé, é direito do titular solicitar a anonimização, o bloqueio ou a eliminação de tais dados[3].

Contudo, cumpre dizer que haverá situações em que a eliminação não será possível, assim, os dados poderão ser anonimizados (e não haverá associação direta ou indireta a um indivíduo e, não será possível a sua reversão) ou bloqueados (suspensão temporária de qualquer operação de tratamento, mediante guarda do dado pessoal ou do banco de dados). Se dependerá, ainda, da finalidade do tratamento para a identificação do procedimento mais assertivo.

Especificamente quando se tratar do direito à eliminação, é importante a definição apresentada no seu artigo 5º, XIV, "eliminação: exclusão de dado ou de conjunto de dados armazenados em banco de dados, independentemente do procedimento empregado". Dessarte, mesmo se o dado será eliminado por meio digital ou por meio físico, bem como a forma pela qual será eliminado, isso deverá ser total e permanente, uma vez que, se houver possibilidade de recuperação de dado posteriormente, não se procedeu a correta eliminação.

Nos dizeres de Sandro Oliveira (2021, p. 65)[4], "a lei não descreve como os dados devem ser apagados em casos individuais. O elemento determinante é que, como resultado, não é mais possível discernir dados pessoais sem esforço desproporcional".

É oportuno mencionar que além da eliminação ser a fase final do ciclo de vida

---

Diário Oficial da União, Brasília, DF, 2019. Disponível em: http://www.planalto.gov.br/ccivil_03/_ato2015-2018/2018/lei/l13709.htm. Acesso em 22 jan. 2022.

2 CARDOSO, Oscar Valente. **A Proteção de Dados na Prática**. 3. ed. [s.l.]: Edição do Autor, 2021. p. 21 - 23

3 ALQUALO, Fernando. **Pós-graduação em Lei Geral de Proteção de Dados Pessoais**. 2021.

4 OLIVEIRA, Sandro. **LGPD como aplicar em sua organização (O passo a passo da LGPD)**. [s.l.]: Kindle, 2021.

dos dados pessoais, o artigo 52, VI dispõe que, como uma das formas de sanção administrativa, será a eliminação de dados pessoais referentes à infração.

3. DA REQUISIÇÃO DO TITULAR PARA A EXCLUSÃO DE DADOS

A Lei Geral de Proteção de Dados Pessoais traz como um de seus princípios o do livre acesso e, para que o titular tenha os seus direitos assegurados, a Lei diz ainda, que os requerimentos devem ser disponibilizados aos titulares de modo gratuito e facilitado. Patrícia Peck (2018, p. 61)[5] ressalta que "da mesma forma, a liberdade de revogar o consentimento e requerer o apagamento dos dados é reafirmada como reflexo da liberdade de escolha da pessoa, de forma que - assim como o consentimento - a revogação deve ser expressa".

A lei trouxe no seu art. 18, § 5º, que o requerimento será atendido sem custos para o titular, nos prazos e nos termos previstos em regulamento. A Lei determina, ainda, que isso deverá ser expresso e encaminhado ao responsável pelo tratamento de dados.

A Autoridade Nacional de Proteção de Dados (ANPD), definida pela LGPD como responsável por regulamentar e fiscalizar, esclarece que o contato com o controlador se dará pelos canais oficiais[6]. Não se estabelece, nem se restringe quais devem ser os meios disponibilizados para que o titular efetue o requerimento.

É de responsabilidade, portanto, daquele que realiza o tratamento dos dados identificar, dentre os seus esforços, aquele que melhor atenda ao titular. Como a lei não prevê expressamente a forma pela qual este requerimento deverá ser elaborado, conclui-se que, até que seja regulamentada, podendo ser realizado por e-mail, telefone ou mesmo formulário disponibilizado, tanto nos meios digitais quanto físicos. É importante, também, que se tenha registro do que foi feito, a fim de que se tenha comprovado que houve total atenção à lei (REIS, 2019. p. 37)[7].

---

5 PINHEIRO, Patricia Peck. **Proteção de dados pessoais**: comentários à Lei n. 13.709/2018 (LGPD). São Paulo: Saraiva Educação, 2018.

6 BRASIL. Autoridade Nacional de Proteção de Dados (ANPD). **Canais de atendimento ao cidadão, Petição do Titular**. Disponível em: https://www.gov.br/anpd/pt-br/canais_atendimen to/cidadao-titular-de-dados/peticao-de-titular-contra-controlador-de-dados. Acesso em: 30 ago. 2022.

7 REIS, Débora. **Data Science, GDPR e LGPD**: 20 coisas que você precisa saber para não ser

Imprescindível é que, independentemente do canal de comunicação escolhido para envio do requerimento, ele seja direcionado ao setor competente e de forma rápida, pois uma vez enviado, o prazo para resposta será iniciado. O ideal é que se enviado por e-mail, seja específico para o recebimento de requerimentos, atendimento ao titular de dados ou mesmo que se disponibilize formulários que deverão ser prontamente encaminhados para o agente responsável pelo tratamento de dados pessoais.

Pode haver, no entanto, casos em que a possibilidade de resposta para o requerimento não poderá ser imediata. Quando for assim, deverão ser adotadas as medidas previstas no artigo 18, §4º, quais sejam, comunicar que não é o agente de tratamento de dados e indicar, sempre que possível, o agente ou indicar as razões de fato ou de direito que impedem a adoção imediata da providência. Destaca-se que quando não houver resposta ao titular ou mesmo quando ela não for satisfatória, é possível, ainda, apresentar um requerimento junto à ANPD para que fiscalize as ações do controlador.

Ainda, dispõe-se que qualquer que seja a medida requerida pelo titular dos dados, deverá ser informado a todos aqueles em que houve o compartilhamento de dados para que se proceda igualmente na correção, eliminação, anonimização ou bloqueio, excetuando-se nos casos em que o a comunicação seja impossível ou implique em esforço desproporcional, artigo 18 § 6º. Nesse sentido, pontua Patricia Peck Pinheiro (2018, p. 59)[8] que:

> Grande parte do trabalho recairá sobre a análise da possibilidade de apagamento ou retenção. O direito ao apagamento (direito ao esquecimento) e o direito à portabilidade dos dados pessoais são os dois direitos com maior impacto sobre a operação de gestão do ciclo de vida dos dados pessoais nas organizações. E, devido à necessidade de continuar com a informação, surge a oportunidade da aplicação da anonimização como último recurso viável.

---

acusado de maus tratos a dados pessoais. 2. ed. [s.l.]:, 2019.

8 PINHEIRO, Patricia Peck. **Proteção de dados pessoais**: comentários à Lei n. 13.709/2018 (LGPD). São Paulo: Saraiva Educação, 2018.

3.1 Da requisição do titular para a exclusão de dados perante a administração pública

A Administração Pública também está obrigada a seguir as diretrizes da Lei Geral de Proteção de Dados Pessoais, além de leis como a Lei de Acesso à Informação (Lei nº 12.527/2011), Lei do Habeas Data (Lei nº 9.5071997) e a Lei do Processo Administrativo (Lei nº 9.784/1999), no que se refere ao tratamento de dados pessoais. Conforme o Guia disponibilizado pelo Governo Federal:

> Como a Lei não estabelece a observância exclusiva daquele conjunto da Lei de Acesso à Informação e da Lei Geral do Processo Administrativo, e considerando a existência de procedimentos mais benéficos ao titular para o exercício de seus direitos no que se refere a esse último conjunto apresentado, o mecanismo mais célere estabelecido pelo Código de Defesa dos Usuários de Serviços Públicos (Lei n° 13.460/2017) poderia ser adotado como padrão para o recebimento de solicitações de providências e reclamações relativas ao tratamento de dados. Além da vantagem em termos de prazo e procedimentos padronizados, com unidades de recebimento de petições e reclamações padronizadas e coordenadas, a Lei 13.460/2017, diferentemente da Lei Geral do Processo Administrativo, tem abrangência nacional, permitindo melhor coordenação entre instituições públicas na defesa dos direitos dos titulares de dados.

Cabe à empresa elencar e divulgar informações pautadas na transparência e na LAI, que exige que dados como o valor de remuneração sejam públicos. Para tanto, conforme leciona o Guia de boas práticas - Lei Geral de Proteção de Dados Pessoais (LGPD), "para o exercício dos direitos dos titulares, a Lei prevê um conjunto de ferramentas, que, no âmbito público, traduzem-se em mecanismos que aprofundam obrigações de transparência ativa e passiva, bem como criam meios processuais para provocar a Administração Pública"[9].

É de escolha do titular o meio pelo qual será realizada e respondida a sua requisição, podendo essa ser por meio eletrônico ou impresso, desde que seja seguro e idôneo. Nesse sentido, também se deve observar o prazo para a resposta de tal requerimento. Ainda conforme o Guia, "a petição deve ser respondida com agilidade, clareza e completude, sob pena de o titular dos dados ter a prerrogativa de

---

9 BRASIL. Comitê Central de Governança de Dados. **Guia de Boas Práticas para Implementação na Administração Pública Federal.** Brasília, 2020. Disponível em: https://www.gov.br/governodigital/pt-br/seguranca-e-protecao-de-ados/guias/guia_lgpd.pdf Acesso em: 12 jul. 2022.

representar contra o responsável na ANPD, organismos de defesa do consumidor ou ajuizar pretensão com tal causa de pedir"[10].

4. QUANDO NÃO REALIZAR A EXCLUSÃO DO DADO PESSOAL

Estão previstas, no artigo 15, as hipóteses para o fim do tratamento de dados pessoais. Segundo Rafael Maciel (2019, posição 846)[11], "As hipóteses não são taxativas, podendo também haver interrupção do tratamento por opção do controlador ou por revogação da lei ou regulamento que dava a respectiva base legal".

Além do direito que o titular de dados possui sobre as suas informações e, como já sabido poder dispor da maneira que entender ser melhor utilizá-lo, existem circunstâncias que estão além do direito pessoal. Prevendo que nem todas as informações poderiam ser descartadas apenas pelo requerimento do titular, a lei trouxe no seu artigo 16, quatro hipóteses em que os dados pessoais poderão ser conservados, sendo elas para cumprimento de obrigação legal ou regulatória pelo controlador; estudo por órgão de pesquisa, garantida, sempre que possível, a anonimização dos dados pessoais; transferência a terceiro, desde que respeitados os requisitos de tratamento de dados dispostos nessa Lei ou uso exclusivo do controlador, vedado o seu acesso por terceiro e desde que anonimizados os dados. Nesse sentido, para Gustavo Tapedino *et al.* (2019, p. 219)[12]:

> A eliminação é consequência do término do tratamento dos dados pessoais. Admite-se a sua conservação apenas para se alcançar as finalidades dispostas na Lei. Por ser regra de exceção, a interpretação deve ser restritiva, de molde a não admitir outras hipóteses, ainda que análogas. A primeira exceção é a conservação para o cumprimento de dever legal ou regulatório pelo controlador. Também para estudo em pesquisa científica os dados podem ser mantidos, garantida a anonimatização. Veja-se, nesse caso, o exemplo da pesquisa clínica para desenvolvimento de novos

10 BRASIL. Comitê Central de Governança de Dados. **Guia de Boas Práticas para Implementação na Administração Pública Federal.** Brasília, 2020. Disponível em: https://www.gov.br/governodigital/pt-br/seguranca-e-protecao-de-dados/guias/guia_lgpd.pdf Acesso em: 12 jul. 2022.

11 MACIEL, Rafael. **Manual prático sobre a Lei Geral de Proteção de Dados Pessoais:** Atualizado com a Medida Provisória nº 869/18. Goiânia - GO: RM Digital Education, 2019.

12 TAPEDINO, Gustavo *et al.* **Lei geral de proteção de dados pessoais e suas repercussões no direito brasileiro.** 2. ed. São Paulo: Thomson Reuters Brasil, 2019.

medicamentos, cujos dados pessoais de determinado indivíduo não podem ser removidos do conjunto de dados da pesquisa sem afetar seu resultado estatístico e, portanto, a própria comprovação científica da eficácia e segurança do medicamento em fase de testes. Se os dados são transferidos a terceiros, da mesma forma, não há eliminação, desde que respeitados os requisitos para tratamento de dados. Por fim, não são eliminados os dados para uso exclusivo do controlador, condicionada à anomatização dos dados.

Depreende-se, então, que a conservação dos dados é exceção, e como tal, deverá ser realizada com parcimônia, levando em consideração se a melhor opção não é a anonimização. Além disso, deverá ser analisado se o dado em questão não está a vinculado à base legal que exija a sua conservação por um período determinado, extrapolando o fim do tratamento. Nesse caso, como exemplo, podemos citar a Resolução Bacen nº 2.078/94, que versa no seu artigo 2º, parágrafo único que é obrigatória a manutenção da documentação, em arquivo ou em microfilme, até 5 anos após o encerramento da conta[13].

Ainda nesse sentido, a 18ª Câmara Cível do Tribunal de Justiça do Estado de Minas Gerais, em Acórdão datado de 29 de novembro de 2011, "revela-se clara a obrigação das instituições financeiras de guardar os documentos em seus arquivos para os fins na legislação especificados, ou seja, até que ocorra a prescrição de possíveis ações judiciais que tais documentos possam originar"[14].

Dessarte, é recomendado que se faça uso de uma tabela de temporalidade, definindo internamente tempo mínimo e máximo de conservação de dados, a fim de que se respeite o ditado pela LGPD, assegurando os princípios da boa-fé e transparência. Recomenda-se, ainda, que tal tabela seja divulgada aos titulares, reguladores e fiscalizadores.

---

13 BRASIL. Banco Central do Brasil. **Resolução nº 2078.** Altera normas relativas à abertura, manutenção e movimentação de contas de depósitos. Disponível em: https://www.bcb.gov.br/pre/ normativos/res/1994/pdf/res_2078_v1_O.pdf Acesso em: 30 ago. 2022

14 MINAS GERAIS. Tribunal de Justiça do Estado de Minas Gerais. 18ª Câmara Cível. **Apelação cível nº 1.0145.11.013323-1/001.** Ação cautelar. Exibição de documentos. Dever do banco de disponibilizar extratos bancários. Prazo para guarda de documentos. Comarca de Juiz de Fora. Apelante: Banco Bradesco S.A. Apelado: Delson Costa.Relator: DES. ELPÍDIO DONIZETTI. Disponível em: https://bd.tjmg.jus.br/jspui/bitstream/tjmg/1621/1/0199-TJ-JC-008.pdf. Acesso em: 30 ago. 2022.

Com entendimento de que tais hipóteses não seria de término do tratamento de dados, mas uma mudança de base legal, Rafael Maciel (2019, p. 859)[15] alega que:

> Tais finalidades representam não o término do tratamento, mas a mudança de sua base legal, sendo desnecessária sua previsão. Merece destaque negativo a proibição de acesso, por terceiros, de dados anônimos. Ora, é um contrassenso, uma vez que tais dados não estão submetidos a essa lei, tal como prevê expressamente o artigo 12, não podem ter qualquer tipo de vedação.

Como a lei ainda exige adequações e prática, muitos debates, certamente, surgirão. Porém, como já em vigor e, ganhando, inclusive, força constitucional, o precípuo de aplicação da Lei deve ser de garantir o direito de proteção de dados. Assim, a manutenção deve ser encarada como uma tarefa delicada, atendendo não só ao que a LGPD destaca, como sistematizando isso com as demais leis aplicáveis a cada espécie de dados.

5. CONCLUSÃO

A Lei Geral de Proteção de Dados Pessoais trouxe a necessidade de adequação do cenário nacional para aquilo que já é praticado internacionalmente no que se refere ao tratamento de dados pessoais. Clive Humby define os dados como o novo petróleo e, diante dos grandes avanços tecnológicos, percebemos que isso se torna imprescindível para diversos setores da economia global.

A exemplo da GDPR, que foi a base de construção da nossa LGPD, um dos direitos aqui assegurados é o de revogação do consentimento, bem como exclusão dos dados, ou esquecimento, no caso da regra europeia. A exclusão dos dados pessoais pode, portanto, sinalizar o fim do tratamento, tanto pelo cumprimento da função a que foi proposto, quanto pelo requerimento do titular ou mesmo pela sanção administrativa.

O fato é que a eliminação de dados representa o fim do ciclo de vida dos dados e o direito do operador de conservá-lo. Essa é a regra da Lei.

O Requerimento, como visto, tem a função de facilitar a vida do titular e deve ser

15 MACIEL, Rafael. **Manual prático sobre a Lei Geral de Proteção de Dados Pessoais**: Atualizado com a Medida Provisória nº 869/18. Goiânia - GO: RM Digital Education, 2019.

fornecido sem qualquer custo ou dificuldade. Nesse sentido, poderá ser realizado por meio eletrônico, e-mail, WhatsApp, formulários digitais ou impressos, e de maneira verbal (ligação telefônica, por exemplo). A Lei não traz uma forma obrigatória e, ainda, não foi editada nenhuma orientação nesse sentido. No entanto, deve-se deixar claro que como medida de segurança e, a fim de que se cumpra os ditames da Lei, é bastante aconselhável que se mantenha um registro de todas essas informações.

A Autoridade Nacional de Proteção de Dados (ANPD) tem como uma de suas finalidades a fiscalização do cumprimento da Lei, podendo aplicar as sanções que essa traz em casos de descumprimento. Isso é também um direito do titular nos casos em que não teve seu requerimento atendido apresentar reclamação junto à ANPD. Por tal motivo, e diante de todo o exposto, resta evidente, que seja qual for o meio disponibilizado para que o titular faça o seu requerimento, o procedimento deve ser facilitado, tanto para o titular quanto para aquele que o opera, tenha um acesso rápido e organizado. Ele precisa, ainda, ser encaminhado diretamente à pessoa hábil a responder a demanda e ser respondido completamente, dentro do prazo de 15 dias, a contar da data do requerimento.

Recebido o requerimento, passa-se a analisar a qualidade dos dados que serão alvo de eliminação. Para isso, sugere-se que sejam montadas tabelas de temporalidade, indicando a quais bases legais estão vinculados e por quanto tempo deverão ser mantidas. Como exemplificado, as informações financeiras possuem um prazo temporal mínimo de dez anos, além delas, informações trabalhistas, contratuais ou mesmo aquelas que podem ser objeto de demanda devem ser analisadas, com o objetivo de salvaguardar provas em possível processo.

Essas são, entretanto, exceções, e além delas há ainda estudo por órgão de pesquisa, garantida, sempre que possível, a anonimização dos dados pessoais; transferência a terceiro, desde que respeitados os requisitos de tratamento de dados dispostos nessa Lei, ou uso exclusivo do controlador, vedado seu acesso por terceiro, desde que anonimizados os dados.

É importante esclarecer que a conservação de uma grande quantidade de dados, assim como a eliminação de dados essenciais, pode ser prejudicial e indicar que há má-fé por parte do operador de dados. Os excessos devem ser evitados e, portanto, os dados desnecessários devem ser prontamente descartados, os essenciais identificados e conservados, além de se realizar um levantamento sobre a possibilidade de que os dados conservados sejam anonimizados.

Espera-se que a Autoridade Nacional de Proteção de Dados regulamente muitas questões, como prevê a LGPD. No entanto, no que se refere à temática aqui abordada, ainda não há orientações publicadas. O assunto é recente e exigirá que a prática demonstre a viabilidade ou não dos procedimentos a serem adotados, de modo a atender aos requisitos da LGPD, bem como que garanta a segurança jurídica. As ferramentas tecnológicas podem ser grandes aliadas nesse sentido.

REFERÊNCIAS

ALQUALO, Fernando. **Pós-graduação em Lei Geral de Proteção de Dados Pessoais.** 2021.

BRASIL. **[Constituição (1988)]**. Constituição da República Federativa do Brasil de 1988. Brasília, DF: Presidência da República, 1988. Disponível em: http://www.planalto.gov.br/ccivil_03/constituicao/constituicao.htm Acesso em 22 jun. 2022.

BRASIL. Autoridade Nacional de Proteção de Dados (ANPD). **Canais de atendimento ao cidadão, Petição do Titular**. Disponível em: https://www.gov.br/anpd/pt-br/canais_atendimento/cidadao-titular-de-dados/peticao-de-titular-contra-controlador-de-dados. Acesso em: 30 ago. 2022.

BRASIL. Banco Central do Brasil. **Resolução nº 2078**. Altera normas relativas à abertura, manutenção e movimentação de contas de depósitos. Disponível em: https://www.bcb.gov.br/pre/normativos/res/1994/pdf/res_2078_v1_O.pdf Acesso em: 30 ago. 2022

BRASIL. Lei nº 13.709, de 14 de agosto de 2018. Lei geral de proteção de dados pessoais. **Diário Oficial da União**, Brasília, DF, 2019. Disponível em: http://www.planalto.gov.br/ccivil_03/_ato2015-2018/2018/lei/l13709.htm. Acesso em 22 jan. 2022.

BRASÍLIA. Comitê Central de Governança de Dados. **Guia de Boas Práticas para Implementação na Administração Pública Federal**. Brasília, 2020. Disponível em: https://www.gov.br/governodigital/pt-br/seguranca-e-protecao-de-dados/guias/guia_lgpd.pdf Acesso em: 12 jul. 2022.

CARDOSO, Oscar Valente. **A Proteção de Dados na Prática**. 3. ed. [s.l.]: Edição do

Autor, 2021.

MACIEL, Rafael. **Manual prático sobre a Lei Geral de Proteção de Dados Pessoais:** Atualizado com a Medida Provisória nº 869/18. Goiânia - GO: RM Digital Education, 2019.

MINAS GERAIS. Tribunal de Justiça do Estado de Minas Gerais. 18ª Câmara Cível. **Apelação cível nº 1.0145.11.013323-1/001**. Ação cautelar. Exibição de documentos. Dever do banco de disponibilizar extratos bancários. Prazo para guarda de documentos. Comarca de Juiz de Fora. Apelante: Banco Bradesco S.A. Apelado: Delson Costa.Relator: DES. ELPÍDIO DONIZETTI. Disponível em: https://bd.tjmg.jus.br/jspui/bitstream/tjmg/1621/1/0199-TJ-JC-008.pdf. Acesso em: 30 ago. 2022.

OLIVEIRA, Sandro. **LGPD como aplicar em sua organização (O passo a passo da LGPD)**. [s.l.]: Kindle, 2021.

PINHEIRO, Patricia Peck. **Proteção de dados pessoais**: comentários à Lei n. 13.709/2018 (LGPD). São Paulo: Saraiva Educação, 2018.

REIS, Débora. **Data Science, GDPR e LGPD**: 20 coisas que você precisa saber para não ser acusado de maus tratos a dados pessoais. 2. ed. [s.l.]: 2019.

TAPEDINO, Gustavo *et al*. **Lei geral de proteção de dados pessoais e suas repercussões no direito brasileiro**. 2. ed. São Paulo: Thomson Reuters Brasil, 2019.

GOBO, Sarah Carolina de Sales. A exclusão de dados pessoais e a respectiva solicitação. *In:* MENESES, Heloísa Corrêa; SILVA, Tiago Nunes da; RAMONE TAVARES, Viviane; TEIXEIRA, Wendel de Brito Lemos (Coords.). **Anuário da OAB Uberlândia 2022/2023.** Uberlândia: Marco Teórico, 2023. pp. 411-423.

O DIREITO À PROTEÇÃO DE DADOS PESSOAIS NOS NEGÓCIOS JURÍDICOS FIRMADOS NO ÂMBITO DAS RELAÇÕES DE CONSUMO: A (IN)VALIDADE DE POLÍTICAS DE PRIVACIDADE CONSIDERADAS ENGANOSAS

25

Ana Paula Bougleux Andrade Resende
Ana Vitória D'Assumpção Guzman

Resumo:

O fornecimento de produtos e serviços não raramente demanda o tratamento de dados pessoais. Num mundo cada vez mais digital e competitivo, a tendência é que isso se intensifique. Nesse contexto, sobreveio a Lei Geral de Proteção de Dados, que não só positiva as principais normas relativas ao direito à privacidade e à proteção de dados no Brasil, como reforça o ecossistema que prevê direitos e deveres no âmbito das relações de consumo. Dentre uma das medidas adotadas pelos fornecedores, frequentemente também agentes de tratamento de dados, está a disponibilização de políticas de privacidade, contendo as principais informações relativas ao tratamento realizado, como a natureza dos dados, a forma como são coletados, o seu compartilhamento ou não, a finalidade para a qual servem, dentre outros aspectos. Tais políticas são, ainda, submetidas à anuência do consumidor, também titular.

Nesse contexto, o presente trabalho busca analisar as políticas de privacidade como negócios jurídicos, de modo a verificar quais os impactos da eventual inobservância das previsões trazidas pela legislação aplicável, seja ela cível, consumerista ou de proteção de dados. Por consequência, objetiva-se verificar se essas inobservâncias podem trazer implicações negativas para o fornecedor, tais como a nulidade ou anulabilidade do ato, tudo a partir de uma pesquisa bibliográfica, valendo-se do método dedutivo. A relevância do tema é evidenciada pela plena vigência da Lei Geral de Proteção de Dados, a partir da qual há, inclusive, a possibilidade de aplicação de sanções administrativas e consequente prejuízo pecuniário, como já vem acontecendo em certos casos.

PALAVRAS-CHAVE:

Políticas de Privacidade. Transparência. Tratamento de Dados Pessoais. Negócio Jurídico. Invalidade.

1. INTRODUÇÃO

É certo que o controle exercido sobre dados pessoais se revela capaz de influenciar questões econômicas, políticas e sociais[1] e, não por acaso, subsiste a afirmação de que os "dados são o novo petróleo"[2]. Nesse sentido, a progressiva relevância atribuída à proteção de dados pessoais se justifica não apenas, mas de maneira determinante, pela modificação na forma como nos relacionamos com o mundo e com nós mesmos, ou seja, cada vez mais dependentes das tecnologias e distribuidoras de dados pessoais[3].

---

1 Exemplificadamente, tem-se a diferenciação de preços conforme o público consumidor pelas práticas de *geopricing* e *geoblocking*, a formação de opinião pública e política sendo influenciada pela divulgação de notícias falsas ou tendenciosas, os casos de discriminação de determinada pessoa em decorrência da sua orientação sexual ou convicção religiosa, dentre tantas outras situações.

2 Apesar de bastante popular, a afirmação é rebatida por aqueles que consideram inadequada a comparação entre petróleo e dados pessoais, por possuírem características completamente diferentes; dentre as críticas, está a de que o petróleo é um recurso natural finito, ao passo que os dados pessoais são atributos de pessoas naturais passíveis de inúmeras operações, os quais não se esvaem com o tratamento.

3 É importante frisar que os dados pessoais independem do meio digital para existirem e serem

As legislações que tratam especificamente sobre a proteção de dados pessoais surgiram justamente nesse contexto, na tentativa de atribuir maior protagonismo e controle aos titulares, pelo que se compreende por autodeterminação informativa. É certo, entretanto, que o exercício dessa autodeterminação nem sempre é simples, especialmente se tratando de cadeias complexas de comercialização ambientadas em uma economia digital[4].

Acrescenta-se a esse cenário uma relação de desigualdade de poder, como a existente no microssistema consumerista e, potencialmente, haverá uma situação de disparidade entre as partes relacionadas. Assim, o cumprimento das legislações específicas que versa sobre proteção de dados pessoais, engloba os deveres de transparência com relação ao tratamento, de defesa do consumidor e do exercício da cidadania pelas pessoas naturais. Para tanto, é usual que fornecedores utilizem políticas de privacidade para tentar cumprir tais deveres.

Contudo, o que ocorre quando, ainda assim, esse dever é transgredido? Ademais, quais são os desdobramentos de uma informação cedida ao consumidor que o induz a uma compreensão equivocada da realidade? Considerando que as políticas de privacidade são negócios jurídicos, é correto afirmar que precisam observar os elementos indispensáveis à sua existência, eficácia e validez?

Além de responder às perguntas acima suscitadas, o presente artigo tem como objetivo avaliar se essa inobservância pode impactar a validade das políticas de privacidade submetidas ao consumidor, também titular, e quais as possíveis consequências disso. Para tanto, utilizar-se-á de uma análise bibliográfica, de modo que a pesquisa seja caracterizada por um procedimento teórico, com vistas a reunir o que a doutrina e a legislação dispõem sobre o tema. Nesse sentido, o método de pesquisa utilizado é o dedutivo, uma vez que se parte de premissas gerais acerca das

---

tratados; entretanto, é inquestionável que a modificação em termos quantitativos e qualitativos na forma de processamento desses dados, possibilitados pelo desenvolvimento técnico e informacional, gerou um incremento sem precedentes nas possibilidades de extração de valor dos dados pessoais e, por consequência, na sua disponibilização, compartilhamento e tratamento, de forma geral.

4 Nesse sentido, Ana Frazão explica, de forma bastante didática, a modificação que as transações comerciais têm sofrido em decorrência do desenvolvimento das plataformas digitais (FRAZÃO, Ana. Plataformas digitais e os desafios para a regulação jurídica. *In*: GONTIJO, Bruno Miranda; LIMA, Henrique Cunha Souza (org.). PARENTONI, Leonardo (coord.). **Direito, tecnologia e inovação.** Belo Horizonte, São Paulo: D'plácido, 2020. p. 635-669).

legislações consumerista e de proteção de dados para fins de obter conclusões acerca da sua aplicação em situações reais, notadamente no que se refere à validade de políticas de privacidade.

2. A PROTEÇÃO DE DADOS PESSOAIS COMO DIREITO FUNDAMENTAL NAS RELAÇÕES DE CONSUMO

Ao contrário do que se pode imaginar, a caminhada rumo à consolidação dos direitos de proteção de dados pessoais não se iniciou com a promulgação da Lei Geral de Proteção de Dados (Lei nº 13.709, de 2018 - LGPD), tampouco com a propositura do projeto de lei que marca a sua origem. Na verdade, a tutela dos direitos relacionados aos dados pessoais vem sendo desenvolvida há décadas e é um movimento observado em escala global.

Tratando-se do reconhecimento do direito à proteção de dados pessoais e dos seus princípios relacionados, para além do direito à privacidade[5], são documentos historicamente relevantes: a) as recomendações da Organização para Cooperação e Desenvolvimento Econômico de 1980 (*guidelines* da OECD); b) a Convenção 108 do Conselho da Europa de 1981 (Convenção de Estrasburgo); c) a Diretiva 95/46 do Conselho Europeu, de 1995, e d) a Carta de Direitos Fundamentais da União Europeia, de 2000[6].

Assim, considerando os aspectos de globalização e digitalização atrelados à sociedade contemporânea, os documentos mencionados foram responsáveis por reconhecer a tomada de importância dos dados pessoais ainda no século passado, de modo que tenham influenciado diversas legislações sobre a proteção de dados ao redor do mundo.

No Brasil, o processo legislativo que deu origem à LGPD foi longo e repleto de reviravoltas. Apesar de o primeiro Anteprojeto de Lei ter sido apresentado pelo

---

5 Conforme Danilo Doneda, a necessidade de funcionalização da proteção da privacidade deu origem a uma disciplina de proteção de dados pessoais, de modo que a proteção de dados pessoais seja considerada uma "continuação por outros meios" do direito à privacidade (DONEDA, Danilo. **Da privacidade à proteção de dados pessoais**: elementos da formação da Lei geral de proteção de dados. 2. ed. São Paulo: Thomson Reuters Brasil, 2019).

6 A documentação citada corroborou com o desenvolvimento de uma robusta legislação de proteção de dados pessoais no âmbito da União Europeia, cuja maior expressão na atualidade é o Regulamento Geral de Proteção de Dados (2016/679).

Ministério da Justiça em 2010[7], somente em 2021 é que todos os dispositivos da Lei entraram em vigor. De forma complementar, em 2022, o direito à proteção de dados foi reconhecido como direito fundamental, tendo sido acrescentado ao rol de direitos previstos no artigo 5º da Constituição da República, pela Emenda Constitucional nº 115/2022.

A despeito do longo processo percorrido até o reconhecimento do direito fundamental, seria um equívoco afirmar que a legislação brasileira passou a tutelar os dados pessoais apenas a partir da entrada em vigor da Lei Geral de Proteção de Dados, uma vez que, anteriormente a esse marco, diversos instrumentos legislativos já cuidavam da temática, apesar de fazê-lo de forma esparsa[8].

O Código de Defesa do Consumidor (Lei nº 8.078/1990 - CDC) é uma dessas legislações, uma vez que estabelece como direitos básicos do consumidor a informação adequada e clara sobre os diferentes produtos e serviços (art. 6º, III) e o acesso e a retificação de dados constantes em cadastros de consumidores, bem como a exclusão de informações negativas quando decorridos cinco anos ou quando prescrita a dívida, além de dispor que os dados deverão ser objetivos, claros, verdadeiros e em linguagem de fácil compreensão (art. 43). Para além dos dispositivos mencionados, é preciso destacar que o CDC não exclui a incidência de direitos decorrentes de outros diplomas, conforme estabelece o art. 7º.

Nesse sentido, levando-se em consideração o abrangente campo de aplicação da

---

7 A organização Data Privacy Brasil promoveu um levantamento detalhado acerca do processo legislativo (DATA PRIVACY BRASIL. Memória da LGPD. **Observatório**, 2010-2015. Disponível em: https://www.observatorioprivacidade.com.br/memorias/. Acesso em: 22 jun. 2022).

8 Destaca-se o remédio constitucional de *habeas data*, previsto no art. 5º, LXXII, da Constituição da República, que garante acesso e retificação dos dados pessoais existentes nos bancos de dados de entidades governamentais; nesse sentido, Arthur Basan afirma que "o *habeas data* é a garantia constitucional que instrumentaliza o direito fundamental à proteção de dados pessoais, estruturado materialmente por meio da LGPD, ampliando o controle também aos bancos de dados de caráter privado" (BASAN, Arthur Pinheiro. Art. 6º. *In*: MARTINS, Guilherme Magalhães; LONGHI, João Victor Rozatti; FALEIROS JÚNIOR, José Luiz de Moura (coord.). **Comentários à Lei Geral de Proteção de Dados**. Indaiatuba, SP: Foco, 2022, p. 54). Cita-se, ainda, o Marco Civil da Internet, Lei nº 12.965/2014, que prevê a proteção de dados pessoais como um dos seus pilares, nos termos do art. 3º, III, e estabelece direitos e garantias relacionados ao consentimento livre, expresso e informado do titular, bem como relacionados aos princípios da finalidade, necessidade e transparência no seu art. 7º.

LGPD[9], é correto afirmar que as suas disposições corroboram com a sistemática de proteção de dados dos consumidores que já vinha ocorrendo pelo CDC. Além disso, em atenção ao que a doutrina nomeia de diálogo das fontes, tem-se a necessidade de "buscar uma interpretação sistêmica e harmônica entre dos diversos diplomas legais em razão de similitudes principiológicas"[10], especialmente diante de um sistema jurídico contemporâneo plural e complexo.

Pelo exposto, é lógico concluir que as disposições da LGPD aplicar-se-ão às relações de consumo, na medida em que os agentes de tratamento, ou seja, fornecedores, tratarem dados de seus consumidores[11], ocasião em que deverão ser observadas as obrigações impostas por ambos os sistemas normativos, bem como as garantias constitucionais que consagram o direito à proteção de dados pessoais como direito fundamental.

3. ELEMENTOS INDISPENSÁVEIS À PERFECTIBILIZAÇÃO DO NEGÓCIO JURÍDICO E A ANULABILIDADE DE POLÍTICAS DE PRIVACIDADE DECORRENTE DE UMA MANIFESTAÇÃO DE VONTADE VICIADA

Cada vez mais a leitura e a concordância com os termos apostos em Políticas de Privacidade[12], principalmente no ambiente virtual, têm se tornado condição

---

9 O art. 3º da Lei dispõe: "Esta Lei aplica-se a qualquer operação de tratamento realizada por pessoa natural ou por pessoa jurídica de direito público ou privado, independentemente do meio, do país de sua sede ou do país onde estejam localizados os dados, desde que: I - a operação de tratamento seja realizada no território nacional; II - a atividade de tratamento tenha por objetivo a oferta ou o fornecimento de bens ou serviços ou o tratamento de dados de indivíduos localizados no território nacional; ou III - os dados pessoais objeto do tratamento tenham sido coletados no território nacional".

10 BONNA, Alexandre Pereira. Art. 64. *In*: MARTINS, Guilherme Magalhães; LONGHI, João Victor Rozatti; FALEIROS JÚNIOR, José Luiz de Moura (coord.). **Comentários à Lei Geral de Proteção de Dados**. Indaiatuba, SP: Foco, 2022. p. 570

11 Da mesma forma que o CDC traz as figuras do consumidor e do fornecedor, a LGPD estabelece o titular e os agentes de tratamento, havendo, assim, tratamento de dados nas relações de consumo. Automaticamente, o consumidor também será titular de dados e o fornecedor, de agente de tratamento.

12 Frisa-se que as políticas de privacidade são documentos fornecidos pelos agentes de tratamento capazes de publicizar ao usuário, consumidor, contratante ou, simplesmente, ao titular de dados, de que forma ocorre o tratamento de dados pessoais em determinado contexto.

indispensável para a contratação de serviços ou para a aquisição de produtos. O fato, especialmente sob a ótica do direito à privacidade e proteção de dados, é louvável e, mesmo, desejável. Acontece que, também com a mesma frequência, os termos que compõem essas políticas não são plenamente legítimos e, tampouco, válidos.

Para compreender o motivo dessa invalidez, é preciso, primeiro, entender que a subscrição e, portanto, a anuência para com uma Política de Privacidade caracteriza um negócio jurídico, subespécie de um ato jurídico, isso é, de um ato humano, cuja prática e efeitos jurídicos dela decorrentes são derivados da vontade humana[13].

Nas lições de Caio Mário da Silva Pereira, "os 'negócios jurídicos' são, portanto, declarações de vontade destinadas à produção de efeitos jurídicos queridos pelo agente"[14]. Tais negócios jurídicos são formados por certos elementos, os quais, de forma escalonada, conduzem à caracterização de um ato como um negócio jurídico perfeito. É disso que trata a "Escada Ponteana" criada pelo jurista brasileiro Pontes de Miranda:

> Existir, valer e ser eficaz são conceitos tão inconfundíveis que o fato jurídico pode ser, valer e não ser eficaz, ou ser, não valer e ser eficaz. As próprias normas jurídicas podem ser, valer e não ter eficácia. O que se não pode dar é valer e ser eficaz, ou valer, ou ser eficaz, sem ser; porque não há validade, ou eficácia do que não é[15].

Assim, em apertada síntese, a "Escada Ponteana" prevê que a perfectibilidade de um negócio jurídico pressupõe o exaurimento de três planos: a) da existência, b) da validade e c) da eficácia. Assim como asseverado pelo doutrinador no trecho colacionado acima, admite-se que um negócio jurídico seja válido e ineficaz, inválido e eficaz, mas jamais serão dotados de uma ou outra qualidade sem que antes existam.

No plano da existência, portanto, estão os elementos essenciais do negócio, quais sejam: o agente, a vontade, o objeto e a forma. Assim, para que o ato exista é

Uma política de privacidade deve fazer referência, por exemplo, às finalidades do tratamento de dados, tempo de armazenamento, organizações com quem há um eventual compartilhamento de dados, meios e formas de exercícios dos direitos de titular, dentre outros.

13 ASSIS NETO, Sebastião de; JESUS, Marcelo; MELO, Maria Izabel. **Direito Civil**. 7. ed. São Paulo: 2018. p. 340.

14 PEREIRA, Caio Mário da Silva. **Instituições de Direito Civil**. Rio de Janeiro: Forense, 2005. p. 475-476

15 MIRANDA, Francisco Cavalcanti Pontes de. **Tratado de direito privado**. 4. ed. São Paulo: RT, 1974. t. III. p. 15.

necessário que se tenham pessoas que o entabulem, que haja declaração de vontade dirigida para os fins a que o negócio se destina, que haja uma coisa ou uma prestação sobre a qual incida o ato e, ainda, que se observe a devida forma, elemento que se refere à necessidade de que o negócio se caracterize por alguma forma que o exteriorize[16].

Já no plano da validade, observa-se, em suma, se a existência do referido negócio jurídico está em consonância com as normas legais vigentes, já que, por manifesto, não lhe podem ser contrárias. Pontua-se, nesse ínterim, que tais planos, que compõem a "Escada Ponteana", não são expressamente adotados pelo diploma civilista vigente. Apesar disso, o Código Civil dispõe no seu artigo 104 que "A validade do negócio jurídico requer: I - agente capaz; II - objeto lícito, possível, determinado ou determinável; III - forma prescrita ou não defesa em lei".

Assim, a capacidade e a legitimidade do agente, a licitude, a possibilidade e a determinabilidade do objeto, a existência de forma prescrita ou não defesa em lei e, ainda, a exteriorização de uma vontade livre, consciente e dotada de boa-fé são os elementos que compõem o plano da validade. Não se ignora que esse último - a vontade livre, consciente e dotada de boa-fé - não está expressa no artigo supracitado. Sem embargo disso, é extraída de uma análise sistemática do Código Civil, especialmente dos seus artigos 107 e 113:

> Art. 107. A validade da declaração de vontade não dependerá de forma especial, senão quando a lei expressamente a exigir.
> Art. 113. Os negócios jurídicos devem ser interpretados conforme a boa-fé e os usos do lugar de sua celebração. § 1º A interpretação do negócio jurídico deve lhe atribuir o sentido que: I - for confirmado pelo comportamento das partes posterior à celebração do negócio; II - corresponder aos usos, costumes e práticas do mercado relativas ao tipo de negócio; III - corresponder à boa-fé; IV - for mais benéfico à parte que não redigiu o dispositivo, se identificável; e V - corresponder a qual seria a razoável negociação das partes sobre a questão discutida, inferida das demais disposições do negócio e da racionalidade econômica das partes, consideradas as informações disponíveis no momento de sua celebração.

Ainda sobre a declaração de vontade necessária à perfectibilização do negócio jurídico, tem-se que:

---

16 ASSIS NETO, Sebastião de; JESUS, Marcelo; MELO, Maria Izabel. **Direito Civil**. 7. ed. São Paulo: 2018. p. 361-369.

> Para que o negócio jurídico existente tenha validade, a vontade expressa pelas partes deve ser feita de forma livre, ou seja, não pode ser viciada por defeitos como o erro, o dolo, a coação, a lesão e o estado de perigo. Por outro lado, essa vontade deve ser consciente. Isso quer dizer que o agente deve ser plenamente capaz de entender o caráter jurídico do negócio por ele praticado. [...] Por fim, a vontade deve ser exercida com boa-fé, pois, se o intuito da parte for o de dilapidar seu patrimônio, em detrimento de seus credores, incidente em fraude contra credores; assim também, se o intento é apenas o de praticar ato simulado, a fim de lesar interesses de terceiros, incorre-se em simulação[17].

Por fim, no plano de eficácia estão localizados os elementos considerados acidentais, quais sejam: a condição, o termo e o encargo. Nas lições de Flávio Tartuce, "os elementos acidentais do negócio jurídico não estão no plano da sua existência ou validade, mas no plano da sua eficácia, sendo a sua presença até dispensável"[18].

Ao que toca o objeto do presente estudo, interessa o plano da validade, pois é a ausência ou a deficiência de algum dos elementos nele contidos que pode tornar o negócio nulo ou anulável, nos termos dos artigos 166 e 171 do caderno civil, os quais dispõem:

> Art. 166. É nulo o negócio jurídico quando: I - celebrado por pessoa absolutamente incapaz; II - for ilícito, impossível ou indeterminável o seu objeto; III - o motivo determinante, comum a ambas as partes, for ilícito; IV - não revestir a forma prescrita em lei; V - for preterida alguma solenidade que a lei considere essencial para a sua validade; VI - tiver por objetivo fraudar lei imperativa; VII - a lei taxativamente o declarar nulo, ou proibir-lhe a prática, sem cominar sanção.
> Art. 171. Além dos casos expressamente declarados na lei, é anulável o negócio jurídico: I - por incapacidade relativa do agente; II - por vício resultante de erro, dolo, coação, estado de perigo, lesão ou fraude contra credores.

Desse modo, a invalidade de um negócio jurídico pode decorrer da sua nulidade (nulidade absoluta) ou da sua anulabilidade (nulidade relativa), de modo que, no primeiro caso, há a infringência de comandos legais de caráter público, sendo inadmissível que o interesse de qualquer das partes desafie o ordenamento jurídico[19]. Já

---

17 ASSIS NETO, Sebastião de; JESUS, Marcelo; MELO, Maria Izabel. **Direito Civil**. 7. ed. São Paulo: 2018. p. 467

18 TARTUCE, Flávio. **Manual de direito civil**. 8 ed. Rio de Janeiro: Forense; São Paulo: MÉTODO, 2018.

19 ASSIS NETO, Sebastião de; JESUS, Marcelo; MELO, Maria Izabel. **Direito Civil**. 7. ed.

no segundo caso, ocorre a infringência de normas de caráter suplementar, sendo admissível que as partes, se assim desejarem, exercitem o seu interesse quanto à manutenção dos efeitos do negócio, ainda que ele seja pontualmente defeituoso[20].

Nessa toada, verifica-se que a problemática envolvendo a declaração de vontade que, a princípio, deve ser livre, consciente e de boa-fé, implica uma eventual anulabilidade do negócio jurídico, uma vez constatado vício resultante de erro, dolo, coação, estado de perigo, lesão ou fraude contra credores.

Assim, se a subscrição de uma política de privacidade é um ato humano com efeitos jurídicos desejados pelas partes subscritoras, já que, se aceita, vincula essas mesmas partes e cria mútuas incumbências, parece incontroverso que se caracterize como um negócio jurídico, tal qual já adiantado. Se o é, deve atender aos elementos dispostos na "Escada Ponteana" e nos já citados artigos civilistas. Ocorre que, assim como em qualquer outro negócio jurídico, nem sempre se verifica a presença ideal de todos os elementos essenciais.

A ausência mais comum diz respeito à transparência e clareza quanto ao tratamento de dados que descreve. Por vezes, os agentes de tratamento de dados, os quais, não raro, enquadram-se como fornecedores sob a ótica do caderno consumerista, propõem cláusulas genéricas ou ocultam informações relevantes para o tratamento de dados, problemas que comumente caminham juntos.

Esses lapsos, que podem ser intencionais ou não, enevoam o entendimento do titular consumidor e, portanto, impedem que exerçam livremente os seus direitos, especialmente o de consentir ou não com o tratamento dos seus dados, tendo em vista que a Lei Geral de Proteção de Dados expressamente prevê que o consentimento deve ser "manifestação *livre*, *informada* e *inequívoca* pela qual o titular concorda com o tratamento de seus dados pessoais para uma finalidade determinada".

Sobre tais elementos, importa esclarecer:

> 'Livre' é conferir ao titular a oportunidade de dispor ou não de dados que não sejam fundamentais à prestação de um eventual serviço, em que pese o tratamento de dados poder ser condição para o fornecimento do produto ou serviço. [...] Já o requisito 'informado' do consentimento guarda relação direta com o princípio da transparência, o qual pressupõe que o titular adquira conhecimento e capacidade para que possa

---

São Paulo: 2018. p. 443

20 Ibidem p. 460

> tomar uma decisão de forma consciente e serena de dispor de seus dados pessoais, tomando conhecimento real das consequências de sua escolha. [...] Por sua vez, inequivocamente significa que o titular, mesmo que implicitamente (uma vez que não precisa ser expresso), precisa concordar com aquilo que está disposto de modo claro para ele[21].

Nesse sentido, denota-se que não é mera coincidência que tanto o consentimento quanto a declaração de vontade, aqui utilizada de forma ampla sob a ótica do Direito Civil, devem ser emanados de forma livre e consciente ou informada. Trata-se de previsões que visam justamente garantir a validade do negócio firmado, pois a ausência ou mesmo a deficiência na liberdade, na informação ou na consciência sobre o ato ou sobre os seus efeitos jurídicos, caracterizam os já mencionados defeitos do negócio jurídico, os quais, a depender da sua natureza, podem implicar a nulidade ou a anulabilidade do negócio, no caso da política de privacidade e das suas subsequentes atribuições.

Assim, por exemplo, se o agente oculta uma ou mais finalidades do tratamento, as menciona de forma genérica ou mesmo age de forma a dificultar que o titular tenha claro e total acesso aos termos do tratamento de dados realizado, parece latente que a liberdade, a informação e a consciência do titular são maculadas, o que ofende, por consequência, os seus direitos como titular e consumidor, conforme será analisado adiante.

Como ato sucessivo, se essas imprecisões na conduta do agente forem acidentais e induzirem o titular à erro, podem caracterizar "erro ou ignorância", mas, se forem propositais, podem configurar "dolo", conforme os artigos do Código Civil:

> Art. 138. São anuláveis os negócios jurídicos, quando as declarações de vontade emanarem de erro substancial que poderia ser percebido por pessoa de diligência normal, em face das circunstâncias do negócio.
> Art. 145. São os negócios jurídicos anuláveis por dolo, quando este for a sua causa.

Em outras palavras, entende-se por erro a manifestação de vontade que decorre de uma percepção equivocada das condições do negócio e se diferencia do dolo na medida em que, nesse caso, essa percepção equivocada se dá por induzimento de

---

21 MALDONADO, Viviane Nóbrega; BLUM, Renato Ópice. **Lei Geral de Proteção de Dados Comentada.** 2. ed. São Paulo: Revista dos Tribunais, 2019.

outrem[22].

Portanto, se o titular não conhece a verdade a respeito do negócio jurídico ao qual está se submetendo, isso é, se não conhece a verdade acerca do tratamento de dados com o qual está consentindo ou concordando, é manifesta a possibilidade de que referido negócio venha a ser anulado, ou seja, declarado inválido, o que pode trazer consequências administrativas e financeiras para o agente.

4. BREVE ANÁLISE A PARTIR DE UM ESTUDO DE CASO

Deve-se ter em mente que a Lei Geral de Proteção de Dados se encontra amparada em duas questões fundamentais: a) a proteção do titular de dados pessoais e b) o estabelecimento de condições para o tratamento lícito de dados pessoais[23]. Assim, aos agentes de tratamento são impostos requisitos para o adequado cumprimento da legislação, o que engloba a garantia de direitos dos titulares e a observância dos princípios estabelecidos, dentre os quais destaca-se a transparência, entendida como a "garantia, aos titulares, de informações claras, precisas e facilmente acessíveis sobre a realização do tratamento e os respectivos agentes de tratamento, observados os segredos comercial e industrial".

Tanto a LGPD quanto o CDC impõem o dever de informar o consumidor, nesse sentido, nos termos do art. 9º daquele diploma legal, é correto afirmar que implica o tratamento ilícito de dados pessoais a ausência de termos que explicitem: a) finalidade específica do tratamento, b) forma e duração do tratamento, c) identificação do controlador, d) informações de contato do controlador, e) informações acerca do uso compartilhado de dados pelo controlador e a finalidade, f) responsabilidades dos agentes que realizarão o tratamento e g) direitos do titular.

Essas premissas corroboram para a indispensabilidade do pleno acesso à informação e subsequente consciência do titular para a validade da subscrição da política de privacidade. Assim, ainda que a situação em questão esteja amparada em uma base legal diversa do consentimento, não se deve ignorar a necessária manifestação

---

22 ASSIS NETO, Sebastião de; JESUS, Marcelo; MELO, Maria Izabel. **Direito Civil**. 7. ed. São Paulo: Editora, 2018. p. 408-415

23 MIRAGEM, Bruno; MADALENA, Juliano. Art. 7º. *In*: MARTINS, Guilherme Magalhães; LONGHI, João Victor Rozatti; FALEIROS JÚNIOR, José Luiz de Moura [coord.]. **Comentários à Lei Geral de Proteção de Dados**. Indaiatuba, SP: Editora Foco, 2022. p. 68

da vontade livre, consciente e de boa-fé do titular de dados, tampouco os deveres de transparência e de prestar informação, dispostos na LGPD e no CDC. Dessa forma, a inobservância das premissas mencionadas implica o descumprimento de preceito legal e, por isso, pode significar não apenas a invalidez do negócio firmado mediante tais falhas, como também a aplicação de sanções administrativas para o agente desatento.

Com a finalidade de concluir a análise pretendida neste estudo, foi selecionada uma situação concreta, em que a Secretaria Adjunta de Proteção e a Defesa dos Direitos do Consumidor (Procon-MT) aplicaram uma multa no valor de R$ 572.680,71 a uma rede de farmácias pelo tratamento de dados pessoais em desconformidade ao que a LGPD estabelece[24].

No caso avaliado, as drogarias da rede em questão, localizadas na cidade de Cuiabá-MT, coletavam dados pessoais dos seus clientes, com a justificativa de que os dados seriam utilizados para recadastramento para a obtenção e a manutenção de descontos. Entretanto, a coleta de dados, inclusive de dado sensível, qual seja, a impressão digital, na realidade era utilizada como forma de registrar o consentimento do titular para fins de uso e compartilhamento de dados, sem que fossem cedidas informações claras e adequadas sobre o respectivo tratamento. Nesse sentido o próprio Procon-MT noticiou:

> Em alguns estabelecimentos, os funcionários chegavam a mencionar a LGPD, porém não passavam a informação completa e adequada aos consumidores. Além disso, os fiscais verificaram que os termos da autorização que estava sendo solicitada não eram mostrados nem lidos para os consumidores. Os funcionários apenas selecionavam a opção 'aceito' nos itens sobre o consentimento para o uso de dados pessoais – que apareciam na tela do computador-, e pediam que o cliente confirmasse com a digital. Após, entregavam um comprovante de consentimento de uso de dados, que continha somente um resumo das informações, diferente do que aparecia para o atendente na tela do computador[25].

---

24 A despeito de existirem críticas aos órgãos de fiscalização com relação à suposta transigência na aplicação de sanções em casos de descumprimento das obrigações impostas pela LGPD, situações concretas, como a que será explorada a seguir, são consideradas bons exemplos e se revelam como uma tendência nacional.

25 MATO GROSSO. Secretaria Adjunta de Proteção e Defesa dos Direitos do Consumidor (Procon-MT). **Procon estadual multa rede de farmácias por infração à Lei Geral de Proteção de Dados Pessoais**. 2021. Disponível em: http://www.procon.mt.gov.br/-/17501890-

Conforme mencionado, ao consentimento são impostas condições para validade, ou seja, deve ser a "manifestação livre, informada e inequívoca pela qual o titular concorda com o tratamento de seus dados pessoais para uma finalidade determinada", nos termos do art. 5º, XII, da LGPD, no sentido em que as autorizações genéricas para o tratamento são consideradas nulas, de acordo com o art. 8º, § 4º, da Lei.

Além disso, ainda que caiba ao controlador o ônus da prova de que o consentimento foi obtido (art. 8º, § 2º, LGPD), deverão ser observados os requisitos estabelecidos, de modo que a entrega de um comprovante de consentimento de uso de dados com o resumo das informações acerca do tratamento de dados, conforme noticiado pelo Procon-MT, esteja em completa desconformidade com os requisitos estabelecidos em Lei.

Dessa forma, concretizando as premissas deduzidas alhures, o artigo 9º, § 1º, LGPD, dispõe que: "Na hipótese em que o consentimento é requerido, esse será considerado nulo caso as informações fornecidas ao titular tenham conteúdo enganoso ou abusivo ou não tenham sido apresentadas previamente com transparência, de forma clara e inequívoca". Portanto, a nulidade do ato decorrente da falha na transparência e clareza quanto ao tratamento de dados é ainda mais gritante, praticamente dispensando a análise sistêmica ora realizada, já que a legislação específica cuidou de prever, expressamente, a situação e uma subsequente consequência.

Para além do caso abordado, deve-se ter a compreensão de que a insuficiência das informações prestadas ao consumidor ou até mesmo o fornecimento de informações equivocadas, ainda nos casos de adoção de hipóteses legais diversas do consentimento, podem facilmente resultar em manifestação viciada de vontade e, ademais, eventualmente, gerar a anulabilidade do negócio jurídico por vício resultante de erro ou dolo, nos termos do art. 171 do Código Civil.

5. CONCLUSÃO

A utilização massiva de dados pessoais por pessoas de direito público e privado como um fator crescente é uma previsão para o século XXI, que se concretiza a cada dia que passa. Como todo fator social relevante, demandará proporcional

---

procon-estadual-multa-rede-de-farmacias-por-infracao-a-lei-de-protecao-de-dados-pessoais?inheritRedirect=true. Acesso em: 27 jun. 2022.

acompanhamento do ordenamento jurídico. Assim, se os fornecedores de produtos e serviços estão interessados nos resultados que podem obter a partir do tratamento de dados dos consumidores, devem estar igualmente atentos às normas que regem tal pretensão, porque os direitos daqueles devem ser preservados e a sua vulneração pode implicar prejuízos latentes ao fornecedor.

Nesse sentido, a adoção de uma política de privacidade, com vistas a instrumentalizar, especialmente, os princípios da informação e da transparência, previstos respectivamente no artigo 6º, inciso III, do Código de Defesa do Consumidor e artigo 6º, inciso VI, da Lei Geral de Proteção de Dados, por si só, não é suficiente. É indispensável que o referido documento espelhe a realidade do tratamento, forneça condições factíveis de compreensão por parte do consumidor que a ela se submeterá, a fim de que, consciente e devidamente informado, possa anuir verdadeiramente com o ato.

Tais ações que, culposa ou dolosamente, interfiram na análise do documento, confundam e/ou ludibriem o consumidor, poderão macular a sua declaração de vontade, isso é, a sua anuência ou, de forma mais específica, a depender do caso concreto, o seu consentimento. Essa mácula, por sua vez, poderá culminar na invalidez do negócio firmado com o titular e caracterizar conduta irregular, passível, portanto, de aplicação de multas e sanções.

Sobre o direito/dever de informação, são certeiras as palavras do Ministro do Superior Tribunal de Justiça Humberto Martins, que afirmou que "se a informação é adequada, o consumidor age com mais consciência; se a informação é falsa, inexistente, incompleta ou omissa, retira-se-lhe a liberdade de escolha consciente"[26]. Em outra ocasião, o mesmo Ministro ressaltou também que "mais do que obrigação decorrente de lei, o dever de informar é uma forma de cooperação, uma necessidade social"[27].

Sem olvidar o dever de autorresponsabilidade por parte do titular, é certo que, sob a ótica da Lei Geral de Proteção de Dados, do Código de Defesa do Consumidor,

---

26 BRASIL. Superior Tribunal de Justiça. Terceira Turma. **Recurso Especial nº 1.515.895/MS**. Relatora Ministra Nancy Andrighi. Julgado em 06/12/2016. Publicado no DJe em 14/12/2016.

27 BRASIL. Superior Tribunal de Justiça. Segunda Turma. **Recurso Especial nº 1.364.915/MG**. Relator Ministro Humberto Martins. Julgado em 14/5/2013. Publicado no DJe em 24/5/2013.

do Marco Civil da Internet, do Código Civil e de outras normas que compõem esse microssistema normativo, é imperioso que um tratamento de dados pessoais considere de forma prioritária a vulnerabilidade do consumidor, o que se atinge pela plena observância dos direitos desse e dos seus devedores como fornecedor.

Assim, é certo afirmar que transparência, clareza e completude são adjetivos inafastáveis para que se considere um tratamento de dados adequado e justo, bem como para que não restem dúvidas quanto à existência e validade do negócio jurídico firmado entre as partes.

REFERÊNCIAS

ASSIS NETO, Sebastião de; JESUS, Marcelo; MELO, Maria Izabel. **Direito Civil**. 7. ed. São Paulo, 2018.

BRASIL. **Emenda Constitucional nº 115, de 10 de fevereiro de 2022**. Altera a Constituição Federal para incluir a proteção de dados pessoais entre os direitos e garantias fundamentais e para fixar a competência privativa da União para legislar sobre proteção e tratamento de dados pessoais. Brasília, DF: Presidência da República, 2022. Disponível em: http://www.planalto.gov.br/ccivil_03/ constituicao/Emendas/Emc/emc115.htm#art1. Acesso em: 22 jun. 2022.

BRASIL. Lei nº 8.078, de 11 de setembro de 1990. **Dispõe sobre a proteção do consumidor e dá outras providências**. Brasília, DF: Presidência da República, 1990. Disponível em: http://www.planalto.gov.br/ccivil_03/leis/l8078compilado.htm. Acesso em: 15 jun. 2022.

BRASIL. **Lei nº 10.406, de 10 de janeiro de 2002**. Institui o Código Civil. Brasília, DF: Presidência da República, 2002. Disponível em: http://www.planalto.gov.br/ccivil_03/leis/2002/l10406compilada.htm. Acesso em: 15 jun. 2022.

BRASIL. **Lei nº 13.709, de 14 de agosto de 2018** - Lei Geral de Proteção de Dados (LGPD). Brasília, DF: Presidência da República, 2018. Disponível em:

https://www.planalto.gov.br/ccivil_03/_ato2015-2018/2018/lei/l13709.htm. Acesso em: 15 jun. 2022.

BRASIL. Superior Tribunal de Justiça. Segunda Turma. **Recurso Especial nº 1.364.915/MG**. Relator Ministro Humberto Martins. Julgado em 14/5/2013. Publicado no DJe em 24/5/2013.

BRASIL. Superior Tribunal de Justiça. Terceira Turma. **Recurso Especial nº 1.515.895/MS**. Relatora Ministra Nancy Andrighi. Julgado em 06/12/2016. Publicado no DJe em 14/12/2016.

DATA PRIVACY BRASIL. Memória da LGPD. **Observatório**, 2010-2015. Disponível em: https://www.observatorioprivacidade.com.br/memorias/. Acesso em: 22 jun. 2022.

DONEDA, Danilo. **Da privacidade à proteção de dados pessoais**: elementos da formação da Lei geral de proteção de dados. 2. ed. São Paulo: Thomson Reuters Brasil, 2019.

FRAZÃO, Ana. Plataformas digitais e os desafios para a regulação jurídica. *In*: GONTIJO, Bruno Miranda; LIMA, Henrique Cunha Souza (organizadores); PARENTONI, Leonardo (coordenador). **Direito, tecnologia e inovação**. Belo Horizonte, São Paulo: D'plácido, 2020, p. 635-669

MATO GROSSO. Secretaria Adjunta de Proteção e Defesa dos Direitos do Consumidor (Procon-MT). **Procon estadual multa rede de farmácias por infração à Lei Geral de Proteção de Dados Pessoais**. 2021. Disponível em: http://www.procon.mt.gov.br/-/17501890-procon-estadual-multa-rede-de-farmacias-por-infracao-a-lei-de-protecao-de-dados-pessoais?inheritRedirect=true. Acesso em: 27 jun. 2022.

MALDONADO, Viviane Nóbrega; BLUM, Renato Ópice. **Lei Geral de Proteção de Dados Comentada**. 2. ed. São Paulo: Revista dos Tribunais, 2019.

MARTINS, Guilherme Magalhães; LONGHI, João Victor Rozatti; FALEIROS JÚNIOR, José Luiz de Moura (coord.). **Comentários à Lei Geral de Proteção de Dados**. Indaiatuba, SP: Editora Foco, 2022.

MIRANDA, Francisco Cavalcanti Pontes de. **Tratado de direito privado**. 4. ed. São Paulo: RT, 1974. t. III.

PEREIRA, Caio Mário da Silva. **Instituições de Direito Civil**. Rio de Janeiro: Forense, 2005.

PONTES DE MIRANDA, Francisco Cavalcanti. **Tratado de direito privado**. 4. ed. São Paulo: RT, 1974. t. III

TARTUCE, Flávio. **Manual de direito civil**. 8. ed. Rio de Janeiro: Forense; São Paulo: MÉTODO, 2018.

RESENDE, Ana Paula Bougleux Andrade; GUZMAN, Ana Vitória D'Assumpção. O direito à proteção de dados pessoais nos negócios jurídicos firmados no âmbito das relações de consumo: a (in)validade de políticas de privacidade consideradas enganosas. *In:* MENESES, Heloísa Corrêa; SILVA, Tiago Nunes da; RAMONE TAVARES, Viviane; TEIXEIRA, Wendel de Brito Lemos (Coords.). **Anuário da OAB Uberlândia 2022/2023.** Uberlândia: Marco Teórico, 2023. pp. 425-442.

CONTRIBUIÇÕES DO *DESIGN* DE SISTEMAS DE GESTÃO DE CONFLITOS PARA A CONSTRUÇÃO DE UMA JUSTIÇA DIGITAL COMPARTICIPATIVA

26

Ianna Menezes Cabanelas

RESUMO:

O crescimento da participação do meio digital no cotidiano da sociedade tem repercutido no Direito. Desde a virtualização de atos processuais à automação de atividades repetitivas, até a possibilidade de utilização de inteligência artificial para substituir a força de trabalho humana, a tecnologia tem sido uma variável que cada vez merece mais atenção. Atualmente, a doutrina já discorre sobre a possibilidade de estruturação de uma Justiça Digital. O presente trabalho, por uma pesquisa bibliográfica estrangeira e nacional e aplicação do método analítico indutivo, tem por escopo demonstrar como as experiências exitosas das Online Dispute Resolutions, (ODRs), no âmbito privado, e as noções de Design de Sistemas de Gestão de Conflitos (Dispute Systems Design - DSD) podem contribuir para a construção de uma Justiça Digital que, além de conferir ganhos em celeridade e eficiência, também promova um ambiente comparticipativo e inclusivo, que assegure a melhor experiência aos usuários, bem como a participação ativa de todos os envolvidos em cada fase do interstício processual.

PALAVRAS-CHAVE:

Direito Processual. Justiça Digital. Tecnologia. Inovação e *Design*.

1. INTRODUÇÃO

A evolução tecnológica, sobretudo após o advento da comunicação mediada por computadores e das mídias sociais, tem repercutido no âmbito jurídico. Pode-se dizer que um dos marcos iniciais das interseções entre Direito e Tecnologia foi a criação do Processo Judicial Eletrônico - PJe que pela possibilidade de virtualização de autos físicos e da prática de atos processuais em meio eletrônico, impulsionou o adensamento das relações entre o digital e o jurídico.

Atualmente, já se presencia a existência de mecanismos de automação de atividades que, até então, demandavam ações humanas, como o envio de intimações e comunicações, além de um movimento crescente em prol da criação de ferramentas de inteligência artificial para aprimorar os serviços jurídicos.

No contexto pandêmico, a necessidade de isolamento social demandou o desenvolvimento de mecanismos para viabilizar a prestação jurisdicional, o que desaguou, por exemplo, na criação do Balcão Virtual e do Juízo 100% Digital.

Paralelamente a isso, o setor privado tem experimentado um êxito notório na resolução de conflitos pela utilização de ferramentas de *Online Dispute Resolution* (ODRs), as quais se valem da tecnologia e de uma estrutura própria de resolução de litígios de forma extrajudicial e com alto grau de satisfação dos envolvidos.

A partir dos estudos acerca das origens das ODRs, chegou-se ao Design de Sistemas de Gestão de Conflitos (*Dispute Systems Design* - DSD), um campo de conhecimento que atua na prevenção, gestão e tratamento do conflito e inspirou o desenvolvimento das ODRs.

As referidas formas de tratar o conflito, com enfoque na estruturação de uma dinâmica que alia métodos alternativos de resolução de conflitos (*Alternative Dispute Resolutions* - ADRs) ao emprego de tecnologia, chegaram ao conhecimento do setor público, que passou a pensar no desenvolvimento de uma Justiça Digital.

A ideia de Justiça Digital está intrinsecamente relacionada à promoção de uma maior efetividade na prestação jurisdicional, sobretudo pelos ganhos em celeridade e redução de custos. No entanto, ao se pensar em estruturar uma nova dinâmica para os sistemas de justiça, faz-se mister ter em mente a necessidade de se assegurar um ambiente inclusivo e que viabilize a participação ativa de todos os envolvidos.

No presente trabalho, o que se pretende demonstrar, por uma pesquisa bibliográfica estrangeira e nacional, além da aplicação do método analítico indutivo, é que para se estruturar uma Justiça Digital verdadeiramente comparticipativa e que proporcione a melhor experiência para seus usuários, é necessário se valer do Design de Sistemas de Gestão de Conflitos como balizador do procedimento.

2. DA VIRTUALIZAÇÃO PROCESSUAL À ESTRUTURAÇÃO DE UMA JUSTIÇA DIGITAL

Com o advento da Era da Informação, a forma de transmitir e consumir informações sofreu alterações substanciais decorrentes, inicialmente, da forma como a televisão e o rádio transmitem conteúdos para os seus usuários, marcada por uma exploração de recursos audiovisuais.

Até então, o cérebro humano estava habituado a consumir informações de forma majoritariamente escrita, por livros e jornais. Porém, os novos recursos apresentaram uma realidade ainda não experimentada, na qual as informações passaram a ser acessadas com uma demanda mínima de esforço por parte dos indivíduos, bastando apenas acionar um dos meios de comunicação audiovisual disponíveis para que a informação almejada fosse acessada em instantes[1].

Essa comodidade adquiriu maior espaço na vida dos indivíduos em decorrência de uma característica inerente ao ser humano: buscar o caminho que exige menor esforço cognitivo e menos raciocínios complexos[2].

Na década de 90, com o surgimento da comunicação mediada por computadores e, posteriormente, das mídias sociais, o consumo de informações adquiriu nova roupagem por meio dos atributos de interatividade e personalização que marcam o meio digital[3]. Nesse contexto, os usuários não mais assistem a um mesmo canal de televisão de forma passiva e cada um dispõe de infinitas páginas web para consumir

---

1 CASTELLS, Manuel. Sociedade em rede. 8. ed. Tradução de Roneide Venancio Majer, com a colaboração de Klauss Brandini Gerhardt. Rio de Janeiro: Paz e Terra, 1996. v. 1

2 KAHNEMAN, Daniel. **Rápido e devagar:** duas formas de pensar. Tradução de Cássio de Arantes Leite. Rio de Janeiro: Objetiva, 2012.

3 CASTELLS, Manuel. **Sociedade em rede**. 8. ed. Tradução de Roneide Venancio Majer com a colaboração de Klauss Brandini Gerhardt. Rio de Janeiro: Paz e Terra, 1996. v. 1

os conteúdos que forem de seu interesse, podendo, ainda, acessar outras páginas contidas dentro da primeira (leitura por hiperlink), a fim de obter, com exatidão, a informação desejada.

Tais recursos e comodidades acarretaram um crescimento substancial da participação do meio digital no cotidiano da sociedade, fato que tem repercutido no Direito e, sobretudo, no Direito Processual.

As funcionalidades proporcionadas pelo digital vêm sendo incorporadas ao Direito Processual brasileiro desde 2004 com a criação do Creta, um sistema de acompanhamento processual. No entanto, a virtualização passou a ser percebida com maior robustez a partir da instituição do Sistema de Processo Judicial Eletrônico - PJe, pela promulgação da Resolução nº 185 pelo CNJ, em dezembro de 2013[4].

A partir daí, iniciou-se um movimento de virtualização de autos processuais, consubstanciado na transposição de autos físicos para o meio digital. Esse movimento atualmente se encontra em estágio final no Brasil, que conta com mais de 95% dos processos que tramitam em território nacional virtualizados, segundo o relatório Justiça em Números 2021 do CNJ[5].

Mais recentemente, o emprego de tecnologia no Direito Processual tem experimentado novas vertentes. A primeira se refere à utilização de técnicas de automação de atos processuais, que consiste no emprego de tecnologia para desempenhar, de forma automatizada, atividades repetitivas. A segunda, mais sofisticada, diz respeito ao emprego de inteligência artificial para desempenhar funções que, até então, demandavam força de trabalho humana, como a classificação de recursos de acordo com temas de repercussão geral (Sistema Victor do Supremo Tribunal Federal)[6].

---

4 BRASIL. Conselho Nacional de Justiça. **Resolução nº 185**: Institui o Sistema Processo Judicial Eletrônico - PJe como sistema de processamento de informações e prática de atos processuais e estabelece os parâmetros para sua implementação e funcionamento. Disponível em: https://atos.cnj.jus.br/atos/detalhar/1933. Acesso em: 16 jun. 2022.

5 BRASIL. Conselho Nacional de Justiça. **Justiça em Números 2021**. Disponível em: https://www.cnj.jus.br/wp-content/uploads/2021/09/relatorio-justica-em-numeros2021-12.pdf. Acesso em: 16 mar. 2022.

6 BRASIL. Supremo Tribunal Federal. **Projeto Victor avança em pesquisa e desenvolvimento para identificação dos temas de repercussão geral**. 2021. Disponível em: https://portal.stf.jus.br/noticias/verNoticiaDetalhe.asp?idConteudo=471331&ori=1. Acesso em: 16 jun. 2022.

O contexto pandêmico acelerou esse movimento, em virtude das determinações de isolamento social e, em contrapartida, a necessidade de assegurar a continuidade da prestação jurisdicional. Diante disso, foram estruturados mecanismos viabilizadores da prática de atos processuais em meio virtual.

Uma dessas ferramentas que merece destaque é o Balcão Virtual, instituído em 12 de fevereiro 2021, pela Resolução nº 372 editada pelo CNJ[7], cuja finalidade é permitir o contato imediato, por videoconferência, com o setor de atendimento de cada unidade judiciária, possibilitando, assim, uma simplificação e desburocratização no atendimento a advogados e jurisdicionados.

Foi instituído também, pela Resolução nº 345 do CNJ, o Juízo 100% Digital, cuja proposta é a prática de atos processuais inteiramente em meio virtual, visando promover ganhos em celeridade, acessibilidade e, até mesmo, financeiros:

> O Juízo 100% Digital é a possibilidade de o cidadão valer-se da tecnologia para ter acesso à Justiça sem precisar comparecer fisicamente nos [sic] Fóruns, uma vez que, no 'Juízo 100% Digital', todos os atos processuais serão praticados exclusivamente por meio eletrônico e remoto, pela Internet. Isso vale, também, para as audiências e sessões de julgamento, que vão ocorrer exclusivamente por videoconferência[8].

Apesar das referidas ferramentas terem sido implementadas em um contexto emergencial, as novas funcionalidades evidenciam o potencial da tecnologia em aprimorar a prestação de serviços jurídicos, com ganhos em celeridade e eficiência.

O Balcão Virtual e o Juízo 100% Digital representam formas de virtualização de atos, até então, praticados em meio físico, mas o campo de atuação da tecnologia no ramo jurídico não se limita a ferramentas de aceleração da prestação jurisdicional nos moldes tradicionalmente aplicados, sendo necessário promover um remodelamento da forma como esses serviços são pensados e estruturados[9].

Richard Susskind, ao discorrer sobre Cortes Online e a sua estruturação no

---

7 CONSELHO NACIONAL DE JUSTIÇA. **Resolução nº 372**: Regulamenta a criação de plataforma de videoconferência denominada "Balcão Virtual". Disponível em: https://atos.cnj.jus.br/ atos/detalhar/3742. Acesso em: 24 jun. 2022.

8 BRASIL. Conselho Nacional de Justiça. **Resolução nº 345**: Dispõe sobre o "Juízo 100% Digital" e dá outras providências. Disponível em: https://atos.cnj.jus.br/atos/detalhar/3512. Acesso em: 16 jun. 2022.

9 SUSSKIND, Richard. **Online Courts and the Future os Justice**. Oxford: Oxford University Press, 2019.

cenário norte-americano aborda um fenômeno existente no setor privado há algumas décadas: as *Online Dispute Resolutions* (ODRs) - Resoluções de Conflitos Online. As ODRs são ferramentas, ou mesmo plataformas, que utilizam as tecnologias da informação e comunicação (TICs) para tratar o conflito. Refere-se aqui, a tratamento do conflito, no sentido de que a tecnologia deve ser aplicada tanto para preveni-lo, como também para gerenciá-lo[10], retirando-se, pois, a noção de que todo e qualquer conflito deve ser decidido por um terceiro alheio à situação fática.

A estrutura de tratamento do conflito aplicada pelas ODRs - que tem experimentado resultados bastante exitosos em empresas como eBay, PayPal e Amazon - tem inspirado o setor público de diversos países do mundo a implementar transformações na dinâmica de funcionamento do poder judiciário em direção a uma Justiça Digital. É consubstanciada numa prestação jurisdicional, que conta com a redução da necessidade de deslocamento dos envolvidos, incrementada por uma análise de dados com escopo de fomentar soluções consensuais, além do desenvolvimento de softwares de inteligência artificial, a fim de reduzir a necessidade da força de trabalho humana e ampliar a efetividade do sistema[11].

2. CONTRIBUIÇÕES DAS *ONLINE DISPUTE RESOLUTIONS* (ODRS) E DO DESIGN DE SISTEMAS DE GESTÃO DE CONFLITOS PARA O PODER JUDICIÁRIO

O contexto originário das ODRs perpassa pela definição de Design de Sistemas de Gestão de Conflitos (*Dispute System Design* - DSD). A esse respeito, ensinam Hugo Malone e Dierle Nunes:

> Desenvolvido na década de 80 na Escola de Negócios de Harvard, o *Dispute System Design* (DSD), ou Design de Sistemas de Gestão de Conflitos, se dedica a identificar as causas do conflito e a existência de padrões em sua ocorrência, com o objetivo de projetar sistemas customizados para sua solução e tratamento adequado[12].

Tem-se, pois, que o Design de Sistemas de Gestão de Conflitos propõe um

10 MALONE, Hugo; NUNES, Dierle. **Manual da Justiça Digital**: Compreendendo a *Online Dispute Resolution* e os Tribunais Online. São Paulo: JusPodivm, 2022

11 FERRARI, Isabela. (Org.). **Justiça Digital**. 2 ed. São Paulo: Thomson Reuters Revista dos Tribunais, 2021.

12 MALONE, Hugo; NUNES, Dierle. **Manual da Justiça Digital**: Compreendendo a *Online*

remodelamento da forma de enxergar o conflito, por um redirecionamento do foco para a sua essência, para os motivos que o desencadearam. A finalidade disso é delinear mecanismos de prevenção ou gestão - caso já tenha eclodido - propondo uma ruptura com a tradicional conduta de "resolução" no sentido de colocar fim ao litígio, independentemente dos meios utilizados para tanto ou do grau de satisfação dos envolvidos.

Propõe-se, assim, uma compreensão estrutural do conflito, com escopo de desenvolver a metodologia mais adequada para tratar a questão. Por adequada se entende aquela que melhor atenda às necessidades de todos os envolvidos. Pretende-se, ainda, evitar que seja necessária uma decisão por um terceiro alheio ao conflito, pela redução da assimetria informacional entre as partes e da ampliação da zona de acordo potencial[13].

O Design de Sistemas de Gestão de Conflitos foi calcado num contexto no qual existia uma difusão crescente das *Alternative Dispute Resolutions* (ADRs) ou meios alternativos de resolução de conflitos - como conciliação, mediação e arbitragem. A partir da importação de conceitos dessas duas vertentes, começaram a ser estruturadas as ODRs, cuja definição essencialmente remonta ao emprego de tecnologia e do ambiente virtual para desenvolver formas inovadoras e eficazes de resolução de conflitos[14].

Em geral, a estrutura das ODRs possui uma dinâmica similar. Em um primeiro momento, as partes são informadas acerca dos seu direito e das possibilidades de ganhos e perdas diante da situação fática. Posteriormente, caso decidam prosseguir, são colocadas em contato para apresentação de propostas em uma suposta conciliação, norteada por um software intermediador da comunicação. Se ainda assim, as partes não chegarem a uma autocomposição, todas as informações das fases anteriores são levadas a um terceiro, que decidirá o conflito em uma espécie de arbitragem[15].

Dispute Resolution e os Tribunais Online. São Paulo: JusPodivm, 2022. p. 35

13 MALONE, Hugo; NUNES, Dierle. **Manual da Justiça Digital***:* Compreendendo a *Online Dispute Resolution* e os Tribunais Online. São Paulo: JusPodivm, 2022.

14 FERRARI, Isabela. (Org.). **Justiça Digital**. 2 ed. São Paulo: Thomson Reuters Revista dos Tribunais, 2021.

15 FERRARI, Isabela. (Org.). **Justiça Digital**. 2 ed. São Paulo: Thomson Reuters Revista dos

Portanto, a tecnologia é inserida como uma ferramenta: a) que permite informar às partes acerca das questões jurídicas que circundam o conflito, visando promover a redução da assimetria informacional; b) que viabiliza e intermedia o contato direto entre elas, a fim de ampliar as possibilidades de acordo e c) que coleta os dados produzidos nas fases anteriores, de modo que sejam considerados caso haja necessidade de decisão por um terceiro.

Destarte, as ODRs se valem do Design de Sistemas de Gestão de Conflitos e dos métodos alternativos de resolução de conflitos para estruturar uma dinâmica de tratamento das controvérsias, tendo por escopo primordial evitar que o conflito ecloda e, caso não seja possível evitá-lo, empregam mecanismos diferenciados de gestão e tratamento, visando a melhor satisfação das necessidades dos envolvidos.

Inicialmente, as ODR's se limitavam ao setor privado, sendo difundidas primordialmente no setor de comércio eletrônico, haja vista o seu potencial de resolução de muitos litígios, por vezes, sem a necessidade de intervenção humana.

No entanto, o êxito experimentado pelas plataformas de ODR tem inspirado o Poder Judiciário a desenvolver ferramentas que coloquem em prática os princípios do Design de Sistemas de Gestão de Conflitos, com escopo de reduzir a cultura da litigiosidade e a superlotação de gabinetes, além de proporcionar maior satisfação aos jurisdicionados, em decorrência dos ganhos em celeridade e eficiência.

3. O *DESIGN* DE SISTEMAS DE GESTÃO DE CONFLITOS COMO FERRAMENTA PARA A CONSTRUÇÃO DE UMA JUSTIÇA DIGITAL COMPARTICIPATIVA

A noção de comparticipação no âmbito do Direito Processual brasileiro foi desenvolvida por Dierle Nunes na sua tese de doutoramento, na qual o autor defende a necessidade de se viabilizar, em todo o interstício processual, o policentrismo e a participação ativa dos sujeitos do processo, a fim de assegurar uma estrutura dialógica no ambiente processual, de modo a construir um processo efetivamente democrático:

> O resgate do papel da participação no espaço público processual de todos os envolvidos (cidadãos ativos), na perspectiva policêntrica e comparticipativa, permitirá o redimensionamento constitucional da atividade processual e do processo, de modo

Tribunais, 2021.

a guiná-lo a seu real papel de garantidor de um debate público e dos direitos fundamentais, de uma estrutura dialógica de formação de provimentos constitucionalmente adequados[16].

Ao se pensar na estruturação de uma Justiça Digital, a despeito de se almejar ganhos em celeridade, redução da demanda de trabalho humana e redução de custos, também é preciso atentar-se para um aprimoramento da prestação jurisdicional, no sentido de assegurar a comparticipação de todos os envolvidos em casa fase do interstício processual e de modo a construir um sistema funcional e inclusivo.

Em uma pesquisa empírica realizada por Margaret Hagan e Miso Kim, procurou-se demonstrar como o design pode auxiliar na concepção de uma justiça processual efetiva, no sentido de possibilitar a participação ativa das partes na construção da solução final, visando à garantia de dignidade e de mecanismos de inclusão para os demandantes[17].

Percebeu-se que a satisfação dos jurisdicionados estaria diretamente relacionada à noção de controle percebido[18] do sistema e na compreensão do que estaria ocorrendo em cada momento processual. Diante disso, Hagan e Kim concluem que:

> Para melhor projetar um sistema legal que seja justo e legítimo, devemos priorizar as experiências subjetivas das pessoas no tribunal e identificar maneiras de aumentar sua autonomia e dignidade.
>
> Os juristas que estudaram a experiência dos litigantes de justiça processual em tribunais identificaram quatro variáveis-chave para melhorar a justiça processual: sua voz ao expressar seus pontos de vista; o sentimento de aplicação neutra da lei; senso de

16 NUNES, Dierle. **Processo jurisdicional democrático**. Curitiba: Juruá, 2012. p. 260

17 HAGAN, Margaret; KIM, Miso. **Design for dignity and procedural justice**: advances in intelligent systems and computing, 2018. Disponível em: https://papers.ssrn.com/sol3/papers.cfm?abstract_id=2994354. Acesso em: 07 jul. 2021.

18 O controle percebido é definido como "a crença de que se pode determinar seus próprios estados e comportamento internos, influenciar o ambiente e/ou produzir os resultados desejados" (WALLSTON, K. A. *et al.* **Current Psychology**, v. 6, n. 5, 1987). Estudos psicológicos sugerem que as crenças subjetivas de uma pessoa a respeito do seu controle sobre uma situação foram consideradas mais eficazes do que os próprios mecanismos de enfrentamento para lidar com situações estressantes. HAGAN, Margaret; KIM, Miso. *Design for dignity and procedural justice: advances in intelligent systems and computing,* 2018. tradução nossa. Disponível em: https://papers.ssrn.com/sol3/papers.cfm?abstract_id=2994354. Acesso em: 07 jul. 2021. p. 6).

> respeito do indivíduo; e sua confiança de que as autoridades estão sinceramente tentando ajudá-los. Destes fatores, encontramos o tema comum a ser 'dignidade'. Um sistema que é procedimentalmente justo dará a seus usuários um senso de dignidade, de que sua voz é importante, de que eles estão sendo tratados com justiça, são respeitados e podem confiar nas autoridades[19].

Nesse sentido, o Design de Sistemas de Gestão de Conflitos e as experiências com as ODRs podem trazer para o âmbito público valiosos contributos em prol do aprimoramento da experiência dos usuários nos Tribunais, visando ganhos na autonomia e participação ativa dos envolvidos.

Pode-se pensar, por exemplo, na estruturação de um estágio prévio de negociação, que deverá ocorrer antes que o processo seja remetido ao magistrado, no qual os advogados e as partes são previamente informados acerca dos padrões decisórios em casos similares e, em seguida, são colocados em contato virtualmente, a fim de tentar uma autocomposição intermediada por *softwares* de inteligência artificial que assegurem a inclusão e a participação ativa de todos os envolvidos, por perguntas estratégicas.

O sistema, então, fará uma coleta das informações obtidas no estágio prévio e, caso seja necessário levar o caso para ser decidido por um magistrado, esses dados integrarão o processo, a fim de que a decisão final considere os interesses revelados no estágio anterior.

Destarte, a construção de uma Justiça Digital comparticipativa, digna e efetiva na qual a participação dos envolvidos é assegurada pela dinâmica do sistema perpassa necessariamente pelos estudos do Design de Sistemas de Gestão de Conflitos e das experiências exitosas com as ODRs existentes no setor privado, a fim de desenvolver estruturas que, de fato, permitam a compreensão e a participação ativa dos usuários durante os momentos de gestão e tratamento da controvérsia, de modo que esses também contribuam para o aprimoramento dos referidos sistemas.

4. CONCLUSÃO

A Era da Informação e o desenvolvimento do ambiente digital têm repercutido

19 HAGAN, Margaret; KIM, Miso. Design for dignity and procedural justice: advances in intelligent systems and computing. 2018. Tradução nossa. Disponível em: https://papers.ssrn.com/ sol3/papers.cfm?abstract_id=2994354. Acesso em: 07 jul. 2021. p. 5).

no ramo jurídico nas últimas décadas. Desde a virtualização processual à automação de atividades repetitivas e, até mesmo, a criação de softwares de inteligência artificial para desempenhar atividades humanas, a interação entre o Direito e a tecnologia têm se aprofundado e se mostrado um caminho irrefreável.

No âmbito privado já se vislumbram experiências exitosas com resoluções de conflitos online - as *Online Dispute Resolutions* (ODR's) -, sobretudo no setor de comércio eletrônico, em empresas como eBay, PayPal e Amazon. Referidas estruturas guardam origem no Design de Sistemas de Gestão de Conflitos (*Dispute Systems Design* - DSD) que têm por escopo a prevenção, a gestão e o melhor tratamento ao conflito, a fim de garantir a satisfação das necessidades dos envolvidos, pela redução da assimetria informacional entre as partes e da ampliação da zona de acordo potencial.

Essas definições têm chegado ao conhecimento do setor público, de modo que já se estuda a possibilidade de estruturação de uma Justiça Digital, cujos objetivos iniciais são reduzir necessidade de deslocamento dos envolvidos, promover uma análise de dados com escopo de fomentar soluções consensuais, além do emprego de softwares de inteligência artificial, a fim de reduzir a necessidade da força de trabalho humana e ampliar a efetividade do sistema.

Apesar de se pretender ganhos em celeridade e redução de custos, em última instância, é necessário ter em mente o incremento na qualidade da prestação jurisdicional, no sentido de assegurar um ambiente comparticipativo e policêntrico na dinâmica da Justiça Digital. Para tanto, as experiências vivenciadas com as ODRs e os conceitos empregados pelo Design de Sistemas de Gestão de Conflitos devem atuar como marcos norteadores da estruturação dos novos moldes do Poder Judiciário. A finalidade disso é a de desenvolver estruturas que, de fato, permitam a compreensão dos envolvidos acerca do Direito em questão e a participação ativa de todos os usuários do sistema durante os momentos de gestão e tratamento da controvérsia, além de viabilizar a sua contribuição para o aprimoramento dos referidos sistemas.

REFERÊNCIAS

BRASIL. Supremo Tribunal Federal. **Projeto Victor avança em pesquisa e desenvolvimento para identificação dos temas de repercussão geral**. 2021. Disponível em:

https://portal.stf.jus.br/noticias/verNoticiaDetalhe.asp?idConteudo=471331&ori=1. Acesso em: 16 jun. 2022.

BRASIL. Conselho Nacional de Justiça. **Justiça em Números 2021**. Disponível em: https://www.cnj.jus.br/wp-content/uploads/2021/09/relatorio-justica-em-numeros2021-12.pdf. Acesso em: 16 mar. 2022.

BRASIL. Conselho Nacional de Justiça. **Resolução nº 185**: Institui o Sistema Processo Judicial Eletrônico - PJe como sistema de processamento de informações e prática de atos processuais e estabelece os parâmetros para sua implementação e funcionamento. Disponível em: https://atos.cnj.jus.br/atos/detalhar/1933. Acesso em: 16 jun. 2022.

BRASIL. Conselho Nacional de Justiça. **Resolução nº 345**: Dispõe sobre o "Juízo 100% Digital" e dá outras providências. Disponível em: https://atos.cnj.jus.br/atos/detalhar/3512. Acesso em: 16 jun. 2022.

BRASIL. Conselho Nacional de Justiça. **Resolução nº 372**: Regulamenta a criação de plataforma de videoconferência denominada "Balcão Virtual". Disponível em: https://atos.cnj.jus.br/atos/detalhar/3742. Acesso em: 24 jun. 2022.

CASTELLS, Manuel. **Sociedade em rede**. 8. ed. Tradução de Roneide Venancio Majer com a colaboração de Klauss Brandini Gerhardt. Rio de Janeiro: Paz e Terra, 1996.

FERRARI, Isabela. (Org.). **Justiça Digital**. 2. ed. São Paulo: Thomson Reuters Revista dos Tribunais, 2021.

HAGAN, Margaret; KIM, Miso. **Design for dignity and procedural justice: advances in intelligent systems and computing**, 2018. Disponível em: https://papers.ssrn.com/sol3/papers.cfm?abstract_id=2994354. Acesso em: 07 jul. 2021.

KAHNEMAN, Daniel. **Rápido e devagar**: duas formas de pensar. Tradução de Cássio de Arantes Leite. Rio de Janeiro: Objetiva, 2012.

MALONE, Hugo; NUNES, Dierle. **Manual da Justiça Digital**: Compreendendo a *Online Dispute Resolution* e os Tribunais Online. São Paulo: JusPodivm, 2022. p. 35

NUNES, Dierle. **Processo jurisdicional democrático**. Curitiba: Juruá, 2012. p. 260

SUSSKIND, Richard. **Online Courts and the Future os Justice**. Oxford: Oxford University Press, 2019.

CABANELAS, Ianna Menezes. Contribuições do *design* de sistemas de gestão de conflitos para a construção de uma justiça digital comparticipativa. *In:* MENESES, Heloísa Corrêa; SILVA, Tiago Nunes da; RAMONE TAVARES, Viviane; TEIXEIRA, Wendel de Brito Lemos (Coords.). **Anuário da OAB Uberlândia 2022/2023.** Uberlândia: Marco Teórico, 2023. pp. 443-455.

A INVISIBILIDADE DO ASSÉDIO MORAL NO SERVIÇO PÚBLICO

27

Shirley Câmara Leão

Resumo:

A Constituição Federal de 1988, conhecida popularmente como Carta Magna ou Constituição Cidadã, abarca a defesa da dignidade da pessoa humana e, com ela, trouxe, também, a defesa contra o assédio moral no ambiente laboral. Na administração Pública, não fica longe de ambientes passiveis da ocorrência de assédio moral e, mais ainda, perseguição política. O número de casos de assédio moral continua crescendo no ambiente corporativo, sendo extremamente necessário debater a presente temática. Nesse cenário, os personagens são os mais variáveis, desde os próprios administradores da esfera pública até alguém que os represente. Diante da relevância que o trabalho possui na vida de um indivíduo, tornar-se uma vítima de assédio moral pode causar enormes prejuízos na vida profissional de um trabalhador, além de trazer danos irreparáveis à esfera social e à saúde física e mental da vítima. Diante do exposto, o presente estudo tem como principal objetivo analisar os impactos trazidos pelo assédio moral aos servidores públicos, com ênfase nos servidores municipais, e como o ordenamento jurídico pátrio vem analisando e impedindo a sua ocorrência. Para tanto, a metodologia utilizada consiste um uma revisão de literatura, com base em livros, artigos científicos e legislação pertinente à temática.

Palavras-chave:

Assédio Moral. Esfera Pública. Servidor Municipal. Dignidade da pessoa humana.

1. INTRODUÇÃO

A temática acerca do assédio moral nas relações laborativas possui grande importância no âmbito jurídico, devido à preocupação em garantir um ambiente de trabalho mais justo e saudável para os trabalhadores. Esse fenômeno pode se manifestar por qualquer conduta abusiva ou constrangedora, que aconteça de forma repetitiva, com objetivo de discriminar ou excluir a vítima do ambiente de trabalho. Apesar do assédio moral existir desde o surgimento das relações sociais, a intensificação de um ambiente cada vez mais competitivo entre os trabalhadores proporcionou um aumento significativo de casos de assédio moral no trabalho, inclusive no setor público.

No Brasil, verifica-se que não há tratamento jurídico específico, o que dificulta o reconhecimento dos diferentes casos existentes de assédio moral no ambiente de trabalho. A partir disso, cumpre examinar a importância em defender a utilização de uma regulamentação apropriada, principalmente, para que seja possível uma resolução mais eficiente desses problemas. Tratando-se da legislação no âmbito federal, observa-se que existem Projetos de Lei que dispõem acerca da inclusão de dispositivos sobre a coação moral na Consolidação das Leis do Trabalho. Convém ressaltar, também, que no âmbito estadual e municipal, já existem leis que caracterizam o assédio moral nas relações laborativas. Essas leis demonstram um avanço e um incentivo para a criação de outras leis, com o objetivo de prevenir a ocorrência dos casos de assédio moral.

O assédio moral é cada vez mais frequente no que tange ao cenário econômico, bem como o mercado de trabalho, isso porque, o próprio contexto do cenário sociopolítico atual, cada vez mais dotado de competitividade, favorece os conflitos de valores. Dessa forma, mediante um cenário econômico cada vez mais competitivo, as relações laborais se tornam mais instáveis, acarretando consequências danosas à saúde física e mental dos empregados, além de um ambiente laboral menos favorável.

As ocorrências de atos abusivos são observadas tanto no ambiente privado como na esfera pública. Assim, apesar do setor público aparentar-se um ambiente de trabalho estável e harmônico, muitas práticas abomináveis de assédio moral e desvalorização dos servidores ocorrem. Em decorrência da natureza do serviço público e da sua estrutura administrativa, o assédio moral se torna uma constante, visto que não existem instituições fiscalizadoras que apliquem punições quando irregularidades são praticadas no ambiente laboral público.

Diante do exposto, o debate da temática do presente estudo se torna imprescindível, especialmente, no que concerne aos órgãos públicos e/ou agentes que são controlados direta ou indiretamente pela Administração Pública, não somente em detrimento dos danos causados aos servidores, mas também como um meio de disseminar o tema, visto que ele traz um impacto significativo para as organizações.

Nesse diapasão, o presente estudo tem como principal objetivo discorrer sobre o fenômeno do assédio moral praticado no serviço público.

Para que o objetivo seja alcançado, o presente estudo foi construído por intermédio de uma revisão de literatura, com base em artigos científicos, doutrinas e legislação específica, que discorra sobre a temática central do presente estudo.

2. O ASSÉDIO MORAL

Antes de falarmos especificamente sobre o tema central deste trabalho, cabe salientar o que vem a ser o assédio moral e quais são as características do ambiente laboral que tornam possíveis a sua ocorrência, para, então, explanarmos sobre a temática e entendermos as suas consequências.

O assédio moral é toda e qualquer exposição, de modo repetitivo e prolongado do trabalhador a situações degradantes, vexatórias, sendo tal processo muito vitimizador, gerando inúmeras consequências negativas, visto que fere intencionalmente os direitos personalíssimos do indivíduo[2].

Mesmo antigo na história, somente na década de 80 começa um estudo científico acerca do assédio moral pelo médico alemão Dr. Heinz Leymann e, posteriormente, pela psiquiatra francesa Marie-France Hirigoyen, que escreveu o livro "Assédio Moral: A Violência Perversa do Cotidiano".

A própria relação laboral pode ser a responsável pela ocorrência do assédio moral no ambiente de trabalho. Isso se deve ao fato que, uma das principais características desta relação é a subordinação entre as partes. Assim, uma parte da relação é considerada como submissa e a outra superior, o que, em muitas ocasiões, pode resultar diretamente em lesão ao princípio da dignidade da pessoa humana (MARTINS, 2014, p. 39)[1].

1 MARTINS, Sérgio Pinto. **Direito do Trabalho**. 30. ed. São Paulo. Atlas, 2014.

Contudo, cabe destacar que dentro de um ambiente laboral, não somente a chefia é responsável por submeter o funcionário a esse tipo de situação, mas em determinadas ocasiões, essa postura é observada, sendo realizada pelos colaterais. Contudo. Tal postura será de responsabilidade do empregador, visto que esse é considerado o responsável pelo funcionário, dentro do ambiente organizacional (BARRETO, 2015)[2].

Logo, torna-se importante entender o conceito de assédio moral nas relações laborais, quem são os sujeitos envolvidos e quais são as consequências trazidas por esse instituto, em face da vítima nas esferas privada e pública.

2.1. Conceito de assédio moral nas relações laborais

O assédio moral no ambiente de trabalho pode ser classificado de diversas formas distintas no nosso ordenamento jurídico pátrio. É toda conduta reiterada por agentes públicos, no âmbito da administração pública em qualquer esfera, que deteriora a qualidade do serviço e do ambiente de trabalho dos servidores públicos, violando a dignidade humana. De acordo com o descrito por Márcia Novaes Guedes, o assédio moral no ambiente laboral também pode ser classificado como toda e qualquer atitude, seja ela comissiva ou omissiva, inerente de atitudes ou comportamentos do empregador ou de colegas que traduzem, em situações contínuas e ostensivas, ameaças e perseguições, que possam resultar em danos relevantes às condições físicas, psíquicas ou morais nas vítimas (GUEDES, 2008, p. 35)[3].

Nesse diapasão, o assédio moral pode ser classificado como um rol de ações consideradas cruéis, que possuem relação direta com o poder direto e níveis hierárquicos mais elevados, que podem ter como consequência a denominada gestão pelo medo, na qual tais superiores ferem consideravelmente a dignidade da pessoa humana dos trabalhadores nas relações hierárquicas.

2.2. Elementos que configuram o assédio moral no ambiente laboral

Atualmente, o assédio moral no ambiente de trabalho é amplamente discutido

---

2 BARRETO, Margarida; HELOANI, Roberto. Violência, saúde e trabalho: a intolerância e o assédio moral nas relações laborais. **Serv. Soc. Soc.**, São Paulo, n. 123, p. 544-561, set. 2015

3 GUEDES, Márcia Novaes. **Terror Psicológico no Trabalho**. São Paulo: LTr, 2008.

pela doutrina, que discorre acerca de determinados elementos necessários para que haja a sua caracterização, discordando em alguns pontos e concordando em outros, porém, a grande maioria deles entende que, para que haja assédio moral no ambiente laboral, é necessário que haja o dano social e psicológico, a repetição, a intencionalidade e é preciso que isso seja premeditado pelos superiores (CORTE, 2020)[4].

Assim, pode-se extrair o entendimento que, para que o assédio moral seja configurado, torna-se necessária a existência do dano ao empregado/funcionário, que considera que sua dignidade foi violada, não sendo necessário que haja a comprovação do dano físico ou psíquico, mas que haja o acosso e a degradação das condições laborais. As legislações, as doutrinas e as jurisprudências, na maior parte dos países, dissertam acerca da necessidade da repetição de ações agressivas para que o assédio moral seja configurado, descartando, portanto, as ocasiões em que isso não se repete (GUEDES, 2008, p. 40).

Entretanto, há divergência doutrinária quanto à arguição do elemento da intencionalidade ser necessário para que o assédio moral seja comprovado, pois de acordo com alguns autores, o que deve ser levado em consideração é a situação psicológica degradante das condições de trabalho e não somente a intenção do agente agressor.

2.3. Sujeito

Para que o assédio moral seja configurado, torna-se necessária a existência de um sujeito que desenvolva comportamentos agressivos em relação à vítima, ou seja, aquele que possua uma conduta hostil sobre a vítima assediada. Nesse diapasão, para que se entenda o dano ocasionado na vítima e a sua consequência, faz-se necessário entender quem o comete e entender as causas de tais práticas. Assim, insta salientar que existem dois polos nesta situação, quais sejam: a presença do sujeito ativo, assediador, e do sujeito passivo, que é a vítima (SIMM, 2008, p. 122)[5].

O assediador é movido por diversos fatores, variando desde a simples inveja até a busca pelo poder. De qualquer forma, o motivo revela um desvirtuamento de caráter, pois o assediador "deixa de praticar certas ações que contemplam a ética e a

4 CORTE, Matheus Henrique; PORTO, Gustavo Sene. O assédio moral no ambiente de trabalho. **ETIC-Encontro De Iniciação Científica**, v. 16, n. 16, 2020.

5 SIMM, Zeno. **Acosso psíquico no ambiente de trabalho**: manifestações, efeitos, prevenção e reparação. São Paulo: LTr, 2008.

moral, para realizar propósitos mesquinhos e sem nenhum conteúdo de nobreza, afastando-se assim da busca e da conquista do bem" (SILVA, 2005, p. 193)[6]. Dessa forma, o agressor se caracteriza por ser um indivíduo destituído de ética, que age sem nenhuma nobreza de caráter e se contenta em ver a sua vítima sucumbir, diante dos seus ataques perversos (SILVA, 2005, p. 192).

Sobre o assédio no ambiente de trabalho, existe também a figura do espectador, que corresponde a todas as pessoas que compõem o ambiente de trabalho (colegas, superiores, encarregados da gestão de pessoal) e participam de algum modo dessa violência, passiva ou ativamente, contribuindo para a conduta do agressor, ainda que por reflexo. Essa contribuição pode ocorrer pelo simples fato de colegas e superiores hierárquicos ficarem omissos ao que presenciam no local de trabalho (GUEDES, 2003, p. 69).

2.4. Classificação do assédio moral quanto ao grau hierárquico dos sujeitos no ambiente laboral

Como citado alhures, o assédio moral no ambiente de trabalho é entendido pela doutrina pátria e pela jurisprudência, levando em consideração os níveis hierárquicos do assediador e do indivíduo assediado no ambiente organizacional, que pode ser superior, igual ou inferior, podendo ser classificado, dessa forma, como assédio moral vertical (por superiores hierárquicos) ou como assédio moral horizontal (mesmo nível hierárquico) (HIRIGOYEN, 2008, p. 68)[7].

2.4.1. Assédio moral horizontal

Nessa classificação, o assediador não ocupa cargo de nível hierárquico mais alto em relação à vítima. Esclarecedoras são as palavras de Márcia Novaes Guedes (2008, p. 45), que afirma que o assédio moral horizontal é aquele desencadeado pelos colegas de trabalho pertencentes ao mesmo nível hierárquico, tendo como principais

---

6 SILVA, Jorge Luiz de Oliveira da. **Assédio moral no ambiente de trabalho**. Rio de Janeiro: Editora e Livraria Jurídica do Rio de Janeiro, 2005.

7 HIRIGOYEN, Marie-France. **Mal estar no trabalho**: redefinindo o assédio moral. Rio de Janeiro: Bertrand Brasil, 2002.

fatores para sua gênese a competitividade e a preferência pessoal do chefe, bem como fatores ligados a inveja, preconceito racial, xenofobia, razões religiosas e políticas ou, simplesmente, pelo fato da vítima ser ou comportar-se de modo distinto (GUEDES, 2008, p. 45).

Observa-se, assim, que essa tipificação de violência ocorre em diversas ocasiões em decorrência da permissividade dos superiores nas relações hierárquicas dentro do próprio ambiente organizacional, uma vez que se presume que, disputas e enfrentamento são responsáveis por agregar mais valor e, consequentemente, trazer resultados positivos para os setores ou as empresas.

Trata-se de um fenômeno percebido entre os próprios colegas de trabalho, com mesmo grau hierárquico, em razão da competitividade, discrepância salarial, inveja do trabalho realizado pelo colega, o qual pode receber uma promoção, bem como pela mera discriminação por fatores religiosos, políticos ou raciais (HIRIGOYEN, 2002, p. 112).

2.4.2. Assédio moral vertical

O assédio moral vertical ocorre quando o indivíduo assediador pertence a um nível hierárquico distinto do indivíduo assediado. Essa é a tipificação mais comum. Pode-se manifestar de duas formas distintas, ou seja, a violência psicológica pode ocorrer de níveis superiores para inferiores hierárquicos (assédio moral descendente), ou como ascendentes, quando a violência ocorre de um nível inferior em face de um superior hierárquico.

O assédio moral descendente é o mais frequente nas relações trabalhistas, situação essa que demonstra que o terror psicológico é praticado de forma descendente. Todavia, o grau de subordinação não é relevante para que o assédio moral vertical descendente seja configurado, bastando apenas que ele seja praticado por um indivíduo superior (ZORZO, 2020)[8].

No Brasil, essa modalidade de assédio é conhecida também como *mobbing* estratégico, uma vez que se acredita que é utilizado como estratégia pelos dirigentes ou

8 ZORZO, Adalberto; SOLDATTI, Helder; SOLDATTI, Ana Júlia. Assédio moral e sexual no ambiente de trabalho. **Revista Tecnológica da Fatec Americana**, v. 8, n. 01, p. 13-20, 2020.

superiores hierárquicos, para que os trabalhadores se afastem do seu ambiente laboral e peçam interrupção do contrato. Além disso, essa modalidade de assédio está estritamente relacionada com as relações de poder dos chefes nos ambientes organizacionais (FERREIRA, 2019).

Esse assédio moral ocorre quando o superior hierárquico expõe os seus subordinados a situações vexatórias e humilhantes, de forma que interfira diretamente na sua autoestima, lesionando, assim, a sua dignidade e, consequentemente, gera relações de trabalho tóxicas ou danosas (HIRIGOYEN, 2002, p. 112).

Logo, no assédio moral vertical descendente, a subordinação e a necessidade de manter o emprego são um grande impeditivo para a denúncia das vítimas, especialmente daquelas que não têm conhecimento de que esse tipo de conduta constitui assédio moral, dificultando o combate à violência perpetrada contra o trabalhador.

Por outro lado, o assédio moral vertical é menos frequente e ocorre, por exemplo, quando por algum fator o trabalhador começa a denegrir a imagem de seu superior ou quando o empregado faz falsas alegações, com o objetivo de atentar contra a reputação do superior para desqualificá-lo. A psiquiatra e autora do livro "Mal-estar no trabalho - redefinindo o assédio moral", Marie-France Hirigoyen, narra o caso em que um médico demitiu sua funcionária por justa causa e ela, para se defender, o acusou de assédio sexual. Nesse contexto, o médico desacreditado afirmou em seu relato que "o caso de uma mulher que se diz assediada tem mais repercussão do que o de um patrão que se diz vítima de uma acusação caluniosa visando assediá-lo moralmente" (HIRIGOYEN, 2002, p. 113).

3. O ASSÉDIO MORAL: O TERROR PSICOLÓGICO NO AMBIENTE DO TRABALHO E AS SUAS CONSEQUÊNCIAS

Pode-se dizer que não são raras as consequências geradas pelo assédio moral, dentre as quais são mais observadas: estresse, síndrome do pânico, distúrbios cardíacos e endócrinos, depressão, distúrbios do sistema digestivo e nervoso, bulimias, complicações gástricas, úlceras e outras doenças. Assim, conhecer as consequências sociais e jurídicas que o assédio moral pode trazer aos indivíduos envolvidos, torna-se de suma importância. Medidas de planejamento e organização podem ser adotadas pela legislação, no intuito de preservar a saúde física e mental do funcionário.

3.1. Danos físicos e psicológicos advindos do assédio moral nas relações de emprego

Embora pareça raro, o assédio moral nas relações trabalhistas é bastante frequente e pode despertar um estresse tão danoso na vítima, que ultrapassa o seu extremo de resistência e tolerância, trazendo graves consequências, destacando-se a "Síndrome de Burnout" - doença caracterizada pelo esgotamento físico e psíquico emocional devido às condições excessivas de estresse no trabalho, podendo levar a vítima ao suicídio.

Outra implicação trazida pelo assédio moral no ambiente de trabalho é a afetação direta nas relações interpessoais. Esse fator é oriundo diretamente devido ao ataque à própria dignidade da pessoa humana, que é profundamente afetada, nesses casos.

3.1.1. Sentimentos da vítima do terror psicológico: confusão mental, solidão, ódio, vergonha e humilhação

Frente aos ataques proferidos pelos seus superiores no ambiente de trabalho, o assediado entra em um processo complicado, em que há confusão mental e as dúvidas se resumem a questionamentos acerca da atitude tomada como motivo para a agressão. Nessas ocasiões, a vítima busca entender se está ou não sendo vítima de assédio moral.

Assim, pode-se dizer que o processo de dúvida é considerado como um método velado de assédio, uma vez que induz o empregado a cometer determinados erros e, desse modo, o autor do ato ilícito faz com que o funcionário duvide da sua própria capacidade profissional e intelectual.

3.2 Consequências do assédio moral no ambiente laboral

O assédio moral acarreta consequências negativas, tanto para o trabalhador quanto para as organizações, o Estado e a sociedade. Os estudiosos do assunto já concluíram que o "*mobbing*" se tornou um problema de saúde pública, pois causa males nas esferas física e psicológica do assediado, ocasionando um aumento expressivo de pedidos de licenças médicas e afastamento por doenças, podendo, ainda, culminar com a morte da vítima.

Diante de uma situação estressante, o organismo reage se colocando em estado de alerta, produzindo substâncias hormonais, causando depressão do sistema imunológico e modificação dos neurotramissores cerebrais (HIRIGOYEN, 2002, p.

173).

O medo excessivo de uma repetição do assédio toma conta da pessoa e faz com que ela não confie em um apoio profissional, isolando-se do mundo a sua volta, pois existe a impressão de que voltará a ser assediada. O trabalhador passa a se sentir incapaz de atingir a produtividade almejada pelo superior. Por outro lado, o colaborador sabe que a demissão/exoneração é a expurgação do indivíduo que não tem mais condições de alcançar a meta proposta pelo empregador. Assim, ele trabalha doente, por questão de sobrevivência, tornando-se mais dependente do trabalho, sujeitando-se a situações vexatórias e humilhantes.

A depressão, outra consequência que surge no assediado a partir da prática prolongada do assédio moral, atinge a mente e corpo da pessoa e provoca mudanças consideráveis no comportamento, afetividade, ânimo e energia. Há o desencadeamento de um complexo de culpa, obsessão e até desinteresse pelos seus próprios valores.

Conforme Hirigoyen (2002, p. 159),

> O assédio moral na maioria das vezes leva à saída da vítima do emprego, num estado de saúde muito debilitado, ficando sem condições físicas e mentais para se realocar no mercado de trabalho. Sua pesquisa mostra os seguintes números: em 36% dos casos a vítima é desligada da empresa; 20% destes a demissão vem em decorrência de falhas no trabalho; 9% a demissão é negociada; 7% a pessoa é quem pede demissão; e 1% trata-se de pré-aposentadoria.

Não é somente o trabalhador que sofre prejuízos. Um ambiente de trabalho está irremediavelmente comprometido quando os funcionários se sentem perseguidos, desmotivados e assediados. Inevitavelmente, instala-se um clima desfavorável de tensão, apreensão, competição. Com trabalhadores adoecidos por uma situação de assédio moral, torna-se difícil alcançar a eficiência, eficácia e efetividade, pois o assediado pode se tornar ausente (física ou psicologicamente), improdutivo ou doente.

Em algumas ocasiões, ele suporta a situação constrangedora por necessidade do emprego. Noutros, porém, prefere a demissão e a postulação judicial posterior para reparação do dano. Alguns dos comportamentos considerados como assédio moral na esfera privada poderão ser enquadrados em várias alíneas do art. 483 da CLT/43 como rigor excessivo, perigo manifesto de mal considerável, descumprimento de obrigações legais ou contratuais, serviços superiores às forças do trabalhador, ofensa à honra, dentre outros aspectos, autorizando a rescisão indireta ou dispensa indireta, além de indenização por dano moral e/ou material.

Tudo isso, certamente, resulta em prejuízos de ordem econômica para a organização e a sociedade, de maneira geral, que sofre as consequências do assédio, por exemplo, com o aumento do número de benefícios previdenciários temporários ou muitas vezes permanentes, que sobrecarregam a Previdência Social e, ainda, o aumento dos custos na área da saúde.

4. O ASSÉDIO MORAL NO SERVIÇO PÚBLICO

O serviço público é um conjunto de atividades e serviços ligados à administração estatal pelos seus agentes e representantes, também exercida por outras entidades, mesmo que particulares, sempre visando o bem-estar à disposição da coletividade, para a fruição direta dos seus membros individualmente.

Essas atividades, prestadas pelo Estado para a sociedade, são desempenhadas pelos funcionários públicos que estão integrados nas entidades governamentais. Muitas repartições públicas tendem a ser ambientes carregados de situações perversas, com pessoas e grupos que fazem verdadeiros "plantões" de assédio moral e, em alguns casos, uma maior perseguição política, fazendo, assim, com que os funcionários públicos se sintam intimidados.

É possível também visualizar duas razões do assédio moral no serviço público: a primeira diz respeito à falta de preparo de alguns chefes imediatos e a segunda a pura perseguição a um determinado indivíduo. Em razão desse ambiente, o assédio moral tende a ser mais frequente em razão de uma peculiaridade: o chefe não dispõe sobre o vínculo funcional do servidor e, não podendo demiti-lo, passa a humilhá-lo e sobrecarregá-lo de tarefas inócuas.

Em algumas situações, os chefes são indicados em decorrência dos seus laços de amizade, parentescos (nepotismo) diretos ou indiretos ou das suas relações políticas, inclusive as decorrentes de certas ordenações. Geralmente despreparado para o exercício do cargo ou da função confiada e, muitas vezes, sem o conhecimento mínimo necessário para tanto, mas escorado nos relacionamentos que garantiram a sua indicação, o chefe pode se tornar extremamente arbitrário, a fim de compensar as suas evidentes limitações, mas resguardado por uma considerável intocabilidade. Esse despreparo é bastante caracterizado por certas atitudes e posturas que são um verdadeiro desastre.

Uns dos maiores motivos que originam o grande número de profissionais que sofrem por "*mobbing*" na Administração Pública é o exacerbado número de pessoas que compõe o quadro da administração pública, o que torna o anonimato uma constante.

Assim, para se diferenciar do resto da massa, alguns chefes começam a pisar em seus subalternos. Não é raro que uma repartição inteira seja oprimida pelo agressor e há casos, inclusive, de todo um setor colocar o cargo ou função à disposição, por não suportar o assédio por parte dos seus chefes ou, ainda, de entes sociais. No serviço público, quem julga as ações relativas aos servidores é alguém pago pelo próprio Estado e que tem o dever de defender os interesses do ente estatal (STOCO, 2007)[9].

5 COMO RECONHECER O QUE FAZER NOS CASOS DE ASSÉDIO MORAL?

Configura-se assédio moral, desde o linguajar antissocial e não usual que venha a ferir o respeito e a honra inerente ao agente público até o isolamento dos demais colegas, sem atribuição de nenhum trabalho. O rigor excessivo, imposição de horários injustificados, ordens contraditórias, delegação de tarefas inferiores ou estranhas à sua atividade profissional, críticas sobre convicções religiosas ou políticas, dentre outros aspectos, também se caracterizam como assédio moral. Ainda se tem a forma velada de assédio pela comunicação não verbal, quando há, por exemplo, um olhar de desprezo, suspiros, encaradas, ignorância da presença, erguer de ombros, ironias e, até mesmo, o silêncio.

Em caso de perseguição política ou assédio moral, como vítima, o servidor deve procurar reunir todos os meios de provas possíveis para se resguardar, sejam anotações com os dados do assediador/perseguidor, datas, testemunhas, gravações, filmagens, documentos, dentre outros aspectos. Também é importante dar visibilidade ao fato ocorrido e buscar ajuda com colegas que tenham sofrido ou presenciado casos de assédio/perseguição política. Nunca conversar a sós com o agressor e denunciar são ações importantes. Já na qualidade de testemunha, o principal fator é ser solidário com o colega.

9 STOCO, Rui. **Tratado de responsabilidade civil**. 7. ed. São Paulo: Revista dos Tribunais, 2007.

5.1. Aspectos processuais

De acordo com a Consolidação das Leis Trabalhistas (CLT), no rol do Artigo 840, são requisitos essenciais para as petições de ações trabalhistas:

> Art. 840 - A reclamação poderá ser escrita ou verbal. § 1o - Sendo escrita, a reclamação deverá conter a designação do Presidente da Junta, ou do juiz de direito a quem for dirigida, a qualificação do reclamante e do reclamado, uma breve exposição dos fatos de que resulte o dissídio, o pedido, a data e a assinatura do reclamante ou de seu representante.
> § 2º - Se verbal, a reclamação será reduzida a termo, em 2 (duas) vias datadas e assinadas pelo escrivão ou secretário, observado, no que couber, o disposto no parágrafo anterior (BRASIL, 1940).

Acerca dos requisitos descritos no artigo 319 do CPC, que devem ser utilizados subsidiariamente nas petições trabalhistas, encontram-se:

> Art. 319. A petição inicial indicará:
> I - o juízo a que é dirigida;
> II - os nomes, os prenomes, o estado civil, a existência de união estável, a profissão, o número de inscrição no Cadastro de Pessoas Físicas ou no Cadastro Nacional da Pessoa Jurídica, o endereço eletrônico, o domicílio e a residência do autor e do réu;
> III - o fato e os fundamentos jurídicos do pedido;
> IV - o pedido com as suas especificações;
> V - o valor da causa;
> VI - as provas com que o autor pretende demonstrar a verdade dos fatos alegados;
> VII - a opção do autor pela realização ou não de audiência de conciliação ou de mediação.
> § 1º Caso não disponha das informações previstas no inciso II, poderá o autor, na petição inicial, requerer ao juiz diligências necessárias a sua obtenção.
> § 2º A petição inicial não será indeferida se, a despeito da falta de informações a que se refere o inciso II, for possível a citação do réu.
> § 3o A petição inicial não será indeferida pelo não atendimento ao disposto no inciso II deste artigo se a obtenção de tais informações tornar impossível ou excessivamente oneroso o acesso à justiça (BRASIL, 2015).

Nesse diapasão, a petição inicial para requerer que haja a cessão do assédio moral laboral ou, ainda, a respectiva indenização por danos morais em virtude do assédio, deve observar, necessariamente, os mesmos requisitos utilizados nas demais reclamatórias trabalhistas e precisa ser concisa, ter clareza e objetividade. Portanto, nenhum ato que tenha ocorrido e que seja considerado relevante deve ser omitido da petição, visto que o juiz considerará a peça inicial e a contestação para proferir a sentença.

Desse modo, a contestação precisa demonstrar todos os pedidos da peça inicial e, caso esse fato não seja observado, o reclamante está sujeito à presunção da verdade dos fatos, que, se não questionados na contestação, de acordo com o artigo 341 do CPC, será aplicado de forma subsidiária.

As reclamações trabalhistas acerca do assédio moral, frequentemente pedem indenização por danos morais e, assim, o valor da causa nestas ações, na maior parte dos casos ultrapassa valores referentes a quarenta salários-mínimos, e o rito, por conseguinte será considerado subsidiário. Diante disso, cada parte precisa necessariamente apontar três testemunhas, porém, o juiz poderá recolher a oitiva daquela que lhes aprouver, que estejam citadas no documento ou na fase processual (ZORZO, 2020).

5.2 Meios e ônus da prova

É imprescindível que a vítima traga as provas da ocorrência do assédio moral, uma vez que toda e qualquer relação jurídica deve ser direcionada pelo princípio da boa-fé, elencado no rol do artigo 422 do Código Civil, que discorre que o empregador deve fornecer ao empregado um ambiente de trabalho saudável, podendo, assim, presumir-se em um ambiente livre de assédio moral e psicológico.

Contudo, a produção de provas, em diversas ocasiões é quase que impossível, uma vez que na maior parte dos casos as agressões ocorrem de forma velada, sem que haja proximidade de uma testemunha. Assim, nos casos de assédio moral no ambiente laboral, uma das tarefas consideradas mais difíceis é a identificação deles, visto que na maioria das vezes ocorre de forma sutil, fazendo com que o empregado fique confuso e não perceba os ataques nos quais tem sido imposto. Na maior parte dos casos, os empregadores dissertam que não passou de um mal-entendido ou uma brincadeira (FONSECA, 2007, p. 42)[10].

Por ser parte integrante de um fato constitutivo, o assédio moral no ambiente de

10 FONSECA, Rodrigo Dias da. Assédio moral – breves notas. São Paulo: **Revista LTr**, v. 71, n.1, 2007.

trabalho deve ser comprovado cabalmente pela vítima. De acordo com o que está elencado no art. 818 da CLT, cabe à vítima demonstrar as provas da agressão. No entanto, a doutrina pátria e a jurisprudência destacam, de forma majoritária, a aplicação subsidiaria do artigo 373 do CPC, a saber:

> Art. 373. O ônus da prova incumbe:
> I - ao autor, quanto ao fato constitutivo de seu direito;
> II - ao réu, quanto à existência de fato impeditivo, modificativo ou extintivo do direito do autor.
> § 1º Nos casos previstos em lei ou diante de peculiaridades da causa relacionadas à impossibilidade ou à excessiva dificuldade de cumprir o encargo nos termos do caput ou à maior facilidade de obtenção da prova do fato contrário, poderá o juiz atribuir o ônus da prova de modo diverso, desde que o faça por decisão fundamentada, caso em que deverá dar à parte a oportunidade de se desincumbir do ônus que lhe foi atribuído.
> § 2º A decisão prevista no § 1o deste artigo não pode gerar situação em que a de incumbência do encargo pela parte seja impossível ou excessivamente difícil.
> § 3º A distribuição diversa do ônus da prova também pode ocorrer por convenção das partes, salvo quando:
> I - recair sobre direito indisponível da parte;
> II - tornar excessivamente difícil a uma parte o exercício do direito.
> § 4o A convenção de que trata o § 3o pode ser celebrada antes ou durante o processo.

Assim, quando comparados os artigos 818 da Constituição das Leis Trabalhistas com o artigo 373 da CLT, não restam dúvidas de que esses não são suficientes para reduzir as questões inerentes ao ônus da prova. Logo, é imprescindível que o artigo 818 do CPC seja aplicado de forma subsidiária, no qual o autor prova os fatores constitutivos dos seus direitos, enquanto o réu prova a existência de fatos impeditivos, modificativos ou extintivos dos direitos do autor. Além disso, a partir desse dispositivo, há a possibilidade, devido às peculiaridades do juiz, impor medidas referentes ao ônus da prova[11].

6. CONSIDERAÇÕES FINAIS

A partir de todo o estudo realizado para a confecção do presente trabalho, pode-

11 CASTRO, Cláudio Roberto Carneiro de Castro. **O que você precisa saber sobre o assédio moral nas relações de emprego**. São Paulo: LTr, 2012.

se afirmar que o instituto do assédio moral é uma conduta antiga, porém, mais discutida atualmente, em virtude da maior divulgação sobre o assunto e a coragem das vítimas em denunciar o ocorrido. Tal fenômeno degenera o meio ambiente de trabalho, além de acarretar grave violação à dignidade do empregado.

No momento atual, em que se focalizam a hipercompetitividade e a agilização das atividades nas organizações, a perversidade que emerge no assédio moral tem assumido seus contornos mais fortes, atrás do autoritarismo e da hierarquização. Observou-se como o assédio moral pode corromper as relações de trabalho, especialmente pela impunidade do assediador, causando um sentimento de impotência aos assediados e consequências físicas e psicológicas, que os atormenta mesmo após a rescisão do contrato de trabalho. Muitas vezes, a vítima continua trabalhando mesmo submetida a condições degradantes e adoecendo física e/ou psicologicamente.

Nas últimas décadas do século XX, o assédio se evidencia devido à redução de empregos, o crescente risco de desemprego e a ênfase na produtividade e competitividade, quando as relações de trabalho se tornam fragilizadas e estressantes. O assédio moral vem sendo reconhecido como um fenômeno destruidor do trabalho, que reduz a produtividade, favorece o absenteísmo, a rotatividade e a demissão de empregados, por desgaste psicológico e debilidade física.

A legislação brasileira ainda está atrasada em relação ao regramento do assédio moral. O Poder Legislativo deve acelerar a aprovação de lei específica sobre a matéria, concedendo aos empregados brasileiros uma proteção mais ampla contra os abusos psicológicos patronais e a degradação do ambiente de trabalho, além de disseminar o conhecimento de tal fenômeno. Urge definir as condutas consideradas assédio moral, capazes de causar lesão ao assediado, para que, numa eventual reclamação trabalhista, possa ocorrer indenização compatível com os prejuízos, efetivamente, suportados pela vítima.

REFERÊNCIAS

BARRETO, Margarida; HELOANI, Roberto. Violência, saúde e trabalho: a intolerância e o assédio moral nas relações laborais. **Serv. Soc. Soc.**, São Paulo, n. 123, p. 544-561, set. 2015

BITTAR, Carlos Alberto. **Os direitos da personalidade**. 4. ed. Rio de Janeiro:

Forense Universitária,2008.

BITTAR, Carlos Alberto. **Responsabilidade civil:** teoria & prática. Atual. Eduardo C. B. Bittar. 5. ed. Rio de Janeiro: Forense. 2005

BRASIL. Planalto **Consolidação das Leis do Trabalho**. Disponível em: http://www.planalto.gov.br/ccivil_03/decreto-lei/Del5452.htm. Acesso em: 11 de junho de 2022

BRASIL. Planalto. **Lei n. 8080**, de 19 de setembro de 1990. Disponível em: http://www.planalto.gov.br/ccivil_03/leis/L8080.htm. Acesso em: 12 de junho de 2022.

CANASIRO, Soraya, Apresentação. *In*: GARCIA, Gustavo Filipe Barbosa. **Meio ambiente do trabalho**: direito, segurança e medicina do trabalho. São Paulo: Método, 2006.

CASTRO, Cláudio Roberto Carneiro de Castro. **O que você precisa saber sobre o assédio moral nas relações de emprego**. São Paulo: LTr, 2012.

CORTE, Matheus Henrique; PORTO, Gustavo Sene. O assédio moral no ambiente de trabalho. **ETIC-Encontro De Iniciação Científica**, v. 16, n. 16, 2020.

FERRAZ, Renato. **Assédio moral no serviço público**. Rio de Janeiro, 2014.

FERREIRA, Vanessa Rocha; SANTANA, Agatha Gonçalves. O assédio moral no ambiente de trabalho e a possibilidade de configuração do dano existencial. **Revista IBERC**, v. 2, n. 3, 2019.

FONSECA, Rodrigo Dias da. **Assédio moral** - breves notas. São Paulo: **Revista LTr**, v. 71, n. 1, 2007.

GUEDES, Márcia Novaes. **Terror Psicológico no Trabalho**. São Paulo: LTr, 2008.

HIRIGOYEN, Marie-France. **Mal estar no trabalho**: redefinindo o assédio moral. Rio de Janeiro: Bertrand Brasil, 2002

MARTINS, Sérgio Pinto. **Direito do Trabalho**. 30. ed. São Paulo. Atlas, 2014.

OLETO, Alice de Freitas; PALHARES, José Vitor; DE PAIVA, Kely César Martins. Assédio Moral no Ambiente de Trabalho: Um Estudo sobre Jovens Trabalhadores Brasileiros. **Revista Interdisciplinar de Gestão Social**, v. 8, n. 2, 2019.

PEREIRA Caio Mário da Silva. **Responsabilidade civil**. Rio de Janeiro: Forense, 2018.

PRATA, Marcelo Rodrigues. **Anatomia do Assédio Moral no Trabalho**: uma abordagem transdisciplinar. São Paulo: LTr, 2008.

SILVA, Jorge Luiz de Oliveira da. **Assédio moral no ambiente de trabalho**. Rio de Janeiro: Editora e Livraria Jurídica do Rio de Janeiro, 2005.

SIMM, Zeno. **Acosso psíquico no ambiente de trabalho**: manifestações, efeitos, prevenção e reparação. São Paulo: LTr, 2008.

SÖHSTEN, Érika R. V. Os **servidores Públicos e o Assédio Moral**: Uma luta perdida? Belo Horizonte: Dialética, 2021.

STOCO, Rui. **Tratado de responsabilidade civil**. 7. ed. São Paulo: Revista dos Tribunais, 2007.

ZORZO, Adalberto; SOLDATTI, Helder; SOLDATTI, Ana Júlia. Assédio moral e sexual no ambiente de trabalho. **Revista Tecnológica da Fatec Americana**, v. 8, n. 01, p. 13-20, 2020.

LEÃO, Shirley Câmara. A invisibilidade do assédio moral no serviço público. *In:* MENESES, Heloísa Corrêa; SILVA, Tiago Nunes da; RAMONE TAVARES, Viviane; TEIXEIRA, Wendel de Brito Lemos (Coords.). **Anuário da OAB Uberlândia 2022/2023**. Uberlândia: Marco Teórico, 2023. pp. 457-474.

O DIREITO DE NÃO SER ESQUECIDO: MEMÓRIA E REPARAÇÃO DA ESCRAVIDÃO

28

Flávio Junio Neres Muniz
Vanilda Honória dos Santos

> "Um problema não pode ser deitado fora. Se atirá-lo num rio, não será levado pela corrente de água, e se atirá-lo no fogo, não será queimado. Só debatendo um problema que se pode encontrar a sua devida solução, mas não contornando-o" (DICIONÁRIO DE PROVÉRBIOS KIKONGO, [s.d], p. 58).

Resumo:

Neste artigo se objetiva analisar o tema da memória da escravidão como um direito que historicamente tem sido negado aos cidadãos e cidadãs brasileiros(as). Para tanto, foi formulado como problema, a seguinte questão: por que querem negar a memória da escravidão? Objetiva-se demonstrar elementos fundamentais da memória e da história do colonialismo, da escravidão e o seu legado, assim como o projeto de negação da história. A hipótese é de que o silenciamento e o apagamento acerca da memória da escravidão é um projeto colocado em prática desde 1888 em muitas cidades brasileiras. Por fim, é apresentada uma proposta de direito à memória histórica da escravidão como medida de reparação, tema jurídico muito atual, que mobiliza africanos e descendentes na diáspora e os povos originários.

Palavras-chave:

Direito à Memória. Direito ao Não Esquecimento. Escravidão. História. Reparação da Escravidão.

1. INTRODUÇÃO

O Brasil foi o destino de 43% dos africanos escravizados raptados na África e trazidos para as américas[1], conforme afirma o pesquisador Luiz Felipe de Alencastro. Já para os Estados Unidos, foram destinados 0,5% dos raptados. Vieram para o Brasil em torno de 4,8 milhões de africanos, o que faz o pesquisador afirmar que o Brasil não é um país de colonização europeia, mas de colonização africana e europeia.

A sociedade brasileira e grande parte das historiográficas locais, buscam sistematicamente negar a história e a memória da escravidão, empreendendo um sistemático projeto de silenciamento do passado[2]. Isso ocorre, não somente porque incomoda, mas admiti-las é, ao mesmo tempo, reconhecer que a sociedade, tal como está organizada, com a sua elite econômica e política branca em face da pobreza das pessoas Negras, é herdeira das riquezas criadas pela escravidão e, logo, outro debate necessário se vincularia a ele, a reparação histórica pelo colonialismo e escravidão[3]. O tempo passou, as coisas mudaram, cidades cresceram e certas histórias que jamais deveriam ser esquecidas foram sistematicamente estranguladas para garantir a conveniência do privilégio, como uma anistia às avessas, que perdoa os criminosos e enterra as vítimas. A luta pela memória é uma luta pela afirmação histórica, bem com uma luta por direitos.

A luta pela memória da escravidão nasceu muito antes, quando nos idos do século XIX, a discussão ainda era se os sujeitos escravizados eram objetos de direito

1 FELLET, João. **O Brasil deveria mudar o modo como lida com a memória da escravidão?** Disponível em: https://www.bbc.com/portuguese/brasil-37771180. Acesso em 25 de outubro de 2021.

2 ROUILLOT, Michel-Rolph. **Silenciando o passado**: o poder e a produção da história. Tradução de Sebastião Nascimento. Curitiba: Huya, 2016.

3 SANTOS, Vanilda Honória dos. A reparação da escravidão negra no Brasil: fundamentos e propostas. **Revista Eletrônica da OAB/RJ**, v. 209, n. 2, jan./jun. 2018. p. 1-26; MÜLLER, Juliana. **Reparação por colonialismo e escravidão nas ex-colônias britânicas do Caribe**: uma perspectiva para a descolonização do Direito Internacional. Orientador: 2019. Dissertação (Mestrado) - Universidade Federal de Santa Catarina. Centro de Ciências Jurídicas. Programa de Pós-Graduação em Direito, Florianópolis, 2019.

ou sujeitos de direito. Em outras palavras, a discussão era sobre a personalidade jurídica do escravizado. Contudo, como afirma a historiadora do Direito Mariana Armond Dias Paes[4], juristas do século XIX trabalhavam com uma categorização binária dos sujeitos de direito, em que os sujeitos ou eram livres ou eram escravos. Desse modo, os escravos eram sujeitos de direitos, ainda que de modo precário. Mais à frente, novamente dividiram a classificação de livre entre ingênuos e libertos.

De acordo com Nunes[5], a ideia central é de que todos os cidadãos são sujeitos jurídicos, ainda que dentro das restrições usuais da época para o exercício da cidadania. A mesma problemática se instaura no período pós-Abolição, quando os descendentes de africanos não tiveram a cidadania plena reconhecida, embora fossem considerados como sujeitos de direitos no âmbito formal.

A afirmação de Dias Paes[6] de que o direito é um produto político social que nasce dos conflitos entre diferentes sujeitos históricos e a perspectiva do direito à memória como um dos pilares da Justiça de Transição, conforme abordada por Paixão[7] e Santos[8], corrobora os objetivos das reflexões aqui expostas, que é problematizar acerca

---

4 PAES, Mariana Armond Dias. **Sujeitos da história, Sujeitos de Direitos**: personalidade jurídica no Brasil escravista (1860 -1888). Dissertação (Mestrado) - Faculdade de Direito, Universidade de São Paulo, 2014. Disponível em: http://www.teses.usp.br/teses/disponiveis/2/2139/tde- 21082017-150447/pt-br.php.

5 NUNES, Diego. Codificação, Recodificação, Descodificação? Uma história das dimensões jurídicas da Justiça no Brasil Imperial a partir do Código de Processo Criminal de 1832. **Rev. Fac. Direito UFMG**, Belo Horizonte, n. 74, p. 135-166, jan./jun., 2019.

6 PAES, Mariana Armond Dias. **Sujeitos da história, Sujeitos de Direitos**: personalidade jurídica no Brasil escravista (1860 -1888). 2014. Dissertação (Mestrado) - Faculdade de Direito, Universidade de São Paulo, 2014. Disponível em: http://www.teses.usp.br/teses/ disponiveis/2/2139/tde-21082017-150447/pt-br.php.

7 PAIXÃO, Cristiano. Direito à verdade, à memória e à reparação. *In*: SOUZA JUNIOR, José Geraldo de *et al.* O **direito achado na rua**: introdução crítica à justiça de transição na América Latina (O direito achado na rua, vol. 7). (Organizadores). Brasília, DF: UnB, 2015. p. 273-281

8 NUNES, Diego; SANTOS, Vanilda Honória dos. A Comissão da Verdade da Escravidão Negra no Brasil: considerações sobre a reparação. *In*: SIQUEIRA, Gustavo Silveira; WOLKMER, Antonio Carlos; PIERDONÁ, Zélia Luiza. (Org.). **História do direito**. Florianópolis: CONPEDI, 2015, v. 1, p. 1-19; SANTOS, Vanilda Honória dos. A reparação da escravidão negra no Brasil: fundamentos e propostas. **Revista Eletrônica da OAB/RJ**, v. 209, n. 2, p. 1-26, jan./jun. 2018.

das seguintes questões: o que querem negar? Por que querem negar? Para tanto, este artigo foi oraganizado em duas partes, cujos títulos correspondem às questões propostas. Utilizamos como metodologia a pesquisa bibliográfica e a pesquisa empírica, por uma análise de documentos históricos e jurídicos, disponíveis em acervos digitais.

2. O QUE QUEREM NEGAR?

No Brasil, o fim da escravidão e as reconfigurações sociais no pós-abolição tiveram contornos regionais específicos[9]. No momento da abolição, cerca de quarenta por cento dos escravos[10] já não estavam mais em situação contínua de cativeiro. Os projetos de emancipação dos escravos da Jamaica, Haiti e Barbados, demonstram uma heterogeneidade, no que tange ao comportamento dos libertos. Eric Foner, na sua obra "Nada Além da Liberdade"[11], oferece indícios para pensar os movimentos de emancipação dos escravos nos Estados Unidos e no Caribe, tal como a reivindicação do direito à terra como compensação do trabalho servil não remunerado. Isso é abordado também por Santos[12], no que diz respeito aos direitos territoriais quilombolas no Brasil[13].

Explorando essas discussões sobre a emancipação, a situação dos libertos e o futuro das relações de trabalho no Brasil, temas como obrigação de contratos de trabalho ou permanência em determinado território foram recorrentes em diferentes regiões que vivenciavam o processo de abolição da escravidão, mas não exatamente

9 RIOS, A.; MATTOS, H. O pós-abolição como problema histórico: balanços e perspectivas. **Revista Topoi**, v. 5, n. 8, 2004.

10 Quando estivermos nos referindo à categoria jurídica da época, utilizaremos o termo "escravo".

11 FONER, Eric. Nada Além da Liberdade. **A Emancipação e seu Legado**. Tradução de Luiz Paulo Rouanet. Rio de Janeiro: Paz e Terra, 1988.

12 SANTOS, Vanilda Honória dos. **A reparação da escravidão negra no Brasil**: fundamentos e propostas. **Revista Eletrônica da OAB/RJ**, v. 209, n. 2, p. 1-26, jan./jun. 2018.

13 SANTOS, Vanilda Honória dos. O direito Antidiscriminatório na defesa dos territórios quilombolas no Triângulo Mineiro e Alto Paranaíba. *In*: FONTES, André *et al.* **Quilombolas**: aspectos políticos, jurídicos e políticas públicas inclusivas consequentes à edição do Decreto nº 4887/2003 e do julgamento da ADI nº 3239. Rio de Janeiro: Tribunal Regional Federal da 2ª Região, 2019. p. 367-392.

de emancipação (de deixar ir, não controlar)[14]. As discussões a respeito dos processos de fim da escravidão resultaram em uma série de problemas que podemos analisar pelos discursos parlamentares e senhoriais, como podemos avaliar em diferentes fontes, como as publicações disponíveis na Biblioteca do Senado Brasileiro, nas quais é possível notar que os anos anteriores à abolição de 1888 foram repletos de discussões sobre as condições do elemento servil, sobre a abolição e os processos de emancipação.

Nas "Considerações e projecto sobre libertação de escravos no Brazil", Projeto de lei de 27 de maio de 1885, da Câmara Federal, que trata da emancipação dos escravos no Brasil, com indenização avaliada pelos próprios possuidores dos escravos[15], destaca-se o acaloramento das discussões sobre a passagem do elemento servil para o trabalho livre, que não representaria, necessariamente, uma liberdade plena (emancipatória).

A reconstrução de uma nova sociedade "integrada" não foi precisamente uma pauta pujante, mas os atos de justiça de foro privado, aparentemente dominaram ou se tornaram aquiescentes e nos seus distintos contextos, a concessão de direitos a uma parcela significativa dos seus habitantes que passaram a ser (ou eram) tratados como "inimigos internos"[16], para utilizarmos o termo de Célia Maria Marinho de Azevedo, na sua obra "Onda negra, medo branco: o negro no imaginário das elites - século XIX". Nessa obra, a autora discorre sobre a construção de uma imagética social do negro no século XIX e de que forma foi tramada, baseada em conceitos eugênicos, racistas e elitistas e que insuflaram o imaginário de uma sociedade que temia o "novo" e que não convivia bem com a ideia de simplesmente deixá-los ir em paz. Essas imagens foram construídas para se obter controle social, o que nos remete ao imaginário sulista americano que temia negros livres se vingando dos seus

---

14 MUNIZ, Flávio Junio Neres. Caminhos da emancipação: as indisposições da Abolição da escravidão no Brasil. *In*: NUNES, Diego (Org.). **Coleção Novos Rumos para a História do Direito**. Florianópolis: Habitus, 2022. v. 1

15 BRASIL. **Considerações e projecto sobre libertação de escravos no Brazil**. Projeto de lei de 27 de maio de 1885, que trata da emancipação dos escravos no Brasil, com indenização avaliada pelos próprios possuidores dos escravos. Rio de Janeiro: Imprensa Industrial, 1885. Disponível em http://www2.senado.leg. pessoas que eram coisas que eram pessoas...br/bdsf/item/id/185622. Acesso em: 29 out. 2016.

16 AZEVEDO, Célia Maria Marinho de. **Onda negra, medo branco**: o negro no imaginário das elites – século XIX. Rio de Janeiro: Paz e Terra, 1987, p. 43.

antigos senhores e que a desordem seria o cotidiano dos "libertos". Essa busca por manter o "controle", juntamente com a "exaltação do imigrante branco" e as afirmações taxativas da "incapacidade e passividade do negro para o trabalho livre, desenvolvem um arcabouço de exclusão e segregação social. Contudo, se há uma sociedade excludente, não há a passividade do negro, o qual busca o realinhamento por um rearranjo no universo sociofamiliar e do trabalho.

A discussão sobre a emancipação estava envolta por interesses diversos, a exemplo da Associação Comercial do Rio de Janeiro, em 1884, que questionava dizendo que a supressão gradual das forças constitutivas do trabalho servil daria lugar à transformação, também gradual, do "trabalho agrícola, e esta suposição assentava em um princípio seguro: o próprio interesse dos agricultores, direta e essencialmente empenhados na manutenção de sua indústria"[17]. Havia uma tensão sobre a "emancipação" e o temor de que um sistema de emancipação total, imediato ou diferido, incondicional ou sujeito a prescrições e regras de suposta atenuação de seus efeitos precários, fosse seguido de um desastre econômico no Brasil.

Cabe destacar que do ponto de vista de uma análise crítica, a suposta extinção gradual da escravidão na verdade escondia um projeto nefasto, o tempo necessário para que fossem estruturadas as bases da exclusão da população de africanos e descendentes, resultando na adoção do racismo científico e da eugenia e de políticas públicas, que além de objetivarem a eliminação da população negra e indígena, visavam a total supressão dos elementos da cultura afro-brasileira por outros de origem e fundamentação epistêmica de base eurocêntrica. O resultado desse processo é o racismo estrutural e institucional que predomina na sociedade brasileira hodiernamente.

Esses fenômenos foram observados em outros processos emancipatórios, em que houve "decadência da produção", "redução de valores e capitais" das indústrias agrícolas[18]. O temor das circunstâncias sobre a emancipação ocorrida nas "colônias

17 ASSOCIAÇÃO COMMERCIAL DO RIO DE JANEIRO. **Elemento servil**: 1. representação da commissão especial nomeada em assembléa geral extraordinaria de 2 de maio de 1884. Rio de Janeiro, 1884. Disponível em: http://www2.senado.leg.br/bdsf/ handle/id/174469. Acesso em: 08 out. 2016.

18 ASSOCIAÇÃO COMMERCIAL DO RIO DE JANEIRO. **Elemento servil**: 1. representação da commissão especial nomeada em assembléa geral extraordinaria de 2 de maio de 1884. Rio de Janeiro, 1884. p. 7. Disponível em: http://www2.senado.leg.br/bdsf/handle/

inglesas" também causava atribulação nas mentes inquietas dos membros da Associação Comercial do Rio de Janeiro, que temiam o descontrole da produção.

De acordo com o relatório desta Associação, em referência aos libertos e aos seus descendentes das índias ocidentais (como era conhecida a atual região do Caribe), manifestavam "uma antipatia característica pelo trabalho do campo e geralmente por qualquer trabalho no país", havendo, assim, um fluxo migratório para países vizinhos, como para trabalhar nas obras do Canal do Panamá, na época sob responsabilidade da França, ou nas estradas de ferro da Costa Rica. O relatório ainda faz alusão à prática do "furto" entre as populações "libertas", como "tradição dos tempos da escravidão" e que seria "familiar a gente de cor"19. Aponta-se, ainda, que entre os negros com "melhores qualidades" e menor "grau de ignorância", começa a se desenvolver "um certo" estímulo para o trabalho, mas que a sua tendência é para ofícios de "outra natureza", "da qual pouco ou nada entendem". Assim, assume-se uma posição de que "o liberto não trabalha" e que não se constitui "suprimento de atividade com que possa ou deva contar-se para a exploração de uma indústria qualquer". Assume-se que "o liberto é incompatível com um regime qualquer de economia e de ordem, de trabalho e de moralidade". Dessa forma, a Associação propõe ao governo brasileiro o:

> Alargamento do fundo de emancipação, se possível transformando ou captando-os através de impostos sobre produtos, como tabaco e bebidas alcóolicas, de forma que toda a 'sociedade' se tornasse 'participante da solução do grave problema, que a todos interessa'. Fixação do 'elemento servil' nas localidades em que se acharem. Obrigatoriedade do exercício efetivo nos trabalhos de sua profissão, 'imposta aos libertos, fundação de colônias penitenciárias nas regiões mais longínquas do país', para correção dos delinquentes e incorrigíveis pelo simples efeito da legislação adotada"[20].

Essas medidas tinham como finalidade tutelar, fixar, obrigar, corrigir, prender,

---

id/174469. Acesso em: 08 out. 2016.

19 ASSOCIAÇÃO COMMERCIAL DO RIO DE JANEIRO. **Elemento servil:** 1. representação da commissão especial nomeada em assembléa geral extraordinaria de 2 de maio de 1884. Rio de Janeiro, 1884. p. 8. Disponível em: http://www2.senado.leg.br/bdsf/handle/id/174469. Acesso em: 08 out. 2016.

20 ASSOCIAÇÃO COMMERCIAL DO RIO DE JANEIRO. **Elemento servil:** 1. representação da commissão especial nomeada em assembléa geral extraordinaria de 2 de maio de 1884. Rio de Janeiro, 1884. p. 7. Disponível em: http://www2.senado.leg.br/bdsf/handle/id/174469. Acesso em: 08 out. 2016.

impor ao liberto uma nova ordem de controle muito distante do sentido do termo emancipação, como deixar ir. Baseavam-se em pressupostos racistas, em que afirmam à tendência a incivilidade por serem de uma raça supostamente inferior e sem educação. O liberto teria, ou melhor, seria o "penhor" e o exemplo da ordem entre seus "antigos senhores" e dos que "permanecerem escravos".

Por fim, a Associação Comercial do Rio de Janeiro defende nessa carta destinada ao Governo Brasileiro, que "por toda a parte a força organizada na escravidão foi que abriu passagem ao trabalho, o progresso e a civilização"[21]. Essa carta foi enviada ao Governo Brasileiro, em 16 de junho de 1884 pela Associação Comercial do Rio de Janeiro. No ano seguinte, em 29 de setembro de 1885, o governo cria a lei nº 3.270[22], que "regula a extinção gradual do elemento servil". Essas regulamentações atendiam a quase todas as demandas dos membros empresários da Associação Comercial do Rio de Janeiro.

O parágrafo 4º do Art. 1º[23] afirmava que o valor dos indivíduos do sexo feminino se regularia do "mesmo modo", fazendo-se, porém, o abatimento de 25% sobre os preços da tabela. Os preços dos escravos do sexo feminino poderiam chegar a ser 61 % menor do que dos escravos do sexo masculino[24]. Isso significa que este seria o valor máximo ou o teto a ser pago pelo governo a título de indenização. Contudo, sem dever nada às isenções fiscais que o Estado brasileiro ainda oferece, vale lembrar que esta indenização era para o "proprietário" e não para o "escravo ou ex-escravo"[25]. A cada ano que se passasse haveria uma dedução crescente de 2% do valor

21 Associação Commercial do Rio de Janeiro. Elemento servil: 1. representação da commissão especial nomeada em assembléa geral extraordinaria de 2 de maio de 1884. Rio de Janeiro,1884, p. 14. Disponível em: http://www2.senado.leg.br/bdsf/handle/id/174469. Acesso em: 08 de outubro de 2016 às 20:16

22 BRASIL. Senado Federal. Secretaria de Informação Legislativa. **Lei n. 3270 de 28 de setembro de 1885**. Disponível em: http://legis.senado.gov.br/legislacao/ListaPublica coes.action?id=66550. Acesso em: 10 mar. 2017.

23 BRASIL. Senado Federal. Secretaria de Informação Legislativa. **Lei n. 3270 de 28 de setembro de 1885**. Art. 1º § 4. Disponível em: http://legis.senado.gov.br/legislacao/ListaPubli cacoes.action?id=66550. Acesso em: 10 mar. 2017.

24 MARCONDES, Renato Leite; MOTTA, José Flávio. Duas fontes documentais para o estudo dos preços dos escravos no Vale do Paraíba paulista. **Rev. bras. Hist**,. São Paulo, v. 21, n. 42, 2001.

25 BRASIL. Senado Federal. Secretaria de Informação Legislativa. **Lei n. 3270 de 28 de**

do escravo no primeiro ano a 12% ao fim de 12 anos[26]. Isso quer dizer que quanto antes o "proprietário" do escravo o "libertasse", menos "prejuízo" financeiro teria.

O escravo inválido não poderia ser liberto e deveria ficar na "companhia de seu senhor". Os que trabalhassem em estabelecimento agrícolas, depois de libertos, deveriam servir por mais 5 anos. O diferencial era de terem esses uma "gratificação pecuniária" por dia de serviço, metade depositada em uma coletoria ou na Caixa econômica e a outra disponível imediatamente. Seriam considerados libertos todos os escravos acima de 60 anos, contudo, deveriam prestar serviços a título de indenização, por mais três anos. Porém, sendo maior que 60 e menor que 65 anos "não serão sujeitos aos alludidos serviços, qualquer que seja o tempo que os tenham prestado com relação ao prazo acima declarado"[27].

Considerando-se que a lei estabelecia que acima de 60 anos deveria servir 3 anos, mas se entre 60 e 65 anos seria desobrigado, poderíamos compreender que um artigo anularia o outro? Eles se completariam, ficando o sexagenário, na verdade "livre", na prática, somente após os 63 anos? Nesse caso, faltando clareza ao legislador, na dúvida ficaria valendo o acordado sobre o nebulosamente legislado?

As contradições dessa lei não param por aí. Estabelece-se, ainda, que todos os libertos que fossem maiores de 60 anos, depois de cumprirem o tempo de serviço de três anos citado acima, deveriam continuar na companhia dos seus ex senhores, que deveriam ter obrigação de alimentá-los, vesti-los e tratar das suas "moléstias"[28], porém "usufruindo os serviços compatíveis com as forças deles". Essas descrições mostram que absolutamente nada mudaria nas relações senhor escravo, exceto o fato de que o patrão agora, além de possuidor de uma mão de obra servil, se valeria

---

setembro de 1885. Art. 3º § 14. Disponível em: http://legis.senado.gov.br/ legislacao/ListaPublica
coes.action?id=66550. Acesso em: 10 mar. 2017.

26 BRASIL. Senado Federal. Secretaria de Informação Legislativa. **Lei n. 3270 de 28 de setembro de 1885**. Art. 3º § 1. Disponível em: http://legis.senado.gov.br/legislacao/ ListaPublicacoes.action?id=66550. Acesso em: 10 mar. 2017.

27 BRASIL. Senado Federal. Secretaria de Informação Legislativa. **Lei n. 3270 de 28 de setembro de 1885**. § 11. Disponível em: http://legis.senado.gov.br/legislacao/ListaPublica coes.action?id=66550. Acesso em: 10 mar. 2017.

28 BRASIL. Senado Federal. Secretaria de Informação Legislativa. **Lei n. 3270 de 28 de setembro de 1885**. § 13. Disponível em: http://legis.senado.gov.br/legislacao/ListaPublica coes.action?id=66550. Acesso em: 10 mar. 2017.

de uma indenização para mantê-la sob o colorido da liberdade.

Para quaisquer fins, o escravo que fosse liberto pelo fundo de emancipação continuava cerceado, pois não poderia deixar o domicílio por um período de 5 anos, de acordo com o art. 3º § 14, que ressalta: "E' domicilio obrigado por tempo de cinco annos, contados da data da libertação do liberto pelo fundo de emancipação, o municipio onde tiver sido alforriado, excepto o das capitaes"[29].

No caso de o liberto se ausentar de seu domicílio, numa eventual confusão entre abolição e emancipação – indo-se sem controle, seria "considerado vagabundo e apprehendido pela Polícia para ser empregado em trabalhos públicos ou colônias agrícolas"[30], conforme previa o Art 3 §14,15 da referida lei.

O artigo 21 da Lei N. 3.270 de 28 de setembro de 1885 esclarece que a condição de servir para se ter a liberdade só duraria até o tempo em que a escravidão fosse considerada extinta[31]. O que aconteceria três anos após, quando em um decreto imperial a regente Princesa Isabel, declarou "extincta a escravidão no Brazil"[32]. Porém, as condições dessa liberdade sem emancipação vinham sendo gestadas por toda a segunda metade do século XIX, criando empecilhos à possibilidade de que os libertos pudessem seguir os seus destinos em paz, pelo seu livre arbítrio, sem controle. Ao se abolir a escravidão já estavam consolidados os mecanismos de controle mínimos para fazer valer as prescrições legais aprovadas nas leis do ventre livre e do sexagenário: qualquer liberto que não estivesse em uma ocupação considerada regular seria obrigado a "empregar-se" ou "contratar" os seus serviços, no que fosse marcado pela polícia.

---

29 BRASIL. Senado Federal. Secretaria de Informação Legislativa. **Lei n. 3270 de 28 de setembro de 1885**. Art. 3º § 14. Disponível em: http://legis.senado.gov.br/legislacao/ ListaPublicacoes.action?id=66550. Acesso em: 10 mar. 2017.

30 BRASIL. Senado Federal. Secretaria de Informação Legislativa. **Lei n. 3270 de 28 de setembro de 1885**. Art. 3 §14,15. Disponível em: http://legis.senado.gov.br/legislacao/Lista Publicacoes.acti onid=66550. Acesso em: 10 mar. 2017.

31 BRASIL. Senado Federal. Secretaria de Informação Legislativa. **Lei n. 3270 de 28 de setembro de 1885**. Disponível em: http://legis.senado.gov.br/legislacao/ListaPublica coes.action?id=66550. Acesso em: 10 mar. 2017.

32 BRASIL. Presidência da República Casa Civil Subchefia para Assuntos Jurídicos. **Lei nº 3.353, de 13 de maio de 1888**. Declara extinta a escravidão no Brasil. Disponível em: http://www.planalto.gov.br/ccivil_03/leis/lim/LIM3353.htm. Acesso em 10 de março de 2017 às 20:30h.

Ora, se a lei revogada foi apenas a que considerou as relações do trabalho servil, pelo seu artigo segundo, a Lei Áurea não revogou, contudo, as disposições que norteavam o viver do liberto, enquadrando-o nas contingências e meandros da lei 3.270. Nada mais explícito que o Governo estabelecer "em diversos pontos do Imperio ou nas Provincias fronteiras colônias agrícolas, regidas com disciplina militar, para as quais seriam enviados os libertos sem ocupação". Em outras palavras, não cessa a tutela e havendo tutela não há emancipação. Ademais, tal condição revela que no período pós-Abolição, a única política pública direcionada aos agora "cidadãos livres" foi a política criminal.

O período que antecedeu a abolição da escravidão, bem como o que o sucedeu, trouxe à tona a discussão que permeou o século XX e chegou a nós: o que seria esta tal liberdade e em que termos ela pode ser exercida? Assim, questiona-se se os trabalhadores escravizados foram de fato constituídos e reconhecidos como sujeitos livres. Livres de quê? Para quê? Assim, seria essa liberdade uma concessão do senhor? Liberdade concedida seria liberdade? Ela seria apenas uma emancipação jurídica, nos termos de Viotti Costa, que no exercício do cotidiano, não alteraria a sua conjuntura funcional?

Pode-se compreender a liberdade como agir com autonomia, de definir os próprios caminhos como indivíduos e coletividade. Assim como o ponto central da História da África, nos termos de Severino Ngoenha[33], é da luta pela liberdade, compreendida como autonomia dos sujeitos e soberanias das nações africanas, a história da diáspora africana e da trajetória de africanos e descendentes escravizados, livres e libertos no Brasil está fundamentalmente calcada na relação com a luta pela liberdade e pelo direito à humanidade.

3. POR QUE QUEREM NEGAR?

Se de um lado há aqueles que não querem que as suas histórias familiares ancestrais ligadas a escravidão e a crueldade humana sejam publicizadas, do outro têm aqueles cujas histórias de violência sofrida submergem no mar do esquecimento. O direito ao esquecimento ante ao direito de não ser esquecido. É necessário que a justiça alcance e assista as vítimas e os seus descendentes, não somente no que diz

33 NGOENHA, Severino Elias. **Filosofia Africana**: das Independências às Liberdades. Maputo, Moçambique: Edições Paulistas – África, 1993.

respeito ao direito à memória, mas também à reparação. É preciso chamar os mortos ao debate. A memória histórica traz à tona o debate sobre o que deve ser lembrado ou o que não deveria ser esquecido.

Com o objetivo de trazer para a cena pública brasileira esse debate, em 2014 foi criada a Comissão Nacional da Verdade da Escravidão Negra no Brasil do Conselho Federal da OAB, para "fazer um resgate histórico do período escravocrata brasileiro e discutir formas de reparação". O então presidente da Comissão na época, Humberto Adami, afirmou que "a ideia é revelar fatos que foram apagados da história do país"[34]. Como trazer para o âmbito jurídico um crime histórico em que os réus estão mortos, bem como as suas vítimas, mas os descendentes das vítimas sofrem as consequências físicas, psicológicas e econômicas dos crimes, enquanto os descendentes dos réus auferiram os lucros da espoliação humana causada pelos seus antepassados.

Nunes e Santos[35] afirmam que o primeiro direito a ser considerado no que diz respeito a reparação histórica é o direito à verdade, ou seja, o conhecimento dos fatos históricos dos ancestrais negros, pois a narrativa eurocêntrica privilegia e anistia os agressores e silencia as vítimas da brutalidade que foi a escravidão negra no Brasil. Os autores ainda pontuam que o segundo direito a ser considerado é o direito à memória e ao não esquecimento, na busca pelo reconhecimento do crime de lesa humanidade, com o objetivo de se fazer justiça. Eles acrescentam, ainda, que "o primado do não esquecimento volta-se para uma perspectiva intergeracional de um futuro diferente, para que os atos traumáticos não mais se repitam".

Conforme apontado na primeira parte do texto, admitir essa história é admitir a existência de razão fundamentada para a reparação pela escravidão, uma vez que se trata de crime de lesa humanidade sem prescrição, conforme estipulado pelo direito

---

34 Sobre a história de constituição, objetivos e metodologia da Comissão, veja-se: NUNES, Diego; SANTOS, Vanilda Honória dos. A Comissão da Verdade da Escravidão Negra no Brasil: considerações sobre a reparação. In: SIQUEIRA, Gustavo Silveira; WOLKMER, Antonio Carlos; PIERDONÁ, Zélia Luiza. (Org.). História do Direito. 1ed.Florianópolis: CONPEDI, 2015, v. 1, p. 1-19.

35 NUNES, Diego; SANTOS, Vanilda Honória dos. A Comissão da Verdade da Escravidão Negra no Brasil: considerações sobre a reparação. *In*: SIQUEIRA, Gustavo Silveira; WOLKMER, Antonio Carlos; PIERDONÁ, Zélia Luiza. (Org.). **História do Direito**. Florianópolis: CONPEDI, 2015; v. 1. p. 1-19; SANTOS, Vanilda Honória dos. A reparação da escravidão negra no Brasil: fundamentos e propostas. **Revista Eletrônica OAB/RJ**, Rio de Janeiro, v. 29, n. 2, Jan./Jun. 2018, Acesso em: 28 out. de 2021.

internacional, especificamente no Estatuto de Roma.

> Art. 7. Crimes contra a humanidade: Para os efeitos do presente Estatuto, entende-se por "crime contra a humanidade", qualquer um dos atos seguintes, quando cometido no quadro de um ataque, generalizado ou sistemático, contra qualquer população civil, havendo conhecimento desse ataque: a) Homicídio; b) Extermínio; c) Escravidão; d) Deportação ou transferência forçada de uma população; e) Prisão ou outra forma de privação da liberdade física grave, em violação das normas fundamentais de direito internacional; f) Tortura; g) Agressão sexual, escravatura sexual, prostituição forçada, gravidez forçada, esterilização forçada ou qualquer outra forma de violência no campo sexual de gravidade comparável; h) Perseguição de um grupo ou coletividade que possa ser identificado, por motivos políticos, raciais, nacionais, étnicos, culturais, religiosos ou de gênero, tal como definido no parágrafo 3º, ou em função de outros critérios universalmente reconhecidos como inaceitáveis no direito internacional, relacionados com qualquer ato referido neste parágrafo ou com qualquer crime da competência do Tribunal; i) Desaparecimento forçado de pessoas; j) Crime de Apartheid; k) Outros atos desumanos de caráter semelhante, que causem intencionalmente grande sofrimento, ou afetem gravemente a integridade física ou a saúde física ou mental[36].

Da mesma maneira, na Conferência de Durban, o tema central foi a reparação pelo colonialismo e a escravidão, que resultou na Declaração e Programa de Ação adotados na III Conferência Mundial de Combate ao Racismo, Discriminação Racial, Discriminação Racial, Xenofobia e Intolerância Correlata[37].

Contudo, para além disso, faz-se necessário considerar que o próprio processo de colonização e de escravização de africanos e povos originários das Américas não se deu conforme os ditames do ordenamento jurídico europeu vigente no direito internacional da época, fundado na teoria da "guerra justa", de Hugo Grotius[38]. Isso

---

36 NUNES, Diego; SANTOS, Vanilda Honória dos. A Comissão da Verdade da Escravidão Negra no Brasil: considerações sobre a reparação. *In*: SIQUEIRA, Gustavo Silveira; WOLKMER, Antonio Carlos; PIERDONÁ, Zélia Luiza. (Org.). **História do Direito**. Florianópolis: CONPEDI, 2015. v. 1. p. 1-19

37 ONU. **Declaração e Programa de Ação adotados na III Conferência Mundial de Combate ao Racismo, Discriminação Racial, Discriminação Racial, Xenofobia e Intolerância Correlata.** Disponível em: https://brasil.un.org/pt-br/150033-declaracao-e-plano-de-acao-de-durban-2001. Acesso em: 05 jun. 2022.

38 GROTIUS, Hugo. **O Direito da Guerra e da Paz.** Tradução de Ciro Mioranza. Florianópolis: Unijuí, 2004. v. 2

pode ser evidenciado pelas fontes históricas que relatam com riqueza de detalhes o processo de captura de africanos no Continente para escravização na Europa e nas Américas e, do mesmo modo, nas guerras de conquistas do território africano. Diversos princípios e normas jurídicas vigentes no direito internacional, sobretudo acerca do direito de guerra, eram desrespeitados, resultando em um nefasto requinte de violência, crueldade e espoliação das terras de povos livres. Não será possível aprofundar essa questão neste artigo, mas será objeto de publicação futura.

Cabe discorrer um pouco mais sobre o conceito de reparação e algumas iniciativas no âmbito internacional e nacional que nos auxiliam na compreensão do cenário desse debate e das ações até então propostas. A reparação é o processo que aborda os crimes da história para reparar, compensar, indenizar e ressarcir um determinado povo ou população das violações sofridas. Destaca-se a diferença entre crimes da história e crimes de ódio. A escravidão e tráfico transatlântico são crimes da história. Os crimes de ódio são: racismo, discriminação racial, xenofobia e genocídio, estando no campo das consequências dos crimes da história[39]. O fundamento para a reparação é o lucro obtido pela escravidão e pelo colonialismo e as consequências danosas às populações descendentes de africanos e dos povos originários. A reparação engloba a compensação financeira, mas não se resume a ela, podendo ser material e simbólica.

No que diz respeito aos fundamentos teórico-práticos para a reparação pela escravidão e o colonialismo, está a Justiça de Transição, na perspectiva adotada na América Latina e as incorporações das demandas sociais do tempo presente, abrangendo as consequências dos períodos de exceção, como foi a escravidão e os períodos ditatoriais do século XX. Além disso, a perspectiva de justiça mobilizada é a Justiça Restaurativa, englobando as abordagens comunitárias e tradicionais, entre as quais se encontram concepções africanas, afrodiaspóricas e dos povos originários[40].

A restauração implica além do reconhecimento, a responsabilização. O perdão

---

39 MUNIZ, Flávio Junio Neres. **Como foi a primeira captura de africanos feita pelos portugueses**. 2022. Disponível em: https://www.youtube.com/watch?v=qMJZHsSb1iY. Acesso em: 05 jun. 2022.

40 SANTOS, Vanilda Honória dos. As teorias da justiça e a questão racial. In: MACHADO, Amanda Castro; GRAF, Paloma Machado; CANTARELLI, Viviane Pereira de Ornellas. Narrativas restaurativas libertárias [livro eletrônico]: ensaios sobre potências e resistências. São Paulo: Escola Superior de Advocacia da OAB SP, 2021, p. 97-109.

não significa esquecimento ou apagamento. Quando a reparação e a compensação não ocorrem, as consequências danosas permanecem no tecido social propagando de maneira intergeracional as desigualdades e violências. Foi isso que ocorreu no Brasil no pós-Abolição. A reparação pode minimizar os efeitos do apagamento da história, que foi sistematicamente promovido contra povos africanos e diaspóricos[41].

As reivindicações por reparações, compensações e indenizações são o foco de diversas discussões que estão ocorrendo em âmbito internacional. Em evento realizado no Canal CEAP, o filósofo Lazare Ki-Zerbo, de Burquina Faso, afirmou que "marchamos pela reparação"[42], que significa a responsabilização dos Estados pelo colonialismo, tráfico transatlântico e a escravização que deixaram como consequências nas sociedades o racismo.

Além dos fundamentos jurídicos no direito internacional[43], já expostos acima, serão tecidas aqui algumas considerações a partir da publicação do Alto Comissariado das Nações Unidas para os Direitos Humanos, de 01 de junho de 2021, cujo título é "Informe anual del Alto Comisionado de las Naciones Unidas para los Derechos Humanos e informes de la Oficina del Alto Comisionado y del Secretario General Racismo, discriminación racial, xenofobia y formas conexas de intolerancia, seguimiento y aplicación de la Declaración y el Programa de Acción de Durban" (2001). O documento reforça a nossa abordagem, segundo o qual, a Declaração de Durban e o Programa de Ação estabeleceram a ligação entre o passado, presente e futuro, sendo reconhecido que os afrodescendentes continuam a ser vítimas das consequências da escravatura, do tráfico de escravos e do colonialismo. Contudo, os Estados ainda não adotaram medidas abrangentes de reparação ou reconciliação, nem medidas para reconhecer, abordar e mitigar suficientemente os legados

41 SANTOS, Vanilda Honória dos. As teorias da justiça e a questão racial. *In*: MACHADO, Amanda Castro; GRAF, Paloma Machado; CANTARELLI, Viviane Pereira de Ornellas. **Narrativas restaurativas libertárias**: ensaios sobre potências e resistências. São Paulo: Escola Superior de Advocacia da OAB SP, 2021, p. 97-109.

42 Ver mais em: https://www.youtube.com/watch?v=Hh9ftbhcrqw&t=5124s. Acesso em: 12 jun. 2022.

43 OEA. **Declaración sobre das Reparaciones por la Esclavitud de Africanos Y sus Descendientes y la Trata de Esclavos**. 2016.

contemporâneos do passado e as suas manifestações ainda em vigor.

Além das iniciativas brasileiras já apontadas, como a criação da Comissão da Verdade da Escravidão do Conselho Federal da OAB, de acordo com o documento da ONU, as diversas iniciativas locais, nacionais e regionais começaram a buscar a verdade e realizar formas limitadas de reparação, que incluem: comemorações, agradecimentos, desculpas e processos judiciais. Vejamos alguns exemplos:

a) Estados Unidos: foi instaurada uma ação judicial contra a cidade de Tulsa, Oklahoma, devido ao massacre ocorrido em 1921; foi criada uma Comissão de Verdade e Reconciliação em o Maryland Lynching; iniciativas de comemoração foram adotadas em Montgomery, no Alabama; será feita uma tentativa de reparar "as deficiências da riqueza histórica e oportunidade que afetaram os Afro-americanos / negros de Evanston". Em âmbito federal, foi proposta a criação de uma comissão para estudar e formular propostas de reparação para o Afro-americanos. Universidades e grupos religiosos, entre outros, lançaram, para nível estadual e local, mapeando iniciativas, desculpas e reparações pela escravidão. O setor privado também começou a se desculpar formalmente e assumir compromissos relativos à reparação;

b) Europa: Na Bélgica, uma comissão parlamentar foi criada em 2020 para estudar o passado país colonial na República Democrática do Congo, bem como Burundi e Ruanda, incluindo o papel da monarquia, da igreja e dos negócios. No Caribe, a Comissão para A Caribbean Community Repairs[44] desenvolveu um plano de reparação, contendo 10 pontos, que delineiam o caminho para a reconciliação, verdade e justiça para as vítimas e seus descendentes. Em 2020, o Parlamento Europeu declarou que a escravidão era um crime contra a humanidade, assim como a França havia feito em 2001;

c) Memória e História pública: Cidades dos Estados Unidos e da Europa iniciaram diálogos sobre a remoção das estátuas. Em 2020, a Argentina lançou o Comissão Nacional de Reconhecimento Histórico da Comunidade Afro-Argentina, que visa a reparação histórica dos afrodescendentes no país, pela recuperação de locais que tenham um significado especial para esta comunidade. Por lá, houve um apagamento dos negros. Na Colômbia, a Comissão da Verdade realizou em 2020 reuniões para a verdade sobre o impacto do

44 Ver mais em: https://caricomreparations.org/. Acesso em: 01 set. 2022.

conflito armado sobre os afrodescendentes. Em 2019, a França estabeleceu uma fundação para criar um museu e memoriais sobre o papel desempenhado pelo país no comércio de escravos africanos.

Apesar da existência dessas iniciativas, de acordo com a ONU, até o momento, nenhum Estado assumiu sua total responsabilidade pelo passado ou pelo impacto atual do racismo sistêmico, estrutural e institucional, entrelaçados. A questão que frequentemente mobiliza tanto partidários da reparação quanto seus contrários é a seguinte: quem deve reconhecer a responsabilidade de reparar?

A ONU adotou a fundamentação levantada nos movimentos pelas reparações desde o seu nascimento e que aqui nos mobiliza a continuar nossas pesquisas e proposituras de reparação em âmbito nacional. O dever legal de reparar cabe aos Estados, instituições, grupos religiosos, universidades, empresas e pessoas que participaram ou se beneficiaram, e continuam a se beneficiar, do legado da escravidão, comércio transatlântico de escravos africanos e o colonialismo.

4. CONCLUSÃO

As medidas tomadas para lidar com o passado devem ter como objetivo transformar o futuro. Faz-se necessário modificar as estruturas e sistemas projetados e moldados pela escravidão, pelo colonialismo e políticas e sistemas de discriminação racial. Elas também integram medidas que visam a restituição, reabilitação, satisfação e garantias de não repetição, incluindo o reconhecimento formal e desculpas, comemoração e reformas institucional e educacional, sem descartar as compensações financeiras.

É inegável que existe um sentido político para a negação da memória e histórias dos Negros e Negras no Brasil, mesmo com todas as evidências das fontes, como objetivamos demonstrar na primeira parte deste artigo. Não é um esquecimento subjetivo, mas objetivamente planejado. Quando se constrói políticas públicas de negação e segregação que delineiam a exclusão ou a limitação do exercício da liberdade de um grupo humano historicamente vitimado pela brutalidade da escravidão, o que fica evidente é que a sociedade legitima a segregação.

Desta forma, cidades que cresceram sob o manto da escravidão implementaram em suas políticas públicas códigos de postura e atos de governo, ações que por fim determinariam a exclusão, negação, silenciamento e apagamento de referenciais de memória de Negros e Negras. Espaços urbanos e arquiteturas urbanas higienistas colaboraram para o silenciamento e a invizibilização estética da relevância da presença da população Negra como sujeitos históricos. Finalizamos afirmando que se trata mais do que um direito de ser lembrado, mas de um direito de não ser esquecido, um direito dos mortos que contam a história dos vivos, compreendido pela voz do passado que clama pelo direito à memória, à história e à reparação.

REFERÊNCIAS

ASSOCIAÇÃO COMMERCIAL DO RIO DE JANEIRO. **Elemento servil**: 1. representação da commissão especial nomeada em assembléa geral extraordinaria de 2 de maio de 1884. Rio de Janeiro, 1884. Disponível em: http://www2.senado.leg.br/bdsf/handle/id/174469. Acesso em: 08 out. 2016.

AZEVEDO, Célia Maria Marinho de. **Onda negra, medo branco: o negro no imaginário das elites – século XIX**. Rio de Janeiro: Paz e Terra, 1987.

BRASIL. **Considerações e projecto sobre libertação de escravos no Brazil**. Projeto de lei de 27 de maio de 1885, que trata da emancipação dos escravos no Brasil, com indenização avaliada pelos próprios possuidores dos escravos. Rio de Janeiro: Imprensa Industrial, 1885. Disponível em: http://www2.senado.leg. pessoas que eram coisas que eram pessoas...br/bdsf/item/id/185622. Acesso em: 29 out. 2016.

BRASIL. Senado Federal. Secretaria de Informação Legislativa. **Lei n. 3270 de 28 de setembro de 1885**. Disponível em: http://legis.senado.gov.br/legislacao/ListaPublicacoes.action?id=66550. Acesso em: 10 mar. 2017.

BRASIL. Presidência da República Casa Civil Subchefia para Assuntos Jurídicos. **Lei nº 3.353, de 13 de maio de 1888**. Declara extinta a escravidão no Brasil Disponível em: http://www.planalto.gov.br/ccivil_03/leis/lim/LIM3353.htm. Acesso em: 10 mar. 2017.

FELLET, João. O **Brasil deveria mudar o modo como lida com a memória da escravidão?** Disponível em: https://www.bbc.com/portuguese/brasil-37771180. Acesso em: 25 out. 2021.

FONER, Eric. **Nada Além da Liberdade**. A Emancipação e seu Legado. Tradução de

Luiz Paulo Rouanet. Rio de Janeiro: Paz e Terra, 1988.

GROTIUS, Hugo. **O Direito da Guerra e da Paz**. Tradução de Ciro Mioranza. Florianópolis: Editora Unijuí, 2004. v. 2

KI-ZERBO, Lazare. **Conferência Canal CEAP**. Disponível em: **Erro! A referência de hiperlink não é válida.**. Acesso em: 12 jun. 2022.

MARCONDES, Renato Leite; MOTTA, José Flávio. Duas fontes documentais para o estudo dos preços dos escravos no Vale do Paraíba paulista. **Rev. bras. Hist.**, São Paulo, v. 21, n. 42, 2001.

MÜLLER, Juliana. **Reparação por colonialismo e escravidão nas ex-colônias britânicas do Caribe**: uma perspectiva para a descolonização do Direito Internacional. Dissertação (Mestrado) - Universidade Federal de Santa Catarina. Centro de Ciências Jurídicas. Programa de Pós-Graduação em Direito, Florianópolis, 2019.

MUNIZ, Flávio Junio Neres. **Nas tramas da justiça**: sociabilidades e resistências de escravizados na Uberaba oitocentista. 2020. 249 f. Dissertação (Mestrado em História) - Universidade Federal de Uberlândia, Uberlândia, 2020.

MUNIZ, Flávio Junio Neres. Caminhos da emancipação: as indisposições da Abolição da escravidão no Brasil. *In*: NUNES, Diego (Org.). **Coleção Novos Rumos para a História do Direito**. Florianópolis: Habitus, 2022. v. 1

MUNIZ, Flávio Junio Neres. **Como a Suíça enriqueceu com a escravidão?** 2022. Disponível em: https://www.youtube.com/watch?v=UdHqQsAHQ_0. Acesso em: 12 jun. 2022.

MUNIZ, Flávio Junio Neres. **Como foi a primeira captura de africanos feita pelos portugueses**. 2022. Disponível em: https://www.youtube.com/watch?v=qMJZHsSb1iY. Acesso em: 05 jun. 2022.

NGOENHA, Severino Elias. **Filosofia Africana**: das Independências às Liberdades. Maputo, Moçambique: Edições Paulistas - África, 1993.

NUNES, Diego. Codificação, Recodificação, Descodificação? Uma história das dimensões jurídicas da Justiça no Brasil Imperial a partir do Código de Processo Criminal de 1832. **Rev. Fac. Direito UFMG**, Belo Horizonte, n. 74, p. 135-166, jan./jun. 2019.

NUNES, Diego; SANTOS, Vanilda Honória dos. A Comissão da Verdade da Escravidão Negra no Brasil: considerações sobre a reparação. *In*: SIQUEIRA, Gustavo

Silveira; WOLKMER, Antonio Carlos; PIERDONÁ, Zélia Luiza. (Org.). História do Direito. Florianópolis: CONPEDI, 2015. v. 1. p. 1-19

OEA. Declaración sobre das Reparaciones por la Esclavitud de Africanos Y sus Descendientes y la Trata de Esclavos. 2016.

ONU. **Declaração e Programa de Ação adotados na III Conferência Mundial de Combate ao Racismo, Discriminação Racial, Discriminação Racial, Xenofobia e Intolerância Correlata**. Disponível em: https://brasil.un.org/pt-br/150033-declaracao-e-plano-de-acao-de-durban-2001. Acesso em: 05 jun. 2022.

ONU. **Informe anual del Alto Comisionado de las Naciones Unidas para los Derechos Humanos e informes de la Oficina del Alto Comisionado y del Secretario General Racismo, discriminación racial, xenofobia y formas conexas de intolerancia, seguimiento y aplicación de la Declaración y el Programa de Acción de Durban (2001)**. Alto Comissariado das Nações Unidas, 2021.

PAIXÃO, Cristiano. Direito à verdade, à memória e à reparação. *In*: SOUZA JUNIOR, José Geraldo de *et al.* **O direito achado na rua: introdução crítica à justiça de transição na América Latina (O direito achado na rua)**. Brasília, DF: UnB, 2015. v. 7. p. 273-281

PAES, Mariana Armond Dias. **Sujeitos da história, Sujeitos de Direitos: personalidade jurídica no Brasil escravista (1860 -1888)**. 2014. Dissertação (Mestrado) - Faculdade de Direito, Universidade de São Paulo, 2014. Disponível em: http://www.teses.usp.br/teses/disponiveis/2/2139/tde-21082017-150447/pt-br.php.

RIOS, A.; MATTOS, H. O pós-abolição como problema histórico: balanços e perspectivas. **Revista Topoi**, v. 5, n. 8, 2004.

ROUILLOT, Michel-Rolph. **Silenciando o passado**: o poder e a produção da história. Tradução de Sebastião Nascimento. Curitiba: Huya, 2016.

SANTOS, Vanilda Honória dos. A reparação da escravidão negra no Brasil: fundamentos e propostas. **Revista Eletrônica da OAB/RJ**, v. 209, n. 2, p. 1-26, jan./jun. 2018, Disponível em: https://revistaeletronica.oabrj.org.br/wp-content/uploads/2018/10/ARTIGO.A-REPARA%C3%87%C3%83O-DA-ESCRAVID%C3%83O-NEGRA-NO-BRASIL.pdf. Acesso em: 05 jun. 2022.

SANTOS, Vanilda Honória dos. As teorias da justiça e a questão racial. *In*: MACHADO, Amanda Castro; GRAF, Paloma Machado; CANTARELLI, Viviane

Pereira de Ornellas. **Narrativas restaurativas libertárias**: ensaios sobre potências e resistências. São Paulo: Escola Superior de Advocacia da OAB SP, 2021. p. 97-109

SANTOS, Vanilda Honória dos. **Conferência Reparação da Escravidão. Webinar Literatura, Racismo e Reparação da Escravidão, realizado pela OAB Nacional em 2021**. Disponível em: https://www.youtube.com/watch?v=2Us9wt8pCXA&t=691s. Acesso em: 12 jun. 2022.

SANTOS, Vanilda Honória dos. O direito Antidiscriminatório na defesa dos territórios quilombolas no Triângulo Mineiro e Alto Paranaíba. *In*: FONTES, André *et al.* **Quilombolas**: aspectos políticos, jurídicos e políticas públicas inclusivas consequentes à edição do Decreto nº 4887/2003 e do julgamento da ADI nº 3239. Rio de Janeiro: Tribunal Regional Federal da 2ª Região, 2019. p. 367-392.

MUNIZ, Flávio Junio Neres; SANTOS, Vanilda Honória dos. O direito de não ser esquecido: memória e reparação da escravidão. *In:* MENESES, Heloísa Corrêa; SILVA, Tiago Nunes da; RAMONE TAVARES, Viviane; TEIXEIRA, Wendel de Brito Lemos (Coords.). **Anuário da OAB Uberlândia 2022/2023.** Uberlândia: Marco Teórico, 2023. pp. 475-495.

DIREITO E SUSTENTABILIDADE SOB A ÓTICA DO DIREITO DA MODA

29

Layner Souza da Cruz

Resumo:

Este artigo visa demonstrar a importância do direito aplicado ao ramo mercadológico da moda e a relevância da sustentabilidade nesse setor. Optou-se por analisar os fatores de impacto e degradação contra o meio ambiente, pelas cadeias criativas, produtivas e de pós-consumo do direito da moda e de todos os entes inseridos nessa estrutura. Teve-se como fonte de análise os produtos poluentes na indústria da moda e as formas sustentáveis que visam desenvolver um consumo consciente, o que contribui com os Objetivos de Desenvolvimento Sustentável (ODS), amplamente apoiados pela Organização das Nações Unidas (ONU). A tendência de produção em larga escala na indústria da moda, denominada como *fast fashion,* gera confecções em atacado e o descarte na mesma velocidade, sendo que as mudanças climáticas e condições ambientais propagam ainda mais a necessidade da sustentabilidade no segmento da moda. Para tanto, a moda ecológica trouxe possibilidades para toda a cadeia estrutural desse setor, obtendo benefícios na criação, uso e reutilização. Conceitos como *zero - waste* e *slow fashion*, produção de linhas com tecidos biodegradáveis, projetos e eventos no mundo da moda, são algumas das ferramentas utilizadas para construção de uma sustentabilidade real e inserida na prática.

Palavras-chave:

Direito da Moda. *Fashion Law*. Sustentabilidade. Moda. Meio Ambiente.

1. INTRODUÇÃO

A moda está condicionada à maneira de se expressar de uma determinada cultura da sociedade, exteriorizando subjetivamente as aspirações de um povo. As mudanças sociais requerem que o direito acompanhe o desenvolvimento das situações à época, podendo citar as práticas sustentáveis conhecidas, que objetivam mitigar a geração e a emissão de poluentes no ecossistema, tendo em vista que a indústria da moda possui um alto impacto no meio ambiente.

O aumento no consumo mundial se reflete na industrialização assídua e imoderada, sendo imprescindível repensar a forma produtiva da moda e como reduzir substancialmente os resultados dos poluentes deste ramo mercadológico. Visando reduzir os prejuízos ao ecossistema, a cadeia estruturada da moda tem desenvolvido métodos sustentáveis para prevenir, usar e reutilizar produtos e materiais que auxiliam o processo criativo, produtivo, manufatureiro, pós-consumo, bem como aos estilistas, designers, influencers, indústria têxtil, modelos, trabalhadores em geral deste mercado e áreas que correlacionadas atribuem valor a moda (como as inovações tecnológicas).

A sustentabilidade gera maior conexão e qualidade ao setor da moda, considerando que existe cada vez mais consumidores conscientes quanto à necessidade de um meio ambiente saudável e metas de cunho mundial criadas com essa finalidade, podendo mencionar os Objetivos de Desenvolvimento Sustentável (ODS), campanha apoiada pela Organização das Nações Unidas (ONU).

2. O DIREITO DA MODA E A SUSTENTABILIDADE

O Direito da Moda, também conhecido como *fashion law,* é categorizado como um ramo mercadológico criado para atender a indústria da moda. As disciplinas jurídicas aplicadas ao *fashion law* visam resguardar toda a cadeia produtiva da moda, valendo-se de matérias como Propriedade Intelectual, Direito Civil, Direito Do Consumidor, Direito Digital, Direito Trabalhista, entre outros[1].

A moda possui produtos híbridos, pois considera os seus itens no prisma criativo e manufatureiro, além de observar o pós-consumo. Nesse sentido, na cadeia criativa

---

1 Ver mais em: https://br.lexlatin.com/opiniao/o-que-e-o-direito-da-moda. Acesso em: 22 jun. 2022.

da moda, os estilistas e designers desenvolvem os seus produtos, tendo a necessidade de proteger o direito autoral das suas criações artísticas, já na cadeia produtiva é observada a vertente contratual, a dignidade dos trabalhadores do ramo e das modelos (moda ética, Ethical Fashion Show, em Paris, no ano de 2004).

Logo que o produto é disponibilizado no mercado, é imprescindível a comunicação com o consumidor, seja pelo marketing digital ou via influencers. Na fase de pós consumo, cabe a realização do descarte correto dos produtos, a fim de mitigar os impactos ao meio ambiente (direito ambiental).

Assim, no relato supra, apresentou-se a conjuntura estrutural do direito da moda e dos seus entes. O entendimento disso facilita os movimentos e ações aplicáveis para a visão sustentável no empreendimento da moda[2], podendo ainda ressaltar, que a sua regulação jurídica subsidia o desenvolvimento da área de vestuário, assegura as criações contra falsificação, impede a prática de trabalho análogo ao de escravo, atribui responsabilidade as marcas e influencers, fomenta a sustentabilidade, entre demais aspectos do setor.

As mudanças climáticas e as condições ambientais do planeta se tornaram pautas constantes das lideranças mundiais e suas respectivas nações. A principal finalidade é a adoção de práticas pelos países que reduza a geração e a emissão de resíduos pela prevenção, reciclagem e reuso.

A poluição na indústria da moda se caracteriza de diversas maneiras, sendo que na seara têxtil, há contaminação pela microfibra plástica liberada quando se lava roupas, dentre outras possibilidades. No prisma do agronegócio e ambiental, há a utilização de agrotóxicos e pesticidas, bem como a ausência de áreas de preservação permanente e reserva legal, conforme preceitua a lei[3]. Pode-se ainda afirmar que o aumento significativo no consumo mundial contribui para uma industrialização desenfreada de vários segmentos da moda (*fast fashion*). O modelo *fast fashion* conduz a uma produção em larga escala na indústria da moda, contribuindo para o descarte rápido e contínuo.

---

2 GWILT, A. **Moda Sustentável**: um guia prático. São Paulo: Gustavo Gili, 2014.

3 Lei n.º 12.251/2012: "Art. 1.º-A. Esta Lei estabelece normas gerais sobre a proteção da vegetação, áreas de Preservação Permanente e as áreas de Reserva Legal; a exploração florestal, o suprimento de matéria-prima florestal, o controle da origem dos produtos florestais e o controle e prevenção dos incêndios florestais, e prevê instrumentos econômicos e financeiros para o alcance de seus objetivos" (BRASIL. **Lei n.º 12.251/2012**. Art. 1º. Brasília.

Para assegurar um padrão de produção e consumo, a sustentabilidade se tornou o objetivo primordial das condições ambientais, ao observar que a indústria da moda é um dos seus maiores poluentes, considerando que o poliéster, tecido mais comum nas confecções têxteis, leva décadas a se decompor no meio ambiente, incluindo, mas não se limitando, à contaminação por micro plásticos, degradação do solo, emissões de gases de efeito estufa, destruição das florestas, perda da biodiversidade, que em termos gerais, são alguns materiais e causas da classificação desfavorável da moda quanto ao meio ambiente.

A Organização das Nações Unidas (ONU) busca, pelos Objetivos de Desenvolvimento Sustentável (ODS), garantir aos concidadãos mundiais um meio ambiente e clima saudáveis, cumprindo, assim, a Agenda 2030 no Brasil, que pretende reduzir a geração de resíduos pela reciclagem, reutilização e prevenção, tendo como metas apoiadas a[4]:

a) Erradicação da pobreza;
b) Fome zero e agricultura sustentável;
c) Saúde e bem-estar;
d) Educação de qualidade;
e) Igualdade de gênero;
f) Água potável e saneamento;
g) Energia limpa e acessível;
h) Trabalho decente e crescimento econômico;
i) Indústria, inovação e infraestrutura;
j) Redução das desigualdades;
k) Cidades e comunidades sustentáveis;
l) Consumo e produção responsáveis;
m) Ação contra a mudança global do clima;
n) Vida na água;
o) Vida terrestre;
p) Paz, justiça e instituições eficazes;

4 Ver mais em: https://brasil.un.org/pt-br/sdgs. Acesso em: 29 jun. 2022.

q) Parcerias e meios de implementação.

Dessa forma, a moda se reinventa a cada coleção, instinto criativo, cores, estilo, manifestação artística, produto, estação, assim por diante, bem como vem criando formas de minimizar os seus impactos na natureza, consoante as tendências sustentáveis disseminadas. Há produtos desenvolvidos com materiais que se decompõem e/ou visando reduzir os efeitos ao meio ambiente e a moda ecológica se tornou a nova proposta pós pandemia, utilizando conceitos sustentáveis em suas produções, a saber: a) Zero Waste ou Moda sem lixo - propõe o não desperdício de material, a qual o estilista fabrica e cria suas peças até com os retalhos, sobras ou pensa de tecidos; b) *Slow fashion* - trabalha com produtos sob demanda, se contrapondo a produção em massa do *fast fashion,* o que contribui para valorização da diversidade cultural e mitiga a quantidade de resíduos ao meio ambiente. Essa modalidade auxilia pequenos empreendedores e o mercado regional; c) Bazar e Brechó - comprar roupas usadas é uma das maiores representações do consumo consciente, pois a moda se reinventa, porém as tendências costumam retornar e a utilização das antigas roupas em boas condições evita o seu descarte no meio ambiente e d) Material sustentável - tende a incentivar o uso de tecidos produzidos de algodão orgânico ou reciclado, com materiais reutilizados ou reciclados, fibras de bambu e tecidos biodegradáveis[5].

3. PRODUTOS SUSTENTÁVEIS

Na sua acepção, a palavra sustentabilidade indica a "capacidade de criar meios para suprir as necessidades básicas do presente sem que isso afete as gerações futuras, normalmente se relaciona com ações econômicas, sociais, culturais e ambientais"[6]. Isso posto, há no mercado produtos com viés sustentáveis que preconizam o estilo e o mínimo de impacto no meio ambiente, além disso, promovem a moda ecológica por materiais biodegradáveis.

O Brasil Eco Fashion Week, pelo projeto do 1º Programa de Moda Circular e Inovação 2022, com a curadoria do SENAI CETIQT, iniciou um evento de moda circular de impacto positivo, considerando o meio ambiente, ecossistema, inovação

---

5 Ver mais em: https://falauniversidades.com.br/a-moda-ecologica-5-tendencias-mundiais-apos-a-quarentena/. Acesso em: 29 jun. 2022.

6 Ver mais em: https://www.dicio.com.br/sustentabilidade/. Acesso em 14 jul. 2022.

nos negócios e empreendedorismo, com foco na sustentabilidade[7]. Percebe-se a predisposição, em níveis mundiais, em projetar desfiles, moda e desenvolvimento sustentável (Figuras 1 e 2).

Figuras 1 e 2: Divulgação do Brasil Eco Fashion Week

Fonte: https://delas.ig.com.br/moda/2022-06-15/eco-fashion-week-lanca-edital-do-programa-de-moda-circular-e-inovacao.html (2022)

A moda ecológica se apropria de materiais naturais e sustentáveis. Nesse sentido, há produtos desenvolvidos originados de fibras de plantas que são tratadas e

7 Ver mais em: https://delas.ig.com.br/moda/2022-06-15/eco-fashion-week-lanca-edital-do-programa-de-moda-circular-e-inovacao.html. Acesso em: 15 jul. 2022.

processadas para confecção de tecidos, como o caso do cânhamo, que é extraído da planta *Cannabis rudellis*[8]. O tecido de cânhamo trouxe a possibilidade de produzir várias peças, como camisetas, blusas, bermudas, incluindo tênis.

Figura 3: Tênis Nike feito de cânhamo

Fonte: https://sechat.com.br/nike-lanca-modelo-de-tenis-feito-de-canhamo/ (2022)

O *QMilk* também é um material natural, tecido produzido de caseína. Tratando-se de uma proteína do leite, esse produto possui baixo consumo de água, pode ser compostado e não contém substâncias químicas[9]. A estilista Anke Domaske, da cidade de Hanover, na Alemanha, que desenvolveu o tecido *QMilk* (Figura 4), afirma a existência de efeitos benefícios à saúde, já que os aminoácidos da proteína são antibacterianos, ajudam na circulação sanguínea, temperatura corporal e antienvelhecimento[10].

---

8 Ver mais em: http://www. coloquiomoda.com.br/anais/anais/9-Coloquio-de-Moda_2013/ARTIGOS-DE- GT/Artigo-GT-Moda-e-Sustentabilidade/Relacoes-entre-moda-e- sustentabilidade.pdf. Acesso em: 29 jun. 2022.

9 Ver mais em: https:// revistaglamour.globo.com/Glamour-Apresenta/noticia/2019/08/ conheca-10-tipos-de- tecidos-biodegradaveis-e-entenda-por-que-eles-sao-o-futuro-da-moda.html. Acesso em: 15 jul. 2022.

10 Ver mais em: https://g1.globo.com/pop-arte/noticia/2011/10/estilista-alema-cria-roupas-a-partir-de-leite.html. Outubro/2011. Acesso em: 15 jul. 2022.

Figura 4: Camisetas feitas do tecido biodegradável Qmilk

Fonte: https://glamour.globo.com/em-parceria-com/noticia/2019/08/conheca-10-tipos-de-tecidos-biodegradaveis-e-entenda-por-que-eles-sao-o-futuro-da-moda.ghtml (2022)

A fibra de laranja é usada em fábricas de suco na Itália, sendo produzida a partir da celulose extraída do subproduto da laranja, já sendo utilizada pela indústria da moda[11] e o seu acabamento se assemelha com o da seda, após o material ou peça finalizados (Figura 5).

Figura 5: Coleção da linha *Conscious Exclusive*, da H&M feitas de cabedal Pinãtex, fibra de laranja e espuma *Bloom*

Fonte: https://www.baiga-magazine.com/hm-com-nova-colecao-sustentavel-de-cascas-de-laranja-e-folhas-de-ananas/ (2022)

11 Ver mais em: https:// revistaglamour.globo.com/Glamour-Apresenta/noticia/2019/08/ conheca-10-tipos-de- tecidos-biodegradaveis-e-entenda-por-que-eles-sao-o-futuro-da-moda.html. Acesso em: 15 jul. 2022.

A indústria da moda e o setor têxtil aderiram a tecnologia e as suas inovações para uma moda sustentável (moda ecológica, eco-fashion ou *eco-friendly*), que reduz impactos prejudiciais ao meio ambiente. Os produtos e materiais citados são alguns dentre um rol amplo de opções que esse ramo mercadológico se apropriou para dar ênfase à sustentabilidade.

4. CONSIDERAÇÕES FINAIS

Há desafios enfrentados no ramo mercadológico da moda para alcançar a sustentabilidade integral. A estrutura da moda funciona com um processo criativo, produtivo e pós-consumo, que movimenta uma rede de profissionais, indústrias, de modo generalista, movimenta vários negócios e proporciona serviços, inovações tecnológicas e produtos, sendo necessário unir os métodos sustentáveis, com baixo impacto ao ecossistema e permanência econômica (lucro).

Conscientizar as sociedades para as possibilidades da sustentabilidade na indústria da moda é um dos desafios dos Objetivos de Desenvolvimento Sustentável (ODS), campanha da ONU, pois envolve a mudança do padrão comportamental atual. Ainda assim, nota-se que houve um aumento de consciência sustentável ambiental do setor produtivo e do consumidor final, visto que já existem procedimentos nas criações artísticas pelos designers, estilistas e materiais usados que degradam minimamente à natureza, tanto quanto há consumidores que valorizam tais produções e descartam quaisquer outras de cunho não ecológico.

Pode-se destacar, diante disso, que o cenário da moda sustentável, apesar de laborioso, é executável, possui adeptos, bem como variedade de material para continuidade do setor com redução dos impactos ao meio ambiente.

REFERÊNCIAS

ANICET, Anne; RÜTHSCHILLING, Evelise Anicet. Relações entre moda e sustentabilidade. *In*: 9° Colóquio de Moda, 9., 2013. Disponível em: http://www.coloquiomoda.com.br/anais/anais/9-Coloquio-de-Moda_2013/ARTIGOS-DE- GT/Artigo-GT-Moda-e-Sustentabilidade/Relacoes-entre-moda-e-sustentabilidade.pdf. Acesso em: 29 jun. 2022.

BRASIL. **Lei n.º 12.251/2012**. Art. 1º. Brasília.

DICIO, 2022. Disponível em: https://www.dicio.com.br/sustentabilidade/. Acesso em: 14 jul. 2022.

DROZDIAK, Natalia. **Estilista Alemã cria roupas a partir do leite. 2011.** Disponível em: https://g1.globo.com/pop-arte/noticia/2011/10/estilista-alema-cria-roupas-a-partir-de-leite.html. Acesso em: 15 jul. 2022.

GWILT, A. **Moda Sustentável**: um guia prático. São Paulo: Gustavo Gili, 2014.

HENZE, Rebecca. **A moda ecológica**: 5 tendências mundiais após a quarentena. Disponível em: https://falauniversidades.com.br/a-moda-ecologica-5-tenden cias-mundiais-apos-a-quarentena/. Acesso em: 22 jun. 2022.

IG DELAS, 2022. Disponível em: https://delas.ig.com.br/moda/2022-06-15/eco-fashion-week-lanca-edital-do-programa-de-moda-circular-e-inovacao.html. Acesso em: 15 jul. 2022.

ONU. 2022. Disponível em: https://brasil.un.org/pt-br/sdgs. Acesso em: 22 jun. 2022.

SOARES, Renata Domingues Balbino Munhoz. **O que é o Direito da Moda?** Disponível em: https://br.lexlatin.com/opiniao/o-que-e-o-direito-da-moda. Acesso em: 22 jun. 2022.

VARELA, Thais. **Conheça 10 tipos de tecidos biodegradáveis e entenda por que eles são o futuro da moda**. 2019. Disponível em: https:// revista glamour.globo.com/Glamour-Apresenta/noticia/2019/08/conheca-10-tipos-de- tecidos-biodegradaveis-e-entenda-por-que-eles-sao-o-futuro-da-moda.html. Acesso em: 15 jul. 2022.

CRUZ, Layner Souza da. Direito e sustentabilidade sob a ótica do Direito da Moda. *In:* MENESES, Heloísa Corrêa; SILVA, Tiago Nunes da; RAMONE TAVARES, Viviane; TEIXEIRA, Wendel de Brito Lemos (Coords.). **Anuário da OAB Uberlândia 2022/2023.** Uberlândia: Marco Teórico, 2023. pp. 497-506.

A IMPORTÂNCIA DA ASSESSORIA JURÍDICA PARA O TERCEIRO SETOR

30

Neiron Bueno do Nascimento Junior
Flávia Resende Branco

"Ninguém nunca conseguiu alcançar sucesso simplesmente fazendo o que lhe é solicitado. É a quantidade e a excelência do que está além do solicitado que determina a grandeza da distinção final".

Resumo:

Este artigo tem como finalidade apresentar uma abordagem sobre a urgente necessidade de conscientizar as instituições do Terceiro Setor e o poder público dos municípios, sobre a importância vital de uma assessoria jurídica para a solidez e o sucesso de um empreendimento social que exerce a nobre missão de alcançar o enorme contingente de pessoas em situação de vulnerabilidade social, em tempos de extrema pobreza. Levam-se em conta diversos aspectos históricos, jurídicos e administrativos relacionados ao setor, principalmente a necessidade do aconselhamento jurídico nas tomadas de decisões por parte dos gestores das instituições. Apesar de ser um assunto ainda pouco abordado na doutrina pátria, o artigo contém informações provenientes de relevantes fontes bibliográficas, das quais foram destacados aqueles conteúdos mais condizentes em relação ao tema objetivado. Trata-se, portanto, de uma abordagem técnico-cientifica, que analisa o contexto enfatizado, uma vez que busca mostrar algo de vital importância para o desenvolvimento sustentável e salutar das instituições que compõem o Terceiro Setor, que produza eficiência, eficácia e efetividade organizacional.

PALAVRAS-CHAVE:

Sucesso na Administração. Assessoria Jurídica. Desenvolvimento responsável no Terceiro Setor.

1. INTRODUÇÃO

O Terceiro Setor no Brasil tem sofrido várias transformações ao longo dos últimos anos e a maior delas certamente foi a chegada do Marco Regulatório das Organizações da Sociedade Civil (MROSC), Lei nº 13019, de 31 de julho de 2014, alterada pela Lei de nº 13204, de 14 de dezembro de 2015, trazendo um maior reconhecimento da sua importância pelos legisladores federais. Antes dessa lei, as instituições do Terceiro Setor se encontravam em uma enorme insegurança jurídica, pois não havia nenhuma legislação específica que abrangesse toda a complexa sistemática da relação que envolvia o 1º Setor (poder público) e o 3º Setor (OSC - Organizações da Sociedade Civil). Essa sistematização, pela legislação federal, contribuiu para uniformizar todos os procedimentos, tanto jurídicos como administrativos relacionados às parcerias entre a administração pública e as organizações da sociedade civil sem fins econômicos, balizando e dando segurança jurídica a essas relações.

A escolha do tema se justifica pela necessidade urgente de reconhecimento da assessoria jurídica para as organizações do Terceiro Setor, em especial pelos gestores públicos municipais, que, em detrimento da permissão dada pela Lei n. 13019, impedem de forma discriminatória o pagamento de assessoria jurídica com os recursos oriundos dos Termos de Colaboração realizados com os municípios do Estado de Minas Gerais. Tal ato administrativo tem colocado as instituições em extremas dificuldades jurídicas, ao deixar de profissionalizar sua equipe e, consequentemente, não alcançar excelência nas suas gestões.

O diretor de uma instituição do Terceiro Setor não deveria gastar seu tempo em questões que exigem formação específica e extrema capacidade técnica, como é o caso das inúmeras questões jurídicas que envolvem o empreendimento, seja ele social, de saúde ou educacional. É fundamental que o corpo diretivo que almeja o sucesso, concentre os seus esforços no objeto central da instituição, do qual ele entende profundamente e que é a alma de sua instituição. Entretanto, para não ter seu tempo e foco desviado por rotineiras questões jurídicas, o corpo diretivo precisa contar com uma boa assessoria, que lhe permita obter, de forma rápida e segura, orientação jurídica e pareceres que lhe orientem nas tomadas de decisões, proporcionando uma caminhada institucional segura, equilibrada e gozando de alta credibilidade junto aos seus parceiros e mantenedores do poder público e da iniciativa privada.

Diante desse cenário controvertido, em que a lei federal permite o uso dos recursos para custear uma assessoria jurídica, e a glosa administrativa municipal dessa rubrica, nos planos de trabalho dos Termos de Colaboração, dá a este trabalho o objetivo geral de investigar os principais desafios enfrentados pelas instituições do Terceiro Setor, e, ainda, tendo em vista o objetivo específico de salientar a importância de uma assessoria jurídica para o enfrentamento desses desafios com excelência profissional, o presente artigo está estruturado em três seções. Na seção um, é apresentada a introdução ao tema. A seção dois estabelece os conceitos sobre a importância da assessoria jurídica para o Terceiro Setor e as suas áreas de relevância. Finalizando, a seção três apresenta as considerações finais sobre a discussão proposta.

2. CONCEITOS SOBRE A IMPORTÂNCIA DA ASSESSORIA JURÍDICA

2.1. Prevenção

É prática corrente, entre a maioria das OSCs, contratar o advogado somente para causas avulsas, quando o problema já está instalado. Assim, uma causa que poderia perfeitamente ter sido evitada com um valor bem menor, se a instituição tivesse uma assessoria jurídica mensal, torna-se um enorme prejuízo financeiro. Dependendo do valor da indenização, a instituição irá desembolsar, para uma única demanda, uma quantia que cobriria vários meses de assessoria jurídica, para atuar tanto no preventivo quanto no contencioso.

A diretoria de uma instituição do Terceiro Setor que almeja o sucesso em sua gestão deveria, obrigatoriamente, contratar um profissional da advocacia ou um escritório com vários profissionais nas diversas áreas do Direito, para acompanhá-la nas tomadas de decisões, evitando procedimentos nas rotinas administrativas que trariam problemas jurídicos futuros. A grande verdade é que os custos com uma assessoria jurídica preventiva são infinitamente menores que os custos a serem suportados no processo contencioso, pois sempre fica mais caro combater o problema do que preveni-lo.

Assim, é certo afirmar que a assessoria jurídica não mais se vê necessária exclusivamente nos momentos de litígios judiciais, mas tem fundamental importância e a missão de atuar preventivamente e impedir problemas em curto, médio e longo prazo.

2.2. Credibilidade

O poder público, nos últimos 25 anos, vem percebendo no Terceiro Setor um excelente, eficiente e econômico parceiro no desenvolvimento das políticas públicas, que são designadas na Constituição como responsabilidade direta do Estado.

Com o enorme aumento das parcerias entre Estado e Terceiro Setor, aconteceu o aumento das exigências em virtude do cumprimento de metas e pela rigorosa fiscalização por parte dos órgãos municipais, estaduais e federais, especialmente no entendimento do Ministério Público de que, embora sejam as instituições do Terceiro Setor consideradas associações privadas, contêm caráter público e, portanto, estariam sujeitas à mesma lógica de responsabilidades jurídicas e administrativas que a administração pública.

Diante dessa nova realidade e do fato de que, embora poucos, ainda existem no Terceiro Setor os aproveitadores e pessoas com diversos interesses escusos, a profissionalização da gestão administrativa, em parceria com uma sólida assessoria jurídica, é a chave para a credibilidade do Terceiro Setor perante a sociedade e as autoridades públicas.

2.3. Segurança

Ter uma assessoria jurídica contratada é sinônimo de segurança. As relações sociais, comerciais, trabalhistas, cíveis, estão em constante mudança e desenvolvimento. O mundo hoje está cheio incertezas trazidas em alta velocidade tecnológica, o que, até mesmo para um profissional do Direito, exige estudos e atualizações constantes. Quando uma diretoria está diante de uma tomada de decisão importante e realiza uma consulta jurídica analisando as diversas vertentes e implicações jurídicas dessa decisão, certamente obterá a segurança necessária para decidir corretamente.

Ao adquirir segurança, adquire-se também o sucesso no empreendimento, pois uma decisão tomada sem consulta poderá gerar um enorme prejuízo financeiro e na imagem da instituição do Terceiro Setor.

2.4. Áreas de atuação e relevância da assessoria jurídica

Nesse contexto, a contratação do serviço especializado de um profissional da advocacia tem sido privilégio de apenas algumas instituições, quando deveria ser acessível a todas as OSCs, ainda mais nesse momento de regulamentação específica das leis que regem o Terceiro Setor.

O Marco Regulatório, a constituição das parcerias, a criação dos Termos de Colaboração e a LGPD nas relações contratuais e trabalhistas ressaltaram a carência de orientação jurídica, já existentes no Terceiro Setor. À medida que as instituições precisaram entender a Lei n. 13.019/14, as suas alterações e regulamentação municipal, precisaram também adequar os seus estatutos, realizar mudanças internas e estruturais, criar sites para publicidade, acessar plataforma virtual de prestação de contas, adequar procedimentos de segurança de dados, incluir cláusulas contratuais de segurança de dados, adequar formulários à LGPD, aditivar contratos de empregados (CLT), adequar documentos e procedimentos de segurança de dados físicos e virtuais, dentre outros procedimentos de inovação.

A atuação de um assessor jurídico varia desde temas essenciais até afazeres simples dentro de uma instituição, sempre garantindo o tranquilo e efetivo cumprimento das metas no objeto do trabalho da entidade. Como exemplo, no dia a dia das OSCs, o assessor fornece as devidas orientações para a sua adequação às novas leis, executa as adequações formais, acompanha a realização de assembleias e oferece consultoria para sanar questões e dúvidas de procedimentos legais, em especial aqueles de ordem trabalhista, como orientações de recursos humanos no dia a dia (rotinas de RH).

Também são realizadas tarefas inerentes às da advocacia e que não competem a outros profissionais, como a confecção de contratos, aditivos, termos de rescisão, distratos, rescisões trabalhistas, orientações e discussões sindicais, análise de termos de parcerias, análise e avaliação de projetos e contratos a eles vinculados, contratações de terceirizados, orientações quanto aos microempreendedores individuais, confecção de termos de voluntariado, confecção de notificações administrativas e contranotificações, orientações e criação de termos de uso de imagem, publicidade e propaganda, contratos de locação, cessão, parcerias, orientações jurídicas no cumprimento dos planos de trabalho, termos de colaboração, convênios com outros órgãos públicos, acompanhamento de reuniões internas e de diretoria, regulamentação prática da participação de oficineiros, instrutores e acompanhamento de questões entre as entidades e os seus atendidos.

São realizadas, ainda, importantes orientações quanto ao cumprimento do Estatuto da Criança e do Adolescente, Estatuto do Idoso, políticas do SUAS - Sistema Único de Assistência Social, orientações a respeito do CEBAS - Certificação de Entidades de Assistência Social e demais legislações específicas, além de atuações nas questões sindicais, realização da representação jurídica das OSCs perante órgãos da Justiça, Ministério Público Estadual, Ministério do Trabalho, fóruns, cartórios, enfim, a representação da entidade nas esferas judiciais em geral.

3. CONSIDERAÇÕES FINAIS

Conclui-se, por fim, que a assessoria jurídica no Terceiro Setor não é apenas importante, ela se tornou imprescindível para o sucesso do empreendimento e para o crescimento saudável, eficaz e bem-sucedido desse necessário segmento da nossa economia, que realiza a nobre missão de cumprir os preceitos fundamentais de nossa Constituição, indo onde o Estado não consegue alcançar. Ademais, é certo afirmar que a assessoria jurídica não mais se vê necessária exclusivamente nos momentos de litígios judiciais, mas tem fundamental importância e, como missão, atuar preventivamente e impedir problemas em curto, médio e longo prazo.

Este estudo buscou contribuir para ampliar o debate no contexto das organizações do Terceiro Setor, nas instâncias governamentais e na OAB. Não é compatível à realidade das instituições do Terceiro Setor que todos os importantes serviços acima descritos continuem desamparados de profissional do Direito especializado, relegando as instituições do Terceiro Setor a permanecerem executando decisões de cunho jurídico de forma precária. Diante disso, é imperioso que a classe dos advogados, pela OAB, dialogue fortemente com o poder público para a inclusão do custeio da assessoria jurídica nos planos de trabalho das parcerias municipais, estaduais e federais, visto que "A vida do direito é a luta, a luta de povos, de governos, de classes, de indivíduos" (VON IHERING, 2008, p. 35).

Sabemos que este artigo não esgota todas as implicações, desafios e possibilidades relacionados ao tema, podendo ser ampliado em pesquisas futuras que proporcionem outras formas de diálogo, que possam produzir inovações, ações e soluções para o desenvolvimento sustentável, conferindo eficiência, eficácia e efetividade organizacional ao universo do Terceiro Setor.

REFERÊNCIAS

HUDSON, Mike. **Administrando Organizações do Terceiro Setor**: o desafio de administrar sem receita. São Paulo: Makron Books, 1999.

INSTITUTO DE PESQUISA ECONÔMICA APLICADA (IPEA). **Mapa das Organizações da Sociedade Civil**. Disponível em: https://mapaosc.ipea.gov.br/. Acesso em: 01 set. 2022.

MARTINS, Ives Gandra da Silva; GRECO, Marco Aurélio (coord.). **Direito e Internet**: relações jurídicas na sociedade informatizada. São Paulo: Editora Revista dos Tribunais, 2001.

OLIVEIRA, Eider Arantes; GODÓI-DE-SOUSA, Edileusa. O Terceiro Setor no Brasil: Avanços, Retrocessos e Desafios para as Organizações Sociais. **Revista Interdisciplinar de Gestão Social**, v. 4, n. 3, p. 181-199, set./dez. 2015.

VON IHERING, Rudolph. **A Luta pelo Direito**. 6. ed. São Paulo: Editora Revista dos Tribunais, 2008.

NASCIMENTO JUNIOR, Neiron Bueno do; BRANCO, Flávia Resende. A importância da assessoria jurídica para o Terceiro Setor. *In:* MENESES, Heloísa Corrêa; SILVA, Tiago Nunes da; RAMONE TAVARES, Viviane; TEIXEIRA, Wendel de Brito Lemos (Coords.). **Anuário da OAB Uberlândia 2022/2023.** Uberlândia: Marco Teórico, 2023. pp. 507-513.

A PARTICIPAÇÃO DO ADVOGADO NA MEDIAÇÃO NOS CONFLITOS E OS SEUS EFEITOS NA PRÁTICA NA COMARCA DE UBERLÂNDIA - MG

31

Renata Cardoso Fernandes
Adriana Couto Ladeira

Resumo:

Frente ao histórico crescimento de demandas judiciais com o intuito de ressignificar e reinventar as maneiras de resolver conflitos das mais variadas ordens das relações humanas, tanto o Poder Judiciário brasileiro como muitos operadores do direito passaram a reconhecer que a judicialização dos problemas deixou de ser o único caminho e se tornou mais evidente a necessidade de adotar meios autocompositivos para a resolução de controvérsias. Um desses meios é a mediação, que tem ganhado força e espaço e oferece mais uma possibilidade de atuação do advogado a partir do advento da Lei n. 13.140/ 2015 e a instauração do Centro Judiciário de Solução de Conflitos (CEJUSC), na Comarca de Uberlândia - MG. Desse modo, diversas demandas jurídicas passaram a ter a possibilidade de ser resolvidas com maior protagonismo das partes em situação de isonomia, com o suporte de mediador imparcial, contando com estrutura que estimula o diálogo e autorresponsabilidade entre as partes, tornando, assim, a resolução das demandas mais célere, participativa e menos morosa. Nesse contexto, é peça fundamental a participação colaborativa dos advogados que continuam assumindo o seu papel de defensor da lei, de maneira a esclarecer os direitos dos seus clientes. Diante disso, o presente trabalho trata de fazer uma análise pelo método de abordagem indutivo científico e estruturalista referente aos casos mediados no CEJUSC de 2016 até 2021, a fim de esclarecer para comunidade forense de Uberlândia o seu funcionamento e os efeitos da mediação como meio de autocomposição de conflitos, como um instrumento possível de atuação do advogado.

PALAVRAS-CHAVE:
Resolução de Conflitos. CEJUSC.

1. INTRODUÇÃO

O papel do advogado na administração da Justiça é incontestável. A sua função social está longe de se restringir à judicialização litigiosa de demandas dos clientes, pois, esclarecer o direito, assessorar os clientes em decisões de maneira consultiva e buscar resolver conflitos de maneira consensual são algumas das várias outras possibilidades da atuação advocatícia.

Ante o reconhecimento das diferentes formas de atuação do advogado para que seu cliente tenha acesso à Justiça, cabe mencionar que os métodos autocompositivos de resolução de controvérsias, notadamente a mediação, podem representar um importante instrumento para alcançar esse objetivo.

Com o tríplice advento da Resolução 125/2010, o Código de Processo Civil de 2015 e a Lei nº 13.140, de 26 de junho de 2015, a mediação se fortaleceu como uma política pública judiciária de tratamento adequada dos problemas jurídicos e dos conflitos de interesses[1], que deve ser acionada para que as pessoas envolvidas no conflito assumam o protagonismo da resolução de seus problemas e, de preferência,

---

1 Parte do preâmbulo da Resolução 125/2010, qual seja, "CONSIDERANDO que, por isso, cabe ao Judiciário estabelecer política pública de tratamento adequado dos problemas jurídicos e dos conflitos de interesses, que ocorrem em larga e crescente escala na sociedade, de forma a organizar, em âmbito nacional, não somente os serviços prestados nos processos judiciais, como também os que possam sê-lo mediante outros mecanismos de solução de conflitos, em especial dos consensuais, como a mediação e a conciliação" (BRASIL. Conselho Nacional de Justiça. **Resolução CNJ 125, de 29 de novembro de 2010**. Disponível em: https://www.cnj.jus.br/wp-content/uploads/2014/04/resolucao_125_29112010_23042014190818.pdf. Acesso em: 02 jun. 2022).

que estejam amparadas juridicamente com seus respectivos advogados.

Nesse sentido, em 2016[2], houve a instauração do Centro Judiciário de Solução de Conflitos (CEJUSC), na Comarca de Uberlândia, MG. Desde então, passou a existir uma crescente tentativa de resolução de controvérsias de demandas, tanto processuais quanto pré-processuais por sessões de mediações, conforme vamos analisar de maneira quantitativa os registros ocorridos desde a criação do CEJUSC até o ano de 2021.

O método de abordagem utilizado será indutivo científico[3], pois parte das observações do período acima determinado de realização de mediações para traçar uma lógica da estrutura de funcionamento e chegar a conclusões gerais. Isso ocorre, porque a ciência da constância e a regularidade dos fenômenos produzem uma generalização que comprovam uma tendência geral. Por esse método, é possível auferir uma conclusão a partir da análise de um número significativo de casos, mas não em todos.

O método de abordagem também será estruturalista[4], pois se ocupa na intenção de explicar parte da estrutura do CEJUSC dessa comarca, notadamente nos aspectos em que se destaca a atuação do advogado na mediação.

Desse modo, o presente estudo defende que a participação do advogado na mediação não é apenas possível como também necessária para tornar mais completo e eficiente o acesso à Justiça e à resolução de conflitos no ambiente do CEJUSC em Uberlândia, MG.

2. CONCEITO E CONTEXTO DA MEDIAÇÃO

Inserida na legislação brasileira e pautada em princípios bem definidos, de maneira consistente, a mediação oferece uma metodologia não adversarial entre as

---

2 MINAS GERAIS. Tribunal de Justiça. **Centro Judiciário chega à Comarca de Uberlândia.** Solenidade de instalação foi realizada hoje, 18 de maio de 2018, no fórum local. Disponível em https://www.tjmg.jus.br/portal-tjmg/noticias/centro-judiciario-chega-a-comarca-de-uberlandia.htm#.YsuTunbMLIU. Acesso em: 11 jul 2022.

3 LAKATOS, Eva Maria; MARCONI, Marina de Andrade. **Fundamentos de Metodologia científica.** 5. ed. São Paulo: Atlas, 2003. p. 89

4 LAKATOS, Eva Maria; MARCONI, Marina de Andrade. **Fundamentos de Metodologia científica.** 5. ed. São Paulo: Atlas, 2003. p. 111

partes envolvidas em um conflito pela facilitação da comunicação, para que elas próprias encontrem caminhos úteis para resolverem as suas controvérsias. Essa facilitação de comunicação é intermediada por um terceiro imparcial, o chamado mediador, que não tem qualquer papel de decisão sobre a situação, mas apenas de tentar dissolver os ruídos de diálogo que possam existir entre os indivíduos, que possuem alguma relação entre si e se encontram envolvidos em um problema.

Diferentemente de outros métodos de resolução de conflitos (como a conciliação, por exemplo), a mediação confere total protagonismo para as partes mediadas, para que elas próprias decidam os termos que melhor atendem a solução da demanda que elas têm em comum. Considera-se que elas possuem algum vínculo que permanecerá existindo mesmo depois de superada a demanda mediada.

Exemplos de demandas que podem ser beneficiadas pelo uso da mediação para resolução de controvérsias são aquelas que envolvem direito de família, como divórcio, reconhecimento e dissolução de união estável, pensão regularização de guarda e visitas para filhos. A mediação também pode atuar no âmbito empresarial, societário e contratual, quando as partes envolvidas são colaboradores, sócios, consumidores e fornecedores que, geralmente, continuarão a se relacionando após a resolução da específica demanda mediada. A própria administração pública pode ser beneficiada pela mediação e utilizar desse mecanismo para resolver conflitos, tendo em vista que os seus vínculos não se desfazem após conflitos serem resolvidos. Nesse último caso, a lei prevê criação de câmaras específicas para a prevenção e a resolução administrativa dos conflitos pelos entes públicos.

No que se refere à adoção da mediação pelo Poder Judiciário, pode-se inferir que a intenção do legislador em regulamentar os métodos de resolução de conflitos como política pública judiciária está relacionada à grande quantidade de demandas judiciais que ocupam a máquina judiciária. Desde algum tempo, a estrutura do Poder Judiciário não logra acompanhar a grande quantidade de demandas judiciais existentes, de modo que muitos processos, ainda que com baixa complexidade e de temas repetitivos, podem levar longo período para serem sentenciados e transitarem em julgado e, consequentemente, consomem gastos desproporcionalmente maiores do que poderiam realmente custar.

Cabe considerar, ainda, que uma parcela desses casos, que avoluma o Poder Judiciário, transfere para o juiz de direito o poder de decisão sobre questões que poderiam ser decididas pelas próprias partes dentro dos parâmetros legais, obedecendo a indisponibilidade de direitos.

A partir disso, nota-se o quão importante é reconhecer que o protagonismo das partes pode auxiliar e, inclusive, tornar mais eficiente e célere a resolução de controvérsias. Assim, com o intuito de ressignificar e reinventar as maneiras de resolver conflitos das mais variadas ordens das relações humanas, tanto o Poder Judiciário brasileiro como muitos operadores do direito passaram a reconhecer que a judicialização dos problemas deixou de ser o único caminho e se tornou mais evidente a necessidade de adotar meios autocompositivos para a resolução de controvérsias, notadamente a mediação.

A mediação, de acordo com o "Manual de Mediação Judicial", publicado em 2016, pelo Conselho Nacional de Justiça, demonstra um escopo bem delimitado, diferenciando da lógica do processo judicial, pois parte do conflito como uma oportunidade de analisar várias áreas que regem as relações humanas, não apenas o âmbito jurídico, embora esse seja tão importante quanto outras áreas da vida.

> Um conflito possui um escopo muito mais amplo do que simplesmente as questões juridicamente tuteladas sobre a qual as partes estão discutindo em juízo. Distingue-se, portanto, aquilo que é trazido pelas partes ao conhecimento do Poder Judiciário daquilo que efetivamente é interesse das partes. Lide processual é, em síntese, a descrição do conflito segundo os informes da petição inicial e da contestação apresentados em juízo. Analisando apenas os limites dela, na maioria das vezes não há satisfação dos verdadeiros interesses do jurisdicionado[5].

Ante o trecho acima, pode-se inferir várias informações, inclusive como se dá a aplicação dos princípios da mediação, quais sejam, segundo o art. 2º da Lei n. 13.140/2015, a mediação será orientada pelos seguintes princípios: a) imparcialidade do mediador; b) isonomia entre as partes; c) oralidade; d) informalidade; e) autonomia da vontade das partes; f) busca do consenso; g) confidencialidade e h) VIII - boa-fé.

2.1. Princípios da mediação

Conforme mencionado acima, o procedimento da mediação é pautado em princípios que norteiam tanto as partes como os profissionais envolvidos no

5 BRASIL. Conselho Nacional de Justiça. AZEVEDO, André Gomma de (Org.). **Manual de Mediação Judicial**. 6. ed. Brasília/DF: CNJ, 2016. p. 148

procedimento.

A imparcialidade do mediador, como princípio da mediação, é capaz de conferir totalmente às partes do conflito a ideia de que elas mesmas são responsáveis por resolver a demanda que elas estão envolvidas. Desse modo, as partes tornam-se protagonistas na resolução dos próprios conflitos, de maneira que resultam o maior envolvimento delas para buscar solução e cumprir o acordo assumido na mediação.

Para que a lógica de protagonismo entre as partes seja alcançada, faz-se necessária a isonomia entre as partes e, assim, não há desequilíbrio entre elas no momento da mediação. Seja para um caso de direito de família, contratual ou empresarial, as partes precisam estar cientes do todo e lograrem manifestar as suas necessidades, visões particulares, escutar o outro lado, ter discernimento e, não menos importante, ter conhecimento dos seus direitos (nesse aspecto a atuação do advogado é essencial), para conseguirem assumir o protagonismo das suas próprias decisões.

Aproveitando o ensejo desse princípio, reconhece-se que o ideal é que ambas as partes dentro da mediação estejam assessoradas pelos seus respectivos advogados. Caso apenas uma das partes seja acompanhada de advogado na sessão de mediação, o princípio da isonomia das partes se desconfigura e, para que seja estabelecido naquele momento, normalmente, o advogado presente na sessão de mediação é convidado a se retirar, para que as partes possam estar nas mesmas condições.

Tal procedimento não atenta contra as prerrogativas do advogado, tendo em vista que seu trabalho se inicia antes e fora da realização da audiência de mediação (e continua sendo de suma importância), pois representa orientar juridicamente e esclarecer os direitos do seu cliente, para que ele desenvolva capacidade de assumir e propor soluções para a demanda mediada.

A oralidade e a informalidade são outros princípios da mediação muito importantes que a diferenciam do mecanismo de processos judiciais tradicionais. A oralidade torna o procedimento da mediação mais dinâmico e a informalidade, mais simples e acessível, tendo em vista que as partes envolvidas podem se manifestar por elas mesmas de maneira natural e terão consideradas as suas falas, ideias e necessidades, com mais dinamismo e envolvimento. Na mediação, a comunicação por uma escuta ativa, exposição de necessidades e sentimentos, uso da primeira pessoa nas falas são capazes de diminuir ruídos e interpretações truncadas entre as partes, dar celeridade e dinamismo ao procedimento, permitindo, assim, que as atenções se voltem para a resolução da demanda, sem despender energia em eleger culpados e inocentes.

Outro princípio da mediação que destaca esse método consensual de resolução de conflitos é a autonomia da vontade das partes. A partir dele, as partes constroem juntas as maneiras possíveis de compor o acordo. Tal autonomia confere liberdade para que elas dialoguem sobre as questões que considerarem importantes para resolver o litígio. Cabe mencionar que essa autonomia deve respeitar os limites legais indisponíveis e princípios constitucionais norteadores do Direito Brasileiro. Por isso, mais uma vez, observa-se que a atuação do advogado é de extrema importância na mediação, para assessorar o cliente, esclarecer as previsões legais e conferir o acesso à Justiça no sentido mais primordial, qual seja, difundir o conhecimento jurídico para os seus clientes.

Reitera-se que a autonomia das partes não é indiscriminada e muito menos exclui a atuação do advogado, como se poderá conferir mais a diante no presente artigo, pois as mediações ocorridas no CEJUSC passam por fase de ratificação, de acordo de mediação, ocasião em que a atuação do advogado é importante e cumpre o seu papel. Quando há indivíduos incapazes envolvidos, é necessária a presença do Ministério Público.

Como a mediação busca a resolução de maneira não adversarial, o princípio da busca do consenso se faz presente. Cabe mencionar que a ideia primeira para se obter um acordo por meio da mediação é que as partes cheguem, conscientemente, por elas mesmas, a um consenso. Tal princípio norteia a mediação e, se não for alcançado, o procedimento de mediação perde o seu escopo e a sessão é encerrada. Assim, caso seja uma mediação pré-processual, o procedimento se encerra e as partes podem ajuizar demanda, caso desejem. Se for uma mediação processual, o processo judicial volta à sua regular tramitação. Diante disso, cabe mencionar que não é obrigatório chegar em um acordo na mediação, pois nem sempre o consenso é alcançado entre as partes.

Em decorrência de todo esse contexto, inclusive porque se reconhece que nem toda a mediação será concluída com um acordo entre as partes, há o princípio da confidencialidade. Esse princípio permite que as partes se sintam seguras em comunicar com mais clareza suas necessidades, pensamentos, angústias e exporem as suas vulnerabilidades, que, normalmente, são imprescindíveis para a resolução do conflito. Cabe destacar que as partes não são obrigadas a se expor explicitamente diretamente entre si quanto ao que pensam e o que sentem nas sessões de mediação.

O mediador também não força as partes a falarem, pois, o seu papel, como veremos com mais detalhes adiante, é respeitar o ritmo das partes e intermediar as comunicações. Portanto, nas sessões, é comum as partes exporem para o mediador em momentos separados e individuais, e esse só poderá mencionar para a outra parte os assuntos compartilhados com a autorização da parte que proferiu as informações. Dessa forma, funciona um ambiente de confidencialidade, cuja dinâmica traz segurança para todos os envolvidos.

Diante desse mesmo princípio, cabe mencionar que se o procedimento da mediação for encerrado sem a realização de acordo, todas as informações ali que foram mencionadas e compartilhadas na tentativa de alcançar um consenso não podem ser utilizadas para instruir processos litigiosos e o mediador não pode ser testemunha da demanda litigiosa.

Por último e não menos importante, o princípio da boa-fé é imprescindível para que a mediação seja realizada de maneira segura e alcance o seu objetivo, que é resolver controvérsias fora de um ambiente adversarial. Para que haja sucesso na mediação, as partes assumem papel de autorresponsabilidade, colaboração e protagonismo, no intuito de construírem um acordo consensual para dirimir conflitos entre si.

Ante o exposto, pode-se observar que a mediação de conflitos apresenta uma proposta sólida de tentativa de resolução de controvérsias quando as partes e seus advogados estão dispostos a colaborar na construção de uma solução em comum e, principalmente, praticá-la.

2.2. Legislação regulamentadora

A mediação tem recebido crescente atenção e pode ser aplicada em qualquer meio que envolva relações humanas, devido à sua abrangência e versatilidade. No âmbito do Poder Judiciário, tem ganhado cada vez mais força e espaço, tendo em vista que passou a ser estimulada pelo Código de Processo Civil de 2015, regulamentada pela Lei nº 13.140, de 26 de junho de 2015 e adotada como política pública judiciária devidamente instituída pela Resolução do CNJ nº 125/2010, com a redação dada pela emenda nº 02/2016, de 8 de março de 2016.

O Novo Código de Processo Civil apresenta no seu art. 334, a obrigatoriedade de ser designada e realizada audiência de conciliação ou de mediação, antes mesmo de contestada a ação. Nota-se que o CPC traz regras para a mediação processual, isso é, aquela que ocorre quando já há uma ação judicial em tramitação na Justiça e que ainda o requerido não tomou conhecimento da demanda. É importante mencionar que a tentativa de mediação, ao ser realizada antes da parte requerida tomar conhecimento da petição inicial e até mesmo antes de existir uma ação judicial instaurada, possivelmente, possui maiores chances de ter sucesso, tendo em vista que o conflito ainda não se instaurou como litígio judicial.

É certo que a mediação ocorre quando há conflito, mas quando ele ainda não se encontra em situação de litígio judicial, as suas chances de êxito são maiores. Normalmente, quando já houve fase de instrução probatória, possivelmente acusações com foco apenas na questão jurídica, o protagonismo das partes para se manifestarem e exporem outros âmbitos da vida que influenciam no conflito em si se encontra prejudicado. Geralmente, elas não estão mais dispostas a acordarem consensualmente e passam a desejar uma decisão judicial.

Diante disso, observa-se a importância do cumprimento dos princípios da mediação mencionados no tópico anterior deste artigo, para construir um ambiente seguro de diálogo e autocompositivo entre as partes.

Porém, cabe mencionar que a mediação pode ser tentada a qualquer momento antes de haver solução mediante prolação de sentença, conforme parágrafo único do art. 1º da Resolução nº 125/2010 do CNJ, senão vejamos:

> Art. 1º - Parágrafo único. Aos órgãos judiciários incumbe, nos termos do art. 334 do Código de Processo Civil de 2015, combinado com o art. 27 da Lei 13.140, de 26 de junho de 2015 (Lei de Mediação), antes da solução adjudicada mediante sentença, oferecer outros mecanismos de soluções de controvérsias, em especial os chamados meios consensuais, como a mediação e a conciliação, bem assim prestar atendimento e orientação ao cidadão (Redação dada pela Resolução nº 326, de 26.6.2020).

Assim, o intuito do Processo Civil passou a primar pela tentativa de resolução de conflitos por meios alternativos instalados dentro do próprio Poder Judiciário, especificamente no âmbito dos CEJUSCs, que passaram a ser regularizados também.

A Resolução nº 125/2010, de 29 de novembro de 2010 do CNJ, com a redação dada pela emenda nº 02/2016 de 8 de março de 2016, tornou a mediação uma política pública judiciária e instituiu a criação dos CEJUSCs com a emenda de março de 2016, qual seja:

> Art. 8º Os tribunais deverão criar os Centros Judiciários de Solução de Conflitos e

> Cidadania (Centros ou Cejuscs), unidades do Poder Judiciário, preferencialmente, responsáveis pela realização ou gestão das sessões e audiências de conciliação e mediação que estejam a cargo de conciliadores e mediadores, bem como pelo atendimento e orientação ao cidadão (Redação dada pela Emenda nº 2, de 09.03.16).

Ainda sobre a criação dos CEJUSCs, cabe mencionar que a Lei nº 13.140, de 26 de junho de 2015, conhecida como Lei da Mediação, também fez essa previsão e mencionou em seu art. 24, a existência a possibilidade de sessões de mediação, pré-processuais (demandas ainda não judicializadas) e processuais (demandas já judicializadas) e no seu parágrafo único, que a composição e a organização do centro serão definidas pelo respectivo tribunal, observadas as normas do Conselho Nacional de Justiça.

A referida lei na sua Subseção III - Da Mediação Judicial, do art. 24 ao 29, dispõe condições importantes para o funcionamento da mediação, que merecem leitura atenciosa do nobre leitor. Destaca-se, nesse momento, o art. 28, parágrafo único e art. 29, que determinam respectivamente que se houver acordo, os autos serão encaminhados ao juiz, que determinará o arquivamento do processo e, desde que requerido pelas partes, homologará o acordo, por sentença, bem como o termo final da mediação, além de determinar o arquivamento do processo e solucionar o conflito pela mediação antes da citação do réu, não sendo devidas as custas judiciais finais.

3. O PAPEL DO MEDIADOR E DO ADVOGADO NA MEDIAÇÃO

Como a mediação conta com o protagonismo das partes envolvidas, o mediador e os advogados assumem papeis diferentes, porém, não menos importante nesse método de resolução de conflitos.

O mediador é o profissional devidamente credenciado no sistema do Tribunal de Justiça no qual atua e, para isso, é necessário que tenha feito curso de mediação reconhecido por esse Tribunal. Qualquer pessoa que tenha formação há mais de dois anos em ensino superior em qualquer área pode realizar o curso de mediação, composto por 40 horas de ensino teórico e 60 horas de estágio prático no CEJUSC.

Ele deve se comportar de maneira imparcial e, caso ocorra alguma situação em que ele perceba que está sendo questionado por alguma das partes a proferir alguma opinião sobre o caso, ele deve ater-se à sua posição e reafirmar-se com neutralidade de maneira assertiva.

Embora haja mediadores formados em direito também, ao assumir essa posição, não cabe ao profissional orientar juridicamente qualquer uma das partes envolvidas na mediação, tendo em vista que demonstraria parcialidade para alguma das partes e poderia representar alguma interferência no processo de autonomia entre elas.

Inclusive, ainda segundo o "Manual de Mediação Judicial", no momento de apresentação e explicações sobre o funcionamento da mediação, é recomendado que o mediador explique a sua função na situação em que se encontra, bem como explique para os presentes a função do advogado valorizando-o[6]. Ademais, ele também recomenda que:

Desde já, deve o mediador abordar a participação e o papel do advogado, se houver necessidade. Por fim, cabe ressaltar que o emprego de um esforço no intuito de resolver as questões dos clientes presentes na mediação se mostra essencial à eficiente atuação da advocacia na mediação. Uma forma de se manifestar a respeito:

'Agradeço a presença dos advogados pois notamos que bons advogados são muito importantes na mediação na medida em que auxiliam as partes a encontrar novas e criativas soluções às suas questões bem como asseguram seus clientes que estes não abrirão mão de nenhum direito que desconheçam ter'[7].

Isso exposto, nota-se que o advogado na mediação não deixa de ter as suas prerrogativas, tampouco é impedido de atuar. Pelo contrário, a sua participação na mediação dentro dos moldes por ela propostos, é muito bem-vinda e torna o procedimento mais eficiente. Tanto é que o advogado tem como uma das funções possibilitar o acesso à justiça para seu cliente, que no caso da mediação ocorre antes e, independentemente, de um processo judicial prévio.

Como a mediação tem a sua própria metodologia, a atuação do advogado deverá seguir os seus princípios norteadores e deverá ser condizente com o consenso, deixando de ser combativa ou litigiosa. Cabe mencionar que se trata de uma mudança de cultura do litígio e de paradigma de atuação na advocacia, que está longe de desqualificar o profissional do direito.

---

6 BRASIL. Conselho Nacional de Justiça. AZEVEDO, André Gomma de (Org.). **Manual de Mediação Judicial**. 6. ed. Brasília/DF: CNJ, 2016. p. 108

7 BRASIL. Conselho Nacional de Justiça. AZEVEDO, André Gomma de (Org.). **Manual de Mediação Judicial**. 6. ed. Brasília/DF: CNJ, 2016. p. 169

O art. 133 da Constituição Federal de 1988, bem como o art. 2º do Estatuto e da Ordem dos Advogados do Brasil destacam que o advogado é indispensável à administração da Justiça sem mencionar se a sua atuação será ou não contenciosa ou consensual, ou se deve haver processo judicial ou não. Acompanhando essa lógica, o EAOAB (Lei nº 8.906, de 4 de julho de 1994) também prevê no seu art. 1º, II, que são atividades privativas de advocacia as atividades de consultoria, assessoria e direção jurídicas.

Desse modo, independentemente se a mediação realizada no CEJUSC é pré ou processual, não só é permitido como também recomendável que todas as partes envolvidas estejam assistidas por advogado que reúna habilidades e competências condizentes com os princípios da mediação, para que, assim, os clientes tenham conhecimento dos seus direitos e assumam com mais segurança o protagonismo para tomarem as suas decisões nas sessões de mediação.

A mudança de paradigma para realmente resolver conflitos na mediação deve ser tanto das partes como dos advogados, pois se uma das partes for convidada a comparecer em uma sessão de mediação e não buscar orientação jurídica do profissional capacitado, ainda que seja apenas antes da sessão de mediação, ele poderá estar menos preparado para assumir o seu protagonismo do que a parte que teve orientações jurídicas quanto aos seus direitos.

Durante a mediação, quando há presença de advogados de todas as partes, ela é respeitada e esses têm o direito de orientar os seus clientes, pautado no cooperativismo e consenso, inclusive, pedindo para conversar com eles, particularmente, fora do ambiente da sessão de mediação que está ocorrendo, mas não responder as perguntas proferidas diretamente aos seus clientes, já que os próprios envolvidos é que devem se sentir responsáveis no processo de comunicação e construção do acordo da mediação.

O advogado que atua para o seu cliente na mediação o orienta juridicamente, considerando as suas necessidades, interesses, desejos e preocupações e não se limita à tendência das decisões judiciais e jurisprudenciais em casos análogos, até porque cada mediação é única, pois as partes são indivíduos com características, personalidades e histórias de vida únicas, que influenciam na tomada de decisão do acordo mediado.

O conhecimento jurídico continua sendo importante, mas apenas o direito não seria capaz de resolver qualquer que seja a demanda se não for considerado o conjunto sistêmico descrito acima e as necessidades de reparar situações, restaurar relações e pessoas, bem como resolver problemas[8].

4. O CEJUSC NA COMARCA DE UBERLÂNDIA - MG

A instalação do Centro Judiciário de Solução de Conflitos e Cidadania (CEJUSC) na comarca de Uberlândia ocorreu no dia 18 de maio de 2016[9], no Palácio da Justiça Rondon Pacheco. O Juiz Coordenador é o Dr. Carlos José Cordeiro e o Juiz Coordenador Adjunto é o Dr. Walner Barbosa Milward de Azevedo.

Em maio de 2021, o conjunto de salas do CEJUSC da comarca de Uberlândia ganhou nome do juiz Dr. Miller Rogério Couto Justino, falecido no mesmo ano, vítima da Covid-19, que foi magistrado por mais de duas décadas na comarca de Uberlândia, titular de uma das varas de família e entusiasta dos métodos autocompositivos de conflitos[10].

O CEJUSC Uberlândia tem três setores: pré-processual (destinado para mediações de demandas que ainda não possui ação judicial protocolada), processual (destinado para mediações de demandas que já possuem ação judicial em tramitação) e cidadania (setor no qual se realiza o primeiro contato do cidadão com o CEJUSC e em que se fornecem informações sobre os locais onde o problema poderá ser resolvido - caso não seja competência do CEJUSC - e orientações sobre a conciliação e a mediação).

Cabe mencionar que tanto nas mediações pré-processuais como processuais, é gerado um número de processo quando a demanda é cadastrada no CEJUSC.

No caso das mediações processuais, com a ciência e concordância das partes, o juiz competente para julgar a demanda suspende os autos por 60 dias e remete para

---

8 Os "3Rs da sustentabilidade da mediação" mencionados em NASCIMENTO, Dulce Maria Martins do. Modelos de participação da advocacia na mediação. *In*: LONGO, Samantha Mendes; PELAJO, Samantha; NASCIMENTO Dulce; BAYER, Sandra. (Org.). **Mediação de Conflitos**: temas atuais. Brasília: OAB Editora, 2022. 104 p.

9 MINAS GERAIS. Tribunal de Justiça. Portaria **Conjunta nº 500/PR/2016**. Instala o Centro Judiciário de Solução de Conflitos e Cidadania da Comarca de Uberlândia. Diário da Justiça Eletrônico, Belo Horizonte, 16 maio 2016.

10 AMAGIS. **Espaço Cejusc da comarca de Uberlândia ganha nome do juiz Miller Rogério Couto**. Disponível em https://amagis.com.br/posts/espaco-cejusc-da-comarca-de-uberlandia-ganha-nome-do-juiz-miller-rogerio-couto. Acesso em: 11 jul. 2022.

o CEJUSC, se as partes são beneficiadas pela gratuidade da justiça. Se as partes não são beneficiárias da gratuidade da Justiça ou desejarem, elas podem escolher uma câmara privada e os custos serão arcados por elas mesmas.

Caso a mediação ocorra no CEJUSC, não havendo custos para as partes, elas são intimadas para a sessão de mediação. A Resolução nº 125 de 2010 prevê de duas a cinco sessões, uma vez por semana. Ocorre que devido às particularidades de cada caso, podem ser necessárias mais sessões e em frequências que atendam melhor o perfil das partes envolvidas e, principalmente que a qualquer tempo os mediandos, que não se adaptando a esse método de resolução de controvérsia, podem interromper e encerrarem a mediação.

Já no caso das mediações pré-processuais[11], as partes envolvidas no litígio que desejam resolver o conflito por esse método devem comparecer no CEJUSC munidos de documentos, a fim de explicar os seus objetivos e, após, é feita uma atermação. Assim, é marcada uma data para a sessão de mediação pré-processual e a pessoa que buscou esse serviço, encaminha a carta convite para a outra parte. Cabe mencionar que o CEJUSC não encaminha cartas-convite, e caso a pessoa que procurou não queira entregar pessoalmente, ela pode enviar via correios para a outra parte. Como se trata de convite, não há teor de citação ou intimação.

O advogado da parte que deseja resolver seu conflito pela mediação e ainda não ajuizou demanda, também pode solicitar uma mediação pré-processual. Essa solicitação é feita pelo Sistema PJE e o seu passo a passo está disponibilizado no site do TJMG[12], bem como a explicação de como é a tramitação.

Durante a sessão de mediação, seja pré ou processual, normalmente há dois mediadores e os diálogos mediados ocorrem. Concluída a mediação, o CEJUSC envia a ata com relatório para o juiz e ele profere a sentença homologatória. Se houver descumprimento do acordo, é possível pedido de cumprimento de sentença. Se não houver êxito na mediação, é feito um relatório informando ao juízo dos autos originários (no caso da mediação processual) e se encerra o procedimento da mediação

11 MINAS GERAIS. Conciliação, Mediação e Cidadania. Disponível em: https://www.mg.gov.br/ servico/agendar-conciliacao-sem-ter-processo-na-justica. Acesso em: 02 jun 2022.

12 MINAS GERAIS. Tribunal de Justiça. **Conciliação, Mediação e Cidadania**. Disponível em: https://www.tjmg.jus.br/portal-tjmg/acoes-e-programas/conciliacao-mediacao-e-cidadania.htm#.Ys2SmXbMLIX. Acesso em: 02 jun 2022.

(nos autos da mediação, seja ela pré ou processual).

Estatisticamente, em atendimento ao princípio da publicidade e transparência, o TJMG fornece em números a quantidade de mediações pré-processuais e processuais ao longo dos anos da sua existência, bem como o índice (em porcentagem) de acordos celebrados, considerando a quantidade de casos cadastrados e tramitados[13].

São apresentadas, a seguir, duas tabelas, a primeira com as informações quantitativas das mediações pré-processuais e a segunda, das mediações processuais, ambas com os dados dos anos de 2016 até 2021 do CEJUSC, de Uberlândia - MG.

Tabela 1: Mediações Processuais CEJUSC

	PRÉ-PROCESSUAL			
ANO	Casos em andamento	Mediações realizadas	Acordos	Porcentagem de acordos
2016	0	0	0	0%
2017	40	10	7	70%
2018	243	33	21	63,64%
2019	685	116	86	74,14%
2020*	179	118	99	83,9%
2021*	141	54	47	87,4%
TOTAL		**331**	**260**	**78,5%**

Fonte: CEJUSC (2016-2021)

13 MINAS GERAIS. Tribunal de Justiça. **Conciliação, Mediação e Cidadania**. Disponível em: https://www.tjmg.jus.br/portal-tjmg/acoes-e-programas/conciliacao-mediacao-e-cidadania.htm#.Ys2SmXbMLIX. Acesso em: 02 jun 2022.

Tabela 2: Mediações Processuais CEJUSC

	PROCESSUAL			
ANO	**Casos em andamento**	**Mediações realizadas**	**Acordos**	**Porcentagem de acordos**
2016	3	1	1	100%
2017	25	4	2	50%
2018	42	13	5	38,43%
2019	46	9	5	55,56%
2020*	19	2	0	0%
2021*	0	0	0	0%
TOTAL		**29**	**13**	**44,8%**

**Pandemia de Covid-19*

Fonte: CEJUSC (2016-2021)

Ante os dados acima disponibilizados, algumas observações podem ser feitas. Primeiramente, nota-se que a quantidade de mediações tanto pré como processuais surgiram e aumentaram no decorrer dos anos, exceto em 2020 e 2021, período em que houve suspensão das atividades do TJMG, bem como o CEJUSC em Uberlândia, em decorrência da Pandemia da Covid-19.

A quantidade de acordos pré-processuais foi maior que os processuais, devido a uma maior busca por métodos pacíficos de resolução de controvérsias e difusão dessa cultura em sociedade e até no ambiente jurídico, tendo em vista que os advogados também podem solicitar mediação para o seu cliente, antes de protocolar a ação judicial no PJE.

O índice de acordos celebrados em mediações pré-processuais durante todo o período observado é consideravelmente elevado (78,5%), o que representa que várias demandas judiciais litigiosas deixaram de ser ajuizadas, pois a solução foi alcançada de maneira consensual entre as partes.

O índice de acordos processuais celebrados também foi consideravelmente elevado (44,8%), uma vez que muitas demandas judicializadas foram resolvidas antes do tempo de tramitação previsto para um processo judicial.

Possivelmente, com a maior conscientização da existência de métodos pacíficos de resolução de conflitos dentro do Poder Judiciário, esses números aumentarão e alcançarão mais pessoas e demandas, de modo que haverá mais eficiência na resolução de controvérsias.

5. CONCLUSÃO

Diante todos os aspectos destacados neste artigo, nota-se que o escopo em comum da atuação do advogado e a mediação de conflitos no âmbito do CEJUSC é o acesso à justiça. Esse direito fundamental garantido pela inafastabilidade da jurisdição presente no art. 5º, XXXV, da Constituição Federal, não se dá apenas pela disputa judicial litigiosa. O consenso e a colaboração também são possíveis meios a serem utilizados na resolução de controvérsias se apresentados para as partes pelos seus advogados e utilizados os serviços de mediação pré-processual e processual oferecidos pelo CEJUSC.

Buscar resolver litígios com diálogo respeitoso e equilibrado entre as partes aumenta as chances de satisfação dos envolvidos, tendo em vista que em nenhum momento tem a intenção de substituir o advogado e a sua atuação. Isso ocorre, pois, com o suporte jurídico oferecido pelo operador do direito aos seus clientes, eles terão protagonismo na tomada de decisões e terão garantidos os seus direitos, sob a tutela do Poder Judiciário, pelo CEJUSC e pela homologação do acordo pelo juiz Coordenador.

A resolução pacífica de controvérsias, por envolver o protagonismo das partes, possui mais chances de ser bem-sucedida, tendo em vista que o acordo é construído por aqueles que irão cumprir os termos estabelecidos. A segurança jurídica não é menor que a de uma sentença de processo judicial proferida pelo juiz competente, pois todo procedimento da mediação é seguro e se encerra com a homologação do juiz.

As partes saem mais satisfeitas com o resultado, os custos e o tempo dispendido também são menores. O procedimento é sistêmico e abre espaço para a manifestação dos envolvidos para além da seara jurídica de direitos e obrigações positivados, já que considera as áreas pessoais, emocionais, psicológicas e financeiras das partes.

REFERÊNCIAS

AMAGIS. **Espaço Cejusc da comarca de Uberlândia ganha nome do juiz Miller Rogério Couto**. Disponível em https://amagis.com.br/posts/espaco-cejusc-da-comarca-de-uberlandia-ganha-nome-do-juiz-miller-rogerio-couto. Acesso em: 11 jul. 2022.

BRASIL. Código de Processo Civil. **Lei 13.105, de 16 de março de 2015**. Disponível em: http://www.planalto.gov.br/ccivil_03/_ato2015- 2018/2015/lei/l13105.htm. Acesso em: 22 nov. 2021.

BRASIL. Conselho Nacional de Justiça. AZEVEDO, André Gomma de (Org.). **Manual de Mediação Judicial**. 6. ed. Brasília/DF: CNJ, 2016.

BRASIL. Conselho Nacional de Justiça. **Resolução CNJ 125, de 29 de novembro de 2010**. Disponível em: https://www.cnj.jus.br/wp-content/uploads/2014/04/ resolucao_125_29112010_23042014190818.pdf. Acesso em: 02 jun. 2022.

BRASIL. **Lei 13.140, de 26 de junho de 2015 (Lei Geral de Mediação)**. Disponível em: http://www.planalto.gov.br/ccivil_03/_Ato2015-2018/2015/Lei/L13140.htm. Acesso em: 02 jun. 2022.

BRASIL. **Lei nº 8.906, de 4 de julho de 1994**. Dispõe sobre o Estatuto da Advocacia e a Ordem dos Advogados do Brasil (OAB). Disponível em: https://www2.camara.leg.br/legin/fed/lei/1994/lei-8906-4-julho-1994-349751-norma-pl.html. Acesso em: 02 jul 2022.

LAKATOS, Eva Maria; MARCONI, Marina de Andrade. **Fundamentos de Metodologia científica**. 5. ed. São Paulo: Atlas, 2003.

MINAS GERAIS. Tribunal de Justiça. **CEJUSC-Pré processual**. Disponível em https://www.tjmg.jus.br/portal-tjmg/acoes-e-programas/gestao-de-primeira/pje-civel/cejusc-pre-processual-8A80BCE67DB9BFCF017DBE433304789B.htm #.Ys2M6nbMLIU. Acesso em: 02 jun 2022.

MINAS GERAIS. Tribunal de Justiça. **Centro Judiciário chega à Comarca de Uberlândia**. Solenidade de instalação foi realizada hoje, 18 de maio de 2018, no fórum local. Disponível em https://www.tjmg.jus.br/portal-tjmg/noticias/centro-judiciario-chega-a-comarca-de-uberlandia.htm#.YsuTunbMLIU. Acesso em: 11 jul 2022.

MINAS GERAIS. Tribunal de Justiça. **Conciliação, Mediação e Cidadania**. Disponível em: https://www.tjmg.jus.br/portal-tjmg/acoes-e-programas/conciliacao-mediacao-e-cidadania.htm#.Ys2SmXbMLIX. Acesso em: 02 jun 2022.

MINAS GERAIS. Tribunal de Justiça. Portaria **Conjunta nº 500/PR/2016**. Instala o Centro Judiciário de Solução de Conflitos e Cidadania da Comarca de Uberlândia. Diário da Justiça Eletrônico, Belo Horizonte, 16 maio 2016.

NASCIMENTO, Dulce Maria Martins do. Modelos de participação da advocacia na mediação. *In*: LONGO, Samantha Mendes; PELAJO, Samantha; NASCIMENTO Dulce; BAYER, Sandra. (Org.). **Mediação de Conflitos**: temas atuais. Brasília: OAB Editora, 2022.

RICARDO, Laura Borges; CORDEIRO, Carlos José. O Direito Fundamental De Acesso à Justiça e a efetividade da Mediação nas causas de Família no CEJUSC em Uberlândia no Período de Julho/2016 a maio/2018. **Revista eletrônica de direito processual**, v. 20, 2019.

FERNANDES, Renata Cardoso; LADEIRA, Adriana Couto. A participação do advogado na mediação nos conflitos e os seus efeitos na prática na Comarca de Uberlândia – MG. *In:* MENESES, Heloísa Corrêa; SILVA, Tiago Nunes da; RAMONE TAVARES, Viviane; TEIXEIRA, Wendel de Brito Lemos (Coords.). **Anuário da OAB Uberlândia 2022/2023.** Uberlândia: Marco Teórico, 2023. pp. 515-533.

ADVOCACIA SISTÊMICA: O ADVOGADO COMO AJUDANTE

32

Camila Barbosa de Paiva
Carolina Oliveira Faleiros
Fernanda Azevêdo D'Ávila

RESUMO:

O presente artigo visa explicar as leis sistêmicas, bem como as ordens da ajuda, sistematizadas por Bert Hellinger, além da sua aplicação no Direito e como a utilização nessa área gerou o que hoje se chama de "Direito Sistêmico". Isso se trata de uma visão aplicada à prática jurídica, em que o advogado é visto como ajudante e cuja relação com o ajudado deve se reger por tais leis. Salientando-se os princípios norteadores das relações humanas, destaca-se a apresentação de métodos de solução de conflitos, de forma consensual, por intermédio de uma visão empática e sem expectativas sobre o contexto que o engloba. Nesse sentido, o advogado deve se apresentar como um ajudante adulto e desapegado, respeitando os demais participantes como iguais. Para tanto, utiliza-se do método dedutivo e pesquisa bibliográfica, com o objetivo de expor o modo com que deve se dar a atuação da advocacia. O problema que se visa responder tange à postura ideal da figura do advogado ao lidar com as questões de terceiros, sendo a hipótese levantada de que deve ser a de um ajudante.

PALAVRAS-CHAVE:

Direito Sistêmico. Ordens da ajuda. Advogado como ajudante.

1. INTRODUÇÃO

O estudo e o entendimento do Direito e das suas práticas tem se modificado com o avanço mesclando saberes de diversas áreas do conhecimento humano. Em que pese se tratar de uma ciência por si só, o saber jurídico constantemente recebe o influxo de ideias de diferentes campos, como psicologia, sociologia, economia, dentre outras. Mais hodiernamente, as constelações familiares e o pensamento sistêmico também exerceram a sua influência no campo jurídico.

Este artigo pretende trazer ao leitor uma ampla noção sobre a atuação do profissional do Direito, sob uma perspectiva sistêmica, tangenciando temas pertinentes ao trabalho enquanto ajudante, tanto com seus clientes, como com o Poder Judiciário. Busca-se, neste artigo, outrossim, estudar a aplicabilidade dos estudos de Bert Hellinger acerca das Constelações Familiares nas relações jurídicas, com foco, dentre tantos operadores do Direito, na figura dos advogados e das advogadas. Assim, dentre os tantos temas pertinentes continentes nos ensinamentos de Hellinger, destacam-se as leis sistêmicas, as ordens da ajuda e o papel do ajudante.

Nesse sentido, a primeira parte deste trabalho visa trazer uma análise sobre as leis sistêmicas, demonstrando como essas atuam, de forma natural, sobre todos e, até mesmo, sobre as normas jurídicas. Em tal parte, salienta-se a importância dos três princípios básicos que regem tais leis: ordem, pertencimento e equilíbrio entre dar e receber. Essas são as leis sistêmicas ou as três "Ordens do Amor", como esquematizadas e nomeadas pelo citado autor.

Na segunda parte, o foco se torna o Direito Sistêmico, apresentando-se o que significa essa expressão, as suas primeiras aplicações no Brasil e os benefícios já trazidos por essa prática.

Na terceira parte, são apresentadas as "Ordens" de Hellinger, abordando também a da "Ajuda", com explicações acerca das seis leis que devem reger as relações entre ajudante e ajudado, sendo elas: dar apenas o que se tem e tomar apenas o que se necessita, humildade para compreender os contextos e se submeter às circunstâncias, ajudar de igual para igual como adultos, dedicação a todo o sistema com empatia, ajudar sem julgamento, com amor e sem expectativas e, a última dessas ordens, seria ajudar pelo reconhecimento.

A quarta parte apresenta a aplicação de todas as leis explanadas no Direito Sistêmico, para colocar o advogado como ajudante e, portanto, devedor do respeito a essas leis, para que não se causem desordens que podem desestabilizar vários aspectos do campo em que aquele que exerce a advocacia interferirá.

Dessa forma, o presente trabalho visa, com tais explicações, posicionar o advogado como tal em um campo alheio, para tomar a posição de ajudante, sem levar desordem ao ajudado e a si mesmo. Nessa esteira, deve-se responder ao questionamento sobre o papel do advogado e os seus limites de atuação na esfera de outrem, objetivando auxiliar os clientes, bem como a tomar uma posição de auxiliar na solução de conflitos, sendo a hipótese levantada de que deve ser a de um ajudante. Para essa pesquisa, utiliza-se o método dedutivo e a pesquisa bibliográfica.

2. AS LEIS SISTÊMICAS

A Constelação Familiar, como ferramenta terapêutica, vem sendo utilizada com muita eficiência para investigar desajustes sistêmicos e harmonizar as relações familiares do indivíduo, de modo a desemaranhar questões mais profundas com a família de origem, devolvendo e honrando o lugar e o papel de cada um dentro do sistema familiar.

Quando cada um ocupa o seu lugar e desempenha o seu papel com consciência, sem se sentir superior ou inferior aos outros membros do sistema, é oportunizado que o indivíduo possa desenvolver a forma mais elevada de amor, o amor incondicional, que cura qualquer mazela e engrandece, dá o sentido de pertencimento e, portanto, dá vida.

A expressão "Direito Sistêmico" surgiu da análise do Direito sob uma ótica baseada em ordens que regem as relações humanas segundo a ciência das Constelações Familiares Sistêmicas, desenvolvidas pelo terapeuta e filósofo alemão Bert Hellinger.

Na prática, mesmo tendo as leis positivadas como referência, as pessoas nem sempre se guiam por elas nas suas relações. Os conflitos entre grupos, pessoas ou internamente em cada indivíduo são provocados, em geral, por causas mais profundas do que um mero desentendimento pontual ou legal e os autos de um processo judicial dificilmente refletem essa realidade complexa. Nesses casos, uma solução simplista imposta por uma lei ou por uma sentença judicial pode até trazer algum alívio momentâneo, uma trégua na relação conflituosa, uma "punidade" ao agente criminoso, mas, às vezes, não é capaz de solucionar verdadeiramente a questão, de trazer paz às pessoas, muito menos de evitar que o conflito permaneça e/ou que novos crimes sejam cometidos.

Isso ocorre, porque os conflitos são mais do que se pode perceber, pois vão além do que é descrito nas peças jurídicas ou o que as partes efetivamente levam ao judiciário, como bem explica o Manual de Mediação Judicial do CNJ (2016, p. 148):

> Um conflito possui um escopo muito mais amplo do que simplesmente as questões juridicamente tuteladas sobre a qual as partes estão discutindo em juízo. Distingue-se, portanto, aquilo que é trazido pelas partes ao conhecimento do Poder Judiciário daquilo que efetivamente é interesse das partes. Lide processual é, em síntese, a descrição do conflito segundo os informes da petição inicial e da contestação apresentados em juízo. Analisando apenas os limites dela, na maioria das vezes não há satisfação dos verdadeiros interesses do jurisdicionado. Em outras palavras, pode-se dizer que somente a resolução integral do conflito (lide sociológica) conduz à pacificação social; não basta resolver a lide processual - aquilo que foi trazido pelos advogados ao processo - se os verdadeiros interesses que motivaram as partes a litigar não forem identificados e resolvidos.

Percebe-se, então, que o que atua nos indivíduos são as ditas Leis Sistêmicas. Essas são leis naturais, que atuam na vida e na relação das pessoas, independentemente de tempo e lugar, do desejo ou até mesmo da consciência da sua atuação pelo indivíduo. Comparando as Leis Sistêmicas à Lei da Gravidade, é possível verificar que há uma força maior que direciona os corpos, que atua neles, mas que não é possível perceber a olho nu a sua atuação.

Nos seus estudos, ao longo de décadas, ao observar culturas e ambientes diferentes, Bert Hellinger percebeu que existem forças naturais que se repetem nos indivíduos e nos seus comportamentos por gerações e que são replicadas de uma maneira inconsciente, de forma que estabeleceu, a partir dessas repetições, três princípios norteadores ou leis sistêmicas, sendo elas: a necessidade de hierarquia dentro do grupo ou clã, a necessidade de pertencer ao grupo ou clã, a necessidade de equilíbrio entre dar e receber nos relacionamentos.

Em resumo, essas leis naturais, também conhecidas como Leis Sistêmicas, são: a ordem, o pertencimento e o equilíbrio.

Ao vir ao mundo no seio de uma família, são herdados além de um patrimônio genético, também sistemas de crenças e esquemas de comportamento. Afinal, a família é "ancestral como a história, interligada com os rumos e desvios da história" (HIRONAKA, 2006, p. 17). A família é o universo energético, no qual o ser humano evolui. Cada um, desde a sua concepção, ocupa um lugar único, que deve ser respeitado.

Os indivíduos são mantidos no seu campo familiar pessoal e individual num nível determinado, que entrava ou faz crescer a sua disposição para ser feliz, escolher livremente, ter êxito naquilo que empreende, estabelecer relacionamentos agradáveis, manter a saúde, o bem-estar e desenvolver doenças. Há um sentimento de que os indivíduos são mantidos nos esquemas, incluindo os problemáticos, desde tempos imemoriais.

Esse sentimento decorre da existência de três leis básicas, que regem os relacionamentos humanos e são como verdades naturais, mesmo que não se tenha conhecimento da sua ação sobre as pessoas, assim como a gravidade, essas leis atuam, mesmo que não sentidas pelo indivíduo. Essas três leis agem mesmo quando se desconhecem a sua existência e o seu conteúdo, devendo, portanto, ser respeitadas para que haja harmonia dentro do sistema. São "Leis Naturais" que incidem mesmo que não tenha ocorrido qualquer assentimento prévio de vontade.

Respeitar essas leis naturais oferece um caminho para uma vida mais leve e em conformidade com o destino do indivíduo. Desrespeitá-las, conscientemente ou não, leva a manifestações que serão percebidas como dificuldade ou peso pelos membros de um sistema.

2.1. As três leis sistêmicas

Explicadas as nuances de como instituto das leis sistêmicas atuam no indivíduo, è importante destacar, finalmente, a sujeição dos indivíduos em cada uma dessas leis e quais as consequências de subvertê-las.

2.1.1. Ordem

Quem chega antes, cronologicamente, é maior, e prevalece hierarquicamente aos que vieram depois. Aqui não se refere ao poder, mas a respeito dos que vieram antes. Existe uma ordem que deve ser respeitada e cada um tem o seu lugar. De acordo com a essa Lei, os mais velhos são hierarquicamente superiores aos mais novos.

Quando existe a violação dessa Lei, seja pelo desrespeito à hierarquia ou por uma desordem no sistema, quando alguém está fora de seu lugar, ocupando o lugar de outro, todo o sistema sofre disfunções graves, implicando uma desordem na própria vida e na vida dos demais membros do sistema. Para que se estabeleça o equilíbrio das relações, é necessário que cada um tome o seu lugar e respeite a todos do sistema.

2.1.2. Pertencimento

O pertencimento é a Lei pela qual todo o sistema se mantém vinculado, em decorrência das suas crenças, dogmas, moral, cultura, normas e vínculos, que são estabelecidos entre os membros. Todos carregam, na nossa essência, tudo que decorre da nossa ancestralidade, mesmo que se neguem e tentem fazer diferente nos nossos destinos. Cada pessoa está comprometida com o destino do seu sistema, estando à serviço dele.

Segundo a Lei do Pertencimento, todos fazem parte de algo, que nos assenta e nos "dá um lugar no mundo". Todos pertencem! O sistema não permite que ninguém seja excluído. Não existem bons ou maus, vivos ou mortos, conhecidos ou desconhecidos: todos pertencem.

As crianças nascidas ou não nascidas pertencem, os ex-compnheiros (as) pertencem, os filhos fora do casamento e até "desconhecidos" e os filhos adotados, pertencem, todos aqueles que já morreram há muitos anos e sequer se conhecem pertencem, as vítimas e os algozes, entre si e os seus familiares, nos seus sistemas, pertencem.

Quando ocorre uma exclusão, seja por qual motivo for, outro membro do sistema se exclui, em sintonia, em honra, por amor àquele membro excluído.

Essa necessidade e/ou direito de pertencer está vinculado ao que se chama de amor cego e às lealdades sistêmicas, que atuam de forma a, mesmo que não se concorde com as crenças e dogmas, existir um desejo incalculável de fazer parte.

2.1.3. Equilíbrio entre dar e receber

Existem pessoas se relacionando, atuando, nessa perspectiva, à Lei do Equilíbrio. A Lei do Equilíbrio se trata da troca entre as pessoas e está à serviço das relações.

Para que as relações se tornem sustentáveis, é necessário que haja equilíbrio, harmonia. No fundo da alma, cada pessoa deseja retribuir aquilo que lhe é oferecido e quando o faz sempre dá um pouco mais do que recebeu, tornando-se, assim, "credor" daquele para quem deu, que também terá despertado o desejo de retribuir, em troca. Esse movimento de troca é um ciclo que não se encerra e fortalece as relações.

Porém, aquele que dá muito, que dá além do que é necessário para equilibrar a relação, além de sentir que dá muito e esperar muito em troca, ainda coloca o outro numa condição de "débito", que o outro não se sente capaz de sanar. Nesse contexto, as relações se desequilibram e se findam.

3. BREVES NOÇÕES SOBRE O DIREITO SISTÊMICO

Em que pese o nome "Direito Sistêmico" possa remeter a ideia de um (novo) ramo do Direito, não é disso que se trata. Nem mesmo se refere a uma das perspectivas trazidas por teóricos da sociologia do direito. Neste artigo, busca-se esclarecer a respeito da utilização das ferramentas disponíveis segundo o pensamento sistêmico, as Constelações Familiares e os ensinamentos correlatos de Bert Hellinger, para auxiliar na atuação na advocacia, sobre como lidar com os conflitos e trabalhar para a solução desses.

O intuito da união da técnica terapêutica alemã com as estruturas tradicionais do direito visa trazer soluções para além de sentenças ou mesmo acordos, mirando a solução da lide com a real pacificação do conflito, de modo mais profundo, que reverbere no indivíduo, na sua família e, até mesmo, na sociedade. Junta-se o fenômeno invisível com a lei aplicável.

O termo "Direito Sistêmico" foi cunhado por Sami Storch, na criação do seu blog[1] na internet e "surgiu da análise do Direito sob uma ótica baseada nas ordens superiores que regem as relações humanas, conforme demonstram as constelações familiares desenvolvida por Hellinger"[2].

Esse enfoque evidencia que o passado dos indivíduos pode deixar traços marcantes na sua família, que ecoam pelas gerações na forma de emaranhamentos. O próprio sistema familiar tenta reorganizar essa as desordens, seja em virtude de

---

1 STORCH, Sami. DIREITO SISTÊMICO. 2021 Disponível em: **Erro! A referência de hiperlink não é válida.** press.com/. Acesso em: 05 jul 2022.

2 STORCH, Sami. **Direito sistêmico é uma luz no campo dos meios adequados de solução de conflitos.** 2018. Disponível em: https://www.conjur.com.br/2018-jun-20/sami-storch-direito-sistemico-euma-luz-solucao-conflitos. Acesso em 05 jul. 2022.

exclusões de parentes, abandonos, doenças graves, crimes, segredos, mortes prematuras e/ou trágicas. Isso ocorre, porque, tais tipos de acontecimentos e outros semelhantes podem reverberar como dificuldades para indivíduos que sequer estiveram diretamente envolvidos, seja na forma de bloqueios, problemas para se relacionar e traumas. Esses emaranhamentos acontecem, trazendo dificuldades, advindo das movimentações ocultas do campo de cada pessoa e de cada família, bem como de demais envolvidos. É para eles que as Constelações Familiares olham, de modo a revelá-los, mesmo se desconhecidos.

Diante dessas nuances, o Direito Sistêmico enxerga cada pessoa como parte de seu sistema, bem como de todos os outros em que está ao mesmo tempo vinculada, de modo a buscar a melhor solução, que gere equilíbrio, naquele contexto.

Storch, que é juiz de Direito do Tribunal de Justiça do Estado da Bahia, aplicando questionários após as audiências de conciliação em que trabalhou técnicas das Constelações Familiares, chegou aos seguintes resultados:

- 59% das pessoas disseram ter percebido, desde a vivência, mudança de comportamento do pai/mãe de seu filho que melhorou o relacionamento entre as partes. Para 28,9%, a mudança foi considerável ou muita;
- 59% afirmaram que a vivência ajudou ou facilitou a obtenção do acordo para conciliação durante a audiência. Para 27%, ajudou consideravelmente. Para 20,9%, ajudou muito;
- 77% disseram que a vivência ajudou a melhorar as conversas entre os pais quanto à guarda, visitas, dinheiro e outras decisões em relação ao filho das partes. Para 41%, a ajuda foi considerável; para outros 15,5%, ajudou muito;
- 71% disseram ter havido melhora no relacionamento com o pai/mãe de seu(s) filho(s) após a vivência. Melhorou consideravelmente para 26,8% e muito para 12,2%;
- 94,5% relataram melhora no seu relacionamento com o filho. Melhorou muito para 48,8%, e consideravelmente para outras 30,4%. Somente 4 pessoas (4,8%) não notaram tal melhora;
- 76,8% notaram melhora no relacionamento do pai/mãe de seu(ua) filho(a) com ele(a). Essa melhora foi considerável em 41,5% dos casos e muita para 9,8% dos casos;

- 55% das pessoas afirmaram que desde a vivência de constelações familiares se sentiram mais calmas para tratar do assunto; 45% disseram que diminuíram as mágoas; 33% disseram que ficou mais fácil o diálogo com a outra pessoa; 36% disseram que passaram a respeitar mais a outra pessoa e compreender suas dificuldades; e 24% disseram que a outra pessoa envolvida passou a lhe respeitar mais.

Dessa forma, percebe-se que a aplicação das técnicas das Constelações Familiares Sistêmicas por profissional capacitado pode trazer inúmeros benefícios para a solução das lides, bem como uma maior satisfação pessoal aos envolvidos com tal solução, promovendo a pacificação social e, em decorrência disso, até mesmo, desafogando o Judiciário.

Ressalta-se que a utilização das técnicas ora apresentadas não se dá apenas no interior do Judiciário, por pessoas togadas. Pelo contrário, pode se dar fora deste, em especial nos escritórios de advocacia desde a primeira visita, sobretudo, pela aplicação das Leis Sistêmicas e utilização das Ordens da Ajuda.

4. ORDENS DA AJUDA

Bert Hellinger considera o ato de ajudar uma arte, uma habilidade que pode ser desenvolvida para aprender como atuar como ajudante sem ser envolvido em um relacionamento profissional que possa desencadear em dependência, revelando nuances terapêuticas. Isso ocorre, porque há algumas situações em que o cliente tem uma relação com o profissional como se fosse emocionalmente dependente de alguma forma, não sendo essa maneira saudável de atuar. A ajuda do profissional sistêmico, portanto, difere-se em muitas formas da que prevalece na tradicional ajuda profissional, já que propicia uma atuação também com mais leveza.

Na ajuda sistêmica, o profissional busca tratar as pessoas exatamente como são, incluindo as suas famílias. Isso quer dizer que o ajudado tem a sua vida e os destinos respeitados e honrados, não há julgamentos, nem necessidade de justificativas pelo cliente a respeito das suas particularidades, de forma que ele se sente livre para buscar e aceitar a ajuda de que precisa, nessa exata medida.

A ajuda oferecida dessa forma faz bem ao ajudado e é profundamente apreciado aos que necessitam de ajuda, pois o ajudante preserva sua dignidade, confiando na capacidade do cliente, na sua responsabilidade e competência para lidar com aquilo que vivenciou ou está vivenciando. Também faz bem ao ajudante na medida em que permite uma ajuda mais eficiente, sem que essa relação se torne pesada ao longo do tempo, já que é comum a ajuda não sistêmica revelar nuances entre o profissional e o cliente que não são bem-vindas, gerando sobrecargas ao ajudado e ao ajudante.

Para auxiliar os profissionais sistêmicos no momento de ajudar os clientes Bert Hellinger sistematizou seis ordens da ajuda, nas obras "Ordens das Ajuda" editado em 2003 e "Amor do Espírito" em 2008. Segundo o autor afirma nos seus livros, não se trata de aplicação de técnicas pura e simples de outros clientes em situações similares, como se fosse uma fórmula, pois, embora exista alguma repetição aparente nas situações trabalhadas, sempre há um campo novo a ser explorado. Sendo o indivíduo único, cada caso deve ser tratado também como único. Dessa forma, o ajudante sistêmico não deve tirar conclusões e tentar encaixar o seu cliente em padrões, mas experienciar cada história, incluindo todas as possibilidades e crescendo, gradualmente, com elas.

4.1 As seis ordens da ajuda e as suas desordens

Segundo Bert Hellinger afirma nos seus livros, as ordens da ajuda não se tratam de aplicação de técnicas pura e simples de outros clientes em situações similares, como se fosse uma fórmula, pois, embora exista alguma repetição aparente nas situações trabalhadas, sempre há um campo novo a ser explorado. Sendo o indivíduo único, cada caso deve ser tratado também como único. Dessa forma, o ajudante sistêmico não deve tirar conclusões e tentar encaixar o seu cliente em padrões, mas experienciar cada história, incluindo todas as possibilidades e crescendo gradualmente com elas.

Para auxiliar os profissionais sistêmicos no momento de ajudar os clientes, Bert Hellinger sistematizou seis ordens da ajuda ou posturas a serem adotadas na atuação junto ao cliente, nas obras "Ordens das Ajuda", editada em 2003, e "Amor do Espírito", em 2008.

A primeira ordem da ajuda consiste no profissional dar apenas o que tem, e o cliente tomar apenas o que necessita. Dessa forma, ajudante e ajudado são beneficiados mutuamente, pois é uma troca equilibrada e humana, considerando os limites do ajudante e do ajudado.

A ajuda é humilde. O ajudante sabe que não é o protagonista e sabe que deve sempre se ater aos limites, tanto os seus, quanto os do cliente. Pertence à arte da ajuda perceber os limites no dar e tomar e se submeter a eles. Na ajuda sistêmica não há disposição pronta e constante em ajudar a qualquer preço e os limites devem sempre ser resguardados.

A ausência desse equilíbrio de dar e tomar na justa medida, gera desordens e começa quando um profissional quer dar o que não tem, e o cliente quer tomar algo de que não necessita. Outra desordem é quando o cliente espera e exige do profissional algo que ele não pode dar, porque ele mesmo não tem. Quem pede ou quer mais do que necessita desonra o que lhe é dado, como um filho mal-agradecido que nunca toma o que lhe é oferecido e sempre exige mais. Também ocorre quando o ajudante se arroga na postura de que ele poderia mudar o destino de um cliente ou protegê-lo, tirando dele a responsabilidade por algo que só ele pode ou deve carregar sozinho ou precisa ou deve fazer. É fundamental que o profissional reconheça no cliente a capacidade de lidar com a sua própria realidade e história. A partir disso, o cliente tem condições de participar da solução e ir nessa direção, caso queira.

Já a segunda ordem da ajuda é permanecer humilde dentro das possibilidades e contextos e se submeter às circunstâncias. Isso significa que toda ajuda precisa adaptar-se às circunstâncias da vida do ajudado, ao seu destino, à sua determinação pessoal, à sua capacidade e às suas decisões e, só pode interferir como apoio, da maneira e como a dignidade dele o permitir. Submeter-se às circunstâncias significa reconhecer a realidade e as limitações de cada indivíduo e somente interferir e apoiar à medida que elas o permitirem. Reconhecer a realidade e concordar com ela, tal como se apresenta, alinha a força da vida. Assim, o ajudante serve confiante de que há milagres, mas sem qualquer pretensão de mudar destinos. Ele desempenha seu papel com profissionalismo, convicto de que ele é apenas uma peça no sistema e que a solução está além dele.

A desordem da ajuda seria encobrir as circunstâncias ou até mesmo negá-las, ao invés de olhá-las juntamente com o cliente. Querer ajudar contra as circunstâncias da realidade enfraquece o profissional e o cliente. O profissional não deve tentar mudar o destino do cliente por lhe parecer difícil ou sofrido. Isso ocorre, porque, ocasionalmente, o profissional tenta mudar o destino do cliente, pois ele mesmo não consegue suportar o rumo que a sua vida caminha. Quando o cliente mesmo assim se deixa ajudar, não é tanto porque precisa, mas porque deseja ajudar o próprio profissional, então, essa ajuda do profissional se transforma em tomar e receber a ajuda e doar.

A terceira ordem é ajudar de igual forma, que se exige que o profissional se coloque como um adulto diante de outro adulto, quem ajuda não é o maior, o ajudado não é o menor.

Quando o cliente se coloca como menor ela não busca ajuda, ao contrário, busca aliados, quer ter razão, quer brilhar escancarando seu sofrimento, ficam paradas nesse sentimento, não conseguindo ficar na dimensão do adulto. Somente adultos têm responsabilidades pelos seus atos e tomam para si a responsabilidade de resolver o que precisa ser resolvido. Cabe ao ajudante auxiliar o cliente a estar na sua consciência de adulto, já que quem está nessa consciência assume a responsabilidade por aquilo que faz e busca. É preciso, ainda, que o ajudante tenha condições de suportar que o cliente sofra, de entender que ele tem o seu próprio destino e uma "certa" liberdade de escolha. Dessa forma, reconhecer o cliente como um adulto capaz de enfrentar os "ônus e bônus" da vida é uma postura inafastável para que o próprio cliente se perceba como adulto se apoderando das possibilidades da mudança que busca, caminhando com a sua própria força e capacidade.

O profissional não pode se portar como os pais que ajudam os filhos pequenos, não podendo se dedicar ao cliente como se assim fosse, sob pena de, mais tarde, o cliente lhe "exigir" essa dedicação paterno-filial. Caso o ajudante se "coloque como pai" do cliente, eles se envolverão em uma longa relação, ficando presos um ao outro ao invés de olharem juntos para a solução buscada. Ocorre que na boa ajuda, a relação entre profissional e cliente é curta, dura apenas o suficiente, sem emaranhamentos desnecessários. O profissional que permanece preso ao cliente também não se desenvolve, nem amadurece, nem está livre para novas possibilidades, ou clientes. A desordem da ajuda ocorre quando o profissional permite que o cliente faça reivindicações infantis e quando o ajudante trata o cliente como uma criança, para poupá-lo de algo que ele precisa e deve carregar, incluindo as responsabilidades e as consequências e, assim desenvolver força suficiente para seguir para a vida.

A quarta ordem é que o ajudante deve permanecer dedicado a todo o sistema, requerendo a empatia do profissional focada no sistema familiar como um todo, ou seja, não há o foco apenas no cliente, como um indivíduo isolado, já que ele é parte de uma família. Seria uma imagem incompleta olhar somente para o cliente. Todos devem ser olhados, inclusive quem contra o qual se tem uma queixa. Não há certos e errados, não há vilões e vítimas. Todos têm um lugar. Todos pertencem. Somente assim o ajudante pode perceber o que o cliente precisa e a quem talvez ele deva algo. Percebe-se, também, quem mais precisa de respeito e ajuda nessa família e a quem o cliente precisa se dirigir para reconhecer e dar os passos decisivos.

Quando o cliente permanece em uma atitude infantil, pode ser que não entenda essa empatia sistêmica que inclui todos. O ajudante deve estar focado que a ajuda só é possível para quem procura a solução de maneira adulta, sentindo que o procedimento sistêmico completo, incluindo a todos, também gerará uma grande força e libertação em busca da solução. A desordem nesse ponto se dá quando os membros da família são ignorados, excluídos ou mesmo desrespeitados, na medida em que sem eles, a solução não é mais possível.

Já a quinta ordem da ajuda é ajudar sem julgamento, com amor, não importa o quanto esse cliente seja diferente, mesmo que nada mude. Assim, a quinta ordem da ajuda exige que o ajudante renuncie às expectativas de que o outro mude. Dessa maneira não cabe ao ajudante sistêmico julgamentos e o outro continua com o destino dele e o ajudante com o seu, estando ambos abertos às possibilidades. Essa ordem está vinculada à empatia e ao amor a cada ser humano, não importando o quanto essa pessoa seja diferente.

Os movimentos sistêmicos unem o que antes estava separado, de forma a estar a serviço da reconciliação, em especial com os pais, mas também dos demais membros da família. O que separa os membros é diferenciá-los entre bons e maus, certos e errados. Dessa forma, quando o cliente se queixa de alguém, sobretudo dos pais, queixa-se das circunstâncias da sua vida ou do seu destino e o profissional adota também essa visão, não estará a serviço da reconciliação, mas do conflito, separação ou desordem. Por isso, é importante que o profissional que busca a reconciliação, dê um lugar no seu coração para a pessoa de quem o cliente reclama, antecipando na sua alma o que o cliente ainda precisa realizar. Aquilo que se reconciliou no seu coração também pode se reconciliar no sistema do cliente. A desordem da ajuda aqui seria o julgamento dos clientes, do seu sistema, que geralmente é uma condenação e a indignação moral ligada a tal aspecto. Isso é não entender as diferenças, mas determinar que a pessoa fez coisas boas ou coisas ruins, dignas ou indignas.

Por fim, a sexta ordem da ajuda é ajudar pelo reconhecimento, sem lastimar e em harmonia com um destino difícil. Quem toma partido, não ajuda. Quem não respeita o destino especial de seu cliente, não ajuda. Quem ajuda, não julga. Ajuda o profissional que permanece no amor maior perante os envolvidos, reconhecendo a todos. A sexta ordem da ajuda ocorre quando se reconhece que nada do que foi poderia ter sido diferente, sem nenhum pesar, ajuda e ganha força. Pelo reconhecimento interno do profissional que tudo que ocorreu não foi em vão, o cliente também ganha força para concordar com seu passado exatamente como foi, com tudo que lhe ocorreu.

Mesmo que a situação que o cliente tenha vivenciado seja "ruim", o profissional não deve também sentir assim. Reforçando a visão do cliente, o profissional também será afetado e perde a força. Na concordância interna da realidade tal como ela é, o profissional ganha força, bem como o cliente, não havendo necessidade de consolo. O profissional que não suporta a realidade do seu cliente e não se expõe também a essa realidade, no fundo, discorda do seu destino. Quando o profissional entra em sintonia com a realidade do cliente e concorda com seu destino, fica tranquilo, propiciando ao cliente se expor também ao seu próprio destino, seja lá qual for. Em outras palavras, o cliente pode crescer quando o profissional permanece em sintonia com a grandeza da vida e da sua plenitude, também em sintonia com o seu desafio e a sua dureza, simultaneamente com tudo. Todos crescem quando se expõem à realidade, como ela é.

A desordem da sexta ordem ajuda, ocorre quando o profissional gostaria que algo fosse diferente do que foi para o cliente, do que será, ou seja, do que é. Ele quer consolar, lastimando com o cliente sobre o que foi, da maneira que foi, que algo poderia ter sido diferente.

5. ADVOGADO COMO AJUDANTE

A abordagem sistêmica do direito, portanto, propõe a aplicação prática da ciência jurídica com um viés humanizado - desde a etapa de elaboração das leis até a sua aplicação nos casos concretos. A proposta é utilizar as leis e o direito como mecanismo de tratamento das questões geradoras de conflito, visando à saúde do sistema "doente", como um todo, viabilizando ao agente delitivo uma nova possibilidade, uma nova "visão" da própria vida e de tudo sobre ela, assim, contribuindo, de fato, para a ressocialização do indivíduo.

O "viés humanizado" apontado aqui não quer dizer "terapeutizar" a advocacia, mas acolher o cliente e olhar além da demanda que chega até o escritório. Isso significa utilizar os códigos que a legislação estabelece, mas também outras Leis naturais a que os indivíduos estão sujeitos.

6. A ATUAÇÃO SISTÊMICA DO PROFISSIONAL DO DIREITO NÃO FAZ DELE UM TERAPEUTA

Existe um equívoco muito grande a esse respeito, o que, de certa forma, contribui para uma resistência que ainda permeia quando se fala de Direito Sistêmico, Advocacia Sistêmica e aplicação de Constelação Familiar no Judiciário. A atuação do advogado sistêmico começa desde o primeiro atendimento ao cliente. É na postura que o profissional sistêmico revela sua atuação. Para tanto, basta a sua formação e habilitação como advogado e o conhecimento das Leis e ferramentas sistêmicas.

O advogado atua como ajudante técnico do cliente em uma demanda jurídica, seja ela judicial ou extrajudicial, buscando, inclusive, perceber o conflito, para que se resolva a demanda. Esse movimento, cheio de propósito, pode também esconder nuances não tão positivas entre o "ajudador" e o "ajudado".

Advogados defendendo os seus clientes como "defenderiam a si mesmos" podem revelar dinâmicas ocultas do profissional, que ao ajudar seu cliente, na verdade, buscam "salvar" a eles mesmos ou ao seu sistema.

Para que haja equilíbrio na relação entre advogado e cliente, é necessário que haja um certo espaço, uma isenção e que o advogado, muito embora esteja ali para defender a causa do seu cliente, o faça apenas tecnicamente, sem nenhum clamor, sem nenhum "amor" ou "ódio". Dessa forma, o advogado precisa, primeiramente, colocar-se no seu lugar. Na demanda, ele não é parte, ele é auxiliar. Ao profissional cabe apenas o lugar de colaborador técnico. A demanda é e deve ser sempre do cliente, não podendo o advogado ultrapassar esse limite. O ajudado é o protagonista, afinal de contas, é ele quem vai suportar as consequências, boas e ruins, das decisões, sejam elas estabelecidas por terceiros (juízes) ou por si mesmos.

Muitas vezes, quando um cliente procura um advogado, ele busca um amparo que não cabe ao advogado dar. É bastante natural que o advogado "aceite" esse lugar, que não é seu. Nota-se, a dinâmica disfuncional pode acontecer por ambas as partes. Contudo, quando uma das partes toma o seu lugar, assume a ordem, a relação se alinha. É importante que o advogado faça o cliente perceber quais as dinâmicas em que está inserido e refletir sobre o conflito. Por isso o lugar de isenção do advogado é tão importante, baseado sempre nas Ordens da Ajuda.

É notório cada vez mais, que a advocacia é um exercício multidisciplinar, em que não basta a aplicação de leis positivadas e o conhecimento de procedimentos legais. É necessário, ainda, profundo conhecimento das relações humanas, com acolhimento das pessoas, uso de técnicas de comunicação para intermediar diálogos e colaborar com os indivíduos. Mesmo em um litígio, essas são ferramentas essências para que se busque uma solução que atenda verdadeiramente a necessidade de todos os envolvidos. Assim, para além de ganhar ou perder, a solução pode ser estabelecida.

7. CONCLUSÃO

De todo o exposto no presente artigo, conclui-se que a utilização das técnicas de constelações familiares e os métodos adequados de soluções de conflitos têm se mostrado muito útil para a pacificação social. Sendo o Direito um campo de atuação multidisciplinar, o Direito Sistêmico é só mais um vértice em que duas arestas do conhecimento humano se encontram com vistas à melhoria das relações humanas.

O advogado, nesse contexto, possui um papel de extrema importância. Isso ocorre, porque é a sua postura que dita os rumos dos processos, o modo como a parte encara o seu litígio e que tangerão às decisões judiciais. Dessa forma, é de suma importância que o profissional de advocacia assuma uma postura de ajudante diante dos conflitos, libertando-se da função de protagonista que não lhe pertence.

Um profissional do Direito que tenha conhecimento das leis sistêmicas e das ordens da ajuda pode colaborar de forma, embora muito sutil, profunda, para a solução das demandas que lhes são apresentadas. Para tanto, ele deve estar sempre no seu lugar, com a postura certa, de modo a não causar maiores desordens, nem para o cliente, nem para si.

Dessa forma, confirma-se a hipótese de que a aplicação da postura sistêmica, assumindo o advogado o papel de ajudante, juntamente com outras técnicas, é extremamente benéfico não apenas para o advogado que a aplica, mas, também, para o cliente por ele atendido, que alcança a solução, possibilitando, nessa perspectiva, melhores resultados.

REFERÊNCIAS

BRASIL. Conselho Nacional de Justiça. AZEVEDO, André Gomma de (Org.).

Manual de Mediação Judicial. 6. ed. Brasília/DF: CNJ, 2016. Disponível em: https://www.cnj.jus.br/wp-content/uploads/2015/06/f247f5ce60df2774c59d6e2dddbfec54.pdf. Acesso em: 02 set. 2022.

HELLINGER, Bert. **A fonte não precisa perguntar pelo caminho**. Patos de Minas: Ed. Atman, 2005.

HELLINGER, Bert. **Ordens da Ajuda**. Ed. Atman, 2008.

HELLINGER, Bert. **Ordens do amor**. Ed. Cultrix, 2001.

HELLINGER, Bert. **Simetria Oculta do Amor**. Ed. Cultrix, 2012.

HELLINGER, Bert; HÖVEL, Gabriele ten. **Constelações Familiares**. Ed. Cultrix, 1996.

HELLINGER, Bert. **O amor do espírito**. Patos de Minas: Ed. Atman, 2009.

HELLINGER, Bert. **As ordens da ajuda.** Goiânia: Ed. Atman. 2013.

HIRONAKA, Giselda Maria Fernandes Novaes. **Direito Civil**: estudos. Belo Horizonte: Del Rey, 2000.

MELLO, Shirlei Silmara de Freitas. Aplicação das Leis Sistêmicas (Constelações Familiares) e Mediação na Pacificação de Conflitos Decorrentes dos Laços de Família. *In*: CORDEIRO, Carlos José; GOMES, Josiane Araújo. **Temas Contemporâneos de Direito das Famílias**. São Paulo: Pillares, 2018.

SCHNEIDER, Jakob Robert. **A prática das Constelações Familiares**. Ed. Atman, 2007.

STORCH, Sami. **Direito sistêmico é uma luz no campo dos meios adequados de solução de conflitos**. 2018. Disponível em: https://www.conjur.com.br/2018-jun-20/sami-storch-direito-sistemico-euma-luz-solucao-conflitos. Acesso em 05 jul. 2022.

PAIVA, Camila Barbosa de Paiva; FALEIROS, Carolina Oliveira; D'ÁVILA, Fernanda Azevêdo. Advocacia sistêmica: o advogado como ajudante. *In:* MENESES, Heloísa Corrêa; SILVA, Tiago Nunes da; RAMONE TAVARES, Viviane; TEIXEIRA, Wendel de Brito Lemos (Coords.). **Anuário da OAB Uberlândia 2022/2023.** Uberlândia: Marco Teórico, 2023. pp. 535-551.

A PROTEÇÃO AOS ANIMAIS DOMÉSTICOS NO ORDENAMENTO JURÍDICO BRASILEIRO

33

Elisângela Teixeira Gondim Dórea
Realina Maria Ferreira

RESUMO:

O presente artigo analisa o direito dos animais domésticos e a proteção vigente no ordenamento jurídico. O intuito é demonstrar que o assunto é e relevante e merece a atenção do ordenamento jurídico e do poder público. Objetiva-se mostrar, que embora tenham leis de proteção aos animais e que seja crime maltratá-los, com punição prevista em lei, mesmo assim, constantemente, os animais são vítimas de violência e crueldade. São apresentados os motivos que levam a essa triste realidade e são propostas formas que possam contribuir para a redução da violência contra os animais. Portanto, visa-se dar ênfase aos direitos dos animais, que devem ser respeitados e protegidos, tendo em vista que eles fazem parte da nossa fauna, do nosso meio ambiente e dos nossos lares. A doutrina, as leis e as jurisprudências foram fundamentais para a base deste estudo.

PALAVRAS-CHAVE:

Direito dos Animais. Animais como sujeitos de direito. Leis de direitos dos animais.

1. INTRODUÇÃO

Esse tema é socialmente importante e muito caro às autoras deste artigo e, inclusive, uma delas é membro da Comissão de Proteção e Defesa do Direito Animal da

Ordem dos Advogados do Brasil (OAB) de Uberlândia, o que tem permitido acompanhar e participar, de forma ativa, de questões relacionadas ao Direito dos Animais. Nessa função, percebe-se como, nos últimos anos, foram noticiadas algumas alterações e discussões importantes sobre o Direito dos Animais, ao mesmo tempo em que casos de maus-tratos e violência têm sido cada vez mais perceptíveis no âmbito social, principalmente por intermédio de ONGs e grupos ativistas que desvelam e combatem tais movimentos.

Um ponto importante a esclarecer é que o principal fato caracterizador dos animais domésticos é a convivência com o ser humano, o que de fato os tornam bem próximos e dependentes da presença humana. Por isso, é necessário que as relações entre as partes sejam sempre pautadas no respeito, na responsabilidade, no bom senso e de acordo com as leis, uma vez que elas existem, a fim de garantir a proteção aos animais. Contudo, mesmo com esses valores que são esperados na nossa convivência com animais e com a existência de leis positivadas e atualmente vigentes, é possível constatar que a violência contra animais ainda é uma prática constante e até naturalizada, não apenas pela falta de punibilidade e efetividade do direito dos animais, mas pela sobreposição dessas leis e as suas interpretações frente a valores comumente referidos como culturais, tradicionais e, certamente, antropocêntricos. É fundamental, portanto, haver propostas concretas para conscientização e diminuição dos casos de violências contra os animais e o reconhecimento de que eles são seres dotados de certas características que permitem e necessitam da proteção jurídica. A universalização dessa proposição, contudo, ainda é um desafio.

No tocante à classificação dos animais domésticos perante o direito, o Plenário do Senado aprovou no dia 07 de agosto de 2019 o projeto de lei que cria um regime jurídico especial destinado para os animais. O Projeto de Lei da Câmara (PLC) 27/2018 tem o intuito de alterar a classificação dos animais que, para o direito, eram considerados objetos (BRASIL, 2018). Também foi sancionada, no dia 29 de setembro de 2020, a Lei n. 1.095/2019, que aumentou a punição para quem praticar ato de abuso, maus-tratos, ferir ou mutilar animais (BRASIL, 2019). Segundo essa alteração, a pena pode ser de dois a cinco anos de prisão, além de multa e a proibição de guarda de novos bichos. Antes, a pena prevista era de três meses a um ano de reclusão, bem com uma multa localizada no artigo 32 da Lei de Crimes Ambientais n. 9.605/98 (BRASIL, 1998).

2. CONTEXTUALIZAÇÃO HISTÓRICA

Durante muito tempo, os animais foram significados como objetos, tanto é que, no Código Civil publicado em 2002, a previsão legal era situada nas regras para coisas e, no Direito Civil, até 2019, o animal era significado como propriedade. Assim, por um longo período, os animais foram vistos apenas como mero objeto de posse e trabalho e não se pensava que os animais também poderiam ter direitos e proteção resguardados em lei, que sentem dor e sofrimento se cometida violência contra eles.

No Brasil, a primeira legislação de proteção aos animais foi o Decreto 16.590, promulgado no ano de 1924 no âmbito federal. O Decreto trouxe algumas proibições acerca do que era percebido como trazer sofrimento ao animal, tais como as brigas de galos e canários praticadas na época, que deixavam muitos animais feridos e até mesmo mortos (BRASIL, 1924). Posteriormente, em 10 de julho de 1934, Getúlio Vargas promulgou o Decreto Lei número n. 24.645, que trouxe avanços significativos na legislação, pois positivou a proibição de maus-tratos contra animais, conceituando-os como uma forma de contravenção (BRASIL, 1934). Já no ano de 1980, devido ao momento de maior visibilidade dos movimentos ecológicos e vegetarianos, a sociedade começa, então, a questionar mais sobre o direito dos animais, passando a ter conscientização sobre a necessidade de se criar uma legislação, com objetivo de proporcionar a proteção dos animais.

Em 1988, houve a promulgação da Constituição Federal, o que foi um grande passo no processo de democratização do país. No documento foi reservado um capítulo para abordar questões do meio ambiente, demonstrando que o Poder Legislativo estava preocupado em resguardar direitos ambientais incluindo a fauna e, dessa forma, estava interessado também em garantir o bem-estar do animal (BRASIL, 1988). Mediante a grande diversidade de fauna existente no Brasil, a Constituição trouxe a positivação da proteção animal no artigo 225, §1, VII. O Poder Público ganhava, então, a função de resguardar a fauna, logo, não seriam mais permitidos quaisquer atos que prejudicassem o ecossistema ou submetessem animais à crueldade. Nesse momento, cabe enfatizar, o que hoje é referido como animais não-humanos, que ainda era referido nos documentos como "animal", o que traz uma diferença discursiva importante. Assim, conforme Rodrigues (2009, p. 69),

> como dito, o protecionismo aos animais fortaleceu-se com o teor da Carta Magna, a qual elevou os bens ambientais à condição de bem público, passando a receber uma especial atenção por parte do legislador através do art. 225, § 1º, inc. VII, o qual,

abrigando toda e qualquer classificação de Animais, obrigou o Poder Público a dedicar à fauna.

A discursivização do tema no âmbito do Direito Penal, contudo, ocorre somente no ano de 1998, quando é promulgada a Lei Federal de Crimes Ambientais, que trouxe um capítulo reservado à questão dos crimes contra o meio ambiente, apresentando artigos com previsão de sanção legal aos crimes de violência contra os animais. Essa Lei trouxe, portanto, sanções penais e administrativas decorrentes de condutas e atividades lesivas, estipulando penas para quem as descumpra, conforme a previsão do seu artigo 32 (BRASIL, 1998). Por sua vez, os Estados e municípios foram, com o passar do tempo, criando as suas próprias legislações e normas de proteção animal.

Contudo, embora existam as previsões legais, na sociedade contemporânea o Direito dos animais não-humanos ainda é um Direito que é praticado de forma secundária. Infelizmente, diariamente convivemos com relatos de animais que sofrem violência e nos deparamos com muitos animais abandonados nas ruas, pois as penas previstas para quem pratica o crime de violência contra os animais é branda e existem poucas medidas do poder público para a redução de violência e resgate de animais abandonados. Portanto, ainda há descaso em relação aos animais e à efetiva proteção legal. Além disso, antes ou mais forte que os direitos dos animais não-humanos, têm sido os sentidos antropocêntricos relacionados ao que tem sido chamado de cultura, hábito, tradição e que se pautam em construções discursivas baseadas no especismo, imaginário, a partir do qual o ser humano é superior em relação a qualquer outra espécie, bem como no lucro produzido e respaldado pelo sistema capitalista e consumista contemporâneo.

3. AS PRIMEIRAS LEIS BRASILEIRAS SOBRE ANIMAIS NÃO-HUMANOS: OS TEXTOS DO DECRETO Nº 16.590/1924, DO DECRETO-LEI Nº 24.645 E DA CONSTITUIÇÃO FEDERAL DE 1988

O principal fato caracterizador dos animais domésticos é a convivência com o ser humano, o que os tornam dependentes dele. A judicialização dessa convivência determina que ela seja pautada no respeito e não descumpra o que está previsto em leis e diretrizes, a fim de garantir a proteção aos animais domésticos.

Até o século XIX, os animais não-humanos foram significados, predominantemente, como meros objetos de posse e trabalho. Não se pensava que os animais não-humanos também poderiam ter direitos e proteção resguardados em lei, bem como que sentem dor e sofrimento se cometida violência contra eles. Essa mudança na significação produziu a necessidade de amparo legal, no caso de o animal não-humano sofrer algum tipo de violência. O (mau-)trato do animal não-humano foi judicializado ao longo do século XX.

Em âmbito internacional, a Declaração Universal dos Direitos dos Animais, proclamada pela UNESCO (Organização das Nações Unidas para a Educação, a Ciência e a Cultura), em 1978, tendo o Brasil como um dos países signatários, institui que os animais domésticos possuem direitos. Entretanto, por ser uma diretriz, somente dá orientações, sem ter força de impor o que institui em seu texto.

Antes disso, no Brasil, a primeira legislação de proteção aos animais foi o Decreto 16.590, promulgado no ano de 1924, em âmbito federal e que proibia práticas de entretenimento, tais como as brigas de galos e canários e, atualmente, encontra-se revogado pelo Decreto 11 de 1991. Para ilustrar, no seu art. 5º "vedava a concessão de licenças para corrida de touros, garraios, novilhos, brigas de galo e canários e quaisquer outras diversões desse gênero que causem sofrimento aos animais" (BRASIL, 1924). Nesse sentido, o Decreto regulamentou as Casas de Diversões Públicas que envolviam as práticas de animais.

Dez anos depois, em 10 de julho de 1934, estabelece-se o Decreto-Lei nº 24.645, que de fato positiva a proibição de maus-tratos contra animais, tornando-os contravenção perante a lei. Nesse momento, animais como bois, burros, cavalos, dentre outros, eram bastante utilizados para transporte e muito do texto se volta também para essa condição tecnológica da época. Por maus-tratos, compreende-se as definições que estão previstas no art. 3º. Ao longo de todo o texto do art. 3º, pode-se compreender o funcionamento do pensamento antropocêntrico. É só nos anos 1970 que se intensificam os movimentos voltados à ecologia. Nessa época, o movimento *hippie* demonstrou preocupação com os animais, colocando em pauta a necessidade de uma legislação de proteção animal. Na década de 1980, movimentos ecológicos e vegetarianos se fortaleceram, tornando mais audível o debate sobre o direito dos animais.

Com a Constituição Federal de 1988, estabeleceu-se que o Poder Público assumiria a função de resguardar a fauna, proibindo atos prejudiciais ao ecossistema ou que envolvam crueldade de animais não-humanos. Assim, conforme Rodrigues,

> o protecionismo aos animais fortaleceu-se com o teor da Carta Magma, a qual elevou

> os bens ambientais à condição de bem público, passando a receber uma especial atenção por parte do legislador através do art. 225, § 1º, inc. VII, o qual, abrigando toda e qualquer classificação de Animais, obrigou o Poder Público a dedicar à fauna (RODRIGUES, 2010, p. 69).

O pilar do ordenamento jurídico é a Constituição Federal, sendo a lei maior e a norteadora de todos os direitos. Nesse sentido, conforme Rodrigues,

> ainda, há que ressaltar a relevância da proteção do ambiente com base jurídica constitucional. Na hierarquia legislativa a Constituição Federal também tem sua importância fundamental, eis ser uma norma superior, hábil e oferecer segurança normativa e, por isso, considerada como referência para a sociedade, ainda mais, porque tutela as aspirações fundamentais dos indivíduos (RODRIGUES, 2008, p. 183).

Dentre os direitos previstos na Constituição Federal, destacamos o capítulo reservado à proteção do meio ambiente, o qual tem por intuito estabelecer medidas e garantias, a fim de obter efetiva proteção à fauna, que faz parte do Meio Ambiente, o que pode ser observado no seu art. 225, que ressalta:

> todos têm direito ao meio ambiente ecologicamente equilibrado, bem de uso comum do povo e essencial à sadia qualidade de vida, impondo-se ao Poder Público e à coletividade o dever de defendê-lo e preservá-lo para as presentes e futuras gerações (BRASIL, 1988).

O § 1º, incisos VI e VII, do Art. 225, disciplinam que:

> § 1º Para assegurar a efetividade desse direito, incumbe ao Poder Público:
> VI – promover a educação ambiental em todos os níveis de ensino e a conscientização pública para a preservação do meio ambiente;
> VII – proteger a fauna e a flora, vedadas, na forma da lei, as práticas que coloquem em risco sua função ecológica, provoquem a extinção de espécies ou submetam os animais a crueldade (BRASIL, 1988).

Esse mesmo artigo, que faz a previsão de proteção aos animais, determina no § 3º, que as condutas e atividades consideradas lesivas ao meio ambiente sujeitarão os infratores, pessoas físicas ou jurídicas, a sanções penais e administrativas, independentemente da obrigação de reparar os danos causados.

4. A VIDA DOS ANIMAIS NÃO-HUMANOS ENTRE OS DISCURSOS DE CULTURA, ENTRETENIMENTO E ESPORTE

As preocupações com a tutela dos animais ensejaram, em regulamentação na ONU em 1975, a elaboração da Declaração Universal dos Direitos dos Animais. Apesar disso, há diversos eventos ao redor do mundo que utilizam o sofrimento animal como símbolo cultural. Em diferentes sociedades, os maus-tratos aos animais são discursivizados como formas de manifestação cultural e compõem rituais, festas referidas como tradicionais e uma cultura do entretenimento baseada na exploração animal. Há, também, as práticas de prender animais para exposição ao público, como um espetáculo para o divertimento humano. Essas práticas, assim, podem ser vistas, de diversas formas, em muitas sociedades ao redor do mundo, como uma tradição antropocêntrica de ignorar completamente os sofrimentos aos quais os animais são submetidos nesses atos.

No Brasil, como aborda Felizola (2011), é importante questionar o status de entretenimento de várias manifestações tidas como culturais e tradicionais pelos seus praticantes e que envolvem explicitamente a exploração de animais. A discursivização dessas manifestações como da ordem da cultura ou da tradição tem respaldado a sua continuidade a despeito dos maus-tratos e violência. Entre elas, destacamos a farra do boi, as vaquejadas, as rinhas e mais uma série de uso de animais para o deleite humano.

Como já mencionado antes neste texto, várias dessas práticas se configuram como crimes de maus-tratos aos animais e há, no ordenamento jurídico brasileiro, diversas menções ao tema ao longo da história, tais como a instituição da função ao Poder Público de proteger a fauna e vedar práticas que envolvessem crueldade com animais, que consta na Constituição Federal de 1988 e a instituição do reconhecimento de Crime Ambiental de 1998.

Felizola (2011) menciona quatro manifestações que foram discutidas e sistematizadas para resolver o impasse: a farra do boi, os rodeios, as rinhas e o uso de animais em circos.

Os rodeios, por sua vez, são permitidos no Brasil e condicionados à Lei federal n. 10.519/2002, que dispõe sobre a defesa sanitária animal na sua realização. Os rodeios são considerados como atividades de montaria e de cronometragem, em que se avalia a habilidade do atleta em dominar o animal, assim como o próprio animal. Os tribunais brasileiros continuam com a interpretação de que os rodeios são permitidos, desde que não impliquem em sofrimentos aos animais, havendo ainda alguns impasses quanto aos usos de certos instrumentos, mas, de forma geral, repousa a permissão à existência dos rodeios.

Já as rinhas são lutas entre animais nas quais o público aposta em um dos animais participantes como vencedor. Assim, caso o animal ganhe, a pessoa recebe o prêmio por tê-lo escolhido. As mais populares no Brasil são as rinhas de cães e galos, havendo diversas modalidades dessa manifestação, inclusive, uma em que o combate só acaba quando um dos animais literalmente morre. O Supremo Tribunal Federal (STF), nesse sentido, manifestou-se contrariamente sobre as leis estaduais nos Estados do Rio de Janeiro, Rio Grande do Norte e Santana Catarina que autorizavam as brigas de galo, caracterizando-as como atividades esportivas.

Outra modalidade que, segundo Felizola (2011), ainda persiste no Brasil, é o uso de animais em apresentações de circo. Ressalta-se aqui o "uso" como uma expressão que, de fato, indica como as práticas estão associadas à percepção de que os animais são "coisas" que podem ser usadas a partir do prazer humano. Atualmente, assim, muitos estados brasileiros possuem regulamentação própria sobre animais em circos, tendo doze deles proibido a prática completamente.

A vaquejada é um evento que ocorre no nordeste do Brasil, em especial nos estados do Ceará e Bahia e tem origens no século XVIII e, segundo pesquisadores, possui aspectos importados do México. Outras fontes relacionam a vaquejada à captura de bois que fugiam, perdiam-se ou mesmo se misturavam com o gado de fazendas vizinhas. Essa captura requeria bastante habilidade dos vaqueiros, passando a ser denominada como "pegada do boi", sendo celebrada e, frequentemente, remunerada. Os vaqueiros reconhecidos pela técnica ganhavam fama e prêmios.

No entanto, a vaquejada, como é conhecida na atualidade, ganhou seus contornos em meados do século XX, tornando-se grandes eventos que atraem um público imenso, além de outras atividades, como a venda de cavalos e outros animais e espetáculos para entreter os convidados. A prática, apontada pelos seus defensores como esporte, consiste em uma atividade em que dois vaqueiros se unem para derrubar um boi, usando como artifício o ato de puxar o rabo do animal. A derrubada deve ocorrer entre duas faixas delimitadas por linhas de cal. A pista na qual a vaquejada ocorre é cercada por amplas arquibancadas para que possa ser acompanhada pelo público. Atualmente, as vaquejadas são eventos que geram cerca de 50 milhões de reais por ano. Com grande publicidade e patrocinadores, as Vaquejadas se tornaram um setor extremamente lucrativo no país.

Já a farra do boi é típica da região sul do Brasil, em especial Santa Catarina. É uma manifestação que teve origem no país no século XVIII e ocorria na ocasião da Quaresma, com o boi simbolizando Judas. A prática foi trazida por portugueses e descendentes da Ilha de Açores, posse portuguesa no oceano Atlântico, que vivenciava um crescimento populacional no período. O boi era engordado para a quaresma e, na ocasião da farra, era solto em um local demarcado. Atacava-se e agredia o animal até a morte, algumas vezes usando pedaços de pau e pedra. Após a morte do animal, a sua carne era servida entre as famílias da região. Uma série de justificativas religiosas eram utilizadas para legitimar a farra do boi, uma delas é de que o boi simbolizaria Judas ou o próprio diabo, e agredi-lo, seria o mesmo que agredir esses, sendo uma luta a favor do divino durante o período da quaresma. Essas mesmas justificativas inviabilizavam o consumo da carne do animal, por ser uma carne "maculada" e não própria para o consumo.

Entretanto, com o passar dos anos, a farra do boi foi ficando cada vez mais agressiva e o aspecto da distribuição da carne entre a comunidade desapareceu. No século XX, a Farra passou a ser uma festa em que o boi é solto, perseguido pelas pessoas que carregam pedaços de pau, facas, lanças de bambu, cordas, chicotes e pedras para, posteriormente, jogá-los contra o animal, expondo-o de forma clara a maus-tratos. O animal era atacado até desfalecer, quando era abandonado e não sacrificado para refeições das famílias locais. Cabia às autoridades resgatarem os bois, algumas vezes mortos, outros necessitando de sacrifício devido à seriedade dos ferimentos e à falta de recursos veterinários do Estado para arcar com a situação.

No final do século XX, o discurso ambientalista e a luta pelos direitos dos animais se tornaram cada vez mais fortes, com a fundação de organizações não-governamentais, como *Greenpeace, World Wide Fund (*WWF*) e People for the Ethical Treatment of Animals* (PETA). Surgido no exterior, o movimento chegou ao Brasil alcançando muitos adeptos. Essa movimentação fez a sociedade civil iniciar uma campanha massiva para proibir a prática da farra do boi na década de 1980. A campanha ganhou grande adesão e mídia e, em 1988, foi produzido um relatório com medidas de combate à farra do boi.

No entanto, tais medidas se mostraram pouco eficazes, o que levou a uma mobilização ainda maior em nível nacional. Finalmente, em 1997, o STF proibiu a prática a partir do Recurso Extraordinário nº 153.531-8/SC; RT 753/101. Nos anos seguintes, outras legislações estaduais e federais confirmaram a proibição e estabeleceram penas para a realização do evento. Infelizmente, contudo, em alguns locais do litoral de Santa Catarina ainda são realizados eventos clandestinos de farra do boi[1], algumas vezes com conivência do setor público. Grupos de direitos dos animais ainda atuam fortemente para combater e denunciar tais irregularidades.

5. AS LEIS EM TORNO DA CULTURA E DOS MAUS-TRATOS CONTRA ANIMAIS NÃO-HUMANOS: LEI DE CRIMES AMBIENTAIS N. 9.605/98 E LEI N. 13.873/19

Com relação aos temas Vaquejada e Farra do Boi, identificamos que a Lei 13.364/2016, modificada posteriormente em 2019, reconhece o rodeio, a vaquejada e o laço como expressões artísticas e esportivas, assim como manifestações culturais nacionais (BRASIL, 2016). Por esse texto, essas manifestações passam a figurar como patrimônio cultural brasileiro, ligadas à vida, à identidade e à memória dos grupos que fazem parte desse campo cultural. Entre as expressões consideradas, há as montarias, provas de laço, provas de rédeas, e muitas outras, dentro do grande campo de expressão da vaquejada, do rodeio e do laço.

Já em 2017, a realização das vaquejadas foi votada pelo STF e aprovada como esporte, pelo Projeto de Lei n. 8240/17. A votação foi acirrada e algumas mudanças foram implementadas em prol dos animais. Em 2019, o tema voltou novamente à pauta do judiciário, com o projeto sendo configurado como a Lei n. 13.873/19, que foi sancionada pelo presidente Jair Bolsonaro. É de 2017 também a Emenda Constitucional n. 96, de 6 de junho de 2017, que determina, nesse caminho, que práticas desportivas - como as vaquejadas e os rodeios - não são consideradas cruéis (BRASIL, 2017), em uma emenda ao art. 225 da Constituição Federal.

Nessa ocasião, vale a pena expor o dispositivo e a sua alteração. No art. 225, inciso VII, como já abordamos, no capítulo anterior, a Constituição Federal assegura a proteção da fauna e da flora e veda, na forma da lei, práticas que coloquem em risco a fauna e a flora, que provoquem a extinção de animais ou que submetam animais à crueldade (BRASIL, 1988). A adição via emenda constitucional está presente no §7º,

1 A esse respeito, conferir o texto de Torres (TORRES, **Farra do Boi**: mesmo proibida por lei, prática sangrenta ainda é comum em Santa Catarina. 2018. Disponível em: https://www.bbc.com/portuguese/geral-43601409. Acesso em: 15 jan. 2022).

que passa a integrar o seguinte texto:

> Para fins do disposto na parte final do inciso VII do § 1º deste artigo, não se consideram cruéis as práticas desportivas que utilizem animais, desde que sejam manifestações culturais, conforme o § 1º do art. 215 desta Constituição Federal, registradas como bem de natureza imaterial integrante do patrimônio cultural brasileiro, devendo ser regulamentadas por lei específica que assegure o bem-estar dos animais envolvidos (BRASIL, 2017).

Vale enfatizar, aqui, o trecho que ressalta que isso é permitido "desde que sejam manifestações culturais", a partir da qual seria possível justificar as práticas desportivas. Nesse sentido, questiona-se qual o limite do uso recreativo do sofrimento animal para o lazer de humanos.

Além disso, recentemente, uma reportagem[2] discutiu a aprovação da vaquejada como esporte na qualidade de projeto de lei pela Comissão do Esporte da Câmara dos Deputados, estando o trâmite do projeto em caráter conclusivo e, posteriormente, será analisado por mais algumas comissões. Apesar disso, entende-se que o *status* atual da vaquejada, nesse contexto, é um ponto pacífico no ordenamento jurídico, embora cause enorme desconforto a ativistas dos direitos dos animais e associações ambientais, de forma geral.

Se as vaquejadas foram reconhecidas e regulamentadas, apesar da pressão pública contrária, o caso da proibição da farra do boi é bastante consolidado. Considerado ainda na década de 1990 uma prática cruel e ilegal, a farra do boi foi proibida pelo STF em 1998, pela Lei de Crimes Ambientais nº 9.605/98, a qual traz um capítulo reservado à previsão dos crimes contra o meio ambiente, com artigos com previsão de sanção legal aos crimes de violência contra os animais, define sanções penais e administrativas para condutas e atividades lesivas.

De fato, não é incomum a divulgação de reportagens que denunciam a continuidade das farras do boi, que acontecem de forma clandestina em diversos municípios de Santa Catarina. A previsão legal não impediu que muitos dessem continuidade às manifestações com crueldade animal. Nesse sentido, é necessário implementar uma fiscalização adequada para coibir as práticas. Mais do que isso, a sociedade como um

2 CÂMARA LEG. **Comissão aprova proposta que reconhece vaquejada como esporte.** 2021. Disponível em: https://www.camara.leg.br/noticias/830094-comissao-aprova-propos ta-que-reconhece-vaquejada-como-esporte/ Acesso em: 17 dez. 2021.

todo deve refletir sobre as manifestações que, sob o discurso da cultura ou do entretenimento, têm vitimado diversos animais de forma corriqueira, posto que a vida humana parece estar acima de todos os outros animais, inclusive ao possuir o direito de decidir que, mesmo sangrando, os animais não são agredidos. Vemos que essas práticas são, assim, frutos da perspectiva antropocêntrica de sociedade que permite os maus-tratos animais de forma escancarada, como observado na letra da Lei n. 13.873/2019, no seu art. 3º-A.

6. ANIMAIS COMO SUJEITOS DE DIREITO: SENCIÊNCIA E A LEI Nº 6054/2019

Os animais podem receber diferentes significações de acordo com o ramo do Direito. Existe a divisão do Direito em dois ramos: o público e o privado, sendo que, para a atual legislação, os animais não-humanos estão presentes em ambos. Para o Direito Civil, o animal era considerado como bens móveis e, recentemente, como sujeito de direito. Já para o Direito Público, ele é significado como pertencente à fauna.

No Direito Civil, o animal era significado como propriedade. Mesmo quando os animais eram considerados como bem para o Direito Civil, isso não era impeditivo de serem significados como sujeito de direito para a lei. Nesse sentido,

> sujeito de direito é o centro de imputações de direitos e obrigações referido em normas jurídicas com a finalidade de orientar a superação de conflitos de interesses que envolvem, direta ou indiretamente, homens e mulheres. Nem todo sujeito de direito é pessoa e nem todas as pessoas, para o direito, são seres humanos (RODRIGUES, 2008, p. 185).

O fato de não ter capacidade civil não impede que o Direito seja resguardado. O que o Direito faz é sanar essa incapacidade pela representação. A Lei Federal de Crimes Ambientais resguarda o direito de punição mediante ação do Ministério Público, o que torna o animal um sujeito de direito. Sobre isso, Rodrigues afirma que

> o animal como sujeito de direitos já é concebido por grande parte de doutrinadores jurídicos de todo o mundo. Um dos argumentos mais comuns para a defesa desta concepção é o de que, assim como as pessoas jurídicas ou morais possuem direitos de personalidade reconhecidos desde o momento em que registram seus atos constitutivos em órgão competente, e podem comparecer em Juízo para pleitear esses direitos, também os animais tornam-se sujeitos de direitos subjetivos por força das leis

> que os protegem. Embora não tenham capacidade de comparecer em Juízo para pleiteá-los, o Poder Público e a coletividade receberam a incumbência constitucional de sua proteção. O Ministério Público recebeu a competência legal expressa para representá-los em Juízo, quando as leis que os protegem forem violadas. Daí, pode-se concluir com clareza que os animais são sujeitos de direitos, embora esses tenham que ser pleiteados por representatividade, da mesma forma que ocorre com os seres relativamente incapazes ou os incapazes, que, entretanto, são reconhecidos como pessoas (RODRIGUES, 2008, p. 187).

É importante, nesse sentido, que exista o reconhecimento dos direitos dos animais e que estes sejam inseridos nas pautas de discussões sociais, entendendo que todos os seres vivos devem receber atenção e segurança oriunda do Estado e da população como um todo. Dessa maneira, será possível combater as mazelas que persistem em assolar a comunidade de seres não-humanos no mundo, além de ser algo que acaba prejudicando a natureza na sua pior forma.

No que diz respeito a considerar os animais como sujeitos de direito, ressalta-se o Projeto de Lei nº 6054/2019, também conhecido como o Projeto de Lei "Animais não são coisas". Segundo o art. 3º do referido projeto, cita-se que os animais podem passar a ser considerados legalmente como sujeitos de direitos despersonificados, devendo obter uma proteção jurídica em caso de violação, não podendo ser tratados como coisas. Entretanto, em que pese o art. 3º, *caput*, demonstrar alguns avanços legislativos com relação à proteção animal, o parágrafo único do mesmo artigo traz uma restrição, que viola diretamente o princípio ético vegano da não propriedade de animais, ao evidenciar que

> a tutela jurisdicional referida no caput não se aplica ao uso e à disposição dos animais empregados na produção agropecuária e na pesquisa científica nem aos animais que participam de manifestações culturais registradas como bem de natureza imaterial integrante do patrimônio cultural brasileiro, resguardada a sua dignidade (BRASIL, 2019).

Nesse sentido, no tocante à classificação dos animais domésticos perante o direito, o Plenário do Senado aprovou no dia 07 de agosto de 2019 o Projeto de Lei que cria um regime jurídico especial destinado para os animais. O PLC 27/2018 tem o intuito de alterar a classificação dos animais, que para o direito eram considerados objetos. Ademais, foi sancionada no dia 29 de setembro de 2020 a Lei n. 1.095/2019, que aumentou a punição para quem praticar ato de abuso, maus-tratos, ferir ou mutilar animais. Segundo essa alteração, a pena agora vai de dois a cinco anos de prisão, além de multa e a proibição de guarda de novos bichos. Antes a pena prevista era de três meses a um ano de reclusão, além de multa localizada no artigo 32 da Lei de Crimes Ambientais n. 9.605/98.

Como exemplo de que os animais não-humanos estão finalmente sendo considerados como sujeitos de direito, mencionamos que, recentemente, um animal foi parte em um processo.

Nesse sentido, conforme reportagem do G1[3] relata que

> um cachorro está movendo um processo contra um agressor, com 'direito a assinatura' com a impressão digital da própria pata incluída nos documentos. A ação por danos morais, que solicita indenização de R$ 30 mil, foi elaborada em nome de Beethoven, com relação a um caso ocorrido na localidade de Lagoa Seca, zona rural de Granja, no interior do Ceará. O documento pede a punição do agressor que atirou no olho direito do animal (PINUSA, 2021).

Isso foi possível, devido à alteração na legislação que passou a considerar os animais como sujeitos de Direito. O animal que antes era discursivizado como um mero objeto, ferramenta de trabalho, objeto de entretenimento, dentre outras possibilidades que foram citadas, a partir do momento que a lei foi aprovada, ganhou a nova discursivização como sujeito.

Figura 1: Assinatura com a pata

Fonte: Blog Exame da Ordem

3 PINUSA, Samuel. Cachorro move ação judicial contra agressor e 'assina' processo com digital da própria pata, no Ceará. **G1**, Ceará, 26 de mar. de 2021. Disponível em: https://g1.globo.com/ce/ceara/noticia/2021/03/26/cachorro-move-acao-judicial-contra-agres
sor-e-assina-processo-com-digital-da-propria-pata-no-ceara.ghtml. Acesso em: 28 abr. de 2021.

7. CONCLUSÃO

O direito dos animais determina que se deve permitir que animais vivam conforme a natureza própria de cada um, que tenham e mantenham o seu comportamento natural específico, bem como possam viver em paz, sem qualquer tipo de violência. Logo, o direito dos animais é um dever do humano, o qual constitui um movimento que luta e resiste contra qualquer forma de violência cometida contra os animais e que busca garantir os direitos fundamentais, como a vida e o respeito, coibindo atos de violência, crueldade e maus-tratos contra os animais.

Ressalta-se que os animais domésticos estão mais expostos a sofrer atos de violência. Contra isso, movimentos se formam, na sociedade, lutando para que os animais tenham direitos reconhecidos.

Os discursos de resistência como o biocentrismo, o veganismo e o ativismo em prol dos animais não-humanos vêm ganhando destaque e os animais começam a ser vistos como sujeitos de direito. Nesse sentido, as leis que vigoram e/ou aquelas que estão em discussão para serem votadas, constituíram-se como um reflexo desses discursos ativistas que estavam em circulação, o que contribui diretamente para as mudanças que vêm ocorrendo.

Este artigo buscou dar visibilidade ao tema e contribuir com as discussões que se fazem tão pertinentes e urgentes, em prol de uma luta que pertence a todos nós, trazendo à baila uma problematização e uma conscientização que se fazem inadiáveis. Reforça-se, ainda, que é indispensável que haja propostas concretas que conscientizem a humanidade para a interrupção de casos de violência e maus-tratos contra os animais, criando uma consciência a respeito de sua senciência, sendo, assim, considerados, de fato, como sujeitos de direito.

REFERÊNCIAS

AMADO, Frederico Augusto di Trindade. **Direito ambiental esquematizado**. 5. ed. Rio de Janeiro: Forense; São Paulo: Método, 2014.

BRASIL. Câmara dos Deputados. **Projeto de Lei nº 27, de 2018**. Acrescenta dispositivo à Lei nº 9.605, de 12 de fevereiro de 1998, para dispor sobre a natureza jurídica dos animais não humanos. Brasília: Câmara dos Deputados, 2018. Disponível em:

https://www25.senado.leg.br/web 568 atéria 568 de/ 568 atéri 568 atériateria/133167. Acesso em: 15 jan. 2021.

BRASIL. Câmara dos Deputados. **Projeto de Lei nº 1.095, de 2019**. Altera a Lei nº 9.605, de 12 de fevereiro de 1998, para aumentar as penas cominadas ao crime de maus-tratos aos animais quando se tratar de cão ou gato. Brasília: Câmara dos Deputados, 2019. Disponível em: https://www25.senado.leg.br/web/ atividade/materias/-/materia/140546. Acesso em: 15 jan. 2021.

BRASIL. Câmara dos Deputados. **Projeto de Lei nº 8.240, de 2017**. Altera a Lei nº 13.364, de 29 de novembro de 2016, para incluir o laço, bem como as respectivas expressões artísticas e esportivas, como manifestação cultural nacional e elevar essas atividades à condição de bem de natureza imaterial integrante do patrimônio cultural brasileiro e para dispor sobre as modalidades esportivas equestres tradicionais e sobre a proteção ao bem-estar animal. Brasília: Câmara dos Deputados, 2017b. Disponível em: https://www.camara.leg.br/proposicoesWeb/ fichadetramitacao?idProposicao=2147241. Acesso em: 15 jan. 2021.

BRASIL. **Lei nº 9.605, de 12 de fevereiro de 1998.** Dispõe sobre as sanções penais e administrativas derivadas de condutas e atividades lesivas ao meio ambiente, e dá outras providências. Disponível em: http://www.planalto.gov.br/ccivil_03/ leis/l9605.htm. Acesso em: 18 jan. 2021.

BRASIL. **Lei nº 13.364, de 29 de novembro de 2016.** Reconhece o rodeio, a vaquejada e o laço, bem como as respectivas expressões artísticas e esportivas, como manifestações culturais nacionais; eleva essas atividades à condição de bens de natureza imaterial integrantes do patrimônio cultural brasileiro; e dispõe sobre as modalidades esportivas equestres tradicionais e sobre a proteção ao bem-estar animal (Redação dada pela Lei nº 13.873, de 2019). Disponível em: http://www.planalto.gov.br/ccivil_03/_ato2015-2018/2016/lei/L13364.htm. Acesso em: 18 jan. 2021.

BRASIL. **Lei nº 16.590, 10 de setembro de 1924.** Aprova o regulamento das casas de diversões públicas. Disponível em: https://www.lexml.gov.br/urn/urn:lex: br:federal:decreto:1924-09-10;16590. Acesso em: 18 jan. 2021.

BRASIL. **Lei nº 6.054/2019.** Acrescenta parágrafo único ao art. 82 do Código Civil para dispor sobre a natureza jurídica dos animais domésticos e silvestres, e dá outras providências. Disponível em: https://www.camara.leg.br/propostaslegislativas/601739. Acesso em: 18 jan. 2021.

BRASIL. **Decreto nº 24.645, 10 de julho de 1934.** Estabelece medidas de proteção aos animais. Disponível em: http://www.planalto.gov.br/ccivil_03/decreto/1930-1949/D24645impressao.htm. Acesso em: 18 jan. 2021.

BRASIL. **Decreto nº 10.519, 17 de julho de 2002.** Dispõe sobre a promoção e a fiscalização da defesa sanitária animal quando da realização de rodeio e dá outras providências. Disponível em: http://www.planalto.gov.br/ccivil_03/leis/2002/l10519.htm. Acesso em: 18 jan. 2021.

BRASIL. **Emenda constitucional nº 96, 6 de junho de 2017.** Acrescenta § 7º ao art. 225 da Constituição Federal para determinar que práticas desportivas que utilizem animais não são consideradas cruéis, nas condições que especifica. Disponível em: http://www.planalto.gov.br/ccivil_03/constituicao/emendas/emc/emc96.htm. Acesso em: 18 jan. 2021.

BRASIL. **Projeto de Lei da Câmara nº 27/2018.** Acrescenta dispositivo à Lei nº 9.605, de 12 de fevereiro de 1998, para dispor sobre a natureza jurídica dos animais não humanos. Disponível em: chrome-extension://efaidnbmnnnibpcaj pcglclefindmkaj/viewer.html?pdfurl=https%3A%2F%2Flegis.senado.leg.br%2F sdleg-getter%2Fdocumento%3Fdm%3D7729363%26ts%3D1640111344495%26 disposition%3Dinline&clen=244622&chunk=true. Acesso em: 18 jan. 2021.

BRASIL. **Constituição da República Federativa do Brasil de 1988.** Disponível em: http://www.planalto.gov.br/ccivil_03/constituicao/constituicao.htm. Acesso em: 17 dez. 2021.

BRASIL. Supremo Tribunal Federal. **Recurso Extraordinário nº 153.531-8 de 3 de junho de 1997.** Brasília: STF, 1997. Disponível em: chrome-exten sion://efaidnbmnnnibpcajpcglclefindmkaj/viewer.html?pdfurl=https%3A%2F%2Fredir.stf.jus.br%2Fpaginadorpub%2Fpaginador.jsp%3FdocTP%3DAC%26doc ID%3D211500&clen=999295. Acesso em: 17 dez. 2021.

CÂMARA LEG. **Comissão aprova proposta que reconhece vaquejada como esporte.** 2021. Disponível em: https://www.camara.leg.br/noticias/830094-comissao-aprova-proposta-que-reconhece-vaquejada-como-esporte/ Acesso em: 17 dez. 2021.

CHALFUN, M. Animais, Manifestação Culturais e Entretenimento - Lazer ou Sofrimento? *In*: I Congresso Mundial de Bioética e Direito Animal, 1., 2008,

Salvador. **Anais**... Salvador/BA, 2008.

DI PIETRO, Maria Sylvia Zanella. **Direito Administrativo**. São Paulo: Atlas, 2001.

FELIZOLA, M. B. A cultura de entretenimento com animais e o entendimento dos tribunais pátrios. **Revista Brasileira de Direito Animal**, ano 6, v. 9, p. 243-264, jul./dez. 2011.

JOY, Melanie. **Por que amamos cachorros, comemos porcos e vestimos vacas**: uma introdução ao carnismo. São Paulo: Cultrix, 2014.

KELSEN, Hans. **Teoria pura do direito**. São Paulo: Martins Fontes, 2000.

MARCONDES, Nilsen Aparecida Vieira. A atuação dos ativistas pelos direitos dos animais no ambito das políticas públicas protetivas. *In*: MIRANDA, Pedro Fauth Manhães (org.) **Análise e financiamentos das políticas públicas**. Ponta Grossa: Atena Editora, 2019.

MARTINS, Charles Emil Machado. A "Farra do Boi" e os crimes culturalmente motivados. **Revista do Ministério Público do Rio Grande do Sul**, v. 1, n. 82, p. 35-84, 2017.

PIMENTEL, Suzane. Educação Humanitária: um compromisso com o humanismo secular, o direito fundamental à educação e a efetiva proteção aos animais. *In*: XXIV Congresso Nacional do CONPEDI - UFMG/FUMEC/DOM HELDER CÂMARA, 14., 2015, **Anais**, 2015. Disponível em: http://www.conpedi.org.br/publicacoes/66fsl345/xxfq3q05/qhs9i5oFBVr00VTz.pdf. Acesso em: 16 jun. 2021.

PINUSA, Samuel. Cachorro move ação judicial contra agressor e 'assina' processo com digital da própria pata, no Ceará. **G1**, Ceará, 26 de mar. de 2021. Disponível em: https://g1.globo.com/ce/ceara/noticia/2021/03/26/cachorro-move-acao-judicial-contra-agressor-e-assina-processo-com-digital-da-propria-pata-no-ceara.ghtml. Acesso em: 28 abr. 2021.

PIRES, Eric de Souza. Em defesa dos animais: princípios de ética vegana. **Revista Filosofia Capital**, v. 13, n. 20, p. 11-21, 2018.

PRADO, Luiz Regis. Apontamentos sobre o ambiente como bem jurídico-penal. **Revista de Direito Ambiental**, São Paulo, n. 50, p.133-158, 2008.

RODRIGUES, Danielle Tetü. **O Direito & os Animais** - uma abordagem ética, filosófica e normativa. 2. ed. Curitiba: Editora Juruá, 2010.

RYDER, Richard D. **Animal Revolution**: Changing Attitudes Towards Speciesism. Oxford: Berg Publishers, 2000.

RYDER, Richard. Speciesism again: the original leaflet. **Critical Society**. 2010. Disponível em: http://www.veganzetta.org/wp-content/uploads/2013/02/SpeciesismAgain-the-original-leaflet-Richard-Ryder.pdf. Acesso em: 29 jan. 2021

SARLET, Ingo; FENSTERSEIFER, Tiago, 2020.

SCHERWITZ, Débora Perilo. **As visões antropocêntrica, biocêntrica e ecocêntrica do direito dos animais no Direito Ambiental**. 2015. Disponível em: http://revista.zumbidospalmares.edu.br/images/stories/pdf/edicao-3/visoes-biocentrica-ecocentrica.pdf. Acesso em: 08 out. 2020.

SINGER, Peter. **Libertação animal**: O clássico definitivo sobre o movimento pelos direitos dos animais. São Paulo: WMF Martins Fontes, 2010.

SILVA, Tagore Trajano de Almeida. **Animais em Juízo**: direito, personalidade jurídica e

capacidade processual. Salvador: Evolução, 2012.

TASCHNER, Gisela. Cultura do consumo, cidadania e movimentos sociais. **Ciências Sociais Unisinos**, v. 46, n. 1, p. 47-52, jan/abr, 2010.

TOLEDO, M. I. V. de. A importância da hermenêutica jurídica no processo de superação da tradição moral antropocêntrico-especista e seus reflexos no ordenamento jurídico brasileiro. **Revista Brasileira de Direito Animal**, v. 9, n. 15, p. 131-172, 2014.

TORRES. **Farra do Boi**: mesmo proibida por lei, prática sangrenta ainda é comum em Santa Catarina. 2018. Disponível em: https://www.bbc.com/portuguese/ geral-43601409. Acesso em: 15 jan. 2022

TRIGUEIRO, Aline. Consumo, ética e natureza: o veganismo e as interfaces de uma política de vida. **Revista Interthesis**, v. 10, n. 1, p. 237-260, 2013.

VERONEZ, Larissa Molina. **Ordenamento Jurídico Brasileiro e Proteção aos Animais**. 2012. Disponível em: https://servicos.unitoledo.br/repositorio/bitstream/7574/1368/1/Larissa%20Molina%20Veronez%20-%20Ordenamento%20jur%c

3%addico%20brasileiro%20e%20a%20prote%c3%a7%c3%a3o%20aos%20animais.pdf. Acesso em: 08 out. 2020.

DÓREA, Elisângela Teixeira Gondim; FERREIRA, Realina Maria. A proteção aos animais domésticos no Ordenamento Jurídico Brasileiro. *In:* MENESES, Heloísa Corrêa; SILVA, Tiago Nunes da; RAMONE TAVARES, Viviane; TEIXEIRA, Wendel de Brito Lemos (Coords.). **Anuário da OAB Uberlândia 2022/2023.** Uberlândia: Marco Teórico, 2023. pp. 553-572.

Marco
Teórico
Editora

Made in the USA
Monee, IL
05 November 2026

67807988R00315